Psychologie der Märchen

Dieter Frey

Hrsg.

Psychologie der Märchen

41 Märchen wissenschaftlich analysiert – und was wir heute aus
ihnen lernen können

Mit 42 Abbildungen

 Springer

Herausgeber
Dieter Frey
Department Psychologie
Ludwig-Maximilians-Universität
München
Bayern
Deutschland

ISBN 978-3-662-53667-4   ISBN 978-3-662-53668-1   (eBook)
DOI 10.1007/978-3-662-53668-1

Die Deutsche Nationalbibliothek verzeichnet diese Publikation in der Deutschen Nationalbibliografie;
detaillierte bibliografische Daten sind im Internet über http://dnb.d-nb.de abrufbar.

Zeichnungen: Claudia Styrsky, Johanna Frey, Lena Frey
Umschlaggestaltung: deblik Berlin
Einbandabbildung: © Romolo Tavani/Fotolia

Gedruckt auf säurefreiem und chlorfrei gebleichtem Papier

Springer ist Teil von Springer Nature
Die eingetragene Gesellschaft ist Springer-Verlag GmbH Deutschland
Die Anschrift der Gesellschaft ist: Heidelberger Platz 3, 14197 Berlin, Germany

Dieses Buch widme ich meinen Kindern Lena, Johanna und Josef, die immer auch Märchen vorgelesen haben wollten und sich insbesondere gefreut haben, wenn ich mehrere Märchen miteinander verbunden habe.

Vorwort

Wir versuchen, in diesem Buch zwei Dinge zusammenzubringen, die Menschen faszinieren: Märchen und Psychologie. Dass Menschen von Märchen fasziniert sind, zeigt sich z. B. daran, dass die Märchen der Gebrüder Grimm nach der Bibel und dem Koran weltweit am dritthäufigsten publiziert wurden. Dies ist nur so zu erklären, dass Märchen für die meisten Menschen eine sehr hohe Anziehungskraft haben. Dazu kommt in unserem Buch eine weitere Faszination hinzu: die Psychologie. Dass sich so viele Menschen für Psychologie interessieren, zeigt sich beispielsweise daran, wie schwierig es ist, einen Studienplatz für Psychologie an den deutschen Universitäten zu bekommen. Dieses hohe Interesse ist einerseits damit zu erklären, dass Menschen sich selbst, aber auch andere besser verstehen wollen. Warum bin ich so, wie ich bin? Was passiert mit mir in verschiedenen Lebenssituationen? Andererseits ist dieses Interesse aber auch in dem natürlichen Erkenntnisdrang des Menschen begründet. Wenn man seine Mitmenschen versteht, kann man ihnen auch besser in schwierigen Situationen und Lebensphasen helfen und sie unterstützen.

Fast alle Märchen thematisieren zentrale Phasen des menschlichen Lebens, die es vor Hunderten von Jahren gab und vermutlich in Hunderten von Jahren immer noch geben wird. So wurde unser Leben schon immer von krisenhaften Lebensabschnitten, Übergangsphasen in der menschlichen Entwicklung – z. B. vom Kind- zum Erwachsensein – oder auch Problematiken zwischen Generationen geprägt.

Märchen und Psychologie beschäftigen sich also beide mit Themen, die ganz nah an der eigenen Wirklichkeit sind. Darüber zu lesen, kann einem selbst helfen, sein Leben zu gestalten, seine Probleme anzugehen, zu verstehen und zu lösen oder eben auch andere dabei zu unterstützen.

Unseres Erachtens ist dieses Buch einmalig, es gibt in dieser Form kein vergleichbares. Es existieren zwar eine Vielzahl von Analysen und Enzyklopädien über Märchen, aber nicht in der Form, dass 41 Märchen individuell einer psychologischen Analyse und der Reflexion unterzogen wurden, die einen engen Bezug zur Erziehung, Führung und Lebensgestaltung aufweisen sowie vor allem bedeutsam für die konkrete Wirklichkeit sind.

Unsere Hoffnung ist, dass sowohl das Märchen selbst, aber auch die Diskussion über psychologische Phänomene viele Anregungen und Diskussionsmöglichkeiten ergeben, was man aus dem Märchen und unseren Analysen für die eigene Wirklichkeit schließen kann. Das bedeutet, der Leser ist auf jeden Fall ermuntert, selbst zu überlegen, was er noch an ergänzenden psychologischen Phänomenen und Anwendungen sieht neben den von uns diskutierten Phänomenen und Erkenntnissen.

Natürlich war es nicht zu vermeiden, dass bei der Vielzahl der Analysen sich hie und da ähnliche psychologische Aspekte ergaben. Das liegt in der Natur der Sache, da Märchen häufig ähnliche Phänomene wie Modelllernen, Neid, Ungerechtigkeitsregulation, Aggression, Liebe und Hass thematisieren. Im Kern gleicht aber kein Märchen exakt dem anderen und damit wird auch keine psychologische Analyse exakt der anderen gleichen.

Wir haben bewusst davon abgesehen, die Inhalte der Märchen zu kategorisieren. Kategorisierungsaspekte wären gewesen: die böse Schwiegermutter, die Hexe, Märchen mit Tieren, Grimms Märchen, außereuropäische Märchen und viele mehr. Wir haben darauf verzichtet, weil wir es interessanter finden, die Heterogenität und Vielfalt der Märchen und psychologischen Analysen darzustellen. Das mag für den Leser mehr Abwechslung bedeuten, als wenn wir nach Kategorien geclustert hätten.

Das Buch muss nicht von vorne nach hinten gelesen werden. Je nach Interessenstand, nach Neugierde, kann man sich ein Märchen nach dem anderen beliebig aussuchen. Sie bauen nicht aufeinander auf.

Die Märchenanalysen entstanden im Rahmen eines Seminars des Masterstudiengangs Wirtschafts-, Organisations- und Sozialpsychologie an der Ludwigs-Maximilians-Universität München. Jedes Jahr werden etwa 30 Studierende von über 400 Bewerbern für diesen Studiengang ausgewählt. Die Bewerber haben dabei meist sowohl im Abitur wie in ihrem Bachelorabschluss sehr gute Noten. Das Seminar war ein Vertiefungsseminar in Angewandter Sozialpsychologie, für das der Seminarleiter (Herausgeber) die Märchenanalysen zum Studiengegenstand machte. Zunächst wurde ein Überblick über eine Vielzahl von Märchen geschaffen sowie auch exemplarisch diskutiert, was diese psychologisch bedeuten. Im Anschluss konnte jeder Einzelne seine persönliche Auswahl für die Analyse von einem bzw. mehreren Märchen selbst treffen.

Die Studierenden arbeiteten bei der Analyse der Märchen sehr eng mit dem Seminarleiter, aber auch untereinander, zusammen. Der Seminarleiter gab mehrfach Feedback bei allen Stadien des Schreibprozesses: dem Grobkonzept, einem ausführlicheren Feinkonzept sowie der Endfassung. Auch im Seminar wurden in den wöchentlichen Plenarsitzungen die einzelnen Märchen abwechselnd diskutiert. Durch den Austausch wurden häufig weitere psychologische Phänomene entdeckt sowie Implikationen für Lebensgestaltung, Erziehung oder Führung abgeleitet. Keiner weiß so viel wie alle – aus diesem Grund war der Austausch sehr gewinnbringend. Hilfreich war es darüber hinaus, die Analysen mit befreundeten Nichtpsychologen zu diskutieren, damit eine hohe Allgemeinverständlichkeit auch für Fachfremde garantiert werden konnte. Für die Studierenden war es zudem zu Beginn eine große Herausforderung, unterhaltsam zu schreiben. Denn dies ist eine gänzlich andere Schreibweise als die wissenschaftliche. Aber in einem kontinuierlichen Verbesserungsprozess ist dies unseres Erachtens sehr gut gelungen.

Durch die Expertise des Seminarleiters, den hohen akademischen Ausbildungsgrad der Studierenden sowie den mehrstufigen Review-Prozess ist auf jeden Fall gewährleistet, dass die psychologischen Analysen auf dem höchsten internationalen Forschungstand basieren. Wir haben zu jedem Artikel Literatur zitiert, für diejenigen, die sich weiter orientieren wollen, und dabei versucht, die goldene Mitte zwischen zu viel und zu wenig Literatur zu wählen.

Wir hatten den Konflikt, ob wir das Originalmärchen oder eine Kurzzusammenfassung des Märchens zu Beginn einbinden sollen. Wir haben uns dann für Kurzfassungen entschieden, in denen die wichtigsten Inhalte, Handlungen und Charaktere zusammengefasst werden. Hierbei wurde darauf geachtet, die Zusammenfassung möglichst im Stil und der Schreibweise des Originalmärchens zu verfassen. Nur sehr unbekannte und kurze Märchen wurden im Original belassen und sind entsprechend kenntlich gemacht. Zu den Märchen gibt es sehr viele verschiedenen Quellen, Interpretationen und Publikationen – wir haben uns hier die Freiheit genommen, wörtlich übernommene Passagen aus sehr alten Werken in die aktuelle Rechtschreibung zu überführen, damit der Lesefluss gewährleistet bleibt. Zur historischen Einordnung ist das uns bekannte Jahr der Ersterscheinung genannt, daneben die genutzte Literaturquelle.

Natürlich war es uns auch wichtig – so möglich – die jeweiligen kulturellen und historischen Zusammenhänge der damaligen Zeit, in der das Märchen entstanden ist, zu beschreiben und auf die damalige Gesellschaft einzugehen. Dies im Detail auszuführen, wäre eine weiterführende Aufgabe für Historiker und Kulturwissenschaftler. Wir haben uns naturgemäß auf die psychologischen Aspekte des spezifischen Märchenstoffs konzentriert und daher diesen Teil zumeist recht kurz gehalten.

Das Buch folgt der humanistischen Grundidee, im Sinne von Respekt und Wertschätzung und der Vorstellung einer Gesellschaft, die auf Toleranz, Menschlichkeit, Offenheit und der Akzeptanz von Vielfalt beruht. Das bedeutet, dass das Ziel des Buches nicht nur psychologische Analysen sein sollten, sondern auch einen Beitrag dazu liefern, wie wir die Welt besser machen können und die Märchen als Ausgangsform für eine bessere Welt nutzen können.

Dieses Buchprojekt verdeutlicht gleichzeitig die Wichtigkeit intrinsischer Motivation. Es wurde vom Seminarleiter und Herausgeber nicht vorgegeben, welches Märchen zu behandeln ist, sondern jeder konnte sich sein eigenes Märchen aussuchen. Es war ein langer Prozess, wie das Märchen verkürzt wird, wie die Charaktere beschrieben werden, welche psychologischen Aspekte hinter dem Märchen stehen, und es hat sehr viel Diskussion sowohl bilateral als auch im Plenum gegeben. Die Studierenden waren von sich aus motiviert, ständig ihre Konzepte weiterzuentwickeln und zu diskutieren. Was ist eine optimale Seitenzahl, um den Leser nicht zu langweilen, gleichzeitig aber inhaltliche Substanz zu vermitteln? Wie viel Literatur ist angebracht? Welche Schlussfolgerungen können jeweils gezogen werden? Ist es für die heutige Gesellschaft überhaupt noch relevant?

Wir wünschen dem Leser viel Freude und Spaß beim Lesen und hoffen auf eine Horizonterweiterung, viele Anregungen zum Nachdenken und zur Reflexion des eigenen Lebens.

Dieses Buch wäre nicht entstanden ohne die Mithilfe zahlreicher Personen, von denen ich hier nur einige herausgreife. Ich danke den Mitarbeiterinnen und Mitarbeitern meines Lehrstuhls, insbesondere Dipl.-Psych. Albrecht Schnabel, Michaela Bölt und Dr. Elisabeth Schneider für die Umsetzung dieses Projekts sowie M.Sc. Martin Fladerer. Insbesondere möchte ich mich bei M.Sc. Paula Münster bedanken, die als Sprecherin des Jahrgangs dieses Projekt sehr eng begleitet hat; mit ihr habe ich sowohl die Einleitung als auch das Nachwort verfasst.

Besonderer Dank gilt meinen Kindern Lena, Johanna und Josef, denen ich nicht nur viele dieser Märchen in deren Kindheit vorgelesen habe, sondern die sich insgesamt zu sehr interessierten Märchenerzählern entwickelt haben. Mit ihnen habe ich auch oft diskutiert, welche Märchen im Buch analysiert werden sollen und welche nicht. Ebenso dankbar bin ich meinem Schwiegervater und meiner Schwiegermutter Rolf und Traudel Gaska. Seit vielen Jahren führen sie mit über 60 jungen Reiterinnen und Reitern in der Vorweihnachtszeit Märchen vor, und sie haben mich damit über Jahre mit für Märchen begeistert. Traudel Gaska war immer eine konstruktiv-kritische Ratgeberin bei der Analyse der vorliegenden Märchen.

Mein Dank gilt ebenso den Mitarbeiterinnen und Mitarbeitern des Springer Verlages für die professionelle Begleitung des Buches, insbesondere Joachim Coch (Planung), Judith Danziger (Projektmanagement) und Stefanie Teichert (Lektorat).

Last but not least soll den Studierenden für ihr Engagement, ihre Geduld und Kreativität bei den Märchen gedankt werden.

Dieter Frey
München, im März 2017

Über den Herausgeber

Kurzdarstellung

Dieter Frey ist Professor für Sozialpsychologie an der Ludwig-Maximilians-Universität München. Seine Forschungsinteressen liegen sowohl im Bereich der Grundlagenforschung (beispielsweise Dissonanztheorie, Kontrolltheorie oder die Theorie der gelernten Sorglosigkeit) als auch im Bereich der angewandten Forschung (beispielsweise Entstehung und Veränderung von Werten, Entstehung von Innovationen, Grundlagen und Faktoren professioneller Führung, Zivilcourage). Auch interessiert ihn die konkrete Umsetzung von Forschungsergebnissen in die Praxis.

Ausführlicher Biografietext

Dieter Frey studierte Sozialwissenschaften an der Universität Mannheim und der Universität Hamburg. Nach seiner Promotion und Habilitation in Mannheim, die unter anderem durch ein VW-Stipendium und ein DFG-Stipendium gefördert wurden, war er von 1978 bis 1993 Professor für Sozial- und Organisationspsychologie an der Universität Kiel. Dazwischen war er von 1988 bis 1990 Theodor-Heuss-Professor an der Graduate Faculty der New School for Social Research in New York. Seit 1993 ist Dieter Frey Professor für Sozialpsychologie an der Ludwig-Maximilians-Universität München. Zuvor hatte er Rufe nach Bochum, Bielefeld, Zürich, Hamburg und Heidelberg erhalten.

Er ist Leiter des LMU Centers for Leadership and People Management und Mitglied in der Bayerischen Akademie der Wissenschaften. Von 2003 bis 2013 war er akademischer Leiter der Bayerischen EliteAkademie. Über mehrere Jahre war er Gutachter der Deutschen Forschungsgemeinschaft. 1998 wurde er zum Deutschen Psychologie Preisträger („Psychologe des Jahres") ernannt. 2011 hat die Zeitschrift *Personalmagazin* ihn zum „Praktischen Ethiker" und einem der führenden Köpfe im Personalbereich in Deutschland ausgezeichnet. Für seine Arbeiten, die für eine humanere Welt beitragen, wurde er 2016 von der Margrit-Egner-Stiftung der Universität Zürich ausgezeichnet.

Seine Forschungsgebiete liegen sowohl in der Grundlagenforschung (z. B. psychologische Theorien wie Dissonanztheorie, Kontrolltheorie, Theorie der gelernten Sorglosigkeit) als auch in der angewandten Forschung (z. B. Entstehung und Veränderung von Werten, Entstehung von Innovationen, Grundlagen und Faktoren professioneller Führung, Zivilcourage). Schließlich beschäftigt er sich auch mit der Anwendung von Forschung auf soziale und kommerzielle Organisationen.

Inhaltsverzeichnis

1 **Vorbemerkung: An wen richtet sich dieses Buch und wie kann man es nutzen?** 1
Dieter Frey
1.1 An wen ist das Buch gerichtet? 2
1.2 Unter welchen Blickwinkeln kann das Buch gelesen werden und wie kann man es nutzen? 2

2 **Einführung: Worin liegt die Faszination der Märchen und Psychologie?** 5
Dieter Frey und Paula Münster
2.1 **Faszination Märchen** 6
2.2 **Faszination Psychologie** 8
2.2.1 Wissenschaft der Psychologie 8
2.2.2 Psychologie als naturwissenschaftliches und als geistes- und sozialwissenschaftliches Fach 9
2.3 **Zugrunde gelegtes Welt- und Menschenbild** 10
Literaturverzeichnis 10

3 **Des Kaisers neue Kleider von Hans Christian Andersen (1837)** 13
Christian Feuerbacher
3.1 **Inhalt des Märchens** 14
3.2 **Die Charaktere** 15
3.3 **Psychologische Phänomene** 15
3.3.1 Zuschauereffekt 15
3.3.2 Sozialer Einfluss 16
3.3.3 Gruppendenken.. 17
3.4 **Bedeutung für die heutige Zeit** 18
3.5 **Implikationen für die Führung, Erziehung und Lebensgestaltung** 18
3.5.1 Führung 18
3.5.2 Erziehung.. 18
3.5.3 Lebensgestaltung 19
3.6 **Fazit**... 19
Literaturverzeichnis 19

4 **Von den drei Groschen von Pavol Dobšinský** 21
Sarah Eichmann
4.1 **Inhalt des Märchens** 22
4.2 **Die Charaktere** 22
4.3 **Psychologischen Phänomene und Bedeutung für die heutige Zeit** 23
4.3.1 Reziprozität/Gegenseitigkeit 23
4.3.2 Soziale Verantwortung 24
4.3.3 Verhaltensvorbilder 26
4.4 **Fazit**... 26
Literaturverzeichnis 27

5   Die Sterntaler von den Gebrüdern Grimm (1819) 29
      Nadja Bürgle
5.1   **Inhalt des Märchens** 30
5.2   **Die Charaktere** 30
5.3   **Psychologische Phänomene und Bedeutung für die heutige Zeit** 30
5.3.1 Kontrolle 31
5.3.2 Hilfeverhalten 32
5.3.3 Bedürfnisse 34
5.4   **Fazit** 35
      Literaturverzeichnis 35

6   Die Prinzessin auf der Erbse von Hans Christian Andersen (1837) 37
      Kim Borrmann
6.1   **Inhalt des Märchens** 38
6.2   **Die Charaktere** 38
6.3   **Psychologische Phänomene und Implikationen** 39
6.3.1 Partnerwahl 39
6.3.2 Testverfahren 40
6.3.3 Sensibilität und Sensitivität 42
6.4   **Fazit** 43
      Literaturverzeichnis 44

7   Blaubart von Charles Perrault (1697) 45
      Nadja Bürgle und Eileen Wittmann
7.1   **Inhalt des Märchens** 46
7.2   **Die Charaktere** 47
7.3   **Psychologische Phänomene und Implikationen** 47
7.3.1 Partnerwahl: Evolution oder Intuition? 47
7.3.2 Geheimnisse in Partnerschaften 49
7.3.3 Konflikte in Partnerschaften 50
7.4   **Fazit** 52
      Literaturverzeichnis 52

8   Rapunzel von den Gebrüdern Grimm (1815) 53
      Christian Feuerbacher und Marie Raith
8.1   **Inhalt des Märchens** 54
8.2   **Die Charaktere** 54
8.3   **Psychologische Phänomene** 55
8.3.1 Depressionen 55
8.3.2 Kontrolle 56
8.3.3 Resilienz 57
8.4   **Bedeutung für die heutige Zeit und Implikationen** 57
8.5   **Fazit** 58
      Literaturverzeichnis 58

9   Schneewittchen von den Gebrüdern Grimm (1857) 61
      Miriam Krug
9.1   **Inhalt des Märchens** 62

9.2   Die Charaktere 63
9.3   Psychologische Phänomene und Bedeutung für die heutige Zeit 63
9.3.1 Narzissmus und Neid 63
9.3.2 Attraktivitätsstereotyp: Wer schön ist, ist auch gut 64
9.3.3 Entwicklung vom Mädchen zur jungen Frau 65
9.3.4 Zivilcourage und Hilfeverhalten 66
9.4   Fazit 67
       Literaturverzeichnis 67

10   Rotkäppchen von den Gebrüdern Grimm (1812) 69
       Sabine Weber
10.1   Inhalt des Märchens 70
10.2   Die Charaktere 70
10.3   Psychologische Phänomene und Implikationen 71
10.3.1 Dramadreieck 71
10.3.2 Versprechen 72
10.3.3 Vertrauen 73
10.3.4 Prosoziales Verhalten 74
10.4   Bedeutung für die heutige Zeit 74
10.5   Fazit 75
       Literaturverzeichnis 75

11   Vom Fischer und seiner Frau von den Gebrüdern Grimm (1812) 77
       Natalie Hartung und Katharina Pfaffinger
11.1   Inhalt des Märchens 78
11.2   Die Charaktere 79
11.3   Psychologische Phänomene und Bedeutung für die heutige Zeit 79
11.3.1 Partnerschaft 79
11.3.2 Auffälligkeiten im Verhalten der Fischersfrau 81
11.3.3 Lebenszufriedenheit und Glücksempfinden 82
11.4   Fazit 83
       Literaturverzeichnis 83

12   Rumpelstilzchen von den Gebrüdern Grimm (1812) 85
       Paula Münster
12.1   Inhalt des Märchens 86
12.2   Die Charaktere 86
12.3   Psychologische Phänomene 87
12.3.1 Psychologischer Vertrag 87
12.3.2 Glaube an eine gerechte Welt 88
12.3.3 Reaktanz und erlernte Hilflosigkeit 88
12.4   Bedeutung für die heutige Zeit und Implikationen 89
12.4.1 Mit Reaktanz und Teamwork gegen Größenwahn und Habgier 89
12.4.2 Vom Unterschied zwischen Recht und Gerechtigkeit 90
12.5   Fazit 91
       Literaturverzeichnis 91

13 Schneeweißchen und Rosenrot von den Gebrüdern Grimm (1837) 93
Isabel Kroiß
13.1 **Inhalt des Märchens** 94
13.2 **Die Charaktere** 94
13.3 **Psychologische Phänomene und Implikationen** 95
13.3.1 Altruismus 95
13.3.2 Reziprozität 96
13.3.3 Vertrauen 97
13.4 **Fazit** 99
Literaturverzeichnis 99

14 Hänsel und Gretel von den Gebrüdern Grimm (1819) 101
Verena Berthold und Sarah Eichmann
14.1 **Inhalt des Märchens** 102
14.2 **Die Charaktere** 103
14.3 **Psychologische Phänomene und Implikationen** 103
14.3.1 Lügen 103
14.3.2 Optimismus 104
14.3.3 Erlernte Hilflosigkeit 105
14.3.4 Konformität und Gehorsam 106
14.4 **Fazit** 107
Literaturverzeichnis 107

15 Von einem, der auszog, das Fürchten zu lernen von den Gebrüdern Grimm (1818) 109
Angelika Stefan
15.1 **Inhalt des Märchens und die Charaktere** 110
15.2 **Die Charaktere** 111
15.3 **Psychologische Phänomene** 112
15.3.1 Effekt der Erwartung 112
15.3.2 Keine Furcht – ist das normal? Das Dilemma des Märchenhelden 113
15.3.3 Eudämonisches Glück und das Streben nach höheren Zielen 114
15.4 **Implikationen für das eigene Leben** 115
15.5 **Fazit** 115
Literaturverzeichnis 115

16 Der Hase und der Igel von den Gebrüdern Grimm (1815) 117
Marie Raith
16.1 **Inhalt des Märchens** 118
16.2 **Die Charaktere** 118
16.3 **Psychologische Phänomene und Implikationen** 119
16.3.1 Streben nach Leistungsvergleichen 119
16.3.2 Minderwertigkeit und Selbstwertbedrohung 120
16.3.3 Frustration, Aggression und Rache 121
16.3.4 Die Gruppe als soziales Barometer 121
16.3.5 Respekt und Selbstrespekt im sozialen Miteinander 121
16.3.6 Narzissmus 122
16.4 **Bedeutung für die heutige Zeit** 122

16.5   Fazit... 123
        Literaturverzeichnis.. 123

17   Tischlein deck dich, Esel streck dich, Knüppel aus dem Sack von
        Ludwig Bechstein (1847)... 125
        Katharina Pfaffinger
17.1   Inhalt des Märchens.. 126
17.2   Die Charaktere.. 127
17.3   Psychologische Phänomene und Implikationen........................... 127
17.3.1 Implikationen für die Erziehung... 127
17.3.2 Implikationen für die Lebensgestaltung................................. 128
17.3.3 Implikationen für das Zusammenleben.................................... 130
17.4   Vergleich mit der Märchenversion von den Gebrüdern Grimm............. 130
17.4.1 Originalfassung.. 130
17.4.2 Bechsteins Veränderungen.. 131
17.5   Bedeutung für die heutige Zeit.. 132
17.6   Fazit... 132
        Literaturverzeichnis.. 132

18   Das Märchen von den drei Brüdern von J. K. Rowling (2008)............. 133
        Sophie Drozdzewski
18.1   Inhalt des Märchens.. 134
18.2   Die Charaktere.. 134
18.3   Psychologische Phänomene und Implikationen........................... 135
18.3.1 List des Todes: Ein tödlicher Vertrag................................... 135
18.3.2 Kontrollverlust, Widerstand und Hilflosigkeit........................... 136
18.3.3 Angst vor dem Tod.. 136
18.3.4 Antisoziales Denken und Verhalten....................................... 138
18.4   Fazit... 138
        Literaturverzeichnis.. 138

19   Der Fischer und der Dschinn aus Tausendundeiner Nacht................. 141
        Angelika Stefan
19.1   Inhalt des Märchens.. 142
19.2   Die Charaktere.. 142
19.3   Psychologische Phänomene und Bedeutung für die heutige Zeit.......... 143
19.3.1 Selbstregulationsfähigkeit und Selbstkontrolle......................... 143
19.3.2 Soziale Exkludierung... 144
19.3.3 Selbstdarstellung und Beurteilung durch andere......................... 146
19.3.4 Analyse der dyadischen Interaktion zwischen dem Fischer und Dschinn... 146
19.4   Fazit... 147
        Literaturverzeichnis.. 147

20   Der Wolf und die sieben jungen Geißlein von den Gebrüdern
        Grimm (1819).. 149
        Lorea Urquiaga
20.1   Inhalt des Märchens.. 150
20.2   Die Charaktere.. 150

20.3   Psychologische Phänomene und Bedeutung für die heutige Zeit 151
20.3.1   Rollenkonflikt 151
20.3.2   Naivität und blindes Vertrauen 152
20.3.3   Gruppenentscheidungen 153
20.4   Fazit... 153
         Literaturverzeichnis 154

21   Das kleine Mädchen mit den Schwefelhölzern von Hans Christian
         Andersen (1845) 155
         Eileen Wittmann
21.1   Inhalt des Märchens.. 156
21.2   Die Charaktere 156
21.3   Psychologische Phänomene und Bedeutung für die heutige Zeit 156
21.3.1   Modell des Hilfeverhaltens.. 157
21.3.2   Transaktionales Stressmodell – Misserfolg als Bedrohung............................. 158
21.3.3   Bedürfnispyramide von Maslow... 159
21.4   Implikationen für die Erziehung, Führung und Lebensgestaltung 159
21.4.1   Hilfeverhalten 159
21.4.2   Umgang mit Misserfolg... 160
21.4.3   Bedürfnisse 161
21.5   Fazit... 161
         Literaturverzeichnis 161

22   Väterchen Frost von Alexander Afanasjew (Mitte des 19. Jahrhunderts) 163
         Maxim Karl
22.1   Inhalt des Märchens.. 164
22.2   Die Charaktere 164
22.3   Psychologische Phänomene und Implikationen 165
22.3.1   Biologische Elternschaft und Patchworkfamilien 165
22.3.2   Gehorsam 167
22.4   Fazit... 169
         Literaturverzeichnis 169

23   Dr. Allwissend von den Gebrüdern Grimm (1815) 171
         Jochen Baumeister
23.1   Inhalt des Märchens.. 172
23.2   Die Charaktere 172
23.3   Psychologische Phänomene... 173
23.3.1   Attributionstheorie... 174
23.3.2   Selbst- und soziale Wahrnehmung 174
23.3.3   Gruppeneinfluss 175
23.4   Implikationen für die Erziehung, Führung und Lebensgestaltung 175
23.4.1   Erziehung.. 175
23.4.2   Führung 176
23.4.3   Lebensgestaltung 177
23.5   Fazit... 178
         Literaturverzeichnis 178

24   Bremer Stadtmusikanten von den Gebrüdern Grimm (1819) 179
      Verena Berthold
24.1   Inhalt des Märchens.. 180
24.2   Die Charaktere 181
24.3   Psychologische Phänomene und Implikationen 181
24.3.1 Leistungsorientierung 181
24.3.2 Respekt vor dem Alter 182
24.3.3 Vom Wert der Gruppe 183
24.3.4 Handlungsorientierung... 183
24.3.5 Vorurteile und Rassismus 184
24.3.6 Gerechtigkeit 185
24.4   Fazit.. 185
        Literaturverzeichnis 185

25   Die drei Glückskinder von den Gebrüdern Grimm (1819) 187
      Vanessa Allwardt und Maxim Karl
25.1   Inhalt des Märchens.. 188
25.2   Die Charaktere 188
25.3   Psychologische Phänomene und Implikationen 189
25.3.1 Faktoren des Glücks 189
25.3.2 Umgang mit Misserfolgen 190
25.3.3 Leistungen anderer und ihre Auswirkungen.. 192
25.4   Fazit.. 193
        Literaturverzeichnis 193

26   Das Rübchen von Alexander Afanasjew (Mitte des 19. Jahrhunderts) 195
      Irina Bachsleitner
26.1   Inhalt des Märchens.. 196
26.2   Die Charaktere 196
26.3   Psychologische Phänomene und Implikationen 196
26.3.1 Vorurteile und die Gefahr der Diskriminierung 196
26.3.2 Arbeit im Team und Teamrollen 197
26.3.3 Strategien zur Problemlösung.. 199
26.3.4 Ausdauer und zielgerichtetes Handeln.. 200
26.4   Fazit.. 200
        Literaturverzeichnis 201

27   Hans im Glück von den Gebrüdern Grimm (1819) 203
      Katharina Gerstung
27.1   Inhalt des Märchens.. 204
27.2   Die Charaktere 204
27.3   Psychologische Phänomene und Bedeutung für die heutige Zeit 205
27.3.1 Glück und Zufriedenheit 205
27.3.2 Materieller Besitz: Haben oder Sein?... 207
27.4   Implikationen für die Führung und Erziehung 208
27.5   Fazit.. 208
        Literaturverzeichnis 208

28   Die Spinne und die Weisheit – ein afrikanisches Volksmärchen 211
         Franziska Wittmann
28.1   Inhalt des Märchens 212
28.2   Die Charaktere 213
28.3   Psychologische Phänomene und Bedeutung für die heutige Zeit 213
28.3.1   Streben nach Weisheit 213
28.3.2   Nutzen von Weisheit 213
28.3.3   Wissen ist Macht 214
28.4   Implikationen für die Arbeitswelt und Lebensgestaltung 216
28.5   Fazit 217
         Literaturverzeichnis 217

**29   Der Teufel mit den drei goldenen Haaren von den Gebrüdern
         Grimm (1857)** 219
         Maximilian Spanner
29.1   Inhalt des Märchens 220
29.2   Die Charaktere 221
29.3   Psychologische Phänomene 221
29.3.1   Zufriedenheit, Glück und Wohlbefinden 222
29.3.2   Grundlegende soziale Motive 222
29.3.3   Prosoziales Verhalten 223
29.4   Implikationen für die Erziehung, Führung und Lebensgestaltung 224
29.4.1   Erziehung 224
29.4.2   Führung 224
29.4.3   Lebensgestaltung 225
29.5   Fazit 225
         Literaturverzeichnis 225

30   Aschenputtel von den Gebrüdern Grimm (1819) 227
         Lena Kuchta
30.1   Inhalt des Märchens 228
30.2   Die Charaktere 228
30.3   Psychologische Phänomene 229
30.3.1   Erlernte Hilflosigkeit 229
30.3.2   Coping- und Bewältigungsstrategien 230
30.3.3   Identität und Selbstwert 231
30.4   Bedeutung für die heutige Zeit 231
30.4.1   Mobbing 231
30.4.2   Wunsch nach einer anderen Identität 232
30.5   Implikationen für die Erziehung 232
30.6   Fazit 232
         Literaturverzeichnis 233

31   Der Arme und der Reiche von den Gebrüdern Grimm (1815) 235
         Vanessa Allwardt
31.1   Inhalt des Märchens 236
31.2   Die Charaktere 236
31.3   Psychologische Phänomene und Implikationen 238

31.3.1 Egoistisches und altruistisches Verhalten 238
31.3.2 Glaube an eine gerechte Welt 239
31.3.3 Selbstkonzept und Selbstwertgefühl 239
31.3.4 Theorie des sozialen Vergleichs. 240
31.4 **Fazit.** 241
Literaturverzeichnis 241

32 **Die Schneekönigin von Hans Christian Andersen (1844)**. 243
Sophie Drozdzewski und Katharina Sagstetter
32.1 **Inhalt des Märchens**. 244
32.2 **Die Charaktere** 245
32.3 **Psychologische Phänomene und Implikationen** 245
32.3.1 Mut zeigen, ohne tollkühn zu sein. 245
32.3.2 Übernahme von Verantwortung. 246
32.3.3 Selbstbestimmung vs. Depression. 247
32.3.4 Soziale Wahrnehmung und Attributionsstil 248
32.4 **Fazit.** 249
Literaturverzeichnis 249

33 **Die Lebenszeit von den Gebrüdern Grimm (1840)** 251
Isabel Kroiß
33.1 **Inhalt des Märchens**. 252
33.2 **Die Charaktere** 252
33.3 **Psychologische Phänomene und Implikationen** 253
33.3.1 Kontrolle. 253
33.3.2 Mäßigung 255
33.3.3 Lebenszufriedenheit. 256
33.4 **Fazit.** 257
Literaturverzeichnis 257

34 **Frau Holle von den Gebrüdern Grimm (1812)** 259
Nicole Blabst
34.1 **Inhalt des Märchens**. 260
34.2 **Die Charaktere** 261
34.3 **Psychologische Phänomene**. 262
34.3.1 Charakter und Gehorsam 262
34.3.2 Stockholm-Syndrom. 263
34.3.3 Glücksempfinden und sozialer Vergleich. 263
34.4 **Bedeutung für die heutige Zeit**. 264
34.4.1 Denken und Entscheiden 264
34.4.2 Leistungs- und Sollerbringung 264
34.4.3 Glück. 265
34.5 **Fazit.** 265
Literaturverzeichnis 265

35 **Der alte Großvater und der Enkel von den Gebrüdern Grimm (1857)**. 267
Julia Käs
35.1 **Inhalt des Märchens**. 268

35.2   Die Charaktere 268
35.3   Psychologische Phänomene und Implikationen 269
35.3.1   Lernen am Modell 269
35.3.2   Selbstreflexion 270
35.3.3   Soziale Rollen, Stereotype und selbsterfüllende Prophezeiung 271
35.4   Fazit 273
         Literaturverzeichnis 273

36   Die drei kleinen Schweinchen von Joseph Jacobs (1890) 275
         Katharina Sagstetter
36.1   Inhalt des Märchens 276
36.2   Die Charaktere 276
36.3   Psychologische Phänomene und Implikationen 277
36.3.1   Erziehungskontext: Vorbereitung auf ein selbstständiges Leben 278
36.3.2   Arbeitskontext: Gemeinsame Ziele, Bedürfnisse und Motivation 279
36.3.3   Sozialer Kontext: Lernen und Helfen 280
36.3.4   Kritische Bewertung zur Moral in der Geschichte 281
36.4   Fazit 281
         Literaturverzeichnis 282

37   Der kleine Muck von Wilhelm Hauff (1826) 283
         Jochen Baumeister und Maximilian Spanner
37.1   Inhalt des Märchens 284
37.2   Die Charaktere 285
37.3   Psychologische Phänomene 286
37.3.1   Voreingenommenheit 286
37.3.2   Jeder bekommt, was er verdient 286
37.3.3   Gruppenverhalten 286
37.3.4   In Erwartung des Guten 287
37.4   Implikationen für die Lebensgestaltung, Erziehung und Führung 287
37.4.1   Lebensgestaltung 287
37.4.2   Erziehung 287
37.4.3   Führung 288
37.5   Fazit 289
         Literaturverzeichnis 289

38   Dornröschen von den Gebrüdern Grimm (1819) 291
         Katharina Gerstung und Lorea Urquiaga
38.1   Inhalt des Märchens 292
38.2   Die Charaktere 292
38.3   Psychologische Phänomene und Bedeutung für die heutige Zeit 293
38.3.1   Bedürfnis nach Zugehörigkeit und sozialer Ausschluss 293
38.3.2   Neugier 294
38.3.3   Verdrängung in der Psychoanalyse 295
38.4   Fazit 295
         Literaturverzeichnis 296

39 **Der Jäger, der seine Frauen ungleich behandelte – ein afrikanisches Volksmärchen** 297
Nicole Blabst und Franziska Wittmann
39.1 **Inhalt des Märchens** 298
39.2 **Die Charaktere** 299
39.3 **Psychologische Phänomene** 300
39.3.1 Glaube an eine gerechte Welt – der Jäger 300
39.3.2 Frustrations-Aggressions-Theorie und soziale Zurückweisung – die vernachlässigte Frau 301
39.4 **Bedeutung für die heutige Zeit** 301
39.4.1 Ungerechtigkeit in der Gesellschaft 302
39.4.2 Kulturelle Unterschiede – Monogamie und Bigamie 302
39.4.3 Gleichberechtigung von Mann und Frau 302
39.4.4 Rationale Liebe 303
39.5 **Fazit** 304
  Literaturverzeichnis 304

40 **König Drosselbart von den Gebrüdern Grimm (1812)** 305
Irina Bachsleitner und Julia Käs
40.1 **Inhalt des Märchens** 306
40.2 **Die Charaktere** 307
40.3 **Psychologische Phänomene und Implikationen** 307
40.3.1 Psychologischer Vertrag 307
40.3.2 Zufriedenheit und Anspruchsniveau 308
40.3.3 Bestrafungslernen 309
40.4 **Fazit** 310
  Literaturverzeichnis 310

41 **Der gestiefelte Kater von den Gebrüdern Grimm (1812)** 311
Lena Kuchta und Sabine Weber
41.1 **Inhalt des Märchens** 312
41.2 **Die Charaktere** 312
41.3 **Psychologische Phänomene und Implikationen** 313
41.3.1 Lageorientierung 314
41.3.2 Handlungsorientierung 314
41.3.3 Freundschaft und Dankbarkeit 315
41.3.4 Selbstüberschätzung 316
41.4 **Fazit** 317
  Literaturverzeichnis 318

42 **Es ist wirklich wahr von Hans Christian Andersen (1848)** 319
Kim Borrmann und Miriam Krug
42.1 **Inhalt des Märchens** 320
42.2 **Die Charaktere** 320
42.3 **Psychologische Phänomene und Implikationen** 321
42.3.1 Psychologie der Kommunikation 321

42.3.2   Soziale Neugier und Gossip 323

42.3.3   Medien und unser Bild von der Welt 324

42.4   **Fazit**... 325

         Literaturverzeichnis 325

43   **Ali Baba und die vierzig Räuber aus Tausendundeiner Nacht** 327

         Natalie Hartung

43.1   **Inhalt des Märchens**... 328

43.2   **Die Charaktere** 328

43.3   **Psychologische Phänomene und Bedeutung für die heutige Zeit** 329

43.3.1   Von Recht und Unrecht: Psychologie der Moral...................................... 329

43.3.2   Ehrgefühl und Gesichtsverlust 331

43.3.3   Gier und materieller Besitz 332

43.3.4   Loyalität, Gegenseitigkeit und Dankbarkeit 333

43.4   **Fazit**... 333

         Literaturverzeichnis 333

44   **Nachwort: Märchen sind Chancen für eine bessere Welt** 335

         Dieter Frey und Paula Münster

         Literaturverzeichnis.. 337

         Serviceteil 339

         Stichwortverzeichnis 340

Autorenverzeichnis

Allwardt, Vanessa
81667 München
v.allwardt@gmx.de

Bachsleitner, Irina
81249 München
irinabachs@t-online.de

Baumeister, Jochen
80803 München
maerchen@jochenbaumeister.de

Berthold, Verena
80798 München
verena.berthold@hotmail.de

Blabst, Nicole
80798 München
nicole.blabst@gmail.com

Borrmann, Kim
80809 München
kim.borrmann@gmx.de

Bürgle, Nadja
80809 München
n.buergle@googlemail.com

Drozdzewski, Sophie
80797 München
sophie.drozdzewski@freenet.de

Eichmann, Sarah
80805 München
sarah_schmidt1@gmx.net

Feuerbacher, Christian
81541 München
feuerbacher@me.com

Frey, Dieter, Prof. Dr.
Lehrstuhlinhaber Sozialpsychologie
LMU – Department Psychologie
Leopoldstr. 13
80802 München
dieter.frey@psy.lmu.de

Gerstung, Katharina
80336 München
katharina.gerstung@gmx.net

Hartung, Natalie
81375 München
natalie.hartung@web.de

Karl, Maxim
80686 München
maxim.karl@mail.de

Käs, Julia
81249 München
julia.kaes@web.de

Kroiß, Isabel
80798 München
kroiss.isabel@yahoo.com

Krug, Miriam
80796 München
krug_miriam@web.de

Kuchta, Lena
80538 München
lena_kuchta@gmx.de

Münster, Paula
80805 München
paula.muenster@gmail.com

Pfaffinger, Katharina

82041 Oberhaching

k.pfaffinger@yahoo.de

Raith, Marie

81541 München

m.raith@dawara.de

Sagstetter, Katharina

81673 München

katharina.sagstetter@web.de

Spanner, Maximilian

85570 München

max.spanner@gmail.com

Stefan, Angelika

80939 München

angelika.stefan@gmx.de

Urquiaga, Lorea

80339 München

loreaurquiaga@gmail.com

Weber, Sabine

94065 Waldkirchen

sabine.weber@campus.lmu.de

Wittmann, Eileen

80939 München

eileen.wittmann@t-online.de

Wittmann, Franziska

84048 Mainburg

franziskawittmann@hotmail.de

Vorbemerkung: An wen richtet sich dieses Buch und wie kann man es nutzen?

Dieter Frey

1.1   An wen ist das Buch gerichtet? – 2

1.2   Unter welchen Blickwinkeln kann das Buch gelesen
        werden und wie kann man es nutzen? – 2

© Springer-Verlag GmbH Deutschland 2017
D. Frey (Hrsg.), *Psychologie der Märchen*,
DOI 10.1007/978-3-662-53668-1_1

1

1.1   An wen ist das Buch gerichtet?

Das Buch richtet sich an unterschiedlichste Leser-gruppen. So sind das Buch und die darin enthaltenen Märchen zum einen für viele Berufsfelder geeignet. Ein Beispiel sind Erzieherinnen und Erzieher, die den Kindern gerne Märchen vorlesen. Sie können die psychologische Interpretation sowohl verwen-den, um sich selbst weiterzubilden und etwas über verschiedene psychologische Theorien und Modelle zu lernen, als auch zur Arbeit mit den Kindern. Unseres Erachtens ist es relevant, die Kinder selbst zu fragen, was sie von dem Märchen lernen können. Dabei geben unsere psychologischen Analysen und Reflexionen eine Vielzahl von Hinweisen, welche größtenteils auch kindgerecht darstellbar sind. Glei-ches gilt natürlich für die Lesergruppe der Eltern, die ihren Kindern Märchen erzählen. Auch sie können die psychologischen Analysen als Background für ihre eigenen Erklärungen der Welt für die Kinder nutzen.

Es ist zudem relevant für Studierende der Sozial-wissenschaften, die sich im weitesten Sinne mit Märchen, Psychologie oder eben mit Menschen und psychologischen bzw. soziologischen Phänomenen beschäftigen. Egal ob für Studierende der Soziologie, Psychologie oder Wirtschaftswissenschaften – dieses Buch bildet eine sinnvolle Ergänzung zu den Schwer-punkten und Inhalten der Studienfächer.

Gleichzeitig ist es interessant für Menschen allen Alters, die kein akademisches Interesse an diesem Thema haben, sondern einfach gerne Märchen lesen und sich darin verlieben. Diese Leser haben hier gleichzeitig die Chance zu erfahren, was hinter den Kulissen der Märchen steckt und was man mit diesen Jahrhunderte alten Erzählungen heute noch anfangen kann. Sie können mit diesem Buch ihren Horizont erweitern, die Märchen mit ganz anderen Augen sehen und erhalten gleichzei-tig einen Bezug zu psychologischen Theorien und Erkenntnissen.

Nicht zuletzt ist es auch aufschlussreich für Men-schen, die neu in unserer Kultur sind, viele Märchen noch gar nicht kennen und jetzt etwas über Märchen im Allgemeinen und auch über unsere Kultur und Vergangenheit erfahren möchten. Die Hoffnung ist, dass wir in unserem Buch nicht nur analysieren,

sondern die Leser zum Weiterfragen und Weiterden-ken anregen.

Kurzum bietet dieses Buch vielfältige Möglich-keiten des Lesens und ist an ein breites Publikum gerichtet. Vermutlich wird das jeweilige Interesse abhängig vom Märchen sein, von der Stimmung der Lesenden, vom Lebensabschnitt, in dem er oder sie sich befindet. Wir möchten mit diesem Buch Neu-gierde wecken, weil gerade Märchen geeignet sind, ein tieferes Verständnis und Gespür für Menschen und Menschlichkeit zu entwickeln, die weit über eine formale Märchenanalyse hinausreicht.

1.2   Unter welchen Blickwinkeln kann das Buch gelesen werden und wie kann man es nutzen?

1.   Interesse an Märchen zur Auffrischung von Kindheitserinnerungen

Der Märchenliebhaber findet hier eine kurze und prägnante Zusammenfassung von 41 Märchen, die möglicherweise viele Erinnerungen in ihm wecken werden. Sei es, als damals die Eltern oder Groß-eltern die Märchen vorgelesen haben oder wie die Geschichten selber den eigenen Kindern vorge-lesen wurden. Für viele Märchenliebhaber mag es ein Anreiz sein, diese Kurzzusammenfassungen der Märchen zu lesen – schlicht weil sie Märchen mögen, in Erinnerungen schwelgen möchten oder auch die Zusammenfassungen ihren Kindern oder Enkeln vorlesen möchten.

2.   Interesse für den psychologischen Hintergrund sowie die spezifischen Charaktere der Märchen

Für den interessierten Laien ebenso wie für Personen mit einem Bezug zur Psychologie bietet dieses Buch die Möglichkeit, geliebte Geschichten unter dem neuen Aspekt der psychologischen Analyse zu lesen. Hier werden – je nach Vorkenntnissen – neue oder bereits bekannte psychologische Phänomene erklärt und zum vertrauten Märchen in Beziehung gesetzt. So lernt der Leser, die Geschichten seiner Kindheit aus einem anderen Blickwinkel zu betrachten, kann die Handlungen der Charaktere besser verstehen, ohne überfordert zu werden.

3. Interesse für Psychologie unabhängig von den Märchen

Ist das Interesse mehr der Psychologie als den Märchen gewidmet, so hat der Leser den Vorteil, die vorgestellten Konzepte begreifen zu können, ohne sich erst in erklärende Beispiele eindenken zu müssen. Die Geschichten sind wohlbekannt, der Leser kann sich also ganz auf die Kombinationen und Wechselwirkungen verschiedener Phänomene konzentrieren. Dadurch fällt es leichter, sich neues Wissen anzueignen.

4. Märchen als Chance für Unterhaltung und als Ausgangspunkt für tiefer gehende Diskussionen

Natürlich kann das Buch auch gelesen werden, wenn man mehr als nur ein persönliches Interesse an der Thematik hat. Großeltern können nach der Lektüre ihren Enkeln das Märchen vielleicht noch spannender erzählen oder auf Nachfrage noch besser erklären. Aber auch unter Gleichaltrigen können sehr spannende Diskussionen über einzelne beschriebene Phänomene entstehen. Während einer den psychologischen Ansatz, der das Verhalten eines Protagonisten erklären soll, sehr einleuchtend findet, kann ein Freund ganz anderer Meinung sein. Auch die Implikationen für das heutige Leben können als Ausgangspunkt für tiefer gehende Diskussionen genutzt werden.

Vermutlich wird die meisten Menschen das Vorlesen der Märchen faszinieren. Ob sie dann auch fasziniert sind von jeder psychologischen Analyse sei dahingestellt. Die Vorleser sollen zudem ermuntert werden, mit eigenen Worten den psychologischen Hintergrund zu transportieren, in der Hoffnung, dass damit wieder sehr viele andere Menschen die psychologischen Hintergründe erfahren. Außerdem ist es wünschenswert, dass der Leser selbst den Bezug zur Gegenwart und zu seinem eigenen Leben herstellen kann.

Einführung: Worin liegt die Faszination der Märchen und Psychologie?

Dieter Frey und Paula Münster

2.1   Faszination Märchen – 6

2.2   Faszination Psychologie – 8
2.2.1   Wissenschaft der Psychologie – 8
2.2.2   Psychologie als naturwissenschaftliches und als geistes- und
        sozialwissenschaftliches Fach – 9

2.3   Zugrunde gelegtes Welt- und Menschenbild – 10

        Literaturverzeichnis – 10

© Springer-Verlag GmbH Deutschland 2017
D. Frey (Hrsg.), *Psychologie der Märchen*,
DOI 10.1007/978-3-662-53668-1_2

2.1 Faszination Märchen

Was fasziniert Menschen an Märchen? Warum gehören Märchen zu den Geschichten, hinter der Bibel und dem Koran, die am häufigsten publiziert wurden? Warum faszinieren sie sowohl Kinder als auch Erwachsene? Weshalb versetzen sie uns in eine positive Stimmung? Dieses Kapitel soll Antworten auf all diese Fragen geben.

1. Märchen sprechen alle menschlichen Emotionen an

Märchen sind eine Mischung aus Realität und Fantasie. Dabei sprechen sie alle denkbaren Emotionen an wie Liebe, Hass, Wut, Enttäuschung oder Freude. Die ganzen menschlichen Komödien und Tragödien des Lebens kommen im Märchen vor: Pech und Glück, Feigheit und Mut, Gut und Böse. Oft mit glücklichem Ausgang – aber eben nicht immer. Es sind Dinge, mit denen jeder Mensch vertraut ist. Märchen bestechen vor allem durch ihre Klarheit und ihre schlichte, strukturierte Erzählweise. Einfache Gegensätze wie Gut und Böse, Arm und Reich, Schön und Hässlich prägen die Geschichten. Das ist sowohl für Kinder wie auch Erwachsene deshalb faszinierend, weil es besonders einfach und damit nachvollziehbar ist.

2. Die Sehnsucht nach dem Charakterhelden

Im Märchen begegnet uns zumeist eine gutmütige und unschuldige Hauptfigur mit reinem Herzen, die sich mit widrigen Umständen konfrontiert sieht und ihren Weg bis zum guten Ende tapfer und beständig gehen muss. Dieser Weg ist oft beschwerlich und mit immer neuen Herausforderungen versehen. Zum Teil erleiden die Helden und ihre Gegenspieler kaum fassbare Qualen. Die Protagonisten der Märchen sind meistens tapfer und überbrücken alle nur denkbaren Hindernisse. Menschen identifizieren sich gerne mit solchen Helden, denn Märchen mit ihren Helden thematisieren zwar reale Konflikte, haben aber immer auch fantastische Elemente. Bei allen Märchen wird in diesem Buch versucht, die psychologischen Phänomene und Beweggründe der Charaktere herauszuarbeiten.

3. Märchen erinnern an die eigene Kindheit und erzeugen aufgrund der damaligen Nähe eine positive Stimmung

Märchen faszinieren Erwachsene u. a., weil ihnen die Geschichten aus der eigenen Kindheit vertraut sind – sie erinnern sich daran, wie Mutter, Großmutter, Vater oder Großvater sie vorgelesen haben. Märchen haben deshalb einen Wiedererkennungseffekt, den sie mit hoffentlich positiven Erinnerungen an die Kindheit verknüpfen. Meistens sind die Erinnerungen mit einer Umgebung der Ruhe und Geborgenheit verbunden. Viele Leute, die als Kinder Märchen gehört haben, erzählen sie auch den eignen Kindern und Enkeln. Sie werden sich so immer wieder ihren eigenen, positiven Erinnerungen bewusst, die mit den Geschichten oder den Erzählern verknüpft sind.

4. Märchen stiften eine gemeinsame Identität und bieten eine Gesprächsbasis aufgrund geteilter Wirklichkeit

Es gibt weltweit kaum Menschen, die noch nie etwas von Märchen gehört haben, da den meisten Menschen in der Kindheit Märchen erzählt wurden. Dadurch stiften Märchen in gewisser Weise eine geteilte Identität und Wirklichkeit. Wenn das Gespräch auf Märchen fällt, können die meisten Menschen an der Diskussion teilnehmen: Welches Märchen war Ihr Lieblingsmärchen? Welchen Charakter fanden Sie besonders schlimm? Dieses geteilte Wissen – in der Psychologie spricht man von „shared cognition" – führt dazu, dass Menschen sich sofort vertraut fühlen, wenn sie etwas vom Wolf, Hänsel und Gretel oder den sieben Zwergen hören. Das Schöne hieran ist, dass auch über Generationen hinweg dieses geteilte Wissen präsent ist und Märchen somit auch einen Dialog zwischen Jung und Alt anstoßen können.

5. Märchen erzeugen Spannung und dienen der Unterhaltung

Märchen erzeugen Spannung – fast wie ein guter Krimi. Der Ausgang der Geschichte ist zu Beginn häufig unklar. Diese Spannung lässt sich auf den Zuhörer, vor allem auch auf Kinder, übertragen. Dies ist ein weiterer Grund, weshalb Märchen Menschen faszinieren und begeistern. Während Menschen heute sonntagsabends beim Tatort sitzen, wurden sie früher von Märchen und Märchenerzählern unterhalten. Die Fragen, die wir uns bei Märchen stellen, sind genau die gleichen wie bei einem guten Krimi: Was treibt die Protagonisten an? Warum handeln sie so? Was bedeutet das Ganze für uns und unsere Realität? Hierzu kann uns die Psychologie Antworten liefern.

Daher stellt sich die Frage: Sind Märchen überhaupt Geschichten für Kinder? In vielen Märchen verbirgt sich hinter der Spannung auch Gewalt und Ungerechtigkeit, und die Frage ist, ob diese häufig gruseligen und brutalen Geschichten überhaupt kindgerecht sind. „Kann man das den Kindern so überhaupt zumuten?", ist eine häufig gestellte Frage und die Antwort ist: „Ja, man kann." Die Kinder werden ihrer realen Welt laufend mit Gewalt konfrontiert – ob im Fernsehen, im Kino oder in Computerspielen. Der Unterschied zu Märchen ist folgender: Die medialen Gewalt- und Kriegsgeschichten überfordern Kinder. „Das Märchen erzählt dagegen ruhig, die Sprache kommt mit wenigen Adjektiven aus (arm, reich, alt, jung, schön, hässlich) und beschreibt keine Details; Schmerz und Leid werden mit klaren Worten dargestellt und nicht ausgeschmückt. Auf die Gefühle der Beteiligten wird wenig eingegangen, es werden dafür Handlungen beschrieben: Die Zwerge weinen um Schneewittchen, Aschenputtel verrichtet ohne Gram ihre Aufgaben" (Frey 2009, S. 121). Wichtig ist vor allem dort, wo es schrecklich im Märchen ist, einen respektvollen Umgang mit dem Gefühl zu haben. Die Aussage: „Die Stiefmutter mit dem Apfel ist wirklich ganz schön bedrohlich.", ist eine bessere als: „Du brauchst keine Angst zu haben!", denn sie zeigt dem Kind, dass seine Empfindungen durchaus angemessen sind. Dann kann auch folgen: „Komm, rücken wir zusammen und sehen, was weiter passiert."

6. Märchen üben Faszination aus, weil sie Realitäten widerspiegeln und Realitäten mit Fantasie verbinden

Märchen haben einen Unterhaltungswert, weil sie einen Wiedererkennungswert in der Realität haben. Gleichzeitig sind sie faszinierend, weil sie immer eine Mischung von Bekanntem und Unbekanntem sind. Selbst wenn man ein Märchen zum ersten Mal hört, gibt es zumeist viele bekannte Elemente, die sich in zahlreichen Märchen wiederholen: der böse Wolf, die Schwiegermutter oder die Königin. Faszination entsteht, weil diese bekannten Elemente in jedem Märchen mit neuen vermischt werden – und man sich letztendlich nie sicher sein kann, ob am Ende das Böse bestraft wird und die Geschichte einen guten Ausgang hat.

Märchen spiegeln Realitäten wider – egal ob diese vor 100, 300 oder noch längerer Zeit Wirklichkeit waren. Es sind jeweils Themen, die Kindern bereits begegnet sind: Es geht um Gut und Böse, um das Übertreten von Verboten oder um Recht und Ungerechtigkeit. Jeder Leser kann sich also in dem Märchen wiederfinden, da es für ihn Realitätsgehalt hat. Gleichzeitig wird die Realität immer mit Fantasie vermischt, denn Märchen spielen in einer Fantasiewelt mit Zaubertränken, sprechenden Tieren oder übernatürlichen Fähigkeiten. Dies regt die Fantasie an, und die Geschichten können durch die eigene Vorstellungskraft weitergesponnen werden.

7. Märchen geben Orientierung fürs Leben

Mit Sicherheit sind Märchen auch deshalb populär und werden über Jahrhunderte von Generation zu Generation weitererzählt, weil in ihnen sehr viel Lebensweisheit steckt und sie Orientierung für das eigene Leben geben. Sie helfen dabei, zu reflektieren, was gut und was böse oder faires und unfaires Verhalten ist. Nicht umsonst heißt es oft am Ende: „Und die Moral von der Geschichte: … " Märchen helfen uns dabei – meist schon in jungen Jahren – ein Moralverständnis zu entwickeln. Außerdem sind Märchen eine Art Lebenshilfe: Sie zeigen immer wieder aufs Neue, dass Probleme, egal wie ausweglos sie scheinen, lösbar sind. Somit geben sie Mut und Hoffnung.

Der Held handelt dabei stets werteorientiert und übernimmt damit eine Vorbildfunktion. Der Gegenspieler ist dafür da, den Helden herauszufordern und ihn in seiner positiven Haltung noch besser hervorzuheben. Durch die Helden der Märchen können wir zahlreiche Dinge für unser Leben lernen wie beispielsweise, dass

- Großherzigkeit und Gutmütigkeit sich lohnen,
- es nicht auf Äußerlichkeiten wie Schönheit oder Reichtum ankommt, sondern auf die inneren Werte,

- Neid und Missgunst auf das Äußerste bestraft werden, während Bescheidenheit und Mitgefühl sich auszahlen,
- Zivilcourage Leben retten kann,
- man durch Durchsetzungskraft und Selbstvertrauen erfolgreich sein kann,
- die Liebe so mächtig ist, dass sie sich selbst von den spitzesten Dornen nicht aufhalten und von den goldensten Schuhen nicht täuschen lässt.

In der Analyse der konkreten Werte möchten wir in diesem Buch zeigen, dass in jedem Märchen durchaus mehrere Weisheiten stecken, die es gemeinsam mit den Kindern zu entdecken gilt und die Orientierung für das eigene Leben geben können.

8. Märchen als Chance für Wertevermittlung und Persönlichkeitsentwicklung

Wie im Absatz zuvor beschrieben, transportieren Märchen Werte. Werte erleichtern unser Zusammenleben und machen es wertvoll (Beck u. Leger 2007). Wertevermittlung heißt, Orientierungsmaßstäbe zu geben, die dem Menschen zu Verhaltens- und Urteilssicherheit verhelfen (vgl. Frey 2017; Frey u. Schmalzried 2013; Frey et al. 2008). Wir richten unser Verhalten an Werten oder moralischen Prinzipien aus, müssen uns an Werten und Normen orientieren und die Perspektive anderer Menschen mit in unsere Entscheidungen einbeziehen.

Dies alles lernen wir im Laufe unseres Lebens, und in der Psychologie spricht man in diesem Zusammenhang von Moralentwicklung. Lernen können wir von unseren Vorbildern, z. B. im Kindesalter von den Eltern, Erziehern, Lehrern, also den erwachsenen Bezugspersonen. Moralische Vorbilder können aber auch durch Figuren symbolisiert werden wie eben in Bilderbüchern, Geschichten und Märchen. Märchen erfordern ein Mitdenken, Mitfühlen und Mithandeln. Die Kinder identifizieren sich mit dem Helden und sammeln auf diese Weise Erfahrungen in einer parallelen Welt (Beeli u. Gysin 2005).

Die meisten Menschen empfangen Ansätze einer gesellschaftlichen Moral zuerst in der Märchenstunde. Märchen helfen den Kindern, das Gute und das Böse vor dem geistigen Auge sichtbar werden zu lassen. Durch Übertreibung und Personalisierung des Guten und Bösen werden Normen und Werte exemplarisch vorgeführt.

2.2   Faszination Psychologie

Da dieses Buch viel mit Psychologie und psychologischen Interpretationen zu tun hat und mit Sicherheit viele psychologische Laien dieses Buch lesen, folgen einige Einführungen zum Denken der Psychologie.

2.2.1   Wissenschaft der Psychologie

Psychologie ist die Wissenschaft des Erlebens und Verhaltens (vgl. Bierhoff u. Frey 2011, 2017; Frey u. Bierhoff 2011). Auch wenn sich die moderne Psychologie nicht mehr mit der Seele beschäftigt, so beschäftigt sie sich doch mit dem Funktionieren und Nichtfunktionieren des Menschen, also mit seinem Erleben und Verhalten, seinen Emotionen, Gefühlen, Stimmungen, seinen Motivationen, aber auch genauso mit seinem Lernen und Problemlösen oder seinem Gruppenverhalten (vgl. Frey u. Irle 1993, 2002, 2008).

Die wissenschaftliche Disziplin der Psychologie hat das Ziel, menschliches Erleben und Verhalten zu erklären und vorherzusagen und damit auch Veränderungspotenziale und -möglichkeiten aufzuzeigen. Da der Mensch ein sehr komplexes Wesen ist, gibt es eine Vielzahl von Unterdisziplinen der Psychologie.

Teilbereiche der Psychologie in wenigen Sätzen zusammengefasst sind:

1. **Allgemeine Psychologie** beschäftigt sich mit allen den Menschen eigenen Vorgängen des Erlebens und Verhaltens, beispielsweise mit Wahrnehmungs- und Gedächtnisprozessen, Prozessen des Lernens und des Problemlösens, aber auch mit Emotion und Motivation. Da diese Prozesse letztlich mehr oder weniger allen Menschen gemein sind, spricht man von allgemeiner Psychologie.

2. **Persönlichkeitspsychologie** versucht die individuellen Unterschiede zwischen Menschen herauszuarbeiten. Beispiele hierfür wären Unterschiede in der Intelligenz, der Kreativität, dem Selbstwert, der Ängstlichkeit, der Depressivität oder der Extraversion. Sie ist somit das Gegenstück zur allgemeinen Psychologie, die sich auf Gemeinsamkeiten konzentriert.

3. **Sozialpsychologie** analysiert, inwieweit menschliches Verhalten und Erleben abhängig

ist von der Anwesenheit anderer Menschen. Es wird sich hier mit dem Einfluss der sozialen, technischen oder kulturellen Umgebung sowie von Gruppenprozessen auf psychologische Zustände beschäftigt. Sozial meint in diesem Zusammenhang „interaktiv" und ist nicht im Sinne von Sozialarbeit aufzufassen.

4. **Biologische, physiologische und Neuropsychologie** versucht, die biologischen, physiologischen und neuronalen Grundlagen aller wichtigen psychologischen Prozesse zu entdecken.

5. **Klinische Psychologie** betrachtet Störungen von Menschen wie Ängste, Depressionen oder Schizophrenie. Sie untersucht, inwieweit man diese Störungen durch Therapie, z. B. durch Psychoanalyse oder Verhaltenstherapie, behandeln kann.

6. **Arbeits-, Wirtschafts- und Organisationspsychologie** beschäftigt sich mit menschlichen Phänomenen in sozialen und kommerziellen Organisationen. Klassische Themen wären hierbei Arbeitsmotivation, Führung oder Konflikte in Organisationen.

7. **Entwicklungspsychologie** untersucht, wie sich psychische Prozesse – d. h. Emotionen, Kognitionen und Verhalten – ausgehend von der Geburt, über die Kindheit und Jugendzeit bis ins hohe Alter entwickeln.

8. **Pädagogische Psychologie** befasst sich mit Lern- und Lehrprozessen. Eine typische Frage, mit der sich diese Teildisziplin befasst, wäre beispielsweise: Wie muss ein Stoff pädagogisch, didaktisch, methodisch aufbereitet sein, damit der Lernende optimale Lernfortschritte erzielt?

9. **„Bindestrich"-Psychologien:** Es gibt eine Vielzahl weiterer Subdisziplinen der Psychologie, die Teilbereiche erforschen, z. B. die Gesundheits-, Sport- oder Werbepsychologie, und dabei zusätzliche (psychologieferne) Fachbereiche gleichwertig einbeziehen. Hier werden jeweils die Phänomene des Erlebens und Verhaltens mit einem bestimmten Schwerpunkt erforscht.

Das sind nur einige wichtige Unterdisziplinen der Psychologie, und natürlich ist Psychologie immer bestrebt, Theorien und Modelle zu entwickeln, um menschliches Verhalten zu erklären, vorherzusagen,

aber auch zu beeinflussen. Dabei gibt es eine Vielzahl verschiedener Theorien, Modelle und Erkenntnisse, welche Sie im Laufe dieses Buches kennenlernen werden. Je mehr psychologische Erkenntnisse vorliegen, desto leichter wird es, Menschen einzuschätzen, Verhalten zu erklären und ggf. auch zu beeinflussen.

Man sollte jedoch ein Missverständnis aufklären: Psychologieexperten haben keine Röntgenaugen und analysieren jegliches zwischenmenschliche Verhalten. Stattdessen sehen sie Situationen häufig differenzierter und erkennen, dass Verhalten stets sowohl abhängig von der jeweiligen Situation als auch von der Persönlichkeit des Gegenübers ist. Ungeschulte Laien können diese distanzierte Warte zumeist weniger gut einnehmen und passen Menschen bevorzugt in ihr eigenes Denkschema ein, statt das des anderen aufzugreifen (Schwarz-Weiß-Denken). Interessanterweise sind Märchen oft schwarz-weiß – der Gute gegen den Bösen, die Schöne gegen die Hässliche. Die Psychologie hilft dabei, auch Märchen und deren Charaktere differenziert zu betrachten – denn in vielem Bösen kann auch etwas Gutes stecken.

2.2.2 Psychologie als naturwissenschaftliches und als geistes- und sozialwissenschaftliches Fach

Häufig stellen sich Psychologen die Frage, welcher Fachrichtung sie eigentlich zugehören. Das ist gar nicht so einfach: Psychologie kann sowohl als naturwissenschaftliches Fach mit ihrer empirischen Forschung gesehen werden als auch als Geistes- und Sozialwissenschaft. Dies soll im Folgenden kurz erläutert werden.

Psychologie ist fast immer **naturwissenschaftlich** orientiert, zumindest in den Universitäten. Sie versucht – ähnlich wie in den Naturwissenschaften – Zustände exakt zu messen und zu analysieren. Sie bedient sich dabei Experimenten, Felduntersuchungen oder Verhaltensbeobachtungen, um zu überprüfen, welche Wirkungsweisen bestimmte Variablen haben. Daten werden erhoben, ausgewertet und statistischen Tests unterzogen (Bierhoff u. Frey 2017).

Neben der naturwissenschaftlichen Orientierung gibt es auch die sog. **geistes- und sozialwissenschaftliche Orientierung**. Vor über hundert Jahren hat sich die Psychologie aufgrund Wilhelm Wundts von der Philosophie getrennt. Ob dies sinnvoll war, kann man unterschiedlich bewerten. Wir sind der Meinung, dass jeder Psychologe, der sich mit Menschen und Gruppen beschäftigt, sich immer auch mit Werten, Sinnfragen und Bedürfnissen gut auskennen muss und in den Kernfragen der Philosophie kompetent sein sollte. All das, was empirisch erforscht und interpretiert wird, muss letztlich immer vor dem Hintergrund des jeweiligen sozialen, kulturellen und historischen Kontextes interpretiert werden: Was bedeuten empirische Ergebnisse, wie sind sie entstanden? Gleichzeitig geht es immer auch um moralisch ethische Fragestellungen von Erleben und Verhalten: Ist z. B. alles erlaubt, was möglich ist?

Wir werden auch bei unseren Märchenanalysen versuchen, nicht nur das Verhalten der Hauptcharaktere zu erklären, sondern gleichzeitig bestimmte Werte oder Sollzustände zu reflektieren: War das Verhalten moralisch richtig oder falsch, angemessen oder unangemessen? Mit diesem Thema wird letztlich immer auch der Psychologe konfrontiert, wenn er therapeutisch tätig ist. Hier muss er sich z. B. fragen: Helfe ich dem Patienten, emotional stabiler zu werden, indem ich vor allem seine Selbstverwirklichung unterstütze, oder sollte ein Thema der Therapie darauf abzielen, dass er Verantwortung für andere übernimmt. Kann er z. B. seine Kinder verlassen, wenn er dadurch eine höhere Selbstverwirklichung erhält? Oder geht es in einer Organisation nur um die Optimierung von Arbeit oder auch um die Work-Life-Balance? Das heißt, ob gewollt oder nicht, muss man immer auch die ethisch moralischen Aspekte und die dahinter liegenden Sinnfragen klären.

Bei der sozialwissenschaftlichen Seite der Psychologie kommt immer auch dazu, dass der Mensch eingebettet ist in seine Kultur und Gesellschaft. Insofern spielen politische, wirtschaftliche und kulturelle Phänomene eine große Rolle und müssen bei der Interpretation von Verhalten berücksichtigt werden. Damit ist leicht zu erkennen, dass Psychologie eine sehr interdisziplinäre Wissenschaft ist, auch wenn viele Psychologen dieses nicht so wahrnehmen und umsetzen.

Wir halten es als Psychologen nicht nur für wichtig, psychologische Phänomene zu analysieren, zu erklären und vorherzusagen, sondern für besonders wertvoll und faszinierend, negatives Verhalten verändern zu können. Dazu gibt uns die Psychologie sehr gute Handwerkzeuge durch Diagnostik und Methodik sowie Theorienwissen an die Hand.

2.3   Zugrunde gelegtes Welt- und Menschenbild

Wir orientieren uns als Psychologen an der humanistischen und positiven Psychologie. Das bedeutet: Es geht nicht nur darum, die Welt zu erklären, sondern sie auch im Positiven zu verändern. Für dieses Handeln braucht man einen Kompass oder einen Ankerpunkt. Leitgedanken finden sich in der Philosophie von Kant wie die Forderung nach Mündigkeit ("Bediene dich deines eigenen Verstandes"), aber auch der Kantsche Imperativ "Handle so, dass dein Handeln allgemeines Gesetz ist". Gleichzeitig werden diese verbunden mit Poppers kritischem Rationalismus im Sinne einer offenen Kultur ohne Dogmatismus, in der kritisch rational diskutiert werden kann und muss. Genauso relevant ist die Lessingsche Idee der Toleranz und Akzeptanz von Vielfalt.

Wichtig ist, dass wir der humanistischen Grundidee, die von Respekt und Wertschätzung zollt, und der Vorstellung einer Gesellschaft folgen, die auf Toleranz, Menschlichkeit, Offenheit und der Akzeptanz von Vielfalt beruht. Unser Ziel beschränkt sich dabei nicht auf psychologische Analysen, sondern soll darüber hinaus zeigen, wie wir die Welt etwas besser machen und die Märchen als Ausgangsform für eine bessere Welt nutzen können.

Literaturverzeichnis

Beck, R., & Leger, E. (2007). *Kinder lieben Märchen ... und entdecken Werte.* München, Knaur.

Beeli, I., & Gysin, M. (2005). *Prinzessin Mäusehaut. Erzählen, spielen, gestalten.* Zürich: Scola.

Bierhoff, H.-W., & Frey D. (Hrsg.). (2011). *Bachelorstudium Psychologie: Sozialpsychologie – Individuum und soziale Welt.* Göttingen: Hogrefe.

Bierhoff, H.-W., & Frey, D. (Hrsg.). (2017). *Enzyklopädie der Psychologie. Sozialpsychologie. Bände 1 bis 3.* Göttingen: Hogrefe.

Frey, A. (2009). Wilde Räuber – zarte Feen. Zur Psychologie von Märchen und ihr Einsatz in der musikpädagogischen Praxis. *Musikpraxis. Musik und Bewegung in Kindergarten, Musik- und Grundschule* 121, 2–12.

Frey, D. (Hrsg.). (2017). *Psychologie der Sprichwörter – Weiß die Wissenschaft mehr als Oma?* Berlin, Heidelberg: Springer.

Frey, D., & Bierhoff, H.-W. (Hrsg.). (2011). *Bachelorstudium Psychologie: Sozialpsychologie - Interaktion und Gruppe.* Göttingen: Hogrefe.

Frey, D., Frey, A., Peus, C., & Osswald, S. (2008). Warum es so leicht ist, Werte zu proklamieren und so viel schwieriger, sich auch entsprechend zu verhalten. In: E. Rohmann, M. J. Herner, & D. Fetchenhauer (Hrsg.), *Sozialpsychologische Beiträge zur Positiven Psychologie* (S. 226–247). Lengerich: Pabst Science Publishers.

Frey, D., & Irle, M. (Hrsg.). (1993). *Theorien der Sozialpsychologie. Band I: Kognitive Theorien* (2. Aufl.). Bern: Huber.

Frey, D., & Irle, M. (Hrsg.). (2002). *Theorien der Sozialpsychologie: Band III: Motivations- und Informationsverarbeitungstheorien* (2. Aufl.). Bern: Huber.

Frey, D., & Irle, M. (Hrsg.). (2008). *Theorien der Sozialpsychologie. Band II: Gruppen- und Lerntheorien* (2. Aufl.). Bern: Huber.

Frey, D., & Schmalzried, L. (Hrsg.). (2013). *Philosophie in der Führung – Gute Führung lernen von Kant, Aristoteles, Popper & Co.* Berlin, Heidelberg: Springer.

Des Kaisers neue Kleider von Hans Christian Andersen (1837)

Christian Feuerbacher

3.1   **Inhalt des Märchens – 14**

3.2   **Die Charaktere – 15**

3.3   **Psychologische Phänomene – 15**
3.3.1   Zuschauereffekt – 15
3.3.2   Sozialer Einfluss – 16
3.3.3   Gruppendenken – 17

3.4   **Bedeutung für die heutige Zeit – 18**

3.5   **Implikationen für die Führung, Erziehung und Lebensgestaltung – 18**
3.5.1   Führung – 18
3.5.2   Erziehung – 18
3.5.3   Lebensgestaltung – 19

3.6   **Fazit – 19**

Literaturverzeichnis – 19

© Springer-Verlag GmbH Deutschland 2017
D. Frey (Hrsg.), *Psychologie der Märchen*,
DOI 10.1007/978-3-662-53668-1_3

3.1 Inhalt des Märchens

Es war einmal ein Kaiser, der sich nur um seine Garderobe sorgte und darüber seine kaiserlichen Pflichten völlig vernachlässigte. Eines Tages kamen zwei Betrüger in sein Reich, um sich als Weber auszugeben und zu behaupten, die schönsten Kleider anfertigen zu können. Diese sollten zudem die Eigenschaft besitzen, für jeden unsichtbar zu sein, der seines Amtes nicht würdig oder dumm sei. Der Kaiser, der sich dachte, dass er so die Dummen von den Klugen unterscheiden könne, beauftragte zugleich die Betrüger gegen eine ordentliche Bezahlung mit der Fertigung einer neuen Garderobe. Die beiden Betrüger stellten also ihre Webstühle auf und taten so, als webten sie.

Der Kaiser, der um den Fortschritt seiner neuen Kleider wissen wollte, aber gleichzeitig ein mulmiges Gefühl hatte, schickte zunächst einen alten, ehrlichen Minister, um sich nach dem Fortschritt zu erkundigen. Doch dieser Minister sah zu seinem Schrecken rein gar nichts auf dem Webstuhl liegen. Dies bedeutete den Betrügern zufolge, dass er entweder seines Amtes nicht tauge oder dumm sei. Da er um die vermeintliche Eigenschaft des Stoffes wusste, lobte der Minister die wunderschönen Stoffe. Einem zweiten kaiserlichen Gesandten erging es nicht anders und so lobte auch er des Kaisers neue Kleider und berichtete seinem Herren von deren vermeintlicher Schönheit.

Nun war der Zeitpunkt gekommen, da der Kaiser selbst die gelobten Webereien bewundern wollte. Doch als er nichts auf dem Webstuhl sah, erschrak er und fragte sich, ob er dumm sei oder gar nicht dazu tauge, Kaiser zu sein. Darum lobte auch er die Stoffe und sein gesamtes versammeltes Gefolge stimmte in das Lob ein.

Da gerade ein öffentlicher Festmarsch anstand, nutzte der Kaiser die Gelegenheit seine neuen Kleider das erste Mal öffentlich zur Schau zu stellen. Die Kammerherren taten so, als trügen sie die unsichtbare Schleppe und niemand aus dem Volke wagte es, sich anmerken zu lassen, dass er keine Kleider sah – denn dies hätte ja bedeutet, dass er dumm gewesen wäre oder nicht zu seinem Amt getaugt hätte. Im Gegenteil, alle jubelten dem Kaiser zu und bewunderten seine neuen Kleider. Bis ein kleines Kind sagte: „Aber er hat ja gar nichts an!" Diese Aussage verbreitete sich in der Menge, bis schließlich das ganze Volk den Ausruf des Kindes wiederholte und rief: „Aber er hat ja gar nichts an!"

Der Kaiser, welcher nun merkte, dass das Volk wohl recht hatte, war ergriffen, dachte sich aber, dass er dies nun aushalten müsse und setzte den Festmarsch fort.

(Andersen 2014; ◘ Abb. 3.1)

◘ **Abb. 3.1** (Zeichnung: Claudia Styrsky)

3.2   Die Charaktere

Zu Beginn des Märchens wird uns der **Kaiser** vorgestellt. Durch seinen alleinigen Fokus auf sein Äußerliches – seine Garderobe – erweckt er einen oberflächlichen, eitlen, wenig kompetenten Eindruck. Aus dieser Unfähigkeit resultiert zum einen die komplette Vernachlässigung seiner Regierungsaufgaben (im Originalmärchen wird beispielsweise beschrieben, dass er sich nicht um seine Soldaten kümmert). Zum anderen ermöglicht seine Eitelkeit den Betrügern, seine Schwäche für neue Kleider auszunutzen und ihn mit ihrem „maßgeschneiderten" Angebot aufs Glatteis zu führen. Die Tatsache, dass sich der Kaiser in Anbetracht der nicht sichtbaren Kleider fragt, ob er dumm oder unfähig sei, liefert einen Hinweis darauf, dass er insgeheim die Befürchtung hat, dass dies in der Tat auf ihn zutreffen könnte.

Mit dem Auftreten der **beiden Betrüger** entfaltet sich die Handlung des Märchens. Dass sie die Schwäche des Kaisers genau erkennen und mit einem Angebot ausnutzen, das so dreist ist, dass es schon wieder an Genialität grenzt, lässt die beiden Charaktere als sehr gerissen und gewitzt erscheinen. Die Beantwortung der Frage, ob es sich wirklich um Betrüger handelt oder vielmehr um die Helden der Geschichte, die dem Kaiser seine Unfähigkeit – im wahrsten Sinne des Wortes – im Spiegel vorhalten und dadurch im besten Falle eine Veränderung des maroden Staates bewirken, bleibt dem Leser überlassen.

Hofft der Leser darauf, dass mit der Begutachtung der Stoffe durch die zunächst als ehrlich und tüchtig beschrieben **kaiserlichen Berater** der Schwindel auffliegen würde, so wird er enttäuscht. Rasch zeigt sich, dass die beiden kaiserlichen Vertrauten alles andere als ehrlich und fähig sind. Motiviert durch die Sorge um ihren eigenen Ruf vernachlässigen sie ihre Pflichten und leugnen, den Stoff nicht sehen zu können, wodurch sie erst den Betrug an ihrem Kaiser ermöglichen.

Auch das **Volk** wirkt recht unreflektiert und mehr auf die Aufrechterhaltung des schönen Scheins bedacht. Dies wird zum einen dadurch deutlich, dass das Volk nicht den Anschein macht, unzufrieden mit dem offensichtlich unfähigen Herrscher zu sein (im Märchen heißt es vielmehr, dass es dort „munter herging"). Außerdem scheint auch das Volk während des Festmarsches zunächst darum bemüht, die angeblichen Kleider des Kaisers zu bewundern, um nicht in einem schlechten Licht zu erscheinen.

Erst das **Kind**, welches sich noch wenig Sorgen um sein gesellschaftliches Ansehen macht, schafft es mit seinem Ausruf, die bizarre Situation aufzulösen. Bezeichnenderweise ruft der Vater im Märchen nach dem Ausspruch des Kindes: „Hört die Stimme der Unschuld!" Hier bewahrheitet sich offensichtlich die Volksweisheit „Kindermund tut Wahrheit kund".

3.3   Psychologische Phänomene

Das Märchen „Des Kaisers neue Kleider" aus dem Jahre 1837, zählt zu den bekanntesten Werken des dänischen Schriftstellers Hans Christian Andersen. Andersen will uns mit seinem Märchen von einem unfähigen Regenten und zwei listigen Betrügern nicht nur vor Augen halten, wozu Leichtgläubigkeit, blindes Vertrauen und Gruppendruck führen können. Er kritisiert auch die unkritische und devote Akzeptanz vermeintlicher Autoritäten und Experten.

Im Märchen lassen sich zahlreiche psychologische Phänomene erkennen, von denen einige dem Leser im Folgenden vorgestellt und jeweils im Anschluss anhand der Verhaltensweisen der Charaktere verdeutlicht werden.

3.3.1   Zuschauereffekt

Der Zuschauereffekt (in der Psychologie vor allem unter dem Namen „Bystander-Effekt" oder „Genovese-Syndrom" bekannt) besagt, dass umso weniger geholfen und eingegriffen wird, je mehr Menschen anwesend sind (Darley u. Latané 1968). Der Name „Genovese-Syndrom" geht auf die Amerikanerin Catherine Genovese zurück, die in den 1960er-Jahren in New York City vergewaltigt und ermordet wurde. Obwohl es dutzende Augenzeugen gab, griff niemand ein, und es dauerte ca. eine halbe Stunde bis die Polizei verständigt wurde.

Erklärt wird dieses Phänomen durch folgende zusammenwirkende Mechanismen, die schlussendlich dazu führen, dass nicht geholfen wird:

1. **Bewertungserwartung:** Menschen haben natürlicherweise Angst vor einer negativen Bewertung durch Außenstehende. Sie sind unsicher, wie sie sich in einer Notsituation verhalten sollen. Zudem haben sie Angst, mit ihrem Eingriff zu scheitern und vor den anderen Personen als unfähig dazustehen.
2. **Pluralistische Ignoranz:** Die Ignoranz der Gruppe liegt darin begründet, dass aus dem Nichteingreifen der anderen Personen darauf geschlossen wird, dass die Situation eigentlich harmlos ist.
3. **Verantwortungsdiffusion:** Durch die Anwesenheit von vielen Personen verteilt sich die Verantwortung auf alle Personen und niemand möchte sie alleine übernehmen. Daraus folgt, dass niemand sich verantwortlich fühlt und einsieht, warum gerade er eingreifen sollte.

Der Zuschauereffekt ist auch im Märchen deutlich erkennbar. Keiner der anwesenden Charaktere sieht die vermeintlichen Kleider und trotzdem greift niemand ein, indem er dies offen ausspricht – weder bei der Begutachtung der Stoffe durch die Berater sowie den Kaiser und seinem Gefolge noch bei der feierlichen Prozession.

Im Märchen beruht der Zuschauereffekt hauptsächlich auf dem Mechanismus der Bewertungserwartung. Diese liegt sowohl beim Kaiser als auch bei seinen Beratern und dem Volk vor. Sie haben Angst vor einer negativen Bewertung durch ihre Mitmenschen und vor negativen Konsequenzen für ihren Ruf und ihre Stellung. Darum möchten sie sich unbedingt so verhalten, wie es von außen erwünscht scheint, und entscheiden sich wider besseres Wissen dagegen, die offensichtliche Wahrheit auszusprechen und den Betrug auffliegen zu lassen.

Auch der Mechanismus der Verantwortungsdiffusion scheint bei den unterlassenen Eingriffen der Charaktere im Märchen eine Rolle zu spielen. Sowohl bei der kaiserlichen Besichtigung der Stoffe, als auch bei dem öffentlichen Festmarsch sind viele Personen zugegen. In diesen Konstellationen scheint die Verantwortung auf viele Schultern verteilt zu sein,

weshalb keine der Personen bereit ist, die Verantwortung alleine zu tragen und einzugreifen.

3.3.2 Sozialer Einfluss

In der Psychologie bezeichnet sozialer Einfluss die Veränderung von Meinungen, Einstellungen und Urteilen einer Person durch die Konfrontation mit den Ansichten anderer.

Die Forscher Latané und Wolf (1981) zeigten Bedingungen auf, unter denen dieser soziale Einfluss besonders stark ist. Je höher die **Anzahl von Personen** ist, die eine andere Meinung vertreten, desto stärker lässt sich der einzelne Mensch beeinflussen. Außerdem hat der **Status** der anderen Personen einen Einfluss: Je höher ihr Status ist, z. B. aufgrund dessen, dass es sich um Experten auf ihrem Gebiet handelt, desto stärker beeinflusst dies die Meinung des Einzelnen.

Inwiefern sich Personen von abweichenden Meinungen anderer beeinflussen lassen, wurde bereits 1951 von dem Psychologen Solomon Asch eindrucksvoll bewiesen. In einem Experiment sollten Versuchspersonen entscheiden, welche von drei Vergleichslinien dieselbe Länge wie eine Standardlinie besaß: Zunächst sollten sie dies alleine tun – hier wurden kaum Fehler gemacht; dann zusammen mit sechs weiteren „Versuchspersonen", die in Wahrheit Mitarbeiter des Versuchsleiters waren. Die sechs Mitarbeiter gaben in den meisten Durchgängen einstimmig falsche Urteile zu den übereinstimmenden Strichlängen ab. Unter dieser Bedingung zeigte sich, dass die Fehlerquote der echten Versuchspersonen über ein Drittel betrug. Dieses Experiment verdeutlicht den enormen Einfluss, den Gruppen auf Personen ausüben können. Motiviert durch den Wunsch, gemocht zu werden und dazuzugehören, zeigen wir in der Öffentlichkeit häufig erhöhte Konformität, auch wenn dies bedeutet, gegen unsere eigenen Überzeugungen zu handeln.

Die Folgen von sozialem Einfluss lassen sich ebenfalls im vorliegenden Märchen wiederfinden. Zunächst liefert uns sozialer Einfluss einen Hinweis darauf, warum es den Betrügern gelingt, den Kaiser sowie seine Minister zu täuschen. Die Betrüger üben einen starken Einfluss aus, da sie sich als Meister ihres Faches ausgeben und sich damit rühmen, etwas zu können, was kein anderer kann. Sie erscheinen somit als **Experten** auf ihrem Gebiet, welche – wie zuvor beschrieben – einen sehr starken sozialen Einfluss ausüben können. Durch die erfolgreiche Beeinflussung des Kaisers und seiner Minister kann sich der soziale Einfluss im Märchen weiter fortsetzen. Der Kaiser und die Minister haben aufgrund ihres Status ebenfalls einen hohen sozialen Einfluss auf andere Personen. Dadurch, dass nun auch sie die Kleider loben, beeinflussen sie wiederum ihr gesamtes Gefolge. Als Konsequenz traut sich keiner, zu widersprechen und die Lüge aufzudecken. Indem das Gefolge in die Lobeshymnen einstimmt, wächst zudem die **Gruppe der einflussnehmenden Personen**. Dies erklärt, warum auch bei der Prozession zunächst niemand widerspricht.

Das Loben der nicht vorhandenen Kleider weist eine deutliche Parallele zu den Urteilen bezüglich der Strichlängen in der Gruppenbedingung in Aschs oben beschriebenem Experiment auf. In beiden Fällen wurden, bedingt durch den Einfluss der Gruppe, wissentlich **falsche Urteile** abgegeben.

3.3.3 Gruppendenken

Wenn Gruppen Entscheidungen treffen, kommt es überraschend oft zu suboptimalen Entscheidungen oder sogar **Fehlentscheidungen**. Das ist selbst der Fall, wenn es sich um politische Beraterstäbe handelt, die aus überdurchschnittlich intelligenten Experten bestehen.

Bei Aktenanalysen war dem Psychologen Janis (1972) aufgefallen, dass einige amerikanische Krisen (z. B. Pearl Harbor oder die Krise in der kubanischen Schweinebucht) – zumindest teilweise – auf eindeutige Fehlentscheidungen der **Beratergruppen** zurückzuführen waren. Janis erklärte diese Fehlentscheidungen mit dem Phänomen des Gruppendenkens. Janis zufolge ist die Gefahr des Gruppendenkens immer dann gegeben, wenn der Entscheidungsprozess einer Gruppe so sehr durch das Streben nach einer **Einigung** geleitet ist, dass dies die Wahrnehmung der Realität beeinträchtigen kann. Diese Gefahr steigt durch verschiedene Bedingungen. Die Gefahr ist z. B. höher, wenn eine Gruppe einen starken Zusammenhalt hat, von alternativen Informationsquellen abgeschottet ist, möglichst schnell eine Lösung finden muss oder der

Gruppenführer eine bestimmte Entscheidung bevorzugt. Aus diesen Einflüssen folgt, dass die Gruppe das Gefühl hat, richtig zu handeln und unverwundbar zu sein. Außerdem findet eine Art Selbstzensur statt, da man sich nicht mehr traut, eine abweichende Meinung oder Zweifel anzumelden, auch wenn diese objektiv berechtigt wären. Sollte eine Person dies trotzdem tun, wird in der Regel Druck auf sie ausgeübt. Vorschläge, die mit der vom Gruppenführer bevorzugten Entscheidung übereinstimmen, werden hingegen bestärkt.

Eine Möglichkeit, um das Auftreten von Gruppendenken einzudämmen, besteht z. B. darin, einer Person der Gruppe zu Anfang die Aufgabe zuzuteilen, immer die negativen Seiten der besprochenen Ideen zu suchen und Gegenargumente zu liefern. Aufgrund ihrer unliebsamen Stellung in Gruppen wird diese Person in der Psychologie auch „Anwalt des Teufels" (**Advocatus Diaboli**) genannt.

Im Märchen zeigen sich Elemente des Gruppendenkens u. a. darin, dass der Kaiser als Gruppenführer von Anfang an von der Idee der Kleider begeistert ist. Hätte er seine Meinung erst zum Schluss geäußert und seine Berater zunächst um deren Meinung gebeten, wäre ihm die ganze Misere möglicherweise erspart geblieben. Außerdem handelt es sich bei ihm und seinem Gefolge um eine Gruppe mit starkem Zusammenhalt, in der abweichende Gedanken und Meinungen nicht entstehen können oder zumindest nicht zur Sprache kommen – ähnlich wie in den von Janis untersuchten amerikanischen Beraterstäben.

Daneben liegen der kaiserlichen Gruppe keine **alternativen Informationsquellen** vor. Der Kaiser wäre beispielsweise gut damit beraten gewesen, zunächst die Meinung von außenstehenden, renommierten Webern einzuholen. Sicherlich hätten diese ihn darüber aufklären können, dass die Herstellung des beworbenen Stoffs unmöglich ist. Auch hätte der Kaiser zunächst Informationen über die beiden vermeintlichen Weber einholen lassen können. Eventuell wäre er bei seiner Recherche auf ähnliche Betrugsereignisse gestoßen oder den Betrügern vermutlich skeptischer gegenübergetreten, wenn sich keine Informationen hätten finden lassen.

Das Kind, das zum Schluss auf die nicht vorhandenen Kleider und somit auf den Irrsinn des Konzepts aufmerksam macht, kann als eine Art „Anwalt des Teufels" verstanden werden. Es ist noch nicht so sehr an die Gruppe angepasst und traut sich daher, seine abweichende Meinung frei auszusprechen.

3.4   Bedeutung für die heutige Zeit

Das Märchen lässt sich problemlos auf unsere heutige Realität übertragen. Auch bei Wirtschaftsskandalen, beispielsweise den im Jahr 2015 bekanntgewordenen Manipulationen von Abgaswerten bei einem führenden Autohersteller, waren häufig Gruppen an der Entscheidung beteiligt. Es lässt sich vermuten, dass auch hier einige Gruppenmitglieder diese Machenschaften kritisch gesehen haben, dies aber aufgrund des Druckes der Gruppe nicht äußern konnten. Sie hatten vermutlich Angst davor, von den anderen Gruppenmitgliedern negativ bewertet zu werden und möglicherweise ihre Position zu verlieren. Sie verhielten sich also genauso wie die Minister in unserem Märchen.

Auch heutzutage werden immer wieder von Betrügern falsche Versprechungen gemacht. Die Wahrheit kommt meist zunächst nicht ans Licht, da Personen unter sozialem Einfluss stehen oder dem Zuschauereffekt verfallen. Um die „nackte" Wahrheit zu erkennen, bedarf es auch heute noch mutiger und unangepasster Personen wie dem Kind im Märchen oder dem Whistleblower Edward Snowden, der im Sommer 2013 den Überwachungsskandal der National Security Agency (NSA) enthüllte.

Daneben sollten auch wir uns immer wieder die Frage stellen, welchen Illusionen wir unterliegen. Die Antwort z. B. auf die Frage, unter welchen Bedingungen unsere „schillernden" Kleider zum Teil produziert werden, lässt uns mitunter so ergriffen dreinschauen wie den Kaiser die Einsicht, dass er nackt vor seinem Volk flaniert.

3.5   Implikationen für die Führung, Erziehung und Lebensgestaltung

3.5.1   Führung

Wie durch das Märchen und den genannten Wirtschaftsskandal zu erkennen ist, ist es wichtig, als führende Persönlichkeit eine Unternehmenskultur zu schaffen, in der jeder offen seine ehrliche Meinung sagen kann. Die Einführung einer gesunden **Feedbackkultur** ist ein wichtiger Schritt zur Vermeidung von Unzufriedenheit und Krisen sowie zur persönlichen Weiterentwicklung. Diese Kultur kann beispielsweise durch Instrumente wie Mitarbeiterbefragungen oder das 360°-Feedback gefördert werden. Durch Letzteres erhalten Führungs- und Fachkräfte Rückmeldung aus unterschiedlichsten Perspektiven, z. B. von Mitarbeitern, Vorgesetzten und/oder Kunden.

Zudem verdeutlicht das Märchen, das Machtgier und Angst vor Machtverlust zu irrationalem und risikoreichem Verhalten führen können. Die potenziellen Auswirkungen eines solchen Verhaltens wurden uns beispielsweise beim Börsencrash 2008 vor Augen geführt. Dieser wurde maßgeblich mitbedingt von der Pleite der Investmentbank Lehman Brothers, die – getrieben durch die Gier nach immer höheren Gewinnen – höchst riskante Finanzgeschäfte auf dem US-Immobilienmarkt eingegangen war. Indem man Mitarbeiter zu kritischem Hinterfragen von Entscheidungen und Führungskräften ermutigt und ihnen – wo immer möglich – ein **Mitspracherecht** einräumt, wird risikoreiches Verhalten unwahrscheinlicher. Hätte der Kaiser im Märchen eine solche Kultur gepflegt, wäre ihm der Betrug vermutlich erspart geblieben.

3.5.2   Erziehung

Wie bereits erwähnt, verdeutlicht das kleine Kind im Märchen den Wahrheitsgehalt der alten Volksweisheit „Kindermund tut Wahrheit kund". Es kann sich also durchaus lohnen, Wert auf die Meinung und Aussagen von Kindern zu legen und diese ernst zu nehmen. Kinder unterliegen sozialen Anpassungszwängen noch nicht in dem Maße wie Erwachsene und sprechen daher meist frei aus, was sie sehen und denken. Das Märchen regt uns dazu an, Erziehung als einen **zweiseitigen Prozess** zu verstehen, bei welchem Eltern führen, sich aber auch von ihren Kindern führen lassen. So können beide Seiten voneinander lernen. Wenn dies erfolgreich geschieht, ist Erziehung ein fruchtbarer Prozess für alle Beteiligten.

Außerdem sollten Eltern und die Gesellschaft als Ganzes versuchen, den nachfolgenden Generationen

Werte wie Wahrheit, Aufrichtigkeit und das Eintreten für die eigene Meinung aktiv in ihrer Vorbildfunktion vorzuleben. Nur so können Kinder zu **mündigen Bürgern** heranwachsen, die nicht eines Tages, aufgrund von leeren Versprechungen, eitel und nackt durch die Straßen ziehen.

3.5.3 Lebensgestaltung

Auch für unsere generelle Lebensgestaltung erteilt Andersen uns in seinem Märchen weise Ratschläge. Zum einen verdeutlicht es uns, dass Lügen kurze Beine haben und mehr Schein als Sein auf Dauer selten von Erfolg gekrönt ist. Früher oder später fliegt ein Schwindel auf, und man kann sich nie sicher sein, wann oder wodurch die Öffentlichkeit dazu angeregt wird, unseren Schein genauer unter die Lupe zu nehmen. Dass dies mitunter kostspielige Folgen haben kann, lässt sich an den zahlreichen Plagiatsaffären der letzten Jahre in der deutschen Politik gut nachvollziehen.

Außerdem regt uns Andersens Werk dazu an, **Werbung** kritisch zu hinterfragen. Ist ein Produkt tatsächlich das, was es zu sein verspricht, und benötige ich dieses Produkt wirklich? Oder bin ich, nur weil beispielsweise mit „Experten" geworben wird, gerade dabei, auf einen cleveren Marketingtrick hereinzufallen?

Zu guter Letzt fordert uns der Autor dazu auf, nicht blind der Masse zu folgen, sondern für unsere Überzeugungen und Meinungen einzustehen und nicht dem Zuschauereffekt zum Opfer zu fallen. Stattdessen sollten wir eingreifen und handeln, wenn wir die Notwendigkeit erkennen, so wie es das Kind im Märchen tut. Man sollte lieber einmal zu oft einschreiten als einmal zu wenig, denn nur durch das Zeigen von **Zivilcourage** können wir das Leben und die Menschenwürde von betroffenen Personen schützen.

3.6 Fazit

Andersen fordert den Leser mit seinem Märchen dazu auf, Autoritätspersonen, aber auch sich selbst kritisch zu hinterfragen. Viele von uns hätten vermutlich – aus wissenschaftlicher Sicht betrachtet – in

der Situation der Berater ähnlich handeln können. Wenn wir unser Leben ehrlich unter die Lupe nehmen, entdecken wir häufig ähnliche Phänomene in der Gesellschaft, im Beruf, der Universität oder auch in der Schule oder im Kindergarten. Der Leser soll dazu angeregt werden, sich die Frage zu stellen, wo er sich selber als Kaiser entdeckt? Wann verhält er sich wie ein Mitläufer? Und wo entdeckt er sich als Kind? Die aufrichtige Reflexion dieser Fragen ist sicher nicht immer angenehm, aber sie kann dazu führen, dass wir aus den Antworten lernen und schließlich zu couragierteren Mitgliedern unserer Gesellschaft werden.

Literaturverzeichnis

Andersen, H. C. (2014). *Die schönsten Märchen von H. C. Andersen*. Berlin: Annette Betz.

Asch, S. E. (1951). Effects of group pressure upon the modification and distortion of judgments. In: H. Guetzkow (Ed.), *Groups, Leadership, and Men* (pp. 177–190). Pittsburgh, PA: Carnegie Press.

Darley, J. M., & Latané, B. (1968). Bystander intervention in emergencies: diffusion of responsibility. *Journal of Personality and Social Psychology* 8, 377–383.

Janis, I. L. (1972). *Victims of groupthink: A psychological study of foreign-policy decisions and fiascoes*. Oxford, England: Houghton Mifflin.

Latané, B., & Wolf, S. (1981). The social impact of majorities and minorities. *Psychological Review* 88, 438–453.

Von den drei Groschen von Pavol Dobšinský

Sarah Eichmann

4.1   Inhalt des Märchens – 22

4.2   Die Charaktere – 22

4.3   Psychologischen Phänomene und Bedeutung für die heutige Zeit – 23

4.3.1   Reziprozität/Gegenseitigkeit – 23
4.3.2   Soziale Verantwortung – 24
4.3.3   Verhaltensvorbilder – 26

4.4   Fazit – 26

        Literaturverzeichnis – 27

© Springer-Verlag GmbH Deutschland 2017
D. Frey (Hrsg.), *Psychologie der Märchen*,
DOI 10.1007/978-3-662-53668-1_4

4

4.1   Inhalt des Märchens

Es war einmal ein armer Mann, der Gräben neben einer Landstraße aushob. Eines Tages fuhr der König auf der Landstraße entlang und beobachtete die schwere Arbeit. Da fragte er den armen Mann, welchen Lohn er für eine solch schwere Arbeit erhielte. Der arme Mann antwortete ihm: „An einem Tag bekomme ich drei Groschen." Daraufhin fragte der König erstaunt, wie er von einem so geringen Einkommen leben könne. Da erwiderte der arme Mann: „Dies wäre nicht weiter schlimm. Jedoch gebe ich einen Groschen ab, einen verleihe ich und der letzte bleibt mir zum Leben."

Der König wunderte sich über die Antwort des armen Mannes und bat ihn schließlich, ihm zu erklären, was mit den Groschen geschehe. Der arme Mann antwortete: „Ich pflege meinen Vater, der schon alt ist. Er hat mich aufgezogen, deshalb gebe ich ihm zurück, was er mir Gutes getan hat, und überlasse ihm einen Groschen. Den anderen Groschen leihe ich meinem Sohn, damit er ihn mir später zurückgeben kann. Der letzte Groschen bleibt schließlich für mich zum Leben."

Der König war beeindruckt von der Antwort des armen Mannes und meinte: „An meinem Hofe habe ich zwölf Berater, die niemals mit ihrem Lohn zufrieden sind, egal wie viel ich ihnen gebe. Nun will ich ihnen deine Geschichte als Rätsel stellen. Meine Berater sollen das Rätsel lösen, warum ein armer Arbeiter von seinem kargen Lohn einen Groschen abgibt, einen verleiht und ihm nur einer zu Leben bleibt. Sollten sie zu dir kommen und die Antwort des Rätsels fordern, schweige so lange bis du mich wiedersiehst." Zum Abschied schenkte ihm der König noch eine Handvoll Dukaten.

Zurück am Hofe stellte der König seinen Beratern das Rätsel des armen Mannes. Er drohte ihnen, sie aus dem Land jagen zu lassen, wenn sie die Lösung des Rätsels nicht binnen einer Woche errieten. Die zwölf Berater rätselten viele Tage, konnten die Lösung aber nicht erraten. Schließlich fanden sie den armen Mann und bettelten, versprachen hohe Geldmengen und drohten ihm, damit er ihnen die Lösung des Rätsels verrate. Anfangs schwieg der arme Mann beharrlich, doch schließlich hatte er Einsehen mit den verzweifelten Beratern. Er holte eine Dukate, die ihm der König geschenkt hatte, hervor

und wies auf das Abbild des Königs: „Hier sehe ich das Bild des Königs, so kann ich euch die Lösung verraten." Nachdem er die Minister über des Rätsels Lösung aufgeklärt hatte, überbrachten die Minister dem König die Lösung.

Der König jedoch bemerkte den Betrug und ließ zornig den armen Mann holen. Als der König ihn zur Rede stellte, antwortete er: „Mein König, so wie Ihr mir es befohlen habt, habe ich geschwiegen, bis ich Euer Bild sah. Hier ist es, Ihr selbst habt es mir geschenkt." Dabei holte er eine Münze hervor. Der König war tief beeindruckt von der Weisheit des armen Mannes und machte ihn zu einem Berater an seinem Hofe. Die zwölf Berater jedoch wagten es nie wieder, um eine höhere Entlohnung zu bitten.

(Gašparíková 2000; ◘ Abb. 4.1)

Anmerkung   Das slowakische Märchen „Von den drei Groschen" („O troch grošoch") wurde zum ersten Mal im Kodex von Tisovec (etwa 1834–1844), einer Sammlung von slowakischen Volksmärchen, veröffentlicht. Anschließend wurde es in den Sammelband *Slowakische Volksmärchen* (*Prostonárodnie slovenské povesti*, 1880–1883) von Pavol Dobšinský aufgenommen. Pavol Dobšinský gilt als bedeutsamster slowakischer Sammler von Märchen und mündlichen Überlieferungen und wird überwiegend als Autor des Märchens „Von den drei Groschen" genannt.

4.2   Die Charaktere

Im Mittelpunkt des Märchens steht der **arme Mann**, der einer schlecht bezahlten und mühseligen Arbeit als nachgeht und von seinem geringen Verdienst zudem seinen alten Vater und seinen Sohn versorgt. Sein Handeln ist von Bescheidenheit, Verantwortungsbewusstsein und Weisheit geprägt und imponiert dem König sehr.

Der **König** sucht trotz seines hohen gesellschaftlichen Status den Kontakt zu einem einfachen Straßenarbeiter. Er schätzt das vorbildliche Verhalten des armen Mannes und hinterfragt die Geldgier seiner Berater. Mit dem Rätsel will er ihre Eignung in dieser Position prüfen. Als die Berater nur durch Betrug an die Lösung des Rätsels gelangen, lässt er diese

Abb. 4.1   (Zeichnung: Claudia Styrsky)

Demütigung Strafe genug sein und verjagt sie nicht wie angedroht vom Hof.

Die **zwölf Berater** des Königs genießen eine gut bezahlte Stellung am Hof des Königs und doch stellt sie ihr Lohn nie zufrieden. Ihre Weisheit und Perspektive reichen nicht aus, um das Rätsel zu lösen. Deshalb schrecken sie auch vor unlauteren Methoden nicht zurück, um an die Lösung des Rätsels zu gelangen. Bloßgestellt durch die Weisheit und Bescheidenheit des armen Mannes, wagen sie es nie mehr, um eine Erhöhung ihres Lohnes zu bitten.

4.3 Psychologischen Phänomene und Bedeutung für die heutige Zeit

Märchen werden über Generationen hinweg weitergegeben. Sie vermitteln – neben aufregenden Erzählungen – auch Lebensweisheiten und Denkanstöße und enthalten darüber hinaus spannende psychologische Aspekte. Auch im Märchen „Von den drei Groschen" zeigen sich viele psychologische Phänomene, von denen im Folgenden einige der interessantesten vorgestellt werden.

4.3.1 Reziprozität/Gegenseitigkeit

Im Märchen „Von den drei Groschen" sorgt der arme Mann für seinen Vater und gibt ihm das Gute zurück, das er damals von ihm erhalten hat. Ebenso unterstützt er jetzt seinen Sohn, damit ihn dieser im Alter versorgen kann. Dieses Prinzip der Gegenseitigkeit wird als Reziprozität bezeichnet und stellt ein Grundprinzip des menschlichen Handelns dar.

Im Zusammenhang mit Reziprozität wird oft von der sog. **Reziprozitätsnorm** gesprochen. Diese besagt, dass Menschen aus der Erwartung heraus helfen, damit auch ihnen zukünftig geholfen wird. Es wird also nach dem Motto „Wie du mir, so ich dir" gehandelt (Kienbaum 2011). Aus diesem Verhaltensmuster kann eine Kooperation mit anderen entstehen, die in der Entwicklungsgeschichte der Menschheit einen entscheidenden Überlebensvorteil bot. Wer mit anderen zusammenarbeitete und sich Arbeit aufteilte, musste selbst nicht für jeden Lebensbereich sorgen und konnte von der Arbeit der anderen profitieren. Dieser Vorteil durch Kooperation mit anderen kann eine Erklärung dafür sein, warum Menschen **prosoziales Verhalten** zeigen. Damit ist ein Verhalten gemeint, das zum Wohl

4

anderer beiträgt und sowohl intentional als auch freiwillig erfolgt.

Da Reziprozität eine wichtige Grundlage des menschlichen Miteinanders darstellt, überrascht es nicht, dass Reziprozität als universelle Norm gilt und auch kulturübergreifend gültig ist (Bierhoff 2010). Die Regel der Reziprozität ist so tief in uns verankert, dass wir uns sogar verpflichtet fühlen, etwas zurückzugeben, wenn wir etwas unverhofft geschenkt bekommen. An einem Feldexperiment von Armin Falk aus dem Jahr 2007 lässt sich dieser Zusammenhang anschaulich erklären. Dabei wurden insgesamt 10.000 Spendenaufrufe zur Unterstützung von Straßenkindern in Bangladesh an Haushalte in der Schweiz versandt. Ein Drittel der Briefe enthielt nur den Spendenaufruf, mit einem Drittel der Briefe wurde ein kleines Geschenk und mit einem Drittel ein großes Geschenk verschickt. Wie reagierten die Empfänger auf den Spendenaufruf? Fand ein **Geschenkeaustausch** statt? Fühlten sich die Empfänger des Briefes verpflichtet, etwas auf das unerwartete und möglicherweise gar nicht gewünschte Geschenk zurückzugeben? Die Antwort lautet ja. So zeigte sich, dass von Haushalten mit dem großen Geschenk im Schnitt fast doppelt so viel gespendet wurde wie von Haushalten ohne Geschenk. Das Prinzip des Geschenkeaustausches finden wir auch im Märchen wieder: Der arme Mann hat schon viel Zuwendung von seinem Vater erhalten, nun fühlt er sich verpflichtet, ihm wieder etwas zurückzugeben.

Doch Reziprozität kann nicht nur positive Verhaltensweisen bewirken, Reziprozität hat auch eine dunkle Seite. Damit ist die **Bestrafung von unfairem Verhalten** gemeint, beispielsweise wenn man für eine erbrachte Leistung keine akzeptierte Gegenleistung erhält. Dieser Zusammenhang lässt sich am Beispiel eines Reifenherstellers verdeutlichen, der eine große Rückrufaktion seiner Reifen wegen gravierender, gefährdender Qualitätsmängel beginnen musste (Kruger u. Mas 2004). Die mangelhaften Reifen wurden überwiegend von einem Werk während eines erbitterten Arbeitskampfes zwischen Unternehmensführung und Arbeitern hergestellt, bei dem Lohn und Urlaub der Arbeiter drastisch gekürzt wurden. Das unfaire und rigide Verhalten der Unternehmensführung wurde von den Mitarbeitern mit mangelhafter Arbeitsleistung – oder anders formuliert – mit **negativer Reziprozität** bestraft.

Dieses Beispiel von Reziprozität verdeutlicht, dass eine faire Gegenseitigkeit auch im **Arbeitskontext** von großer Bedeutung ist. Abgesehen davon, dass eine respektvolle Behandlung von Mitarbeitern ethisch wünschenswert ist, müssen sich besonders Führungskräfte darüber bewusst sein, dass eine faire Behandlung ihrer Mitarbeiter auch wirtschaftliche Konsequenzen haben kann und daher ökonomisch sinnvoll ist. Die Erfüllung der Reziprozitätsnorm wiederum kann von Führungskräften als Anreiz für Mitarbeiter eingesetzt werden, gute Leistungen zu erbringen. Denn die Mitarbeiter können sich darauf verlassen, dass ihre Anstrengungen angemessen vergolten werden.

Der arme Mann kommt seiner Verpflichtung gegenüber seinem Vater nach und erwartet gemäß der Reziprozitätsnorm, dass sich sein Sohn später einmal in gleicher Weise ihm gegenüber verhalten wird. Das Märchen lässt jedoch offen, ob der Sohn den armen Mann tatsächlich versorgen wird. Wie wird der arme Mann reagieren, wenn er feststellen muss, dass ihn sein Sohn entgegen seiner Erwartungen nicht versorgt?

Wie die Beispiele zur Spendenbereitschaft und der mangelhaften Autoreifen zeigen, kann Reziprozität auch manipulativ eingesetzt werden oder bei Nichterfüllen der Gegenseitigkeit nachteilige Folgen haben. Da man im alltäglichen Leben ständig mit der Reziprozitätsnorm konfrontiert wird, ist es wichtig, sich über diese Folgen bewusst zu sein. Außerdem sollte man bedenken, dass schon kleine Zugeständnisse den Drang auslösen können, größere Zugeständnisse zu machen, die man eigentlich nicht machen will. Ebenso muss man berücksichtigen, dass das Ausbleiben einer erwarteten Gegenleistung zu aggressiven Reaktionen des Gegenübers führen kann.

4.3.2 Soziale Verantwortung

Das fürsorgliche und vorausschauende Handeln des armen Mannes beruht nicht nur auf Reziprozität, sondern auch auf sozialer Verantwortung. Der arme Mann fühlt sich dafür verantwortlich, seinen alten Vater zu pflegen und seinen Sohn zu unterstützen, da sie im Moment bedürftiger sind als er selbst.

Die Frage nach Verantwortung für ein Ergebnis wird oft nur dann gestellt, wenn es negativ ist. Dabei stellt gegenseitige Verantwortungsübernahme eine wichtige Grundlage für das Zusammenleben von Menschen dar. Der Soziologe Max Weber (1919–1922) definiert **Verantwortungsethik** als Verantwortung sowohl für das Handeln als auch für die Unterlassung des Handelns. So kann sich Verantwortung auf das eigene Handeln beziehen, z. B. die politische Verantwortung von Entscheidungen oder die Vermeidung von unnötigen Risiken. Zudem kann Verantwortung auch Verantwortung für andere Menschen bedeuten, z. B. die Sorge um das finanzielle und gesundheitliche Wohlergehen der eigenen Familie. In dem letztgenannten Beispiel sowie im Märchen wird deutlich, dass Verantwortung auf eine Verbindung oder Verwandtschaft mit einer bedürftigen Person hinweist.

Doch was ist der Grund dafür, Verantwortung übernehmen zu wollen? Warum übernehmen manche Menschen mehr Verantwortung als andere? Der Entwicklungspsychologe Martin Hoffman (2000) konnte nachweisen, dass Fühlen und Übernehmen von Verantwortung mit **Empathie** und Empfinden von **Schuld** einhergeht. Dabei stellt Empathieempfinden eine Voraussetzung für Verantwortungsübernahme dar; Schuldempfinden hingegen ist eine Folge von nicht gezeigter Verantwortungsübernahme oder eines negativen Ereignisses, das man verantworten muss.

Es besteht außerdem folgender Zusammenhang: Je mehr Verantwortungsgefühl, Empathie und Schuld Personen empfinden, desto eher zeigen sie prosoziales Verhalten in der Zukunft. So stehen Voraussetzungen und Folgen von Verantwortung und Verantwortungsgefühl selbst im Zusammenhang mit Verhaltensweisen, die anderen Menschen zugutekommen. Dies lässt sich an einem Beispiel aus der Forschung verdeutlichen. Bei der Befragung von Personen, die nach einem Verkehrsunfall als Ersthelfer agierten, und Personen, die nicht halfen, zeigte sich, dass die Helfer im Vergleich zu den Nichthelfern viel höhere Werte in sozialer Verantwortung aufwiesen (Bierhoff et al. 1991). Auch im Märchen führt soziale Verantwortung zu **Hilfeverhalten**: Der arme Mann übernimmt Verantwortung und sorgt für Vater und Sohn. Wer Verantwortung für andere übernehmen will, benötigt ebenso Wissen über Verantwortung sowie die nötige Handlungskompetenz. Dazu gehört u. a. die

Wahrnehmung, dass sich jemand in einer Notsituation befindet und man selbst mit seinem Handeln etwas dagegen tun kann.

Im Märchen imponiert dem König das verantwortungsvolle Handeln des armen Mannes, weil es viel über das Miteinander der Generationen und Verantwortungsübernahme füreinander aussagt. Soziale Verantwortung wird häufig innerhalb der eigenen Kernfamilie gezeigt. Doch die zunehmende Altersarmut und Vereinsamung von alten Menschen macht deutlich, dass soziale Verantwortung für bedürftige Angehörige leicht verloren gehen kann. Umso wichtiger scheint die **Förderung von sozialer Verantwortung**, damit so mehr konkretes Hilfeverhalten gezeigt wird.

Gerade in der heutigen Zeit, in der durch die Globalisierung die ganze Welt miteinander verbunden ist und man durch sein Handeln das Leben anderer Menschen wie nie zuvor beeinflussen kann, ist das Märchen aktuell. Das eigene Handeln, z. B. eine Kaufentscheidung für oder gegen ein nachhaltig hergestelltes und fair gehandeltes Kleidungsstück, hat Auswirkungen auf alle Beteiligten der Herstellungskette. Hier trägt soziale Verantwortungsübernahme bei Kaufentscheidungen z. B. dazu bei, die Arbeitsumstände in den Fertigungsbetrieben zu verbessern und die Umwelt zu schützen.

Viele Unternehmen haben den Wert und die Wichtigkeit von sozialer Verantwortung erkannt. Mit **Corporate Social Responsibility** bzw. unternehmerischer Gesellschaftsverantwortung verpflichten sich Unternehmen freiwillig, gesellschaftliche Verantwortung zu übernehmen und zu nachhaltigem Wirtschaften beizutragen, das über die gesetzlichen Mindestanforderungen hinausgeht. Konkret sind damit beispielsweise der Schutz von Umwelt und natürlichen Ressourcen sowie Mitarbeiterorientierung und faire Geschäftspraktiken gemeint.

Soziale Verantwortung stellt sich nicht nur im Märchen als wichtig für das menschliche Miteinander heraus, auch die Beispiele aus der heutigen Zeit zeigen, dass soziale Verantwortung immer noch hoch relevant ist. Das verantwortungsvolle und nachhaltige Handeln des armen Mannes regt dazu an, selbst darüber nachzudenken, wo das eigene Handeln Auswirkung auf andere Menschen hat und wo man mehr Verantwortung für die Familie, Gesellschaft und Umwelt zeigen muss.

4.3.3 Verhaltensvorbilder

Warum ist der König so beeindruckt vom Verhalten des armen Mannes? Schließlich gibt er einem armen, ungebildeten Straßenarbeiter eine einflussreiche Position an seinem Hof, obwohl er bereits die klügsten und gebildetsten Köpfe des Landes als Berater verpflichtet hatte. Der arme Mann kann mit einer Verhaltensweise überzeugen, die den königlichen Beratern abgeht – er ist ein **Verhaltensvorbild**. Er äußerte seine Weisheit und Bescheidenheit nicht nur in klugen Worten, sondern ließ Taten folgen und richtete sein Leben danach aus. Die Berater des Königs konnten zwar ebenso weise Ratschläge geben, ihr Handeln war jedoch von Habgier und Maßlosigkeit bestimmt. Der König erkennt, dass der alte Mann als Verhaltensvorbild in einer hohen Stellung wichtig ist, damit er, seine Berater und das ganze Volk von ihm lernen und seinem Verhalten nacheifern können. Die Erkenntnis des Königs verdeutlicht, dass ein Lerneffekt oft dann stattfindet, wenn eine Verhaltensweise vorgelebt wird.

Mit dieser Annahme beschäftigte sich auch der Psychologe Albert Bandura. Die von ihm begründete **Theorie des sozialen Lernens** besagt, dass Menschen Sozialverhalten erlernen, indem sie andere beobachten und imitieren. In einer Reihe an Experimenten mit Kindern, der berühmten „Bobo-Doll"-Studie aus dem Jahr 1963, konnte Bandura den Einfluss von sozialem Lernen nachweisen. Dabei sahen Kinder zu, wie ein Erwachsener eine aufblasbare Plastikpuppe („Bobo-Doll") trat, schlug und wüst beschimpfte. Als die Kinder anschließend aufgefordert wurden, mit der Plastikpuppe zu spielen, imitierten die Kinder ihr aggressives Vorbild und misshandelten die Puppe ebenso (Bandura et al. 1963). Diese Experimente veranschaulichen, dass allein die Beobachtung von aggressivem Verhalten zu einer Nachahmung führen kann. Nun stellt sich natürlich die Frage, ob auch nicht aggressives Verhalten imitiert wird. Auch diese Frage kann mit einem weiteren Experiment der „Bobo-Doll"-Studie beantwortet werden. Dabei beobachteten Kinder, wie ein Erwachsener nach einer Provokation nicht aggressiv reagierte. Als diese Kinder dann selbst provoziert wurden, imitierten sie den Erwachsenen und reagierten kaum aggressiv. Die Kinder jedoch, die das gemäßigte Verhaltensvorbild nicht gesehen hatten, reagierten viel aggressiver.

Der starke Einfluss von Verhaltensvorbildern spielt auch im Alltag und der **Erziehung** eine große Rolle. Viele Eltern bemerken erschrocken, wie ihr Nachwuchs plötzlich unerwünschte Dinge tut oder Worte sagt, die er bei Gelegenheit von ihnen selbst aufgeschnappt hat. Sie müssen feststellen, dass der Rücksitz wohl doch Ohren hat, wenn sie z. B. im Straßenverkehr über unliebsame Verkehrsteilnehmer schimpfen. Denn Kinder beobachten das Verhalten ihrer Eltern ganz genau, lernen durch diese Beobachtung und ahmen ihr Verhalten nach. Es genügt also nicht, Kindern zu erklären, was sie tun oder lassen sollen – die Herausforderung der Erziehung besteht darin, ein **authentisches Verhaltensvorbild** sein, damit Kinder gewünschte Verhaltens- und Ausdrucksweisen nacheifern können.

Doch nicht nur im Bereich der Erziehung spielen Verhaltensvorbilder eine wichtige Rolle, in gewisser Weise gelten auch **Führungskräfte** als Verhaltensvorbilder. Durch ihre höher gestellte Position werden sie als Beispiel für erfolgreiche und verantwortungsbewusste Unternehmensmitglieder wahrgenommen. Ihre Verhaltensweisen werden von Mitarbeitern viel genauer beobachtet und haben große Auswirkung auf sie. Ein Unternehmen, das erreichen möchte, dass Mitarbeiter positive Verhaltensweisen wie einen respektvollen Umgang miteinander zeigen, muss darauf achten, dass besonders leitende Angestellte diese positiven Verhaltensweisen in ihre alltäglichen Interaktionen integrieren. Durch soziales Lernen werden diese positiven Verhaltensweisen dann auch an die Mitarbeiter weitergetragen und können sich in der Unternehmenskultur verfestigen.

4.4 Fazit

Im slowakischen Märchen „Von den drei Groschen" lernen nicht nur der König und seine Berater vom Verhalten des armen Mannes. Bei genauerem Hinschauen bemerkt man, dass das alte Märchen und die darin beschriebenen psychologischen Phänomene durchaus noch in der heutigen Zeit aktuell sind und wichtige Hinweise für die Erziehung, Führung und Lebensgestaltung enthalten. Reziprozität, soziale Verantwortung und Verhaltensvorbilder begegnen uns oft im Alltag und prägen zwischenmenschliche Begegnungen. Das Wissen über psychologische Phänomene kann dazu beitragen, das eigene Erleben und Verhalten und das der Mitmenschen besser zu verstehen und positiv zu gestalten. Derjenige, der das Prinzip der Reziprozität kennt, kann sich besser vor Manipulation schützen und negativer Reziprozität aktiv vorbeugen. Wer sich der Wichtigkeit von sozialer Verantwortung und der Macht von Verhaltensvorbildern bewusst ist, kann sein Handeln bewusster und zielgerichteter gestalten.

Literaturverzeichnis

Bandura, A., Ross, D., & Ross, S. (1963). Imitation of film-mediated aggressive models. *Journal of Abnormal and Social Psychology* 66, 3–11.

Bierhoff, H.-W. (2010). *Psychologie prosozialen Verhaltens* (2. Aufl.). Stuttgart: Kohlhammer.

Bierhoff, H.-W., Klein, R., & Kramp, P. (1991). Evidence for the altruistic personality from data on accident research. *Journal of Personality* 59, 263–280.

Falk, A. (2007). Gift-exchange in the field. *Econometrica* 75, 1501–1511.

Gašparíková, V. (2000). *Slowakische Volksmärchen*. München: Hugendubel.

Hoffman, M. L. (2000). *Empathy and moral development: Implications for caring and justice*. New York: Cambridge University Press.

Kienbaum, J. (2011). Soziale Motive: Prosoziale Motivation. In: D. Frey, & H.-W. Bierhoff (Hrsg.), *Sozialpsychologie – Interaktion und Gruppe* (S. 61–79). Göttingen: Hogrefe.

Kruger, A. B., & Mas, A. (2004). Strikes, scabs, and tread separations: Labor strife and the production of defective bridgestone/firestone tires. *The Journal of Political Economy* 112, 253–289.

Weber, M. (1919/1992). Politik als Beruf. In: W. J. Mommsen, W. Schluchter, & B. Morgenbrod (Hrsg.), *Max Weber Gesamtausgabe. Bd. 1/17: Wissenschaft als Beruf 1917/1919/Politik als Beruf 1919*. Tübingen: Mohr Siebeck.

Die Sterntaler von den Gebrüdern Grimm (1819)

Nadja Bürgle

5.1   Inhalt des Märchens – 30

5.2   Die Charaktere – 30

5.3   Psychologische Phänomene und Bedeutung für die
           heutige Zeit – 30
5.3.1   Kontrolle – 31
5.3.2   Hilfeverhalten – 32
5.3.3   Bedürfnisse – 34

5.4   Fazit – 35

           Literaturverzeichnis – 35

© Springer-Verlag GmbH Deutschland 2017
D. Frey (Hrsg.), *Psychologie der Märchen,*
DOI 10.1007/978-3-662-53668-1_5

5

5.1   Inhalt des Märchens

Es war einmal ein armes, heimatloses Waisenmädchen, welches nichts besaß als die Kleider, die es trug, und ein Stückchen Brot, das ihm ein mitleidiger Mensch geschenkt hatte. Es war aber gut und fromm. Weil es so alleine war, begab es sich im Vertrauen auf den lieben Gott auf eine Reise. Auf seiner Reise begegneten ihm nacheinander ein hungriger Mann, dem es sein Stückchen Brot gab, und vier frierende Kinder, denen es seine Mütze, sein Leibchen, sein Röcklein und sein Hemdlein schenkte. Als es schließlich vollkommen nackt und besitzlos im dunklen Wald stand, fielen auf einmal die Sterne als Silbertaler vom Himmel. In seinem neuen Kleidchen aus feinstem Stoff sammelte das Waisenmädchen die Taler ein und war reich bis an sein Lebensende.
(Grimm u. Grimm 1819; ◘ Abb. 5.1)

5.2   Die Charaktere

Im Märchen „Sterntaler" steht ein bettelarmes **Waisenmädchen**, das beschließt, aus seiner Armut und Einsamkeit auszubrechen, im Mittelpunkt des Geschehens. Auf seiner Suche nach einem besseren Leben verschenkt es seine letzten Besitztümer bereitwillig an andere Bedürftige. Daraufhin fallen die Sterne als Silbertaler vom Himmel und verwandeln es in eine Multimillionärin. Auf die Charaktereigenschaften des Waisenmädchens wird nochmals vertiefend zu den psychologischen Phänomenen eingegangen.

Die Begegnungen des Waisenmädchens mit dem hungrigen **Mann** und den vier frierenden **Kindern** lassen – außer deren unmittelbarer Bedürftigkeit und Not – keine weiteren Rückschlüsse auf die betreffenden Charaktere zu.

5.3   Psychologische Phänomene und Bedeutung für die heutige Zeit

Bevor die in Sterntaler beobachtbaren psychologischen Phänomenen vorgestellt werden, folgen zum Einstieg einige einleitende Fragen:
— Wie würden Sie das Verhalten des Waisenmädchens beschreiben, erklären und bewerten?

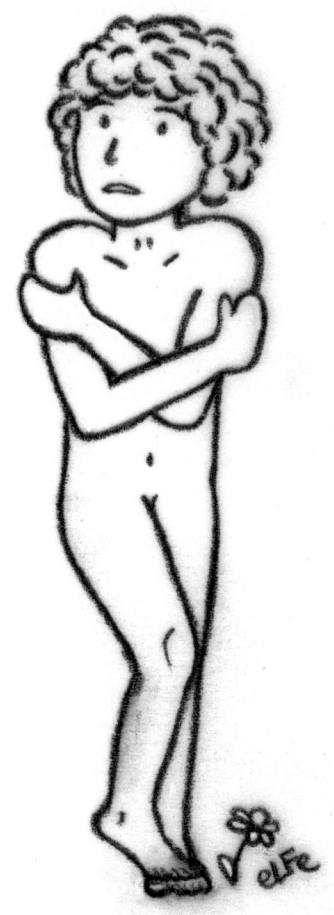

◘ **Abb. 5.1**   (Zeichnung: Lena Frey)

— Welche Botschaft möchten uns die Verfasser des Märchens vermitteln?
— Besitzt das Märchen Ihrer Meinung nach ein „Happy End"?

Im Folgenden werden auf diese Fragen mögliche Antworten gesucht und anhand des Erlebens und Verhaltens des Waisenmädchens drei wichtige psychologische Phänomene behandelt, die für unseren Alltag von Bedeutung sind:
— Kontrolle
— Hilfeverhalten
— Bedürfnisse

5.3.1 **Kontrolle**

Das Waisenmädchen beschließt, aus seiner Einsamkeit und Armut auszubrechen, und begibt sich auf die Suche nach einem besseren Leben. In diesem Abschnitt wird die Bedeutung von Kontrolle in der Psychologie erklärt, die zwei Arten von Kontrolle vorgestellt und ihre Zusammenhänge mit veränderbaren und nicht veränderbaren Welten dargestellt.

Der Begriff **Kontrolle** umfasst nach psychologischem Verständnis zweierlei Bedeutungen. Einerseits wird er im Sinne von „jemanden kontrollieren" und „Macht ausüben" verwendet. Darunter versteht man die Fähigkeit, das Verhalten einer Person so zu beeinflussen, dass diese etwas tut, was sie normalerweise nicht tun würde (Robbins 1993). Andererseits wird er, wie im hier verstandenen Sinne, zur Erklärung von selbstständigem und autonomem Handeln gebraucht. Gemeint ist die Überzeugung, erwünschte Zustände herbeiführen und unerwünschte Zustände vermeiden oder zumindest verringern zu können.

Unterschieden wird zwischen zwei Arten von Kontrolle: Verfügen wir über **primäre Kontrolle**, können wir den tatsächlichen Istzustand durch unsere aktive Beeinflussung verändern; verfügen wir über **sekundäre Kontrolle**, können wir weder den Ist- noch den Sollzustand an sich, jedoch unsere persönliche Einstellung dazu durch gedankliche Strategien verändern. Zu diesen gedanklichen Strategien zählen z. B. die Umbewertung von oder Konzentration auf bestimmte Aspekte des Zustands.

Über welche Art von Kontrolle wir verfügen, hängt davon ab, ob wir in einer veränderbaren oder nicht veränderbaren Welt agieren. Wir versuchen zunächst immer, Zustände und Ereignisse nach unserem Willen zu verändern. Dies ist jedoch nur in **veränderbaren Welten** möglich, in denen es Gestaltungsspielräume gibt, die wir durch primäre Kontrolle aktiv beeinflussen können. In **nicht veränderbaren Welten** dagegen gibt es keine Gestaltungsspielräume. Indem wir unsere Gedanken über diese Welten verändern, also sekundäre Kontrolle anwenden, vermeiden wir einen drohenden Kontrollverlust. Nehmen wir primäre oder sekundäre Kontrollmöglichkeiten wahr, wird der durch unerwünschte Zustände oder Ereignisse hervorgerufene Stress verringert oder verschwindet vollständig.

Sind wir jedoch davon überzeugt, dass wir bedeutsame Zustände oder Ereignisse nicht kontrollieren können, beeinträchtigt der drohende Kontrollverlust unser Erleben und Verhalten negativ (erlernte Hilflosigkeit). Wichtig ist, dass unsere persönliche Überzeugung, über Kontrolle zu verfügen, ausschlaggebend für die Ausübung von Kontrolle ist und nicht die tatsächlich vorhandene Kontrolle (vgl. Frey u. Jonas 2002).

Das Waisenmädchen aus Sterntaler verfügt über Kontrolle, da es überzeugt davon ist, durch seinen Ausbruch aus der Einsamkeit und Armut einen unerwünschten Zustand vermeiden und durch seine Suche nach einem besseren Leben einen erwünschten Zustand herbeiführen zu können. Durch den Ausbruch aus seiner misslichen Lage und den Beginn seiner Reise nimmt es aktiv Einfluss auf den Istzustand und nutzt folglich seine primären Kontrollmöglichkeiten. Ausschlaggebend für sein Verhalten ist seine persönliche Überzeugung, über Kontrolle zu verfügen und diese in einer veränderbaren Welt ausüben zu können. Schließlich führt sein Handeln zu den gewünschten Folgen, da die vom Himmel fallenden Silbertaler seiner misslichen Lage ein Ende setzen und den Weg für ein glückliches Leben freigeben.

Hätten Sie die Welt des Waisenmädchens als veränderbar oder nicht veränderbar wahrgenommen? Welche Art von Kontrolle hätten Sie an seiner Stelle genutzt? Ein Leben geprägt von Armut und Einsamkeit ohne Aussicht auf Schutz und Sicherheit durch die Gesellschaft oder den Staat kann auf den ersten Blick als kaum veränderbar erscheinen. Hätte das Waisenmädchen seine Welt als nicht veränderbar bewertet, hätte es sekundäre Kontrollstrategien angewendet. Zum Beispiel hätte es sich sein Leiden im Diesseits als Notwendigkeit für seine Glückseligkeit im Jenseits erklären können, hierdurch seine aktuelle Lage umbewertet und sich auf die positiven Aspekte nach seinem irdischen Leben konzentriert. Folglich hätte sich seine missliche Lage auch durch die Ausübung von sekundärer Kontrolle zumindest verringert. Die Bewertung unserer Lebenswelten als veränderbar oder nicht veränderbar unterliegt folglich unserem persönlichen Einfluss, ebenso wie die daraus folgende Ausübung von Kontrolle und deren Folgen.

5

- **Fragen zur Reflexion**
- Welche Welten in meinem Leben erscheinen als (nicht) veränderbar?
- Wo wende ich primäre und sekundäre Kontrolle an?
- Sind meine persönlichen Überzeugungen über die (Nicht-)Veränderbarkeit meiner Welten und meine Kontrollmöglichkeiten richtig?

5.3.2 Hilfeverhalten

Das Waisenmädchen hilft Bedürftigen, obwohl es selbst nichts hat. Unbekümmert um seine eigene Zukunft verschenkt es seine letzten Besitztümer, die es eigentlich selbst benötigen würde. In diesem Abschnitt werden die Bedeutung von Hilfeverhalten in der Psychologie erklärt, unterschiedliche Gründe für Hilfeverhalten untersucht, die aktuelle Situation in unserer Gesellschaft beleuchtet sowie positive und negative Seiten von Hilfeverhalten dargestellt.

Unter **prosozialem Verhalten** versteht man Verhaltensweisen, welche die Situation einer bedürftigen Person verbessern. Hilfeverhalten zählt zu den prosozialen Verhaltensweisen und dient dem Wohlbefinden einer anderen Person. Verhält sich eine Person prosozial, ohne dabei Rücksicht auf ihre eigenen Interessen oder Sicherheit zu nehmen, handelt sie altruistisch. Das Gegenteil des **Altruismus**, des selbstlosen Interesses am Wohlergehen anderer, ist der **Egoismus**, das selbstbezogene Interesse am eigenen Wohlergehen (Bierhoff 2008; Gerrig u. Zimbardo 2008).

Das Waisenmädchen aus Sterntaler zeigt Hilfeverhalten, da sein Handeln die Situation des hungrigen Mannes und der frierenden Kinder verbessert und deren Wohlbefinden dient. Ist sein Handeln Ihrer Meinung nach altruistisch oder egoistisch begründet?

Theorie des sozialen Austauschs

Die Theorie des sozialen Austauschs (Thibaut u. Kelley 1959) wird davon ausgegangen, dass Menschen aus egoistischen Gründen helfen, wenn sie selbst einen Nutzen aus ihrem Verhalten ziehen. Sie beruht auf der Annahme, dass wir bestrebt sind,

unseren eigenen Nutzen zu maximieren und unsere eigenen Kosten zu minimieren. Folglich helfen wir dann, wenn der Nutzen des Helfens größer ist als die Kosten des Helfens. Der Nutzen des Helfens kann z. B. in der Anerkennung durch andere oder in einem positiven Selbstbild liegen. Die Kosten des Helfens können z. B. die Gefährdung der eigenen Sicherheit oder der Verlust von Zeit und Geld darstellen. **Kosten-Nutzen-Überlegungen** beruhen auf persönlichen Wertungen.

Hätten Sie anstelle des Waisenmädchens den Bedürftigen geholfen, wenn Sie den Nutzen und die Kosten der Hilfeleistung berücksichtigen? Für das Waisenmädchen mag seine ausgeprägte Religiosität eine wichtige Rolle spielen. Der Nutzen des Helfens mag für es im Handeln nach dem **christlichen Gebot der Nächstenliebe** und somit dem Wohlwollen Gottes liegen. Die Kosten des Helfens mögen in der Nichtbefriedigung eigener grundlegender Bedürfnisse nach Nahrung oder Schutz vor Kälte bestehen. Das Handeln nach christlichen Geboten erscheint ihm wichtiger als die Befriedigung seiner Grundbedürfnisse. Ausgehend von der Theorie des sozialen Austauschs mag das Hilfeverhalten des Waisenmädchens egoistisch begründet sein.

Empathie-Altruismus-Hypothese

Daniel Batson (1991) ist ein Verfechter dafür, dass Menschen auch aus altruistischen Gründen helfen, ohne dabei auf ihren eigenen Nutzen zu achten. Laut seiner Empathie-Altruismus-Hypothese zeigen wir altruistisches Hilfeverhalten, wenn wir **Empathie** gegenüber einer Person in Not empfinden. Unter Empathie versteht man in der Psychologie das Begreifen und Nacherleben der inneren Vorgänge anderer Menschen (vgl. Bierhoff 2008). Nehmen wir also die Perspektive der Person in Not ein und empfinden Mitleid mit ihr, helfen wir aus dem altruistischen Grund, dass es dem Hilfeempfänger besser geht. Verschließen wir uns dagegen vor der Perspektive der Person in Not und empfinden kein Mitleid mit ihr, helfen wir aus dem egoistischen Grund, dass wir selbst einen Nutzen daraus ziehen.

Beobachten wir eine Person in Not, löst dies in uns generell unangenehme Gefühle aus. Der egoistische Nutzen von Hilfeverhalten kann darin bestehen, durch die Hilfeleistung die eigenen unangenehmen Gefühle zu verringern. Haben wir die Möglichkeit, die Notsituation zu verlassen, können wir unsere unangenehmen Gefühle auch reduzieren, indem wir uns von der Person in Not abwenden.

Das Waisenmädchen aus Sterntaler hat die Wahl, die Situation zu verlassen oder den Bedürftigen zu helfen. Es hilft aus dem altruistischen Grund, dass es den Bedürftigen besser geht, und entscheidet sich gegen ein Verlassen der Situation aus dem egoistischen Grund, seine eigenen unangenehmen Gefühle zu verringern. Das Hilfeverhalten des Waisenmädchens ist dieser Theorie folgend altruistisch begründet.

Egoismus und Altruismus in unserer Gesellschaft

Wann sind Sie zuletzt einem so hilfsbereiten Menschen wie dem Waisenmädchen begegnet? Heutzutage scheint der Egoismus gegenüber dem Altruismus zu überwiegen. Die zunehmende soziale Kälte und steigende Selbstsucht zählen zu den Standards der Gesellschaftskritik. Hatte Arthur Schopenhauer Recht, als er schrieb:

>> Der Egoismus ist kolossal: er überragt die Welt. Denn, wenn jedem Einzelnen die Wahl gegeben würde zwischen seiner eigenen und der übrigen Welt Vernichtung; so brauche ich nicht zu sagen, wohin sie, bei den Allermeisten, ausschlagen würde. (Schopenhauer 1841, S. 200)

Die Weltfinanz- und Wirtschaftskrise, mitverschuldet durch egoistische Risikospiele Einzelner zulasten der globalen Finanzwelt, spricht dafür. Auch der Klimawandel, mitverursacht durch die egoistische Maximierung der Wirtschaftskraft zulasten unseres Planeten und den zukünftig darauf lebenden Generationen, unterstützt Schopenhauers These.

Ist die Feststellung des Nobelpreisträgers für Literatur John Steinbeck zutreffend, dass menschliche Eigenschaften wie Güte, Großzügigkeit und Gefühl in unserer Gesellschaft Symptome des Versagens seien, wogegen Habgier, Gewinnsucht und Egoismus Merkmale des Erfolgs darstellten, sollten uns das Waisenmädchen und seine altruistische

Hilfsbereitschaft als Vorbild dienen. Unsere Bereitschaft, einander zu helfen, formt unsere Gesellschaft, stärkt das Miteinander und lässt unsere Gemeinschaft reibungsloser funktionieren. Das **Sozialstaatsystem**, die **Spendenbereitschaft** nach Katastrophen oder das **ehrenamtliche Engagement** zeugen von unserer grundlegenden prosozialen Orientierung (vgl. Gerring u. Zimbardo 2008). Wir sollten diese prosoziale Orientierung dem sich ausbreitenden Egoismus entgegenstellen.

Gesundes und schädliches Hilfeverhalten

Doch – ist Altruismus ausschließlich positiv? Sollte uns das Waisenmädchen aus Sterntaler uneingeschränkt als Vorbild dienen?

Eine Forschergruppe aus Cambridge untersuchte die Grenzen zwischen gesunder und schädlicher Hilfsbereitschaft (vgl. Oakley et al. 2011). Sie kam u. a. zu dem Schluss, dass es ein Zuviel des Guten geben kann, wenn eine Person ihre eigenen Grundbedürfnisse nach Nahrung, Geld oder anderen Ressourcen in Zusammenhang mit dem Überleben vernachlässigt, um anderen zu helfen. Stellt eine helfende Person ihr eigenes Leben vollkommen in den Dienst anderer und nimmt die Bedürfnisse der anderen wichtiger als die eigenen, bezeichnet man dies als **krankhaften Altruismus**.

Eine Ursache für krankhaften Altruismus kann in einem unerfüllten Bedürfnis nach Anerkennung und Akzeptanz liegen. Außerdem kann er dazu dienen, ein labiles Selbst zu festigen, indem sich die Person durch ihr Hilfeverhalten unersetzlich und wertvoll macht. Ein krankhafter Altruismus kann auch Ausdruck von **Schuldgefühlen** sein, z. B. dem Glauben, „unverdient" glücklich zu sein, welche durch Helfen gelindert werden können. Teils kann er auch auf eine **psychische Erkrankung**, z. B. eine abhängige Persönlichkeitsstörung, zurückgeführt werden. Das Waisenmädchen trägt Züge eines krankhaften Altruisten. Es vernachlässigt selbstlos die Erfüllung seiner eigenen Grundbedürfnisse und stellt sie hinter den Bedürfnissen der anderen zurück. Was wäre mit ihm geschehen, wenn die Sterne nicht vom Himmel gefallen wären? Es wäre vermutlich verhungert oder erfroren.

Für den Altruismus muss das richtige Maß gefunden werden, sodass sich der Helfer nicht selbst

zerstört. Wahrer Altruismus gründet nicht in übertriebener Selbstlosigkeit, sondern im Bewusstsein
über die eigenen Bedürfnisse und im Einfühlungsvermögen gegenüber den Bedürfnissen unserer Mitmenschen (vgl. Ernst 2012; Gielas 2012).

- **Fragen zur Reflexion**
- Wo und warum helfe ich?
- Wie kann ich meine Stärken, Wissen,
  Ressourcen etc. einsetzen, um effektiv zu
  helfen?
- Wie sieht mein Verhältnis zwischen selbst
  helfen und Hilfe erhalten aus?
- Wie können andere Menschen mir helfen?

5.3.3 Bedürfnisse

Das Waisenmädchen begibt sich auf eine Reise, um
seiner Einsamkeit zu entfliehen. Seine Reise endet,
als die Sterne als Silbertaler vom Himmel fallen und
es sich vom Waisenmädchen aus ärmsten Verhältnissen zu einer Multimillionärin verwandelt. In
diesem Abschnitt werden die menschlichen Bedürfnisse anhand der Bedürfnispyramide von Abraham
Maslow erklärt, näher auf Glück durch materielle
Werte eingegangen und die neusten Forschungsergebnisse zum Sinn des Lebens vorgestellt.

Bedürfnispyramide von Maslow

Abraham Maslow (1978) beschreibt menschliche
Bedürfnisse mithilfe einer Bedürfnispyramide. Er
unterscheidet zwischen folgenden Bedürfnissen,
wobei Selbstverwirklichung die höchste Stufe und
physiologische Bedürfnisse die Basis bilden:
1. Physiologische Bedürfnisse (z. B. Nahrung,
   Unversehrtheit)
2. Sicherheit (z. B. Angstfreiheit, finanzielle
   Absicherung)
3. Bindung (z. B. Liebe, Anschluss)
4. Wertschätzung (z. B. Kompetenz,
   Anerkennung)
5. Selbstverwirklichung

Diese fünf Bedürfnisgruppen sind entsprechend
ihrer Vormachtstellung hierarchisch auf den Stufen
einer Pyramide angeordnet. Die Bedürfnisse auf

einer Stufe müssen größtenteils erfüllt sein, damit
die Bedürfnisse auf der nächsthöheren Stufe geweckt
werden. Je höher ein Bedürfnis in der Pyramide
angeordnet ist, umso weniger bedeutsam ist es für
unser bloßes Überleben und umso länger kann seine
Erfüllung aufgeschoben werden. Die Erfüllung von
höheren Bedürfnissen macht uns zufriedener als die
Erfüllung von niederen Bedürfnissen. Unerfüllte
Bedürfnisse lösen Verhaltensweisen zur Erfüllung
dieser aus und stellen somit den Motor für unser Verhalten dar.

Maslows Bedürfnispyramide ist wissenschaftlich nicht zweifelsfrei haltbar, da insbesondere die
Abfolge der Stufen nicht bestätigt ist. Dennoch bietet
sein Modell einen Rahmen zur Betrachtung menschlicher Bedürfnisse ausgehend von einem positiven
Menschenbild, welches das uns **innewohnende
Wachstumspotenzial** und Streben nach **Selbstverwirklichung** betont (Gerrig u. Zimbardo 2008).

Auf welcher Stufe der Bedürfnispyramide ordnen
Sie das Waisenmädchen ein? Es befindet sich auf der
untersten Stufe, da lediglich seine physiologischen
Bedürfnisse durch sein Stückchen Brot und seine
Kleidung auf kurze Sicht erfüllt sind. Es lebt ohne
die Sicherheit eines Zuhauses, ohne die Bindung an
Familie oder Freunde und ohne die Wertschätzung
oder gar Dankbarkeit der Bedürftigen, denen es zur
Hilfe kommt. Aufgrund dieser Defizite in seiner
Bedürfniserfüllung scheint eine Selbstverwirklichung laut Maslow nicht möglich. Schließlich löst
sein **Bedürfnis nach Bindung** (nicht sein Bedürfnis
nach Sicherheit, wie es Maslows Abfolge vielleicht
implizieren könnte) den Aufbruch auf die Suche nach
einem besseren Leben aus. Im Rahmen der Erzählung werden zunächst seine physiologischen und
Sicherheitsbedürfnisse durch die vom Himmel fallenden Silbertaler erfüllt. Das reiche Waisenmädchen
kann nun Nahrung, Kleidung und eine Unterkunft
erwerben und auf Lebenszeit eine finanzielle Sicherheit genießen.

Easterlin-Paradoxon

Wie beurteilen Sie das Ende des Märchens? Erlebt
das Waisenmädchen tatsächlich ein „Happy End"
durch seinen materiellen Reichtum?

Der Ökonom Richard Easterlin erklärt mithilfe des Easterlin-Paradoxons den Zusammenhang

zwischen **materiellem Reichtum** und **Glück**. Laut diesem schafft steigendes Einkommen nur bis zu einem bestimmten Punkt mehr Lebensglück. Sind die grundlegenden Bedürfnisse erfüllt, stagniert die Glückskurve und fällt dann, trotz weiter steigendem Einkommen, sogar leicht ab. Die Erklärung für diesen Verlauf liegt darin, dass mit steigendem Einkommen die Erwartungen an noch mehr Wohlstand wachsen. Die Lücke zwischen den Erwartungen und dem tatsächlichen Einkommen nehmen wir negativ wahr. Dies mindert unsere Lebenszufriedenheit und verhindert den weiteren Anstieg des Glückslevels (Tenzer 2015).

Wir wissen also nicht, ob das Märchen tatsächlich glücklich endet, da das Bedürfnis nach Bindung, nach dessen Erfüllung das Waisenmädchen eigentlich sucht, zunächst unerfüllt bleibt. Allerdings sind durch seinen materiellen Reichtum diejenigen Bedürfnisse erfüllt, die sein Überleben sicherstellen und deren Erfüllung nicht aufgeschoben werden kann. Die weitere Zukunft des nunmehr reichen Waisenmädchens bleibt Ihrer Fantasie überlassen.

Generativität

Die Bedingungen für die Erfüllung unserer Bedürfnisse stehen heute so günstig wie nie. Laut Maslow können satte, sichere, geliebte und wertgeschätzte Menschen dennoch unglücklich sein, wenn sie nicht danach streben, sich selbst zu verwirklichen und ihr innewohnendes Potenzial zu entfalten.

Neue Forschungsergebnisse zum Sinn des Lebens (Schnell 2009) zeigen jedoch, dass das Streben nach Selbstverwirklichung und ausgeprägter Individualität eher wenig zur Sinnerfüllung beiträgt. Unser Leben wird dagegen umso sinnstiftender, je stärker wir es in einen das Ich überschreitenden Zusammenhang einordnen und Verantwortung übernehmen. **Generativität** als wichtigste Sinnquelle bedeutet, etwas von bleibendem Wert zu schaffen, unsere Erfahrungen und Wissen weiterzugeben, uns den zukünftigen Generationen und der Menschheit im Allgemeinen verpflichtet zu fühlen und danach zu handeln. Allerdings sollten wir uns nicht nur für uns selbst, aber auch nicht nur für andere einsetzen. Wie beim Altruismus gilt es auch hier, das richtige Maß zu finden.

- **Fragen zur Reflexion**
  - Welche Bedürfnisse sind der Motor für mein Verhalten?
  - Wie kann ich mich selbst verwirklichen?
  - Wie viel Wert messe ich materiellen Dingen bei?
  - Wie kann ich mein Leben generativ gestalten?

5.4 Fazit

Märchen haben die Aufgabe, zur Sittenlehre und als Erziehungsbuch zu dienen. Sie enthalten Richtlinien für Verhalten in verschiedenen Lebenslagen für Erwachsene und Anleitungen zur Erziehung von Kindern. Laut den Gebrüdern Grimm fungiert das Waisenmädchen aus Sterntaler als Vorbild für einen guten Christen, der sich durch seine Tugendhaftigkeit und Nächstenliebe auszeichnet (vgl. Uther 1996). Was können wir von dem Waisenmädchen lernen? Seine hoffnungsvolle Überzeugung über den eigenen Einfluss auf sein Leben, sein Mitgefühl und altruistisches Hilfeverhalten können uns als Richtlinien dienen. Allerdings sollten uns auch die negativen Seiten seines Hilfeverhaltens, sein krankhafter Altruismus und die schädliche Vernachlässigung seiner eigenen Bedürfnisse als Warnung gelten. Das Waisenmädchen ist uns Vorbild und Mahnung zugleich.

Literaturverzeichnis

Batson, C. D. (1991). *The altruism question: Toward a social-psychological answer.* Hillsdale, NJ: Erlbaum

Bierhoff, H.-W. (2008). Theorien hilfreichen Verhaltens. In: D. Frey, & M. Irle (Hrsg.), *Theorien der Sozialpsychologie. Band II: Gruppen-, Interaktions- und Lerntheorien* (2. Aufl., S. 178–197). Bern: Huber.

Ernst, H. (2012). Auch ein Altruist braucht mal Hilfe. https://www.psychologie-heute.de/archiv/detailansicht/news/auch_ein_altruist_braucht_mal_hilfe/. Zugegriffen: 29. September 2016.

Frey, D., & Jonas, E. (2002). Die Theorie der kognizierten Kontrolle. In: D. Frey, & M. Irle (Hrsg.), *Theorien der Sozialpsychologie. Band III: Motivations-, Selbst- und Informationsverarbeitungstheorien* (2. Aufl., S.13–50). Bern: Huber.

Gerrig, R. J., & Zimbardo, P. G. (2008). *Psychologie* (18. Aufl.). München: Pearson.

Gielas, A. (2012). Fragwürdige Nächstenliebe. https://www.psychologie-heute.de/archiv/detailansicht/news/fragwuerdige_naechstenliebe/. Zugegriffen: 29. September 2016.

Grimm, J., & Grimm, W. (1819). *Kinder- und Haus-Märchen, gesammelt durch die Brüder Grimm: Große Ausgabe* (Bd. 2, 2. Aufl.). Berlin: G. Reimer.

Maslow, A. H. (1978). *Motivation und Persönlichkeit*. Olten: Walter.

Oakley, B., Knafo, A., Madhavan, G., & Wilson, D. S. (2011). *Pathological altruism*. New York: Oxford University Press.

Robbins, S. P. (1993). *Organizational behavior* (6th ed.). Englewood Cliffs: Prentice-Hall.

Schnell, T (2009*). Implizite Religiosität, Zur Psychologie des Lebenssinns*. Lengerich: Pabst Science Publishers.

Schopenhauer, A. (1841). *Die beiden Grundprobleme der Ethik, behandelt in zwei akademischen Schriften*. Frankfurt a. M.: Hermann.

Tenzer, E. (2015). Glück lässt sich nicht steigern. *Psychologie heute* 42, 34–35.

Thibaut, J. W., & Kelley, H. H. (1959). *The social psychology of groups*. New York: Wiley.

Uther, H.-J. (1996). *Handbuch zu den „Kinder- und Hausmärchen" der Brüder Grimm*. Berlin: Walter de Gruyter.

Die Prinzessin auf der Erbse von Hans Christian Andersen (1837)

Kim Borrmann

6.1   Inhalt des Märchens – 38

6.2   Die Charaktere – 38

6.3   Psychologische Phänomene und Implikationen – 39
6.3.1   Partnerwahl – 39
6.3.2   Testverfahren – 40
6.3.3   Sensibilität und Sensitivität – 42

6.4   Fazit – 43

          Literaturverzeichnis – 44

© Springer-Verlag GmbH Deutschland 2017
D. Frey (Hrsg.), *Psychologie der Märchen,*
DOI 10.1007/978-3-662-53668-1_6

6.1   Inhalt des Märchens

Es war einmal ein Prinz, der wollte eine Prinzessin heiraten. So reiste er um die ganze Welt, um eine passende Gemahlin zu finden. Er konnte aber nie herausfinden, ob es sich bei den vielen Prinzessinnen, die er traf, auch wirklich um echte handelte, da stets irgendetwas nicht stimmte. Traurig kehrte er nach Hause zurück.

Am Abend eines furchtbaren Sturmes klopfte es auf einmal an der Tür. Eine Frau, vom Sturm zerzaust, bat um Einlass, denn sie, so ihre Behauptung, sei eine echte Prinzessin. Die alte Königin ließ sie hinein, war aber sehr skeptisch, da sie so durchnässt gar nicht wie eine schöne Prinzessin aussah. Die Königin bereitete ihr eine Schlafkammer vor und nahm, um die vermeintliche Prinzessin zu testen, zwanzig Matratzen und zwanzig Daunendecken und legte ganz nach unten eine kleine Erbse.

Am nächsten Morgen fragte sie die Prinzessin, wie sie geschlafen hätte. Die Prinzessin antwortete: „Ganz furchtbar. Etwas Hartes war in meinem Bett, ich konnte kaum ein Auge zu machen und bin ganz blau und grün." Nun wusste die Königsfamilie, dass die Prinzessin die Wahrheit gesprochen hatte, denn so feinfühlig konnte nur eine echte Prinzessin sein.

Der Prinz nahm sie zur Frau, und sie lebten glücklich bis an ihr Lebensende.

(Andersen 2010; ❏ Abb. 6.1)

6.2   Die Charaktere

In dem recht kurzen Märchen „Die Prinzessin auf der Erbse" werden die Charaktere nicht sehr eingehend beschrieben, sondern der Verlauf der Geschichte durch ihr Handeln und letztlich Empfinden bestimmt.

Der **Prinz** sucht eine geeignete Partnerin und ist dabei sehr wählerisch. Dem sozialen Stand der Auszuwählenden kommt dabei eine große Bedeutung zu: Es muss eine Prinzessin sein. Da er keine passende Frau für sich finden kann, gibt er seine Suche traurig auf.

Eine geeignete **Prinzessin** erscheint durch Zufall direkt an seinem Tor. Ihre äußere Erscheinung und das fehlende Gefolge lassen ihre Behauptung, eine Prinzessin zu sein, ausgesprochen unglaubwürdig erscheinen – trotzdem gewährt man ihr Obhut im Schloss. Ohne ihr Wissen absolviert sie erfolgreich einen Test, bei dem ihre über alle Maße ausgeprägte Sensibilität gefragt ist.

❏ **Abb. 6.1**   (Zeichnung: Claudia Styrsky)

Der **Königin** fällt die Rolle zu, den Test mithilfe von zwanzig Matratzen und zwanzig Daunendecken, unter denen sie eine Erbse platziert, durchzuführen.

6.3 Psychologische Phänomene und Implikationen

Ein zentrales Thema des Märchens ist die Suche des Prinzen nach der „Richtigen". Viele Menschen beschäftigen sich mit der Suche nach der Märchenprinzessin oder dem Märchenprinzen. Wonach wir unsere Partner auswählen (und was uns in Beziehungen dann glücklich macht) wird in ▶ Abschn. 6.3.1 thematisiert.

Die alte Königin war der Prinzessin gegenüber zunächst skeptisch und testete sie aus diesem Grund mit einer Erbse. Der Test erscheint zunächst seltsam. Einigen von Ihnen dürfte auch schon der eine oder andere Test im Leben über den Weg gelaufen sein, von dem Sie insgeheim gedacht haben, dass er nicht zu schaffen oder wenig sinnvoll sei. Der ▶ Abschn. 6.3.2 soll daher den Sinn und die Funktion von Tests behandeln.

Anschließend rückt die Prinzessin in den Fokus. Wer Kinder hat oder welche kennt, wird möglicherweise folgende Frage hören: „Warum kann denn die Prinzessin die Erbse spüren und ich nicht?" Nun, es scheint, dass die Prinzessin auf der Erbse eine außergewöhnliche Feinfühligkeit besitzt. In ▶ Abschn. 6.3.3 werden in diesem Zusammenhang das Phänomen der Sensibilität und Sensitivität näher erläutert.

6.3.1 Partnerwahl

Der Prinz reiste durch die ganze Welt, um „die Eine" zu finden. Letztendlich hat immer etwas nicht gepasst.

Was führt eigentlich dazu, dass wir jemanden auf den ersten Eindruck anziehend finden und was ist für Langzeitbeziehungen wichtig? Hierzu wird im Folgenden eine Auswahl psychologischer Phänomene vorgestellt.

Physische Attraktivität

Der Effekt „What is beautiful is good" (Wer schön ist, ist auch gut) beschreibt, dass attraktive Personen allgemein positiver bewertet und behandelt werden (Dion et al. 1972; Smith u. Mackie 2007). Auch die Prinzessin wird – in ihren durchweichten Kleidern und mit durch den Regen verunstalteter Frisur – zunächst misstrauisch beäugt. Attraktivität scheint ein wichtiges Merkmal einer echten Prinzessin (respektive der „Richtigen") zu sein.

Universelle **Kriterien für Schönheit** sind z. B. glatte Haut sowie ein symmetrisches und durchschnittliches Gesicht, das genetische Gesundheit indiziert und durch die häufige Wahrnehmung als positiver bewertet wird. Bei Männern werden dominante Gesichtszüge wie eine markante Kinnlinie als universell schön empfunden. Männern ist physische Attraktivität in der Partnerwahl wichtiger als Frauen (Buss u. Barnes 1986). Bei Frauen gilt als schön, was jung aussieht, z. B. ein rundes Gesicht, da ein jüngeres Alter für eine höhere Fertilität spricht.

Entscheidend für lange Beziehungen ist jedoch, dass das **Attraktivitätsniveau von Partnern** zusammenpasst, also ähnlich ist, und nicht, dass es möglichst hoch ist. Für Langzeitbeziehungen sind zudem ähnliche Einstellungen und wünschenswerte Persönlichkeitseigenschaften wichtiger als Attraktivität (Regan et al. 2000).

Positive Interaktionen

Häufige positive Interaktion führt ebenfalls dazu, dass wir jemanden mögen bzw. anziehend finden. Interaktion mit anderen Menschen hilft uns nicht nur, die Welt besser zu verstehen, sie führt auch dazu, dass unser Bedürfnis nach **Verbundenheit** erfüllt wird (Smith u. Mackie 2007). Da wir Menschen, mit denen wir häufig interagieren, positiver wahrnehmen, ist es wahrscheinlicher, dass wir uns in unseren Kollegen/Kommilitonen/Nachbarn verlieben als in einen Fremden.

Etwas von sich Preis zu geben (Selbstoffenbarung), z. B. persönliche Erlebnisse, Gedanken oder Gefühle, führt letztendlich dazu, dass **Intimität** entsteht (Aron et al. 1997). Und Intimität ist sowohl wichtig für das Gefühl der Verliebtheit wie auch den Erhalt der Liebe (Aron u. Westbay 1996).

Ähnlichkeit

Es muss eine echte Prinzessin sein, denn schließlich ist auch er ein echter Prinz – und wir mögen Menschen, die uns ähnlich sind. Ähnlichkeit führt dazu, dass wir unser Gegenüber als attraktiver wahrnehmen (Smith u. Mackie 2007).

Wenn wir Aktivitäten ausführen, die uns wichtig sind oder Spaß machen, ist es wahrscheinlich, dort auf Menschen zu treffen, denen es ähnlich geht. Wir nehmen außerdem an, dass Menschen, die uns ähnlich sind, uns mögen; das wiederum ist der stärkste Grund, jemanden ebenfalls zu mögen.

Hinzu kommt **positive Selbstbestätigung**, indem wir Werte und Annahmen des anderen als wünschenswert erachten, wenn wir eben jene auch aufweisen. Frauen wie Männer präferieren bei ihrer Partnerwahl zudem Menschen mit **ähnlichen Persönlichkeitseigenschaften**.

Persönlichkeit

Frauen sind prinzipiell anspruchsvoller als Männer, was die Persönlichkeit ihres Partners angeht – evolutionsbiologisch ist das sehr gut nachvollziehbar, da sie sich darauf verlassen müssen, dass sie z. B. nicht schwanger alleine gelassen werden. Sie bevorzugen Männer, die **sozial erwünschte Eigenschaften** aufweisen und z. B. sehr freundlich, fair, ambitioniert, extrovertiert, großzügig, intelligent und offen sind.

Prinzipiell wünschen sich Männer und Frauen emotional stabile, intelligente, verträgliche und gewissenhafte Partner. Tatsächlich sind Paare in ihrer Ehe und sexuell zufriedener, wenn ihre Partner insbesondere verträglich und emotional stabil sind sowie offen und intelligent (Botwin et al. 1997).

Implikationen für die Lebensgestaltung

Der Prinz hat letztendlich nach dem **Prinzip der Ähnlichkeit** gewählt, wobei aus der Geschichte lediglich hervorgeht, dass sie ebenfalls eine Adlige ist (was sie durch ihre Feinfühligkeit bewiesen hat). Ob der Prinz die Erbse ebenfalls gespürt hätte, können wir nur spekulieren. Allerdings können wir und der Prinz davon ausgehen, dass die Prinzessin in einem ähnlichen Umfeld wie der Prinz aufgewachsen ist und beide daher ähnliche Eigenschaften aufweisen.

Sowohl physische als auch psychische Ähnlichkeit können ein Prädiktor für glückliche Beziehungen sein. Geeignete Partner lassen sich anscheinend vor allem in unserer direkten Umgebung finden – sie sind uns vertraut und vermutlich auch ähnlich. Ähnlich zu sein bedeutet natürlich nicht, gleich zu sein. Es gibt daneben sich ergänzende Eigenschaften wie Dominanz und Subdominanz, aber gerade in unseren Kerneigenschaften und Überzeugungen sollten wir übereinstimmen, damit die Partnerschaft eine gemeinsame Zukunft hat.

Letztendlich ist das Rätsel der richtigen Partnerwahl (und der Liebe) von Psychologen nicht gänzlich gelöst. Um dem Rätsel der Liebe weiter auf die Spur zu kommen, sind ebenso biologische Aspekte relevant. Soziobiologen fanden z. B. heraus, dass der **Körpergeruch** entscheidend für gegenseitige Anziehung ist. Je besser wir jemanden riechen können, desto unterschiedlicher sind unsere Immunsysteme, was von Vorteil für den Nachwuchs ist (Wedekind et al. 1995). Wir haben also durchaus Vorstellungen darüber, wie wahrscheinlich es ist, dass sich Menschen aufgrund physischer und psychischer Eigenschaften als anziehend erleben – es bleibt aber hinreichend Raum für den „magischen Funken".

6.3.2 Testverfahren

Auch wenn der Test der Königin nicht sofort einleuchtend erscheint, so erfüllt er doch seine Funktion und scheint für das Milieu und das Anforderungsprofil einer Prinzessin angemessen zu sein. Denn letztlich erfüllt er seinen Zweck: Die Familie und der Prinz wissen, dass es sich um eine echte Prinzessin handelt und die beiden werden glücklich miteinander.

Im Laufe des Lebens müssen wir viele Tests durchlaufen – Matheklausuren, Führerscheinprüfung, Schwangerschaftstests etc. Nicht alle Tests erscheinen uns dabei auf den ersten Blick sinnvoll. Wie soll z. B. ein normaler Mensch eine Erbse unter zwanzig Matratzen spüren? Der Einsatz eines geeigneten Tests liefert jedoch ein besseres Ergebnis als eine intuitive Bauchentscheidung. Hätte die

Königsfamilie nur nach dem Äußeren der Prinzessin geurteilt, wäre sie, durchnässt wie sie war, vermutlich abgelehnt worden, obwohl sie alle Kriterien erfüllt. Tests können uns also helfen, **zuverlässigere und angemessenere Urteile** zu fällen.

Implikationen für die Lebensgestaltung

Im Märchen, wie im Leben sehr vieler Menschen spielt die Suche nach dem Partner eine große Rolle (▶ Abschn. 6.3.1). Psychologen und Nichtpsychologen haben mit Tests versucht, dem Rätsel der Liebe auf die Spur zu kommen.

Aron et al. (1997) fanden beispielsweise heraus, dass ein Katalog mit 36 ausgesuchten Fragen dazu führt, dass sich zwei Menschen binnen 4 Stunden auf einmal sehr viel näher stehen (teilweise sogar verlieben). Frage 10 lautet z. B.: „Wenn du etwas daran ändern könntest, wie du erzogen wurdest, was würdest du ändern?" In der letzten Frage soll die Person ein persönliches Problem beschreiben und die andere um Rat und ihre Einschätzung zu den eigenen Gefühlen bezüglich des Problems fragen. Die Themen, die anhand dieser Fragen aufkommen, führen dazu, dass intime Gedanken ausgetauscht werden, und Intimität ist ein wichtiger Aspekt von Liebe.

Diese Fragen sollte man übrigens nicht jedem stellen, denn nicht jeder, in den man sich verlieben kann, ist auch der richtige Partner! Botwin et al. (1997) zeigten, dass insbesondere die Paare glücklich in ihrem Liebes- und Sexleben waren, die einen **emotional stabilen** und **verträglichen Partner** haben. Herkömmliche Online-Dating-Plattformen matchen nach dem Prinzip der ähnlichen Eigenschaften und Interessen. Und immerhin 20 % der derzeitigen Beziehungen in den USA haben online begonnen (Statistic Brain Research Institute 2015). Gottmann et al. (1998) beschäftigten sich mit der Art und Weise, wie frisch verheiratete Paare kommunizieren, und konnten dadurch relativ zuverlässig vorhersagen, wie zufrieden und stabil die Beziehung in 6 Jahren sein würde. Tests können also sowohl Intimität (Liebe) fördern als auch der Überprüfung dienen, ob Menschen füreinander geeignet sind.

Dabei sollte natürlich nicht vergessen werden, dass Tests absichtlich oder unabsichtlich manipuliert werden können – gerade bei Online-Dating-Plattformen bietet die Präsentationsform der Selbstdarstellung viel Raum zur Beschönigung. Auch ohne Manipulation kann uns ein Test niemals 100%ige Sicherheit geben – das geht nur im Märchen.

Implikationen für die Erziehung

Eine der ersten Assoziationen die wir haben, wenn wir „Test" hören, ist wahrscheinlich die Schul- und/oder Studienzeit. Ständig wurde unser Wissensstand getestet und mit Noten bewertet, welche zunehmend mehr unseren beruflichen Werdegang determinieren. Welcher Studiengang ist beispielsweise noch Numerus clausus frei?

Das setzt bereits Kinder (natürlich individuell unterschiedlich) häufig unter Stress, und deshalb sind Tests oft mit negativen Gefühlen besetzt. Tatsächlich sind Tests in der Schule jedoch sehr sinnvoll. Roediger et al. (2011) fanden einige Vorteile von Tests – abgesehen von der notwendigen Benotung: Das **Wiederholen von Wissen** in Tests führt zu einer besseren Erinnerungsleistung und kann wiederum auf andere Situationen übertragen werden. Gerade Tests mit offenen Fragen führen dazu, dass Fakten miteinander verknüpft werden und dadurch ein **Wissenstransfer** stattfindet. Darüber hinaus führen Tests dazu, dass Kinder mehr lernen und sowohl sie selbst als auch die Lehrer erkennen, wo noch Wissenslücken bestehen. Testen kann also nicht nur Leistung messen, sondern auch verbessern.

Beachtet werden sollte natürlich, dass nicht alle Kinder (und Erwachsenen) in Tests die Leistung abrufen können, die sie außerhalb der Stresssituation eines Tests erbringen könnten. Deswegen sollte sich jeder Testende fragen, ob der Test genau misst und vor allem ob er das geeignete Messinstrument darstellt. Eltern können zudem den Leistungsdruck der Kinder verringern (oder gar nicht erst aufkommen lassen), wenn sie ihnen signalisieren, dass es neben der Schule auch andere wichtige Themen wie Familie, Freunde und Hobbys gibt.

Implikationen für die Führung

Eine Aufgabe von Führungskräften ist, Mitarbeiter auszuwählen. Gerade in der heutigen Zeit ist es wichtig, nicht aufgrund von Geschlecht, ethnischer

Zugehörigkeit oder ähnlichen Merkmalen zu entscheiden. Nicht nur um sich politisch korrekt zu verhalten, sondern auch weil Entscheidungen „aus dem Bauchgefühl" häufig durch stereotype Vorstellungen verzerrt werden, was wiederum dazu führt, dass nicht unbedingt die am besten qualifizierte Person gewählt wird. Die beruflichen Fähigkeiten sind nicht immer auf den ersten Blick ersichtlich, Schul- und Arbeitszeugnisse geben nur erste Hinweise zur grundsätzlichen Eignung.

Eine gute Vorhersagekraft für die erfolgreiche Ausführung einer Position bieten **Intelligenztests, Arbeitsproben und strukturierte Interviews** (Schmidt u. Hunter 2000). Zu beachten ist dabei, dass bei gering strukturierten im Vergleich zu strukturierten Interviews das äußere Erscheinungsbild und die Selbstdarstellung einen viel größeren Einfluss haben (Barrick et al. 2009).

Entscheidend für eine gute Auswahl ist es, die gewünschten Kriterien vorher zu definieren und die Tests auf diese abzustimmen. Wenn das Jobprofil z. B. verlangt, außerordentlich feinfühlig zu sein, dann ist die Erbse der richtige Test – auch wenn dies für den Bewerber nicht unbedingt plausibel erscheinen mag.

6.3.3 Sensibilität und Sensitivität

Die Eigenschaft, die die Prinzessin als wahre Prinzessin auszeichnet, ist ihre im Übermaß vorhandene Feinfühligkeit. In der Geschichte kommt ihr das sehr gelegen, denn so „erobert" sie ihren Prinzen.

Wie sähe das jedoch in der realen Welt aus? In der Psychologie sprechen wir von hochsensiblen oder -sensitiven Menschen. Nach Heintze (2013) beschreibt **Hochsensibilität** die besonders feine Ausprägung der fünf Sinne (Fühlen/Tasten, Riechen, Schmecken, Sehen und Hören). Wie die Prinzessin auf der Erbse nehmen diese Menschen Reize geringer Intensität besser wahr als andere. **Hochsensitivität** beschreibt einen sechsten oder siebten Sinn. Diese Menschen sind beispielsweise besonders empathisch und nehmen daher Dinge wahr, die andere nicht registrieren. Hochsensibilität und Hochsensitivität treten oft gemeinsam auf. Aron (1997) beschreibt mit der hochsensitiven Person Menschen, die sowohl hochsensitiv als auch hochsensibel ist. Sie nimmt an, dass ca. ein Sechstel bis ein Fünftel der

Bevölkerung zu den hochsensitiven Personen zählen, und ist überzeugt, dass diese Eigenschaft angeboren ist. Wie auch im Märchen ist dies nichts, was man vortäuschen könnte. Es ist auch keine Eigenschaft, die erlernt werden kann.

Repression und Sensitivität

Schon in den 1940er-Jahren fanden Forscher heraus, dass Menschen unterschiedlich auf bedrohliche Reize reagieren (Bruner u. Postman 1947). Die eine Gruppe brauchte besonders lange, die andere besonders wenig Zeit, um bedrohliche Reize wahrzunehmen. Es wird daher angenommen, dass Menschen sich danach unterscheiden, ob sie eine kritische Situation dadurch meistern, dass sie diese möglichst wenig oder im Gegenteil möglichst intensiv zur Kenntnis nehmen. Beide Strategien bieten Vor- und Nachteile.

Bei der **Repressionsstrategie**, also dem „Nichtwahrnehmen", reagiert man unter Umständen zu spät. Andererseits spart man Energie, wenn der Reiz gar nicht so bedrohlich ist (wie die Erbse) oder es gar keine Möglichkeit gibt, etwas an der Situation zu ändern. Man hat bei Repressern festgestellt, dass sie häufiger an Krebs- oder Herzerkrankungen leiden, da sie vermutlich gering ausgeprägte Symptome weniger wahrnehmen und seltener zum Arzt gehen.

Die **Sensitivitätsstrategie**, also sehr aufmerksam zu sein, bindet viele Energien und führt dazu, dass man schneller erschöpft ist. Sensible Menschen leiden daher auch häufiger an psychosomatischen Erkrankungen (d. h. unter physischen Schmerzen, die auf keine organische, sondern psychische Ursache zurückzuführen sind). Die Strategie ist insbesondere ein Vorteil, wenn dadurch Dinge wahrgenommen werden, die andere nicht wahrnehmen. In früheren Zeiten der Menschheitsgeschichte könnten das z. B. Nahrungsquellen gewesen sein. Heutzutage können hochsensitive Menschen dadurch profitieren, dass sie durch das stärkere Erleben ihrer eigenen Emotionen besser verstehen, was Menschen fühlen und bewegt. Dies können sie z. B. nutzen, um innovative Produkte und Ideen zu entwickeln, welche die Bedürfnisse von Konsumenten erfüllen.

Bei der Prinzessin hat ihre Sensitivität als Erkennungsmerkmal gedient, durch das sie letztendlich die zu ihr passende Umgebung gefunden hat.

Hochsensitivität

Aron (1997) beschreibt folgende **Phänomene**, anhand derer man erkennen kann, ob man selber oder vielleicht jemand, der einem nahesteht, eine hochsensitive Person ist:

1. An der Prinzessin sehen wir, dass sie Dinge wahrnimmt, die andere Menschen nicht wahrnehmen – hier die Erbse unter zwanzig Matratzen und Daunenbetten. Das ist auf alle hochsensiblen Menschen übertragbar, die mit allen ihren Sinnen mehr Details als andere Menschen wahrnehmen. Das ist eine besondere Begabung, die man wertschätzen sollte.
2. Die erhöhte Wahrnehmung führt aber auch dazu, dass man schneller gestresst ist als andere Menschen, da viel mehr Informationen auf einen einwirken. Hochsensible Menschen sind daher schneller übererregt oder -stimuliert. Bei der Prinzessin drückt sich das in Schlafproblemen und sogar körperlichen Schmerzen aus.
3. Daneben nehmen hochsensitive Personen nicht nur mehr Dinge wahr, die man sehen, hören oder taktil erfassen kann. Sie nehmen zudem stärker wahr, wie es den Menschen in ihrer Umgebung geht. Sie können sich sehr gut in andere hineinversetzen und sind sehr empathisch. Sollte die Prinzessin zu ihrer Hochsensibilität auch hochsensitiv sein, kann sie möglicherweise spüren, dass die Königin ihr gegenüber zunächst misstrauisch und der Prinz traurig ist, weil er keine Partnerin findet.
4. Schließlich verarbeiten hochsensitive Personen die vielen aufgenommenen Informationen tiefer als andere Menschen. Dies führt u. a. dazu, dass sie sich besser an Dinge oder Ereignisse erinnern können.

Auch wenn hier das Beispiel der Prinzessin, d. h. einer Frau, gewählt wurde, sind laut Aron (1997) etwa 20–25 % der hochsensitiven Personen Männer.

Abschließend kann man sagen, dass sich die Prinzessin glücklich schätzen kann, diese Sensibilität zu haben. Zum einen hat sie dadurch ihren Prinzen bekommen, zum anderen kann sie ihr auch in anderen Lebensbereichen viele Vorteile bringen. Entscheidend ist letztendlich, die passende Umgebung zu finden (wie in der Königsfamilie), in der diese Eigenschaften geschätzt werden.

Implikationen für die Lebensgestaltung

Zunächst einmal ist es wichtig, wahrzunehmen und zu akzeptieren, dass man hochsensibel und/oder hochsensitiv ist. Dazu gehört, sich einzugestehen, dass der Lebensstil unserer Kultur, in dem ununterbrochen Informationen und Eindrücke auf uns einprasseln, überfordernd und anstrengend sein kann. Für hochsensible Menschen empfiehlt es sich, das Stressniveau moderat zu halten. Sie sollten sich mehrere Stunden am Tag nehmen, in denen ihre Umgebung möglichst **reizarm** ist. Zeit für sich ermöglicht ihnen häufig produktiver zu sein. An einem Tag in der Woche sollte gar nicht gearbeitet werden. Regelmäßige **Auszeiten** wie Urlaube sind ebenfalls wichtig.

80 % der Reize nehmen wir über die Augen wahr, deshalb ist es wichtig, dass insbesondere hochsensible Menschen genug schlafen – und wenn sie nicht schlafen können, trotzdem ausreichend Zeit im Bett zu verbringen. Regelmäßige Mahlzeiten steigern ebenfalls das Wohlbefinden und die Konzentrationsfähigkeit. Unter den richtigen Lebensumständen kann die ausgeprägte Wahrnehmungsfähigkeit viele Vorteile im Privat- und Berufsleben mit sich bringen.

Anders zu sein, bedeutet auch, andere Möglichkeiten zu haben. Hochsensitive Personen sind in der Regel loyal und gewissenhaft. Sie verfügen über eine gute Intuition und sind kreativ. Zudem verstehen sie, was Menschen brauchen. Sie sollten versuchen, ihre Sensitivität als Chance wahrzunehmen, und sich Umgebungen (z. B. einen Arbeitsplatz) suchen, an denen ihr Potenzial anerkannt und geschätzt wird. Sehr wichtig ist, auch Zeit mit guten Freunden zu verbringen, die Verständnis zeigen und die spezielle Sensitivität als wertvolle Ressource erkennen.

6.4 Fazit

Trotz der Kürze des Märchens bringt jeder der drei Charaktere ein spannendes psychologisches Thema hervor. Durch den Prinzen haben wir erfahren, dass der oder die Richtige uns häufig ähnlich ist und in der Regel in der nahen Umgebung gefunden werden kann. Die alte Königin hat uns vor Augen geführt, dass ein gut gewählter Test – und mag er manchmal seltsam erscheinen – häufig zu besseren

Entscheidungen führt als der Augenschein oder das Bauchgefühl. Durch die Prinzessin auf der Erbse schließlich haben wir gelernt, was es bedeutet hochsensibel und/oder hochsensitiv zu sein – mit all den Vor- und Nachteilen.

Die Prinzessin auf der Erbse ist wohl eines der bekanntesten Märchen von Hans Christian Andersen. Seine zentrale Botschaft ist die Kritik am Adel und der Ständegesellschaft des 19. Jahrhunderts. Die Prinzessin, die ein wohlbehütetes Leben führte, verspürte einen schrecklichen Schmerz, ausgelöst durch eine winzige Erbse unter einer Ladung von Matratzen. Was tut wohl ein Kind, wenn es diese Geschichte hört? Es legt sich eine Erbse unter eine oder vielleicht auch mehrere Matratzen und wird bemerken, dass es nichts merkt. Und so sind auch die Probleme des Adels so weit von denen des gemeinen Volkes entfernt, dass dieses die Probleme nicht einmal nachempfinden kann. Die Verwendung der Erbse als Symbol zeigt sehr anschaulich, welche Größe und Schwere Andersen den Problemen des Adels zuschreibt. Zudem hält sich der Adel tunlichst von den „realen Problemen" der Bürger fern. Es herrscht eine große und unüberbrückbare Distanz zwischen den Klassen, denn nur eine **wahre** Prinzessin darf Einzug in ein Königshaus halten.

Sicherlich sieht die Welt des 21. Jahrhunderts anders aus. Trotzdem können wir weder in unserer westlichen Welt und schon gar nicht global davon sprechen, dass jeder Mensch die gleichen Chancen oder Probleme hat. Immer noch kämpfen Menschen mit Hunger, Krankheiten und Heimatverlust während andere das schmerzhafte Ereignis eines gesprungenen Handydisplays verkraften müssen. Das Märchen lädt den Leser dazu ein, darüber nachzudenken, welche ihre Erbsen im Leben sind und ob sie nicht überschüssige Matratzen haben, die sie mit anderen teilen könnten. Gesellschaftspolitisch ist dieses Märchen also immer noch hochaktuell und relevant.

Aron, A., Melinat E., Aron, E. N., Vallone, R. D., & Bator, R. J. (1997). The experimental generation of interpersonal closeness: A procedure and some preliminary findings. *Personality & Social Psychology Bulletin* 23, 363–378.

Barrick, M. R., Shaffer, J. A., & DeGrassi, S. W. (2009). What you see may not be what you get: Relationships among self-presentation tactics and ratings of interview and job performance. *Journal of Applied Psychology* 94, 1394–1411.

Botwin, M. D., Buss, D. M., & Shackelford, T. K. (1997). Personality and mate preferences: five factors in mate selection and marital satisfaction. *Journal of Personality* 65, 107–136.

Bruner, J. S., & Postman, L. (1974). Emotional selectivity in perception and reaction. *Journal of Personality* 16, 69–77.

Buss, D. M., & Barnes, M. (1986). Preferences in human mate selection. *Journal of Personality and Social Psychology* 50, 559–570.

Dion, K., Berscheid, E., & Walster, E. (1972). What is beautiful is good. *Journal of Personality and Social Psychology* 24, 285–290.

Gottmann, J. M., Coan, J., Carrere, S., & Swanson, C. (1998) Predicting marital happiness and stability from newlywed interactions. *Journal of Marriage and Family* 60, 5–22.

Heintze, A. (2013). *Außergewöhnlich normal: Hochbegabt, hochsensitiv, hochsensibel: Wie Sie Ihr Potential erkennen und entfalten*. München, Ariston.

Regan, P. C., Levin, L., Sprecher, S., Christopher, F. S., & Cate, R. (2000). Partner preferences: What characteristics do men and women desire in their short-term sexual and long-term romantic partners? *Journal of Psychology and Human Sexuality* 12, 1–21.

Roediger, H. L., Putnam, A. L., & Smith, A. S. (2011). Ten benefits of testing and their applications to educational practice. *Psychology of Learning and Motivation* 55, 1–36.

Schmidt, F. L., & Hunter, J. E. (2000). Messbare Personenmerkmale: Stabilität, Variabilität und Validität zur Vorhersage zukünftiger Berufsleistung und berufsbezogenen Lernens. In: M. Kleinmann, & B. Strauß (Hrsg.), *Potentialfeststellung und Personalentwicklung* (S.15–43). Göttingen: Hogrefe.

Smith, E. R., & Mackie, D.M. (2007). *Social Psychology* (3rd ed.). New York: Psychology Press.

Statistic Brain Research Institute (2015). Online Dating Statistics. http://www.statisticbrain.com/online-dating-statistics/. Zugegriffen: 29. September 2016.

Wedekind, C., Seebeck, T., Bettens, F., & Paepke, A.J. (1995). Mhc-dependent mate preferences in humans. *Proceedings: Biological Sciences* 260, 245–249.

Literaturverzeichnis

Andersen, H. C. (2010). *Andersens Märchen*. Köln: Anaconda.

Aron, E. N. (1997). *The highly sensitive person: how to thrive when the world overwhelms you*. New York: Basic Books.

Aron, A., & Westbay, L. (1996). Dimensions of the prototype of love. *Journal of Personal and Social Psychology* 70, 535–551.

Blaubart von Charles Perrault (1697)

Nadja Bürgle und Eileen Wittmann

7.1   Inhalt des Märchens – 46

7.2   Die Charaktere – 47

7.3   Psychologische Phänomene und Implikationen – 47
7.3.1   Partnerwahl: Evolution oder Intuition? – 47
7.3.2   Geheimnisse in Partnerschaften – 49
7.3.3   Konflikte in Partnerschaften – 50

7.4   Fazit – 52

        Literaturverzeichnis – 52

© Springer-Verlag GmbH Deutschland 2017
D. Frey (Hrsg.), *Psychologie der Märchen,*
DOI 10.1007/978-3-662-53668-1_7

7.1   Inhalt des Märchens

Es war einmal ein Ritter, der besaß große Reichtümer, aber auch einen blauen Bart – weswegen ihn keine der Töchter seiner Nachbarin zum Manne nehmen wollte. Sie empfanden den Bart als furchteinflößend und abstoßend und auch, dass er schon mehrere Male verheiratet gewesen und der Verbleib seiner bisherigen Ehefrauen unklar war, schreckte sie ab. Doch Blaubart war zugleich ein galanter Ritter und verstand es, Frauen mit Geschenken und Vergnügungen den Kopf zu verdrehen, sodass die jüngere Tochter ihn nach kurzer Zeit doch zum Gemahl nahm.

Nach Ende des Honigmondes übergab Blaubart seiner jungen Frau einen Schlüsselbund mit all seinen Schlüsseln und sagte ihr, dass er für sechs Wochen verreisen müsse, sie sich aber während seiner Abwesenheit gut amüsieren und Freundinnen einladen solle und er ihr Zugang zu all seinen Kammern und Schätzen gewähre. Nur das kleine Schlüsselchen dürfe sie unter keinen Umständen nutzen. Den Zutritt zu dem kleinen Kabinett, das es öffnete, verbot er ihr strengstens und drohte ihr Schreckliches an, sollte sie sich widersetzen. Sie versprach ihm, sich an seine Weisungen zu halten, und er ritt davon.

Kaum war er fort, kamen die Freundinnen und bestaunten all die Kostbarkeiten der jungen Frau. Sie aber schlich sich von Neugier getrieben davon und konnte nicht widerstehen, das kleine Kabinett zu öffnen. Sie entdeckte die bisherigen Ehefrauen des Blaubarts – tot, in einer Lache von geronnenem Blut. Vor Schreck ließ sie das Schlüsselchen in die Blutlache fallen, bevor sie die Kammer wieder verschloss. Vergeblich versuchte sie das Schlüsselchen vom Blut zu reinigen, denn es war verzaubert.

Als Blaubart nach seiner Rückkehr das Blut am Schlüsselchen bemerkte, erkannte er ihre Missachtung seines Verbots und verurteilte sie zum sofortigen Tod. Sie weinte und flehte um Mitleid, doch er blieb kalt und unerbittlich. Durch eine List gelang es der jungen Frau, Zeit zu gewinnen, sodass ihre Brüder gerade noch rechtzeitig zu ihrer Rettung herbeieilen konnten und den zornerfüllten Blaubart töteten. So erbte sie nach Blaubarts Tod sein gesamtes Vermögen, teilte es mit ihren Brüdern und der Schwester und heiratete selbst einen ehrenwerten Mann, sodass sie Blaubart bald vergaß.

(Perrault 2001; ◘ Abb. 7.1)

◘ **Abb. 7.1**   (Zeichnung: Claudia Styrsky)

7.2 Die Charaktere

Im Zentrum des Märchens stehen der Ritter Blaubart und seine junge Gemahlin, die kurz charakterisiert werden sollen, da ihr Verhalten die Basis der folgenden Ausführungen darstellt.

Der **Ritter Blaubart** ist sehr wohlhabend, wirkt allerdings durch seinen blauen Bart und den Umstand, dass er zwar mehrmals verheiratet war, aber keiner über den Verbleib seiner ehemaligen Frauen Bescheid weiß, wenig vertrauenswürdig. Er schafft es trotzdem, durch seinen Charme und mit großzügigen Geschenken eine der beiden Töchter seiner Nachbarin von sich einzunehmen, die ihn schließlich heiratet. Nach der Entdeckung des Mordes an seinen Exfrauen offenbart Blaubart sein wahres Gesicht und findet schließlich zornerfüllt und mordlüstern den Tod.

Die **junge Frau** und Gemahlin ist von gutem Stande, leicht zu beeindrucken und schenkt ihrem ersten unguten Gefühl gegenüber dem Ritter keine Beachtung. Sie missachtet aus Neugier sein Verbot, ein Kabinett zu betreten, und findet dort die Leichen seiner Exfrauen. Nur durch eine List und mithilfe ihrer Schwester und der beiden Brüder schafft sie es, Blaubart zu entkommen und am Leben zu bleiben.

Die Familie – die **Mutter** und **Geschwister** – sowie die **Freundinnen** der jungen Frau werden nicht eingehend beschrieben, sie leisten ihr Gesellschaft und retten sie schließlich aus größter Not.

7.3 Psychologische Phänomene und Implikationen

Das Märchen „Blaubart" des französischen Schriftstellers Charles Perrault skizziert eine Partnerschaft, die sich sicherlich die wenigsten Menschen wünschen: geschlossen nicht aus Liebe, geführt voller Kälte und Geheimnisse, beendet durch einen tödlichen Konflikt. Wahrscheinlich hat jeder von uns eine irgendwie geartete „Leiche im Keller" und mit Sicherheit verträgt kaum eine Partnerschaft so viele davon, wie die junge Frau in Blaubarts Kabinett auffindet.
- Wie finden wir heute einen Partner, der zu uns passt und keine für uns inakzeptable „Leiche im Keller" hat?
- Sind Geheimnisse immer negativ für unsere Partnerschaften?
- Wie können wir Konflikte in unseren Partnerschaften auf weniger drastische Weise lösen?

Diesen Fragen wollen wir uns mithilfe psychologischer Theorien und Erkenntnisse in Bezug auf Partnerwahl, Geheimnisse und Konflikte in Partnerschaften annähern.

7.3.1 Partnerwahl: Evolution oder Intuition?

Theorie der sexuellen Strategien

Aus evolutionspsychologischer Perspektive wählen wir einen Partner, der eine möglichst hohe Überlebenswahrscheinlichkeit der eigenen Nachkommen erwarten lässt. In der Theorie der sexuellen Strategien („sexual strategies theory", Buss u. Schmitt 1993) stehen dabei die unterschiedlichen **Partnerwahlpräferenzen** von Mann und Frau, die evolutionspsychologisch begründet sind, im Vordergrund.

Männer suchen demnach für eine langfristige Partnerschaft eine Frau, bei der Sicherheit über die Vaterschaft für die Nachkommen besteht und die einen hohen Reproduktionswert besitzt. Daher präferieren sie sexuell treue, keusche sowie physisch attraktive und junge Frauen.

Frauen hingegen suchen für eine langfristige Partnerschaft einen Mann, der ihnen Ressourcen zur Verfügung stellen kann, die sie in die Nachkommen investieren können. Daher präferieren sie ambitionierte, einkommensstarke, gebildete und wohlhabende Männer. Zwei Studien konnten letzteres bestätigen, indem sie zeigten, dass die Bereitschaft von Frauen für eine feste Beziehung mit steigendem sozioökonomischen Status des Mannes zunimmt (Townsend u. Levy 1990a, b). Darüber hinaus wurde eine feste Beziehung oder Heirat mit einem unattraktiven Mann mit hohem sozioökonomischem Status eher in Betracht gezogen als eine solche mit einem attraktiven Mann mit niedrigem sozioökonomischem Status.

7

Intuition und Erfahrungswissen

Im Alltag raten wir anderen bei der Partnerwahl oft: „Hör auf dein Herz" oder „Hör auf dein Bauchgefühl". Wir gehen folglich davon aus, dass wir den Richtigen oder die Richtige intuitiv erkennen. Der Begriff **Intuition** meint das „unmittelbare, nicht auf Reflexion beruhende Erkennen [bzw.] Erfassen eines Sachverhalts" (Duden online 2016).

Dem Psychologen Gerd Gigerenzer (2007) zufolge liegen der Intuition einfache Faustregeln zugrunde, die in der Psychologie auch als **Heuristiken** bezeichnet werden. Eine Gruppe von Heuristiken sind Strategien, bei denen Entscheidungen basierend auf einem guten Grund getroffen und andere Informationen ignoriert werden („one-reason decision making strategies", Gigerenzer u. Gaissmaier 2011).

Solche Strategien werden beispielsweise beim Kauf eines Smartphones angewendet, wobei einfach das neueste Modell gekauft wird, ohne andere Eigenschaften des Geräts zu berücksichtigen. Die Neuheit stellt in diesem Fall den einen guten Grund dar, nach dem sich für ein bestimmtes Modell entschieden wird. Vor allem Tiere nutzen diese Strategien, um Futter, Nestplätze oder auch einen Partner zu finden. Beispielsweise wählt die Pfauhenne denjenigen Pfau als ihren Partner, der am meisten Augenflecken aufweist (Petrie u. Halliday 1994) – die Augenflecken dienen hier folglich als der eine gute Grund, diesen Partner und nicht einen anderen zu wählen.

In Bezug auf den Menschen konnte eine Studie zeigen, dass es auch für uns manchmal besser ist, auf unser Bauchgefühl zu hören: Die implizite Bewertung des Partners, also das Bauchgefühl oder die Intuition, konnte die Ehezufriedenheit über vier Jahre hinweg besser vorhersagen als dessen explizite Bewertung (McNulty et al. 2013).

Dennoch ist es an dieser Stelle wichtig, zu betonen, dass Intuition vor allem dann vorteilhaft ist, wenn wir **Erfahrungswissen** in einem bestimmten Bereich haben (Gigerenzer 2007), beispielsweise bei der Partnerwahl Erfahrung im Umgang mit anderen Menschen. Haben wir diese Erfahrung und Expertise nicht, was in vielen anderen Bereichen (z. B. Personalauswahl) der Fall sein kann, ist das Vertrauen auf das Bauchgefühl alleine nicht immer der richtige Weg.

Die jüngere Tochter von Blaubarts Nachbarin verfügt zu Beginn des Märchens über eine gute Intuition: Der blaue Bart schreckt sie ab, jagt ihr Angst ein und lässt sie Unbehagen verspüren. Es ist, als würde der blaue Bart ihr eine Vorahnung darüber geben, wie kalt und hartherzig Blaubart hinter seinem charmanten und kultivierten Auftreten sein kann. Eine Entscheidung gegen Blaubart als Partner allein auf Basis seines blauen Bartes wäre folglich eine passende One-Reason-Decision-Making-Strategie gewesen – sie hätte ihr eine Ehe im goldenen Käfig, den schaurigen Anblick all dieser toten Ehefrauen und schließlich Minuten voller Todesangst ersparen können. Doch sie entscheidet sich gegen ihr Bauchgefühl und für Blaubart – im Grunde wegen seines Reichtums und seiner Bereitschaft, seine Ressourcen auch mit ihr zu teilen. Die junge Frau wählt ihren Partner genau so, wie es ihr nach der Evolutionspsychologie zugedacht ist – und selbst seine offensichtlich sehr geringe Attraktivität wird für sie durch seinen hohen Status und seine Reichtümer wettgemacht.

Am Ende hat sie Glück im Unglück: Ihre Brüder retten sie, töten ihren abstoßenden Ehemann, und sie kann mit ihrem Erbe einen Mann heiraten, den sie wirklich liebt. Doch fast hätte sie ihre Entscheidung bei der Partnerwahl das Leben gekostet.

Implikationen für die Lebensgestaltung

Sicherlich stehen den meisten potenziellen Partnern ihre „Leichen im Keller" nicht so direkt ins Gesicht geschrieben, wodurch eine One-Reason-Decision-Making-Strategie in den allerwenigsten Fällen menschlicher Partnerwahl zielführend sein wird. Dennoch kann uns das Märchen lehren, dass die Intuition und das Bauchgefühl bei der Partnerwahl eine entscheidende Rolle spielen sollten. Scheinbar wissen wir implizit ganz gut, mit wem wir auf Dauer mehr oder weniger glücklich werden – und sollten uns nicht von Faktoren blenden lassen, die im evolutionären Kontext einmal sehr wichtig waren. Auch wenn ein wohlhabender Versorger vielleicht auch heute noch für viele Frauen eine reizvolle Annehmlichkeit darstellt, sollte nicht vergessen werden, dass eine Partnerwahl allein auf dieser Basis ein gewisses Risiko birgt. Das Märchen „Blaubart" zeigt uns, wie schnell sich der vermeintliche Traumprinz als ganz persönlicher Albtraum entpuppen kann. Dabei muss sich nicht immer gleich herausstellen, dass der Ehemann ein Serienmörder ist, es reichen sicherlich schon kleinere „Leichen im Keller", um eine unglückliche Ehe zu führen.

Frauen haben heutzutage – zumindest hierzulande – die Möglichkeit, sich selbst zu versorgen und ihren Nachkommen eigenständig Ressourcen zur Verfügung zu stellen. Sollten wir uns diese Unabhängigkeit also nicht bewusster machen und uns den Luxus gönnen, unseren Partner nach dem Bauchgefühl zu wählen?

7.3.2 Geheimnisse in Partnerschaften

Wohl jeder von uns trägt ein Geheimnis in sich – etwas, das wir für uns behalten und mit niemand anderem teilen. Auch Blaubart aus Perraults Märchen umwittert ein Geheimnis – niemand weiß, was mit seinen bisherigen Ehefrauen geschehen ist.

Destruktive und konstruktive Geheimnisse

Geheimnisse haben einen umstrittenen Ruf. Einerseits werden sie von vielen Psychologen als **destruktiv**, schädlich für zwischenmenschliche Beziehungen und als Gefährdung für die Gesundheit angesehen. In vielen Therapiestudien zeigte sich, dass die Ursache für Dysfunktionalitäten, psychische Krankheiten oder Essstörungen in Familien oftmals in verborgenen Geheimnissen liegt. Die Geheimniswahrer selbst erleben durch ihr Schweigen eine starke psychische und physische Belastung. Auch die Verwandten, welche nichts von dem Geheimnis wissen, leiden unter der angespannten Atmosphäre, die die Geheimhaltung verursacht. Deshalb wird es seit der öffentlichen Verbreitung des psychologischen Wissens ab 1970 als gesundheitsförderlich betrachtet, innere Vorgänge nach außen zu kehren – oder mit anderen Worten ausgedrückt, keine Geheimnisse zu haben (vgl. Nuber 2006).

Andererseits richten sich einige Stimmen gegen die destruktive Natur von Geheimnissen und heben ihre **konstruktiven Auswirkungen** hervor wie Arthur Schopenhauer, der Harvard-Professor für Psychologie Daniel Wegner oder die Philosophin Sissela Bok, die 1982 mit ihrem Buch *Secrets* ein Standardwerk zu

diesem Thema veröffentlichte. Schopenhauer vertrat die Meinung, dass wir Menschen ein Recht auf Lüge oder Geheimhaltung haben, wenn das Wissen der anderen über uns, uns angreifbar machen würde. Lüge und Geheimhaltung stellen somit Mittel der Gegenwehr zu unbefugter Neugier dar, welcher ein schadendes Motiv zugrunde liegt. Wegner zufolge schützen Geheimnisse einen Menschen vor riskanter Anpassung und langweiliger Konformität. Seine Erkenntnisse sprechen dafür, dass wir Geheimnisse für unsere seelische Stabilität benötigen. Diese Auffassung teilt auch Bok, die die Funktion von Geheimnissen im Schutz der eigenen Identität und Selbstbestimmung sieht. Die Überzeugung von der Lebensnotwendigkeit von Geheimnissen widerspricht der vormals propagierten vollkommenen Transparenz und Offenheit in den Beziehungen zu unseren Mitmenschen (vgl. Nuber 2006).

In Perraults Märchen wahrt Blaubart ein destruktives Geheimnis. Es dient nicht primär als Notwehr gegen ihm schadender Neugier oder zum Schutz seiner seelischen Stabilität und Selbstbestimmung, sondern zum Verbergen von Verbrechen und Unrecht, der Morde an seinen vorherigen Ehefrauen.

Gegenseitige Diskretion

Das Ziel der vollkommenen Offenheit in Partnerschaften und des gemeinsamen Teilens aller Lebensinhalte birgt die Gefahr, dass zwei „Ichs" zu einem „Wir" verschmelzen. Viele Paartherapeuten sehen eine wichtige Ursache für das Scheitern von Partnerschaften in mangelnder gegenseitiger Diskretion. Paare, die keine konstruktiven Geheimnisse voreinander haben, d. h. keine Abgrenzung, kein unabhängiges Selbst oder keine eigenen Träume, entscheiden sich oftmals für eine Therapie, da ihre Beziehungen langweilig und trist geworden sind. Um dem vorzubeugen, empfehlen Paartherapeuten, sich gegenseitig **Freiräume** zuzugestehen, die für den jeweils anderen tabu sind (vgl. Nuber 2006).

Blaubart aus Perraults Märchen gewährt seiner Frau sämtliche Freiräume. Beispielsweise darf sie sich während seiner Abwesenheit freien Zutritt zu den Kammern und Schätzen verschaffen, Freundinnen einladen und sich amüsieren. Tabu ist für sie nur sein eigener, persönlicher Bereich, das Kabinett, dessen Betreten er ihr ausdrücklich verbietet. Aus Neugier dringt sie trotzdem in diesen Raum ein und lüftet sein mörderisches Geheimnis.

Totale und relative Geheimnisse

Doch wieso übergibt Blaubart seiner Frau den Schlüssel? Hätte er ihn versteckt und das Kabinett nicht erwähnt, hätte seine Frau es wohl nie entdeckt.

Hilfreich zur Klärung dieser Frage ist die in der Psychologie gängige Unterscheidung in totale und relative Geheimnisse (Kraft Alsop 1998):

- **Total** beschreibt ein Geheimnis, von dem die anderen nicht wissen, dass es überhaupt existiert.
- **Relativ** ist ein Geheimnis dann, wenn dessen Existenz zwar bekannt ist, sein Inhalt aber unbekannt bleibt.

Blaubarts Geheimnis ist relativ, da es allgemein bekannt ist, dass seine Ehefrauen auf mysteriöse Weise verschwunden sind, und da er seiner Frau ausdrücklich verbietet, das Kabinett zu betreten, ohne ihr dessen Inhalt zu offenbaren.

Laut einer psychologischen Studie sind Partnerschaften mit totalen Geheimnissen von Misstrauen geprägt, was negative Auswirkungen auf die Zufriedenheit der Partner hat (Kraft Alsop 1998). Will Blaubart die **Vertrauenswürdigkeit** seiner Frau prüfen, indem er das Geheimnis durch die Schlüsselübergabe in ein relatives verwandelt? Eine psychologische Studie ergab, dass Paare, die relative Geheimnisse voreinander haben, sich gegenseitig vertrauen und die Freiräume des anderen respektieren (Kraft Alsop 1998). Blaubarts Frau besteht diese Vertrauensprobe nicht, was das am Schlüssel klebende Blut verrät.

Implikationen für die Lebensgestaltung

Zusammenfassend lassen sich aus der psychologischen Forschung folgende Erkenntnisse zu Geheimnissen in Partnerschaften ableiten: Konstruktive Geheimnisse, die zum Schutz der seelischen Stabilität und Individualität dienen, stellen eine wichtige Voraussetzung für ein selbstbestimmtes Leben und eine glückliche Partnerschaft dar. Die Existenz relativer Geheimnisse sollte transparent sein, um gegenseitiges Vertrauen und Respekt zu bewahren.

Doch das **Wahren von Geheimnissen** kostet viel Energie und Konzentration. Die Anstrengung, nicht an das Geheimnis zu denken, führt zu noch intensiveren Gedanken daran. Somit steigt die gedankliche und gefühlsmäßige Anstrengung, das Geheimnis zu unterdrücken (vgl. Nuber 2006). Zur Veranschaulichung: Denken Sie bitte keinesfalls an einen rosa Elefanten. An was denken Sie nun? An einen rosa Elefanten. Ebenso verhält es sich mit Geheimnissen. Überreicht Blaubart seiner Frau den Schlüssel, da die Anstrengung der Geheimhaltung zu groß für ihn wird und er insgeheim hofft, sie würde sein Geheimnis lüften?

Wie gut wir mit Geheimnissen umgehen können, ist von Mensch zu Mensch unterschiedlich. Somit liegt es an uns, selbst zu entscheiden, welche und wie viele Geheimnisse wir in unserem Leben haben möchten und brauchen. Die Erkenntnis, dass Geheimnisse lebensnotwendig sind, kann zumindest diejenigen von uns entlasten, die zusätzlich zur mentalen Anstrengung der Geheimniswahrung mit moralischen Gewissensbissen zu kämpfen haben (vgl. Nuber 2006).

7.3.3   Konflikte in Partnerschaften

Der Begriff „Konflikt" stammt vom lateinischen Verb „confligere", was „zusammenprallen" bedeutet (Duden online 2016). Bei einem Konflikt prallen z. B. Wünsche, Handlungen oder Ziele zusammen, die gegensätzlich gerichtet sind und somit nicht gemeinsam verwirklicht werden können. Konflikte erzeugen somit einen Handlungs- und Lösungsdruck.

Intra- und interpersonelle Konflikte

In der Psychologie unterscheiden wir zwischen Konflikten innerhalb einer Person (**intrapersonal**) und Konflikten zwischen Personen (**interpersonal**). Bei einem intrapersonalen Konflikt erlebt eine Person Unvereinbarkeiten im eigenen Fühlen, Denken, Wollen oder Handeln. Bei einem interpersonalen Konflikt verspürt mindestens eine von zwei oder mehreren Personen derartige Unvereinbarkeiten, dass sie sich durch die anderen beeinträchtigt fühlt (Mahlmann et al. 2009).

In Perraults Märchen zeichnen sich zwei Konflikte ab:

1. Blaubarts Frau steht vor dem intrapersonalen Konflikt, einerseits Blaubarts Anordnung zu gehorchen und das Kabinett nicht zu öffnen, andererseits ihre Neugier zu stillen und das Kabinett zu öffnen. Sie löst ihren inneren Konflikt, indem sie sich für Letzteres entscheidet und dementsprechend handelt.
2. Daneben besteht ein Konflikt zwischen Blaubart und seiner Frau, da er ihr verbietet, das Kabinett zu öffnen, sie es aber trotzdem tut. Seine Frau versucht, den Konflikt mit Entschuldigungen und Flehen um Mitleid zu lösen. Blaubart wählt Gewalt als Lösungsstrategie und plant, sie umzubringen. Der Konflikt wird gelöst, indem die Brüder der Frau Blaubart erstechen.

Die Eskalation des Konflikts, die in der Zerstörung eines Konfliktbeteiligten gipfelt, ist auf die **mangelnde Konfliktfähigkeit** des Paares zurückzuführen. Konfliktfähigkeit bedeutet hingegen, tragfähige Lösungen für den Konflikt zu finden, eine faire Streitkultur zu etablieren, Toleranz und Offenheit zu stärken und Vertrauen als Basis für eine gute Beziehung aufzubauen (vgl. Mahlmann et al. 2009).

Implikationen für die Lebensgestaltung

Ein effektives Lösungsinstrument für interpersonale Konflikte kann Kommunikation darstellen. Der Psychologe und Konfliktmediator Marshall B. Rosenberg entwickelte in den 1960er-Jahren das **Modell der gewaltfreien Kommunikation (GFK)**, die auch als „Sprache der Einfühlsamkeit" bezeichnet wird. Dieses Modell wird heute in vielen Ländern, darunter auch in Deutschland und in den USA, u. a. von Polizisten, Paartherapeuten oder Krisenberatern eingesetzt, um Konflikte zu entschärfen. Im Zentrum der GFK steht der bewusste und rücksichtsvolle Umgang mit Sprache. Im Vorwort seines gleichnamigen Buches schreibt Rosenberg:

>> Wir betrachten unsere Art zu sprechen vielleicht nicht als ‚gewalttätig‘, dennoch führen unsere Worte oft zu Verletzung und Leid – bei uns selbst oder bei anderen. [...] Die GFK hilft uns bei der Umgestaltung unseres sprachlichen Ausdrucks und unserer Art zuzuhören. Aus gewohnheitsmäßigen, automatischen Reaktionen werden bewusste Antworten [...]. (Rosenberg 2010, S. 22)

Zudem ist für Rosenberg eine veränderte Grundhaltung in Konflikten wesentlich. Er interpretiert Konflikte als Ausdruck unerfüllter Bedürfnisse, z. B. nach Respekt, Vertrauen oder Selbstbestimmung, die legitim und bedeutsam sind. Für eine effektive Konfliktlösung ist darum **Empathie**, die Fähigkeit, sich in den anderen einzufühlen, eine wichtige Voraussetzung. Wird das hinter dem Konflikt liegende Bedürfnis erkannt, formuliert und vom Gegenüber verstanden, kann eine Deeskalation erreicht werden.

GFK funktioniert folgendermaßen (vgl. Mahlmann et al. 2009; Rosenberg 2010):

1. Beobachtungen: Ich beschreibe ohne Schuldzuweisungen und Verurteilungen, welches konkrete Verhalten ich beobachtet habe.
2. Gefühle: Ich beschreibe das Gefühl, welches dieses Verhalten in mir auslöst.
3. Bedürfnisse: Ich benenne die dahinterliegenden Bedürfnisse.
4. Bitte: Ich formuliere eine Bitte, jedoch keine Forderung, was ich mir vom anderen wünsche, um meine Bedürfnisse zu befriedigen.

Zur Veranschaulichung wird beispielhaft aufgezeigt, wie Blaubarts Frau den Konflikt bereits im Anfangsstadium hätte deeskalieren können, anstatt ihn durch die Missachtung von Blaubarts Verbot zu verschärfen: „Blaubart, du verbietest mir den Zugang zum Kabinett (Beobachtung). Dieses Verbot weckt eine große Neugier in mir (Gefühl). Ich würde meine Neugier gerne stillen und wissen, was sich im Kabinett verbirgt (Bedürfnis). Ich bitte dich, zu enthüllen, was du dort versteckst (Bitte)."

Ob GFK auch bei Blaubart wirksam wäre, sei dahingestellt. Jedoch kann gewaltfreie Kommunikation für diejenigen unter uns, die aufrichtig positive Beziehungen leben und Konflikte konstruktiv lösen möchten, ein wertvoller Kompass sein (vgl. Rosenberg 2010).

7.4 Fazit

Blaubart und seine junge Frau zeigen uns in Perraults Märchen „Blaubart", wie wir eine Partnerschaft **nicht** führen sollten. Gleichzeitig ermutigt uns dieses Negativbeispiel, über mögliche Lösungen der Probleme nachzudenken. Es regt uns dazu an, eigene Lehren darüber zu ziehen, was wir in unseren Partnerschaften besser machen können: Hierzu gehört, größeres Vertrauen auf unsere Intuition bei der Wahl eines Partners zu haben, sich gegenseitig konstruktive Geheimnisse zuzugestehen und unsere Konflikte gewaltfrei zu lösen.

Literaturverzeichnis

Buss, D. M., & Schmitt, D. P. (1993). Sexual strategies theory: an evolutionary perspective on human mating. *Psychological Review* 100, 204–232.

Duden online (2016). Intuition. http://www.duden.de/node/651975/revisions/1150066/view. Zugegriffen: 29. September 2016.

Duden online (2016). Konflikt. http://www.duden.de/node/757476/revisions/1345161/view. Zugegriffen: 29. September 2016.

Gigerenzer, G. (2007). *Bauchentscheidungen: Die Intelligenz des Unterbewussten und die Macht der Intuition.* München: Bertelsmann.

Gigerenzer, G., & Gaissmaier, W. (2011). Heuristic decision making. *Annual Review of Psychology* 62, 451–482.

Kraft Alsop, C. (1998). Objekt-Geheimnisse in Paarbeziehungen. In: A. Spitznagel (Hrsg.), *Geheimnis und Geheimhaltung. Erscheinungsformen, Funktionen, Konsequenzen* (S. 234–244). Göttingen: Hogrefe.

Mahlmann, R., Dulabaum, N., Pink, R., Altmann, G., Fiebiger, H., & Müller, R. (2009). *Konfliktmanagement und Mediation.* Weinheim, Basel: Beltz.

McNulty, J. K., Olson, M. A., Meltzer, A. L., & Shaffer, M. J. (2013). Though they may be unaware, newlyweds implicitly know whether their marriage will be satisfying. *Science* 342, 1119–1120.

Nuber, U. (2006). Top secret! http://www.psychologie-heute.de/archiv/detailansicht/news/top_secret/?tx_ttnews[s-ViewPointer]=4&cHash=cbbf7781346782977044919ed6b27b94. Zugegriffen: 29. September 2016.

Perrault, C. (2001). *Contes de Fées – Märchen.* München: Deutscher Taschenbuch Verlag.

Petrie, M., & Halliday, T. (1994). Experimental and natural changes in the peacock's (Pavo cristatus) train can affect mating success. *Behavioral Ecology and Sociobiology* 35, 213–217.

Rosenberg, M. B. (2010). *Gewaltfreie Kommunikation: Eine Sprache des Lebens.* Paderborn: Junfermann.

Townsend, J. M., & Levy, G. D. (1990a). Effects on potential partners' costume and physical attractiveness on sexuality and partner selection. *The Journal of Psychology* 124, 371–389.

Townsend, J. M., & Levy, G. D. (1990b). Effects of potential partners' physical attractiveness and socioeconomic status on sexuality and partner selection. *Archives of Sexual Behavior* 19, 149–164.

Rapunzel von den Gebrüdern Grimm (1815)

Christian Feuerbacher und Marie Raith

8.1　　Inhalt des Märchens – 54

8.2　　Die Charaktere – 54

8.3　　Psychologische Phänomene – 55
8.3.1　　Depressionen – 55
8.3.2　　Kontrolle – 56
8.3.3　　Resilienz – 57

8.4　　Bedeutung für die heutige Zeit und Implikationen – 57

8.5　　Fazit – 58

Literaturverzeichnis – 58

© Springer-Verlag GmbH Deutschland 2017
D. Frey (Hrsg.), *Psychologie der Märchen*,
DOI 10.1007/978-3-662-53668-1_8

8.1   Inhalt des Märchens

Es war einmal ein Mann und eine Frau, die sich seit langer Zeit vergeblich ein Kind wünschten. In ihrem Haus gab es ein kleines Fenster, durch das man in einen herrlichen Garten blicken konnte. Dieser jedoch gehörte einer gefürchteten Zauberin und ward von einer hohen Mauer umgeben. Eines Tages stand die Frau am Fenster und erblickte in dem blühenden Garten Rapunzeln (Feldsalat). Da wurde sie von unstillbarer Lust gepackt, diese zu essen. „Wenn ich keine Rapunzeln aus dem Garten hinter unserem Haus zu essen kriege, so sterbe ich." Da fasste sich der Mann ein Herz und stieg über die Mauer um Rapunzeln zu holen. Tags darauf verlangte sie wieder danach, und als der Mann sich erneut in den Garten der Zauberin stahl, erwischte diese ihn und stellte eine Bedingung, um ihn ungestraft entlassen zu können: „Du musst mir das Kind geben, das deine Frau zur Welt bringen wird. Es soll ihm gut gehen, und ich will für es sorgen wie eine Mutter." Der Mann versprach es vor lauter Angst und kurz darauf gebar die Frau ein Mädchen, welches die Zauberin Rapunzel nannte und mit sich fortnahm.

Als Rapunzel, „das schönste Kind unter der Sonne", zwölf Jahre alt war, sperrte die Zauberin sie in einen Turm ohne Türe und Treppe. Nur ein kleines Fenster ermöglichte es in den Turm zu gelangen. „Rapunzel, Rapunzel, lass dein Haar herunter", rief die Zauberin und Rapunzel ließ ihre goldenen Haare wie eine Leiter ellenlang herabfallen.

Eines Tages kam der Königssohn, angelockt durch Rapunzels lieblichen Gesang, an den Turm. Tag um Tag kehrte er fortan zu der Stimme zurück, die sein Herz erfüllte. Eines Abends sah er die Zauberin in den Turm klettern und als sie verschwand, kletterte der Prinz hinauf. Rapunzel erschrak vor dem fremden Mann. Der Prinz jedoch besänftigte sie und offenbarte ihr seine Liebe. Rapunzel entschied, dass der schöne junge Prinz besser zu ihr sein würde, als die Zauberin es war. Und so verlobten sie sich noch am gleichen Abend. Jeden Tag sollte der Prinz von nun an einen Strang Seide mit sich bringen, um eine Leiter zu knüpfen, die Rapunzel aus ihrem Turm bringen sollte.

Unvorsichtig geworden offenbarte Rapunzel der Zauberin eines Abends beiläufig ihre Liebe zum Prinzen. Die Zauberin war außer sich, schnitt Rapunzel ihr goldenes Haar ab und schickte sie weit fort an einen Ort, wo sie in Elend und Jammer leben musste. „Ach du gottloses Kind! Was muss ich von dir hören; ich dachte, ich hätte dich von aller Welt geschieden, und du hast mich doch betrogen!"

Mit dem abgeschnittenen Zopf lockte die Zauberin am Abend auch den Prinz in ihre Falle und sagte ihm, dass Rapunzel für immer verschwunden sei. Von Schmerz und Verzweiflung getrieben, sprang der Prinz vom Turm und zerstach sich die Augen in einem Dornenbusch. Fortan wanderte er voller Elend und Trauer blind durch die Welt, bis er eines Tages den lieblichen Gesang vernahm, der ihm so vertraut war. Auch Rapunzel erkannte ihren Liebsten sofort und schloss ihn in ihre Arme. Die Tränen, die Rapunzel aus Glück über das Wiedersehen ihrer Liebe weinte, benetzten die Augen des Königssohns und befreiten ihn für immer von seiner Blindheit.

(Grimm u. Grimm 2010; ◘ Abb. 8.1)

8.2   Die Charaktere

Bevor wir uns näher dem Erleben und Verhalten der Hauptakteure aus dem Märchen widmen, sollen diese kurz charakterisiert werden.

Die Gedanken der **Frau** kreisen egoistisch um sie selbst. Sie sieht sich selbst als Opfer an. Die Frau ist hysterisch, egozentrisch und rücksichtslos, wobei sie sich dessen selbst wohl kaum bewusst sein dürfte.

Der **Mann** opfert sich für seine Frau auf und kämpft für das, was ihm lieb ist. Er ist bereit, seine eigenen Wünsche und Ängste zurückzustellen und alles zu tun, damit es seiner Frau gut geht. Fast macht es den Eindruck, als wäre sein Lebensinhalt einzig das Glück seiner Frau. Da er nicht deren Tod riskieren will, riskiert er stattdessen den Einbruch in den Garten.

Die **Zauberin** wird von allen gefürchtet. Sie hat zwar einen prächtigen Garten, aber niemand darf ihn betreten, mit niemandem möchte sie diese Schönheit teilen. Sie besitzt ein fast zwanghaftes Bedürfnis nach Macht und Kontrolle, aber keinerlei Wärme oder Zuneigung.

Rapunzel scheint relativ unbehelligt von ihrer eigenen Vorgeschichte. Sie empfindet keine große Zuneigung für die Zauberin, begehrt aber auch in keiner Weise gegen die Bevormundung auf.

Abb. 8.1   (Zeichnung: Lena Frey)

Scheinbar gleichgültig gegenüber der Gefangenschaft lebt Rapunzel im Turm und plant auf naiv-fröhliche Weise ihr neues Leben mit ihrem Verlobten.

Der **Prinz** ist mutig und lässt sich nicht von seinem Ziel abbringen. Dabei wirkt der Königssohn aber auch naiv und unbedacht. Er möchte Rapunzel heiraten und sie auf seinem weißen Pferd nach Hause bringen, Konsequenzen oder Schwierigkeiten bedenkt er dabei nicht. Die rosarote Brille wird ihm erst abgenommen, als er am Rande der Verzweiflung, blind und verlassen umherirrt.

8.3   Psychologische Phänomene

Bedeutende psychologische Theorien und Erkenntnisse sollen nun auf das Märchen angewandt werden. Behandelt wird dabei die psychische Störung Depression, welche gegenwärtig ein großes Thema unserer Gesellschaft ist. Des Weiteren sind Phänomene wie Selbstbestimmung, das Bedürfnis nach Macht sowie Resilienz zentral – im Turm bei Rapunzel ebenso wie in unserer Welt.

8.3.1   Depressionen

Rapunzels Mutter befürchtet, ohne den Verzehr der Rapunzeln zu sterben, und wird von Tag zu Tag antriebsloser. Dieser Interessensverlust und die Freudlosigkeit zählen zu den Hauptsymptomen von Depressionen (Dilling u. Freyberger 2015).

Ein psychologisches Konzept, das einen Teil depressiver Erkrankungen erklären kann, ist die **erlernte Hilflosigkeit** (Seligman 1975). Depressive Patienten haben demnach die Erwartung, bestimmte aversive Reize nicht kontrollieren oder beeinflussen zu können. Dadurch entsteht Passivität gegenüber unangenehmen Zuständen. Dies ist eines der Hauptsymptome von Depressionen. Betrachten wir nun im Hinblick auf die Theorie der erlernten Hilflosigkeit die Frau im Märchen „Rapunzel": Man könnte z. B. davon ausgehen, dass der jahrelange unerfüllte Kinderwunsch von ihr als nicht beeinflussbarer Zustand wahrgenommen wird. Dies kann letztendlich in eine Depression führen.

Eine Depression lässt sich aber nicht nur durch das Konzept der erlernten Hilflosigkeit erklären.

Einen anderen Fokus setzt die **soziale Gratifikations-krise** nach Johannes Siegrist (2015). Diese beschreibt ein erlebtes Ungleichgewicht zwischen Geben und Nehmen und führt zu dem Gefühl, ausgenutzt zu werden. Dieses Gefühl kann sowohl zu depressiv-antriebslosem als auch zu aggressivem Verhalten führen. Obwohl die Zauberin den Vater nicht bestraft und das Kind umsorgt, entzieht sich Rapunzel ihrer Obhut. Die Zauberin investiert in das Mädchen und wird im Stich gelassen. Sie löst diese Gratifikations-krise, indem sie nach Rache sinnt, Rapunzel verbannt und den Königssohn verletzt.

Nicht nur im Märchen Rapunzel ist Depression ein Thema. Ungefähr jede 7. Person der Bevölkerung erkrankt im Laufe ihres Lebens an einer Depression (Bromet et al. 2011). Dies entspricht knapp 12 Millionen Deutschen. Des Weiteren gehen 25 % aller Fehltage im Beruf auf Depressionen zurück (Holsboer 2011).

8.3.2 Kontrolle

Der Kontrollbegriff spielt innerhalb der Psychologie eine große Rolle und verschiedene Ansätze beschäftigen sich mit dem Erleben von Kontrolle. Einerseits streben Menschen nach Kontrolle über ihr Leben im Sinne von Selbstbestimmung und Autonomie, andererseits haben Menschen häufig das Verlangen, Kontrolle im Sinne von Macht und Überwachung auszuüben.

Selbstbestimmung, Autonomie und kognizierte Kontrolle

Kontrollempfinden, Autonomie und Selbstbestimmung werden als angeborene Bedürfnisse angesehen (Heckhausen u. Heckhausen 2010). Das Streben nach Kontrolle im Sinne von Selbstbestimmung, also der Möglichkeit das eigene Leben selbst so zu beeinflussen, dass positive Zustände herbeigeführt und negative Zustände vermieden werden, stellt demnach einen wichtigen Teil der menschlichen Natur dar (Bierhoff 2006; Frey u. Jonas 2002).

Die **Theorie der kognizierten Kontrolle** (Frey u. Jonas 2002) erklärt, wie das offensichtlich sehr bedeutsame Gefühl von Kontrollerleben und Autonomie entsteht. Wenn Menschen das Gefühl haben,

dass Ereignisse für sie beeinflussbar, vorhersehbar und erklärbar sind, so erleben sie die Situation als kontrollierbar und erleben sich als selbstbestimmt und autonom (Frey u. Jonas 2002). Entsprechend haben Personen das natürliche Bestreben, in möglichst vielen Lebensbereichen kognizierte Kontrolle zu empfinden, also ihr Leben selbst bestimmen zu können – gelingt dies in einem Bereich nicht, entsteht Kontrollverlust, welchen es mit allen Mitteln zu vermeiden gilt.

Auch im Märchen Rapunzel spielt das Verlangen nach Kontrolle über das Leben immer wieder eine wichtige Rolle. Rapunzels Mutter nimmt die Unkontrollierbarkeit ihres Lebens resignierend hin. Ihr Mann jedoch versucht, aktiv etwas gegen das Leiden seiner Frau zu unternehmen. Indem er die Rapunzeln für seine Frau stiehlt, versucht er die Kontrolle über sein Leben sowie das seiner Frau zu erlangen. Auch Rapunzel beeinflusst ihr Schicksal selbst durch die Verlobung mit dem Prinzen. Die Kontrolle, die sie durch die Verlobung erlangt, wirkt sich sichtbar motivationsfördernd aus. Sie arbeitet bestrebt an ihrer Flucht, indem sie eine Leiter aus Seide knüpft, die ihr den Weg in die Freiheit und in ein selbstbestimmtes Leben ebnen soll.

Wie positiv sich das **Erlangen von Kontrolle** auswirken kann, beweisen auch wegweisende Studien in Altersheimen. Bewohner, welche die Möglichkeit hatten, Kontrolle auszuüben (z. B. Einrichtung der Wohnräume), zeigten im Vergleich zu Bewohnern ohne Kontrollmöglichkeiten deutlich höhere Zufriedenheit, Wohlbefinden und mentale Wachheit (Langer u. Rodin 1976).

Selbstbestimmtheit und Autonomie im eigenen Leben sind demnach elementare Voraussetzungen für menschliches Wohlbefinden – so können wir nachvollziehen, warum man in Gärten gefürchteter Zauberinnen eindringt oder sich auf wildfremde Prinzen einlässt.

Streben nach Macht

Kontrolle über das eigene Leben bringt Autonomie und Selbstbestimmung, während **Kontrolle über andere** Macht bedeutet. Man braucht Kontrolle, um Situationen lenken und beeinflussen zu können, um also Macht auszuüben. Nach David McClelland (1961) ist Macht – neben Zugehörigkeit und Erfolg –

eines der elementaren Bedürfnisse, die Menschen antreiben. Solange eine Situation für jemanden kontrollierbar ist, ist auch seine Machtposition gesichert.

Die Zauberin hat eindeutig eine **Machtposition** inne, denn sie hat Rapunzel in eine Abhängigkeitsbeziehung gebracht, in der Rapunzel keine andere Möglichkeit hat, als sich zu fügen. Mehrfach verteidigt sie diese und trifft Vorkehrungen, um einen **Kontrollverlust** zu vermeiden. So versucht sie zu Beginn, nicht nur ihren Garten und ihre schönen Rapunzeln durch eine hohe Mauer von äußeren Einflüssen abzuschirmen, sondern sperrt später auch die schöne Rapunzel an einen Ort, über welchen nur sie die Kontrolle hat. Mit dem Eindringen des Mannes in ihren Garten verliert sie erstmals die Kontrolle. Sie ist so erzürnt, dass sie den Mann dazu zwingt, ihr sein einziges Kind zu versprechen. Als Rapunzel dann Jahre später versehentlich ihre Beziehung zum Prinzen offenbart, entgleitet ihr erneut die Kontrolle. Daraufhin schickt sie Rapunzel in die Verdammnis und den Prinzen in tiefe Verzweiflung. Dieses Handeln gibt ihr ihre Macht zurück.

Macht hat viele Formen und nicht alle davon sind negativ. Verwenden wir anstatt Macht das Wort **Einfluss**, so wird klar, dass unser Alltag davon geprägt ist. In Organisationen bestimmen zahlreiche Aspekte die Verteilung von Macht: Organisationsstrukturen und -prozeduren beispielsweise verleihen Mitarbeitern in ihrer bestimmten Position Macht. Allerdings muss sich hier zur Macht immer auch der verantwortungsvolle Umgang mit dieser gesellen, denn im Berufsalltag würde die Handlungsweise der Zauberin zu keinerlei positivem Ergebnis führen.

8.3.3 Resilienz

Ein weiteres Phänomen im Märchen „Rapunzel" ist die sog. Resilienz, die psychische Widerstandskraft. Dieser Begriff bezeichnet die Widerstandsfähigkeit gegenüber widrigen und belastenden Situationen und Lebensumständen und wird auch als **psychische Unverwundbarkeit** beschrieben (Wittchen u. Hoyer 2011).

Nach Masten (2011) sind die wesentlichen Voraussetzungen für Resilienz gegeben, wenn eine belastende Situation vorliegt und diese erfolgreich bewältigt wird. Demzufolge wird Rapunzel als Person mit

einer hohen Ausprägung an Resilienz porträtiert. Zunächst übersteht sie die jahrelange Gefangenschaft und Abschottung von der Außenwelt, ohne ersichtliche psychische Auffälligkeiten davonzutragen. Auch ihre Verdammnis in Elend und Einsamkeit scheint Rapunzel psychisch unverwundet zu überstehen, sodass es ihr schließlich möglich ist, nach der Wiedervereinigung mit dem Prinzen ein unbeschwertes und glückliches Leben zu führen.

Allerdings stellt sich die Frage, wie es bei Rapunzel zur Resilienzentwicklung kommen kann. Die Eigenschaft, resilient auf widrige Umstände zu reagieren, ist kein stabiles Persönlichkeitsmerkmal, sondern variiert über die Zeit und zwischen Situationen (Wittchen u. Hoyer 2011). Typische **förderliche Faktoren**, die zur Entwicklung von Resilienz beitragen, z. B. familiäre Stabilität, ein fester Freundeskreis oder eine unterstützende Erziehung (Werner u. Smith 1989), lassen sich in Rapunzels Leben nicht finden.

Eine mögliche Erklärung auf die Frage, wie Rapunzel dennoch Resilienz entwickeln kann, liefern die Befunde von Werner (1993). Diese zeigten, dass bei Jungen externe Schutzfaktoren (z. B. familiäre Stabilität oder Unterstützung durch Freunde), bei Mädchen jedoch interne Schutzfaktoren (z. B. kognitive Fähigkeiten oder kontaktfreudige Verhaltensweisen) stärker zur Entstehung von Resilienz beitragen. **Kontaktfreudige Verhaltensweisen**, also eine stark ausgeprägte Fähigkeit, Beziehungen aufzunehmen, führen beispielsweise zur Erwiderung sozialer Unterstützung, welche sich in belastenden Situationen positiv auswirkt. Kontaktfreudig scheint Rapunzel durchaus zu sein, was sich daran zeigt, dass sie nach kürzester Zeit bereits eine Verlobung mit dem ihr unbekannten Prinzen eingeht.

8.4 Bedeutung für die heutige Zeit und Implikationen

Das Thema Depression und Burn-out nimmt in unserer von Leistung geprägten Gesellschaft stetig zu: Kinder, Schüler, Studenten, Eltern und Arbeitnehmer sind betroffen. Jedoch wird das Thema noch immer tabuisiert und die Hemmschwelle, Schwäche einzugestehen, ist nach wie vor hoch. Doch es gibt auch Präventionsmöglichkeiten, sodass

8

Lebenssituationen einen besseren Ausgang nehmen können als im Märchen.

In Unternehmen kann dies beispielsweise erreicht werden, indem sich Führungskräfte für eine offene und wertschätzende Unternehmenskultur einsetzen. Teil dieser Unternehmenskultur sollte es sein, Mitarbeitern **Mitspracherecht** einzuräumen. Dies führt über die Vermittlung des Gefühls von Beeinflussbarkeit, Vorhersehbarkeit und Erklärbarkeit (Frey u. Jonas 2002) zu Kontroll- und Autonomieempfinden bezüglich Prozessen, Aufgaben und Ergebnissen. Auch in der Erziehung lässt sich durch eine offene und wertschätzende Haltung der Eltern Engagement, Verantwortlichkeit und Motivation zu **selbstständigem Handeln** fördern – Eigenschaften die unseren Kindern in einer immer komplexer werdenden Welt zugutekommen.

Ferner zeigen uns die Gebrüder Grimm am Beispiel von Rapunzel die Bedeutung von **Resilienz** auf. Nicht nur in unserem Alltag begegnen wir ständig Situationen, in denen diese Eigenschaft wichtig ist. Auch in Organisationen herrschen häufig schwierige und belastende Zustände, in denen es essenziell ist, resiliente Mitarbeiter zu haben, die auch in der Krise optimistisch bleiben, gemeinsam nach Lösungen suchen und die Situation unbeschadet meistern. Darum ist es wichtig die Entwicklung von Resilienz bei unseren Mitmenschen – seien es nun unsere Mitarbeiter, Freunde oder Kinder – zu fördern, indem wir ihnen Stabilität, Wertschätzung und Unterstützung zukommen lassen, wann immer sie diese benötigen.

Auch aus dem Verhalten der Zauberin können wir Impulse für unseren Alltag ziehen. Die Zauberin schützt um jeden Preis ihre kleine, vermeintlich perfekte Welt. Ihr Verhalten ist beispielhaft für das oft engstirnige Streben nach einem **perfekten Sollzustand**, der blind macht für das Jetzt. Im Laufe der Erzählung haben wir sie als egoistischen, rücksichtslosen und machtgierigen Menschen kennengelernt. Ist ihr Verhalten tatsächlich zu verurteilen?

Natürlich beschützen wir, was wir uns mühevoll erarbeitet haben. Die Frage ist, wie ausschließlich wir uns darüber definieren. Sind die berufliche Karriere, Statussymbole und Geld unsere alleinige Messlatte für **Glück** und **Erfolg**? Dann wird alles in sich zusammenbrechen, sobald das Gewünschte unerreicht bleibt oder – wie bei der Zauberin – bedroht ist.

Nehmen wir diese Faktoren jedoch als Ansporn, als messbare und vorzeigbare Belohnung für geleistete Arbeit und große Anstrengungen, können wir uns daran erfreuen – und anstatt der Rapunzeln im fremden Garten die Lorbeeren im eigenen ernten.

8.5   Fazit

Man darf sich nicht einfach nehmen, was man begehrt. Tut man es doch, so wird Böses passieren – das ist die Botschaft, die von den Gebrüdern Grimm in dem Märchen „Rapunzel" übermittelt wird. Dieser Werteverstoß tritt im Märchen in verschiedenen Konstellationen auf. Der Diebstahl der Rapunzeln wird geahndet, indem man das ersehnte Kind hergeben muss, die böse List der Zauberin hat den Verlust des Mädchens zur Folge, und die versuchte Flucht mit dem Prinzen bezahlt Rapunzel mit der Verbannung und der Prinz mit seinem Augenlicht.

Die Aufteilung in ein klares Gut und Böse zeichnet die Märchen der Gebrüder Grimm aus, ebenso ihr zumeist glückliches Ende. Natürlich stellt die Zauberin in der Geschichte die Inkarnation des Bösen dar, während Rapunzel, das unschuldige Mädchen mit goldenen Haaren, das Gute verkörpert. Rapunzel ist in gewisser Weise der Spielball zwischen den einfachen Leuten, die sich nicht mit dem ihnen Gegebenen abfinden wollen und der machtgierigen Zauberin, die sie dafür bestraft. Für Rapunzel endet die Geschichte glücklich. Die wahre Liebe, die allen Widrigkeiten trotzt, führt sie und den Prinzen zu guter Letzt in eine gemeinsame Zukunft.

Literaturverzeichnis

Bierhoff, H.-W. (2006). *Sozialpsychologie: Ein Lehrbuch* (6. Aufl.). Stuttgart: Kohlhammer.
Bromet, E., Andrade, L. H., Hwang, I., Sampson, N. A., Alonso, J., & de Girolamo, G. (2011). Cross-national epidemiology of DSM-IV major depressive episode. *BMC Medicine* 9, 90.
Dilling, H., & Freyberger, J. H. (2015). *Taschenführer zur ICD-10 Klassifikation psychischer Störungen*. Göttingen: Hogrefe.
Frey, D. (2015). Soziale und kommerzielle Organisationen als Vorbild für neue Kulturen. Angewandte Sozialpsychologie. Folientexte zur Vorlesung, WiSe 2015/16. München: Ludwig-Maximilians-Universität.
Frey, D., & Jonas, E. (2002). Die Theorie der kognizierten Kontrolle. In: D. Frey, & M. Irle (Hrsg.), *Theorien der Sozialpsycho-*

logie. Band III: Motivation und Informationsverarbeitung (S. 13–50). Bern: Huber.

Grimm, J., & Grimm, W. (2010). *Grimms Märchen: Hausbuch. Mit einem Vorwort von Michael Maar*. Berlin: Tulipan.

Heckhausen, J., & Heckhausen, H. (2010). *Motivation und Handeln*. Berlin, Heidelberg: Springer.

Holsboer, F. (2011). *Depression – wie die Krankheit unsere Seele belastet*. München: Allianz Deutschland.

Langer, E. J., & Rodin, J. (1976). The effects of choice and enhanced personal responsibility for the aged: a field experiment in an institutional setting. *Journal of Personality and Social Psychology* 34, 191–198.

Masten, A. S. (2001). Ordinary magic: Resilience processes in development. *American Psychologist* 56, 227–238.

McClelland, D. (1961). *The achieving society*. Princeton: Van Nostrand.

Seligman, M. E. P. (1975). *Helplessness. On depression, development and death*. San Francisco: Freeman & Co.

Siegrist, J. (2015). *Arbeitswelt und stressbedingte Erkrankungen. Forschungsevidenz und präventive Maßnahmen*. München: Elsevier.

Werner, E. (1993). Risk, resilience, and recovery: Perspectives from the Kauai Longitudinal Study. *Development and Psychopathology* 5, 503–515.

Werner, E., & Smith, R. (1989). *Vulnerable but invincible: a study of resilient children and youth*. New York: Adams Bannister Cox Pubs.

Wittchen, H.-U., & Hoyer, J. (Hrsg.). (2011). *Klinische Psychologie & Psychotherapie* (2. Aufl.). Berlin, Heidelberg: Springer.

Schneewittchen von den Gebrüdern Grimm (1857)

Miriam Krug

9.1   Inhalt des Märchens – 62

9.2   Die Charaktere – 63

**9.3   Psychologische Phänomene und Bedeutung
            für die heutige Zeit – 63**

9.3.1   Narzissmus und Neid – 63

9.3.2   Attraktivitätsstereotyp: Wer schön ist, ist auch gut – 64

9.3.3   Entwicklung vom Mädchen zur jungen Frau – 65

9.3.4   Zivilcourage und Hilfeverhalten – 66

9.4   Fazit – 67

Literaturverzeichnis – 67

© Springer-Verlag GmbH Deutschland 2017
D. Frey (Hrsg.), *Psychologie der Märchen,*
DOI 10.1007/978-3-662-53668-1_9

9.1   Inhalt des Märchens

Es war einmal eine Königin, die wünschte sich sehnlichst ein Kind mit einer Haut so weiß wie Schnee, mit Lippen so rot wie Blut und mit Haaren so schwarz wie Ebenholz. Ihr Wunsch erfüllte sich, und sie nannte es Schneewittchen. Kurz nach der Geburt starb die Königin. Ein Jahr später heiratete der König eine andere, sehr schöne, aber eitle und stolze Frau, welche es nicht ertragen konnte von Schönheit übertroffen zu werden. Jeden Tag fragte sie ihren Spiegel: „Spieglein, Spieglein an der Wand, wer ist die Schönste im ganzen Land?", um die Bestätigung zu hören, dass sie es wäre. So war sie zufrieden, denn sie wusste, dass der Spiegel immer die Wahrheit sagte. Schneewittchen wuchs heran und wurde schöner und schöner. Als sie etwa sieben Jahre alt war, antwortete der Spiegel plötzlich: „Frau Königin, Ihr seid die Schönste hier, aber Schneewittchen ist tausendmal schöner als Ihr."

Von Neid geplagt befahl die Königin einem Jäger, Schneewittchen zu töten und als Beweis deren Lunge und Leber vorzuzeigen. Dieser ließ das Mädchen jedoch am Leben und brachte die Lunge und Leber eines Frischlings. Schneewittchen flüchtete indes in den Wald und gelangte an ein Häuschen. Als sie am nächsten Morgen dort aufwachte, lernte sie die Hausbewohner, die sieben Zwerge, kennen, bei welchen sie fortan den Haushalt führte.

Die Zwerge warnten das Schneewittchen immer wieder, sich vor der Stiefmutter zu hüten. Sie solle niemanden hereinlassen, wenn sie alleine zu Hause wäre. Die Stiefmutter erfuhr jedoch durch den Spiegel, der immer noch die Wahrheit sagte, dass Schneewittchen am Leben war und hinter den Bergen bei den sieben Zwergen wohnte. So verkleidete sie sich als Händlerin und bot dem Mädchen Waren an, welche sie umbringen sollten. Einen Schnürriemen zog sie so eng, dass Schneewittchen zu ersticken drohte, einen Kamm und die Hälfte eines Apfels präparierte sie mit Gift. Die ersten beiden Male gelang es den sieben Zwergen, Schneewittchen ins Leben zurückzuholen, indem sie das Mädchen von dem Schnürriemen und dem vergifteten Kamm befreiten. Beim dritten Male konnten sie die Todesursache jedoch nicht herausfinden und hielten Schneewittchen für tot. Weil sie so schön

◘ **Abb. 9.1**   (Zeichnung: Johanna Frey)

aussah, legten sie das Mädchen in einen gläsernen Sarg.

Ein Königssohn entdeckte diesen und bat die Zwerge um Überlass, da er ohne den Anblick dieses schönen Mädchens nicht mehr leben könne. Aus Mitleid überließen sie ihm den Sarg. Beim Transport stolperte einer der Diener und Schneewittchen fiel das vergiftete Apfelstück plötzlich aus dem Mund. Sie wurde wieder lebendig, und der Königssohn und das Schneewittchen vermählten sich. Die neidische Stiefmutter wurde zur Hochzeit eingeladen und musste zur Strafe in rot glühende Eisenpantoffeln steigen und im Feuer tanzen, bis sie tot umfiel.

(Grimm u. Grimm 1857; ◘ Abb. 9.1, ◘ Abb. 9.2)

Anmerkung   Schneewittchen gehört wohl zu den bekanntesten Märchen der Gebrüder Grimm. Neben unzähligen Verfilmungen wurden Lieder für Jung und Alt, Opern sowie Ballettaufführungen zu Schneewittchen geschrieben.

◘ **Abb. 9.2**   (Zeichnung: Johanna Frey)

9.2　Die Charaktere

Schneewittchen erfüllt ihrer **Mutter** mit ihrer makellosen Schönheit einen Lebenstraum. Die übermäßige Schönheit wird ihr jedoch später zum Verhängnis, indem nach dem Tod der Mutter eine neue Frau in das Leben ihres Vaters tritt. Die böse **Stiefmutter** kann es nicht ertragen von anderer Schönheit übertroffen zu werden. Sie beauftragt einen **Jäger**, Schneewittchen umzubringen. Dieser lässt das schöne Mädchen jedoch aus Mitleid am Leben. Bei den sieben **Zwergen** findet Schneewittchen Unterschlupf. Sie nehmen das Mädchen herzlich auf und integrieren es. Die böse Stiefmutter wird immer zorniger und greift nun selbst zu grausamen Maßnahmen, um die Konkurrentin loszuwerden. Die sieben Zwerge kommen jedoch immer rechtzeitig, um Schneewittchen zu befreien. Als sie nach dem letzten Attentat der Stiefmutter für tot gehalten wird, betritt der **Königssohn** die Szene. Durch seine Aktion, das Mädchen in das Schloss bringen zu lassen, weil er den Anblick ihrer Schönheit nicht missen möchte, rettet er ihr unbeabsichtigt das Leben, und sie werden glücklich bis an ihr Lebensende. Die böse Stiefmutter erhält eine gerechte Strafe.

9.3　Psychologische Phänomene und Bedeutung für die heutige Zeit

Folgende psychologische Phänomene werden thematisiert und reflektiert:

- Narzissmus und Neid
- Attraktivitätsstereotyp: Wer schön ist, ist auch gut
- Entwicklung vom Mädchen zur jungen Frau
- Zivilcourage und Hilfeverhalten

9.3.1　Narzissmus und Neid

Die böse Stiefmutter im Märchen zeigt narzisstische Persönlichkeitszüge. **Narzissmus** wird in Anlehnung an den Mythos des Narziss als „die Liebe, die man dem Bild von sich selbst entgegenbringt" (Laplanche u. Pontalis 1984, S. 317) definiert. Es liegt demnach eine übertriebene und übermäßige Störung im Selbstwert vor, was sich insbesondere in einer gestörten Selbstliebe und -einschätzung widerspiegelt. Die übersteigerte Wahrnehmung nach eigener Wichtigkeit wird von Fantasien grenzenlosen Erfolgs, Macht, Glanz, Schönheit oder idealer Liebe begleitet (Kriterium der narzisstischen Persönlichkeitsstörung nach dem Diagnosemanual für psychische Störungen, 5. Revision, DSM-5; APA 2013). Man verlangt maßlose Bewunderung und glaubt einzigartig zu sein. Um dies bestätigt zu wissen, fragt die Stiefmutter ihren Spiegel immer wieder aufs Neue, wer die Schönste im ganzen Land sei.

Im realen Leben beginnen Narzissten, sich sehr stark mit anderen zu vergleichen, und sind hierfür hoch sensibel. Positive Vergleiche resultieren in Bestätigung, negative in Minderwertigkeitskomplexen. Narzisstische Personen sind besessen, ihre zentralen Motive nach Anerkennung, Wichtigkeit und Solidarität erfüllt zu sehen. **Manipulationen** erfolgen, um das grandiose Gefühl der eigenen Wichtigkeit aufrechtzuerhalten. So beauftragt die Stiefmutter einen Jäger, Schneewittchen zu töten, und geht im Anschluss selbst über Leichen.

Narzisstische Eigenschaften implizieren allerdings noch keinen Krankheitswert. Narzissmus ist im Gegenteil gut und wichtig, wenn ein gesunder Selbstwert erzeugt wird. Schädliche Auswirkungen ergeben sich erst, wenn er – wie bei der Stiefmutter – krankhaft und übersteigert gezeigt wird, man unfähig für zwischenmenschliche Beziehungen ist und anderen Schlechtes oder gar den Tod wünscht.

Auch die leibliche Mutter von Schneewittchen, welche zu Beginn des Märchens erwähnt wird, zeigt narzisstische Motive. Sie wünscht sich ein Kind mit einer Haut so weiß wie Schnee, mit Lippen so rot wie Blut und mit Haaren so schwarz wie Ebenholz. Nur so kann sie ihre tiefe Traurigkeit und Einsamkeit überwinden. Man mag sich nun fragen, was passiert wäre, wenn sie ein Kind bekommen hätte, welches nicht ihren Wunschvorstellungen entspricht.

■　**Fragen zur Reflexion**

- Drücken wir unseren Kindern zu sehr unsere eigenen (unerfüllten) Wünsche auf?
- Verlangen wir von ihnen, so zu sein, wie wir es wollen?
- Helfen wir ihnen, die für sie richtigen Entscheidungen zu treffen?

Verbindung von Narzissmus und Neid

Neidgefühle sind typisch für Narzissten, gleichzeitig glauben sie jedoch auch, dass andere neidisch auf ihre Person sind. Man unterscheidet schwarzen und weißen Neid. Weißer Neid ist motivierend und antreibend, schwarzer zerstörerisch. Es ist der **schwarze Neid**, welchen die Stiefmutter empfindet, der andere verwünscht und eliminieren will.

Der deutsche Dichter Wilhelm Busch sagte einmal, Neid sei die aufrichtigste Form der Anerkennung. Die Menschen sind gerne bereit, Mitleid sogar ohne Gegenleistung zu spenden, während ihr Neid hart erarbeitet, sogar erkämpft werden muss. Wer andere jedoch nur mit Neid konfrontiert, leidet selbst häufig am meisten darunter. Insbesondere wenn überwiegend schwarzer Neid empfunden wird, stehen sich Personen oft selbst im Weg. Anstatt sich auf ihre Individualität zu besinnen, konzentrieren sie sich zu sehr darauf, das zu wollen, was andere besitzen oder streben nach noch mehr. Diese Fixierung, wie sie bei der Königin zu sehen ist, kann sich durch eine **innere Lähmung** und **Unzufriedenheit** negativ auf die Zielerreichung auswirken, indem man sich beispielsweise mit nichts anderem mehr zufrieden gibt.

Im Allgemeinen ist festzuhalten, dass Narzissmus eine starke Triebfeder darstellt, um nach oben zu kommen. So hat sich die Stiefmutter den König, einen begehrten und mächtigen Mann, als ihren Lebenspartner auserwählt. Es liegt nahe, dass es ihr weniger um die romantische Beziehung, sondern um die mächtige Position und Prestige als Königin ging, welche sie mit der Heirat erlangte.

Neidgefühle können durch Sicherheit, durch die Pflege von Kooperationen und selbstbewusstes Handeln minimiert werden. Das Entscheidende dabei ist, sich nicht über andere zu definieren, sondern die Zufriedenheit aus sich selbst heraus zu finden.

- **Fragen zur Reflexion**
- Wie schätzen Sie Ihre innere Zufriedenheit ein?
- Orientieren Sie sich häufig an anderen?
- In welchen Situationen empfinden Sie Neid? Und in welchen werden Sie beneidet?

Ist Narzissmus angeboren oder erworben?

Ursachen für die Entwicklung einer **narzisstischen Persönlichkeitsstörung** haben ihren Ursprung überwiegend in der frühen Kindheit und Erziehung. Wenn das Kind seine eigene Individualität und Bedürfnisse nur stark begrenzt oder extrem unbegrenzt ausleben kann, wird die Entwicklung eines gesunden Selbstwertes gestört. Zu viel oder zu wenig elterliche Unterstützung sind somit negativ.

Die Entwicklung einer Persönlichkeitsstörung ist abhängig von der Veranlagung (Disposition) des Kindes, eine narzisstische Persönlichkeitsstörung zu entwickeln, und von den Bedürfnissen sowie der Einflussnahme der Eltern.

Daneben spielen die **gesellschaftliche Akzeptanz** und – heutzutage verstärkt – kurzlebigere Trends eine Rolle. Schon früh lernen wir, uns von anderen abzugrenzen. Die Eigenmarke „Ich" wird durch soziale Netzwerke und das „Selfie-Image" gefördert. Nach außen soll das eigene Leben perfekt erscheinen.

Die Königin strebt nach makellosem Aussehen und ewiger Jugendlichkeit, was sich auch in unserer Kultur und anderen modernen Gesellschaften als eine Art **universales Ideal** entwickelt hat. Ziel ist es, so lange wie möglich jung zu bleiben, und hierfür gibt es mittlerweile fast keine Grenzen mehr. Es erweckt den Anschein, als ob Narzissmus in unserer Gesellschaft sogar zu einer erstrebens- und begehrenswerte Eigenschaft geworden ist, die zu Erfolg und Wohlstand führt.

- **Fragen zur Reflexion**
- Ist Narzissmus tatsächlich für eine Karriere entscheidend? Oder haben andere Werte weit mehr Gewicht?
- Welche persönlichen Ideale haben Sie?

9.3.2 Attraktivitätsstereotyp: Wer schön ist, ist auch gut

Schneewittchen verfügt über eine makellose Schönheit und erfährt dadurch ein erhöhtes Maß an Aufmerksamkeit. Im Allgemeinen werden attraktive Personen positiver behandelt. Sie erhalten z. B. bessere

Noten in der Schule, höhere Gehälter im Arbeitskontext und allgemein mehr Unterstützung und Hilfe.

Attraktivität und Halo-Effekt

Das Attraktivitätsstereotyp „Wer schön ist, ist auch gut" (Dion et al. 1972) gilt in verschiedenen Lebensbereichen, Altersstufen und Kulturen. Dabei beeinflusst der Eindruck der zentralen Eigenschaft Attraktivität die Einschätzung anderer nicht beobachtbarer Eigenschaften, z. B. Intelligenz, Beliebtheit, Sympathie. Somit wird der Gesamteindruck über eine Person von der zentralen Eigenschaft überstrahlt (**Halo-Effekt**; Murphy et al. 1993; Thorndike 1920).

Im Kindes- und frühen Jugendalter wirkt sich die Attraktivität bei Mädchen im Allgemeinen förderlich aus und trägt zu deren Beliebtheit bei. Dies mag sich in besserer Notengebung an der Schule zeigen, ebenso erfahren sie mit zunehmendem Alter mehr Aufmerksamkeit von Jungen. Ist ein Mädchen hingegen unattraktiv, kann sich dies nachteilig auswirken. Wird allein vom Aussehen auf den Charakter geschlossen (unattraktiv = weniger intelligent/ sympathisch), können soziale Ausgrenzung und mangelnder sozialer Rückhalt Gleichaltriger, der Peergroup, die Folge sein. Damit wird **Mobbing** begünstigt (z. B. in Schulen).

Kinder vergleichen sich mit den anderen und sind auf ein stabiles soziales Umfeld und einen schützenden Freundeskreis angewiesen, in dem z. B. nicht in erster Linie auf das Äußere wert gelegt wird. Eltern, Erziehern und Lehrern fällt hierbei die Aufgabe zu, weitere Qualitäten und Stärken der Kinder zu fördern, um zur Entwicklung eines gesunden Selbstbewusstseins beizutragen. So werden sowohl gegenüber attraktiven Mädchen **Konkurrenz- und Neidgefühle**, die zu indirekten Aggressionen (z. B. Lästereien) führen können, als auch eine Benachteiligung weniger attraktiver Mädchen nur aufgrund optischer Eigenschaften reduziert.

In dem Märchen wird die Stiefmutter selbst als sehr schön beschrieben – sie und Schneewittchen begegnen sich auf Augenhöhe (Aussehen, Status). Allerdings differieren das Alter und die Erfahrung deutlich. Das aufgrund der Attraktivität von Schneewittchen übermäßig ausgeprägte Konkurrenzgefühl

der Stiefmutter führt sogar zur Tötungsabsicht. In gegengeschlechtlichen Interaktionen, z. B. mit dem Jäger, den sieben Zwergen sowie dem Königssohn, hat ihre physische Attraktivität hingegen positive Auswirkungen.

Queen-Bee-Syndrom

Aus dem Arbeitskontext ist bekannt, dass besonders attraktive Frauen der Gefahr einer Diskriminierung durch andere Frauen unterliegen. Das **Queen-Bee-Syndrom** (Ellemers et al. 2004) beschreibt, dass Frauen häufig von anderen Frauen, welche eine höhere Position im Unternehmen innehaben, benachteiligt werden. Der Effekt verstärkt sich, wenn die mächtigere Frau zusätzlich älter ist.

Doch warum besitzen Frauen solch ein hoch ausgeprägtes Konkurrenzbewusstsein, wenn es um die Attraktivität geht? Dies kann u. a. mit der **Bedrohung des Selbstwertes** erklärt werden. Wenn dem Individuum Personen auf einer für ihn relevanten Dimension überlegen sind (z. B. Attraktivität und Alter bei Frauen) gefährden diese seinen Selbstwert („social comparison bias"; Garcia et al. 2010). Daher möchte man sie am liebsten fernhalten, z. B. durch die schlechtere Bewertung einer attraktiven Bewerberin (im Vergleich zu einem attraktiven männlichen Bewerber) durch eine weibliche Interviewerin (Luxen u. van de Vijver 2006).

- **Fragen zur Reflexion**
- Welche Bereiche in Ihrem Leben würden Sie als persönlich relevant bezeichnen?
- Wie reagieren Sie, wenn jemand in diesem für Sie wichtigen Bereich besser ist? Wie viel Stiefmutter steckt dann in Ihnen?

9.3.3　Entwicklung vom Mädchen zur jungen Frau

Die Weltgesundheitsorganisation siedelt die Phase der Adoleszenz (Jugendalter) zwischen 10 und 20 Jahren an. Schneewittchen mit ihren 7 Jahren hat dieses Alter zu Beginn des Märchens zwar noch nicht erreicht, allerdings wird nicht detailliert ausgeführt, wie lange sie bei den Zwergen bleibt, und der

Königssohn sieht in ihr später eine mögliche Partnerin und verliebt sich in sie. Somit ist es bedeutsam, sich mit dem Heranwachsen eines Mädchens zur jungen Frau zu beschäftigen.

Der Übergang vom Jugend- zum Erwachsenenalter ist mit psychischen und physischen Herausforderungen verbunden. Neben der Akzeptanz körperlicher Veränderungen spielen Identitätsbildung und Persönlichkeitsentwicklung eine wesentliche Rolle. Die Ablösung der eigenen Familie und die (Nicht-)Gründung einer eigenen Familie treten in den Vordergrund.

Soziales Umfeld

Schneewittchens Kindheit ist mit problematischen Bedingungen behaftet. Die Mutter ist früh gestorben, die Stiefmutter voller Hass, und der Vater scheint sich um das Wohlergehen seiner Tochter nicht zu kümmern. Glücklicherweise trifft Schneewittchen auf die sieben Zwerge, gleichzeitig kommt sie damit dem Erwachsensein einen großen Schritt näher. Stammend aus einem sittlichen Königshaus mit Bediensteten führt sie fortan den Haushalt bei den „Bürgerlichen".

Schneewittchen scheint keine schulische Ausbildung zu genießen. Die **Schule als soziales Gefüge** nimmt in dieser Lebensphase in der Regel jedoch einen entscheidenden Einfluss auf die Entwicklung. Noch vor wenigen Jahrzehnten war es üblich, nach einem kurzen Schulabschnitt in das arbeitsintensive Erwachsenenleben überzutreten (Sander 2014). Freiräume, um sich mit Gleichaltrigen zu treffen und gleichzeitig den Schutz des Elternhauses zu genießen, waren häufig nur Kindern (und zum größeren Teil den männlichen Nachkommen) aus gut situierten Verhältnissen zugänglich.

Dank der **Emanzipation** genießen Frauen mittlerweile einen gleichberechtigten Bildungszugang. Die Lebensumstände der Adoleszenzphase haben sich dementsprechend zugunsten der Frauen entwickelt.

Identitätsentwicklung und Sexualität

Das **Stufenmodell der psychosozialen Entwicklung** von Erikson (1997) greift die Adoleszenz als 5. der 9 postulierten Entwicklungsphasen auf. Sie wird als die Krise der „Identität vs. Identitätskonfusion" im Jugendalter beschrieben.

Aufgrund des stets späteren Berufseintritts „wird dieses Stadium des Heranreifens zu einer immer deutlich umrissenen und bewussten Periode, fast zu einer Lebensform zwischen Kindheit und Erwachsensein" (Erikson 1988, S. 123). Erikson spricht von der **Identitätskrise** als psychosozialen Aspekt des Heranreifens. Hier spielt immer auch die Umgebung der Jugendlichen eine Rolle, z. B. der Ausbildungskontext oder bei Schneewittchen das häusliche Umfeld. Die Nähe zu dem anderen Geschlecht wird gesucht, auch sexuelle Annäherungen werden von Mädchen eher akzeptiert (Schmidt 2014).

Der Begriff **sexuelle Orientierung** stellt das Ziel sexueller Aktivität in den Vordergrund (z. B. Aufbau von Beziehungen zu Gleichaltrigen), während sich die **sexuelle Identität** auf das eigene Geschlechtsverständnis als Mann oder Frau bezieht. Die Identitätsfindung wird stark durch gesellschaftliche Normen und soziale Bewertungen beeinflusst.

9.3.4 Zivilcourage und Hilfeverhalten

> » Die Rettung der Menschen besteht gerade darin, dass alle alles angeht. (Alexander Solschenizyn 1970)

Der Jäger zeigt zivilcouragiertes Handeln, da es ihm widerstrebt, ein unschuldiges Kind zu ermorden, und er durch einen Akt des (zivilen) Ungehorsams dessen Leben verschont. Er empfindet den Befehl der Stiefmutter als Unrecht und stellt sich – hier durch das Unterlassen einer Gewalttat und das Vortäuschen der Pflichterfüllung – schützend vor das Mädchen. **Zivilcourage** beschreibt ein selbstloses Hilfeverhalten in einer akuten Notsituationen mit dem Risiko negativer Konsequenzen und Normverletzungen für sich selbst (Frey et al. 2001; Jonas u. Brandstätter 2004). Das Verhalten ist in der Regel emotional getrieben und beruht auf demokratischen Grundüberzeugungen und persönlichen Wertvorstellungen (Osswald et al. 2010).

Differenzierung zwischen Zivilcourage und Hilfeverhalten

Der Hauptunterschied zu Hilfeverhalten liegt in den negativen Konsequenzen und der Gefahr begründet, in welche man sich durch das zivilcouragierte

Verhalten begibt. So lässt der Jäger Schneewittchen fliehen, ungeachtet möglicher Folgen oder Bestrafungen durch die Königin.

Im Märchen konnte der Jäger seine Verantwortung nicht an andere anwesende Personen übertragen (**pluralistische Ignoranz, Verantwortungsdiffusion**). Zwar stellt er sich nicht schützend vor einen unmittelbaren Angreifer, aber er sieht davon ab, den nur ihm zugewiesenen Mordauftrag auszuführen. Situationale (z. B. Anzahl der Zuschauer) und personale Faktoren (z. B. Aufmerksamkeit, Emotionen oder Vorurteile) beeinflussen gleichermaßen zivilcouragiertes Einschreiten: Je mehr Zuschauer anwesend sind, umso weniger wahrscheinlich wird geholfen (**Zuschauereffekt**, auch Bystander-Effekt; Darley u. Latané 1968). Die eindeutige Identifizierung als Notsituation erhöht die Wahrscheinlichkeit, unabhängig von der Anzahl der Zuschauer einzugreifen.

Das Verhalten der sieben Zwerge ist hingegen **prosozial und altruistisch**. Sie nehmen Schneewittchen uneigennützig/selbstlos auf, bringen sich jedoch selbst nicht in Gefahr. Die Vermittlung des Gefühls, umsorgt und wertgeschätzt zu werden, fällt unter die sozioemotionale Unterstützung. Die Bereitstellung einer Unterkunft und Nahrung ist ein Beispiel für die materielle Unterstützung. Auch geben die sieben Zwerge dem Mädchen den Rat, sich vor der Stiefmutter zu hüten, und unterstützen sie somit auch informational. Insbesondere, wenn Empathie gegenüber den Hilfsbedürftigen empfunden wird, erfolgt ein selbstloses und aufopferndes Hilfeverhalten (**Empathie-Altruismus-Hypothese**; Batson et al. 1981).

- ▪ **Fragen zur Reflexion**
- — Hätten Sie auch so zivilcouragiert gehandelt wie der Jäger? Oder liegt Ihnen mehr die Hilfsbereitschaft der Zwerge?
- — Was hätte Ihr Verhalten behindert oder gefördert?

9.4 Fazit

Anhand des Märchens „Schneewittchen" konnte eine Vielzahl psychologischer Phänomene wie Narzissmus und Neid, Attraktivitätsstereotype, die Entwicklung vom Mädchen zur Frau sowie Zivilcourage und Hilfeverhalten aufgezeigt werden, die bis heute

nicht an Bedeutung verloren haben. So lassen sich wichtige Erkenntnisse auf individueller, aber auch gesellschaftlicher Ebene ableiten, die uns zu verantwortungsvollem Handeln inspirieren und aufrufen.

- ▪ **Fragen zur Reflexion**
- — Wann spornt Sie Neid an, wann demotiviert er Sie?
- — Inwiefern hat für Sie die innere Zufriedenheit etwas mit dem Alter zu tun?
- — Stellen Sie sich vor, Sie sähen ab sofort so aus, wie Sie es sich immer gewünscht haben. Was würde sich für Sie in Ihrem Leben verändern?
- — Welche Entwicklungsherausforderungen gab es in Ihrer Kindheit/Jugend? Was haben Sie daraus gelernt oder auch nicht gelernt?
- — Welche Personen in Ihrem Leben geben Ihnen Kraft und unterstützen Sie? In welcher Form erfolgt die Unterstützung? Gibt es vielleicht auch Personen, die Ihnen Ihre Kraft nehmen?
- — In welchen Situationen in Ihrem Leben haben sie uneigennützig geholfen? Gab es Situationen, in denen Ihr Hilfeverhalten riskant war? Wenn ja, würden Sie – rückblickend betrachtet – wieder genauso handeln?

Literaturverzeichnis

American Psychiatric Association (APA). (Ed.). (2013). Diagnostic and Statistical Manual of Mental Disorders (DSM-5; 5th ed.). Arlington, VA: American Psychiatric Association Publishing.

Batson, C. D., Duncan, B. D., Ackerman, P., Buckley, T., & Birch, K. (1981). Is empathic emotion a source of altruistic motivation? *Journal of Personality and Social Psychology* 40, 290–302.

Darley, J. M., & Latané, B. (1968). Bystander intervention in emergencies: Diffusion of responsibility. *Journal of Personality and Social Psychology* 8, 377–383.

Dion, K., Berscheid, E. & Walster, E. (1972). What is beautiful is good. *Journal of Personality and Social Psychology* 24, 285–290.

Ellemers, N., van den Heuvel, H., de Gilder, D. & Bonvini, A. (2004). The underrepresentation of women in science: differential commitment or the queen bee syndrome? *British Journal of Social Psychology* 43, 313–338.

Erikson, E. H. (1988). *Jugend und Krise. Die Psychodynamik im sozialen Wandel.* Stuttgart: Klett-Cotta.

Erikson, E. H. (1997). *The life cycle completed.* New York, London: WW Norton & Company.

Frey, D., Neumann, R., & Schäfer, M. (2001). Determinanten von Zivilcourage und Hilfeverhalten. In: H. W. Bierhoff, &

D. Fetchenhauer (Hrsg.), *Solidarität. Konflikt, Umwelt und Dritte Welt* (S. 93–122). Opladen: Leske & Budrich.

Garcia, S. M., Song, H., & Tesser, A. (2010). Tainted recommendations: The social comparison bias. *Organizational Behavior and Human Decision Processes* 113, 97–101.

Grimm, J., & Grimm, W. (1857). *Kinder- und Haus-Märchen, gesammelt durch die Brüder Grimm: Große Ausgabe* (Bd. 1, 7. Aufl.). Göttingen: Verlag der Dieterichschen Buchhandlung.

Jonas, K. J., & Brandstätter, V. (2004). Zivilcourage – Definitionen, Befunde und Maßnahmen. *Zeitschrift für Sozialpsychologie*, 35, 185–200.

Luxen, M. F., & van de Vijver, F. J. R. (2006). Facial attractiveness, and personnel selection: when evolved preferences matter. *Journal of Organizational Behavior* 27, 241–255.

Laplanche, J., & Pontalis, J.-B. (1984). *Das Vokabular der Psychoanalyse*. Frankfurt am Main: Suhrkamp.

Murphy, K. R., Jako, R. A., & Anhalt, R. L. (1993). Nature and consequences of halo error: A critical analysis. *Journal of Applied Psychology* 78, 218–225.

Osswald, S., Greitemeyer, T., Fischer, P., & Frey, D. (2010). What is moral courage? Definition, explication, and classification of a complex construct. In: C. L. S. Pury, & S. J. Lopez (Hrsg.), *The psychology of courage: Modern research on an ancient virtue* (S. 149–164). Washington, DC: American Psychological Association.

Sander, U. (2014). Jugend und Jugendlichkeit als Identitätskern moderner Gesellschaften. In: Hagedorn, J. (Hrsg.), *Jugend, Schule und Identität* (S. 29–33). Wiesbaden: Springer VS.

Schmidt, R. B. (2014). Schule als Ort sexueller Sozialisation. In: Hagedorn, J. (Hrsg.), *Jugend, Schule und Identität* (S. 249–264). Wiesbaden: Springer VS.

Solschenizyn A (1970) Dankesrede zur Entgegennahme des Nobelpreises für Literatur, 10. Dezember 1970. http://www.nobelprize.org/nobel_prizes/literature/laureates/1970/solzhenitsyn-lecture.html. Zugegriffen: 20. November 2016.

Thorndike, E. L. (1920). A constant error in psychological ratings. *Journal of Applied Psychology* 4, 25–29.

Rotkäppchen von den Gebrüdern Grimm (1812)

Sabine Weber

10.1   **Inhalt des Märchens – 70**

10.2   **Die Charaktere – 70**

10.3   **Psychologische Phänomene und Implikationen – 71**
10.3.1   Dramadreieck – 71
10.3.2   Versprechen – 72
10.3.3   Vertrauen – 73
10.3.4   Prosoziales Verhalten – 74

10.4   **Bedeutung für die heutige Zeit – 74**

10.5   **Fazit – 75**

Literaturverzeichnis – 75

© Springer-Verlag GmbH Deutschland 2017
D. Frey (Hrsg.), *Psychologie der Märchen*,
DOI 10.1007/978-3-662-53668-1_10

10

10.1 Inhalt des Märchens

Es war einmal ein kleines, süßes Mädchen namens Rotkäppchen, das von ihrer Mutter zur erkrankten Großmutter geschickt wurde, um ihr Kuchen und Wein zu bringen. Dabei ermahnte die Mutter das Kind, nicht vom Weg abzukommen, was Rotkäppchen ihr versprach.

Auf ihrem Weg durch den Wald begegnete ihr der böse Wolf, dem sie sogleich von ihrem Vorhaben erzählte und den Weg zur Großmutter schilderte. Um seinen hinterlistigen Plan, die Großmutter zusammen mit Rotkäppchen zu verschlingen, umzusetzen, überredete der Wolf das Mädchen, ihrer Großmutter einen Blumenstrauß zu pflücken. Während diese im Wald nach den schönsten Blumen suchte, eilte der Wolf zum Haus der Großmutter und verschlang die alte Frau. Anschließend kleidete er sich mit ihren Kleidern, legte sich in ihr Bett und wartete auf das junge, zarte Mädchen. Als das Kind am Haus ankam, wunderte es sich über das Aussehen der Großmutter: „Ei, Großmutter, was hast du für große Ohren?" – „Dass ich dich besser hören kann!" „Ei, Großmutter, was hast du für große Augen?" – „Dass ich dich besser sehen kann!" „Ei, Großmutter, was hast du für große Hände?" – „Dass ich dich besser packen kann!" „Aber, Großmutter, was hast du für ein entsetzlich großes Maul?" – „Dass ich dich

besser fressen kann!" Und das Mädchen wurde sogleich vom bösen Wolf verschlungen.

Wie der Wolf sein Gelüsten gestillt hatte, legte er sich wieder ins Bett der Großmutter, um sich auszuruhen. Ein Jäger, der aufgrund des lauten Schnarchens der Großmutter besorgt war, fand den Wolf im Bett der alten Dame, schnitt ihm den Bauch auf und rettete Rotkäppchen und ihre Großmutter. Diese füllten den Bauch des Wolfes daraufhin mit schweren Steinen. Solchermaßen beschwert verendete der Wolf, alle frohlockten und Rotkäppchen versprach, nie wieder vom Weg abzukommen.

Es wird erzählt, dass ihr einst erneut ein Wolf entgegenkam. Rotkäppchen ging daraufhin jedoch auf direktem Wege zur Großmutter, mit der sie einen Plan ausheckte, um den Wolf an seinem Vorhaben, das Mädchen zu fressen, zu hindern. Schließlich ertrank der böse Wolf, und das Kind ging fröhlich und vergnügt nach Hause.

(Grimm u. Grimm 1812;  Abb. 10.1)

10.2 Die Charaktere

Nachdem der Inhalt des Märchens nun präsent ist, soll im Folgenden ein Blick auf die Charaktere geworfen werden, deren Einstellungen und

Abb. 10.1 (Zeichnung: Claudia Styrsky)

Verhaltensweisen als Grundlage der psychologischen Analyse dienen.

Die **Mutter** nimmt eine Nebenrolle ein, da sie lediglich zu Beginn der Geschichte erwähnt wird. Fürsorglich und besorgt bittet sie Rotkäppchen, der kranken Oma Gaben zur Genesung zu bringen. Aus der Ermahnung, nicht vom Weg abzukommen, ist bereits zu erkennen, dass sie stets in Sorge um ihr Kind ist.

Über die kranke **Großmutter** wird nur berichtet, dass sie in einem Haus im Wald lebt und auf Unterstützung der Familie angewiesen ist. Ihre Krankheit ist der Auslöser dafür, dass sich das Mädchen auf den Weg in den Wald begibt.

Im Zentrum des Märchens steht **Rotkäppchen**. Dieses wird klischeehaft und den geltenden Stereotypen entsprechend als kleines, süßes, höfliches Mädchen beschrieben. Ihr naives und vertrauensseliges Verhalten bietet Angriffsfläche für das „Böse" der Geschichte, bringt sich und die Großmutter in große Gefahr und trägt zur Dramatik des Märchens bei. Als sie dem Wolf im Wald begegnet, erkennt sie seine List und Bösartigkeit nicht und vertraut ihm bedenkenlos alle Details, die er für seinen hinterlistigen Plan benötigt, an. Aufgrund ihrer Gutgläubigkeit lässt sie sich von ihm vom Weg abbringen, um Blumen für die Großmutter zu pflücken. Dadurch bricht sie ihr Versprechen gegenüber der Mutter und verliert ihr eigentliches Ziel aus den Augen.

Der **Wolf** spiegelt das Böse im Märchen wider. Als dieser Rotkäppchen trifft, wittert er die Chance auf leichte Beute. Von Gier getrieben fragt er das Kind gezielt aus und kann anhand ihrer ausführlichen Erzählungen einen hinterlistigen Plan schmieden: Er will Rotkäppchen vom Weg ablenken, sich dadurch Zeit verschaffen, sodass er nicht nur die alte Großmutter, sondern auch das Kind fressen kann. Dabei nutzt der gerissene, böse Wolf Rotkäppchens Naivität schamlos aus und täuscht das Mädchen durch sein Vorgehen.

Der starke **Jäger** als positiver Gegenpol des Märchens tritt als Retter und Verteidiger auf, als er durch seine hohe Sensitivität und Aufmerksamkeit das laute Schnarchen im Haus der Großmutter bemerkt. Um das Befinden der alten Dame besorgt, betritt er das Haus und findet den Wolf schlafend im Bett vor. Auch in der Notsituation handelt er umsichtig und bedacht: Er erschießt den Wolf nicht sofort, um den beiden verschlungen Opfern nicht zu schaden, sondern schneidet ihm den Bauch auf und rettet so Rotkäppchen und die Großmutter.

10.3 Psychologische Phänomene und Implikationen

Basierend auf der Charakterisierung der Akteure sollen nun deren Einstellungen und Verhalten unter psychologischen Gesichtspunkten betrachtet werden. Eine Auswahl der im Märchen vorkommenden Phänomene der Psychologie wird nachfolgend dargestellt.

10.3.1 Dramadreieck

Das Dramadreieck ist ein von Karpman (1968) entwickeltes psychologisches und soziales Modell der **Transaktionsanalyse**. Diese Theorie der Persönlichkeit (Eltern-Ich, Erwachsenen-Ich, Kind-Ich) und Richtung der Psychotherapie zielt darauf ab, sowohl die Entwicklung als auch die Veränderungen der Persönlichkeit zu fördern. Genauer ist die Transaktionsanalyse durch einen qualifizierten Umgang mit der Gestaltung von Wirklichkeiten durch Kommunikation definiert, bei dem Beziehungsaspekte und die Gestaltung von Begegnungen im Vordergrund steht.

Das Dramadreieck beschreibt ein grundlegendes, in vielen Märchen enthaltenes Beziehungsmuster zwischen mindestens zwei Personen, die darin die Rollen des Opfers, Verfolgers und Retters sowie die damit verbundenen Verhaltensweisen einnehmen. Mit diesem lassen sich Problemsituationen gut beschreiben. Immer wenn jemand Schwierigkeiten hat, können wir beobachten, dass er und meist auch die anderen an der Situation Beteiligten eine Rolle im Dramadreieck einnehmen.

Die **Opferrolle** geht meist mit Hilflosigkeit, Fehlern sowie ungeschickten Handlungen einher, sodass andere besorgt um das Opfer sind. Finanzielle Nöte, Verlust des Arbeitsplatzes, Betrug, ungerechte Behandlung – all dies sind Situationen, in denen Personen in die Rolle des Opfers schlüpfen. Als Opfer fragt man sich häufig: Wieso passiert das immer mir? Kennen auch Sie Personen, die häufig die Opferrolle einnehmen?

Gegenpol dazu ist die **Rolle des Verfolgers**, der andere Personen unterdrückt, einengt oder gar verletzt. Charakteristisch für diese Rolle ist ein übertriebener Sinn für Recht, Ordnung und Machtausübung, welcher auch durchgesetzt wird. Wo aber findet man die Verfolgerrolle? Besonders in hierarchisch strukturierten Institutionen tritt diese häufig auf, da sich hier viele Möglichkeiten bieten, die Rolle auszuleben.

Die dritte **Rolle des Retters** wird von prosozialem Verhalten begleitet. Retter leiden sozusagen am „Helfersyndrom", sie sehen überall potenzielle Opfer, die gerettet werden müssen. Kennen Sie Personen, die sich diese Rolle zur Aufgabe gemacht haben? Denkt man an überfürsorgliche Mütter oder Ärzte, so gibt es sicherlich Personen, die sich tendenziell stärker mit dieser Rolle identifizieren (Friedmann u. Fritz 2015).

In unserem Märchen findet sich das Dramadreieck ganz deutlich wieder. Großmutter und Rotkäppchen spielen die Opferrolle, der böse Wolf ist der Verfolger und der Jäger schlüpft in die Retterrolle. Am Wendepunkt des Märchens verändern sich spannenderweise die Rollen, als sich Rotkäppchen, der Jäger sowie die Großmutter zusammenschließen und zu Verfolgern werden. Sie stopfen dem Wolf Steine in den Bauch und bringen ihn so zu Tode. Der böse Wolf wird dadurch am Ende des Märchens zum Opfer, die Dramatik wird aufgelöst – das Gute siegt gegen das Böse.

10.3.2 Versprechen

Ein weiteres Phänomen, das im Märchen auftaucht, ist das Versprechen. „Versprochen ist versprochen und wird auch nicht gebrochen", diesen Spruch kennen bereits Kinder. Aber warum fällt es uns Menschen häufig so schwer, zu unserem Wort zu stehen und Versprechen einzuhalten?

Versprechen sind Teil unseres alltäglichen Lebens: Wir versprechen oft kleine Dinge, z. B. öfter im Haushalt zu helfen oder aber auch große, lebensverändernde Dinge, beispielsweise mit dem Rauchen aufzuhören.

Generell lässt sich sagen, dass die Qualität von Beziehungen u. a. vom gegenseitigen Entgegenkommen (**Reziprozität**) abhängt. Versprechen zu geben und diese auch einzuhalten, ist eine wichtige Art,

diese Reziprozität zu zeigen. Durch Versprechen werden jedoch auch **Erwartungen** geweckt. Forschungsbefunde zeigen, dass eingehaltene Versprechen zwar positive Effekte auf Beziehungen haben, z. B. wird Vertrauen gestärkt, aber auch zu Distanzierung und Vertrauensverlust führen können, wenn diese nicht eingehalten werden (Peetz u. Kammrath 2011). Wir sehen, dass uns Versprechen prägen und deren Einhaltung Auskunft über die Zuverlässigkeit von Personen gibt. Versprechen haben also die Macht, Beziehungen zu verändern, abhängig davon, wie viel versprochen und wie viel davon auch eingehalten wird.

Wodurch werden diese Faktoren determiniert? Forscher haben herausgefunden, dass Personen, die positivere Gefühle über ihre Beziehung empfinden, tendenziell mehr versprechen. Zudem konnte gezeigt werden, dass Versprechen eher gebrochen werden, wenn man geringe Selbstregulationsfähigkeiten besitzt (Peetz u. Kammrath 2011).

Auch Rotkäppchen legt im Märchen ein Versprechen ab. Sie beteuert gegenüber ihrer Mutter, dass sie sittsam zur Großmutter laufen und nicht vom Weg abkommen werde. Als sie jedoch den Wolf trifft, lässt sie sich von ihm überzeugen, Blumen für die Oma zu pflücken. Dabei kommt sie vom Weg ab, ohne das zuvor gegebene Versprechen zu berücksichtigen. Das Mädchen handelt demnach leichtsinnig und naiv, scheint kein schlechtes Gewissen bezüglich des gebrochenen Versprechens zu haben. Sind es mangelnde Selbstregulationsfähigkeiten, die sie daran hindern, ihr Versprechen zu halten? Man darf nicht vergessen, dass Rotkäppchen noch ein Kind ist. Kann man ihr also einen Vorwurf machen? Oder hat die Mutter womöglich die Gefahr zu wenig betont, zu viel verlangt und Rotkäppchen Verantwortung aufgebürdet, die sie überfordert hat? Vermutlich hätte sie ihre Bitte stärker forcieren, das Kind vor dem bösen Wolf warnen und die Konsequenzen, die aus der Abweichung vom Weg resultieren können, stärker verdeutlichen müssen.

Implikationen für die Erziehung

Das Märchen spiegelt die Bedeutung von Versprechen wider. Sicherlich ist Rotkäppchens gebrochenes Versprechen weniger schlimm, als wenn man z. B. jemandem Hilfe verspricht und diese dann nicht leistet. Jedoch hatte es für das Kind negative Folgen, dass sie sich nicht an das Versprechen gehalten hat. Denn dadurch hat sie sich und ihre Großmutter in eine gefährliche Lage gebracht.

Auch die Forschung zeigt, dass zahlreiche negative Konsequenzen aus gebrochenen Versprechen resultieren. Daher sollte bereits in der Erziehung darauf geachtet werden, Kindern zu vermitteln, wie wichtig Versprechen und deren Einhaltung sind. Jedoch sollten auch wir, liebe Leser, uns immer wieder selbst daran erinnern. Denn versprochen ist nun mal versprochen und sollte auch nicht gebrochen werden!

10.3.3 Vertrauen

Ein Phänomen, das in engem Zusammenhang mit Versprechen steht, ist das Vertrauen. Denn Vertrauen spiegelt die Erwartungshaltung von Individuen oder Gruppen wider, dass man sich auf das Wort, Versprechen und Äußerungen von anderen verlassen kann (Neser 2016). Es stellt zudem die Grundlage für **soziale Ordnung** dar und dient sozusagen als soziales Schmieröl, das Transaktionen ermöglicht. Als wichtige Voraussetzung für **Kooperation** und Basis für die **Stabilität** von sozialen Institutionen und Märkten nimmt es einen hohen Stellenwert für unser soziales Miteinander ein (Graupmann et al. 2011).

Vertrauen enthält eine kognitive (positive Erwartungshaltung), affektive (emotionale Bindung) sowie Verhaltensdimension (konkretes Handeln). In der Literatur werden verschiedene Formen von Vertrauen diskutiert:

- Interpersonelles Vertrauen (Mitmenschen)
- Systemvertrauen (politische Systeme, Wirtschaft)
- Selbstvertrauen (eigene Fähigkeiten)

Für unser Märchen ist das **interpersonelle Vertrauen** relevant.

Wovon hängt es aber nun ab, ob wir vertrauen oder misstrauen? Die Forschung zeigt, dass das Vertrauen in andere umso größer ist, je ähnlicher einem die Person ist und wenn das Gegenüber ein Mitglied der eigenen Gruppe ist. Außerdem wurde ein sog. **Reziprozitätsprinzip** nachgewiesen, d. h. Vertrauen kann Vertrauen schaffen (Neser 2016).

Was bedeutet es jedoch für uns, wenn wir vertrauen? Es wurde herausgefunden, dass Vertrauen Intimität und die Bereitschaft zu vergeben begünstigt. Zudem konnten **positive Effekte** auf die Gesundheit nachgewiesen werden. Beispielsweise werden negative Auswirkungen von Stress durch Vertrauen reduziert. Auch in der Arbeitswelt zeigen sich günstige Folgen von Vertrauen (z. B. erhöhte Arbeitszufriedenheit, Leistung; Neser 2016). Dennoch sind auch schädliche Effekte denkbar. Werden blind vertrauende Personen (z. B. Rotkäppchen) besonders häufig ausgenutzt, hintergangen und betrogen? Nur selten werden solche negativen Konsequenzen untersucht.

Generell kann man sagen, dass Vertrauen als Mechanismus zur Reduktion von Komplexität dient und so unseren Alltag vereinfacht und Überforderung verhindert. Vertrauensvolle Erwartungen ermöglichen uns zudem einen optimistischen Blick in die Zukunft und ein Gefühl von Sicherheit, wodurch Vertrauen als **adaptive Strategie** erscheint.

Rotkäppchens Verhalten ist durch Vertrauen gekennzeichnet. Sie vertraut ihren Mitmenschen blind, insbesondere auch dem bösen Wolf, dem sie vollkommen naiv ihr Vorhaben schildert und sich so in Gefahr bringt. Als der Wolf vorgibt, die Großmutter zu sein, lässt sie sich trotz anfänglicher Verwunderung über das Aussehen der Großmutter täuschen.

Implikationen für die Lebensgestaltung und Erziehung

Durch Rotkäppchens vertrauensvolles Verhalten resultieren negative Konsequenzen für das Kind. Soll unser Verhalten jedoch nur durch Misstrauen geprägt sein? Vertrauen ist ein zentraler Wert in unserer Gesellschaft und grundsätzlich als positiv und erstrebenswert zu erachten.

Allerdings sollte dieses Vertrauen in Maßen sein getreu dem Motto: „Vertrauen ist gut, Kontrolle ist besser." Vertrauen kann eben – wie im Fall von Rotkäppchen – leicht missbraucht werden. Daher sollte man nicht blind vertrauen. Ein gesundes Maß an Vorsicht und Kontrolle ist stets ratsam. Folgende Fragen können dabei Hilfestellung geben: Welche Gründe hat der andere, mein Vertrauen auszunutzen? Hat mich die Person schon einmal enttäuscht?

Bereits unseren Kindern sollte früh beigebracht werden, nicht jedem zu vertrauen und wachsam durch die Welt zu gehen. Dennoch ist zu betonen, dass Vertrauen grundsätzlich gut ist, da hieraus beträchtliche positive Konsequenzen folgen.

10.3.4 Prosoziales Verhalten

Prosoziales Verhalten sind freiwillige Handlungen, die darauf abzielen, einem oder mehreren Menschen etwas Gutes zu tun, z. B. jemandem zu helfen, einen Gefallen zu tun oder etwas zu spenden etc. (Graupmann et al. 2011). Dabei unterscheidet man zwischen einer egoistischen und altruistischen Motivation von prosozialem Verhalten. **Altruistische Motivation** bedeutet, dass unterstützendes Verhalten durch Mitgefühl und Perspektivenübernahme motiviert ist, wohingegen **egoistische Motivation** auf Gegenseitigkeit von Hilfe basiert (Bierhoff et al. 2011).

Was beeinflusst jedoch unsere Entscheidung, prosozial zu handeln? Latané und Darley (1970) haben herausgefunden, dass der Entscheidungsprozess zur Hilfe oder Nichthilfe in fünf Schritte bzw. Hürden untergliedert werden kann:

1. **Wahrnehmung der Situation:** Ablenkung und Zeitdruck verringern dabei die Wahrscheinlichkeit, dass die Hilfesituation bemerkt wird.
2. **Interpretation der Situation:** Handelt es sich um einen Notfall? Benötigt die Person tatsächlich Hilfe? Aufgrund von Unsicherheit verhalten sich viele Helfer häufig passiv.
3. **Übernahme persönlicher Verantwortung:** Ist man bereit dazu, Verantwortung zu übernehmen?
4. **Einschätzung der Fähigkeit zum Helfen:** Weiß man, was man tun soll? Ist man fähig, zu helfen? Häufig mindert Bewertungsangst die Hilfsbereitschaft der potenziellen Helfer.
5. **Entscheidung zum Hilfeverhalten/tatsächliche Ausführung:** Entscheidend sind hierbei subjektive Kosten der Hilfe. Vor- und Nachteile werden abgewogen und schließlich wird entsprechend der Kosten-Nutzen-Bilanz gehandelt.

Im Märchen zeigen sowohl Rotkäppchen als auch der Jäger prosoziales Verhalten. Das Kind handelt prosozial, da es der Großmutter Gaben zur Genesung bringt. Besonders das Handeln des Jägers ist positiv hervorzuheben. Dieser setzt sich für die beiden Opfer ein, als diese in Not sind. Der Jäger zeigt eine hohe Sensitivität für die Entdeckung von Notfällen, interpretiert die Situation richtig und übernimmt Verantwortung. Er meistert auch die letzten Hürden und weiß, wie er am besten helfen kann und zeigt letztlich tatsächliches Hilfeverhalten.

Implikationen für die Lebensgestaltung

Aus dem prosozialen Verhalten der Akteure können wir vieles lernen. In unserer Gesellschaft, die vom demografischen Wandel gekennzeichnet ist, wird es immer wichtiger, dass wir Verantwortung für die ältere Generation übernehmen. Denn es sollte nicht vergessen werden, dass wir von allem profitieren, was diese nicht zuletzt für uns aufgebaut hat. Unser prosoziales Handeln sollte jedoch nicht nur Älteren gelten. Bei all der Ungerechtigkeit und dem Leid in unserer heutigen Welt ist es bedeutsam, ungerecht behandelten, benachteiligten Personen zur Hilfe zu kommen. Dies sollte eine Selbstverständlichkeit sein.

10.4   Bedeutung für die heutige Zeit

Sicherlich haben Sie sich gefragt, inwiefern das jahrhundertealte Märchen heutzutage überhaupt noch relevant ist. Wie die Analyse zeigt, sind die psychologischen Phänomene und Verhaltensweisen der Charaktere weiterhin aktuell.

> Ich sage 'Wolf', aber es gibt da verschiedene Arten von Wölfen. Da gibt es solche, die auf charmante, ruhige, höfliche, bescheidene, gefällige und herzliche Art jungen Frauen zu Hause und auf der Straße hinterherlaufen. Und unglückseligerweise sind es gerade die Wölfe, welche die gefährlichsten von allen sind. (Perrault, zitiert in Lang 1885, S. 53, Übersetzung der Autorin)

Was ist in unserer Gesellschaft noch vertrauensvoll und wo müssen auch wir besonders wachsam sein? Auch heute können vielerlei Arten von Wölfen entdeckt werden. Denken Sie an abzockende Banken, leere Versprechen der Politiker, unrealistische Zusagen der Werbung, Abhörskandale. List, Trickserei, egoistische Vorteilsnahme – das „Böse" begleitet unseren Alltag. Daher ist es umso wichtiger, aufmerksam durch die Welt zu gehen und sich nicht auf naive Art von Wölfen der Umgebung täuschen zu lassen.

Angesichts der zunehmenden Probleme der globalen Welt erscheint es immer bedeutender, Verantwortung in der Gesellschaft zu übernehmen und prosozial zu handeln. Gerade schwächere, ältere, benachteiligte Personen müssen unterstützt werden, um das Allgemeinwohl zu erhöhen. Leider findet eine ausgleichende Gerechtigkeit wie im Märchen in der Realität oft nicht statt. Daher liegt es an uns Einzelnen, Ungerechtigkeiten und Missstände zu erkennen und für mehr Gerechtigkeit zu sorgen.

Auf persönlicher Ebene hat Vertrauen als elementarer Bestandteil von Beziehungen einen hohen Stellenwert: Wurde Ihr Vertrauen schon einmal missbraucht, haben Sie selbst Versprechen gebrochen? Jeder kennt wohl das Gefühl, vom Weg abgekommen zu sein und dabei sein Ziel aus den Augen verloren zu haben. Ist dies der Fall, stellt man sich danach oft die Frage, was uns dieser Irrweg gebracht haben mag und was wir daraus lernen. Würde Rotkäppchen es nun anders machen? Am Ende des Märchens erfahren wir, dass ihr erneut ein Wolf begegnete, sie sich jedoch auf direktem Wege zur Großmutter begab und so der Gefahr entrann. An der Fortsetzung des Märchens erkennt man also, dass sie aus ihren Fehlern gelernt hat. Fehler und Irrtum ist menschlich – wichtig ist jedoch, dass man daraus lernt und die Weichen künftig anders stellen kann.

10.5 Fazit

Rotkäppchen als eine der bekanntesten Geschichten Europas zählt zu den am häufigsten bearbeiteten, interpretierten und parodierten Märchen. Es inspiriert bis heute zahlreiche Dramen, Opern, Werke der bildenden Kunst sowie Werbekampagnen, in denen sowohl Rotkäppchen als auch der böse Wolf beliebte Charaktere darstellen. Erste literarische Fassungen stammen bereits von Charles Perrault aus dem Jahr 1695. Damals lautete die Moral von der Geschichte: „Kinder, insbesondere attraktive, wohlerzogene

Damen, sollten niemals mit Fremden reden, da sie in diesem Fall sehr wohl die Mahlzeit für einen Wolf abgeben könnten."

Das Märchen mit seinen Charakteren und Handlungen hat bis heute wenig an Faszination eingebüßt und illustriert wunderbar die Bedeutung von Versprechen, Vertrauen und prosozialem Verhalten, auf denen sich nicht nur unsere persönlichen Beziehungen, sondern die der gesamten Gesellschaft begründen.

Literaturverzeichnis

Barchilon, J. (1956). *Perrault's Tales of Mother Goose: The dedication manuscript of 1695 reproduced in collotype facsimile with introduction and critical text*. New York: Pierpont Morgan Library.

Bierhoff, H. W., Rohmann, E., & Frey, D. (2011). Positive Psychologie: Glück, Prosoziales Verhalten, Verzeihen, Solidarität, Bindung, Freundschaft. In: D. Frey, & H. W. Bierhoff (Hrsg.), *Sozialpsychologie – Interaktion und Gruppe* (S. 84–105). Göttingen: Hogrefe.

Friedmann, D., & Fritz, K. (2015). *Denken. Fühlen. Handeln* (6. Aufl.). Wiesbaden: Springer Fachmedien.

Graupmann, V., Osswald, S., Frey, D., Streicher, B., & Bierhoff, H. W. (2011). Positive Psychologie: Zivilcourage, soziale Verantwortung, Fairness, Optimismus, Vertrauen. In: D. Frey, & H. W. Bierhoff (Hrsg.), *Sozialpsychologie – Interaktion und Gruppe* (S. 108–129). Göttingen: Hogrefe.

Grimm, J., & Grimm, W. (2001). Rotkäppchen. In: H. Rölleke (Hrsg.), *Brüder Grimm: Kinder- und Hausmärchen: Gesamtausgabe in 3 Bänden mit den Originalanmerkungen der Brüder Grimm*. Ditzingen: Reclam.

Karpman, S. (1968). Fairy tales and script drama analysis. *Transactional Analysis Bulletin 7*, 39–43.

Lang, A. (1885). *The blue fairy book*. London: Longmans, Green & Co.

Latané, B., & Darley, J. M., (1970). *The unresponsive bystander: Why doesn't he help?* New York: Appleton-Century-Crofts.

Neser, S. (2016). Vertrauen. In: D. Frey (Hrsg.), *Psychologie der Werte: Von Achtsamkeit bis Zivilcourage-Basiswissen aus Psychologie und Philosophie* (S. 255–268). Berlin, Heidelberg: Springer.

Peetz, J., & Kammrath, L. (2011). Only because I love you: Why people make and why they break promises in romantic relationships. *Journal of Personality and Social Psychology 100*, 887–904.

Vom Fischer und seiner Frau von den Gebrüdern Grimm (1812)

Natalie Hartung und Katharina Pfaffinger

11.1 **Inhalt des Märchens – 78**

11.2 **Die Charaktere – 79**

11.3 **Psychologische Phänomene und Bedeutung für die heutige Zeit – 79**

11.3.1 Partnerschaft – 79

11.3.2 Auffälligkeiten im Verhalten der Fischersfrau – 81

11.3.3 Lebenszufriedenheit und Glücksempfinden – 82

11.4 **Fazit – 83**

Literaturverzeichnis – 83

© Springer-Verlag GmbH Deutschland 2017
D. Frey (Hrsg.), *Psychologie der Märchen,*
DOI 10.1007/978-3-662-53668-1_11

11.1   Inhalt des Märchens

Im Märchen vom Fischer und seiner Frau geht es um ein Ehepaar, das in einer armseligen Hütte in Meeresnähe wohnt. Der Mann arbeitet als Fischer und fängt eines Tages im klaren, blauen Meer einen Butt, der sich als verwunschener Prinz ausgibt und darum bittet, am Leben gelassen zu werden, was ihm der Mann erfüllt. Als der Fischer nach Hause kommt, ist seine Frau verwundert, warum er sich nicht als Gegenleistung für die Freilassung etwas vom Butt gewünscht hat. Sie fordert ihn auf, den Butt um eine anständige Hütte zu bitten. Widerwillig lässt sich der Mann darauf ein, geht an das nun grün gewordene Meer und ruft den Butt mit den Worten: „Manntje, Manntje, Timpe Te, Buttje, Buttje in der See, myne Fru, de Ilsebill, will nich so, as ik wol will." Der Butt kommt angeschwommen und der Fischer erzählt ihm vom Wunsch seiner Frau. Mit den Worten: „Geh nur hin, sie hat sie schon", fordert der Butt ihn auf, nach Hause zu gehen, wo der Fischer eine neue Hütte mit kleinem Vorplatz und einer netten Kammer vorfindet. Beiden gefällt sie sehr, und der Fischer wünscht sich, dass alles so bleibt und sie zufrieden leben können.

Zwei Wochen später ist der Frau die Hütte zu eng und sie möchte stattdessen ein Schloss. Dem Mann ist es unangenehm, den Butt wieder um etwas

bitten zu müssen, aber er möchte sich auch nicht gegen seine Frau stellen. Also geht er erneut zum Meer, das nun violett und grau ist, ruft den Butt und erzählt ihm vom neuen Anliegen seiner Frau. Wieder zurück, steht die Frau vor einem Palast, der prachtvoll ausgestattet ist. Der Frau gefällt er sehr gut, und auch der Mann ist zufrieden und wünscht sich abermals, dass ihr Leben nun so bleiben möge. Seine Frau ist jedoch immer schneller unzufrieden und überlegt ständig, was sie als nächstes haben oder sein möchte. Sie will in der Folge zunächst König, anschließend Kaiser, dann Papst und schließlich Gott sein. Auch wenn es dem Willen des Mannes widerspricht, geht er immer wieder zum Butt und trägt ihm die neuen Wünsche seiner Frau vor. Er merkt dabei selbst, dass diese immer unverschämter und maßloser werden. Auch das Meer verändert sich und wird zunehmend dunkler, und das Wetter wird immer schlechter.

Nachdem der Butt einschließlich des Papstwunsches alle Begehren der Frau erfüllt hat und diese nun Gott werden möchte, antwortet der Butt dem Fischer nur, dass seine Frau wieder in der alten Hütte sitzt, in der sie noch bis heute leben.

(Grimm u. Grimm 2011; ◘ Abb. 11.1)

Anmerkung   Das Märchen vom Fischer und seiner Frau gehört zu den *Kinder- und Hausmärchen* der

◘ **Abb. 11.1**   (Zeichnung: Claudia Styrsky)

Brüder Grimm und wurde von Philipp Otto Runge in vorpommerscher Mundart aufgeschrieben. Runge war ein deutscher Maler der Frühromantik. Mit seiner Schrift *Farben-Kugel*, die sein eigens entwickeltes dreidimensionales Farbsystem darstellt, hat er einen entscheidenden Beitrag zur Kunsttheorie geleistet. Das Märchen gelangte über den Schriftsteller Achim von Arnim, ebenfalls ein wichtiger Vertreter der Romantik, an die Brüder Grimm, die das Märchen in die 1. Aufl. ihrer *Kinder- und Haus-Märchen* aufnahmen, die 1812 herausgegeben wurde.

11.2   Die Charaktere

Der **Fischer** ist ein bodenständiger und zufriedener Mensch. Er beklagt sich nicht über die ärmlichen Verhältnisse, in denen er mit seiner Frau zu Beginn der Geschichte lebt. Nachdem er den verwunschenen Butt fängt, lässt er ihn auf dessen Bitten wieder frei, woraus man auf seine Nächstenliebe schließen kann. Darüber hinaus mag er Veränderungen nicht besonders. Ihm gefallen zwar die Verbesserungen der Lebenssituation, aber er äußert immer wieder den Wunsch, dass alles so bleibt, wie es jetzt ist.

Die **Fischersfrau** wird im Märchen als Gegenpol zu ihrem Mann dargestellt. Sie ist machtgierig, schnell unzufrieden, maßlos und lässt gerne andere Leute für sich arbeiten. Eigentlich profitiert ausschließlich sie von der Wunscherfüllung durch den Butt, obwohl nicht sie, sondern nur ihr Mann etwas dafür getan hat. Sie unterdrückt ihren Mann und bringt ihn dazu, den Butt immer wieder um etwas zu bitten, sogar gegen dessen Willen, woraus man auf ein starkes Machtmotiv schließen kann. Mit ihrem zunehmenden Reichtum und der größer werdenden Macht fokussiert sie sich immer stärker darauf, noch mehr haben zu wollen.

Der **Butt** spielt im Märchen eine Schlüsselrolle, da er durch seine magischen Fähigkeiten in der Lage ist, die Wünsche der Frau zu erfüllen. Nachdem er vom Fischer geangelt und freigelassen wurde, erzählt dieser ihm von den Wünschen seiner Frau. Der Butt erfüllt diese ohne jeden Kommentar. Nur die Veränderungen des Wassers und des Wetters könnten auf seine zunehmende Wut über die Maßlosigkeit der Frau hindeuten. Letztlich sorgt der Butt dafür, dass die Gier der Frau bestraft wird, indem sie am Schluss alles wieder verliert.

11.3   Psychologische Phänomene und Bedeutung für die heutige Zeit

Am Beispiel des Märchens „Vom Fischer und seiner Frau" können interessante psychologische Phänomene aufgezeigt werden, die in der Partnerschaft sowie in Bezug auf die Lebenszufriedenheit und das Glücksempfinden eine Rolle spielen. Daneben widmet sich der ▶ Abschn. 11.3.2 den Auffälligkeiten des Verhaltens der Fischersfrau, greift also die klinische Psychologie auf.

11.3.1 Partnerschaft

Bis zum Ende des Märchens besteht die Partnerschaft der Fischersleute trotz der Veränderungen und des Verlustes fort. Die Frau sehnt sich nach Veränderungen und Verbesserungen in allen Lebensbereichen, aber ihren Mann möchte sie behalten. Der Grund könnte sein, dass er derjenige ist, der die Erfüllung ihrer Wünsche erst ermöglicht. Dagegen spricht aber, dass sie auch nach dem Verlust der Errungenschaften zusammenbleiben.

Einfluss, Macht und Respekt

Dass in einer Partnerschaft immer Beeinflussung stattfindet, liegt auf der Hand. Der eigene Partner ist zumeist die erste Person, der man wichtige Ereignisse erzählt, mit der man Entscheidungen diskutiert und an deren Meinung man besonders interessiert ist.

In der Geschichte lässt sich gut erkennen, wie weit Beeinflussung in einer Beziehung gehen kann. Die Fischersfrau wird nie selbst aktiv, sondern bringt ihren Mann durch ihre Forderungen dazu, für sie zu handeln. Der Fischer tut Dinge, die er gar nicht will, weil seine Frau es von ihm verlangt. Diese stark einseitige Beeinflussung führt zu einem großen **Machtgefälle**. Mit der Aussage: „Du bist bloß mein Mann und ich bin Kaiser", stellt die Frau klar, wie sie sich und ihren Mann in der Beziehung sieht. So ein Ungleichgewicht gilt es, in einer Paarbeziehung zu vermeiden, damit jeder Partner sein Bedürfnis nach

Selbstwirksamkeit und **Wertschätzung** erfüllt sehen kann.

Ein spannendes Phänomen im Zusammenhang mit dem ungleich verteilten Einfluss in der Beziehung des Fischers und seiner Frau beschreibt der Arzt Dr. Jobst Finke. Er benennt einen verbreiteten Paarkonflikt, der entsteht, wenn Frauen in einer Beziehung **Zuwendung** fehlt und sie deshalb all ihr Begehren auf **materielle Besitztümer** verlagern (Finke 2013). Selbstverständlich kann dieses Phänomen nicht 1:1 auf die Ehe des Fischers und seiner Frau übertragen werden, denn es wäre spekulativ, zu behaupten, dass der Fischer seiner Frau zu Beginn wenig Zuwendung entgegengebracht hätte. Dennoch passt das starke Verlangen der Fischersfrau nach immer mehr Reichtum und Macht gut zu der von Finke beschriebenen Situation.

Auch **Respekt** ist zentral in jeder Art von Beziehung, denn der Mensch hat ein ureigenes Verlangen danach, von seinen Mitmenschen respektvoll behandelt zu werden (Hansen 2008). Respekt bedeutet eine Grundhaltung, die die **Würde des Gegenübers** unabhängig vom gesellschaftlichen Status, der Herkunft, des Geschlechts und sonstiger erdenklicher Merkmale wahrt.

Der Fischer wird weder von seiner Frau respektiert noch fordert er den Respekt ein. Er scheint auch vor sich selbst keinen Respekt zu haben, was sich z. B. darin zeigt, dass er die Wünsche seiner Frau immer wieder dem Butt vorträgt, obwohl es ihm selbst zutiefst widerstrebt, diesen erneut zu belästigen.

Beziehungen sollten respektvoll gestaltet werden, auch in Bezug auf die eigenen Bedürfnisse. Jeder von uns möchte schließlich mit Respekt behandelt werden, oder? Beginnen wir damit zuerst bei uns selbst!

Reziprozität

Unter Reziprozität versteht man das Bedürfnis von Personen, positive oder negative Handlungen anderer Personen in gleicher Weise zu erwidern. Die Redewendung „Wie du mir, so ich dir" könnte man als umgangssprachlichen Ausdruck dieses Prinzips auffassen.

In einem Experiment konnte Regan (1971) zeigen, dass durch eine kleine Aufmerksamkeit des Gegenübers die spätere Bereitschaft der Versuchsperson, vom Gegenüber ein Los zu kaufen, verstärkt wird. Reziprozität kann nach Gouldner (1960) als **soziale Norm** gesehen werden, die die soziale Stabilität steigert. In dieser Funktion erleichtert Reziprozität den zwischenmenschlichen Umgang, insbesondere wenn man davon ausgeht, dass Personen, denen man einen Gefallen tut und denen gegenüber man sich freundlich verhält, sich im Regelfall auch einem selbst gegenüber so verhalten.

Die Fischersfrau scheint das Reziprozitätsprinzip in ihrer Ehe sehr einseitig auszulegen, was dem Sinn des Prinzips widerspricht. Wie selbstverständlich geht sie davon aus, dass der Fisch ihrem Mann als Gegenleistung für die Freilassung etwas „schuldet" und ihm daher etwas zurückgeben muss. Es entwickelt sich ein zunehmendes Ungleichgewicht, da der Fisch letztlich viel mehr einbringt, als es der Mann mit der Freilassung getan hat. Insofern entspricht das Ende des Märchens dem Reziprozitätsprinzip, da das starke Ungleichgewicht durch den Verlust wieder ausgeglichen wird.

Gehorsamkeit

Auch Gehorsamkeit spielt eine wichtige Rolle im Märchen: Der Mann gehorcht seiner Frau und erfüllt deren Anweisungen, obwohl sie seinem Willen widersprechen. Doch warum zeigt der Mann diesen Gehorsam gegenüber seiner Frau? Unter welchen Bedingungen gehorchen Menschen allgemein? Mögliche Gründe des Fischers könnten seine **Angst vor einer Bestrafung** durch seine Frau sein, aber auch sein **eheliches Pflichtgefühl**, die Wünsche seiner Frau zu erfüllen. Darüber hinaus könnte es auch die Machtposition der Frau sein, die dazu führt, dass der Mann ihr gehorchen muss.

Insbesondere der Gehorsam gegenüber **Autoritätspersonen** kann erschreckende Ausmaße annehmen, wie Milgram (1963) in seinen Experimenten zeigte. Er testete die Bereitschaft von Personen, autoritären Anweisungen zu folgen, auch wenn sie ihrem Gewissen widersprechen. In einem Versuch wurden die Versuchspersonen vom Versuchsleiter dazu aufgefordert, in ihrer zugewiesenen Rolle als „Lehrer" einem „Schüler" bei Fehlern immer stärkere elektrische Schläge zu versetzen (Milgram

1963). Den Anweisungen des autoritären Versuchsleiters folgten immerhin 26 von 40 Versuchspersonen bis zum Ende und gaben auch äußerst gefährliche Schocks ab.

Auch Sie selbst können reflektieren, in welchen Situationen und gegenüber welchen Personen Sie Gehorsam zeigen, ob das Ihrem eigenen Willen und Gewissen widerspricht und inwiefern das überhaupt gerechtfertigt ist.

Partnerwahl

Eine intensive und aufregende Partnerschaft zwischen zwei eher unähnlichen Personen wird oft mit der Feststellung „Gegensätze ziehen sich an" kommentiert. Andererseits gehört der Ausspruch „Gleich und Gleich gesellt sich gern" zu den weitverbreiteten Bemerkungen im Zusammenhang mit Beziehungen. Der Volksmund kennt also beide Konstellationen von Paarbeziehungen, den Reiz des Neuen sowie das Prinzip der Ähnlichkeit.

- **Reiz des Neuen**

In der Anfangsphase einer romantischen Beziehung üben Gegensätze eine starke Anziehungskraft aus, wobei **Neues** und **Unbekanntes** besonders reizvoll sind. Entwickelt sich die Beziehung zu einer engeren Partnerschaft, bergen Unterschiede jedoch Konfliktpotenzial (Rammstedt u. Schupp 2008).

Aus evolutionsbiologischer Sicht macht die Wahl eines eher gegensätzlichen Partners durchaus Sinn, denn zu ähnliche Partner verringern die Chance auf gesunden Nachwuchs. Genetische Vielfalt hingegen wirkt sich positiv auf die **Gesundheit der Nachkommen** aus (Junker u. Paul 2009).

Eine psychologische Theorie, die die Motivation zum Eingehen sozialer Beziehungen beschreibt, ist die **soziale Austauschtheorie**. Sie geht davon aus, dass zwei Personen eine soziale Beziehung eingehen, wenn einer von beiden Ressourcen und Güter besitzt, die für den anderen begehrenswert sind und dies auch umgekehrt der Fall ist (Thibaut u. Kelley 1959). Man könnte die Theorie dahingehend erweitern, dass Menschen bei potenziellen Partnern nach begehrenswerten Eigenschaften suchen, und zwar sowohl nach ihnen fehlenden Eigenschaften, sie den Partner also als Ergänzung wahrnehmen, als auch

nach Eigenschaften, die sie bei sich selbst schätzen und auch von ihrem Partner erwarten.

- **Prinzip der Ähnlichkeit**

Viele Studien kommen zum Ergebnis, dass sich Menschen in einer auf Dauer angelegten Beziehung eher Gemeinsamkeiten wünschen. Bei Online-Partnerbörsen zeigte sich der aktive Abgleich von Ähnlichkeiten als Voraussetzung für ein Kennenlernen, da sich vor allem Kandidaten mit einer hohen Schnittmenge an Gemeinsamkeiten interessant fanden (Stüvel 2009). Beziehungen zwischen ähnlichen Partnern sind in der Regel konfliktfreier und beständiger und funktionieren dann besonders gut, wenn sich die Partner in den Persönlichkeitseigenschaften Verträglichkeit, Gewissenhaftigkeit und Offenheit ähneln (Rammstedt u. Schupp 2008).

Auch nach eingehender Betrachtung würde man den Fischer und seine Frau als eher gegensätzliche Partner verstehen. Dass sie trotz aller Ungleichheiten bis zu ihrem Lebensende zusammenbleiben, mag zum einen der Tatsache geschuldet sein, dass Beziehungen damals weit weniger leichtfertig aufgegeben wurden. Zum anderen trägt der Fischer durch sein unterwürfiges Verhalten dazu bei, Konflikte schnell zu lösen und seine Frau zu besänftigen. Zudem ist er in seiner Position, sich etwas vom Butt wünschen zu können, von großem Interesse für die Frau.

Was sind Ihre Erfahrungen mit bzw. in Paarbeziehungen? Sind Partnerschaften schöner, wenn sie harmonisch sind und sich die Partner ähneln oder wenn sie einander ergänzen und durch ihre Unterschiedlichkeit herausfordern?

11.3.2 Auffälligkeiten im Verhalten der Fischersfrau

Das ausgeprägte Streben der Fischersfrau nach immer mehr Macht, mit der sie zuletzt das Aufgehen von Sonne, Mond und Sternen kontrollieren will, die starke Einflussnahme auf ihren Mann und die schnelle Unzufriedenheit könnten mit einer **narzisstischen Persönlichkeitsstörung** in Zusammenhang stehen. Diese zeichnet sich durch übertriebene Vergleiche mit anderen, ein starkes Bedürfnis nach Bewunderung bei der Definition persönlicher

Ziele sowie eine eingeschränkte Fähigkeit, die Emotionen anderer zu erkennen, aus. Betroffene Personen nutzen Beziehungen meist zur Regulation ihres Selbstvertrauens aus und halten sich selbst für weitaus besser als andere. Außerdem haben Betroffene oft übersteigerte Ansprüche und handeln sehr selbstbezogen (APA 2013). Obwohl man mit der Diskussion und Vergabe psychiatrischer Diagnosen sehr vorsichtig sein muss und wir hier nur spekulieren können, weist das Verhalten der Fischersfrau interessante Parallelen zu typischen Handlungsmustern bei der narzisstischen Persönlichkeitsstörung auf.

In der Literatur wird das **Selbstwertgefühl** als zentrales Thema im Zusammenhang mit der narzisstischen Persönlichkeitsstörung diskutiert (Fiedler 2007). Obwohl der Selbstwert der betroffenen Personen auf den ersten Blick sehr hoch oder sogar übersteigert wirkt, ist er oft sehr gering ausgeprägt. Auch bei den Fischersleuten scheint die Frau diejenige zu sein, die sich selbstsicher und unverletzlich präsentiert, wohingegen sich der Fischer nicht gegen sie durchsetzen kann. Innerhalb einer Beziehung ist der eigene Selbstwert auch abhängig von dem des Partners, was man bei den Fischersleuten gut erkennt.

Es ist überdies interessant, dass in diesem Märchen – wie in vielen anderen auch – die Frau sehr schlecht wegkommt. Sie stellt die Maßlose und Machtgierige dar. Selbstverständlich ist das nicht exemplarisch für alle Partnerschaften. Vielleicht handelt es sich vielmehr um ein Phänomen jener Zeit, in der Märchen entstanden und aufgeschrieben wurden. Den Frauen wurde in der damaligen, noch stark patriarchalisch geprägten Gesellschaft oft die undankbare Rolle des Sündenbocks zugeschrieben. Heute werden Frauen in den Medien deutlich vorteilhafter gezeigt, weil sie große berufliche Erfolge feiern, sich für andere engagieren oder es schaffen, die vielfältigen Herausforderungen als berufstätige Mutter und Ehefrau zu meistern. In unserer Gesellschaft hat derweil im Zuge der Emanzipation eine nachhaltige Veränderung stattgefunden, die weiter voranschreitet. Die nahezu erreichte Gleichbehandlung von Frauen und Männern trägt ihrerseits dazu bei, dass Frauen sich seltener für Fehler verantwortlich machen lassen.

11.3.3 Lebenszufriedenheit und Glücksempfinden

Wenn man von Glück spricht, werden von Peterson und Park (2006) drei Einschätzungsebenen unterschieden:

- **Vergnügen**, von kurzer Dauer
- **Eudämonie**, ein längerfristiger Zustand, der häufig mit „Glückseligkeit" übersetzt wird und sich durch das Gefühl auszeichnet, wirklich etwas bewegt zu haben
- **Engagement/Flow**, bei dem man vollkommen in seiner Arbeit aufgeht

Alle Glücksformen wirken sich dabei auf die allgemeine Lebenszufriedenheit aus, wobei Eudämonie und Engagement/Flow einen stärkeren Einfluss haben (Bierhoff et al. 2011).

Der Fischer und seine Frau unterscheiden sich darin, wovon ihr Glücksempfinden abhängt und wie lange es anhält. Die Frau scheint ihr Glück alleine durch materielle Aspekte zu definieren, und ihr Glücksempfinden ist eher von kurzer Dauer. Sie wünscht sich immer schneller Neues, kann materielle Vorteile nicht nutzen und hat keine Zeit, positive Erlebnisse damit zu generieren. Der Mann äußert im Gegensatz dazu immer wieder seine Zufriedenheit mit der aktuellen Situation und macht deutlich, dass er keine weiteren materiellen Verbesserungen braucht. Möglicherweise definiert er sein Glück eher durch Erlebnisse und Situationen.

In empirischen Studien wurde untersucht, wie sich materielle Käufe (z. B. eines Kleidungsstücks) oder Erlebniskäufe (z. B. Urlaubsbuchung) auf das Lebensglück und die Zufriedenheit auswirken. Guevarra und Howell (2015) konnten zeigen, dass Erlebniskäufe langfristig zu einem höheren Glücksempfinden führen als materielle Käufe. Im Rahmen des **Consumer-Experience-Modells** wurde postuliert, dass gesteigerte Zufriedenheit auf die Integration von materiellem und Erlebniskonsum zurückzuführen ist (Schmitt et al. 2015). Übertragen auf das Märchen bedeutet dies, dass man gewonnene materielle Vorteile nutzen und mit Erlebnissen verbinden sollte, damit sie langfristig das Lebensglück steigern können.

11.4 Fazit

Das Märchen vom Fischer und seiner Frau verdeutlicht mit seiner klaren Botschaft am Ende, wohin es führen kann, wenn man immer höher hinaus will und niemals mit der persönlichen Situation zufrieden ist. Dies ist eine sehr bedeutsame Aussage in der heutigen Zeit, in der uneingeschränkte Selbstverwirklichung und stetiger Aufstieg als Ideale gelebt werden. Umso wichtiger ist es, eine innere Zufriedenheit unabhängig von externen Standards zu entwickeln. Die Geschichte zeigt außerdem anschaulich, inwiefern Märchen eine Aufklärungsfunktion erfüllen und die Menschen zum Nachdenken anregen sollen: Wo befindet man sich in der Position des Fischers, wo in der seiner Frau? Es ist wichtig, dass man sowohl seinen Mitmenschen gegenüber Respekt zeigt als auch eine respektvolle Behandlung durch andere einfordert.

- ▪ **Fragen zur Reflexion**
- ▬ Wann ist man selbst maßlos? Was ist das rechte Maß der Dinge?
- ▬ In welchen Situationen lässt man sich zu sehr unterdrücken und zeigt übertriebenen Gehorsam?
- ▬ Inwiefern behandelt man andere respektvoll, fordert selbst aber keinen Respekt ein? In welchen Bereichen respektiert man sich selbst und wo gibt man sich möglicherweise auf?

Literaturverzeichnis

American Psychological Association (APA). (2013). Diagnostisches und Statistisches Manual Psychischer Störungen DSM-5 (5. Revision). Göttingen: Hogrefe.

Bierhoff, H., Rohmann, E., & Frey, D. (2011). Positive Psychologie: Glück, Prosoziales Verhalten, Verzeihen, Solidarität, Bindung, Freundschaft. In: H. Bierhoff, & D. Frey (Hrsg.), *Sozialpsychologie – Interaktion und Gruppe* (S. 81–105). Göttingen: Hogrefe.

Fiedler, P. (2007). *Persönlichkeitsstörungen*. Weinheim, Basel: Beltz.

Finke, J. (2013). *Träume, Märchen, Imaginationen. Personenzentrierte Psychotherapie und Beratung mit Bildern und Symbolen*. München: Ernst Reinhardt.

Gouldner, A. W. (1960). The norm of reciprocity: A preliminary statement. *American Sociological Review* 25, 161–178.

Grimm, J., & Grimm, W. (2011). Die schönsten Kinder- und Hausmärchen – Kapitel 49. Von dem Fischer un syner Fru. http://gutenberg.spiegel.de/buch/-6248/49. Zugegriffen: 02. Oktober 2016.

Guevarra, D. A., & Howell, R. T. (2015). To have in order to do: Exploring the effects of consuming experiential products on well-being. *Journal of Consumer Psychology* 25, 28–41.

Hansen, H. (2008). *Respekt – Der Schlüssel zur Partnerschaft*. Stuttgart: Klett-Cotta.

Junker, T., & Paul, S. (2009). *Der Darwin-Code. Die Evolution erklärt unser Leben*. München: C. H. Beck.

Milgram, S. (1963). Behavioral study of obedience. *Journal of Abnormal and Social Psychology* 67, 371–378.

Peterson, C., & Park, N. (2006). Positive Organizational Scholarship. In: M. Ringelstetter, S. Kaiser, & G. Müller-Seitz (Hrsg.), *Positives Management* (S. 11–31). Wiesbaden: Deutscher Universitäts-Verlag.

Rammstedt, B., & Schupp, J. (2008). Only the congruent survives – personality similarities in couples. *Personality and Individual Differences* 45, 533–535.

Regan, D. T. (1971). Effects of a favor and liking on compliance. *Journal of Experimental Social Psychology* 7, 627–639.

Runge, P. O. (1810). *Farben-Kugel – Construction des Verhältnisses aller Mischungen der Farben zu einander, und ihrer vollständigen Affinität, mit angehängtem Versuch einer Ableitung der Harmonie in den Zusammenstellungen der Farben*. Hamburg: Friedrich Perthes.

Schmitt, B., Brakus, J. J., & Zarantonello, L. (2015). From experiential psychology to consumer experience. *Journal of Consumer Psychology* 25, 166–171.

Stüvel, H. (2009). Je gleicher die Partner, desto glücklicher das Paar. Artikel vom 24. April 2009. Die Welt. http://www.welt.de/gesundheit/psychologie/article3616398/Je-gleicher-die-Partner-desto-gluecklicher-das-Paar.html. Zugegriffen: 02.10.2016.

Thibaut, J. W., & Kelley, H. H. (1959). *The social psychology of groups*. Oxford, England: Wiley.

Rumpelstilzchen von den Gebrüdern Grimm (1812)

Paula Münster

12.1   **Inhalt des Märchens – 86**

12.2   **Die Charaktere – 86**

12.3   **Psychologische Phänomene – 87**
12.3.1   Psychologischer Vertrag – 87
12.3.2   Glaube an eine gerechte Welt – 88
12.3.3   Reaktanz und erlernte Hilflosigkeit – 88

12.4   **Bedeutung für die heutige Zeit und Implikationen – 89**
12.4.1   Mit Reaktanz und Teamwork gegen Größenwahn und Habgier – 89
12.4.2   Vom Unterschied zwischen Recht und Gerechtigkeit – 90

12.5   **Fazit – 91**

Literaturverzeichnis – 91

© Springer-Verlag GmbH Deutschland 2017
D. Frey (Hrsg.), *Psychologie der Märchen*,
DOI 10.1007/978-3-662-53668-1_12

12.1   Inhalt des Märchens

Es war einmal ein Müller, der war arm, aber hatte eine schöne Tochter. Um sich Ansehen zu verschaffen, behauptete er vor seinem König, dass seine Tochter Stroh zu Gold spinnen könne. Der König ging darauf das Abkommen ein, dass er sie zu seiner Frau nehmen würde, wenn ihr das wirklich gelänge. Am nächsten Tag sperrte der König die Müllerstochter in eine Kammer voller Stroh. Falls sie das Versprechen nicht halten könnte, sollte sie dafür mit dem Tode bestraft werden. Die Müllerstochter war in dieser Nacht völlig verzweifelt, da sie die Fähigkeit, mit der ihr Vater geprahlt hatte, nicht besaß. Ein kleines Männchen tauchte plötzlich auf und bot der Müllerstochter im Tausch gegen ihre Kette an, das Stroh zu Gold zu spinnen. Dem König, den die Gier packte, reichte das Gold nicht aus und er forderte die Tochter dazu auf, in der nächsten Nacht das Wunder zu wiederholen. Auch diesmal kam das kleine Männchen in die Kammer und bot seine Hilfe im Tausch gegen den Ring der Tochter an. Die Goldgier des Königs war hiernach immer noch nicht gestillt, und er schickte die Tochter ein drittes und letztes Mal in die Kammer. Da die Müllerstochter ihm nichts mehr anzubieten hatte, verlangte das Männchen für seine Hilfe nun das erstgeborene Kind der Müllerstochter mit dem König. Aus Verzweiflung nahm sie sein Angebot an.

Die Jahre vergingen und erst als nach der Hochzeit und der Geburt des ersten Kindes wieder das kleine Männchen vor der jetzigen Königin stand, erinnerte sie sich an ihr Versprechen. Die Königin bot ihm unzählige Reichtümer an, aber das kleine Männchen beharrte weiterhin auf ihr Kind. Die Königin weinte bitterlich und aus Mitleid gab er ihr drei Tage Zeit, seinen Namen zu erraten. Sollte sie dies schaffen, dürfte sie ihr Kind behalten. In der ersten Nacht riet die Königin alle Namen, die ihr in den Kopf kamen – ohne Erfolg. Sie sandte Boten aus, um im ganzen Land auf die Suche nach außergewöhnlichen Namen zu gehen. In der zweiten Nacht versuchte sie es nun erfolglos mit Namen, die sie aus der Nachbarschaft erfragt hatte. Am letzten der drei Tage kehrten die Boten von ihrer Reise zurück. Einer von ihnen stürmte ins Schloss und berichtete ihr, dass er auf seiner Reise nachts ein Männchen um

Abb. 12.1   (Zeichnung: Lena Frey)

ein Feuer tanzen sah. Das Männchen sang: „Heute back ich, morgen brau ich, übermorgen hol ich der Königin ihr Kind; ach, wie gut, dass niemand weiß, dass ich Rumpelstilzchen heiß!"

Als nach Ablauf der drei Tage das kleine Männchen erneut vor der Königin stand, riet sie zunächst absichtlich die falschen Namen „Heinz" und „Kunz". Erst als Letztes nannte sie den korrekt überlieferten Namen „Rumpelstilzchen". Rumpelstilzchen war so wütend über den Erfolg der Königin, dass er sich vor Wut selbst zerriss und fluchte: „Das hat dir der Teufel gesagt!" Die Königin durfte somit ihr Kind behalten, und wenn sie nicht gestorben sind, dann leben sie noch heute glücklich und zufrieden.

(Grimm u. Grimm 2001; ◗ Abb. 12.1)

12.2   Die Charaktere

Nachdem den Lesern der Inhalt des Märchens nun wieder präsent ist, soll im Folgenden ein genauerer Blick auf die vier Hauptcharaktere geworfen werden. Sie sind das Kernstück der Geschichte und ihre Verhaltensweisen dienen später als Grundlage der psychologischen Analyse.

Der **Müller** ist der eigentliche Brandstifter hinter den Kulissen. Durch seine Lüge über die Fähigkeiten seiner Tochter vor dem König bringt er das Mädchen in eine Bringschuld, die sich immer dramatischer entwickelt. Seine Behauptung ist motiviert durch das Streben nach Ansehen und Prestige. Sicherlich erhofft er sich zudem, durch die Hochzeit seiner Tochter in Wohlstand und Reichtum zu leben. Da der Müller als sehr arm beschrieben wird, könnte sein Versprechen somit ein Akt der Verzweiflung und Wunschdenken gewesen sein. Diese Kombination hat dann zu der unrealistischen Behauptung und dem verzweifelten Versuch geführt, es doch zu etwas zu bringen. Sein Verhalten mag zusätzlich von einer gewissen Gier und dem Wunsch nach Größe beflügelt worden sein.

Eine weitere wichtige Rolle kommt dem **König** zu. Durch seine Habgier beflügelt, bringt er die arme Müllerstochter in die verzweifelte Situation, in der sie Rumpelstilzchen ihr erstgeborenes Kind verspricht. Nach der Hochzeit tritt seine Rolle jedoch in den Hintergrund.

Im Zentrum des Märchens steht die arme **Müllerstochter**, deren Handlungen von Anfang an nicht selbstbestimmt sind. Zu Beginn des Märchens ist sie Opfer der fantastischen Idee ihres Vaters. Daraufhin ist sie der Habgier des Königs ausgesetzt und – da dies immer noch nicht genug zu sein scheint – zu guter Letzt Rumpelstilzchen mit seinen Forderungen. Erst zum Abschluss des Märchens schafft es die Müllerstochter, aus diesem Teufelskreis auszubrechen und durch ihre eigene Hartnäckigkeit das Unmögliche möglich zu machen – sie errät Rumpelstilzchens Namen und rettet das Leben ihres neugeborenen Kindes.

Weniger positiv endet die Geschichte für die Figur des **Rumpelstilzchens**. Er, der im ersten Teil des Märchens noch den Retter der Müllerstochter vor dem sicheren Tod darstellt, ist im zweiten Teil das personifizierte „Böse", da er das Neugeborene einfordert. Interessant ist hier, dass Rumpelstilzchen letztendlich nur das verlangt, was ihm zuvor versprochen wurde. Dennoch erscheint er als der Bösewicht des Märchens. Rumpelstilzchen ist mit magischen Fähigkeiten sowie einem – wie es scheint – unerschütterlichen Selbstbewusstsein gesegnet. Erst als der Müllerstochter das vermeintlich Unmögliche gelingt und sie seinen Namen errät, nimmt sein Ego so schweren Schaden, dass er sich vor Wut selbst zerreißt.

12.3 Psychologische Phänomene

Die Geschichte von Rumpelstilzchen und der armen Müllerstochter ist eines der berühmtesten und am weitesten verbreiteten Märchen aus der Sammlung der Gebrüder Grimm. Die verschiedenen, sehr eigenartigen Charaktere und deren Handlungen bieten Stoff für zahlreiche psychologische Analysen.

Anhand der Verhaltensweisen und Einstellungen der vier Hauptcharaktere lassen sich zahlreiche Phänomene in der Psychologie ableiten. Es folgt eine Auswahl der interessantesten und eindrucksvollsten.

12.3.1 Psychologischer Vertrag

In unserem Märchen schließt die Müllerstochter einen Vertrag mit Rumpelstilzchen. Sie verspricht ihm ihr erstgeborenes Kind, und er verwandelt dafür das Stroh zu Gold – und rettet ihr somit das Leben. Hierbei handelt es sich um einen sog. psychologischen Vertrag. Im Unterschied zu einem normalen Vertrag spiegelt ein psychologischer Vertrag wider, dass einer der beiden Vertragspartner unausgesprochene Erwartungen hat, die nicht ausdrücklich festgelegt sind (Raeder u. Grote 2012).

Das Phänomen lässt sich durch ein Beispiel aus der Arbeitswelt verdeutlichen. Ein Angestellter schließt einen **Arbeitsvertrag** mit einem Unternehmen. Im Vertrag sind typischerweise alle Bedingungen, z. B. die Vertragsdauer oder Entlohnung, festgelegt. Dennoch kommt es häufig vor, dass der Angestellte über das Vereinbarte hinaus Erwartungen an seinen Arbeitgeber hat. Dazu gehören z. B. Faktoren wie eine hohe Arbeitsplatzsicherheit oder ein vielseitiges Trainingsangebot. Diese nicht artikulierten Erwartungen werden in der Psychologie als **implizite Erwartungen** bezeichnet.

Implizite Erwartungen und psychologische Verträge sind nicht nur in der Arbeitswelt zu finden. Eigentlich besteht das ganze Leben aus Erwartungen, die nicht offen artikuliert werden, und sicherlich gibt es auch im Leben des Lesers zahlreiche psychologische Verträge. Diese können beispielsweise bei dem Eingehen einer Wohngemeinschaft, in einer Sportmannschaft oder auch in der Ehe entstehen. Ganz klischeehaft: Der Ehemann erwartet, dass das Essen auf dem Tisch steht, wenn er von der Arbeit nach Hause kommt. Die Frau hat hingegen die Erwartung, dass der Mann die Deckenlampe repariert, wenn sie kaputt ist. Wenn einer der beiden Vertragspartner falsche Erwartungen hat oder die Erwartungen des Gegenübers nicht kennt, dann entstehen häufig Frustration, Resignation und **Enttäuschung**. Problematisch ist hieran, dass der wahre Grund für die Enttäuschung, also die geheimen Erwartungen und Wünsche, häufig nicht offen angesprochen werden.

Der psychologische Vertrag ist ein spannendes Phänomen, das sich in dem Märchenklassiker der Gebrüder Grimm eindrücklich in dem Vertrag, den die Müllerstochter mit Rumpelstilzchen eingeht, zeigt. Der Inhalt der Vereinbarung ist eigentlich eindeutig: Rumpelstilzchen rettet der Müllerstochter das Leben, dafür verspricht sie ihm ihr erstgeborenes Kind. Dennoch scheint die Müllerstochter überrascht zu sein, als Rumpelstilzchen viele Jahre später auftaucht und das ihm Versprochene einfordert. Hintergrund mag ihre implizite Erwartung sein, dass Rumpelstilzchen von seinem „Lohn" absehen und sich auch ohne das Kind zufriedengeben wird. Die Enttäuschung und das Gefühl, der Vertrag sei ungerecht, sind das Resultat des impliziten Anspruchs, den einer der Vertragspartner – in diesem Fall die Müllerstochter – an den anderen hatte.

12.3.2 Glaube an eine gerechte Welt

Ein weiteres interessantes Phänomen, das sich in dem Märchen der Gebrüder Grimm finden lässt, ist der sog. **Gerechte-Welt-Glauben**. Damit wird die Erwartung bezeichnet, dass jeder das bekommt, was er verdient. Dieser Glaube motiviert uns, die Gerechtigkeit bei einer ungerechten Ausgangslage wiederherzustellen (Lerner 1980).

Dies kann in verschiedener Weise geschehen, was an einem Beispiel veranschaulicht werden soll. Ein Mann steht nachts an einem U-Bahn-Gleis und sieht, wie eine Frau am anderen Ende des Gleises von einer Jugendbande ausgeraubt wird. Dies ist eine ungerechte Situation, die nicht zu unserem Gerechte-Welt-Glauben passt. Nun hat der Mann zwei Möglichkeiten:

1. **Aktive Verringerung des Leidens des Opfers:**
   Dies kann beispielsweise dadurch geschehen,

dass er einschreitet, die Räuber verjagt, die Polizei ruft oder er die aufgelöste Frau beim weiteren Nachhauseweg begleitet.

2. **Abwertung des Opfers:** Ebenso kann er allerdings der Frau die Schuld für das Geschehene zuschreiben. Der Mann könnte sich einreden, dass es sowieso leichtsinnig ist, als Frau alleine nachts mit der U-Bahn zu fahren, und eine solche Leichtsinnigkeit gerechterweise bestraft wird. Durch diese Abwertung wird das, was dem Opfer passiert ist, als gerecht empfunden und der Gerechte-Welt-Glaube ist wiederhergestellt.

Dieses Phänomen, bei dem das eigentliche Opfer zum Schuldigen umgewertet wird, wird in der Psychologie als **Victim Blaming**, Beschuldigung des Opfers, bezeichnet (Ryan 1971).

Jeder Leser des Märchens wird den Gerechte-Welt-Glauben bei sich selbst empfunden haben: Er wünscht sich, dass die Müllerstochter den Namen von Rumpelstilzchen errät und somit das Leben ihres Kindes retten kann. Die Tochter hat ihre missliche Situation nicht selbst verschuldet. Daher freuen wir uns, dass die Boten ihr dabei helfen, Rumpelstilzchens Namen ausfindig zu machen.

Interessanterweise gibt es hier eine Diskrepanz zwischen dem, was wir als gerecht empfinden, und dem, was Recht ist. Objektiv betrachtet fordert Rumpelstilzchen nur das ein, was ihm vorher versprochen wurde. Dennoch freuen wir uns, dass er am Ende der Verlierer ist und sich sogar so sehr ärgert, dass er sich zum Schluss selbst zerreißt. Dies lässt sich durch die Abwertung und Schuldzuschreibung erklären, die das letztendliche Opfer Rumpelstilzchen aufgrund des Gerechte-Welt-Glaubens vom Leser erfährt. Hier kann jeder an sich selbst beobachten, wie leicht wir selbst bereit sind, ein Opfer zu beschuldigen.

12.3.3 Reaktanz und erlernte Hilflosigkeit

Von dem Phänomen der **Reaktanz** (Widerstand) kann der ein oder andere Leser schon mal im Kontext von pubertären Teenagern gehört haben. Damit ist der Zustand gemeint, in den der Mensch geraten kann, wenn er einen Kontrollverlust erlebt und sich in seiner Freiheit beraubt fühlt (Brehm 1966). Bei Teenagern führen beispielsweise strenge elterliche Verbote häufig dazu, dass die Kinder genau das tun, was ihnen eigentlich verboten wurde. Dieser Widerstand ist als Wunsch des Zurückerlangens der eigenen Freiheit zu verstehen.

Der Reaktanz steht die sog. **erlernte Hilflosigkeit** gegenüber. Mit diesem Begriff ist eine emotionale Ohnmacht und Hoffnungslosigkeit gemeint, die eine Person empfinden kann. Hierbei ist die Ausgangslage die gleiche: Die Person fühlt sich in ihrer Handlungsfreiheit begrenzt und hat das Gefühl, ihr werden von anderen Steine in den Weg gelegt. Martin Seligman (1979) fand heraus, dass Menschen, die mehrfach mit unkontrollierbaren und frustrierenden Ereignissen konfrontiert werden, häufig eine **verringerte Motivation zur Gegenwehr** zeigen. Dies kann z. B. bei Arbeitsuchenden der Fall sein, die unkontrollierbare Faktoren aus der Umwelt wie etwa eine schlechte Wirtschaftslage als Grund für ihre Arbeitslosigkeit sehen. Diese Personen bemühen sich häufig nicht weiter bei der Arbeitssuche und befinden sich somit im Zustand der erlernten Hilflosigkeit.

Die Frage ist nun: Unter welchen Umständen kämpfen Menschen gegen den Kontrollverlust an und wann zeigen sie Hilflosigkeit, im Sinne von Ohnmacht und Resignation? Damit beschäftigten sich in den 1970er-Jahren die Psychologen Wortman und Brehm (1975). Nach ihrer Auffassung entscheidet das Ausmaß des Kontrollverlusts darüber, ob mit Reaktanz oder Hilflosigkeit reagiert wird. Wenn die Einschränkung und Frustration zwar auftritt, eine Person aber der Überzeugung ist, in Zukunft wieder Kontrolle über ihr Leben zu haben, wird Reaktanz gezeigt. Hilflosigkeit tritt stattdessen auf, wenn die Person davon ausgeht, dass sie auch in Zukunft keine Kontrollmöglichkeiten hat und ihr Verhalten nur wenig selbstbestimmt ist. Ein weiterer Faktor, der darüber entscheidet, welche der beiden Verhaltensweisen gezeigt wird, ist die **persönliche Wichtigkeit** eines Ereignisses. So muss ein bestimmter Schwellenwert der persönlichen Wichtigkeit überschritten werden, damit die Person Widerstand zeigt. Wenn dies passiert, ist die Verzweiflung so groß, dass die Person alle Register zieht, um sich aus der misslichen Lage zu befreien.

Die beiden Phänomene werden sehr schön in dem Märchen von Rumpelstilzchen illustriert. Zu

Beginn des Märchens führen für die Müllerstochter unkontrollierbare Ereignisse wie die Lügen ihres Vaters und die Gier des Königs dazu, dass sie ihrer Freiheit beraubt wird. Sie erlebt somit einen absoluten Kontrollverlust, da sie in keiner Weise selbst über ihr Leben bestimmen kann. In dieser Situation zeigt sie keinen Widerstand und setzt sich nicht gegen ihren Vater oder den König zur Wehr. Stattdessen ist sie verzweifelt, weint bitterlich und lässt sich auf den schrecklichen Vertrag mit Rumpelstilzchen ein. Sie befindet sich in einem ohnmächtigen Zustand und erlebt erlernte Hilflosigkeit. Man könnte hieraus schließen, dass sie die Hoffnung aufgegeben hat, in Zukunft noch Kontrolle über ihr eigenes Leben zu haben. Dies wäre angesichts der extremen Fremdbestimmung, die ihr widerfährt, nicht überraschend. Erst zum Schluss des Märchens, als es um das Leben ihres Kindes geht, schöpft sie alle Möglichkeiten aus und zeigt Reaktanz. Nur durch diesen Widerstand kann sie den Namen von Rumpelstilzchen erraten und die Geschichte zu einem guten Ausgang leiten.

12.4 Bedeutung für die heutige Zeit und Implikationen

Die Frage, die sich sicherlich einige Leser gestellt haben, ist, inwiefern das jahrhundertealte Märchen heutzutage überhaupt noch relevant ist. Schließlich hat sich unsere Gesellschaft seitdem sehr stark verändert. Natürlich glauben heute die Wenigsten noch an kleine Männchen, die singend ums Feuer tanzen und mit magischen Fähigkeiten Stroh zu Gold verwandeln können. Dennoch sind die psychologischen Phänomene und Verhaltensweisen der Akteure weiterhin aktuell.

12.4.1 Mit Reaktanz und Teamwork gegen Größenwahn und Habgier

Im Märchen zeigen interessanterweise vor allem die männlichen Charaktere eine ausgeprägte Habgier und einen gewissen Größenwahn. Der Vater verkauft seine Tochter, um besser vor dem König dazustehen, der König kann von Gold nicht genug bekommen und Rumpelstilzchens übersteigertes Ego ist nach dem Erraten seines Namens derart zerstört, dass er sich selbst zerreißt. **Gier** hängt in der Geschichte häufig mit Versprechen zusammen, die die Charaktere nicht einhalten können. So verspricht der Müller etwas, das seine Tochter überhaupt nicht leisten kann. Ebenso reagiert die Müllerstochter auf die Gier von Rumpelstilzchen und dem König mit dem Versprechen ihres erstgeborenen Kindes. Dieses Versprechen kann und will sie emotional nicht einhalten. Es scheint fast so, als würde Gier zu irrationalem Verhalten führen.

Gier und der Wunsch nach Größe sind keine veralteten Phänomene. Auch heute sind sie noch ein fester Bestandteil unserer Gesellschaft – vor allem in der freien Wirtschaft und Politik. Topmanager verfälschen Abgaswerte von Autos, um einen Vorteil gegenüber der Konkurrenz zu haben, Minister betrügen bei ihren Doktortiteln aufgrund des Wunsches nach Größe und Prestige, Millionäre hinterziehen Steuern, um noch reicher zu werden. Dies alles sind hochaktuelle Beispiele, in denen die Personen exakt die gleiche Motivation haben wie die Charaktere aus unserem Märchen. Sie alle streben nach **Macht und Größe**.

Doch was können wir aus dem Märchen „Rumpelstilzchen" für unser heutiges Leben lernen? An dem Fakt, dass es immer Personen geben wird, die von Größenwahn und Habgier getrieben sind, wird sich wohl wenig ändern lassen – dafür aber am Umgang mit diesen Personen. Wir können für uns den Ratschlag mitnehmen, dass wir keine Versprechen geben sollten, die wir nicht einhalten können – egal wie verzwickt die Situation zu sein scheint. Durch großes Glück geht für die Müllerstochter und den Vater alles glimpflich aus. Dies liegt vor allem an dem Widerstand, den die Tochter am Ende der Geschichte zeigt und der Unterstützung, die sie von den Boten erfährt.

Die falschen Versprechen hätten jedoch auch ganz anders ausgehen können. Der Vater hätte dann den Tod seiner Tochter verschuldet oder die Müllerstochter wiederum das Schicksal ihres Erstgeborenen. Wir sollten also daraus die Lehre ziehen, dass wir uns selbst bei extremen Anforderungen und in scheinbar ausweglosen Situationen nicht zu falschen Versprechen verleiten lassen. Stattdessen ist es ratsam, **Widerstand** zu leisten, solange es noch möglich ist, und sich dabei auch **Unterstützung**

von anderen zu holen. Die Müllerstochter kann hier als Vorbild gelten, da sie es trotz der ausweglosen Situation, in die sie unglücklicherweise geraten ist, geschafft hat, von der Hilflosigkeit zur Reaktanz zu wechseln und sich aus dem Teufelskreis zu befreien. Dies gelang ihr auch durch die Hilfe der Boten, denn keiner in einem Team weiß so viel wie alle. Dass sich mit einem guten Team auch die komplexesten Probleme lösen lassen, ist somit ein weiterer Punkt, den wir aus Rumpelstilzchen lernen sollten.

Ein letzter positiver Schluss, der sich noch ziehen lässt, ist, dass eine zu große **Erfolgsarroganz** – wie sie Rumpelstilzchen an den Tag legt, als er leichtsinnig ums Feuer tanzt und seinen Namen ruft – häufig bestraft wird. Dies zeigt sich auch heute bei unseren Politikern und Managern: Sobald der Betrug oder die falschen Versprechungen auffliegen, ist ihr Image zumeist unwiderruflich zerstört.

12.4.2 Vom Unterschied zwischen Recht und Gerechtigkeit

Wer ist eigentlich der Böse in unserem Märchen? Wie in ▸ Abschn. 12.2 erläutert, erscheint für die meisten Leser Rumpelstilzchen als der größte Bösewicht. Er bringt die unschuldige Müllerstochter in die missliche Situation, in der sie ihm ihr Erstgeborenes verspricht und es am Ende sogar beinahe verliert. Doch wenn man das Ganze einmal ohne jegliche Emotionen und von außen betrachtet, gab es einen mündlichen Vertrag zwischen ihm und der Müllerstochter, der für Rumpelstilzchen Bestand hatte und auf dessen Basis er letztendlich das Kind **rechtmäßig** einforderte. Dabei muss das Geschehene natürlich im Kontext der Zeit gesehen werden: Heute wäre solch ein Vertrag nicht rechtskräftig und würde gegen die Menschenrechte verstoßen; vor Jahrhunderten waren Verträge dieser Art hingegen durchaus üblich.

Wie in ▸ Abschn. 12.3.1 beschrieben, scheint die Reaktion der Tochter fast so, als hätte sie erwartet, dass Rumpelstilzchen von seinen Forderungen ablässt. Rumpelstilzchen zeigt später sogar ein gewisses Einfühlvermögen, als er der Müllerstochter die dreitägige Frist anbietet. Dennoch empfinden wir es als **gerecht**, dass Rumpelstilzchen am Ende das Kind nicht bekommt und als Verlierer aus der Geschichte hervorgeht.

Wir können uns an dieser Stelle fragen: Beschuldigen wir hier nicht das Opfer, um an unserem Glauben an eine gerechte Welt festzuhalten? Und wie oft tun wir dies eigentlich in unserem alltäglichen Leben?

Tatsächlich kommt es ziemlich häufig vor, dass wir das, was Recht ist, als ungerecht empfinden. Wenn wir uns von der **Bank** Geld leihen, dieses aufgrund von Wucherzinsen und weiterer unglücklicher Umstände nicht zurückzahlen können, und die Bank letztendlich eine Zwangsvollstreckung veranlasst – wer ist dann meistens der Böse? Viele Menschen in solchen oder ähnlichen Situationen beschuldigen die Bank. Dabei fordert sie doch eigentlich nur das ein, was ihr rechtmäßig zusteht. Gleiches gilt für die impliziten Erwartungen, die wir bei **Arbeitsverhältnissen** an unseren Arbeitgeber haben. Wenn die Angestellte erwartet, dass sie von ihrem Arbeitgeber ausreichende Fortbildungsmöglichkeiten erhält, falls ihre Qualifikationen den Anforderungen der Position nicht genügen, kann das zu unerfreulichen Überraschungen führen, wenn diese Erwartung eben nicht erfüllt wird. Nicht selten kommt es in solchen Fällen zu Versetzungen oder Kündigungen, bei denen der Arbeitgeber schlussendlich als der Böse wahrgenommen wird.

Auch hier können wir wieder einige interessante Weisheiten aus dem Märchen ableiten. Wenn wir einen Vertrag oder Zusammenschluss mit anderen eingehen – egal ob bei der Arbeit, in der Ehe oder bei der Wohnungssuche – ist es sinnvoll, sich vorher darüber zu verständigen, welche zusätzlichen Erwartungen die verschiedenen Parteien haben und was der Vertrag genau beinhaltet bzw. beinhalten soll. Nur so kann Enttäuschungen und Streitigkeiten oder sogar Klagen vorgebeugt werden.

Wir können zudem aus dem Märchen lernen, dass nicht immer das, was böse scheint, auch wirklich böse ist. Oft haben wir eine verzerrte Wahrnehmung, die von Emotionen oder dem Wunsch nach einer gerechten Welt getrübt ist. Ein kritisches Hinterfragen, z. B. von öffentlichen Anprangerungen in den Medien, ist eine weitere Lektion, die wir von Rumpelstilzchen lernen können.

12.5　Fazit

„Heute back ich, morgen brau ich, übermorgen hol ich der Königin ihr Kind" – der Märchenklassiker Rumpelstilzchen ist schon Jahrhunderte alt, dennoch haben die psychologischen Phänomene und Weisheiten aus dem Märchen der Gebrüder Grimm auch heutzutage Relevanz. Es wäre wünschenswert, dass dem Leser nach dem Studieren dieses Kapitels Begriffe wie Reaktanz oder erlernte Hilflosigkeit keine Fremdwörter mehr sind. Noch schöner wäre es, wenn der Leser zudem Erkenntnisse für sich und seine eigene Lebensgestaltung gewinnen könnte. Theoretisches Wissen bringt dem Menschen allerdings nur dann einen Vorteil, wenn er es auch durch bedachte und vorausschauende Planung in Handlungen umzusetzen vermag.

Literaturverzeichnis

Brehm, J. W. (1966). *A theory of psychological reactance*. New York: Academic Press.

Grimm, J., & Grimm, W. (2001). Rumpelstilzchen. In: H. Rölleke (Hrsg.), *Brüder Grimm: Kinder- und Hausmärchen. Gesamtausgabe in 3 Bänden mit den Originalanmerkungen der Brüder Grimm*. Ditzingen: Reclam.

Lerner, M. J. (1980). *The belief in a just world: A fundamental delusion*. New York: Plenum.

Seligman, M. E. (1979). *Erlernte Hilflosigkeit*. München, Wien, Baltimore: Urban & Schwarzenberg.

Raeder, S., & Grote, G. (2012). *Der psychologische Vertrag. Praxis der Personalpsychologie*. Göttingen: Hogrefe.

Ryan, W. (1971). *Blaming the victim*. New York: Vintage.

Wortman, C. B., & Brehm, J. W. (1975). Responses to uncontrollable outcomes: An integration of reactance theory and the learned helplessness model. In: L. Berkowitz (ed.), *Advances in experimental social psychology* (Vol. 8, pp. 277–336). New York: Academic Press.

Schneeweißchen und Rosenrot von den Gebrüdern Grimm (1837)

Isabel Kroiß

13.1   **Inhalt des Märchens – 94**

13.2   **Die Charaktere – 94**

13.3   **Psychologische Phänomene und Implikationen – 95**
13.3.1   Altruismus – 95
13.3.2   Reziprozität – 96
13.3.3   Vertrauen – 97

13.4   **Fazit – 99**

Literaturverzeichnis – 99

© Springer-Verlag GmbH Deutschland 2017
D. Frey (Hrsg.), *Psychologie der Märchen,*
DOI 10.1007/978-3-662-53668-1_13

13.1 Inhalt des Märchens

Eine Mutter hatte einst zwei sehr schöne Töchter, Schneeweißchen und Rosenrot, die nach den blühenden Rosenbäumchen in ihrem Garten benannt waren. Beide waren so fromm und lieb, dass sie selbst über Nacht im Wald bleiben konnten, ohne dass ihnen ein wildes Tier etwas zuleide tun würde. Als sie eines Nachts beinahe in einen Abgrund gerieten, tauchte ein Schutzengel in Form eines kleinen Mädchens auf und führte sie zurück auf den rechten Pfad. Zum Wintereinbruch klopfte ein sprechender Bär auf der Suche nach Unterschlupf an ihre Tür, und nach erster Furcht wurde ihm Abend für Abend Obdach gewährt. Im Frühjahr zog der Bär zurück in den Wald, da der Boden zu tauen begann und die Zwerge, die ihm seinen Goldschatz stehlen wollten, nun wieder ans Tageslicht gelangen konnten.

Den Frühling über trafen Schneeweißchen und Rosenrot immer wieder auf einen winzigen Zwerg, der sich stets in prekären Situationen befand: einmal klemmte sein langer Bart unter einem gefällten Baum, ein anderes Mal hatte sich sein Bart in der Angelschnur verfangen – er drohte ins Wasser zu stürzen – dann wiederum wurde er beinahe von einem Greifvogel fortgetragen. Jedes Mal griffen die beiden Schwestern beherzt ein und bewahrten ihn vor der Gefahr, was der garstige Zwerg ihnen jedoch nie dankte. Viel zu verbittert war er darüber, dass bei den Rettungsversuchen beispielsweise sein Bart abgeschnitten wurde oder seine Kleidung zerriss. Bei einem weiteren Treffen wurde der Zwerg wütend, da Schneeweißchen und Rosenrot ihn vor einem Haufen erbeuteter Edelsteine überrascht hatten. Noch bevor er seine zornige Rede zu Ende bringen konnte, trabte jedoch der Bär aus dem Wald und erschlug ihn mit seiner Tatze.

Daraufhin verwandelte sich das Tier in einen schönen Prinzen in goldenem Gewande. Er erklärte den Schwestern, dass der Zwerg ihm seine Schätze gestohlen und ihn in einen Bären verwandelt hatte. Im selben Jahre noch wurde Schneeweißchen mit dem Prinzen vermählt und Rosenrot mit dessen Bruder, und wenn sie nicht gestorben sind, dann leben sie noch heute.

(Grimm u. Grimm 1837; ◨ Abb. 13.1)

13.2 Die Charaktere

Die Hauptcharaktere des Märchens stellen die Schwestern **Schneeweißchen und Rosenrot** dar, die sich sowohl charakterlich als auch optisch sehr ähnlich sind: Beide werden als schöne junge Mädchen beschrieben, die eine reine Seele haben und anderen Lebewesen in Not bedingungslos helfen – sie nehmen den Bären über Monate in ihrem Haus auf und helfen dem Zwerg in jeder Notlage.

◨ **Abb. 13.1** (Zeichnung: Claudia Styrsky)

Ein weiterer wichtiger Charakter ist der **Bär**, bei dem es sich eigentlich um einen Prinzen handelt, der vom Zwerg mit einem Fluch belegt und bestohlen wurde. Er verhält sich zu den Mädchen und ihrer Mutter sehr korrekt und nutzt ihre Gastfreundschaft nicht aus, im Gegenteil revanchiert er sich am Ende dafür, indem er und sein Bruder die beiden Mädchen zur Frau nehmen. Zwischen dem Prinzen und dem Zwerg herrscht eine angespannte Stimmung, die letztlich den Tod des Zwerges zur Folge hat.

Der **Zwerg** wirkt unsympathisch und undankbar: Immer wieder retten die Schwestern ihn aus seinen Notlagen, doch er denkt nicht einmal daran, sich zu bedanken, sondern beschwert sich. Auch der Diebstahl und die Verfluchung des Prinzen tragen nicht zu seiner Sympathie bei. Dass er seine unangenehmen Charakterzüge bis zuletzt nicht ablegt und den Schatz weiterhin für sich behalten will, muss er mit dem Tode bezahlen.

Über die **Mutter** ist uns aus dem Märchen nicht viel bekannt, sie scheint jedoch eine sehr fürsorgliche und liebevolle Frau zu sein, da ihre Töchter ansonsten nicht so reinen Herzens wären. Gleichzeitig erfahren wir dadurch, dass der Vater der Mädchen offensichtlich nicht bei ihnen lebt – die Mutter zieht die Töchter alleine groß.

13.3 Psychologische Phänomene und Implikationen

Es folgt ein kurzer Überblick über die bedeutendsten Themen, die anschließend ausführlicher analysiert werden.

Schneeweißchen und Rosenrot zeigen, wie harmonisch **Familienleben und Geschwisterbeziehungen** sein können. Sie verstehen sich problemlos mit ihrer Mutter, und auch untereinander scheint Streit kein Thema zu sein. Vielleicht können die Schwestern hier als Vorbild für die eigene Beziehung zu Eltern und Geschwistern dienen.

Ein weiterer Punkt, den die Brüder Grimm verdeutlichen wollen, ist **altruistisches Verhalten**. Hierbei geht es darum, anderen Menschen zu helfen, wenn sich diese in einer Notsituation befinden, und zwar allein aus der Motivation heraus, das Wohl der Person zu sichern. Schneeweißchen und Rosenrot zeigen ein solches Verhalten sowohl beim Bären als

auch beim Zwerg, ohne eine Gegenleistung dafür zu erwarten. Man selbst sollte dadurch ebenfalls angeregt werden, im Alltag öfter und schneller einzugreifen, wenn man einen Menschen in Not sieht.

Auch **Reziprozität** spielt eine große Rolle in dem Märchen, die darauf beruht, Gefallen zu erwidern. Schneeweißchen und Rosenrot helfen dem Bären und werden dafür von ihm – in Menschenform – und seinem Bruder zur Frau genommen. Doch nicht nur im Märchen wird nach diesem Prinzip gehandelt, auch im realen Leben zeigt es sich häufig.

Zuletzt wird der Wert von **Vertrauen** betont: Die beiden Schwestern haben in die ganze Welt ein großes Vertrauen und führen dadurch ein sehr glückliches Leben. Natürlich sollte man selbst nicht blindlings jedem Vertrauen schenken, doch kann es – an richtiger Stelle und im rechten Maß – deutlich die Zufriedenheit mit dem eigenen Leben steigern.

13.3.1 Altruismus

Schneeweißchen und Rosenrot zeichnen sich vor allem durch ihre **Selbstlosigkeit** aus: Obwohl jeder weiß, dass ein Bär einen Menschen sofort töten könnte, lassen sie ihn in ihrem Haus übernachten, ohne auch nur lange darüber nachzudenken. Dieses Verhalten bezeichnet man als Altruismus – uneigennütziges Verhalten zum Wohl einer anderen Person (Werth u. Meyer 2008).

Altruismus lässt sich auch häufig im realen Leben beobachten, denkt man nur zurück an den Fall von Wesley Autrey vom 2. Januar 2007. Am Bahnsteig einer New Yorker U-Bahn erlitt ein junger Mann einen epileptischen Anfall und stürzte vor die einfahrende U-Bahn. Wesley Autrey, der den Vorfall mit seinen zwei Töchtern beobachtete, zögerte nicht, sprang dem Mann hinterher und legte sich schützend über ihn, als die U-Bahn die Männer überrollte. Beide überlebten. „Ich sah nur einen Menschen, der Hilfe brauchte. Da tat ich, was zu tun war." – dies waren Wesleys Worte nach dem Vorfall.

Geht man vom Modell des **Homo oeconomicus** aus, das den Menschen als Nutzenmaximierer betrachtet, der Entscheidungen anhand von Kosten-Nutzen-Überlegungen trifft, dürfte solch ein selbstloses Verhalten nicht auftreten. Niemals dürfte mit dieser Weltvorstellung das Leben eines anderen mehr wert sein als das eigene.

Was bringt einen Menschen also dazu, ohne lange zu überlegen innerhalb von Sekunden sein eigenes Leben für das Leben eines Fremden aufs Spiel zu setzen? Hier kann die **Empathie-Altruismus-Hypothese** von Batson et al. (1981) weiterhelfen. Die Autoren gehen davon aus, dass altruistisches Handeln – wie das von Schneeweißchen und Rosenrot – einerseits durch Egoismus, andererseits aber auch durch Empathie motiviert sein kann. **Egoistische Motivation** löst in einem Menschen einen unangenehmen Spannungszustand aus, wenn er eine Notsituation beobachtet. Derjenige weiß, dass er eigentlich helfen sollte, und greift allein aus dem Wunsch ein, diese unangenehmen Gefühle loszuwerden. Man hilft also nicht um der eigentlichen Hilfe willen, um die Person zu retten, sondern nur aus egoistischen Motiven – damit man sich anschließend selbst wieder besser fühlt. **Empathische Motivation** dagegen bedeutet, dass man sich ab dem ersten Moment Sorgen um die Person in Not macht und es als einzig angemessene Reaktion ansieht, sofort Hilfe zu holen bzw. zu leisten. Man greift also viel eher ein als bei egoistischer Motivation.

So wie Schneeweißchen und Rosenrot im Märchen beschrieben werden, ist ihnen Egoismus ein Fremdwort – man kann also davon ausgehen, dass sie aus reiner Empathie dem Bären und auch dem Zwerg in ihrer Notlage helfen. Außerdem ist nicht davon auszugehen, dass sie für ihre Hilfe direkt belohnt werden, was noch einmal mehr dafür spricht. Solch ein **prosoziales Verhalten** wird mithilfe folgender goldener Regel oft schon in der Kindheit gelehrt: „Behandle andere so, wie du selbst von ihnen behandelt werden möchtest." Sollte man selbst einmal in einer Notsituation stecken, würde man sich sicherlich wünschen, dass jemand schnellstmöglich zur Hilfe eilt.

Implikationen für die Lebensgestaltung

Schneeweißchen und Rosenrot dienen eindeutig als Vorbilder: Wären mehr Menschen wie die beiden, so würde es auf der Welt um einiges positiver zugehen – so viel ist sicher. Viel zu oft hört man von Zwischenfällen, die tragisch endeten, nur weil niemand eingreifen wollte.

Ein weiteres psychologisches Phänomen beschreibt dieses Verhalten sehr treffend – der sog. **Bystander-Effekt** (Zuschauereffekt; Latané u. Darley 1970): Je mehr Personen in einer Notsituation anwesend sind, desto geringer ist die Wahrscheinlichkeit, dass eine von diesen Personen tatsächlich eingreift. Bringt man hingegen mehr Empathie ein und versetzt sich selbst in die Lage der notleidenden Person, würde man vermutlich schneller Hilfeverhalten zeigen oder zumindest Hilfe holen, da man für sich selbst in einer ähnlichen Situation dasselbe von anderen erwarten würde.

Natürlich hängt altruistisches Verhalten auch stark von den eigenen körperlichen Voraussetzungen ab – vermutlich wäre es nicht empfehlenswert, als junges Mädchen unmittelbar in eine Schlägerei einzugreifen. Doch es müssen nicht immer gefährliche Situationen sein, in denen man uneigennütziges Verhalten zeigen kann. Gerade in Hinblick auf ältere Personen kann jeder Hilfe leisten – man denke nur an all die benachteiligten Personen, die ihre Einkäufe nicht mehr selbst erledigen können und auf die Hilfe anderer angewiesen sind. Grundsätzlich kann man also sagen, dass jeder Mensch etwas bewirken kann, wenn er mit offenen Augen und einer gesunden Portion Einfühlungsvermögen durch die Welt geht.

Nun mag man sich fragen, was man davon hat, altruistisches Verhalten an den Tag zu legen. Die Antwort lautet: eine Menge! Psychologische Studien konnten nachweisen, dass Menschen, die häufig anderen Menschen helfen, glücklicher und zufriedener mit ihrem Leben sind (Headey et al. 2010). Außerdem verhilft dieses Verhalten zu einem gesünderen und auch längeren Leben (Post 2005). Man fühlt sich also nicht nur gut, wenn man eine gute Tat vollbringt, sondern tut auch noch etwas für seine Gesundheit! Das sollte doch definitiv Ansporn genug sein, mehr Altruismus zu zeigen.

13.3.2 Reziprozität

Was sich wie ein roter Faden durch das ganze Märchen zieht, ist das Prinzip der Reziprozität. Reziprozität bedeutet salopp gesprochen: Wie die eine Person agiert, reagiert die andere Person darauf, und umgekehrt. Man erwidert also positive oder auch negative Handlungen einer anderen Person in ähnlicher Weise oder handelt aus der Erwartung heraus, dass das Gegenüber im selben Fall ähnlich handeln würde (Frey u. Bierhoff 2011).

Grundsätzlich stellt Reziprozität eine universelle **soziale Norm** dar, die auch heutzutage ein fester Bestandteil unserer Gesellschaft ist: Man geht beispielsweise im Supermarkt an der Käsetheke vorbei und wird aufgehalten, um eine Gratisprobe einer bestimmten Käsesorte zu probieren. Sobald man probiert hat, holt einen das schlechte Gewissen ein, da es sich nicht gehört, etwas gratis zu erhalten und dafür keine Gegenleistung zu erbringen. Also kauft man ein größeres Stück des angebotenen Käses – ganz nach dem Motto: „Wenn du mir einen Gefallen tust, tue ich dir auch einen."

Negative Reziprozität lässt sich im Märchen am Beispiel des Bären und Zwerges nachvollziehen. Der Zwerg stiehlt dem Prinzen seinen Schatz und belegt ihn mit dem Fluch, der ihn in einen Bären verwandelt, woraufhin der Bär den Zwerg beim Wiedersehen erschlägt und sich in einen Prinzen zurückverwandelt. Hätte sich der Zwerg dem Prinzen gegenüber korrekt und fair verhalten, ihn nicht bestohlen und verflucht, wäre es vermutlich nie zu einem Konflikt mit solch tragischem Ausgang gekommen.

In der Beziehung zwischen Schneeweißchen, Rosenrot und dem Prinzen kann man demgegenüber **positive Reziprozität** erkennen. Die beiden Schwestern zögern nicht, den Prinzen in seiner Gestalt als Bär aufzunehmen und für Monate zu beherbergen, und werden im Gegenzug später von ihm und seinem Bruder zur Frau genommen, was ihnen Zugang zu einem luxuriösen Leben gewährt. Dies verdeutlicht auch, dass sich das Prinzip der Reziprozität nicht auf einen unmittelbaren Austausch von Gefälligkeiten beschränkt, sondern weiter gefasst ist: Es lohnt sich durchaus, etwas abzuwarten, bis ein Gefallen erwidert wird. Außerdem hält der Bär während seiner Zeit bei den Schwestern und deren Mutter seine Jagdinstinkte zurück und greift sie nicht an – denn das Prinzip der Reziprozität besagt auch, dass man diejenigen nicht verletzen sollte, die einem geholfen haben (Gouldner 1960).

Implikationen für die Lebensgestaltung

Das Reziprozitätsprinzip findet sich bereits in der Bibel, in der es heißt „Auge für Auge, Zahn für Zahn" (Ex 21,22-25). Es handelt sich also um eines der ältesten sozialen Prinzipien, das schriftlich festgehalten wurde und offensichtlich sehr bedeutend ist, wenn es um das Zusammenleben der Menschen geht.

Doch ist es wirklich sinnvoll, danach zu leben? Diese Frage lässt sich – sofern es sich um eine positive Reziprozität handelt – grundsätzlich mit einem Ja beantworten. Erhalte ich von einer anderen Person ein Geschenk, so ist es ratsam, dieser Person ebenfalls etwas zu schenken. Natürlich mag das teilweise etwas erzwungen wirken, doch eine einseitige Geberhaltung kann die Beziehung zwischen zwei Personen deutlich beeinträchtigen. Wenn man immer nur nimmt, aber nichts gibt, wirkt sich das negativ auf das Verhältnis zu anderen Personen aus, da so ein Verhalten sehr egoistisch und ungerecht erscheint. Es lohnt sich also, achtsam für die Gefallen anderer zu sein und mit ihnen in positivem Austausch zu stehen. Dies ist natürlich nicht verallgemeinerbar – es ist ebenso ratsam, einer anderen Person einfach so etwas Gutes zu tun, ohne den Gedanken der Reziprozität im Hinterkopf.

Anders sieht es jedoch bei der negativen Reziprozität aus. Man stelle sich vor, ein betrunkener Mann schlägt vor einer Diskothek einem anderen Mann aus purer Aggression ins Gesicht. Sollte sich das Opfer dann nach dem Prinzip der Reziprozität verhalten und zurückschlagen? Subjektiv betrachtet wäre es natürlich verständlich, genau das zu tun, allein aus Sicht der ausgleichenden Gerechtigkeit. Rein objektiv bewirkt Reziprozität in diesem Fall absolut nichts Positives – im schlimmsten Fall sind beide Männer schwer verletzt. In Situationen, in denen es um negative Dinge wie Gewalt, Rache oder Neid geht, sollte also genauestens bedacht werden, ob ähnliches negatives Verhalten an den Tag gelegt werden sollte, da dies meist nicht zum friedlichen Zusammenleben – wie es Reziprozität eigentlich bewirken sollte – beiträgt.

13.3.3 Vertrauen

Auch das Thema Vertrauen spielt eine große Rolle bei Schneeweißchen und Rosenrot. Die Definition von Vertrauen lautet: Vertrauen ist die Erwartung einer Person, dass eine Situation auch ohne die komplette Kontrolle möglicher negativer oder positiver Verhaltensweisen zu einem positiven Ausgang kommt (Mayer et al. 1995). Wo zeigt sich dies in dem Märchen „Schneeweißchen und Rosenrot"?

Die beiden Schwestern und ihre Mutter nehmen den von Natur aus gefährlichen Bär bei sich auf, da sie darauf vertrauen, dass er ihnen nichts tun wird. Und sie sollten recht behalten: Der Bär verhält sich die ganze Zeit ruhig und deutet nicht im Geringsten irgendwelche bösen Absichten an. Aber auch das sonstige Verhalten zeigt, was für ein großes Vertrauen die Mädchen in die Welt haben. So bleiben sie nachts alleine im Wald, ohne darüber nachzudenken, was passieren könnte, und schlafen an einem Abgrund, obwohl sie im Schlaf leicht abstürzen könnten.

Das alles wäre im realen Leben undenkbar: Niemals sollten zwei kleine, hübsche Mädchen nachts alleine im Wald bleiben, da dort gefährliche Tiere leben und weitere Gefahren drohen können. Auch der Schutzengel, der im Märchen auftritt, um die Mädchen zu bewahren, vermittelt ein verzerrtes Bild dieser Welt: Es entsteht der Eindruck, dass alles möglich ist, egal wie gefährlich es auch erscheinen mag, da immer ein rettender Engel die schützende Hand über einen legt und Schlimmeres verhindert. Dass dies nicht der Fall ist, ist gerade Kindern – der größten Zielgruppe von Märchen – oft nicht klar. Eltern sollten also darauf achten, diesen Punkt richtigzustellen, damit ihre Kinder nicht auf leichtsinnige Ideen kommen.

Nun fragt man sich vielleicht, wieso Schneeweißchen und Rosenrot überhaupt so ein großes Vertrauen in die Welt haben. Grundsätzlich kann man festhalten, dass sich Vertrauen schon recht früh in der Kindheit entwickelt. Im **Stufenmodell der psychosozialen Entwicklung** beschreibt Erikson acht Stufen, die der Mensch nacheinander in seiner Entwicklung durchläuft (Lohaus u. Vierhaus 2015):

1. Vertrauen vs. Misstrauen (1. Lebensjahr)
2. Autonomie vs. Scham und Zweifel (2./3. Lebensjahr)
3. Initiative vs. Schuldgefühl (4./5. Lebensjahr)
4. Werksinn vs. Minderwertigkeitsgefühl (6. Lebensjahr bis Pubertät)
5. Identität vs. Identitätsdiffusion (Jugendalter)
6. Intimität und Solidarität vs. Isolation (frühes Erwachsenenalter)
7. Generativität vs. Selbstabkapselung (Erwachsenenalter)
8. Integrität vs. Verzweiflung (reifes Erwachsenenalter)

Stufe 1 stellt dabei schon die Bildung von Vertrauen bzw. Misstrauen dar, d. h., schon im 1. Lebensjahr entwickelt man ein gewisses Gefühl dafür, wem man vertrauen kann und wem nicht.

Schneeweißchen und Rosenrot sollten folglich in puncto Vertrauen eher weniger als Vorbilder betrachtet werden. Ein gewisses Vertrauen in die Welt ist schön und wichtig, aber man muss immer abwägen, ob es angemessen ist oder ob man zu naiv denkt. Kinder haben häufig zu viel Vertrauen, auch in fremde Personen, und handeln in ihrem kindlichen Übermut oft unbedacht.

Implikationen für die Lebensgestaltung und Arbeit

Vertrauen spielt in jedem Lebensbereich eine wichtige Rolle – ob in einer Beziehung, unter Freunden, in der Familie oder in der Arbeit. Schneeweißchen und Rosenrot leben uns vor, welche positiven Auswirkungen mit einer vertrauensseligen Lebensweise einhergehen: Je vertrauensvoller wir einer Person oder generell einem Lebewesen begegnen, desto vertrauensvoller wird es auch uns begegnen.

Hätten die Schwestern dem Bären nicht sofort vertraut, hätte er seinerseits möglicherweise kein Vertrauen in die Mädchen entwickelt. Dem liegt das Prinzip der **selbsterfüllenden Prophezeiung** zugrunde – das Verhalten, das man von anderen Personen erwartet, wird durch das eigene Verhalten bedingt (Aronson et al. 2008).

Dies lässt sich im Arbeitskontext anschaulich illustrieren: Da jede Organisation aus einem Netzwerk sozialer Beziehungen besteht, ist Vertrauen – ob des Kunden oder innerhalb der Organisation – unabdingbar für effiziente Arbeit und produktive Ergebnisse (Seabright et al. 1992). Jeder kennt das aus eigener Erfahrung: Wenn man mit einem Unternehmen oder einem Anbieter schon gute Erfahrungen gemacht hat, hat man auch Vertrauen, dass man bei einem erneuten Kauf wieder gute Erfahrungen machen wird. Als Unternehmen sollte man also darauf achten, ein gutes Vertrauensverhältnis zu seinen Kunden aufzubauen. Doch auch innerhalb der Organisation ist es sinnvoll, auf Vertrauen zu bauen: Hat man kein Vertrauen in seine Arbeitskollegen, schränkt das potenzielle Möglichkeiten ein. Probleme, die es zu lösen gilt, diskutiert man eher weniger bereitwillig und offen mit einem Kollegen, dem man Böses unterstellt, und beraubt sich dadurch neuer und innovativer Lösungsmöglichkeiten.

13.4 Fazit

Das Märchen Schneeweißchen und Rosenrot wurde im sog. Vormärz geschrieben. Diese Epoche beschreibt den Zeitraum zwischen 1815 und 1848. In dieser Zeit war Zensur ein großes Thema – verboten war hierbei vor allem Kritik an den herrschenden politischen Verhältnissen. Dies könnte erklären, wieso das Märchen so stark von Harmoniedenken beherrscht ist: Einerseits könnte es den Wunsch der Brüder Grimm nach einem friedlichen, uneingeschränkten Leben ausdrücken, andererseits kann es auch als Parodie auf die alles andere als harmonischen Zeiten damals verstanden werden.

Das Märchen „Schneeweißchen und Rosenrot" hat bis in die heutige Zeit wenig an Bedeutung verloren und hält sinnvolle Ratschläge für das Leben bereit: vom Anstoß zu altruistischem Verhalten über Reziprozität zu Vertrauen – alle diese Aspekte kann und sollte man im Alltag berücksichtigen, um nicht nur für eine höhere Lebensqualität, sondern auch für eine bessere Welt Sorge zu tragen. Das Märchen dient also als wichtiger und richtiger Ratgeber für die eigene Lebensführung.

Literaturverzeichnis

Aronson, E., Wilson, T. D., & Akert, R. M. (2008). *Sozialpsychologie*. Pearson Studium.

Batson, C. D., Duncan, B. D., Ackerman, P., Buckley, T., & Birch, K. (1981). Is empathic emotion a source of altruistic motivation? *Journal of Personality and Social Psychology* 40, 290–302.

Frey, D. & Bierhoff, H. W. (2011). *Sozialpsychologie – Interaktion und Gruppe*. Göttingen: Hogrefe.

Gouldner, A. W. (1960). The norm of reciprocity. A preliminary statement. *American Sociological Review* 25, 161–178.

Grimm, J., & Grimm, W. (1837). *Kinder- und Haus-Märchen, gesammelt durch die Brüder Grimm: Große Ausgabe*

(Bd. 2, 3. Aufl.). Göttingen: Verlag der Dieterichschen Buchhandlung.

Headey, B., Muffels, R., & Wagner, G.G. (2010). Long-running German panel survey shows that personal and economic choices, not just genes, matter for happiness. *Proceedings of the National Academy of Sciences of the United States of America* 107, 17922–17926.

Latané, B., & Darley, J. M. (1970). *The unresponsive bystander: Why doesn't he help?* New York: Appleton-Century-Crofts.

Lohaus, A., & Vierhaus, M. (2015). *Entwicklungspsychologie des Kindes- und Jugendalters für Bachelor*. Berlin Heidelberg: Springer.

Mayer, R. C., Davis, J. H., & Schoorman, F. D. (1995). An integrative model of organizational trust. *Academy of Management* 20, 709–734.

Post, S. G. (2005). Altruism, happiness, and health: it's good to be good. *International Journal of Behavioral Medicine* 12, 66–77.

Seabright, M. A., Leventhal, D.A., & Fichmann, M. (1992). Role of individual attachments in the dissolution of interorganizational relationships. *Academy of Management Journal* 3, 122–160.

Werth, L., & Meyer, J. (2008). *Sozialpsychologie*. Berlin, Heidelberg: Springer.

Hänsel und Gretel von den Gebrüdern Grimm (1819)

Verena Berthold und Sarah Eichmann

14.1   Inhalt des Märchens – 102

14.2   Die Charaktere – 103

14.3   Psychologische Phänomene und Implikationen – 103
14.3.1   Lügen – 103
14.3.2   Optimismus – 104
14.3.3   Erlernte Hilflosigkeit – 105
14.3.4   Konformität und Gehorsam – 106

14.4   Fazit – 107

         Literaturverzeichnis – 107

© Springer-Verlag GmbH Deutschland 2017
D. Frey (Hrsg.), *Psychologie der Märchen*,
DOI 10.1007/978-3-662-53668-1_14

14.1 Inhalt des Märchens

Vor einem großen Wald lebte einst ein armer Holzhacker mit seiner Frau und seinen zwei Kindern, Hänsel und Gretel. Da die Familie nicht genug zu essen hatte, drängte die Mutter ihren Mann, die Kinder tief im Wald auszusetzen, sodass sie nicht wieder nach Hause fänden. Zufällig erfuhren die Kinder von dem Plan, woraufhin Gretel bitterlich weinte und Hänsel sie tröstete. Denn er hatte vom Hof viele kleine Kieselsteinchen eingepackt, mit denen er heimlich den Weg legen wollte. Am nächsten Morgen gaben sich die Geschwister ahnungslos und ließen sich in den Wald führen. Dabei ließ Hänsel in regelmäßigen Abständen ein Steinchen fallen. Tief im Wald angekommen sollten die Kinder Holz sammeln, während sich die Eltern unter dem Vorwand, weiteres Holz zu hacken, entfernten. Stattdessen aber ließen sie die Kinder allein im Wald zurück. Wieder fing Gretel an zu weinen, und Hänsel beruhigte sie, dass sie bloß den Steinchen zu folgen brauchten, um nach Hause zu finden. So kam es, dass die Kinder am nächsten Morgen wieder vor ihren Eltern standen. Während sich der Vater über die Rückkehr der Kinder freute, schimpfte die Mutter mit den beiden, wo sie denn so lange gewesen seien. Nachts hörten die Kinder, wie die Mutter vom Vater verlangte, die Kinder am nächsten Tag noch tiefer in den Wald zu führen. Wieder weinte Gretel, und Hänsel wollte kleine Steinchen holen, doch jene Nacht war die Türe verriegelt. Als sie morgens loszogen, erhielten beide Kinder ein kleines Stück Brot, und Hänsel ließ nun statt Steinchen Brotkrumen fallen. Nachdem die Eltern sie wieder zurückgelassen hatten, mussten die Kinder feststellen, dass die Vögel die Brotkrumen weggepickt hatten. Wieder musste Hänsel die aufgelöste Gretel trösten, dass sie den Weg zurück schon finden würden. Doch auch nach langer Suche gelang es den beiden nicht, den Heimweg zu finden.

Als sie ein schönes Vöglein beobachteten und ihm daraufhin folgten, gelangten sie zu einem kleinen Lebkuchenhäuschen, von dem sie – hungrig wie sie waren – aßen. Da ertönte eine feine Stimme aus der Stube mit den Worten „Knuper, knuper, kneischen, wer knupert an meinem Häuschen?" Woraufdie Kinder unbekümmert antworteten: „Der Wind, der Wind, das himmlische Kind." Da trat eine kleine, alte Frau aus dem Haus, die die Kinder zu sich einlud und ihnen Essen und ein Schlafzimmer anbot. Hänsel und Gretel fühlten sich wie im Himmel, wussten jedoch nicht, dass die Frau eine Hexe und Menschenfresserin war. Am nächsten Morgen zerrte die Hexe Hänsel in einen kleinen Stall und sperrte ihn hinter ein Gitter. Gretel zwang sie zu arbeiten und ihren Bruder zu mästen. Um zu prüfen, ob Hänsel schon fett genug zum Schlachten sei, befühlte die fast blinde Hexe jeden Tag Hänsels Finger. Um die Hexe zu täuschen, hielt ihr Hänsel immer einen mageren Knochen entgegen. Da Hänsel nicht zunahm, beschloss die ungeduldige Hexe ihn trotzdem zu schlachten. Sie heizte den Ofen an und befahl Gretel hineinzukriechen, um nachzusehen, ob der Ofen heiß genug sei. Gretel ahnte, dass die Hexe auch sie darin braten wollte und gab vor, nicht zu wissen, was sie tun solle. Da kroch die Hexe laut schimpfend selbst in den Ofen. Gretel gab ihr einen kräftigen Stoß und schloss die Ofentür, sodass die Hexe jämmerlich verbrannte. Sie befreite Hänsel und gemeinsam nahmen sie so viele wertvolle Dinge aus dem Häuschen der Hexe mit auf den Weg, wie sie tragen konnten.

Im Wald kamen sie an einen See, den sie nicht allein überqueren konnten. Da bat Gretel eine weiße Ente, sie auf ihrem Rücken über den See zu bringen. Auf der anderen Seite kam ihnen der Weg bald wieder bekannt vor und sie fanden rasch nach Hause. Dort angekommen fiel ihnen der Vater um den Hals, der keine ruhige Minute mehr gehabt hatte, und berichtete, dass die Mutter inzwischen gestorben war. Dank der mitgebrachten Schätze lebten die drei fortan unbeschwert in dem kleinen Häuschen am Waldrand.

(Grimm u. Grimm 1819; ◨ Abb. 14.1)

Anmerkung   Die Ursprünge des Märchens werden in Hessen und Schwaben vermutet. Es ist naheliegend, dass die Geschichte aus einer Zeit stammt, in der die Bevölkerung mit Hungersnöten zu kämpfen hatte, wie z. B. während des Dreißigjährigen Krieges (1618–1648). Die Namen Hänsel und Gretel sind Kosenamen für die damals häufigsten Taufnamen Johann und Margarethe und betonen als Platzhalter die Allgemeingültigkeit des Märchens.

14.2 Die Charaktere

Die Geschwister **Hänsel** und **Gretel** wachsen in Armut als Kinder eines Holzhackers auf. Hänsel übernimmt die Führung für sich und seine Schwester und bleibt auch in Notsituationen zuversichtlich. Er handelt vorausschauend und kümmert sich fürsorglich um Gretel, welche hingegen ängstlich ist und sich auf ihren Bruder verlässt. Erst als Hänsel von der Hexe gefangen genommen wird, beweist Gretel Mut und rettet sich und ihren Bruder.

Der **Vater** möchte seine Kinder nicht im Wald aussetzen, lässt sich jedoch von seiner Frau dazu drängen und steht nicht für seine Kinder ein. Er ist froh, dass die Kinder trotz seines feigen Verrats wieder heil zurückkehren.

Die **Mutter** ist bereit, für ihr eigenes Leben das ihrer Kinder zu opfern. Sie zeigt keinerlei Zuneigung gegenüber den Kindern und versucht zweimal diese loszuwerden. Sie hat ihren Mann fest im Griff und überredet ihn, die Kinder auszusetzen. Am Ende jedoch stirbt sie selbst.

Die **Hexe** wohnt versteckt im Wald und lockt die Kinder mit ihrem Lebkuchenhaus in die Falle. Sie will die Kinder braten und verspeisen. Doch sie wird von Hänsel und Gretel überlistet und stirbt einen qualvollen Tod. Zwischen der Hexe und der Mutter zeigt sich eine Parallele: Beide Frauen wollen die Kinder töten, sterben jedoch am Ende selbst.

Untersucht man das Märchen auf Geschlechtsstereotypen, fällt auf, dass die weiblichen Akteure sehr schlecht wegkommen. Mutter und Hexe verkörpern das Böse und selbst Gretel wird (zunächst) als schwach und lebensuntüchtig dargestellt. Dieses Muster taucht in vielen Märchen der damaligen Zeit auf, was vermuten lässt, dass dies dem Stereotyp einer Epoche entsprach, in der Frauen keinerlei Rechte besaßen, sich den Männern unterzuordnen hatten und zudem häufig die Rolle des Sündenbocks innehatten.

14.3 Psychologische Phänomene und Implikationen

Aus dem Märchen „Hänsel und Gretel" lassen sich einige psychologische Phänomene ableiten, die im Folgenden vertiefend dargelegt werden.

14.3.1 Lügen

„Wir wollen in den Wald gehen und Holz holen", so begründet die Mutter den Ausflug in den Wald. Dies ist jedoch eine eiskalte Lüge, um die Kinder im Wald auszusetzen. Untersuchen wir das Märchen gezielt auf Lügen, stellen wir fest, dass sich diese wie ein roter Faden durch die Geschichte ziehen, denn jeder der Akteure lügt im Verlauf des Märchens. Die Mutter lügt, der Vater verschweigt sein Wissen gegenüber den Kindern, Hänsel lügt bzw. täuscht, indem er der Hexe statt seines Fingers ein mageres Knöchlein entgegenstreckt und vielleicht auch, als er Gretel versichert, dass sie den Weg schon finden werden, auch wenn die Vögel das Brot weggepickt haben. Hier stellt sich auch die Frage, ob er womöglich gar sich selbst belügt, um sich zu beruhigen. Die Hexe lügt den Kindern etwas vor, um sie einzufangen und schließlich lügt sogar Gretel, als sie vorgibt, nicht zu wissen, was sie tun solle.

Betrachten wir die Lügen nun im Hinblick auf unsere emotionalen Reaktionen. Vermutlich verurteilen die meisten von uns die Lüge der Mutter sowie der Hexe und möglicherweise auch das Schweigen des Vaters. Dass die Kinder die Hexe belügen, um sich aus ihrer Gefangenschaft zu befreien, finden die meisten von uns wahrscheinlich moralisch vertretbar. Dieses Beispiel verdeutlicht, wie unterschiedlich wir Lügen bewerten. Der Bewertungsmaßstab orientiert sich dabei an dem **Motiv für die Lüge**. Höflichkeit, eine Notsituation oder persönliche Vorteile sind nur einige der Gründe, warum jemand nicht die Wahrheit spricht. Die Grenzziehung zur Lüge ist dabei nicht immer eindeutig, beispielsweise bei einer Übertreibung oder dem Zurückhalten von Informationen.

Obwohl eine Lüge eigentlich immer negativ konnotiert ist, lügen die meisten Menschen immer wieder, wie wir nicht nur aus unserer persönlichen Alltagserfahrung heraus bestätigen können, sondern was auch von einigen Forschern systematisch untersucht wurde. So fanden z. B. Turner et al. (1995), dass nur ca. 38 % der verbalen Aussagen, die Versuchspersonen im sozialen Miteinander tätigten, absolut der Wahrheit entsprachen. Die restlichen Aussagen waren nicht eindeutig gelogen, aber unterlagen irgendeiner Form der **Informationskontrolle** (z. B. Zurückhaltung oder Übertreibung).

Warum konnten sich im Zuge der Evolution sowohl beim Menschen als auch bei vielen Tierarten, die Täuschungsmanöver beherrschen, Lüge und Schwindel als eher negativ bewertetes Verhalten etablieren, bei denen immer auch die Gefahr besteht, dass sie auffliegen? Forscher zeigten mithilfe einer Simulation, die auf mathematischen Modellen beruht, dass Lügen als „sozialer Klebstoff" fungieren könnte, um

die Gruppe zusammenzuhalten (Barrio et al. 2015). Natürlich geht es hierbei nicht um egoistisch motivierte Intrigen und Lügen, sondern z. B. um kleine Flunkereien, die zum psychischen Wohlbefinden der Belogenen beitragen. Auch wenn es sich hierbei nur um eine Simulation handelte, so ist es doch plausibel, dass wir häufig lügen, um die Harmonie einer Gruppe aufrechtzuerhalten, und dass genau dieses Verhalten den Menschen früher einen evolutionären Vorteil erbrachte. Die Simulation ergab aber auch, dass chronische Lügner schnell ins soziale Abseits geraten. Denn – wie sagt man so schön: „Wer einmal lügt, dem glaubt man nicht, auch wenn er mal die Wahrheit spricht!"

Implikationen für die Lebensgestaltung

Mit Sicherheit soll die Botschaft nicht sein, dass Lügen per se schlecht ist und man niemals lügen sollte. Denn Hänsel und Gretel wären ohne ihre Notlügen wohl im Wald verhungert oder von der Hexe verspeist worden. Vielmehr kann uns die Geschichte dazu anregen, uns Gedanken zum Thema Lügen zu machen:

- ▬ Dürfen wir lügen, um ein ehrenwertes Ziel zu verfolgen?
- ▬ Was bedeutet es für unsere Gesellschaft, wenn wir immer auch mit einer Lüge rechnen müssen?
- ▬ Ist Verschweigen auch Lügen?
- ▬ Was passiert, wenn wir uns selbst belügen, um uns z. B. eine bestimmte Situation schönzureden?

14.3.2 Optimismus

Obwohl die Kinder durch den Egoismus der Mutter in eine prekäre Situation geraten sind, bleibt Hänsel stets optimistisch. Er tröstet Gretel immer wieder und bleibt zuversichtlich, dass sie die Lage meistern werden, selbst als er bemerkt, dass die Vögel seine Wegmarkierung gefressen haben.

Das wohl prominenteste Beispiel für den Unterschied zwischen Optimisten und Pessimisten ist die Sichtweise auf das halb volle bzw. halb leere Glas. Dort, wo der eine die positiven Aspekte und Chancen erkennt, vermutet der andere Probleme und Nachteile. Ob man nun eher Optimist oder Pessimist ist, kann situativ schwanken. Haben Menschen aber situationsübergreifend eine positive Grundhaltung in ihrer Wahrnehmung, Erinnerung, ihren Erwartungen sowie ihren Denkmustern, so spricht man von **Positivity**. Dies beinhaltet auch die Fähigkeit, sich auf die positiven Faktoren zu fokussieren und diese besser zu erkennen. Hat eine Person systematisch die Tendenz, sich vorwiegend an Positives zu erinnern, so handelt es sich um den sog. **„positivity bias"** (Michalos 2014).

Die Fähigkeit, die Welt positiv wahrzunehmen, ist ein wichtiger Faktor im Umgang mit Rückschlägen. Scheier et al. (1999) konnten sogar in einer Studie zeigen, dass Optimisten sich nach einer Bypass-Operation körperlich schneller erholten. Die Optimisten begannen – verglichen mit den Pessimisten – früher wieder mit körperlicher Aktivität und benötigten seltener eine stationäre Nachbehandlung. Die **Hypothesentheorie der sozialen Wahrnehmung** (Lilli u. Frey 1993) beschreibt, dass unsere Erwartungshaltung nicht nur unsere Wahrnehmungsprozesse, sondern auch die resultierenden Schlussfolgerungen sowie Handlungen beeinflussen kann, also z. B. wie wir nach einer Operation den Genesungsprozess wahrnehmen und wann wir wieder körperlich aktiv werden.

Doch nicht immer ist es förderlich, uneingeschränkt an das Gute zu glauben. Trotz Optimismus sollten wir realistisch bleiben. Denn wer zu blauäugig und naiv durch die Welt spaziert, wird immer wieder vermeidbare Rückschläge und Enttäuschungen provozieren. Die Fähigkeit des **realistischen Optimismus** nennt Mourlane (2014) einen wichtigen Faktor für Resilienz. **Resilienz** beschreibt die psychische Widerstandsfähigkeit und Fähigkeit, Krisen zu bewältigen und sie sogar als Chance zur Weiterentwicklung zu nutzen. Im Alltag ist Resilienz wichtig, um adäquat mit Herausforderungen und Rückschlägen umzugehen.

Im Märchen hat Hänsel im realistischen Rahmen Optimismus bewahrt, um sich und seine Schwester zu retten. Wäre Hänsel ein Pessimist gewesen, hätte er vermutlich etwas gesagt wie: „Ja, Gretel, bald werden wir sterben." Dass Hänsel nicht naiv und unrealistisch optimistisch ist, bestätigt sich, als selbst er die Hoffnung verliert, nachdem ihn die Hexe in den Stall sperrt. Doch an dieser Stelle verfügt Gretel

über genügend Kreativität und Optimismus, um der Hexe den Todesstoß zu versetzen.

Implikationen für die Lebensgestaltung

Uns hilft maßgeblich der realistische Optimismus, voranzukommen und uns weiterzuentwickeln. Jedes Kind, das Laufen lernt, fällt viele Male zurück auf den Boden, bevor es laufen kann, und zeigt damit eine hohe Resilienz. Diese hilft ihm nach jedem Sturz, wieder aufzustehen und ganz fest daran zu glauben, dass es bestimmt bald klappt. Wann immer wir uns hoffnungslos fühlen, können wir uns vornehmen, wie ein Kind, das gerade die ersten Schritte macht, mit realistischem Optimismus die Herausforderung anzunehmen.

14.3.3 Erlernte Hilflosigkeit

Zu Beginn des Märchens verhält sich Hänsel aktiv und nimmt das Schicksal der Geschwister in die Hand. Mit den Kieselsteinchen und den Brotkrumen versucht er, den Weg zurück nach Hause zu legen, um sich und Gretel zu retten. Gretel hingegen verhält sich zu Beginn passiv. Bei Rückschlägen reagiert Gretel mit bitterlichem Weinen und Verzweiflung. Sie glaubt nicht, dass sie die Situation verändern kann und fügt sich ihrer Lage.

Dieses Verhalten wird auch als erlernte Hilflosigkeit (Seligman 1974) bezeichnet. Damit ist die feste Überzeugung einer Person gemeint, dass sie eine unangenehme Situation nicht verändern könne, auch wenn dies objektiv betrachtet nicht stimmt. Diese Einstellung kann in **Passivität** resultieren, bei der man sich seinem Schicksal widerstandslos hingibt. Die eigene **Selbstwirksamkeitserwartung** (Bandura 1977), also die Erwartung, durch das eigene Handeln Einfluss nehmen zu können, wird durch die erlernte Hilflosigkeit stark geschwächt.

Gretel hat die erlernte Hilflosigkeit wahrscheinlich durch eine Reihe negativer Lernerfahrungen erworben. Erst als Hänsel von der Hexe gefangen wird, überwindet Gretel ihre Hilflosigkeit, um sich und ihren Bruder vor dem Tod zu retten. Sie stößt die Hexe in das Ofenfeuer und befreit Hänsel. Gretel macht dabei eine **korrigierende Lernerfahrung**: Sie stellt fest, dass ihr mutiges Handeln etwas bewirkt und sie Kontrolle über die Situation hat. Gretel entwickelt sich im Laufe des Märchens immer mehr hin zu einer aktiv handelnden Heldin.

Implikationen für die Erziehung und Führung

Erlernte Hilfosigkeit kann zu Passivität, Verzweiflung und depressiven Symptomen führen. Um sich aus der Opferrolle zu befreien, musste Gretel ihre eigene Selbstwirksamkeit erfahren. Auch für die gesunde Entwicklung von Kindern ist das **Erleben von Selbstwirksamkeit** sehr bedeutsam. Schon von Geburt an lernen Kinder durch Ausprobieren verschiedener Verhaltensweisen, dass ihr Handeln Auswirkungen auf ihre Umwelt und das Verhalten anderer Menschen hat. Dabei sind Herausforderungen für Kinder in jeder Entwicklungsstufe besonders wichtig, um ihre Selbstwirksamkeit auf unbekanntem Terrain zu überprüfen.

Auch im Bereich der Mitarbeiterführung sind Selbstwirksamkeit und **wahrgenommene Kontrolle** für Mitarbeiter von großer Bedeutung. Es ist wichtig, dass Führungskräfte ihren Mitarbeitern das Gefühl vermitteln, dass auch sie etwas bewirken können und nicht äußeren Einflüssen hilflos ausgesetzt sind. Schon allein bei einem Problem angehört zu werden, kann helfen, dass wir mehr Kontrolle über die Situation wahrnehmen und zufriedener sind.

14.3.4 Konformität und Gehorsam

Im Märchen lässt sich der Vater von seiner Frau überzeugen, die Kinder auszusetzen, obwohl er dies nicht möchte. Diese Konformität führt zu einem fremdbestimmten Handeln gegen seine Prinzipien, welches das Leben seiner Kinder gefährdet. Warum wehrt sich der Vater nicht und handelt gegen seinen Willen?

Das berühmte **Milgram-Experiment** (Milgram 1974) zeigte, dass Menschen oft gegen ihren Willen und ihr Gewissen handeln, wenn sie unter Druck gesetzt werden. Dabei sollten die Teilnehmer unter Aufsicht des Versuchsleiters eine eingeweihte Person, die sich in einem anderen Raum aufhielt, immer dann mit einem schmerzhaften Elektroschock bestrafen, wenn sie bei einer Lernaufgabe einen Fehler machte. Die Intensität des Elektroschocks sollte dabei immer weiter gesteigert werden. Die Teilnehmer konnten sich gegenseitig nicht sehen, allerdings waren die Schmerzensäußerungen zu hören. Zögerten oder weigerten sich die Probanden, weitere Elektroschocks zu verabreichen, drängte der Versuchsleiter sie, fortzufahren. Dass die Schmerzensschreie nur vorgetäuscht waren und es in Wahrheit keine Elektroschocks gab, wussten die Versuchspersonen nicht. Das Milgram-Experiment zeigte, dass Personen **gegen ihren Willen** und aus Gehorsam bereit sein können, andere Menschen zu schädigen. Die Ergebnisse des Experiments sind erschreckend. 65 % der Teilnehmer verabreichten Elektroschocks der höchsten und lebensgefährlichen Intensität (450 Volt), auch wenn ihnen das sichtlich schwerfiel. Die übrigen Personen weigerten sich erfolgreich, den Anweisungen des Versuchsleiters zu folgen. **Übertriebener Gehorsam** zeigte sich auch in einer Studie, in der ein vermeintlicher, unbekannter Arzt dem Pflegepersonal per Telefon befahl, bestimmten Patienten eine gefährlich hohe Dosis eines Medikaments zu verabreichen, das noch nicht zum Einsatz an Patienten freigegeben war. Schockierende 95 % des Pflegepersonals leisteten den Anweisungen folge (Hofling et al. 1966).

Doch wie kann es so weit kommen? Ein Grund für Gehorsam ist der **normative soziale Einfluss**, den eine autoritäre Person auf eine andere ausübt. Alle Menschen haben das Grundbedürfnis, akzeptiert und Teil einer Gruppe zu sein. Normativer sozialer Einfluss wirkt, wenn Menschen ihr Verhalten entsprechend der Vorstellungen anderer anpassen, um von diesen weiterhin akzeptiert und gemocht zu werden, auch wenn sie die auferlegten Vorstellungen nicht gutheißen. Der Vater von Hänsel und Gretel will seine herrische Ehefrau zufriedenstellen, die Teilnehmer im Experiment wollen dem Versuchsleiter bzw. dem Arzt gefallen. Ein weiterer Grund für Gehorsam kann der **informationale soziale Einfluss** sein. In einer verwirrenden und stressigen Situation mit widersprüchlichen Anforderungen verlassen sich Personen oft auf die Anweisungen eines „Experten", der vorgibt, zu wissen, was richtig ist. Übertriebener Gehorsam kann aber auch durch die Abgabe der persönlichen Verantwortung entstehen. Wer nur die Anweisungen eines anderen ausführt, fühlt sich selten verantwortlich, denn die Verantwortung liegt dann ja wohl bei dem, der die Fäden zieht.

Implikationen für die Lebensgestaltung

Natürlich ist Gehorsam an sich ein wichtiger Wert und in allen Kulturen eine geschätzte Norm, die ein geordnetes Zusammenleben ermöglicht. Deshalb lernen wir, Autoritätspersonen wie Eltern oder Lehrern zu gehorchen. Gehorsam wird aber dann gefährlich, wenn er von der Autoritätsperson missbraucht wird und die Menschenwürde anderer verletzt – wie es im Märchen und den Experimenten geschehen ist.

Wann handeln wir nach unseren Prinzipien und wann gegen unser Gewissen, weil uns andere unter Druck setzen? Das Wissen über Faktoren wie normativen und informationalen sozialen Einfluss hilft, die eigenen Handlungen kritisch zu hinterfragen. Wer Gehorsam zeigt, weil er sich nicht verantwortlich für das Gesamtergebnis fühlt, muss sich bewusst machen, dass er die verwerfliche Tat erst möglich macht. Die Verantwortung für die Schädigung anderer liegt dann ebenso bei ihm wie beim Auftraggeber.

Menschenverachtendes Verhalten durch Gehorsam kann durch **Zivilcourage** verhindert werden. Zivilcourage ist ein von Ablehnung begleitetes mutiges Verhalten, das hilft, gesellschaftlich-ethische Normen ohne Rücksicht auf eigene soziale Kosten durchzusetzen (Greitemeyer et al. 2006). Zivilcourage bedeutet, für andere einzutreten und blindem Gehorsam Grenzen zu setzen.

14.4   Fazit

Die geschilderten Beobachtungen im Märchen von Hänsel und Gretel zeigen, dass das Märchen auch heute noch aktuell ist. Lügen, Optimismus, erlernte Hilflosigkeit und blinder Gehorsam sind immer noch prägend für unser Miteinander. Darüber hinaus enthält das Märchen weitere Ansatzpunkte für Analysen:

- Warum handeln die Eltern entgegen der elterlichen Fürsorge?
- Warum kehren Hänsel und Gretel zu ihrem Elternhaus zurück, das sie verlassen mussten? Haben sie ihren Eltern verziehen oder ist es (emotionale) Abhängigkeit, die sie zurückführt?

Literaturverzeichnis

Bandura, A. (1997). Self-efficacy: toward a unifying theory of behavioural change. *Psychological Review* 82, 191–215.

Barrio, R. A., Govezensky, T., Dunbar, R., Iñiguez, G., & Kaski, K. (2015). Dynamics of deceptive interactions in social networks. *Journal of The Royal Society Interface* 12, 20150798.

Greitemeyer, T., Osswald, S., Fischer, P., & Frey, D. (2007). Civil courage: Implicit theories, determinants, and measurement. *Journal of Positive Psychology* 2, 115–119.

Grimm, J., & Grimm, W. (1819). *Kinder- und Haus-Märchen, gesammelt durch die Brüder Grimm: Große Ausgabe* (Bd. 1, 2. Aufl.). Berlin: G. Reimer.

Hofling, C. K., Brotzman, E., Dalrymple, S., Graves, N., & Pierce, C. M. (1966). An experimental study in nurse-physician relationships. *The Journal of Nervous and Mental Disease* 143, 171–180.

Lilli, W., & Frey, D. (1993). Die Hypothesentheorie der sozialen Wahrnehmung. In: D. Frey, & M. Irle (Hrsg.), *Theorien der Sozialpsychologie. Band I: Kognitive Theorien* (S. 49–78). Bern: Huber.

Michalos, A. C. (ed.). (2014). *Encyclopedia of quality of life and well-being research*. Berlin, Heidelberg: Springer.

Milgram, S. (1974). *Obedience to authority: An experimental view*. New York: Harper & Row.

Mourlane, D. (2014). *Resilienz. Die unentdeckte Fähigkeit der wirklich Erfolgreichen*. Göttingen: Bambus Village.

Scheier, M. F., Matthews, K. A., Owens, J. F., Schulz, R., Bridges, M. W., Magovern, G. J., & Carver, C. S. (1999). Optimism and rehospitalization after coronary artery bypass graft surgery. *Archives of Internal Medicine* 159, 829–835.

Seligman, M. E. P. (1974). Depression and learned helplessness. In: R. Friedman, & M. M. Katz (Eds.), *The psychology of depression: Contemporary theory and research*. Washington, DC: Winston-Wiley.

Turner, R. E., Edgley, C., & Olmstead, G. (1975). Information control in conversations: Honesty is not always the best policy. *Kansas Journal of Sociology* 11, 69–89.

Von einem, der auszog, das Fürchten zu lernen von den Gebrüdern Grimm (1818)

Angelika Stefan

15.1   Inhalt des Märchens und die Charaktere – 110

15.2   Die Charaktere – 111

15.3   Psychologische Phänomene – 112
15.3.1   Effekt der Erwartung – 112
15.3.2   Keine Furcht – ist das normal? Das Dilemma des
          Märchenhelden – 113
15.3.3   Eudämonisches Glück und das Streben nach höheren Zielen – 114

15.4   Implikationen für das eigene Leben – 115

15.5   Fazit – 115

          Literaturverzeichnis – 115

© Springer-Verlag GmbH Deutschland 2017
D. Frey (Hrsg.), *Psychologie der Märchen*,
DOI 10.1007/978-3-662-53668-1_15

15.1 Inhalt des Märchens und die Charaktere

Ein Vater hatte zwei Söhne. Der ältere fürchtete sich wie alle anderen Leute vor bestimmten Dingen, aber der jüngere konnte nie verstehen, was es bedeuten sollte, wenn die Leute sagten: „Es gruselt mir!" Deshalb antwortete er, als der Vater ihm sagte, es wäre Zeit, etwas zu lernen, womit er sein Brot verdienen kann: „Ich möchte lernen, mich zu gruseln!"

Der Vater schickte ihn daraufhin zu einem Küster, der versprach, ihn das Gruseln zu lehren. Dort musste der Junge bei Nacht die Glocke läuten. Der Küster versteckte sich im Glockenturm, damit der Junge glauben würde, er sei ein Gespenst. Der Junge entdeckte die Gestalt und rief, sie solle sich zu erkennen geben, sonst werfe er sie die Treppe hinunter. Als der Küster sich nicht zu erkennen gab, warf er ihn die Treppe hinunter, wobei sich dieser verletzte. Dies erzürnte den Vater so, dass er den Sohn verstieß.

Auf der Straße traf der Sohn einen Fremden, der mit ihm wettete, ihm das Gruseln beibringen zu können. Er führte ihn zu einem Galgen, an dem sieben Männer aufgehängt waren, bei dem der Junge die Nacht verbringen sollte. Als der Wind die Männer gegeneinander schlug, bekam der Junge Mitleid, nahm sie vom Galgen ab und setzte sie an sein Feuer. Dort fingen ihre Kleider Feuer. Weil er sie nicht verbrennen lassen wollte, hängte er sie wieder am Galgen auf. Gefürchtet hatte er sich nicht.

Am Morgen erzählte ihm ein Wirt von einem verwunschenen Schloss. Demjenigen, der drei Nächte darin verbringen würde, hatte der König seine Tochter versprochen. Viele hatten sich an der Aufgabe versucht, aber alle waren gescheitert. Der Junge beschloss, sein Glück zu versuchen. Auf Geheiß des Königs durfte er drei Dinge mitnehmen. Er wählte Feuer, eine Drehbank und ein Schnitzmesser.

In der ersten Nacht um Mitternacht sprangen zwei Katzen an sein Feuer, die ihn zum Kartenspielen aufforderten. Er bat sie, ihm vorher noch ihre Krallen zu zeigen. Als sie ihm diese zeigten, packte er sie, spannte sie in die Drehbank und schlug sie tot. Da kamen von allen Seiten schwarze Hunde und Katzen, die er mit seinem Schnitzmesser von seinem Feuer

vertrieb. Als sie weg waren, sah er in einer Ecke ein großes Bett, in das er sich legte, um zu schlafen. Doch das Bett fuhr wild im Schloss herum, sodass er sich schließlich doch an sein Feuer legte und einschlief. Gefürchtet hatte er sich nicht.

In der zweiten Nacht kam durch den Schornstein ein hässlicher Mann, der sich ans Feuer auf den Platz des Jungen setzte. Als dieser ihn wegdrängen wollte, kamen noch mehr Männer, die anfingen, mit Knochen und Totenköpfen Kegel zu spielen. Der Junge spielte mit ihnen mit, bis sie um Mitternacht verschwanden. Gefürchtet hatte er sich nicht.

In der dritten Nacht brachten sechs Männer einen Sarg herein, in dem ein Toter lag. Der Junge berührte ihn und merkte, dass er ganz kalt war, weshalb er ihn erst an sein Feuer setzte und dann neben sich in sein Bett legte, um ihn zu wärmen. Da wurde der Tote lebendig und versuchte, ihn zu erwürgen. Der Junge stutzte über die Undankbarkeit und warf ihn wieder in den Sarg zurück. Da trat ein großer Mann mit einem langen Bart herein, der ihm zurief, er werde jetzt lernen, was Gruseln ist, denn jetzt werde er sterben. Der Junge überredete ihn zu einem Kräftemessen, bei dem er, wenn er als der stärkere hervorginge, gehen dürfte. Da führte ihn der Mann zu einem Schmiedefeuer, nahm eine Axt und schlug den einen Amboss mit einem Schlag in die Erde. Der Junge ging zu dem anderen Amboss, spaltete ihn und klemmte dabei den Bart des Mannes mit ein. Daraufhin nahm er eine Eisenstange und schlug so lange auf den Mann ein, bis dieser versprach, ihm große Reichtümer zu geben, wenn er nur aufhören würde. Der Junge ließ ihn frei und der Mann führte ihn zu drei großen Schatztruhen. Der Junge hatte sich immer noch nicht gefürchtet.

Wie versprochen durfte der Junge als Lohn die Prinzessin heiraten. Er beklagte sich aber weiterhin, dass er das Gruseln lernen möchte. Das ärgerte die Königstochter so, dass sie eines Tages einen Eimer voll kleiner Fische aus dem Teich holte und dem Jungen, während er schlief, über das Bett schüttete. Da wachte er auf und rief: „Ach, was gruselt mir! Nun weiß ich, was Gruseln ist!"

(Grimm u. Grimm 1819; ◨ Abb. 15.1)

Anmerkung Das Märchen „Von einem, der auszog, das Fürchten zu lernen" wurde von Wilhelm Grimm

Abb. 15.1   (Zeichnung: Claudia Styrsky)

als eine Kombination mehrerer mündlich überlieferter Volksmärchen aufgeschrieben. Die Aufgaben des Helden im verwunschenen Schloss sind fast alle dem hessischen Märchen „Gut Kegel- und Kartenspiel" entnommen. Nur das Motiv des lebendigen Toten, der versucht, den Helden zu erwürgen, sowie des alten Mannes, dessen Bart eingeklemmt wird, entstammen nicht dieser Quelle. Ersteres entstammt einer Erzählung von Dorothea Viehmann, der Tochter eines Gastwirts aus der Gegend von Kassel; letzteres ist einem Tiroler Märchen entnommen. Das fahrende Bett ist außerdem ein typisches Sagenmotiv, das u. a. auch in Wolfram von Eschenbachs „Parzival" vorkommt. Die Geschichte mit dem Küster wurde in ähnlicher Form in einem Märchen aus Paderborn erzählt und die Nacht, die der Märchenheld mit den Männern am Galgen verbringt, entstammt einem weiteren Märchen von Dorothea Viehmann. Diese Kombination unterschiedlicher Quellen ist typisch für die Märchen der Gebrüder Grimm, tritt bei diesem Märchen aber in verstärktem

Umfang auf und wird dadurch für den Leser besonders präsent.

15.2   Die Charaktere

Die Charakterbeschreibungen in dem Märchen „Von einem, der auszog, das Fürchten zu lernen" bleiben insgesamt auf die Darstellung ihrer familiären und gesellschaftlichen Stellung beschränkt, sie haben weder Namen noch Spitznamen. Dafür nimmt die Handlung einen ausgedehnten Lauf mit mehreren Stationen. Im Zentrum steht der furchtlose und etwas einfältig wirkende jüngere Sohn, der es sich zur (Lebens)Aufgabe macht, das Fürchten zu lernen. Auf diesem Weg trifft er viele Personen, sogar Verstorbene und Geisterwesen, und besteht mehrere, teils lebensbedrohliche Prüfungen, aber erst seine Ehefrau, die Tochter des Königs, schafft es, ihn eines Nachts zu überraschen und ihm damit das Gruseln zu lehren.

15.3 Psychologische Phänomene

Wenn Sie nach der Lektüre dieses Märchens ein wenig verwirrt sind, geht es Ihnen so wie den meisten anderen Lesern. Zu wenig entspricht das Märchen „Von einem, der auszog, das Fürchten zu lernen" unserer Erwartung eines typischen Märchens der Gebrüder Grimm. Schemenhafte Gestalten aus dem Totenreich bevölkern die Bühne, ihnen gegenüber steht ein Held, der scheinbar willkürlich zwischen brutaler Gewalt und naiver Mildtätigkeit wechselt. Die Lösung der als unlösbar geltenden Aufgabe und die Vermählung mit der Königstochter stellen nicht die finale glückliche Wendung dar, sondern nähren nur die Unzufriedenheit des Protagonisten. Die Lösung bringt schließlich ein aggressiver Ausbruch der Prinzessin, die in gekränktem Stolz ihren Ehemann hinterrücks überlistet.

Diese Verfremdungseffekte, die auf den arglosen Märchenleser verstörend wirken können, machen das Märchen besonders interessant für eine psychologische Erkundung. Das Märchen entbehrt der stereotypisierenden Schwarz-Weiß-Malerei und schildert lebensnahe Charaktere mit ihren Sorgen, Sehnsüchten und Zielen, die sich nicht immer konsistent und vorhersagbar verhalten. Damit gleichen sie stärker den tatsächlichen Subjekten psychologischer Forschung als die stereotypen Prinzessinnen, Dümmlinge und Könige anderer Märchen.

Es liegt somit nahe, die Figuren des Märchens sowie die Reaktion, die sie in uns als Lesern hervorrufen, mithilfe psychologischer Theorien zu analysieren und uns so den Fragen, die beim Lesen des Märchens aufkommen, anzunähern.

15.3.1 Effekt der Erwartung

Warum verwirrt das Märchen seine Leser? Das Wort „Märchen" löst bei den meisten Menschen sofort konkrete Assoziationen aus. Wir denken an bestimmte Figuren – die schöne Prinzessin, die böse Stiefmutter, die gute Fee – und deren Interaktion. Auch Namen bekannter Märchen und typische Inhaltselemente, z. B. die königliche Hochzeit oder das Happy End, kommen uns in den Sinn. In der Psychologie werden solche Wissensstrukturen über einen Gegenstandsbereich als sog. **kognitive** Schemata bezeichnet (Betsch et al. 2011, S. 31f.). Ein kognitives Schema beinhaltet das Wissen einer Person über die typischen Merkmale eines Gegenstands und die Beziehungen zwischen diesen Merkmalen. Am Beispiel der Märchen wird klar, dass ein kognitives Schema immer mit Erwartungen verknüpft ist. Nennt sich eine Geschichte Märchen, entspricht aber nicht dem **Märchenschema**, steht sie im Widerspruch zu den Erwartungen des Lesers.

Dies passiert beim Märchen „Von einem, der auszog, das Fürchten zu lernen" in besonderem Maße. Obwohl die Rahmenhandlung – ein Held meistert schwierige Herausforderungen und heiratet am Ende die Königstochter – dem typischen Ablauf eines Märchens entspricht, stimmen viele Merkmale nicht mit dem Märchenschema überein. So treten neben den stereotypen Märchencharakteren Scharen an Toten auf, die eher einem Horrorfilm entwachsen zu sein scheinen. Der Held der Geschichte, der keine Furcht empfinden kann, ist weder ein klarer Antiheld, der dümmlich, hässlich oder schwächlich ist – wie in „Tischlein deck dich", „Das hässliche Entlein" oder „Hans im Glück" – noch ein tapferer Märchenheld, der in größter Not zu Hilfe eilt – wie die Prinzen in „Rapunzel" und „Dornröschen" oder der Jäger in „Rotkäppchen". Die Gegner, gegen die er antritt, werden – anders als in „Rumpelstilzchen" oder „Ali Baba und die 40 Räuber" – kaum charakterisiert und sind auch nicht in anderen Märchen aufzufinden – wie böse Stiefmütter („Schneewittchen", „Aschenputtel", „Frau Holle") oder Wölfe („Rotkäppchen", „Die drei Schweinchen", „Der Wolf und die sieben jungen Geißlein"). Und schließlich ist seine Beziehung zur Prinzessin auch nicht das, was man sich unter einer glücklichen Ehe vorstellt. Es treten somit viele **schemainkongruente Informationen** auf, die die Erwartung der Leser enttäuschen.

Sollte Ihnen der Märchenheld nicht sofort sympathisch sein oder das Märchen nicht zu Ihren absoluten Lieblingsmärchen gehören, lässt sich dies gut durch den Widerspruch zwischen Ihrer Erwartung und dem Märcheninhalt erklären. Nach Novaco (1993) stellen **enttäuschte Erwartungen** eine wichtige Determinante für die Entstehung von Ärger und Enttäuschung dar. Eine Erwartungsverletzung wird als Angriff auf bestehende Annahmen und Schemata, und damit als Provokation, aufgefasst. Je höher die Diskrepanz zwischen Tatsache und Erwartung ist, desto stärker ist die damit einhergehende negative Erregung. Negative Gefühle beim Lesen einer Geschichte, die behauptet, ein Märchen zu sein, aber den Erwartungen an ein Märchen nicht gerecht wird, sind deshalb vorherzusehen.

15.3.2 Keine Furcht – ist das normal? Das Dilemma des Märchenhelden

Im Fokus des Großteils der psychologischen Forschung zum Thema Furcht steht natürlicherweise das **Vorhandensein von Furcht**. Die Behandlung klinischer Störungen wie Phobien oder Panikattacken ist dabei wohl das bekannteste Forschungsfeld. Der Held unseres Märchens hat aber genau das entgegengesetzte Problem: Er empfindet keine Furcht.

Man könnte nun fragen, was so schlimm daran ist, keine Furcht zu empfinden. Schließlich ist Furcht eine negative Emotion, und wir alle streben danach, möglichst wenig negative Emotionen zu empfinden. Sollte also nicht das Fehlen von Furcht die Lebensqualität verbessern?

Ein Evolutionspsychologe könnte bei solchen Überlegungen nur den Kopf schütteln. Furcht gilt als **adaptive Reaktion** des Körpers. Sie hilft den Menschen, angemessen auf Gefahrensituationen zu reagieren und erhöht damit die Wahrscheinlichkeit des Überlebens. Das **Fehlen von Furcht** führt dazu, dass Hinweise auf Gefahren ignoriert werden und auf erkannte Gefahren nur konfrontativ reagiert wird, was insbesondere bei einem stärkeren Gegner unangemessen ist und im Extremfall zum Tod des Individuums führen kann (Meyer et al. 2008). Der Wunsch des Helden ist somit durchaus nachvollziehbar, geht es doch um sein eigenes Überleben.

Betrachtet man die Situation unter diesem Aspekt, drängt sich schnell die Frage auf, wie realistisch das Problem ist. Gibt es tatsächlich Menschen, die dasselbe Problem haben wie der Märchenheld? Die Antwort ist ja, aber äußerst selten.

In der psychologischen Literatur wird ein einziger Fall diskutiert, die sog. Patientin S. M. Die Geschichte dieser Frau weist erstaunliche Parallelen zu der unseres Helden auf. Seit eine seltene Erkrankung in ihrer Kindheit ihre Amygdala (Mandelkern; Gehirnregion, die zentral an der Entstehung

von Emotionen beteiligt ist) zerstört hat, kann S. M. keine Furcht empfinden. Obwohl sie bereits mit Messern und Pistolen bedroht worden war, konnte sie in einem Interview keine Situation benennen, in der sie Furcht empfunden hatte. Ein Team von Wissenschaftlern versuchte daraufhin sein Bestes, die Patientin dazu zu bringen, sich zu fürchten. Sie zeigten ihr Ausschnitte aus den schlimmsten Horrorfilmen, die sie kannten. Sie führten sie in ein Zoogeschäft, wo sie mit lebenden Spinnen und Schlangen konfrontiert wurde. Sie brachten die Patientin in ein „Haunted House", das aufwendig dekoriert und mit „lebenden Geistern" ausgestattet ist, die Besucher erschrecken sollen. Die Patientin fand all das interessant, fürchtete sich aber nicht. Die Forscher publizierten daraufhin ihre gescheiterten Versuche in einem wissenschaftlichen Artikel und machten so das moderne Märchen „Von einer, die auszog, das Fürchten zu lernen" der Öffentlichkeit zugänglich (Feinstein et al. 2011).

Der Fall der Patientin S. M. ist ein sehr extremes Beispiel für das Fehlen von Furcht. Wir können das Problem des Märchenhelden in weitaus geringerer Intensität aber auch im Alltag beobachten. Wer kennt nicht jemanden, der vom Bungee-Jumping in Neuseeland schwärmt, während der Lawinenzeit auf Skitouren geht oder eine Vogelspinne im Terrarium hält? Die Persönlichkeitspsychologie hat dafür einen Begriff etabliert, das **Sensation Seeking**. Personen mit einer hohen Ausprägung von Sensation Seeking haben ein starkes Bedürfnis nach abwechslungsreichen und neuen Erfahrungen und sind bereit, dafür physische und soziale Risiken in Kauf zu nehmen (Zuckerman 1979).

Evolutionspsychologen würden vorhersagen, dass Menschen, die wenig Furcht empfinden, sich öfter in gefährliche Situationen begeben und deshalb häufiger in lebensbedrohliche Situationen kommen. Dasselbe lässt sich bei Personen beobachten, die eine hohe Ausprägung von Sensation Seeking aufweisen. So sind diese z. B. häufiger in Autounfälle verwickelt, da sie einen riskanten Fahrstil an den Tag legen, und haben ein erhöhtes Risiko für sexuell übertragbare Krankheiten, da sie wahrscheinlicher mit wechselnden Partnern ungeschützten Geschlechtsverkehr haben (Ulleberg 2001; Zuckerman 1994).

Das Problem des Märchenhelden ist also in abgeschwächter Form ein durchaus weit verbreitetes

Problem. Menschen suchen Gefahren, um ihr Erregungslevel zu erhöhen und setzen sich so Risiken aus, die sie nicht auf sich nehmen müssten. Das Ansinnen des Helden, zu lernen, sich zu fürchten, wird unter diesem Blickwinkel als Überlebensstrategie verständlich. Ob seine Strategie, immer größere Gefahren zu suchen, zielführend ist, ist allerdings zweifelhaft. Die gescheiterten Versuche der Wissenschaftler im Fall der Patientin S. M. sprechen hier für sich.

15.3.3 Eudämonisches Glück und das Streben nach höheren Zielen

Das Märchen „Von einem, der auszog, das Fürchten zu lernen" ist nicht nur eine Geschichte über einen Menschen, dem eine Emotion fehlt. Es ist auch eine Geschichte von einem Helden, der von dem Bedürfnis getrieben ist, etwas zu lernen. Alle Aktivität in der Geschichte geht von diesem zentralen Bedürfnis aus. Es wird klar, dass er nicht glücklich sein kann, ohne diese Fähigkeit erlangt zu haben. Damit ist er der Prototyp des Menschen, der nach eudämonischem Glück strebt.

Was ist eudämonisches Glück? Gibt es überhaupt mehrere Arten von Glück? Das sind Fragen, die die psychologische Glücksforschung zu beantworten versucht. Glücksforscher sprechen dabei selbst meist nicht von Glück, sondern von **Wohlbefinden**. Wohlbefinden wird als Zustand optimalen psychischen Funktionierens und Erlebens definiert (Diener 1984). In der Frage, was Wohlbefinden genau beinhaltet, haben sich zwei Sichtweisen herauskristallisiert (Ryan u. Deci 2001).

Hedonisten behaupten, dass Wohlbefinden durch häufige **positive Emotionalität** zustande kommt: Je häufiger wir positive und je seltener wir negative Emotionen empfinden, desto glücklicher sind wir. Unser Ziel sollte deshalb sein, positive Emotionen wie Freude oder Stolz zu suchen und negative Emotionen wie Ärger oder Neid zu meiden. Die hedonistische Sichtweise hat eine lange Tradition. Beginnend in der griechischen Antike hat sie viele philosophische Schulen, allen voran den Utilitarismus, maßgeblich beeinflusst und ist auch aus der Psychologie nicht wegzudenken. So haben beispielsweise behavioristische Erkenntnisse zur Wirkung von Belohnung und Bestrafung ihre Wurzeln in der

hedonistischen Sichtweise. Da wir unser Wohlbefinden maximieren wollen, meiden wir Bestrafungen, die mit negativen Emotionen verbunden sind, und streben nach Belohnungen, die mit positiven Emotionen verbunden sind, wodurch unser Verhalten beeinflusst wird.

Eudämonisten gehen davon aus, dass Wohlbefinden nicht allein durch die Kumulation kurzfristiger Glücksmomente entstehen kann. Auch diese Sichtweise entstammt der Antike. Aristoteles betrachtete die Verfolgung hedonistischer Ziele als vulgär – die Menschen würden dadurch zu Sklaven ihrer eigenen Lust. Den Eudämonisten ist gemein, dass sie ein dem bloßen Lustempfinden **übergeordnetes Ziel** als Grundlage für Wohlbefinden annehmen. Während dies bei Aristoteles ein „tugendhaftes Leben" ist, gehen andere Autoren von einem Leben in Übereinstimmung mit sich selbst (Waterman 1993) oder dem „Streben nach Perfektion, die die Realisation des wahren Selbst repräsentiert" aus (Ryff 1995, S. 100).

Das Streben nach Perfektion, nach dem **idealen Selbst**, ist auch ein wichtiger Motivator für den Märchenhelden. Er strebt nicht nur nach kurzfristigem Glück, sondern hat immer ein höheres Ziel vor Augen: Eine Fähigkeit zu erlangen, die seiner Ansicht nach seine Persönlichkeit vervollständigen würde. Obwohl er kurz vor Ende des Märchens aus hedonistischer Sicht bereits allen Grund hätte, glücklich zu sein – schließlich hat er Gefahren überstanden, ist finanziell abgesichert und hat eine schöne Prinzessin geheiratet – ist er nicht zufrieden, da ihm zu seinem eudämonischen Glück ein wichtiger Baustein fehlt: die Erreichung seines Ziels, sich fürchten zu lernen.

Eine wichtige psychologische Theorie, die vom eudämonischen Ansatz beeinflusst wurde, ist die **Self-Determination-Theorie** (Ryan u. Deci 2000). Der Grundgedanke dieser Theorie ist, dass Menschen nach der Erfüllung von drei zentralen Bedürfnissen streben: Autonomie, Kompetenz und Verbundenheit. Verbundenheit meint dabei, in sozialen Gruppen eingebunden und anerkannt zu sein. Wohlbefinden kann nur entstehen, wenn die drei Bedürfnisse erfüllt sind.

Im Fall des Märchenhelden können wir davon ausgehen, dass sein Autonomie- und Verbundenheitsbedürfnis erfüllt sind. Er kann als Mitglied des Königshauses unabhängig agieren und hat großen Einfluss. Verbundenheit erhält er durch die Heirat mit der Prinzessin und damit die Zugehörigkeit zu einer Familie. Sein Problem ist die Kompetenz. Zwar bewältigt er Aufgaben, die vor ihm niemand lösen konnte, dabei fehlt ihm aber eine elementare Kompetenz, die alle anderen Menschen besitzen: Furcht. Bis zum Ende des Märchens, als die Prinzessin es schafft, ihn zu erschrecken, kann es deshalb für ihn kein Happy End geben.

15.4 Implikationen für das eigene Leben

Es mag Ihnen bereits aufgefallen sein, dass das Märchen „Von einem, der auszog, das Fürchten zu lernen" Bedeutung hat und uns darüber hinaus auch etwas über uns selbst erzählt.

Zu Beginn stand die Frage im Raum, warum es zunächst verwirrt oder einen sogar ein wenig verärgert. Die Antwort, dass dem Ärger enttäuschte Erwartungen zugrunde liegen, gilt nicht nur hierfür. Auch in anderen Situationen, in denen wir merken, dass wir negative Emotionen gegenüber einer Person oder Situation empfinden, kann es sein, dass Erwartungen verletzt wurden. Denken Sie an das letzte Mal zurück, als Sie sich geärgert haben: Kam der Zug, auf den Sie gewartet hatten, zu spät? Hat Sie jemand bei einem vereinbarten Termin versetzt? Hat Ihr Mitbewohner, Ehepartner, Kind mal wieder nicht geputzt? In all diesen Fällen hatten Sie eine feste Erwartung davon, was passieren sollte (der Zug oder die Person sollte pünktlich sein, Haushaltsaufgaben sollten gleichmäßig verteilt sein). Diese Erwartung wurde enttäuscht, und Sie haben Ärger empfunden.

Vielleicht fragen Sie sich jetzt: Was habe ich davon, diesen Mechanismus zu kennen? Das Bewusstsein über den Effekt führt nicht zwangsläufig dazu, dass Sie sich weniger ärgern. Es schafft aber Ansatzpunkte für eine Lösung von Konflikten. Haben Sie und Ihr Gegenüber dasselbe kognitive Schema von Pünktlichkeit? Haben Sie dieselben Vorstellungen einer sauberen Wohnung wie Ihre Mitbewohner oder Familienmitglieder? Wenn nein, könnte dies die Schraube sein, an der Sie drehen können, um in Zukunft weiteren Ärger zu vermeiden. Erklären Sie Ihrem Gegenüber Ihr kognitives Schema! So ergeben sich ungeahnte Möglichkeiten für Kompromisse.

Vielleicht haben Sie sich beim Lesen über Sensation Seeking selbst wiedererkannt – vielleicht waren Sie schon selbst beim Bungee-Springen oder auf riskanten Skitouren. Vielleicht würden Sie aber auch nie auf die Idee kommen, so etwas Gefährliches zu unternehmen. Sollten Sie sich noch gar nicht einschätzen können, hilft Ihnen möglicherweise die Sensation-Seeking-Skala weiter, die im Internet frei zugänglich ist (http://wsm.wsu.edu/s/we.php?id=%20200).

Schlussendlich haben wir analysiert, warum der Märchenheld so lange unglücklich ist. Jeder von uns befindet sich irgendwann in seinem Leben einmal in seiner Situation: Von außen betrachtet stimmt eigentlich alles, aber irgendetwas fehlt. Die Self-Determination-Theorie kann uns Ansatzpunkte liefern, um diese Unzufriedenheit zu erklären. Liegt es an einem Mangel an Autonomie, Kompetenz oder Verbundenheit? Oder liegt Ihr persönliches eudämonisches Ziel, mit dem Sie zu langfristigem Wohlbefinden finden, doch in einem ganz anderen Bereich?

15.5 Fazit

Die Überlegungen zum Märchen „Von einem, der auszog, das Fürchten zu lernen" zeigen auf, dass es auch aus heutiger Sicht interessante psychologische Phänomene bietet wie den Effekt der Erwartung, das Furchtempfinden sowie das Streben nach höheren Zielen, die einer eingehenden Betrachtung wert sind. Vielleicht ist Ihre anfängliche Verwirrung einem Gefühl von tieferem Verständnis gewichen. Vielleicht sagt Ihnen das Märchen aber auch nach eingehender Beschäftigung nicht zu und Sie fühlen immer noch ein Gefühl von Unbehagen, wenn Sie sich ihm widmen. In letzterem Fall können Sie zumindest von sich behaupten: „Nun weiß ich, was Gruseln ist!"

Literaturverzeichnis

Betsch, T., Funke, J., & Plessner, H. (2011). *Denken – Urteilen, Entscheiden, Problemlösen*. Berlin, Heidelberg: Springer.
Diener, E. (1984). Subjective well-being. *Psychological Bulletin* 95, 542–575.
Feinstein, J. S., Adolphs, R., Damasio, A., & Tranel, D. (2011). The human amygdala and the induction and experience of fear. *Current Biology* 21, 34–38.

Grimm, J., & Grimm, W. (1819). *Kinder- und Haus-Märchen, gesammelt durch die Brüder Grimm: Große Ausgabe* (Bd. 1, 2. Aufl.). Berlin: G. Reimer.

Meyer, W.-U., Schützwahl, A., & Reisenzein, R. (2008). *Einführung in die Emotionspsychologie. Band 2: Evolutionspsychologische Emotionstheorien* (3. Aufl.). Bern: Hans Huber.

Novaco, R. W. (1993). Ärger als streßbezogenes Gesundheitsproblem und seine Therapie. In: M. M. Müller (Hrsg.), *Psychophysiologische Risikofaktoren bei Herz-/Kreislauferkrankungen* (S. 255–270). Göttingen: Hogrefe.

Ryan, R. M., & Deci, E. L. (2000). Self-determination theory and the facilitation of intrinsic motivation, social development, and well-being. *American Psychologist 55*, 68–78.

Ryan, R. M., & Deci, E. L. (2001). On happiness and human potentials: A review of research on hedonic and eudaimonic well-being. *Annual Review of Psychology 52*, 141–166.

Ryff, C. D. (1995). Psychological well-being in adult life. *Current Directions in Psychological Science 4*, 99–104.

Ulleberg, P. (2001). Personality subtypes of young drivers. Relationship to risk-taking preferences, accident involvement, and response to a traffic safety campaign. *Transportation Research Part F: Traffic Psychology and Behaviour 4*, 279–297.

Waterman, A. S. (1993). Two conceptions of happiness: Contrasts of personal expressiveness (eudaimonia) and hedonic enjoyment. *Journal of Personality and Social Psychology 64*, 678–691.

Zuckerman, M. (1979). *Sensation seeking: Beyond the optimal level of arousal*. Hillsdale, NJ: Erlbaum.

Zuckerman, M. (1994). *Behavioral expressions and biosocial bases of sensation seeking*. New York, NY: Cambridge University Press.

15

Der Hase und der Igel von den Gebrüdern Grimm (1815)

Marie Raith

16.1   Inhalt des Märchens – 118

16.2   Die Charaktere – 118

16.3   Psychologische Phänomene und Implikationen – 119
16.3.1   Streben nach Leistungsvergleichen – 119
16.3.2   Minderwertigkeit und Selbstwertbedrohung – 120
16.3.3   Frustration, Aggression und Rache – 121
16.3.4   Die Gruppe als soziales Barometer – 121
16.3.5   Respekt und Selbstrespekt im sozialen Miteinander – 121
16.3.6   Narzissmus – 122

16.4   Bedeutung für die heutige Zeit – 122

16.5   Fazit – 123

Literaturverzeichnis – 123

© Springer-Verlag GmbH Deutschland 2017
D. Frey (Hrsg.), *Psychologie der Märchen*,
DOI 10.1007/978-3-662-53668-1_16

16.1   Inhalt des Märchens

Es war einmal ein Sonntagmorgen im Herbst, alle Geschöpfe waren vergnügt, die Sonne schien und die Vögel sangen. Da trat der Igel fidel aus seinem Haus und entschloss sich an diesem schönen Morgen einen kleinen Spaziergang zum Feld zu machen, um zu sehen, wie die Steckrüben standen. Am Feld traf der Igel den Hasen, der aus ähnlicher Intention einen Spaziergang unternahm. Als der Igel den Hasen sah, wünschte er ihm freundlich einen guten Morgen. Der Hase jedoch, der ein sehr vornehmer und schrecklich arroganter Herr war, fragte nur spöttisch: „Wie kommt es, dass du hier schon so am frühen Morgen im Feld herumläufst?" „Ich gehe spazieren!", antwortete der Igel. Der Hase lachte über den Igel und sagte: „Du könntest deine Beine schon zu besseren Dingen gebrauchen."

Dass der Hase sich ausgerechnet über seine krummen Beinchen lustig machte, verdross den Igel sehr. Daraufhin fragte er den Hasen, ob er denke mit seinen Beinen „mehr ausrichten" zu können. Der Hase, der sich seiner Talente sehr sicher war, bejahte dies. Daraufhin schlug der Igel eine Wette vor: „Ich wette, wenn wir um die Wette laufen, ich lauf schneller als du." „Das ist ja zum Lachen!", entgegnete der Hase, schlug aber ein. Man einigte sich auf einen Golddukaten und eine Flasche Branntwein für den Sieger und in einer Stunde sollte das Rennen beginnen.

Auf seinem Weg nach Hause sprach der Igel zu sich selbst: „Der Hase verlässt sich auf seine langen Beine, aber ich will ihn schon kriegen. Er ist zwar ein vornehmer Herr, aber doch ein dummer Kerl und das soll er bezahlen."

Als er nun zu Hause ankam, erzählte er seiner Frau rasch von der Wette und bedeutete ihr, mit ihm ins Feld zu kommen. Die Igelfrau war außer sich. „Hast du denn ganz den Verstand verloren, Mann? Wie willst du mit dem Hasen um die Wette laufen?" Der Igel befahl ihr, sich nicht einzumischen und mit ihm zu kommen, also hatte die Frau des Igels keine andere Wahl. Auf dem Weg zum Feld sprach der Igel zu seiner Frau und erklärte ihr: „Dort auf dem Acker läuft der Hase in einer Furche und ich in der anderen. Du hast nun weiter nichts zu tun, als dass du dich hier unten in die Furche stellst, und wenn der Hase

in seiner Furche daherkommt, so rufst du ihm entgegen: „Ich bin schon da!"

Am Acker angekommen, nahmen Hase und Igel ihre Startposition ein und im Nu ging das Rennen los. Der Hase rannte wie ein Sturmwind den Acker hinunter, der Igel aber lief nur ein paar Schritte und duckte sich dann flink in die Furche. Als der Hase blitzschnell am anderen Ende des Ackers ankam, rief ihm die Frau des Igels entgegen: „Ich bin schon da!"

Dem Hasen stand das Erstaunen ins Gesicht geschrieben, glaubte er doch den Igel vor sich zu sehen. So forderte er ein neues Rennen, den Acker wieder hinauf. Wieder flitzte er los, so schnell, dass ihm die Ohren am Kopf flogen. Und dieses Mal sprang der Igel aus seiner Furche und machte den Hasen erneut glauben, er habe verloren. Der Hase war außer sich vor Ärger. „Nochmal!", forderte er. So lief der Hase 73 Mal, und jedes Mal war der Igel vor ihm am Ziel. Beim 74. Lauf fiel der Hase vor Erschöpfung tot zu Boden. Vergnügt ging das Ehepaar Igel mit dem Gewinn nach Hause.

(Grimm u. Grimm 2011; ◘ Abb. 16.1)

16.2   Die Charaktere

Bevor wir uns näher dem Erleben und Verhalten der Hauptakteure aus dem Märchen widmen, sollen alle drei kurz charakterisiert werden.

Der **Hase** wird als vornehmer und arroganter Zeitgenosse beschrieben. Er sieht sich in einer übergeordneten Stellung und belächelt den Igel.

Der **Igel** jedoch, aus dessen Perspektive wir das Märchen erzählt bekommen, ist ein genügsamer Waldbewohner. Er freut sich über den schönen Herbstmorgen, begegnet dem Hasen höflich und mit Respekt. An der List, die er in der Kürze ausheckt, zeigt sich auch, dass er Köpfchen hat. Später jedoch lernen wir den Igel noch von einer anderen Seite kennen. Er behandelt seine Frau respektlos und handelt ohne Erbarmen oder Einsicht, als er den Hasen bis zur tödlichen Erschöpfung rennen lässt.

Als dritter Akteur ist nun noch die **Igelfrau** zu nennen. Sie hat in dem Märchen um Hase und Igel einen durchaus zentralen Part, denn ohne ihre

□ **Abb. 16.1**   (Zeichnung: Claudia Styrsky)

Mithilfe hätte der Igel den Hasen niemals überlisten können. Diese Schlüsselrolle, so scheint es, übernimmt sie aber nicht freiwillig. Sie ist entsetzt vom Handeln ihres Mannes, der sich auf eine Wette mit einem offensichtlich überlegenen Gegner einlässt. Einwände aber beachtet der Igel nicht und er hört seiner Frau auch nicht zu. Die Rollen sind bei Ehepaar Igel klar verteilt: Frau Igel ordnet sich ihrem Mann bedingungslos unter, nachdem dieser ihr den Mund verboten hat. Somit ist sie neben dem Sieg ihres Mannes im Duell auch für den Tod des Hasen mit verantwortlich.

16.3 Psychologische Phänomene und Implikationen

Viele der psychologischen Mechanismen und der dazugehörigen Phänomene im Märchen von Hase und Igel haben auch in unserem Alltag einen maßgeblichen Einfluss. Ein zentrales Thema ist dabei das Streben nach Leistungsvergleichen, welches uns in Theorien sozialer Vergleichsprozesse und

Minderwertigkeitstheorien begegnet. Des Weiteren spielen Aggression und Rache, Demütigung, Respekt und Selbstwertbedrohung eine wichtige Rolle – im Wald bei Hase und Igel ebenso wie in unserer Welt.

Im Rahmen dieser Erläuterungen wird folgende zentrale Frage immer wieder aufgegriffen: Wer ist gut und wer ist böse? Und Sie als Leser werden sich in der Reflexion des Gelesenen auch mit der Frage konfrontiert sehen, ob Ihr Verhalten eher dem des Hasen oder des Igels gleicht.

16.3.1 Streben nach Leistungsvergleichen

Lassen Sie uns gleich zu Anfang auf den Vergleich fokussieren, der zwischen Hase und Igel stattfindet und dessen Ergebnis letztendlich ausschlaggebend für das nachfolgende Kräftemessen ist.

Anhand der Tendenz zum **sozialen Vergleich** („social comparison bias"; Garcia et al. 2010) lässt sich das Verhalten des Igels erklären. Es handelt sich dabei um eine Benachteiligung aufgrund einer empfundenen Bedrohung im sozialen Vergleich. Diese Tendenz tritt dann auf, wenn Personen – oder Hase und Igel – sich nach oben vergleichen. Das heißt, wenn der Vergleich der eigenen Person mit einem Individuum oder einer Gruppe stattfindet, die im subjektiven Empfinden erfolgreicher ist. Diese Verzerrung zeigt sich aber nur auf Ebenen, die für die Person selbstwertrelevant sind (Garcia et al. 2010). Daraus resultiert eine **Bedrohung des Selbstwertes**, die Menschen grundsätzlich zu entschärfen suchen. Für den Igel sind seine krummen Beine ein Schwachpunkt und so sieht er sich im Vergleich mit den Beinen des Hasen als Verlierer. Statt sich von der Bedrohung, also dem Hasen, fernzuhalten, geht er in die direkte Konfrontation und fordert ihn heraus.

Unsere Gesellschaft ist von **Leistung** geprägt und zwangsläufig existieren darin auch Leistungsvergleiche. Der Druck, Leistung zu erbringen, führt zu **Konkurrenz** und Wettbewerb. In solchen Wettbewerbssituationen ist es vollkommen natürlich, Vergleiche anzustellen und nicht grundsätzlich Gift für unser soziales Miteinander. Die Theorie der sozialen Vergleichsprozesse (Festinger 1954) beschreibt ebendies. Es geht um das Streben des Menschen, eigene Meinungen und Fähigkeiten zu bewerten. Um dies zu erreichen, vergleichen sich Menschen mit anderen. Ein Vergleich dient also zuallererst der Kategorisierung. In einer Leistungssituation kommt der Aspekt des **Wettbewerbs** hinzu. Dieser Wettbewerb herrscht in unserer Gesellschaft nicht nur im Arbeitsumfeld. Ein jeder sägt am Stuhl des anderen und kämpft bis zum Umfallen. Arbeitskräfte sind austauschbarer geworden, Grenzen lösen sich auf. Hunderte stehen bereit, um den Platz einzunehmen, den ein anderer frei macht. Und nicht nur im Job besteht Konkurrenz und Wettbewerb. Wer trägt die tollste Kleidung, wer hat das schönste Strandhaus?

Zufriedensein ist schwierig geworden. Gerade die Generation Y ist geprägt von der Suche nach dem Optimum. Und so sehr diese Suche auf der einen Seite anspornt, besser zu werden, mehr zu erreichen, höher zu streben, so ist sie doch ein Hindernis für unser soziales Zusammenleben. Sozialer Vergleich und Ungleichheit wird immer bestehen – die Frage ist, was man daraus macht.

16.3.2 Minderwertigkeit und Selbstwertbedrohung

Auch die **Minderwertigkeitstheorie nach Adler** spiegelt diese Diskrepanz wider. Adler spricht dabei von Menschen, die sich körperlich minderwertig fühlen und dann versuchen, dieses Gefühl durch Höchstleistungen zu kompensieren. Können sie die Höchstleistung jedoch nicht erbringen, so versuchen sie zumindest dies zu suggerieren (Adler 1912).

Der Igel stellt ein Paradebeispiel für die Minderwertigkeitstheorie nach Adler dar. Seine krummen Beinchen geben ihm das Gefühl körperlich minderwertig zu sein. Sie sind seine Schwachstelle, und deswegen macht der Igel dem Hasen vor, trotz seiner Beinchen sportliche Glanzleistungen erbringen zu können. Natürlich kann man sagen, dass der Igel auf gewisse Weise trotzdem eine Leistung erbringt – eben nicht physisch, sondern psychisch.

Ebendiese Kompensation empfundener Minderwertigkeit finden wir in etlichen Theorien wieder, so auch in der Theorie der **sozialen Deprivation**. Im Vergleich mit anderen schneidet man schlechter ab und versucht daraufhin diese Diskrepanz wettzumachen. Somit geht es uns im Alltag allzu oft wie dem Igel, der sich minderwertig fühlt, aber gleichzeitig danach strebt, seinen Selbstwert zu steigern und kurzerhand die soziale Bedrohung ausschaltet.

Doch auch wenn das Verhalten des Igels im Rahmen dieser Theorien nachvollziehbar ist, so ist doch strittig, ob der Igel richtig handelt. Will er den Hasen lediglich eines Besseren belehren? Oder überschreitet der Igel klar und deutlich die Grenzen, als er den Hasen bis in die tödliche Erschöpfung treibt? Und wie gehen wir im Alltag damit um, im sozialen Vergleich schlechter abzuschneiden, zu „verlieren"?

Vergleichssituationen sind allgegenwärtig, oft fühlt man sich nach so einem Vergleich gedemütigt, vielleicht wird dann noch zusätzlich ein unglücklicher Kommentar fallengelassen, und schon hat der Selbstwert einen Knick. Um dieses negative Gefühl zu reduzieren, reagiert man oft sehr emotional – so wie der Igel: Er lässt sich unnötig anstacheln. Er ist frustriert und trifft eine emotionsgeladene, impulsive Entscheidung.

16

16.3.3 Frustration, Aggression und Rache

Auch wenn wir nicht wissen, aus welchem Impuls heraus der Igel entscheidet, so gibt es doch Anhaltspunkte dafür, dass er es aus **Frustration** tut. Diese kann nämlich dazu führen, dass Menschen emotionsgeladen und aggressiv handeln. In Anlehnung an Freud haben Forscher (Dollard et al. 1939) schon in den 1930er-Jahren eine Theorie entwickelt, die einen positiven Zusammenhang zwischen Frustration und **Aggression** vorhersagt (Dollard et al. 1939).

Wir können nur erahnen, was der Igel wirklich dachte, als ihn der Hase wegen seiner Beine beleidigte, es liegt aber nahe, dass dieser verletzende Kommentar den Igel frustriert hat. Und so beschließt er dem Hasen sein Verhalten mit einer List heimzuzahlen. Die Frustration und Aggression des Igels wird deutlich, wenn wir uns den Ablauf des Rennens noch einmal genauer ansehen: Mit Sicherheit sah man dem Hasen schon beim 30. oder 40. Rennen seine Erschöpfung deutlich an. Und selbst wenn er erst beim 68. Rennen gefährlich keuchte, hätte der Igel das Rennen abbrechen und als Gewinner nach Hause gehen können. Aber er spielt das falsche Spiel unerbittlich weiter, so lange bis der Hase zu Tode kommt.

Leider ist Frustration oft die Quelle von Aggression, welche teilweise in schlimmen Gewalttaten gipfelt.

Außerdem fließt hier das Motiv nach **Rache** mit ein. Der Igel ist nicht nur frustriert. Er sinnt danach, dem Hasen die Beleidigung heimzuzahlen. Vielleicht erklärt dies auch, warum der Igel dem fatalen Rennen kein Ende bereitet. Bereits nach zehn Runden hat der Igel die Genugtuung, den Hasen überlistet zu haben. Warum führt er den Hasen weiter vor und gibt sich nicht zufrieden? Er handelt sehr überlegt und berechnend und ist doch blind vor Wut. Denn er reflektiert das eigentliche Geschehen nicht und hat nur die Demütigung des Hasen als Ziel vor Augen.

16.3.4 Die Gruppe als soziales Barometer

Impulsiv und aggressionsgeladen reagieren Menschen z. B. dann, wenn sie sich aus einer Gruppe ausgeschlossen fühlen. Die **Soziometertheorie** besagt, dass der Selbstwert als Soziometer dient, das einem anzeigt, inwiefern man Zugang zu sozialen Beziehungen hat (Leary u. Baumeister 2000). Dazu werden die Reaktionen anderer beobachtet und vor allem Signale sozialer Inklusion und Exklusion bewertet.

Durch den abfälligen Kommentar des Hasen zeigt dieser dem Igel deutlich, dass er ihn ausschließt. Zwar könnte man sagen, dass sich das Duell hier lediglich auf individueller Ebene abspielt. Jedoch weiß der Igel um seine krummen Beine und dass viele Tiere ihn deswegen belächeln, fühlt sich also aus der Gruppe der erhabenen und starken Tiere ausgeschlossen.

Eine mögliche Folge des unerfüllten **Bedürfnisses nach Zugehörigkeit** ist die Beeinträchtigung des logischen Denkens und der Selbstregulation (Twenge et al. 2003). Auch dieser Aspekt passt wunderbar auf den Igel. Der Vorschlag des Igels, sich mit dem deutlich athletischeren Hasen zu messen, kann als Ergebnis eines impulsiven, nicht regulativen und nicht logischen Denkens gesehen werden. Denn, auch wenn der Igel clever ist und den Hasen dadurch übertrumpfen will, ist nicht gesichert, dass er es schaffen wird.

Auch in der Arbeitswelt treten vergleichbare Gruppenphänomene auf. Das Gefühl, nicht zugehörig zu sein, kann auf verschiedene Arten ausgelöst werden. Dabei wird deutlich, wie entscheidend es ist, dass eine Gruppe als solche funktioniert. Tut sie dies nicht, geht viel Energie und Zeit durch Unstimmigkeiten verloren. Gehen wir nun noch einen Schritt weiter, so sehen wir, wie wichtig es ist, dass eine Führungskraft in die Bildung und Weiterentwicklung ihres Teams investiert. Dies ist eine entscheidende Komponente, um professionelle Ziele effektiv zu erreichen.

16.3.5 Respekt und Selbstrespekt im sozialen Miteinander

Ebenso essenziell wie das Funktionieren der Gruppe, vielleicht noch grundlegender, sind die Aspekte Respekt und Selbstrespekt. Im Sinne von Kant soll man andere wie sich selbst respektvoll behandeln. Das heißt also auch, dass man Selbstrespekt einfordern soll (Kant 1785/1997).

Genau das ist es, was der Igel gegenüber dem Hasen praktiziert und was die Igelfrau ihrem Mann gegenüber nicht zeigt. Der Igel lässt sich nicht kleinmachen, möchte respektvoll behandelt werden. Die Igelfrau hingegen sträubt sich gegen den Plan ihres Mannes, begehrt aber nicht auf.

Jeder hat also das Recht, sowohl respektvoll behandelt zu werden als auch diese Behandlung einzufordern. Wird dies nicht in dem Maße praktiziert, wie man es verdient, gilt es, sich eine Strategie zur Wiederherstellung des Selbstrespekts zu suchen. Das geht dann vielleicht auch so weit, andere gegen die Wand laufen zu lassen.

Ist der Igel also doch der Gute und Gerechte? Eine schwierige Frage, die keine einfache Antwort kennt. Denn umgekehrt betrachtet, behandelt auch der Igel den Hasen alles andere als respektvoll. Was dabei Ursache und was Wirkung ist, lässt sich schwer herausfiltern. Eine Maxime im sozialen Miteinander sollte deswegen sein, anderen immer respektvoll zu begegnen. Im Miteinander gilt es, nicht immer nur das Verhalten des Gegenübers abzuwarten und entsprechend zu reagieren. Das Verhalten des anderen können wir nur durch unser eigenes beeinflussen. Veränderung liegt zum größten Teil in uns selbst.

16.3.6 Narzissmus

Die narzisstische Persönlichkeitsstörung zeichnet sich besonders durch eine hohe **Selbstbezogenheit** und einen **Mangel an Empathie** aus (Fiedler 2007). Zentrale Motive des Narzissmus sind Anerkennung, Wichtigkeit, Solidarität und Autonomie (Sachse 2013). Zu den Kriterien, die erfüllt sein müssen, um eine narzisstische Persönlichkeitsstörung zu diagnostizieren, gehören ein übertriebenes Selbstwertgefühl, das Gefühl der Einzigartigkeit und ein starkes Anspruchsdenken (APA 2012).

Allen Menschen mit narzisstischer Persönlichkeitsstörung liegt ein negatives Selbstschema zugrunde, das abwertende Annahmen wie „Ich bin nicht ok!" enthält (Sachse 2013). Zur Kompensation dieses negativen Schemas entwickeln Narzissten jedoch **normative Schemata**, die eigene Ziele und Verhaltensregeln enthalten. Durch Einhaltung dieser sollen negative Konsequenzen vermieden werden.

Hierbei handelt es sich um Maximen wie „Gewinne immer!", „Sei der Beste!" und „Nimm jede Herausforderung an!" (Sachse 2013).

Das Verhalten des Hasen kann also durchaus auf narzisstische Persönlichkeitseigenschaften schließen lassen. Besonders der unermüdliche Versuch des Hasen, das Rennen doch für sich zu entscheiden, zeichnet ihn als Narzissten aus. Er kann von diesen normativen Regeln nicht abweichen, weil Resignation eine Bestätigung des **negativen Selbstkonzepts** wäre.

Häufig trifft man, vor allem in anspruchsvollen Branchen, auf Narzissten. Durch ihre besondere Zielorientiertheit und ihre Anstrengungsbereitschaft schaffen sie es oft in Führungspositionen. Möglicherweise sind narzisstische Züge essenziell, um eine solche Position überhaupt erreichen zu können (Sachse 2013). Vielfach wird darüber diskutiert, ob unsere Leistungsgesellschaft ein solches Verhalten provoziert und sogar unabdingbar macht. Arbeitstage von über zwölf Stunden, Konkurrenzkampf am Arbeitsmarkt, das Ringen um einen unbefristeten Vertrag – müssen wir narzisstische Züge haben, um uns in dieser Welt an die Spitze zu arbeiten?

Narzissten laufen jedoch aufgrund dieser leistungsorientierten Lebensweise Gefahr, sich völlig zu verausgaben. Dies kann u. a. zu koronaren Herzerkrankungen und Depressionen führen (Sachse 2013). So erging es auch dem Hasen, der bei dem verzweifelten Versuch, seine Laufkunst unter Beweis zu stellen, tot umfällt.

16.4 Bedeutung für die heutige Zeit

Welche Schlüsse können wir aus der Analyse für unseren Alltag ziehen? Denn auch wir interagieren im Alltag ständig mit anderen, sind aktiv in verschiedenen Rollen, sind Teil einer Gruppe oder handeln als Individuum.

Im sozialen Vergleich werden wir im Laufe des Lebens immer wieder selbstwertbedrohende Konfrontationen erleben. Manchmal ist es aber eben nicht möglich, dieser Bedrohung auszuweichen, beispielsweise wenn der eigene Vorgesetzte oder ein Mitarbeiter im eigenen Team diese Bedrohung darstellt. Dann gilt es, sich mit dem Unterschied zwischen der anderen und der eigenen Person zu arrangieren und Bewältigungsstrategien einzusetzen. Dabei ist vor allem entscheidend, sich die eigenen Talente und Fähigkeiten bewusst zu machen. **Stärken** und **Schwächen** sind nicht bei jedem Menschen gleich und das ist gut so. Nur durch die Kombination von Stärken und den Ausgleich von Schwächen funktioniert Zusammenleben, Gruppenarbeit und letztlich die Gesellschaft. Eine Schwäche oder Stärke wird auch erst dann zum Konflikt führen, wenn sie überstrapaziert wird. Dies sehen wir auch bei Hase und Igel. Eigentlich ist die Stärke des Igels seine Klugheit, aber das Gefühl von Übermacht lässt ihn die Grenze überschreiten. Ebendies erleben wir auch im Alltag. Ehrgeiz ist mitnichten eine schlechte Eigenschaft. Er lässt uns über uns selbst hinauswachsen. Aber im Übermaß macht er uns zum verbissenen Kämpfer.

Immer wird es jemanden geben, der besser, angepasster, engagierter und intelligenter ist. Dies kann aber auch als Ansporn dienen, sich auf eine gesunde Art selbst zu steigern und an sich zu arbeiten. Liegt der Fokus jedoch zu stark auf der einen Fähigkeit, die der andere zeigt und die man selbst gern hätte, so wird dieser Vergleich nicht nur zur Bedrohung des Selbstwertes, sondern tatsächlich zu dessen Verminderung führen.

Am Ende bleibt wichtig zu erwähnen, dass sich der Hase sowie der Igel in vielerlei Hinsicht unethisch verhalten. Der Hase beleidigt den Igel und bringt ihm keine Wertschätzung entgegen. Der Igel ist letztendlich ein Trickser, der sein Nichtstun geschickt zu seinem Kapital macht. Diese Rollenverteilung von Hase und Igel begegnet uns in Partnerschaften, in Familien und in Firmen, in denen sich einer ein Bein ausreißt, während der andere eine freizeitorientierte Schonhaltung als gut und erstrebenswert anpreist. Da bemerkt man erst, wie oft man – im übertragenen Sinne – Igeln und auch Hasen begegnet. Dies mag zur Reflexion folgender Fragen anregen:

- Wann verhalten wir uns eher wie der Hase oder Igel oder vielleicht dessen Frau? Wer möchten wir gerne sein?
- Was können wir von den Figuren des Märchens lernen?

So können wir vielleicht in dem einen oder anderen Moment an den Hasen und den Igel zurückdenken, kurz innehalten, und uns eines Besseren besinnen.

16.5   Fazit

Folgt man der Intention der Gebrüder Grimm, findet sich der Hase in der Rolle des Bösewichts wieder. Er wird als „arrogant" beschrieben, was ihn nicht gerade als tugendhafte Person darstellt. Außerdem wird am Ende des Märchens die Botschaft der Autoren explizit formuliert. So heißt es in der Originalfassung (Grimm u. Grimm 2011, S. 1):

>> Die Lehre aus dieser Geschichte aber ist erstens, dass sich keiner, und wenn er sich auch noch so vornehm dünkt, einfallen lassen soll, sich über einen kleinen Mann lustig zu machen, und wäre es auch nur ein Igel. Und zweitens, dass es gut ist, wenn einer heiratet, dass er sich eine Frau von seinem Stand nimmt, die geradeso aussieht wie er. Wer also ein Igel ist, der muss darauf sehen, dass auch seine Frau ein Igel ist.

Die Autoren formulieren hier klar, dass der Hase seinen Tod selbst verschuldet hat und dass der Igel der bescheidene kleine Mann ist, der sich seiner nicht schämen muss, jedoch auch nicht nach etwas Höherem streben sollte.

Schlussendlich steht es dem Leser frei, ob er eher das Handeln des Hasen oder des Igels nachvollziehen kann und/oder (in Teilen) für sich wählt. Durch die Analyse der vorherrschenden psychologischen Phänomene kennen Sie beide Positionen. Und anders als das Gut und Böse in Grimms Märchen zeigt sich das Leben nicht nur in schwarz-weiß, sondern beinhaltet viele Grautöne und -schattierungen.

Literaturverzeichnis

Adler, A. (1912). *Über den nervösen Charakter*. Wiesbaden: J. F. Bergmann.
American Psychiatric Association (APA). (2012). *Diagnostic and Statistical Manual of Mental Disorders*. Arlington, VA:. American Psychiatric Association Publishing.
Dollard, J., Doob, L. W., Miller, N., Mowrer, O. H., & Sears, R. R. (1939). *Frustration and aggression*. New Haven: Yale University Press.
Festinger, L. (1954). A theory of social comparison processes. *Human Relations* 7, 117–140.
Fiedler, P. (2007). *Persönlichkeitsstörungen*. Basel: Beltz.

Garcia, S. M., Song, H., & Tesser, A. (2010). Tainted recommen-
    dations: The social comparison bias. *Organizational Beha-
    vior and Human Decision Processes* 113, 97–101.

Grimm, J., & Grimm, W. (2011). *Die schönsten Kinder- und
    Hausmärchen – Kapitel 77*. Der Hase und der Igel. http://
    gutenberg.spiegel.de/buch/-6248/77. Zugegriffen: 22.
    November 2016.

Kant, I. (1785/1997). *Groundwork of the metaphysics of morals*.
    Immanuel Kant; translated and edited by Mary *Gregor*.
    [Grundlegung zur Metaphysik der Sitten, Englisch]. Cam-
    bridge: Cambridge University Press.

Leary, M. R., & Baumeister, R. F. (2000). The nature and function
    of self-esteem: Sociometer theory. In: Zanna, M.P. (Ed.),
    Advances in experimental social psychology. San Diego:
    Academic Press.

Sachse, R. (2013). *Persönlichkeitsstörungen*. Göttingen:
    Hogrefe.

Twenge, J. M., Catanese, K. R., & Baumeister, R. F. (2003). Social
    exclusion and the deconstructed state: Time perception,
    meaninglessness, lethargy, lack of emotion, and self-
    awareness. *Journal of Personality and Social Psychology*
    85, 409–423.

16

Tischlein deck dich, Esel streck dich, Knüppel aus dem Sack von Ludwig Bechstein (1847)

Katharina Pfaffinger

17.1   Inhalt des Märchens – 126

17.2   Die Charaktere – 127

17.3   Psychologische Phänomene und Implikationen – 127
17.3.1   Implikationen für die Erziehung – 127
17.3.2   Implikationen für die Lebensgestaltung – 128
17.3.3   Implikationen für das Zusammenleben – 130

17.4   Vergleich mit der Märchenversion von den Gebrüdern
        Grimm – 130
17.4.1   Originalfassung – 130
17.4.2   Bechsteins Veränderungen – 131

17.5   Bedeutung für die heutige Zeit – 132

17.6   Fazit – 132

        Literaturverzeichnis – 132

© Springer-Verlag GmbH Deutschland 2017
D. Frey (Hrsg.), *Psychologie der Märchen,*
DOI 10.1007/978-3-662-53668-1_17

17.1 Inhalt des Märchens

Es war einmal ein ehrlicher Handwerker, der mit seiner Frau und den gemeinsamen drei Söhnen, die nur der Lange, der Dicke und der Dumme gerufen wurden, in einem kleinen Städtchen lebte.

Der Lange, der älteste Sohn, machte sich nach seiner Schreinerlehre auf Wanderschaft, um Arbeit zu suchen, und landete bei einem Mann im Wald, der ihn einige Monate beschäftigte. Als Dank für seine tugendhafte und fleißige Arbeit bekam er von dem Mann ein kleines Tischlein, auf dem immer die gewünschten Speisen und Getränke aufgedeckt waren, sobald man dreimal hintereinander „Tischlein, decke dich" sagte. Auf seinem Heimweg wurde der Lange von einem Wirt hinters Licht geführt, der das besondere Tischlein gegen einen normalen Tisch austauschte, und deswegen bei seiner Rückkehr wegen seiner Dummheit verspottet.

Auch der Dicke, der mittlere Sohn, kam auf seiner Wanderschaft zu besagtem Mann und erhielt anschließend als Dank für seine Arbeit einen Esel, der Goldmünzen fallen ließ, wenn man „Eselein, strecke dich!" sagte. Auch dessen besonderer Esel wurde vom Wirt des Gasthauses auf dem Heimweg gegen ein normales Duplikat ausgetauscht, weshalb der mittlere Sohn zu Hause angekommen ebenfalls ausgelacht wurde.

Nachdem der jüngste Sohn, der von allen immer nur der Dumme genannt wurde, auf seiner Wanderschaft auch fleißig für den Mann gearbeitet hatte,

wollte dieser ihm etwas schenken, das ihm helfen sollte, nicht mehr nur der Dumme gerufen zu werden. Der Mann gab ihm einen Sack mit einem Prügel darin, der bei den Worten „Knüppel aus dem Sack" eine Person so lange verprügelte, bis dieselbe Person „Knüppel in den Sack" sagte. Auf dem Heimweg warnte der Dumme den Wirt des Gasthauses davor, die Worte „Knüppel aus dem Sack" zu sagen, was dieser aus Neugierde trotzdem tat. Er wurde daraufhin selbst so lange verprügelt, bis er das Tischlein und den Esel wieder herausgab. Nach seiner Ankunft zuhause wurde der Dumme mit dem mitgebrachten Tischlein, dem Esel und dem Prügelsack von allen herzlich empfangen und seither von niemandem mehr als dumm verspottet.

Die Familie musste aufgrund der besonderen Gaben des Mannes nicht mehr arbeiten und lebte zufrieden und glücklich.

(Bechstein 1847; ◘ Abb. 17.1)

Anmerkung   Das Märchen stammt ursprünglich aus der Märchensammlung der Gebrüder Grimm, die zwischen 1812 und 1858 herausgegeben wurde. In diesem Märchen kommt neben den Charakteren bei Bechstein noch eine Ziege vor, deren Lügen dazu führen, dass der Vater seine drei Söhne verstößt. Bechstein, der von 1801–1860 in Meiningen gelebt hat, war neben seinem Beruf als Schriftsteller auch Bibliothekar und Archivar und sammelte im Rahmen seiner Tätigkeit nicht nur Märchen, sondern auch Sagen und andere Werke. Interessanterweise

◘ **Abb. 17.1** (Zeichnung: Claudia Styrsky)

nahm Bechstein aus pädagogischen Gründen öfter Veränderungen an überlieferten Geschichten und Märchen vor, so auch in diesem Fall. Populärer ist jedoch eher die Version der Grimm Brüder.

17.2 Die Charaktere

Die drei Söhne, der Wirt und der Mann im Wald werden als wichtigste Charaktere des Märchens kurz vorgestellt:

Die **drei Söhne** leben bei ihren Eltern auf dem Land und werden aufgrund ihrer jeweiligen Auffälligkeiten nur mit den Namen der Lange, der Dicke und der Dumme gerufen. Generell werden die Brüder als rechtschaffen, tüchtig und bescheiden beschrieben. Nacheinander gehen sie auf Wanderschaft und finden bei einem **Mann im Wald** Arbeit. Dieser kann die Brüder zwar nicht mit Geld bezahlen, aber entlohnt sie für ihre Arbeit jeweils mit einem besonderen Gegenstand. Der Mann scheint sehr einfühlsam und klug zu sein, da er letztlich dem jüngsten Bruder, der von allen nur als der Dumme bezeichnet wird, dabei hilft, diesen Ruf abzulegen, und zudem dafür sorgt, dass am Ende der Geschichte alle Beteiligten ihre gerechte Belohnung oder Strafe erhalten.

Auf ihrem Heimweg kommen alle drei Brüder an einem Gasthaus vorbei und übernachten dort. Der **Wirt** dieses Gasthauses ist der Bösewicht im Märchen und wird als sehr gierig beschrieben. Er bestiehlt zwei der Brüder, bringt deren besondere Gegenstände in seinen Besitz und tauscht sie gegen wertlose Duplikate aus. Die beiden älteren Brüder bemerken den Betrug zunächst nicht und blamieren sich, als sie die Wundertätigkeit der Gegenstände zu Hause vorführen wollen. Auch den Gegenstand des dritten Bruders möchte der Wirt entwenden, was ihm jedoch nicht gelingt.

Interessanterweise gibt es in dem Märchen nicht nur einen Protagonisten und Helden: Auf der einen Seite ist der Dumme die Person, die zunächst die vermeintlich schlechteste Belohnung erhält, die sich jedoch schließlich als sehr wertvoll herausstellt und hilft, die entwendeten Belohnungen der Brüder zurückzuholen. Auf der anderen Seite gibt es den Mann im Wald, der dem jüngsten Bruder die Rückholaktion durch seine Belohnung mit dem Prügelsack erst ermöglicht und alles scheinbar auch genauso geplant hat.

17.3 Psychologische Phänomene und Implikationen

Im Folgenden soll nun zunächst das Märchen „Tischlein deck dich, Esel streck dich, Knüppel aus dem Sack" von Ludwig Bechstein aus dem Deutschen Märchenbuch von 1847 analysiert und auf darin behandelte psychologische Phänomene genauer eingegangen werden. Anschließend wird vergleichend die Version der Gebrüder Grimm behandelt.

Psychologische Phänomene, die im Märchen eine Rolle spielen, sind u. a. selbsterfüllende Prophezeiungen, die Grundbedürfnisse nach Maslow, allgemeine Gerechtigkeitsvorstellungen sowie die Theorie der gerechten Welt. Sie werden an den jeweils passenden Stellen in den praktischen Implikationen etwas genauer erläutert, um einen Einblick in die theoretischen Hintergründe zu ermöglichen.

Implikationen lassen sich für verschiedene Lebensbereiche ableiten, beispielsweise für die Erziehung, für die allgemeine Lebensgestaltung sowie für das Zusammenleben.

17.3.1 Implikationen für die Erziehung

Bezüglich der Erziehung kann man aus dem Märchen Erkenntnisse zur unterschiedlichen Behandlung von Geschwistern ziehen. Der jüngste Bruder wird von seiner Familie unterschätzt, bis er selbstständig auf Wanderschaft geht, sich bewährt und am Ende dafür verantwortlich ist, die gestohlenen Gegenstände seiner Brüder wieder zurückzuholen.

Eltern sollten sensibel dafür sein, ob sie ihre Kinder unterschiedlich behandeln, wobei es durchaus mögliche Gründe für solche **Ungleichbehandlungen** geben kann und es selbstverständlich unmöglich und nicht unbedingt notwendig ist, sich allen Kindern gegenüber immer zu 100 % gleich zu verhalten. Vielmehr ist es oftmals sinnvoll, sich flexibel auf die Kinder einzustellen, um ihre Individualität berücksichtigen zu können und deren individuelle Stärken und Potenziale zu fördern. Nichtsdestotrotz sollte die Behandlung generell so ausgeglichen sein, dass die Kinder gleiche Chancen erhalten und ihre Potenziale durch die individuelle Behandlung entwickeln können. Ferner sollen sie nicht durch eine vorgefertigte Einschätzung wie beispielsweise der Dumme in ihrer freien Entwicklung behindert werden.

Die Geschwister kehren nach ihrer Reise wieder in ihr Elternhaus zurück. Das anfängliche Ziel der Wanderschaft, also selbstständig zu werden, wird somit letzten Endes nicht erreicht. Der familiäre Zusammenhalt hat im Märchen einen sehr hohen Stellenwert und zum Ende lebt die ganze Familie gemeinsam von den drei besonderen Gegenständen. Den Aspekt des **familiären Zusammenhalts** und des Stellenwertes der Familie könnten Sie auch in Ihrem eigenen Leben hinterfragen und überlegen, ob Sie damit aktuell zufrieden sind.

Problematisch ist aus Erziehungssicht im Fall des Märchens jedoch die Tatsache, dass die durch den Knüppel ausgeübte **Gewalt** letztlich die Lösung des Problems ist und der Wirt nur deswegen die Gegenstände wieder herausgibt. Dies ist eine Thematik im Märchen, die man kritisch bewerten muss, da nicht vermittelt werden soll, dass Gewalt eine Lösung sei. Allerdings ist zu beachten, dass der Dumme nicht gezielt gewalttätig gegenüber dem Wirt wird, sondern der Wirt selbst die Worte spricht, die zum Losprügeln des Knüppels führen. Der Wirt wird sogar gewarnt, und nur seine eigene Neugierde hat zur Folge, dass er verprügelt wird. Der Knüppel sollte auf keinen Fall als Plädoyer für Gewalt, Drohungen oder Angst gesehen werden! Insbesondere wenn man das Märchen Kindern vorliest, würde es sich anbieten, über dieses Thema zu sprechen und darauf hinzuweisen, dass man Konflikte anders lösen sollte.

17.3.2 Implikationen für die Lebensgestaltung

Die Geschwister werden alle auf ihre Äußerlichkeiten (der Lange und der Dicke) oder angenommene Charaktereigenschaften (der Dumme) reduziert, was sich auch an ihren Rufnamen zeigt und ein Beispiel für **Stereotypisierung** ist.

Das Märchen zeigt uns sehr deutlich, dass die Beurteilung und Einschätzung einer Person aufgrund von Äußerlichkeiten ungeeignet ist, da sie damit ausschließlich auf eine einzelne Eigenschaft reduziert wird. Bemüht man sich hingegen, diese genauer kennenzulernen, anstatt voreilige Schlüsse zu ziehen, eröffnen sich einem ihre vielfältigen Potenziale.

Selbsterfüllende Prophezeiung

Denkbar ist in Bezug auf den „dummen" Bruder eine selbsterfüllende Prophezeiung, auch wenn sie sich im Nachhinein nicht bewahrheitet. Unter der selbsterfüllenden Prophezeiungen oder Vorhersage versteht man die Tatsache, dass eine anfängliche falsche Einschätzung einer Situation eine unbewusst ablaufende Verhaltensänderung auslöst, die dazu führt, dass die erwartete Annahme tatsächlich eintritt (Merton 1948).

In Studien von Rosenthal und Jacobson (1968) wurden aus einer größeren Gruppe von etwa 30 Schülern drei Schüler zufällig ausgewählt und nur dem Lehrer gegenüber als intelligenter, als es ihren bisherigen Schulleistungen entspricht, gemeldet. Ein halbes Jahr später zeigten sich tatsächlich Steigerungen der Intelligenzquotienten, was damit erklärt wurde, dass sich der Lehrer ihnen gegenüber anders verhalten hat und sie durch stärkere Forderung und eventuell positive Verstärkung besser gefördert hat.

Im Märchen wird der Dumme aufgrund seines Spitznamens von allen als dumm eingeschätzt, obwohl sich dies als Trugschluss herausstellt. Er schafft es mithilfe des Mannes aus dem Wald, die selbsterfüllende Vorhersage ad absurdum zu führen, was sicherlich auch eine Motivation für Personen sein könnte, die das Gefühl haben, unterschätzt oder falsch eingeschätzt zu werden.

Materieller und subjektiver Wert

Interessant sind darüber hinaus die unterschiedlichen materiellen und subjektiven Werte, die den besonderen Gegenständen zugeschrieben werden.

Der materielle Wert eines Tischchens, Esels oder Säckchens mag nicht besonders groß erscheinen, diese Dinge verhelfen aber durch ihre besonderen Eigenschaften zu einem sorgenfreien Leben. Vor allem das vermeintlich wertloseste Geschenk erweist sich letztlich als besonders nützlich – mit dem Knüppel im Sack gelingt es, alles verloren geglaubte wieder zurückzuholen. Der subjektive Wert der Gegenstände ist für die Familie deutlich höher als der materielle.

Dies zeigt, dass auch materiell nicht so wertvoll erscheinende Gegenstände durchaus wichtige Funktionen erfüllen können und der wahre Wert oft nicht auf den ersten Blick zu erkennen ist.

Grundbedürfnisse

Dadurch, dass die Familie alle erhaltenen Belohnungen teilt, kann sie zusammen zufrieden und glücklich leben, was möglicherweise auch daran liegt, dass alle ihre Grundbedürfnisse befriedigt sind.

Laut der **Bedürfnispyramide von Maslow** (1943) zählen zu den Grundbedürfnissen physiologische Bedürfnisse („physiological needs"), Sicherheitsbedürfnisse („safety needs"), soziale Bedürfnisse („love needs"), Bedürfnisse nach Achtung und Respekt („esteem needs") und das Bedürfnis nach Selbstverwirklichung („need for self-actualization").

Das Tischlein befriedigt insbesondere die physiologischen Bedürfnisse, also die existenziellen Bedürfnisse wie Essen und Trinken. Der Knüppel gleicht das Bedürfnis nach Sicherheit und Stabilität aus, da er der Familie das Gefühl gibt, sich gegen feindliche Angriffe wehren zu können. Soziale Bedürfnisse werden möglicherweise durch die sozialen Beziehungen innerhalb der Familie befriedigt, wobei der familiäre Zusammenhalt durch die gemeinsamen Gegenstände noch verstärkt wird. Der Esel ermöglicht durch das wertvolle Gold u. a. die Befriedigung von Bedürfnissen nach Achtung und Respekt, da sich die Familienmitglieder dadurch ihre individuellen Wünsche erfüllen können und es ihnen Ansehen und Prestige verleiht.

Inwieweit das Bedürfnis nach Selbstverwirklichung erfüllt wird, ist aus dem Märchen nicht ersichtlich. Es zählt jedoch – im Gegensatz zu den anderen – nicht zu den sog. **Defizitmotiven**, die erfüllt sein müssen, um sich wohlzufühlen.

Gerechtigkeit

Darüber hinaus zahlt sich im Märchen ehrliche und fleißige Arbeit aus, auch wenn es zwischenzeitlich so scheint, als wäre die Entlohnung dafür verloren. Daneben lohnen sich Werte wie Tugendhaftigkeit und Ehrlichkeit, wohingegen Hinterlist, Unehrlichkeit und die Betrügereien des Wirtes bestraft werden. Letztlich bekommt jeder das, was ihm zusteht. Vielleicht hatten Sie auch schon einmal das Gefühl, dass sich Ihre Arbeit nicht auszahlt, Sie im Gegensatz zu weniger arbeitenden Kollegen oder Personen weniger Anerkennung bekommen und Sie meinen, dass ihre Bemühungen nicht honoriert werden? Aus dem Märchen können wir lernen, dass

sich Mühe und Anstrengung langfristig zumeist doch lohnen.

Insbesondere in diesem Teil des Märchens spielt das Thema der Gerechtigkeit eine wichtige Rolle. In der Psychologie werden dabei u. a. in einer Metaanalyse von Colquitt et al. (2001) verschiedene **Formen der Gerechtigkeit** unterschieden: Die distributive, prozedurale und interaktionale Gerechtigkeit. Darüber hinaus gibt es zudem die informationale Gerechtigkeit.

Unter **distributiver Gerechtigkeit** (Ergebnisgerechtigkeit) versteht man, dass die Verteilung von Belohnungen oder bestimmten Ressourcen – egal ob greifbar (Geld) oder nicht (Liebe) – als gerecht wahrgenommen wird. Es gibt dabei verschiedene Theorien, wann eine Verteilung als distributiv gerecht wahrgenommen wird. Die drei gängigsten sind die Verteilungen nach dem Leistungs-, Gleichheits- oder Bedürfnisprinzip:

- Das Leistungsprinzip (Equity-Prinzip) postuliert, dass der Einsatz und das Ergebnis in Bezug gesetzt werden. Derjenige, der mehr leistet, sollte demnach auch mehr bekommen. Im Märchen ist die Verteilung der Gegenstände am Ende dem Equity-Prinzip zufolge durchaus distributiv fair, da der Wirt nichts hat und die Brüder ihre jeweils verdienten Gegenstände wieder besitzen.
- Dem Gleichheitsprinzip (Equality-Prinzip) zufolge wird eine Verteilung als gerecht wahrgenommen, wenn alle Personen gleiche Anteile bekommen.
- Beim Bedürfnisprinzip (Need-Prinzip) geht es darum, dass bedürftigere Personen einen größeren Anteil bekommen als weniger bedürftige Personen.

Bei der **prozeduralen Gerechtigkeit** (Verfahrensgerechtigkeit) geht es darum, ob die Kriterien, die zum Ergebnis geführt haben, klar und nachvollziehbar sind. Wichtig sind dabei für eine gerechte Wahrnehmung vor allem Konzepte der Prozesskontrolle, also der Möglichkeit der Beeinflussung des Verfahrens sowie festgelegte Verfahrensregeln. Nach Leventhal (1980) gibt es dabei sechs Regeln: Das Verfahren sollte konsistent, genau, korrigierbar und repräsentativ sein, Vorurteile sollten eliminiert werden und es sollte ethischen Anforderungen entsprechen. Prozedurale Fairness kann beispielsweise auch innovatives Verhalten, z. B. spontane Kooperationen, fördern. Im Rahmen eines Experiments von Streicher et al. (2012) konnte gezeigt werden, dass durch Mitsprachemöglichkeiten die Teilnehmer eine gesteigerte Intention zu innovativem Verhalten im Sinne von Aufgabenrevisionen, Kreativität und Persistenz zeigten. Innovationen können demnach durch Gerechtigkeit und prozedural faire Bedingungen in Organisationen gefördert werden. Im Märchen wären diese Regeln für prozedurale Gerechtigkeit nicht gegeben, da die Rückholaktion mit der Gewalt des Knüppels beispielsweise keinen ethischen Anforderungen genügt.

Bei der **interaktionalen Gerechtigkeit** werden auch interpersonale Aspekte berücksichtigt. Der Fokus liegt dabei auf der interpersonalen Kommunikation zwischen Individuen in Bezug auf eine würdevolle und respektvolle Behandlung sowie auf der inhaltlichen Ebene, also darauf, dass Informationen weitergegeben werden.

Eine Verteilungsprozedur ist dann **informational gerecht**, wenn die Personen zeitnah gründliche und nachvollziehbare Erklärungen dazu erhalten (Colquitt 2001).

In Bezug auf den Gerechtigkeitsaspekt des Märchens kann man auch die **Theorie der gerechten Welt** anführen. Unter dem Konstrukt des Gerechte-Welt-Glaubens versteht man das elementare Bedürfnis von Menschen, daran zu glauben, dass es gerecht in der Welt zugeht und jeder das hat, was er verdient, und darüber hinaus das verdient, was er hat. Lerner (1965) entwickelte diese Theorie u. a. anhand eines Experiments, in dem zwei Personen in einem Labor an einer Anagrammaufgabe arbeiteten und im Anschluss eine von ihnen zufällig eine Belohnung erhielt. Personen, denen diese Situation gezeigt wurde, bewerteten die belohnte Person unabhängig von ihrer tatsächlichen Leistung und ihrer Sympathie positiver. Lerner erklärte diesen Befund damit, dass die einschätzenden Personen überzeugt davon waren, dass die belohnte Person ihre Belohnung auch verdient haben muss, obwohl sie in Wirklichkeit zufällig war. Auch im Märchen bekommen die Brüder letztlich ihre verdienten Gegenstände zurück und der Wirt verliert die zu Unrecht in seinen Besitz gebrachten Gegenstände wieder. Die Besitzverhältnisse am Ende des Märchens sind gerecht, und der Glaube an eine gerechte Welt kann somit bestehen bleiben.

17.3.3 Implikationen für das Zusammenleben

Die im Märchen angesprochenen Themen haben eine wichtige Bedeutung für das Zusammenleben von Menschen. Es geht dabei insbesondere auch darum, wie man mit Unrecht umgeht. Die Charaktere im Märchen holen sich ihre Besitztümer nicht einfach zurück, sondern versuchen zunächst, sich mit dem Verlust der materiellen Werte abzufinden und ohne sie zu leben.

Im Märchen zeigt sich zudem, dass alle von Reichtum profitieren können, wenn man sich zusammentut. Wenn jeder der Brüder seinen Gegenstand alleine für sich behalten hätte, wäre ihr Reichtum nicht so groß wie durch das Teilen, von dem alle profitieren.

17.4 Vergleich mit der Märchenversion von den Gebrüdern Grimm

Im Folgenden wird nun die Version Bechsteins mit der Version der Gebrüder Grimm verglichen, da die beiden Versionen ein gutes Beispiel dafür sind, wie sich Märchen aus verschiedensten Gründen über die Zeit oft mehr oder weniger verändert haben. Bei „Tischlein deck dich" sind die Änderungen durch Bechstein insbesondere aus pädagogischer Sicht nachvollziehbar.

17.4.1 Originalfassung

Im Märchen der Gebrüder Grimm (1812) geht es um einen Schneider, der drei Söhne und eine Ziege hat. Die Ziege, deren Milch die Familie ernährt, musste von den Söhnen täglich auf eine Weide geführt werden, um möglichst gutes Futter zu finden. Abends fragten die Brüder die Ziege jedes Mal, ob sie satt sei, woraufhin die Ziege antwortete: „Ich bin so satt, ich mag kein Blatt: mäh! mäh!" Sobald der jeweilige Sohn mit der Ziege zurück nach Hause kam, behauptete die Ziege dem Vater gegenüber fälschlicherweise, wovon sie denn satt sein solle, da sie kein einziges Blättlein gefunden habe. Nacheinander verstieß der Vater daraufhin alle seine Söhne und stellte danach, als er die Ziege eines Tages selbst auf die Weide führt, fest, dass sie gelogen hatte und der Verstoß seiner Söhne umsonst war. Die Söhne machten jeweils eine Lehre in handwerklichen Berufen und bekamen als Dank für ihre Arbeit statt monetärem Lohn jeweils einen besonderen Gegenstand. Wie in der späteren Version von Bechstein waren diese Gegenstände das Tischlein, das sich von selbst deckt, der Gold produzierende Esel und der prügelnde Knüppel im Sack.

Den beiden ersten Brüdern vertauschte der Wirt während der Übernachtung im Gasthaus unbemerkt ihren besonderen Gegenstand mit einem normalen Duplikat, und sie blamierten sich vor den eingeladenen Verwandten, als sie ihren Gegenstand nach der Heimkehr vorführen wollten. Sie standen somit wieder als Lügner da, genauso wie am Anfang aufgrund der Falschaussage der Ziege.

Die beiden Brüder meldeten sich daraufhin beim letzten Bruder, der noch in der Lehre war und berichteten ihm vom Verlust ihrer Gegenstände. Der letzte Bruder ging daraufhin extra in das Wirtshaus und erzählte dem Wirt geheimnisvoll von seinem besonderen Säckchen, ohne zu erwähnen, was genau sich darin befand, und ohne ihn vor dessen Gebrauch zu warnen. Der gierige Wirt wollte auch diesen dritten Gegenstand in der Nacht austauschen. Der letzte Bruder wartete jedoch nur darauf und befahl, als der Wirt das Säckchen entwenden wollte, dem Knüppel, den Wirt so lange zu verprügeln, bis er das besondere Tischlein und den Esel wieder herausgab. Es war somit intentional vom dritten Bruder geplant, den Wirt mit dem Knüppel im Sack zu bestrafen und die Dinge zurückzuholen. Bei der Heimkehr wurden alle Verwandten eingeladen und die besonderen Dinge allen vorgeführt.

Auch wie es mit der Ziege weitergeht, wird im Märchen beschrieben. Die Ziege hatte sich, nachdem sie vom Schneider verscheucht wurde, so geschämt, dass sie sich in einer Fuchshöhle versteckte. Als der Fuchs wieder in seinen Bau wollte, erschrak er vor der Ziege und floh. Auf seiner Flucht traf er einen Bären, der ihn fragte, warum er so verstört ausschaue. Der Fuchs antwortete daraufhin, dass ein grimmiges Tier in seiner Höhle sei, das ihn mit feurigen Augen angesehen hätte. Der Bär wollte dem Fuchs dabei helfen, die Ziege zu verscheuchen, erschrak jedoch selbst und traf auf seiner Flucht auf eine Biene, die nun ihn nach dem Grund für seine Angst fragte. Die Biene, die aufgrund ihrer geringen Größe und Kraft von den anderen Tieren oft unterschätzt wird, wollte

dem Bären und dem Fuchs helfen, flog in den Fuchsbau, setzte sich auf den Kopf der Ziege und stach sie so stark, dass sie aufsprang und weglief – wohin weiß jedoch keiner.

17.4.2 Bechsteins Veränderungen

Die bedeutendsten Veränderungen, die Bechstein an der Märchenversion der Gebrüder Grimm vorgenommen hat, sind das Weglassen der Tiergeschichten sowie die Veränderung der Intention des letzten Bruders, den Knüppel gegen den Wirt zu verwenden.

Ziege

Die Lügen der Ziege am Anfang sind der Grund dafür, dass der Vater seine Söhne verstößt und diese auf Reisen gehen.

Die Lügenthematik wird im weiteren Verlauf mehrmals aufgegriffen, sowohl im Zusammenhang mit dem Wirt wie auch nach der Heimkehr der ersten beiden Brüder, die nach dem Betrug durch den Wirt erneut von ihrer Familie als Lügner angesehen werden. Möglicherweise hat Bechstein aufgrund dieser Dualität die Ziegengeschichte weggelassen und sich auf die Person des Wirts konzentriert.

Auch könnte der Verstoß des Vaters ein Thema gewesen sein, das Bechstein weggelassen hat, um in seiner Version keinen Gegensatz zum von ihm postulierten familiären Zusammenhalt zu erzeugen.

Fuchs, Bär und Biene

Die Tiergeschichte am Ende hat Bechstein nicht weggelassen, sondern in veränderter Form in sein Märchen eingebaut. Im Prinzip ist die Aussage dieser Geschichte, dass die eigentlich von den anderen Tieren unterschätzte Biene letztlich den anderen Tieren bei der Umsetzung ihres Planes hilft und die Ziege aus dem Bau verscheucht. Die Brüder haben in der Grimm-Version keine Rufnamen, und auch ansonsten spielt diese Thematik im Familiengefüge keine Rolle.

In Bechsteins Version stehen die Brüder stellvertretend für die verschiedenen Tiere, von denen der Dumme, also der unterschätzte, dafür sorgt, dass die Brüder ihre besonderen Gegenstände zurückbekommen. Möglicherweise war Bechstein der Ansicht, dass die Vermittlung des Themas einfacher ist, wenn sie bereits in einem zwischenmenschlichen Umfeld eine Rolle spielt und nicht erst aus der Tierwelt übertragen werden muss.

Vorsatz zur Verwendung des Knüppels

Sicherlich hatte Bechstein aus pädagogischer Sicht Bedenken, die geplante Anwendung von Gewalt in seinem Märchen zu postulieren, auch wenn es darum geht, für Gerechtigkeit zu sorgen. Es ist dennoch pädagogisch besser vermittelbar, wenn der Wirt sich selbst die Gewalt zufügt, obwohl der Bruder ihn in der Version von Bechstein sogar vor der Verwendung des Gegenstandes gewarnt hat und damit das Zurückerlangen der Gegenstände eher zufällig passiert.

In der Version der Gebrüder Grimm wendet der Bruder den Knüppel konkret und geplant gegen den Wirt an und wurde zudem von seinen Brüdern mehr oder weniger dazu aufgefordert, die Gegenstände zurückzuholen.

Bechsteins Version ist daher aus pädagogischer Sicht der Version der Gebrüder Grimm vorzuziehen.

17.5   Bedeutung für die heutige Zeit

Ungeachtet der verschiedenen Versionen hat das Märchen durchaus Bezugspunkte zur heutigen Realität. Insbesondere der Gerechtigkeitsaspekt ist und bleibt aktuell, und fast jeder musste sicherlich schon einmal mit einer zunächst als ungerecht empfundenen Situation umgehen.

Man könnte im Bezug auf die Arbeitssituation der Brüder auch Schlüsse ziehen auf die heute oft als „Generation Praktikum" bezeichneten Studenten, denen es – je nach Berufszweig – schwerfällt, feste Arbeitsplätze zu finden. Sie sind darauf angewiesen, viele Praktika zu absolvieren, die häufig finanziell nicht entlohnt werden. Auch die Brüder im Märchen bekommen für ihre Arbeit kein Geld, aber zumindest eine anderweitige Entlohnung. Dies könnte bedeuten, dass sich Praktika für manche auszahlen und sie von den Erfahrungen profitieren können, wie es im Märchen für den „dummen" Bruder der Fall ist, während andere zunächst keine Vorteile davon haben bzw. sich ihren erhaltenen Vorteil wieder abnehmen lassen.

17.6   Fazit

Man kann nur Vermutungen anstellen, was ursprünglich mit diesem Märchen bezweckt werden sollte. Denkbar ist beispielsweise die Vermittlung von Werten wie Ehrlichkeit, Pflichtbewusstsein und Bescheidenheit sowie Gerechtigkeit. Man könnte dieses Märchen also beispielsweise dann lesen oder vorlesen, wenn man das Gefühl hat, dass einem selbst oder jemand anderem Unrecht geschehen ist, und es als Aufmunterung sehen, dass es trotzdem zu einem guten Ende führen kann.

Die Möglichkeit, Märchen zu verändern, die Bechstein genutzt hat, steht dabei jedem offen, auch Ihnen als Leser. Auch Sie können Märchen als Ausgangspunkt sehen und sie kreativ nach Ihren eigenen Vorstellungen abwandeln. Für welche Version man sich entscheidet, ob man beide Versionen lesen möchte, ob man sich eine eigene Version ausdenkt und vor allem was man aus dem Märchen mitnehmen möchte, bleibt selbstverständlich jedem selbst überlassen.

Literaturverzeichnis

Bechstein, L. (1847). *Deutsches Märchenbuch* (5. Aufl.). Leipzig: Georg Wigand

Colquitt, J. A. (2001). On the dimensionality of organizational justice: a construct validation of a measure. *Journal of Applied Psychology* 86, 386–400.

Colquitt, J. A., Conlon, D. E., Wesson, M. J., Porter, C. O., & Ng, K. Y. (2001). Justice at the millennium: A meta-analytic review of 25 years of organizational justice research. *Journal of Applied Psychology* 86, 425–445.

Grimm, J., & Grimm, W. (1812). *Kinder- und Haus-Märchen, gesammelt durch die Brüder Grimm: Große Ausgabe* (Bd. 1). Berlin: Realschulbuchhandlung.

Lerner, M. J. (1965). Evaluation of performance as a function of performer's reward and attractiveness. *Journal of Personality and Social Psychology* 1, 355–360.

Leventhal, G. S. (1980). What should be done with equity theory? New approaches to the study of fairness in social relationships. In: K. Gergen, M. Greenberg, & R. Willis (Eds.), *Social exchange: advances in theory and research* (pp. 27–55). New York: Plenum Press.

Maslow, A. H. (1943). A theory of human motivation. *Psychological Review* 50, 370–396.

Merton, R. K. (1948). The self-fulfilling prophecy. *The Antioch Review* 8, 193–210.

Rosenthal, R., & Jacobson, L. (1968). Pygmalion in the classroom. *The Urban Review* 3, 16–20.

Streicher, B. Jonas, E., Maier, G. W., & Frey, D. (2012). Procedural justice and innovation: Does procedural justice foster innovative behavior? *Psychology* 3, 1100–1103.

17

Das Märchen von den drei Brüdern von J. K. Rowling (2008)

Sophie Drozdzewski

18.1   Inhalt des Märchens – 134

18.2   Die Charaktere – 135

18.3   Psychologische Phänomene und Implikationen – 135
18.3.1   List des Todes: Ein tödlicher Vertrag – 135
18.3.2   Kontrollverlust, Widerstand und Hilflosigkeit – 136
18.3.3   Angst vor dem Tod – 137
18.3.4   Antisoziales Denken und Verhalten – 138

18.4   Fazit – 138

Literaturverzeichnis – 139

© Springer-Verlag GmbH Deutschland 2017
D. Frey (Hrsg.), *Psychologie der Märchen*,
DOI 10.1007/978-3-662-53668-1_18

18.1   Inhalt des Märchens

Es waren einmal drei Zaubererbrüder, die dem Tod begegnen. Das Treffen ereignet sich an einem reißenden Fluss, in dem Menschen normalerweise ertrinken. Als die drei Brüder auf ihrer Wanderung an den Fluss kommen, erschaffen sie mithilfe ihrer Zauberkunst eine Brücke, auf der sie den Fluss überqueren. Der Tod, der sich um drei Seelen betrogen fühlt, erscheint als Kapuzengestalt auf der Brücke und will sich durch eine List die Seelen der Brüder doch noch zu eigen machen. So gibt er vor, den Brüdern zu ihrer Leistung, dem Tod entronnen zu sein, zu gratulieren, und bietet ihnen einen Lohn dafür an.

Der älteste Bruder verlangt einen Zauberstab, der so mächtig ist, dass ihn niemand schlagen kann. Der Tod tut wie ihm geheißen und übergibt dem ersten Bruder den unbesiegbaren Elderstab. Doch dessen Glück über den unbesiegbaren Zauberstab währt nicht lange. Nur einige Tage später sucht er Streit mit einem anderen Zauberer und tötet ihn im Duell. Nachdem er betrunken in einem Wirtshaus lautstark mit dem Zauberstab geprahlt hatte, schneidet ihm ein Dieb die Kehle durch und entwendet den Zauberstab. So macht sich der Tod die Seele des ersten Bruders zu eigen.

Der hochmütige zweite Bruder will den Tod noch mehr demütigen und wünscht sich, seine verstorbene Liebste in die Welt der Lebenden zurückzubringen. Der Tod gibt ihm daraufhin einen Stein, der genau dies vermag. Doch sobald die Liebste als Geist zurückgekehrt war – stumm und leidend, da sie nicht in die Welt der Lebenden gehört – wird der Bruder wahnsinnig vor Sehnsucht und nimmt sich das Leben. So macht sich der Tod die Seele des zweiten Bruders zu eigen.

Der jüngste Bruder jedoch, der genügsamste und weiseste unter den Geschwistern, misstraut dem Tod und wünscht sich etwas, mit dem er dem Tod ungesehen entkommen kann. Widerwillig übergibt ihm der Tod seinen eigenen Umhang, der unsichtbar macht, und der dritte Bruder lebt ein langes und erfülltes Leben. Erst nachdem er sehr alt geworden war, übergibt er den Umhang seinem Sohn, heißt den Tod als alten Freund willkommen und entschwindet mit ihm ebenbürtig aus diesem Leben.

(Rowling 2008;  Abb. 18.1)

Anmerkung Begeisterte Harry-Potter-Leser werden das „Märchen von den drei Brüdern" bereits kennen. Es entstand im Zuge von Rowlings Arbeiten am letzten Teil der sehr erfolgreichen Buchreihe und wurde 2008 mit einigen weiteren von der Autorin erdachten Märchen in einem gesonderten Märchenband *Die Märchen von Beedle dem Barden* veröffentlicht. Mit ihren Märchen erreicht Rowling viele Kinder und Erwachsene aus aller Welt und vermittelt Werte und Moral spielerisch. Weiterhin dient der Märchenband als Zeitzeuge der Moderne und leistet hier einen Beitrag als Vertreter unserer Zeit.

18

 **Abb. 18.1**   (Zeichnung: Lena Frey)

18.2 Die Charaktere

Die Moral des Märchens liegt zunächst auf der Hand: Der Tod ist unausweichlich, die Angst vor dem Tod zwecklos, genauso wie jeder Versuch, ihm zu entrinnen. Doch wir wollen noch tiefer ergründen, was sich hinter den Figuren, die Rowling zeichnete, verbirgt.

Der **älteste Bruder** verlangt einen Zauberstab, der so mächtig ist, dass ihn niemand besiegen kann. Er ist von Geltungsdrang und Dominanz getrieben, seine Machtgier kennt keine Grenzen. Sein Ziel ist, der mächtigste Zauberer zu werden, egal mit welchen Mitteln. So sucht er sogleich Streit mit einem anderen Zauberer und tötet ihn mordlüstern im Duell. Im Wirtshaus prahlt er damit und offenbart Erfolgsarroganz und Narzissmus.

Der **zweite Bruder** besitzt nicht weniger schlechte Züge. Um den Tod noch weiter zu demütigen, verlangt er die Macht, Tote wieder auferstehen zu lassen. Die Liebe zu seiner verstorbenen Angebeteten ist dabei zunächst zweitrangig. Sein Hochmut und seine Naivität blenden ihn. Vorrangig möchte er den Tod erniedrigen. Erst als die Geliebte kalt und verstummt in der Welt der Lebenden verharren muss, zeigt sich der Egoismus des zweiten Bruders in vollem Ausmaß. Verzweiflung und unerfüllte Sehnsucht treiben ihn schließlich in den Selbstmord.

Der **jüngste Bruder** wählt einen Umhang, mit dem er dem Tod zunächst ungesehen entkommen kann. Da der Umhang unsichtbar macht, sucht der Tod viele Jahre vergeblich nach dem dritten Bruder. Dieser misstraut dem Tod von Anfang an und sieht die Konsequenzen seines Handelns voraus. Er weiß, der Tod ist unausweichlich. Seine Entscheidung zeugt von Demut und Genügsamkeit, er wählt das reine Leben und nichts darüber hinaus. Schließlich übergibt er in hohem Alter den Tarnumhang seinem Sohn: Sein Familiensinn und seine Fürsorge werden dabei deutlich. Mit dem Tod ebenbürtig verlässt er letztlich dieses Leben.

Der **Tod** wird in diesem Märchen personifiziert als Kapuzengestalt dargestellt. Seine Aufgabe ist, das Leben der Menschen zu beenden. Dies wird als Naturgesetz dargestellt, trotz Zauberei ist kein Entrinnen möglich. Als die Brüder den reißenden Fluss unbeschadet überqueren, fühlt sich der Tod um drei Seelen betrogen. Er kennt kein Erbarmen: Durch seine List – die Geschenke des Todes – schafft er es, das Leben zweier Brüder vorzeitig zu beenden und sich schließlich auch die Seele des dritten Bruders zu eigen zu machen. Der Wunsch nach Unsterblichkeit wird enttäuscht.

18.3 Psychologische Phänomene und Implikationen

Es folgt eine psychologische Betrachtung zur Unausweichlichkeit des Todes und dem Wunsch nach Unsterblichkeit. Nachdem die Charaktere und deren Konstellation im Märchen genauer betrachtet wurde, stellt sich die Frage, was wir von den drei Brüdern lernen können.

Darauf aufbauend werden einige psychologische Konzepte vorgestellt, die dem Wunsch nach Unsterblichkeit der älteren Brüder auf den Grund gehen: Woher kommt dieser Wunsch, was macht er mit uns, und wie können wir die Angst vor dem Tod bewältigen? Dabei können wir einiges über uns selbst und unsere tiefsten existenziellen Ängste erfahren.

18.3.1 List des Todes: Ein tödlicher Vertrag

Zwei der Zaubererbrüder sind fasziniert von dem Gedanken, den Tod überwinden zu können. Doch die Brüder kommen am Schluss zu der bitteren Erkenntnis, dass die Geschenke des Todes keineswegs den Sieg über den Tod bescheren. Auch der Tarnumhang bedeutet nur einen Aufschub vom Ende des Lebens. Doch ihr Wunsch nach Unsterblichkeit ist so stark, dass die älteren Brüder sich von den Geschenken, die ihnen dargeboten werden, blenden lassen. Sie durchschauen ihn nicht – den tödlichen Vertrag, den sie eingegangen sind.

Die Konstellation der Beteiligten im Märchen lässt sich durch die **Prinzipal-Agent-Theorie** (Alparslan 2006) näher beschreiben, eine Theorie, die sich mit der Gestaltung von Verträgen beschäftigt. Dabei stellt der Prinzipal den Auftraggeber und die Agenten die Beauftragten dar. Der **Auftraggeber** ist in diesem Fall der Tod, der bereitwillig und scheinbar uneigennützig Geschenke verteilt. Die **Beauftragten** sind die drei Brüder, die Beschenkten. Sie müssen eine Entscheidung treffen, nämlich welches Geschenk sie sich wünschen. Dabei liegt eine asymmetrische Informationsverteilung vor: Der Tod hat einen Wissensvorsprung, denn er weiß, dass seine Geschenke tödlich enden werden. Obwohl der jüngste Bruder Zweifel hegt, kann er dennoch nicht voraussagen, was seinen Geschwistern zustoßen wird. Das Wohlergehen der Beschenkten hängt also vom Prinzipal, dem Tod, ab. Es kommt zu einem Interessenskonflikt: Der Wunsch nach Unsterblichkeit trifft auf den Tod. Die verborgene Absicht des Todes wird von den älteren Brüdern nicht durchschaut und so besiegeln sie ihr eigenes Todesurteil.

Auf diese Weise kann es im Allgemeinen zum Scheitern von Verträgen und zu Prozessverlusten kommen: Verborgene Eigenschaften, Informationen und Absichten und letztlich das Handeln im Verborgenen können einer Vertragsbeziehung schaden. Lösungsansätze können hier beispielsweise **Kontrolle** oder **Vertrauen** sein.

- ▪ **Fragen zur Reflexion**
- ▬ Mit wem wollen wir wirklich Verträge schließen?
- ▬ Welche Absichten verfolgt unser Gegenüber und über welche Informationen verfügt er?
- ▬ Offenbaren wir unsere eigenen Absichten und wann halten wir (wenn auch unabsichtlich) Informationen zurück?

Dies kann sowohl im beruflichen Kontext als auch privat, z. B. bei Abmachungen unter Freunden, zu Problemen führen. Die Charaktere des Märchens zeigen, wie verborgene Absichten und das Zurückhalten von Informationen schaden können.

18.3.2 Kontrollverlust, Widerstand und Hilflosigkeit

Der Tod beschäftigt die Menschen schon immer. Viele Dichter und Denker sind der Frage nachgegangen, was das Sterben ist, warum es zwangsweise unser Leben beendet und was nach dem Tod folgt. Nach Platon ist der Tod ein Weiterleben der Seele in der Ideenwelt, Schopenhauer sieht den Tod als Strafe für unser Dasein an, und Nietzsche spricht von einer ewigen Wiederkunft. Bisher scheint das Weiterleben nach dem Tod weder beweisbar noch widerlegbar zu sein. Trotzdem versucht die Menschheit unaufhörlich, ein Mittel gegen den Tod zu finden. Auch die aktuellen wissenschaftlichen Bemühungen wie etwa die Stammzellenforschung oder das Klonen zeugen vom ewig währenden Wunsch der Menschen nach Unsterblichkeit. Doch was steckt hinter diesem Wunsch?

Menschen haben eine Sehnsucht nach Kontrolle. Wenn sie gewünschte Ereignisse herbeiführen und unerwünschte Ereignisse vermeiden können, nehmen sie Kontrolle wahr. Dabei geht es weniger um die tatsächlichen Kontrollmöglichkeiten, als um wahrgenommene Kontrolle. Die **Theorie der kognizierten Kontrolle** (Frey u. Jonas 2002) besagt, dass Menschen ein Bedürfnis haben, Dinge zu erklären, vorherzusehen und zu beeinflussen, um Kontrolle wahrzunehmen. Dieses Bedürfnis wird im Angesicht des Todes verletzt. Der Tod wird meist als unbeeinflussbar und unvorhersehbar eingeschätzt. Menschen suchen nach einer Erklärung, warum ein geliebter Mensch gestorben ist – war es das Alter, eine Krankheit oder die Strafe Gottes? Der eingetretene Tod bzw. das drohende Ableben wird als **Kontrollverlust** wahrgenommen.

Werden Menschen in ihrer Freiheit eingeschränkt, kann es zu **Widerstand** (Reaktanz) kommen (Brehm u. Brehm 1981). Dies ist ein Zustand emotionaler Erregung, der Anstrengungen motiviert, die ursprüngliche Freiheit oder Kontrollüberzeugung wiederherzustellen. Jener emotionale Zustand mag Ursprung des Wunsches nach Unsterblichkeit sein und die Bemühungen erklären, die Menschen heute noch unternehmen, um ihr Leben maximal zu verlängern.

Schließlich kann es bei Kontrollverlust auch zu Hilflosigkeit kommen. Statt aktiv Kontrolle wiederherzustellen, wird im Rahmen der **Theorie der erlernten Hilflosigkeit** (Seligman 1975) angenommen, dass Menschen mit lähmender Hilflosigkeit reagieren, wenn ihnen Kontrolle entzogen wird. Dies kann von verminderter Anstrengung bis hin zu völliger Passivität und depressiver Verstimmung führen. Wird Menschen auf kurze Zeit Kontrolle entzogen,

so dominiert der Widerstand. Längere Unbeeinfluss-
barkeit jedoch führt zum Erlöschen der Anstrengungen und schließlich zu Passivität und erlernter
Hilflosigkeit.

- **Fragen zur Reflexion**
  - Wie reagieren die drei Brüder im Märchen auf
    den Tod?
  - Wo treten Widerstände gegen den Tod auf und
    wann zeigt sich Kontrollverlust?
  - Zeigt der dritte Bruder mit seiner Entscheidung
    für den Tarnumhang Reaktanz oder
    Hilflosigkeit?

18.3.3 Angst vor dem Tod

Diese Hilflosigkeit im Angesicht des Todes ruft bei
vielen Menschen Angst hervor. Die älteren Brüder
empfinden deutlich Angst vor dem Tod und wollen
ihn durch einen Zauberstab und einen verzauberten Stein überlisten. Der jüngste Bruder dagegen
scheint keine Angst vor dem Tod zu empfinden und
beendet sein Leben am Ende durch das selbstbe-
stimmte Ablegen des Tarnumhangs. Wann empfinden Menschen Angst vor dem Tod und wann nicht?

Die **Terror-Management-Theorie** (Greenberg
et al. 1997) befasst sich eingehend mit der menschlichen Todesangst und den Bewältigungsstrategien,
die Menschen zeigen, um diese zu überwinden. Menschen sind sich durch ihre Selbstwahrnehmung und
ihren Selbsterhaltungstrieb ihrer eigenen Sterblichkeit bewusst. Wir können uns vorstellen, dass wir
einmal sterben werden. Diese psychische Vergegen-
wärtigung der Endlichkeit des Lebens, die man auch
Mortalitätssalienz nennt, kann einen intensiven
Angstzustand („terror") hervorrufen. Diese Todesangst mögen auch die Brüder aus dem Märchen empfunden haben, da sie einen zutiefst menschlichen
Zug darstellt.

Um diese Angst bewältigen zu können, orientieren sich Menschen an ihrer **kulturellen Weltanschauung**. Sie dient ihnen als Angstpuffer: Sitten
und Gebräuche, Normen und Werte, genauso
wie eine religiöse Gemeinschaft geben Orientierung und Halt im Hier und Jetzt, aber auch über
die eigene Lebenszeit hinaus. Viele Religionen

zeichnen ein Bild vom Himmel, ein Leben nach
dem Tod, andere Religionen sprechen von Wie-
dergeburt oder dem Weiterleben der Seele in einer
anderen Form. Diese Weltsicht pflanzt in uns die
Hoffnung auf Unsterblichkeit. Im Gegensatz zur
Vergänglichkeit unseres Körpers verbleibt die Seele
unberührt, ganz, unsterblich. Menschen erlangen so in einem wörtlichen Sinne Unsterblichkeit (Hoffnung auf ein ewiges Leben) oder schaffen sich eine symbolische Unsterblichkeit, indem
sie ein kulturelles Erbe hinterlassen (das Lebenswerk, z. B. Kunst, Bücher, die wissenschaftliche
Arbeit). Wie Freud (1915, S. 1) es einmal aus-
drückte: „im Unbewußten sei jeder von uns von
seiner Unsterblichkeit überzeugt." Dies vermittelt
uns ein Gefühl von Sicherheit und Beständigkeit.
Verzweifelte Menschen wenden sich häufig einer
höheren Macht zu, beten und erhoffen sich Bei-
stand. Das Glaubenssystem, in dem wir verankert
sind, bietet uns Schutz und kann die Angst vor dem
Tod reduzieren.

Zudem vermitteln uns die Gebräuche, Normen
und Werte unseres kulturellen Glaubenssystems
eine Anleitung, wie ein gutes und wertvolles Leben
geführt werden kann. Folgen wir diesen Regeln, so
können wir ein sinnerfülltes Leben erleben. Wir
erleben uns selbst in einem positiven Licht. Dieses
Streben nach einem positiven Selbstbild wird in der
Psychologie als eine grundlegende Motivation des
Menschen verstanden (Dauenheimer et al. 2002).

Eine weitere Grundannahme der Terror-Management-Theorie besagt, dass ein **hohes Selbstwertgefühl** als weitere Schutzfunktion gegen exis-
tenzielle Ängste wirkt. Zahlreiche Studien konnten
dabei interessante Zusammenhänge offenbaren
(Solomon et al. 2004): Ein hohes Selbstwertgefühl
führt zu einem geringeren Angstzustand, wenn Menschen an ihre eigene Sterblichkeit erinnert werden.
Umgekehrt führt eine hohe Mortalitätssalienz zu ver-
stärkten Bemühungen, die eigene Selbstachtung zu
stärken. Das Streben nach einem positiven Selbstbild reduziert also die Angst vor dem Tod und kann
auch zukünftig Gedanken an den Tod aus dem Kopf
verbannen.

Dies zeigt sich auch eindrucksvoll im Märchen
der drei Brüder: Der erste Bruder ist von Machtgier und Potenzgefühlen getrieben. Er möchte alle

übertrumpfen, um sich selbst in einem positiven Licht sehen zu können. Die Prahlerei im Wirtshaus bestätigt die Annahme, dass der Bruder sein Selbstwertgefühl stärken will. Aber auch der zweite Bruder möchte im Vergleich mit dem Tod positiv abschneiden: Er demütigt den Tod, um als Sieger hervorzugehen. Mit einem geringen Selbstwert gehen die Existenzängste der zwei Brüder einher, die sich im Wunsch nach Unsterblichkeit äußern. Der dritte Bruder ruht in sich selbst – sein Selbstwert schützt ihn vor Todesängsten und so lebt er ein erfülltes Leben ohne lähmende Angst vor dem Tod.

- **Fragen zur Reflexion**
- Was lernen Sie aus dem Verhalten des dritten Bruders?
- Haben Sie manchmal Angst vor dem Tod?
- Arbeiten Sie an einem Lebenswerk, das über Ihren Tod hinaus bestehen wird?
- Gauben Sie an die Unversehrtheit der Seele nach dem Tod?
- Wie denken Sie, kann man Kindern den Tod am besten erklären?

18.3.4 Antisoziales Denken und Verhalten

Der Wunsch nach Unsterblichkeit offenbart in den älteren Brüdern die dunkelsten Seiten des Menschen. Machtgier, Arroganz, Narzissmus und Egoismus werden wie in vielen anderen Märchen vergolten. Antisoziales Verhalten, z. B. die Mordlust des ersten oder die Demütigungen durch den zweiten Bruder, umfasst eine Vielzahl an Verhaltensweisen, die einen inakzeptablen Bruch sozialer Normen darstellen und in der Regel bestraft werden (Petermann u. Scheithauer 1998). Oft zeigen diese Handlungen auch aggressive Züge. Sie werden in der Absicht ausgeführt, einem anderen Menschen mutwillig und gegen dessen Willen zu schaden.

Rowling regt uns an, solch antisoziales Verhalten zu reflektieren.

- **Fragen zur Reflexion**
- Wo sind wir auf Macht aus?
- Wann verfolgen wir ein bestimmtes Ziel mit allen Mitteln?

Der Mensch ist zu häufig von seinen Wünschen oder Ängsten getrieben, sodass er jegliche Moral fallen lässt.

Implikationen für die Lebensgestaltung, Führung und Erziehung

Im Alltag empfiehlt es sich, das Hamsterrad anzuhalten und sich zu fragen: Was mache ich hier eigentlich? Versuche ich gerade über Leichen zu gehen, um mein Ziel zu erreichen? Zu welchem Zweck setze ich die Macht ein, die mir übertragen wurde? Durchatmen und Reflektieren wird gerade im Berufsalltag vernachlässigt. Außerdem können wir uns fragen, wo wir egoistische Gedanken verbannen und Demütigungen vermeiden können.

Als Führungskraft sollte solch antisoziales Denken und Verhalten reflektiert und durch **Respekt** und **Wertschätzung** gegenüber den Mitarbeitern ersetzt werden. Ein Perspektivenwechsel und offene Aussprachen sind hier der richtige Weg.

Auch in der Erziehung ist darauf zu achten, antisoziales Verhalten rechtzeitig zu erkennen und zu korrigieren. Der dritte Bruder ist uns in diesem Märchen nicht nur ein Vorbild für Voraussicht und Genügsamkeit, sondern auch für **Fürsorge** und **Empathie**. Indem er den Umhang an seinen Sohn weitergibt, ermöglicht er ihm ein angenehmes und langes Leben über seinen eigenen Tod hinaus. Wir können unseren Kindern mitgeben, sich nicht nur um sich selbst, sondern auch um andere zu sorgen – so wie es der dritte Bruder tat.

18.4 Fazit

Wie sollte man also mit dem Tod umgehen? Das Märchen von den drei Brüdern lehrt uns, dass jegliche menschliche Anstrengung, dem Tod zu entrinnen, zwangsläufig enttäuscht wird. Überdies offenbart diese Besessenheit vom ewigen Leben die hässlichsten Züge des Menschen wie etwa Machtgier, Arroganz oder Narzissmus. Das Leben ist zu kurz, um es mit solch negativen Gedanken zu füllen. Man sollte sich seiner Endlichkeit bewusst sein und den Tod akzeptieren. Die Angst vor dem Tod nützt uns nichts. Sie ist ein zutiefst menschlicher Zug, jedoch hält sie uns davon ab, das Glück in dieser Welt zu sehen. Diese Weisheit des dritten Bruders ist uns ein Vorbild für ein sinnerfülltes, bejahendes Leben. Carpe diem – Nutze den Tag.

Literaturverzeichnis

Alparslan, A. (2006). *Strukturalistische Prinzipal-Agent-Theorie. Eine Reformulierung der Hidden-Action-Modelle aus der Perspektive des Strukturalismus*. Wiesbaden: Deutscher Universitäts-Verlag.

Brehm, S. S., & Brehm, J. W. (1981). *Psychological reactance. A theory of freedom and control*. New York: Academic Press.

Dauenheimer, D., Stahlberg, D., Frey, D., & Petersen, L.-E. (2002). Die Theorie des Selbstwertschutzes und der Selbstwerterhöhung. In: D. Frey, & M. Irle (Hrsg.), *Theorien der Sozialpsychologie: Motivations-, Selbst- und Informationsverarbeitungstheorien* (Bd. III, S. 159–190). Bern: Huber.

Freud, S. (1915). Zeitgemäßes über Krieg und Tod. http://gutenberg.spiegel.de/buch/kleine-schriften-i-7123/38. Zugegriffen: 01. November 2016

Frey, D., & Jonas, E. (2002). Die Theorie der kognizierten Kontrolle. In: D. Frey, & M. Irle (Hrsg.), *Theorien der Sozialpsychologie. Band III: Motivations-, Selbst- und Informationsverarbeitungstheorien* (S. 13–50). Bern: Huber.

Greenberg, J., Solomon, S., & Pyszczynski, T. (1997). Terror management theory of self-esteem and cultural worldviews: Empirical assessments and conceptual refinements. In: M. P. Zanna (Ed.), *Advances in experimental social psychology* (S. 61–139). San Diego: Academic Press.

Petermann, F., & Scheithauer, H. (1998). Aggressives und antisoziales Verhalten im Kindes- und Jugendalter. In: F. Petermann, M. Kusch, K. Niebank (Hrsg.), *Entwicklungspsychopathologie. Ein Lehrbuch* (S. 243–295). Berlin, Heidelberg: Springer.

Rowling, J. K. (2008). *Die Märchen von Beedle dem Barden*. Hamburg: Carlsen.

Seligman, M. E. P. (1975). *Helplessness: On depression, development and death*. San Francisco, CA: Freeman.

Solomon, S., Greenberg, J., & Pyszczynski, T. (2004). The cultural animal: Twenty years of terror management theory and research. In: J. Greenberg, S. Koole, & T. Pyszczynski (Ed.), *Handbook of experimental existential psychology* (pp. 13–34). New York: Guilford Press.

Der Fischer und der Dschinn aus Tausendundeiner Nacht

Angelika Stefan

19.1   **Inhalt des Märchens – 142**

19.2   **Die Charaktere – 142**

19.3   **Psychologische Phänomene und Bedeutung für die heutige Zeit – 143**

19.3.1   Selbstregulationsfähigkeit und Selbstkontrolle – 143

19.3.2   Soziale Exkludierung – 144

19.3.3   Selbstdarstellung und Beurteilung durch andere – 146

19.3.4   Analyse der dyadischen Interaktion zwischen dem Fischer und Dschinn – 146

19.4   **Fazit – 147**

Literaturverzeichnis – 147

© Springer-Verlag GmbH Deutschland 2017
D. Frey (Hrsg.), *Psychologie der Märchen*,
DOI 10.1007/978-3-662-53668-1_19

19.1   Inhalt des Märchens

Es war einmal ein Fischer, der war alt und müde und hatte schon lange kein Glück mehr beim Fischen gehabt. Eines Tages, nachdem er wieder einmal erfolglos seine Netze ausgeworfen hatte, wollte er gerade schon nach Hause gehen, als er merkte, dass sich etwas in seinem Netz verfangen hatte. Er holte das Netz an Land, doch darin lag kein Fisch, sondern ein toter Esel. Als der Fischer dies sah, war er sehr betrübt, doch er warf sein Netz erneut aus. Wieder verfing sich etwas in dem Netz, doch auch diesmal war es kein Fisch, sondern ein großer irdener Topf voll Sand. Also warf er sein Netz ein drittes Mal aus. Diesmal war das Netz, das er aus dem Fluss hervorzog, voll mit Unrat. Schließlich warf er das Netz ein viertes und letztes Mal aus und zog eine Flasche aus Messing aus dem Netz. Als er die Flasche öffnete, stieg Rauch aus der Flasche empor, der sich verdichtete und die Gestalt eines Dschinns offenbarte.

Der Dschinn sprach: „Ich bringe dir die Nachricht, dass du sogleich getötet werden sollst. Wisse, alter Mann, ich bin ein abtrünniger Dämon, der König Salomo ungehorsam war. Deshalb sperrte er mich in diese Flasche und befahl, mich im Wasser zu versenken. Zweihundert Jahre blieb ich darin und beschloss, den reich zu machen, der mich befreien würde. Aber niemand kam. Zweihundert weitere Jahre vergingen und dann noch einmal zweihundert. Da beschloss ich, meinen Befreier zum Sultan zu machen, sein Diener zu werden und ihm täglich drei Wünsche zu erfüllen. Aber niemand kam. Da wurde ich böse und beschloss, den zu töten, der mich befreien würde, ihn aber selbst wählen zu lassen, wie er sterben will. Nun, alter Mann, sage mir, wie du sterben willst!"

Der Fischer sprach: „Du sagst, ich habe dich aus der Flasche befreit. Das kann aber nicht sein. Du passt niemals in diese kleine Flasche!" Da wurde der Dschinn wütend: „Wie wagst du es zu behaupten, ICH würde lügen? Ich werde dir zeigen, dass ich in die Flasche passe!" Da zog sich der Dschinn zusammen und sank nach und nach wieder zurück in die Flasche, bis er ganz darin verschwunden war. So schrie er aus der Flasche heraus: „Siehst du nun? Bereite dich auf den Tod vor!"

Schnell nahm der Fischer den Deckel der Flasche und verschloss sie fest. Als der Dschinn merkte, dass der Fischer ihn überlistet hatte, sprach er: „Guter Fischer, lass mich heraus, ich habe doch nur meinen Scherz mit dir getrieben." Der Fischer kam diesem Wunsch nach, ließ den Dschinn aber erst einen Eid schwören, dass er ihm kein Leid zufügen dürfe. Als die Flasche geöffnet war, zertrat der Dschinn sie mit den Füßen und flog gen Himmel, immer weiter fort vom Fischer. Seine Stimme wurde immer leiser und man hörte ihn rufen: „Gott steh dir bei, guter Fischer. Und vergiss nicht, deinen Fang mitzunehmen!"

Da blickte der Fischer erstaunt um sich und sah, dass der tote Esel lebendig geworden und der irdene Topf mit Gold gefüllt war. Und der Unrat war zu einem Haufen glitzernder Edelsteine geworden. (Deutsche Welle 2010; ◘ Abb. 19.1)

19.2   Die Charaktere

Die Märchen aus Tausendundeiner Nacht haben für die meisten Menschen aus dem abendländischen Kulturkreis ein gewisses exotisches Flair. Da tummeln sich Sultane, Wesire und Dämonen, es toben Sandstürme und ferne Wüstenkönigreiche werden erobert.

Auch in dem Märchen, um das es hier gehen soll, tritt ein Charakter auf, der in europäischen Märchen keinen Platz hat: der **Dschinn**. In der arabischen Kultur ist der Dschinn als intelligentes gottgeschaffenes Geisterwesen bekannt, das weder Mensch noch Engel ist. Anders als man von Dämonen vermuten könnte, sind Dschinn nicht eindeutig gut oder böse. Im Märchen „Der Fischer und der Dschinn" behauptet der Dschinn von sich, ein „abtrünniger Dämon" zu sein, der König Salomo ungehorsam war. Er spielt damit auf die 27. Sure des Koran an, die die Begegnung zwischen Salomo und der Königin von Saba schildert. Darin werden die Dschinn als Teil der Armee des berühmten Königs genannt. Nach dem 600 Jahre andauernden Exil in der Flasche ist sein Denken von Wut beherrscht und er ist entschlossen, seinen Befreier unmittelbar zu töten. Allerdings erzählt er dem Fischer zuvor seine Geschichte und lässt sich im weiteren Verlauf der Geschichte von ihm austricksen.

Der schon seit Längerem glücklose **Fischer** stößt durch Zufall auf die Flasche mit dem Dschinn und befreit diesen. Es gelingt ihm mit einer List, den

◘ **Abb. 19.1**   (Zeichnung: Claudia Styrsky)

Dschinn davon abzuhalten, ihn zu töten. Allerdings lässt er Milde walten und entlässt den Dschinn aus der Flasche, nachdem dieser den Eid schwört, ihn nicht zu töten. Dafür wird er reich belohnt.

Eine vertiefende Schilderung der beiden Charaktere erfolgt zur Vorstellung der psychologischen Phänomene, da ihre Charakterzüge insbesondere in der Interaktion zwischen dem Fischer und Dschinn zum Tragen kommen, die im Mittelpunkt der folgenden Ausführungen steht.

19.3   Psychologische Phänomene und Bedeutung für die heutige Zeit

Die Tatsache, dass der Dschinn so genau charakterisiert wird, zeigt, dass er in diesem Märchen als gleichberechtigtes Gegenüber des zweiten Protagonisten, des Fischers, fungiert. Die Sozialpsychologie spricht bei einer Situation wie dieser, in der zwei Personen miteinander in Kontakt treten und sich gegenseitig beeinflussen, von einer **dyadischen Interaktion** (Frey u. Bierhoff 2011b).

Typische dyadische Interaktionen können z. B. in Eltern-Kind-Beziehungen oder Führungskraft-Angestellten-Beziehungen beobachtet werden. Um dyadische Interaktionen zu verstehen, ist es erforderlich, die Persönlichkeitseigenschaften und aktuelle individuelle Situation der Beteiligten zu berücksichtigen.

Im Folgenden werden psychologische Phänomene aufgezeigt, die der dyadischen Interaktion des Fischers und Dschinns zugrunde liegen.

19.3.1   Selbstregulationsfähigkeit und Selbstkontrolle

Eine fundamentale Dimension, auf der sich Fischer und Dschinn unterscheiden, ist die der Selbstregulationsfähigkeit. Reinecker (2014, S. 1401) definiert **Selbstregulation** als „die Tatsache, dass Menschen in der Lage sind, eigenes Verhalten im Hinblick auf selbst gesetzte Ziele zu steuern". Der geläufigere Begriff der **Selbstkontrolle** bezeichnet eine Facette der Selbstregulation. Menschen üben Selbstkontrolle aus, wenn sie kurzfristig auf positive Erfahrungen verzichten, um ein langfristiges bedeutsameres Ziel zu erreichen.

Der arbeitsame Fischer ist ein Musterbeispiel an Selbstregulationsfähigkeit. Obwohl er schon seit Langem kein Glück mehr beim Fischen hatte, wirft er jeden Tag aufs Neue seine Netze aus, um sich und seine Familie ernähren zu können. Er könnte verzweifelt aufgeben, überwindet sich aber immer wieder und fährt auf den Fluss hinaus, um mit viel Mühe seinen kleinen Fang zusammenzutragen.

Der Dschinn wird im Märchen im Gegensatz zum Fischer als ungeduldig und impulsiv gekennzeichnet. Auch er steht vor einer frustrierenden Aufgabe: Er möchte aus der Flasche entfliehen, in die ihn König Salomo gesperrt hatte. Nachdem seine anfänglichen Versuche zu entkommen scheitern, ist es mit seiner Selbstkontrolle dahin. Er wird wütend und beschließt aus dieser Laune heraus, den ersten Menschen, der ihm begegnet, zu töten. Kaum hat der Fischer ihn aus seiner Flasche befreit, verliert er dieses Ziel aus den Augen und versucht stattdessen, dem Fischer sein Können zu demonstrieren. Der Fischer, der um die Wankelmütigkeit des Dschinns weiß, lässt ihn einen Eid schwören, der nicht nur den Fischer selbst schützt, sondern auch den Dämon zur Selbstregulation zwingt – er kann seinen Befreier nicht in einem erneuten Anfall von Wut doch noch umbringen.

Das Ende der Geschichte zeigt, dass Selbstregulationsfähigkeit eine hohe Bedeutung zugeschrieben und als Tugend interpretiert wird. Nachdem der Dämon zur Selbstregulation gezwungen wurde, ist er nun endlich fähig, sein Gefängnis zu zerstören und dankt dies dem Fischer mit kostbaren Geschenken.

Nutzen von Selbstregulation

Auch in der Psychologie betrachtet man die Fähigkeit zur Selbstregulation als erstrebenswerte Eigenschaft. Erste Erkenntnisse zum Nutzen einer guten Selbstregulationsfähigkeit lieferten die bekannten Marshmallow-Experimente. Darin hatten Kinder die Wahl zwischen einer kleinen Belohnung, die sie sofort erhalten konnten (z. B. ein Marshmallow), und einer größeren Belohnung (z. B. zwei Marshmallows), die sie erhalten würden, wenn sie es schaffen, für kurze Zeit auf die Belohnung zu warten. Nachfolgestudien zeigten, dass die Kinder, die im früheren Experiment mehr Selbstkontrolle gezeigt hatten – es also geschafft hatten, auf die größere Belohnung zu warten –, im Jugendalter bessere **schulische Leistungen** erzielten und besser mit **Stress** umgehen konnten. Daraus lässt sich schlussfolgern, dass die Fähigkeit zur Selbstregulation nicht nur gesellschaftliches Vorankommen, sondern auch die Gesundheit fördert (Shoda et al. 1990).

Gerade im Gesundheitsbereich lassen sich viele Alltagsbeispiele finden, in denen Selbstregulation eine wichtige Rolle spielt. Denken Sie an Vorsorgeuntersuchungen. Niemand geht gerne zu Vorsorgeuntersuchungen, trotzdem unterziehen sich viele Menschen der teils unangenehmen Prozedur. Diese Menschen ertragen kurzfristige negative Erfahrungen zugunsten eines höheren Ziels (langfristige Gesundheit) und üben damit Selbstkontrolle aus. Dasselbe Schema lässt sich beim Rauchen erkennen. Raucher ziehen das kurzfristige Vergnügen einer Zigarette der langfristigen Aufrechterhaltung der eigenen Gesundheit vor und zeigen so eine verminderte Fähigkeit zur Selbstregulation. Menschen, die mit dem Rauchen aufhören wollen, müssen hingegen ein hohes Maß an Selbstregulation aufwenden, um der kurzfristigen Versuchung zugunsten der langfristigen Gesundheit zu widerstehen.

Ego-Depletion

Obwohl die erwähnten Beispiele den Eindruck erwecken können, ist es nicht so, dass Selbstkontrolle angeboren und unabhängig von der aktuellen Situation ist. Forscher haben herausgefunden, dass sie eher einer Ressource gleicht, die erschöpft werden kann. Das heißt, jeder Akt der Selbstkontrolle führt dazu, dass im Folgenden weniger Selbstkontrolle aufgebracht werden kann. Dieses Phänomen wird auch als Ego-Depletion bezeichnet (Frey u. Bierhoff 2011a). Vermutlich hat jeder schon die Erfahrung gemacht, dass besonders nach einer stressigen Situation ein Stückchen Schokolade oder eine Zigarette eine besondere Anziehungskraft ausüben. In diesem Moment der Ego-Depletion fällt die Selbstkontrolle besonders schwer.

Im nächsten Abschnitt geht es um eine weitere Bedingung, unter der Menschen vorübergehend verminderte Selbstregulationsfähigkeit zeigen: soziale Exkludierung. Doch soziale Exkludierung beeinflusst nicht nur die Selbstkontrolle, sondern wirkt sich viel umfassender auf das Verhalten aus – ein weiterer Ansatzpunkt, um das Verhalten von Dschinn und Fischer zu verstehen.

19.3.2 Soziale Exkludierung

Dreimal zweihundert Jahre – so viel Zeit verbringt der Dschinn alleine in einer Flasche auf dem Grund des Flusses, ohne Kontakt zur Außenwelt, ohne die

Möglichkeit, mit einem anderen intelligenten Wesen zu kommunizieren. König Salomo wusste offenbar, was eine schlimme Strafe ist.

Gruppenzugehörigkeit und Ausschluss aus der Gruppe

Für Menschen ist die Zugehörigkeit zu sozialen Gruppen ein fundamentales Bedürfnis. Psychologen sprechen hier vom Zugehörigkeitsbedürfnis („**need to belong**"; Baumeister u. Leary 1995). Keinen Kontakt zu sozialen Gruppen zu haben oder aktiv aus sozialen Gruppen ausgeschlossen zu werden, stellt daher für Menschen eine extrem unangenehme Erfahrung dar.

Wissenschaftlich wird der Ausschluss einzelner Personen aus Gruppen auch als **soziale Exkludierung** bezeichnet. Aktuelle Forschung konnte zeigen, dass sich soziale Exkludierung nicht nur auf emotionaler, sondern auch auf körperlicher Ebene negativ auswirkt. Dabei ist besonders interessant, dass das Erleben sozialer Exkludierung Hirnareale aktiviert, die mit **Schmerzempfinden** in Verbindung gebracht werden (Eisenberger et al. 2003). Wir empfinden sozialen Ausschluss also ähnlich wie physischen Schmerz.

Umso verständlicher ist es, dass seit der Antike soziale Exkludierung als Mittel der Bestrafung eingesetzt wird. Ungeliebte Politiker werden ins Exil geschickt, Straftäter in Gefängnisse gesteckt und Isolationshaft als Foltermethode verwendet. Auch Eltern bestrafen ihre Kinder gerne einmal mit Hausarrest – dieser würde ohne das Zugehörigkeitsbedürfnis kaum als Strafe empfunden werden.

Reaktionen auf soziale Exkludierung: pro- und antisoziale Verhaltenstendenzen

Die wenigsten Menschen nehmen sozialen Ausschluss einfach hin, sondern reagieren fast immer mit Verhaltensänderungen. Zwei grundsätzliche Tendenzen sind hier erkennbar. Einerseits zeigen Menschen, nachdem sie sozial exkludiert wurden, ein gesteigertes Interesse an sozialen Bindungen und gehen eher auf die Wünsche von anderen ein (Maner et al. 2007; Williams et al. 2000). Dieses Verhalten wird auch als **prosoziale Verhaltenstendenz**

bezeichnet. Andererseits sind ausgeschlossene Personen weniger bereit, anderen Menschen zu helfen und reagieren aggressiver gegenüber anderen Personen – nicht nur gegenüber den Tätern, sondern auch gegenüber Unbeteiligten (Twenge et al. 2001, 2007). Dieses Verhalten wird auch als **antisoziale Verhaltenstendenz** bezeichnet.

Im Märchen zeigt der Dschinn, der durch die Verbannung in die Flasche jahrhundertelang sozial exkludiert war, klar eine antisoziale Verhaltenstendenz. Obwohl der Fischer nichts mit der auferlegten Strafe zu tun hatte, beschließt er, ihn zu töten.

Auch im realen Leben kann aggressives Verhalten als Folge von sozialer Exkludierung beobachtet werden. Nicht selten wehren sich Kinder gegen einen auferlegten Hausarrest mit wüsten Beschimpfungen, und auch Mobbingopfer verhalten sich oft als Folge ihrer andauernden massiven sozialen Exklusion aggressiv (gegen andere und sich selbst).

Bedürfnistheorie der sozialen Exkludierung

Die Frage ist, unter welchen Bedingungen eher eine prosoziale und wann eher eine antisoziale Verhaltenstendenz als Folge sozialer Exkludierung auftritt. Nach der Bedürfnistheorie der sozialen Exkludierung wird aggressives Verhalten dann gezeigt, wenn durch die soziale Exkludierung das **Bedürfnis nach Kontrolle** verletzt wird. Steht bei der sozialen Exkludierung hingegen die Deprivation des Bedürfnisses nach Zugehörigkeit im Mittelpunkt, reagieren Menschen eher prosozial. Werden beide Bedürfnisse verletzt, wird in der Regel der antisozialen Handlungstendenz stattgegeben (Gerber u. Wheeler 2009).

Die Bedürfnistheorie der sozialen Exkludierung lässt sich gut am Beispiel des Dschinns nachvollziehen. Durch die Verbannung in die Flasche wurde ihm nicht nur jeglicher soziale Kontakt, sondern auch jegliche Kontrolle entzogen. Besonders deutlich wird dies dadurch, dass er nicht einmal über seinen eigenen Körper bestimmen durfte, indem er dauerhaft gezwungen war, eine Gestalt anzunehmen, die in eine kleine Flasche passt. Es war somit abzusehen, dass er nach 600 Jahren in einer aggressiven Stimmung ist.

Die Bedürfnistheorie der sozialen Exkludierung hat interessante **gesellschaftliche Konsequenzen**.

Wie bereits angemerkt wurde, tendieren Gesellschaften dazu, Personen, die von gesellschaftlichen Normen abweichen, durch soziale Exkludierung zu bestrafen. Im Fokus steht dabei, prosoziale Verhaltenstendenzen hervorzurufen: bei Straftätern erhöhte Konformität mit dem Gesetz, bei politischen Häftlingen ein Einlenken in die Gesinnung der Majorität. Wird den Häftlingen aber gleichzeitig mit dem sozialen Kontakt auch das Gefühl von Kontrolle entzogen, sagt die Bedürfnistheorie voraus, dass nicht prosoziales, sondern aggressives Verhalten die Folge ist. Dies könnte sich bei Straftätern z. B. durch erneute Straffälligkeit und bei politischen Gefangenen durch eine Radikalisierung äußern. Dies gilt es, zu vermeiden.

In aktuellen Debatten zur Gestaltung von Haftbedingungen fließt dieser Gesichtspunkt zunehmend mit ein, was sich u. a. in der Forderung nach humanen Haftbedingungen und einer Schließung von Foltergefängnissen wie Guantánamo niederschlägt.

19.3.3 Selbstdarstellung und Beurteilung durch andere

Die Frage ist, warum der Dämon dem Fischer an dieser Stelle überhaupt seine Geschichte erzählt. Schließlich könnte er ihn auch umbringen, ohne dass dieser seine Vergangenheit kennt. Eine Antwort auf diese Frage liefern zwei sozialpsychologische Phänomene: Impression-Management und der fundamentale Attributionsfehler.

Impression-Management-Hypothese

Die Impression-Management-Hypothese nimmt an, dass jeder Mensch das Bedürfnis hat, sich gegenüber anderen Menschen möglichst gut darzustellen. Dieses Bedürfnis drückt sich dadurch aus, dass Menschen Anstrengungen jeglicher Art betreiben, um das Bild, das andere Personen von ihnen haben, entsprechend der eigenen Wünsche zu formen (Frey u. Bierhoff 2011a).

Ein Alltagsbeispiel: Bevor sie Besuch bekommen, putzen die meisten Menschen ihre Wohnung. Gegenüber dem Besuch wollen sie schließlich möglichst sauber und ordentlich erscheinen (unabhängig davon, ob sie es tatsächlich sind). Ein typischer Fall von Impression-Management. Zurück zum Dschinn: Dieser will als intelligentes, emotionales Wesen und nicht als grober Schläger wahrgenommen werden. Deshalb erklärt er sich und seine Motivation, bevor er zur Tat schreitet.

Fundamentaler Attributionsfehler

Eine komplementäre Erklärung für das Verhalten des Dschinns lässt sich in der Hypothese des fundamentalen Attributionsfehlers finden. Diese beschreibt die menschliche Tendenz, aus dem Verhalten anderer Personen auf stabile Persönlichkeitseigenschaften zu schließen, während das eigene Verhalten stärker situational erklärt wird (Ross 1977).

Nehmen Sie an, Sie lesen den Satz: „Herr Meier hat gelogen." Was denken Sie über Herrn Meier? Vermutlich misstrauen Sie seiner Glaubwürdigkeit. Nun Hand aufs Herz – haben Sie selbst noch nie gelogen? Vermutlich doch. Misstrauen Sie deswegen Ihrer eigenen Glaubwürdigkeit? Vermutlich nicht. Die Lüge damals war bestimmt eine Notlüge, in der entsprechenden Situation konnten Sie fast gar nicht anders handeln. Während Sie Herrn Meiers Verhalten als Ausdruck seines Charakters interpretieren, erklären Sie Ihr eigenes Verhalten interagierend mit der umgebenden Situation. Per se ist das nichts Schlimmes und überaus verständlich. Schließlich wissen Sie über den Kontext, in dem Sie gehandelt haben, deutlich mehr als über die Hintergründe des Verhaltens einer anderen Person. Problematisch wird der Attributionsfehler, wenn er stigmatisierend wirkt – wenn Sie beispielsweise beginnen würden, über Herrn Meier zu lästern.

Was hat das alles mit dem Fischer und dem Dschinn zu tun? Angenommen, der Dschinn wusste über die Existenz des fundamentalen Attributionsfehlers Bescheid, dann hat er vielleicht dem Fischer seine Geschichte erzählt, um genau diesem Beurteilungsfehler entgegenzuwirken. Schließlich möchte er ja nicht aufgrund der einmaligen aggressiven Reaktion als böser Unhold wahrgenommen werden.

19.3.4 Analyse der dyadischen Interaktion zwischen dem Fischer und Dschinn

Im Verlauf des Märchens hört sich der Fischer mehr oder weniger ruhig die Geschichte des Dämons an – Hut ab vor diesem Akt von Selbstkontrolle!

Schließlich überlistet er den Dschinn, wieder in die Flasche zurückzukehren. Dass der Dschinn auf die Herausforderung eingeht, kann wieder als Impression-Management erklärt werden – und als Akt fehlender Selbstregulation, schließlich verliert er dabei sein eigentliches Ziel aus den Augen. Der Fischer macht sich daraufhin wieder ein Bedürfnis des Dschinns, nämlich dessen Zugehörigkeitsbedürfnis, zunutze. Um wieder die Freiheit und damit die Möglichkeit zu sozialem Kontakt zu erlangen, ist der Dschinn bereit, auf den Handel des Fischers einzugehen und ihm entgegen des ursprünglichen Planes keinen Schaden zuzufügen.

Schließlich beschenkt der Dschinn den Fischer mit kostbaren Schätzen. Einerseits kann dies als Belohnung für die Selbstkontrolle des Fischers angesehen werden. Unterstützt wird diese Sichtweise dadurch, dass genau die Gegenstände in Schätze verwandelt werden, die der Fischer mit Mühe als Unrat aus dem Fluss gezogen hat. Andererseits kann das Handeln des Dschinns auch als letzter Akt von Impression-Management interpretiert werden. Da der Fischer entgegen des ursprünglichen Planes überlebt hat, soll er wenigstens kein schlechtes Bild über den Dämon in der Welt verbreiten.

19.4 Fazit

Betrachtet man das Märchen vom Fischer und dem Dämon aus psychologischer Perspektive, wirkt es auf einmal gar nicht mehr so exotisch. Vielmehr entdecken wir selbst in unserem Bekanntenkreis auf einmal viele Fischer und Dämonen:

- Kennen Sie auch Menschen, die wie der Dämon häufig ihre langfristigen Ziele zugunsten einer kurzfristigen Bedürfnisbefriedigung aus den Augen verlieren?
- Haben Sie schon einmal erlebt, wie jemand, der lange ausgeschlossen wurde, ungeduldig und aggressiv wurde?
- Kennen Sie Menschen, die wie der Fischer ausgezeichnet in der Lage sind, andere Menschen bei ihren Bedürfnissen und Schwächen zu packen und dadurch zu manipulieren?

- Wann haben Sie selbst versucht, bei jemandem einen besonders guten Eindruck zu erwecken?
- Wann haben Sie schlecht über andere gedacht, ohne die genauen Hintergründe ihres Handelns zu kennen?

Die Interaktion zwischen Fischer und Dschinn lehrt uns mehr über unser eigenes Handeln als beim ersten Blick auf das Märchen klar wird. Vielleicht ist dies ein Grund dafür, dass es die Jahrhunderte überdauert hat und auch noch heutzutage weltweit rezipiert wird.

Literaturverzeichnis

Baumeister, R. F., & Leary, M. R. (1995). The need to belong: Desire for interpersonal attachments as a fundamental human motivation. *Psychological Bulletin* 117, 497–529.

Deutsche Welle. (2010). Märchen aus aller Welt: Die Geschichte vom Fischer und dem Dschinn. Ein arabisches Märchen – ausgesucht von Khalid El Kaoutit. Aus einem Beitrag vom 05. Oktober 2010. http://www.dw.com/downloads/27010967/14maerchenpdfwebarabisch.pdf. Zugegriffen: 24. November 2016.

Eisenberger, N. I., Lieberman, M. D., & Williams, K. D. (2003). Does rejection hurt? An fMRI study of social exclusion. *Science* 302, 290–292.

Frey, D., & Bierhoff, H.-W. (Hrsg.). (2011a). *Sozialpsychologie – Individuum und soziale Welt.* Göttingen: Hogrefe.

Frey, D., & Bierhoff, H.-W. (Hrsg.). (2011b). *Sozialpsychologie – Interaktion und Gruppe.* Göttingen: Hogrefe.

Gerber, J., & Wheeler, L. (2009). On being rejected: A meta-analysis of experimental research on rejection. *Perspectives on Psychological Science* 4, 468–488.

Maner, J. K., DeWall, C. N., Baumeister, R. F., & Schaller, M. (2007). Does social exclusion motivate interpersonal reconnection? Resolving the "porcupine problem". *Journal of Personality and Social Psychology* 92, 42–55.

Reinecker, H. (2014). Selbstregulation. In: M. A. Wirtz (Hrsg.), *Dorsch: Lexikon der Psychologie* (17. Aufl.). Bern: Huber.

Der Wolf und die sieben jungen Geißlein von den Gebrüdern Grimm (1819)

Lorea Urquiaga

20.1   Inhalt des Märchens – 150

20.2   Die Charaktere – 150

20.3   Psychologische Phänomene und Bedeutung für die heutige Zeit – 151

20.3.1   Rollenkonflikt – 151

20.3.2   Naivität und blindes Vertrauen – 152

20.3.3   Gruppenentscheidungen – 153

20.4   Fazit – 153

Literaturverzeichnis – 154

© Springer-Verlag GmbH Deutschland 2017
D. Frey (Hrsg.), *Psychologie der Märchen*,
DOI 10.1007/978-3-662-53668-1_20

20.1   Inhalt des Märchens

Es war einmal eine alte Geiß, die hatte sieben junge Geißlein. Sie hatte sie so lieb, wie eben eine Mutter ihre Kinder lieb hat. Eines Tages wollte sie in den Wald gehen und Futter holen. Da rief sie alle sieben herbei und sprach: „Liebe Kinder, ich muss hinaus in den Wald. Seid inzwischen brav, sperrt die Türe gut zu und nehmt euch in Acht vor dem Wolf! Der Bösewicht verstellt sich oft, aber an seiner rauen Stimme und an seinen schwarzen Füßen werdet ihr ihn gleich erkennen."

Es dauerte nicht lange, da klopfte jemand an die Haustür und rief: „Macht auf, ihr lieben Kinder, eure Mutter ist da und hat jedem von euch etwas mitgebracht!" Aber die Geißlein hörten an der rauen Stimme, dass es der Wolf war. Da ging der Wolf fort zum Krämer und kaufte sich ein großes Stück Kreide. Er aß es auf und machte damit seine Stimme fein. Dann kam er zurück, klopfte an die Haustür und rief: „Macht auf, ihr lieben Kinder, eure Mutter ist da und hat jedem von euch etwas mitgebracht!" Aber der Wolf hatte seine schwarze Pfote auf das Fensterbrett gelegt. Das sahen die Kinder und die Tür blieb zu. Da lief der Wolf zum Bäcker und ließ sich die Pfote mit Teig bestreichen. Dann lief er zum Müller und sprach: „Streu mir weißes Mehl auf meine Pfote!" Der Müller dachte, der Wolf wolle jemanden betrügen, und weigerte sich. Aber der Wolf sprach: „Wenn du es nicht tust, fresse ich dich!" Da fürchtete sich der Müller und machte ihm die Pfote weiß. Nun ging der Bösewicht zum dritten Mal zu der Haustür, klopfte an und diesmal glaubten die Geißlein, es wäre tatsächlich ihre Mutter und machten die Türe auf. Die Geißlein erschraken und wollten sich verstecken, aber der Wolf fand sie und verschluckte eines nach dem andern. Nur das Jüngste in dem Uhrkasten, das fand er nicht.

Als der Wolf satt war, trollte er sich fort, legte sich draußen auf der grünen Wiese unter einen Baum und fing an zu schlafen. Nicht lange danach kam die alte Geiß aus dem Walde wieder heim. Sie erblickte das Chaos und stellte fest, dass alle Kinder, bis auf ihr Jüngstes, vom Wolf gefressen worden waren. Auf der Wiese fand sie den schlafenden Wolf und sah, dass sich in seinem angefüllten Bauch etwas regte

und zappelte. Da holte sie Schere, Nadel und Zwirn und schnitt dem Wolf den Bauch auf, um ihre Kinder wieder zu befreien. Dann stopften sie gemeinsam den Wolfsbauch mit Ziegelsteinen aus und nähten ihn wieder zu. Als der Wolf ausgeschlafen hatte, machte er sich auf die Beine und weil er großen Durst hatte, ging er zu einem Brunnen, um zu trinken. Und als er an den Brunnen kam und sich über das Wasser beugte und trinken wollte, da zogen ihn die schweren Steine hinein, und er musste jämmerlich ersaufen.

Als die sieben Geißlein das sahen, kamen sie eilig herbeigelaufen und riefen laut: „Der Wolf ist tot! Der Wolf ist tot!" Und sie fassten einander an den Händen und tanzten mit ihrer Mutter vor Freude um den Brunnen herum.

(Grimm u. Grimm 1819; ◘ Abb. 20.1)

20.2   Die Charaktere

Die Hauptakteure dieser Geschichte von den Gebrüdern Grimm sind die Geißenmutter mit ihren sieben kleinen Geißlein und der Wolf. Am Rande agieren der Krämer, der Bäcker und der Müller. Im Folgenden wird lediglich auf die Hauptakteure und den Müller näher eingegangen.

Die **Geißenmutter** stellt eine liebevolle Familienmutter dar, die ihre Kinder „so lieb hat, wie eben eine Mutter ihre Kinder lieb hat". Da es offensichtlich keinen Familienvater gibt, ist die Geißenmutter alleine für die Erziehung und das Wohl ihrer Kinder verantwortlich.

Die **sieben Geißlein** zeigen sich voller Zuneigung der Mutter gegenüber und es herrscht ein sehr liebevoller Umgang. Sie vertrauen auf ihre Mutter und zeigen sich ihr gegenüber respektvoll und gehorsam.

Der **Wolf** steht – wie in so vielen Märchen – für das Böse. Er ist bekannt für seine List und wird von allen gefürchtet.

Der **Müller** hat insofern einen besonderen Stellenwert in der Geschichte, als dass er der einzige Mittäter des Wolfes ist, der sich anfangs weigert, ihm bei seinem Täuschungsversuch zu helfen. Nachdem der Wolf ihm jedoch den Tod androht, fügt er sich dessen Anweisung und macht sich ebenso wie der Bäcker und der Krämer mitschuldig.

◘ Abb. 20.1 (Zeichnung: Claudia Styrsky)

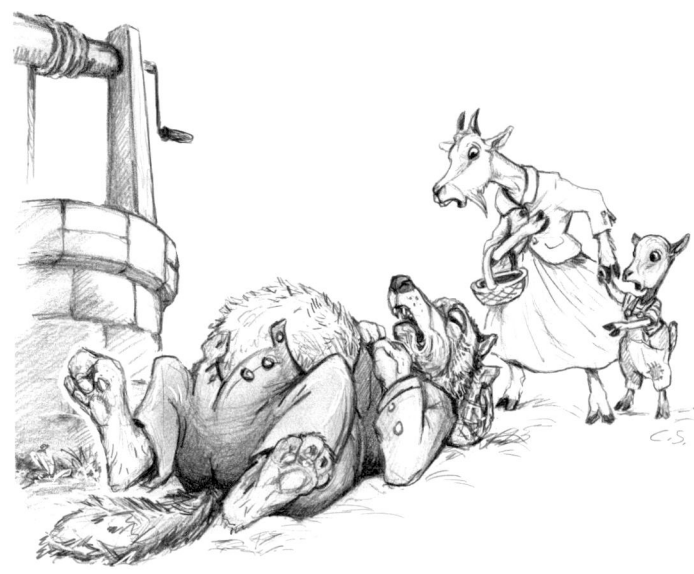

20.3 Psychologische Phänomene und Bedeutung für die heutige Zeit

Aus dem Märchen „Der Wolf und die sieben Geißlein" lassen sich einige psychologische Phänomene ableiten, wobei das Verhalten der Geiß und ihrer Kinder im Mittelpunkt steht. Inhaltliche Schwerpunkte sind der Rollenkonflikt berufstätiger Mütter, kindliche Naivität und blindes Vertrauen sowie das Entscheidungsverhalten in Gruppen.

20.3.1 Rollenkonflikt

Anhand dieses Märchens kann sehr schön die **Problematik berufstätiger Mütter** erörtert werden. Obwohl die Geißmutter ihre Kinder „so lieb hat, wie eine Mutter ihre Kinder lieb hat", lässt sie diese unbeaufsichtigt zu Hause und setzt sie somit Gefahr aus. Unzählige moderne Interpretationen genau dieses Märchens zielen darauf ab. Die Geiß lässt ihre Kinder alleine und – selbst Schuld – werden kurzerhand sechs der sieben gefressen. Resümee des Märchens ist die Geiß als „Rabenmutter", stellvertretend für die vielen berufstätigen Frauen in der heutigen Zeit, die den Spagat zwischen Familie und Karriere zu meistern versuchen.

Im kollektiven Bewusstsein der Mehrheit der Bevölkerung orientiert sich das Bild der idealen und damit „richtigen" Familie nach wie vor am klassischen Ideal der Zeit nach dem Zweiten Weltkrieg. Die realen Lebensmuster haben sich jedoch deutlich von diesem Denkmodell entfernt. Immer mehr Frauen machen Karriere und sehen sich hierbei mit der Herausforderung konfrontiert, Familie und Beruf gleichermaßen gerecht zu werden. Die Rollentheorie von Katz u. Kahn (1978) besagt, dass es zu einem **Interrollenkonflikt** kommen kann, wenn sich zwischen verschiedenen Rollen Unverträglichkeiten zeigen. Typisch hierfür ist ebendieser Konflikt, dem berufstätige Frauen bezüglich ihrer Rolle als Mutter und Ehefrau sowie der Rolle im Beruf ausgesetzt sind. Ohne entsprechende Bewältigungsstrategien verursacht dieser Rollenkonflikt Stress und kann auf lange Sicht sowohl psychische als auch körperliche Probleme zur Folge haben.

Dass eine solche Doppelbelastung Stress verursacht, war vermutlich den meisten Lesern auch ohne fundierte psychologische Theorien klar. Jetzt gilt es vor allem, das Vorurteil der berufstätigen

„Rabenmütter" aus der Welt zu schaffen. Um dieser kurzsichtigen Denkweise entgegenzutreten, haben sich Psychologen der Universität Harvard eingehend mit der Thematik befasst. So veröffentlichten McGinn et al. (2015) eine große internationale Studie darüber, wie sich die Berufstätigkeit der Mutter auf den späteren Berufserfolg der Kinder auswirkt. Ihre Ergebnisse zeigen klar, dass es keine negativen Konsequenzen für Kinder hat, wenn sich ihre Mütter auf ihre Karriere konzentrieren – im Gegenteil profitieren sie davon, wenn ihre Mutter arbeitet. Sie sind erfolgreicher im späteren Berufsleben und verdienen mehr Gehalt. Interessant ist vor allem, dass Söhne berufstätiger Frauen einen stärkeren Familiensinn entwickeln, sich vermehrt im Haushalt beteiligen und auch für die Pflege anderer Familienmitglieder einsetzen. Also Entwarnung für die alte Geiß – hier wird sie nicht als Rabenmutter an den Pranger gestellt.

20.3.2 Naivität und blindes Vertrauen

Seien wir mal ehrlich: Es ist doch ganz schön naiv von den Geißlein zu meinen, dass beim dritten Klopfen plötzlich nicht mehr der Wolf, sondern die geliebte Mutter vor der Türe steht. Oder was meinen Sie dazu?

Kindliche Naivität

Tatsächlich steht **Naivität** besonders bei Erwachsenen stellvertretend für „Armut im Geiste", „Blauäugigkeit" und generell für eher kindliches Denken und Verhalten. Naive Menschen sind in der Regel leichter zu beeinflussen als andere, wodurch oft Schaden entsteht. Andererseits hat das „kindliche Denken" auch eine positive Seite. Kinder sind noch in der Lage, die Welt um sie herum unvoreingenommen und damit unverfälscht wahrzunehmen. Mit zunehmender Lebenserfahrung, z. B. Pech in der Liebe oder im Beruf sowie anderen Schicksalsschlägen, ist das leider nicht mehr der Fall. Naivität kann somit auch als positiver Charakterzug gewertet werden, als Fähigkeit, die einen offenen und wertfreien Blick eröffnet und dadurch manchmal sogar zu besserem Erfolg führen kann als das haargenaue Hinterfragen auf Basis von Vernunft und Verstand.

Friedrich Schiller (1759–1805), deutscher Dichter, Philosoph und Historiker, unterscheidet zwischen „kindischer" und „kindlicher" Naivität. **Kindische Naivität** wird nach Schiller belächelt, weil sie von mangelndem Verstand und Unvermögen herrührt; **kindliche Naivität** hingegen wird als Stärke bewundert. Dahinter könne man „ein Herz voll Unschuld und Wahrheit" erkennen, das „im Einklang mit der Natur" und „einig mit sich selbst und glücklich im Gefühl seiner Menschheit" ist (Schiller 1795, o. S.). Auch der deutsche Philosoph der Aufklärung, Immanuel Kant (1724–1804), bezeichnete Naivität als „eine edle oder schöne Einfalt, welche das Siegel der Natur auf sich trägt" (Kant u. Rosenkranz 1838, S. 420). Nicht umsonst wird Naivität gerne als Strategie eingesetzt – wer sich schwach, dumm und naiv stellt, wird stets auf Hilfe derer treffen, die sich für stark, klug und vernünftig halten.

Blindes Vertrauen

Der kindlichen Naivität ähnlich ist der Aspekt des blinden Vertrauens. **Vertrauen** als solches ist ein lebensnotwendiger Mechanismus – ohne Vertrauen wäre es für uns unmöglich, zu existieren. Vertrauen bildet die Grundlage für das Zusammenleben in der menschlichen Gesellschaft. Im Straßenverkehr vertrauen wir z. B. darauf, dass alle Autos rechts fahren. Das schränkt zwar die Freiheit des Einzelnen ein, ermöglicht aber ein Fahren ohne Zusammenstöße. Klingt logisch, oder?

Umso banaler dürften Ihnen die Mechanismen erscheinen, denen unser Vertrauen unterliegt. Constantin Rezlescu vom University College London und seine Kollegen (2012) fanden heraus, dass wir uns bei der Beurteilung der Vertrauenswürdigkeit eines Menschen eher auf sein **Aussehen** verlassen als auf Informationen über sein Verhalten. Sie haben braune Augen? Herzlichen Glückwunsch! Laut dem tschechischen Psychologen Karel Kleisner von der Prager Karls-Universität und seinen Kollegen (2013) erscheinen Sie automatisch vertrauenswürdiger als Blauäugige. Und das alles nur wegen der Augenfarbe? Ganz so einfach ist es nun auch wieder nicht. Die Wissenschaftler haben festgestellt, dass die Gesichtsmerkmale einer Person mit der Augenfarbe korrelieren. Braune Augen treten besonders bei Männern mit einer Gesichtsform auf, die von anderen als vertrauenswürdiger eingeschätzt wird. Blauäugige Männer hingegen sind laut den Forschern durch Gesichtsmerkmale charakterisiert, die weniger Vertrauen erwecken. Hierzu zählen beispielsweise eine eckigere untere Gesichtspartie, relativ kleine Augen und ein schmaler Mund.

Zurück zu den sieben Geißlein – natürlich zeugt es von Naivität und blindem Vertrauen, dass sie trotz zahlreicher Warnungen den Wolf ins Haus lassen. Ihr Beispiel für unangebrachtes Vertrauen und naives Verhalten zieht fatale Folgen nach sich. Aber wie im Märchen so üblich siegt letztlich das Gute über das Böse, der Wolf stirbt und die gefressenen Geißenkinder leben am Ende glücklich und zufrieden. Und wie kann das passieren? Eben auch aufgrund von naivem Denken und dem Urvertrauen in die Mutter, sie auch aus dieser aussichtslosen Lage wieder befreien zu können.

20.3.3 Gruppenentscheidungen

Getreu dem Motto „Vier Augen sehen mehr als zwei" würde man grundsätzlich davon ausgehen, dass die sieben jungen Geißlein gemeinsam eine gute Chance haben dürften, die List des Wolfes zu durchschauen. Das Märchen zeigt jedoch, dass der Wolf letztlich alle überlistet und sechs von ihnen frisst.

Ist das ausschließlich ein Ergebnis märchenhafter Fantasie? Leider nicht. Rein intuitiv gehen wir davon aus, dass die Entscheidungsfindung in der Gruppe zu besseren Entschlüssen führt als Individualentscheidungen. Schließlich wird kaum eine wichtige Entscheidung, sei es in der Politik, im Beruf oder in der Familie, lediglich von einer Einzelperson getroffen. Interessanterweise zeigt jedoch die sozialpsychologische Forschung, dass die eklatante **Fehlentscheidung** der sieben Geißlein kein Einzelfall ist: Gruppenentscheidungen sind eben nicht automatisch besser als Individualentscheidungen.

Gruppen sprechen hauptsächlich über geteilte und meinungsbestätigende Argumente, wohingegen konträre Meinungen eher übergangen werden. Plakativ formuliert: Die Gruppe spricht vor allem über das, was ohnehin schon alle wissen Dieses Phänomen wird in der Psychologie **Hidden-Profile-Effekt** genannt (Stasser u. Titus 1985, 1987). Das Spezialwissen jedes einzelnen Gruppenmitglieds wird vernachlässigt, da der Fokus auf dem gemeinsamen Wissen liegt. Hieraus resultiert ein deutlich geringeres tatsächliches Gesamtwissen, als das potenziell möglich wäre. Die Entscheidungsqualität wird somit stark beeinträchtigt.

Außerdem fanden Forscher heraus, dass Gruppenentscheidungen häufig extremer ausfallen als Individualentscheidungen. Ursprünglich wurde hierzu angenommen, dass die Extremmeinungen von einzelnen Gruppenmitgliedern in der gemeinsamen Entscheidungsfindung „herausgemittelt" würden. Entgegen dieser Annahme kommt es jedoch häufig zu einer Gruppenpolarisation, sodass die Gruppe – im Vergleich zur durchschnittlichen Ausgangsmeinung ihrer Mitglieder – zu einer riskanteren Entscheidung tendiert. Stoner (1961) spricht hierbei vom **Risky-Shift-Phänomen**. Ob das jüngste Geißlein, welches sich raffiniert im Uhrkasten vor dem Wolf versteckt hat, dem Bösewicht wohl auch alleine die Türe geöffnet hätte?

20.4   Fazit

Die Gebrüder Grimm liefern uns mit dieser Geschichte ein sehr klassisches Märchen, in dem das Gute über das Böse siegt. Anhand der Geschichte des Wolfs wird aufgezeigt, dass es zwar durchaus möglich ist, sich durch List und Tücke einen kurzzeitigen Vorteil zu beschaffen, jedoch auf lange Sicht Unehrlichkeit und Betrug nicht zum Erfolg führen.

Interessant ist sicherlich auch die Frage, wo uns im wahren Leben „Wölfe" begegnen. Vielleicht denkt der eine oder andere Leser nun an seinen undurchsichtigen Bankberater oder Versicherungsvertreter. Aber auch die zahlreichen Verführungen in der Werbung sollen an dieser Stelle genannt werden. Ähnlich wie die jungen Geißlein in unserem Märchen lassen wir uns – gutgläubig wie wir sind – häufig täuschen und bemerken unsere Fehler bzw. Fehlurteile erst im Nachhinein. Vielleicht gelingt es Ihnen nach dieser Lektüre den einen oder anderen „Wolf", der Ihnen begegnet, schneller auszumachen.

Weiterhin möchte ich Ihnen ans Herz legen, die Position des Müllers in der Geschichte zu überdenken. Dieser hatte sich zunächst geweigert und erst auf Zwang zur List des Wolfes seinen Beitrag geleistet. Was wäre passiert, wenn der Müller willensstark geblieben wäre? Hätte der Wolf seine Finte auch ohne Verbündete durchführen können? Und hätte man wohl selber den Mut besessen, sich der Drohung des Wolfes zu widersetzen? Leider ist das Verhalten des Müllers nicht untypisch in unserer Gesellschaft.

Letztlich nimmt das Märchen ein glückliches Ende, bei dem die sieben jungen Geißlein und ihre Mutter sich einander an den Händen fassen und vor Freude über den Tod des Wolfes um den Brunnen herum tanzen. Die Vorbereitungen hierzu – getreu der Talionsformel aus der Bibel „Auge um Auge, Zahn um Zahn" oder „Wie du mir, so ich dir" – muten allerdings recht makaber an, finden Sie nicht? Zum Glück hat es jeder selbst in der Hand, seinen Kindern bei der Erziehung noch weitere Konfliktlösungsstrategien mit auf den Weg zu geben.

Hiermit sind wir nun am Ende der Geschichte. Und wenn die Brüder Grimm nicht gestorben wären, dann lebten sie wohl heute glücklich und zufrieden in dem Wissen, dass ihre Märchen bis in die Neuzeit nicht an Bedeutung verloren haben.

Literaturverzeichnis

Grimm, J., & Grimm, W. (1819). *Kinder- und Haus-Märchen, gesammelt durch die Brüder Grimm: Große Ausgabe* (Bd. 1, 2. Aufl.). Berlin: G. Reimer.

Kant, I., & Rosenkranz, K. (Hrsg.). (1838). *Immanuel Kant's sämmtliche Werke*. Leipzig: Voss.

Katz, D., & Kahn, R. L. (1978). *The social psychology of organizations* (2.Aufl.). New York: Wiley.

Kleisner, K., Priplatova, L., Frost, P., Flegr, J., & Pelli, D. G. (2013). Trustworthy-looking face meets brown eyes. *Public Library of Science one* 8, e53285.

Rezlescu, C., Duchaine, B., Olivola, C. Y., Chater, N., & Rustichini, A. (2012). Unfakeable facial configurations affect strategic choices in trust games with or without information about past behavior. *Public Library of Science one* 7, e34293

Schiller, F. (1795). Über naive und sentimentalische Dichtung. [Tl. 1:] Über das Naive. *Die Horen* 11, 43–76.

Stasser, G., & Titus, W. (1985). Pooling of unshared information in group decision making: Biased information sampling during discussion. *Journal of Personality and Social Psychology* 48, 1467–1478.

Stasser, G., & Titus, W. (1987). Effects of information load and percentage of shared in-formation on the dissemination of unshared information during group discussion. *Journal of Personality and Social Psychology* 53, 81–93.

Stoner, J. A. F. (1961). A comparison of individual and group decisions involving risk. Unpublished master's thesis. Cambridge: MIT.

20

Das kleine Mädchen mit den Schwefelhölzern von Hans Christian Andersen (1845)

Eileen Wittmann

21.1   Inhalt des Märchens – 156

21.2   Die Charaktere – 156

21.3   Psychologische Phänomene und Bedeutung für die heutige
          Zeit – 156
21.3.1   Modell des Hilfeverhaltens – 157
21.3.2   Transaktionales Stressmodell – Misserfolg als Bedrohung – 158
21.3.3   Bedürfnispyramide von Maslow – 159

21.4   Implikationen für die Erziehung, Führung und
          Lebensgestaltung – 159
21.4.1   Hilfeverhalten – 159
21.4.2   Umgang mit Misserfolg – 160
21.4.3   Bedürfnisse – 161

21.5   Fazit – 161

          Literaturverzeichnis – 161

© Springer-Verlag GmbH Deutschland 2017
D. Frey (Hrsg.), *Psychologie der Märchen,*
DOI 10.1007/978-3-662-53668-1_21

21

21.1   Inhalt des Märchens

Es war einmal ein kleines Mädchen, welches am Silvesterabend in einer Ecke zwischen zwei Häusern kauerte, an seiner Schürze einen Bund Schwefelhölzer. Barfuß, hungrig und frierend hatte es den ganzen Tag versucht, Schwefelhölzer zu verkaufen, die mit Besorgungen für den Silvesterabend beschäftigten Bürger hatten es jedoch keines Blickes gewürdigt. Ohne auch nur ein einziges Schwefelholz verkauft oder ein Almosen bekommen zu haben, traute sich das kleine Mädchen nicht nach Hause. Es fürchtete, vom Vater geschlagen zu werden, und sagte sich, dass es auch dort kalt sei.

Um sich zu wärmen, zündete es ein erstes Schwefelholz an und träumte von einem warmen Ofen, der jedoch verschwand, als das Schwefelholz erlosch. Sodann zündete es weitere Schwefelhölzer an und träumte erst von einem mit Gänsebraten gedeckten Tisch, dann von einem großen, geschmückten Weihnachtsbaum und schließlich von seiner geliebten, bereits verstorbenen Großmutter. Es zündete alle verbleibenden Schwefelhölzer an, damit der Traum der Großmutter nicht mit dem erlöschenden Schwefelholz verschwand. Das kleine Mädchen bat seine Großmutter, es mit sich zu nehmen. Diese hob es sodann auf ihre Arme und flog mit ihm hoch zu Gott.

Im Häusereck saß am nächsten Morgen ein kleines Mädchen mit einem Bund abgebrannter Schwefelhölzer und einem Lächeln auf den Lippen: Es war tot, erfroren am letzten Tag des alten Jahres. (Andersen 2010; ◘ Abb. 21.1)

21.2   Die Charaktere

Über die Charaktere erfährt man in diesem Märchen nur wenig. Im Mittelpunkt steht das **kleine Mädchen**, das aus tiefster Armut heraus bei Eiseskälte spärlich bekleidet und hungernd dazu gezwungen ist, Schwefelhölzer zu verkaufen oder ein Almosen zu erbetteln. Es traut sich aus Angst vor seinem **Vater** nicht nach Hause, dessen Schläge es befürchten muss, wenn es ohne einen Heller zurückkommt. Im Schein der Schwefelhölzer träumt es schließlich von seiner **verstorbenen Großmutter**, der einzigen, die jemals gut zu ihm war, und bittet sie, es mit sich zu nehmen. Das kleine Mädchen erfriert in dieser Silvesternacht – sich in seinen letzten Gedanken seiner Großmutter und Gott nahe wähnend.

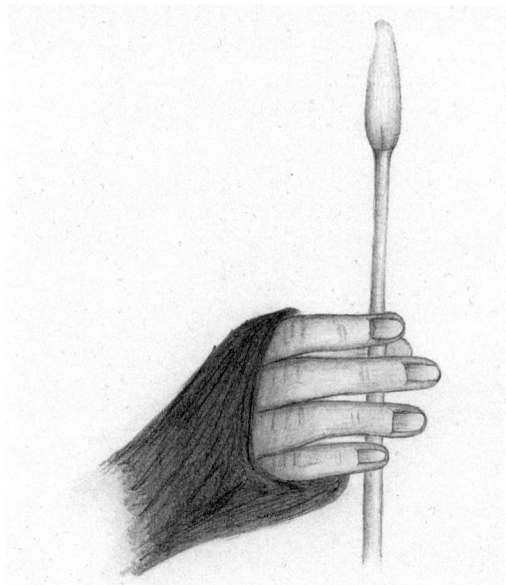

◘ **Abb. 21.1**   (Zeichnung: Johanna Frey)

21.3   Psychologische Phänomene und Bedeutung für die heutige Zeit

Die tragische Geschichte über „Das kleine Mädchen mit den Schwefelhölzern" aus dem Jahre 1845 gehört wohl zu den bekanntesten Märchen aus dem literarischen Vermächtnis des dänischen Schriftstellers Hans Christian Andersen. Der Schriftsteller stammte selbst aus ärmlichen Verhältnissen und konnte als Sohn eines verarmten Schusters und einer Wäscherin kaum die Schule besuchen. Als er 11 Jahre alt war, starb sein Vater und Andersen musste arbeiten, um für sich und die Mutter sorgen zu können. Nur durch sein schriftstellerisches Talent, das bei seiner späteren Arbeit am Theater auffiel und ihm die Unterstützung durch wohlhabende Förderer verschaffte, konnte er später doch noch sowohl die Schule als auch die Universität absolvieren (Buchfunk Hörbuchverlag GbR 2016). Andersen kannte die Armut des kleinen Mädchens wohl aus eigener Erfahrung, im Gegensatz zu ihm konnte er dieser jedoch entkommen. Die erste Hälfte des 19. Jahrhunderts – die Zeit, in der Andersen lebte – war durch eine Massenarmut gekennzeichnet, deren Ausmaß man sich heute kaum noch vorstellen kann.

Ist die tragische Geschichte des kleinen Mädchens mit den Schwefelhölzern folglich „ganz normal" für die damaligen Lebensumstände und hat heute kaum noch Relevanz? Oder lassen sich Punkte identifizieren, die auch für uns heutzutage nicht an Bedeutsamkeit verloren haben? Im Folgenden sollen Antworten auf diese Fragen anhand verschiedener psychologischer Phänomene gefunden werden.

21.3.1 Modell des Hilfeverhaltens

Seit den 60er-Jahren des letzten Jahrhunderts wurde, u. a. durch den Mord an der New Yorkerin Kitty Genovese, bei dem der Geschichte nach Nachbarn deren Schreie hörten oder den Angriff sogar teilweise sahen, jedoch keiner eingriff, eine Vielzahl von psychologischen Studien zu der Fragestellung publiziert, warum wir helfen bzw. – wie im Fall des kleinen Mädchens mit den Schwefelhölzern und auch Kitty Genovese – warum wir nicht helfen.

Die Sozialpsychologen Bibb Latané und John Darley (1970) entwickelten auf Basis von empirischen Studien ein Modell des Hilfeverhaltens, das Hilfeverhalten anhand von fünf Stufen erklärt:

1. Eine Situation, in der Hilfe benötigt wird, muss überhaupt erst wahrgenommen werden.
2. Im nächsten Schritt muss die beobachtete Situation als Notlage interpretiert werden.
3. Anschließend muss der Beobachter in der Situation Verantwortung übernehmen.
4. Dann muss er darüber entscheiden, **wie** er hilft.
5. Im letzten Schritt muss er dann tatsächlich Hilfe leisten.

Nach diesem sequenziellen Modell wird nur dann geholfen, wenn jede Stufe überwunden wird. Und auf jeder einzelnen Stufe können zahlreiche Hindernisse das Überwinden der Stufe verhindern.

Im Zentrum des Märchens „Das kleine Mädchen mit den Schwefelhölzern" steht das Motiv des armen, hungernden und frierenden Kindes, dem von den wohlhabenderen, mit Einkäufen beschäftigten Bürgern nicht geholfen wird – weder durch den Kauf eines Schwefelholzes, das sie nur einen winzigen Geldbetrag gekostet hätte, oder ein Almosen noch durch sonstige Hilfeleistungen wie eine Mahlzeit oder etwas Warmes zum Anziehen.

Wahrnehmen von Notsituationen

Das Modell des Hilfeverhaltens kann dabei erste Ansatzpunkte liefern, um die Frage nach dem Warum zu beantworten.

Vielleicht haben die Bürger nicht einmal die erste Stufe überwinden können und dem kleinen Mädchen nicht geholfen, da sie es aufgrund ihrer eigenen Geschäftigkeit und der vermeintlichen Dringlichkeit ihrer Einkäufe gar nicht bemerkt haben. Möglicherweise hat aber auch das kleine Mädchen nicht ausreichend Anstrengung unternommen, um auf sich und seine desolate Situation aufmerksam zu machen. Falls es jedoch tatsächlich bemerkt wurde, ist es möglich, dass dann aber keiner seine Situation als **Notlage** interpretiert hat. Es könnte beispielsweise sein, dass bettelnde Kinder in dieser Zeit zum Alltag gehörten und die Situation daher als „normal" eingeschätzt wurde.

Außerdem könnte das psychologische Phänomen der **pluralistischen Ignoranz** eine Rolle gespielt haben: Der einzelne Bürger nimmt an, das kleine Mädchen sei nicht in Not, da kein anderer Bürger Anstalten macht, einzugreifen und dem kleinen Mädchen zu helfen. Da dieses Phänomen vor allem in Situationen auftritt, die nicht eindeutig sind, stellt sich auch hier die Frage, wie viel das kleine Mädchen dazu beigetragen hat, seine eigene Notlage als solche kenntlich zu machen.

Eingreifen in Notsituationen

Vielleicht wurde das kleine Mädchen in seiner Not sogar bemerkt, kein Bürger hat jedoch Verantwortung übernommen. Verantwortlich dafür kann beispielsweise das psychologische Phänomen der **Verantwortungsdiffusion** sein: Je mehr Menschen Zeugen einer Notlage werden, desto geringer fällt die Übernahme von Verantwortung durch jeden einzelnen aus. Möglicherweise hatte das kleine Mädchen folglich das Pech, dass so viele Bürger ihre Einkäufe in der Stadt tätigten.

Bei der anschließenden Entscheidung, wie man hilft, kann vor allem die wahrgenommene **fehlende Kompetenz** zu helfen ein Hindernis darstellen. Einzelne Bürger könnten zu wenig Geld für ein Almosen gehabt haben, oder es könnte beim Einzelnen das Gefühl aufgekommen sein, dem kleinen Mädchen mit einem geringen Geldbetrag sowieso nicht helfen zu können, da es das eigentliche Problem seiner Armut nur kurzfristig löst.

Sollte der ein oder andere Bürger dennoch bis zum fünften und letzten Schritt gekommen sein, konnte er diese Stufe offenbar nicht überwinden. Verantwortlich dafür könnte beispielsweise eine **Kosten-Nutzen-Abwägung** gewesen sein. Außerdem können auch hier soziale Einflüsse wie soziale Normen eine Rolle spielen. Beispielsweise könnten einzelne Bürger dem kleinen Mädchen deshalb nicht geholfen haben, da sie befürchteten, ihr Verhalten würde von anderen als unangebracht oder unangemessen beurteilt werden, ein Phänomen, das in der Psychologie als **Bewertungsangst** bekannt ist. Wieder andere könnten dem kleinen Mädchen die Verantwortung für seine eigene elende Situation selbst zugeschrieben und somit entschieden haben, dass es keine Hilfe verdient.

Was der genaue Grund für das Nichteingreifen der Bürger war, wird wohl ein Geheimnis bleiben. Festzustellen bleibt, dass die Geschichte – auch wenn es sich vielleicht nur um kleines Hindernis handelte – einen tragischen Ausgang nimmt.

21.3.2 Transaktionales Stressmodell – Misserfolg als Bedrohung

Wenn wir Misserfolge erleben, bleiben wir bei einer Aufgabe hinter unseren eigenen Ansprüchen zurück, und dies bedroht unser Verständnis davon, wer wir sind und wie wir uns damit fühlen – unser Selbst. Doch wie gehen wir mit einer solchen Bedrohung um?

Nach dem transaktionalen Stressmodell (z. B. Lazarus u. Folkman 1984) bewerten wir nach der Erfahrung eines potenziellen Stressors unsere Fähigkeiten und Möglichkeiten, diesen zu bewältigen. Es sind dabei verschiedene Bewältigungsstrategien möglich, um dem Stressor zu begegnen.

- Bei der **problemorientierten Bewältigung** wird das Stress auslösende Problem direkt in Angriff genommen und Verhalten gezeigt, um die Situation selbst zu verändern.
- Bei der **emotionsorientierten Bewältigung** wird versucht, die mit dem Stressor

einhergehenden Emotionen zu regulieren, z. B. durch Flucht, Ablenkung, Herunterspielen der Bedeutsamkeit des Stressors oder den Ausdruck von Emotionen.

Bedrohungen des Selbst führen nicht nur zu einem geringeren Wohlbefinden und negativen Emotionen, sondern können auch die physische Gesundheit beeinträchtigen. Am schlimmsten sind dabei Bedrohungen, die wir als unkontrollierbar empfinden. Bedrohungen, die als kontrollierbar empfunden werden, können wir als Herausforderungen wahrnehmen. Diejenigen, die als unkontrollierbar wahrgenommen werden, führen auf Dauer zu Angst, Frustration, Hilflosigkeit und Depression (Smith u. Mackie 2007).

Zugespitzt ausgedrückt, zieht es das kleine Mädchen vor, in der Kälte zu sterben, als trotz des Misserfolgs, kein Schwefelholz verkauft oder ein Almosen bekommen zu haben, in das wahrscheinlich sicherere Zuhause zu gehen. Auch sein Vater trägt seinen Teil dazu bei, indem es bei einem Misserfolg seine Schläge befürchten muss.

Höchstwahrscheinlich erlebt das kleine Mädchen regelmäßig diesen **Misserfolg** und empfindet seine eigene Situation als unkontrollierbar. Es kann sich Tag für Tag in die Stadt stellen und versuchen, Schwefelhölzer zu verkaufen – vielleicht hat es einmal Glück und jemand kauft ihm eines ab – doch meist wird es wohl mit leeren Händen nach Hause zurückkehren und das Gefühl haben, daran auch am nächsten Tag nichts ändern zu können.

Ihm bleibt folglich nur die emotionsorientierte Bewältigung dieser Bedrohung, um Angst und Hilflosigkeit entgegenzuwirken. Es träumt sich im Schein der Schwefelhölzer hinfort aus seiner elenden Situation, flüchtet vor der Realität. Das kleine Mädchen reagiert auf seine eigene bedrohliche Situation mit Rückzug und gibt sein Leben auf. Doch was für den Leser ein tragischer Ausgang der Geschichte ist, scheint für das kleine Mädchen eine Verbesserung seiner Situation zu sein. Es stirbt mit einem Lächeln auf den Lippen und fühlt sich von der liebenden Großmutter im Arm zu Gott emporgehoben. So entkommt es Hunger, Kälte, täglichen Misserfolgen, Hilflosigkeit und der Ablehnung des eigenen Vaters.

Aber kann man hier von einer erfolgreichen Bewältigung einer bedrohlichen Situation sprechen? Sollte eine Gesellschaft nicht andere Wege bereithalten?

21.3.3 Bedürfnispyramide von Maslow

Der Sozialpsychologe Abraham Maslow entwickelte 1943 eine Theorie der menschlichen Motivation, die heute besser als Bedürfnispyramide von Maslow bekannt ist. Er identifiziert darin **fünf Grundbedürfnisse** des Menschen und ordnet diese in einer Hierarchie an. Nur wenn ein Bedürfnis ausreichend befriedigt ist, wird das in der Hierarchie nächsthöhere Bedürfnis aktiviert und beeinflusst fortan unser Handeln – wie zuvor das bereits erfüllte Bedürfnis:

1. An unterster Stelle in der Pyramide befinden sich die physiologischen Bedürfnisse wie Hunger, Durst oder das Bedürfnis nach Schlaf.
2. Sind diese Bedürfnisse befriedigt, werden auf der nächsten Stufe die Sicherheitsbedürfnisse aktiviert. Hierunter fallen Bedürfnisse nach körperlicher Unversehrtheit, einem stabilen Umfeld oder einfach einem Dach über dem Kopf.
3. Auf der nächsthöheren Stufe der Pyramide finden sich dann die Bedürfnisse nach sozialen Bindungen, Liebe und Zugehörigkeit.
4. Darauf folgen auf der vierten Stufe der Pyramide die Bedürfnisse nach Anerkennung, Erfolg und Wertschätzung.
5. Sind diese Bedürfnisse erfüllt, fühlt sich das Individuum selbstbewusst, wertvoll, fähig und nützlich in dieser Welt. Das Individuum ist dann an der Spitze der Pyramide angekommen und das Bedürfnis nach Selbstverwirklichung erwacht. Maslow (1943, S. 382, übersetzt aus dem Englischen) beschreibt dies mit folgenden Worten: „Ein Musiker muss musizieren, ein Künstler muss malen, ein Dichter muss schreiben, um endgültig glücklich zu sein. Was jemand *kann*, das *muss* er sein."

Welche Bedürfnisse hatte das kleine Mädchen mit den Schwefelhölzern, bevor es in jener kalten Silvesternacht erfror?

Seine Wünsche und Träume beziehen sich vor allem auf die physiologischen Bedürfnisse: Ein warmer Ofen gegen die Kälte, ein Gänsebraten gegen das unerträgliche Gefühl von andauerndem Hunger. Nicht einmal die Bedürfnisse der ersten Stufe der Bedürfnispyramide waren folglich erfüllt. Sein Traum vom herrlichen Weihnachtsbaum kann als Zeichen für die Sicherheitsbedürfnisse und die Bedürfnisse nach sozialen Bindungen und Zuwendung interpretiert werden. Der Weihnachtsbaum könnte hier für das Weihnachtsfest stehen, das man üblicherweise in geordneten Familienverhältnissen, in einer warmen Wohnstube und mit seinen Liebsten feiert. Der letzte Traum von der liebenden Großmutter stünde dann sinnbildlich für das Bedürfnis nach sozialen Bindungen und Zuwendung. Im Angesicht des Todes wünscht sich das kleine Mädchen die Liebe und Geborgenheit durch seine Großmutter – Bedürfnisse, die zumindest durch seinen Vater nicht erfüllt zu sein scheinen. Immerhin dieses letzte Bedürfnis scheint ihr der Geschichte nach erfüllt zu werden.

21.4 Implikationen für die Erziehung, Führung und Lebensgestaltung

Aus den zu dem Märchen „Das kleine Mädchen mit den Schwefelhölzern" vorgestellten psychologischen Phänomenen lassen sich Implikationen für verschiedene Bereiche unseres täglichen Lebens ableiten.

21.4.1 Hilfeverhalten

Der Fall eines kleinen bettelnden Mädchens, das draußen in der Kälte erfriert, mag uns in der heutigen Zeit in Deutschland unrealistisch vorkommen und wir denken gerne, dass solche Fälle der Vergangenheit angehören. Doch auch hierzulande lebt jedes fünfte Kind in Armut und bei jedem zehnten Kind, dessen Existenz durch die Grundsicherung, d. h. Leistungen nach dem Sozialgesetzbuch, Zweites Buch (SGB II), abgesichert wird, verfügen nicht alle Mitglieder des Haushalts über ausreichende Winterkleidung (Tophoven et al. 2015). Auch wenn diese Kinder in den allermeisten Fällen nicht gefährdet sind, zu erfrieren, sind sie dennoch hilfsbedürftig.

Aber was kann der Einzelne tun, um in solchen und anderen Fällen von Hilfsbedürftigkeit zu helfen? Man schiebt die Verantwortung gerne von sich und sagt sich, dass die Politik hier etwas ändern müsse und man selbst mit den eigenen begrenzten Möglichkeiten nichts ausrichten könne. Doch es gibt unzählige Situationen im Leben eines jeden Menschen, in denen ein anderer Hilfe benötigt oder man selbst froh über eine helfende Hand wäre.

Das kleine Mädchen, das vergeblich versucht, Schwefelhölzer zu verkaufen, und in seiner Hilfsbedürftigkeit nicht beachtet oder bemerkt wird, gibt es in vielerlei Hinsicht: ein Mitschüler, der von seinen Schulkameraden gemobbt wird, eine alte Dame, die nicht mehr alleine einkaufen oder zum Arzt gehen kann, oder eine junge Frau, die vor den Augen ihrer eigenen Nachbarn erstochen wird – wie im Fall von Kitty Genovese und anderen prominenten Fällen **mangelnder Zivilcourage**. Mal ist man selbst in der Position des vorbeilaufenden Bürgers – des passiven Beobachters –, mal in der des kleinen Mädchens – des Hilfebedürftigen, dem keine Hilfe zuteilwird.

Doch was können wir in allen Institutionen der Gesellschaft wie Familien, Bildungseinrichtungen und Unternehmen tun, damit die Mehrheit nicht schweigt und vorbeigeht, sondern hilft? Und wie können Hilfebedürftige selbst dazu beitragen, dass Ihnen geholfen wird? Das Modell des Hilfeverhaltens von Latané u. Darley (1970) sowie die Geschichte des kleinen Mädchens können hier erste Ansatzpunkte geben.

Als Hilfesuchender ist es von enormer Wichtigkeit, seine **Hilfsbedürftigkeit** deutlich zu machen – sei es, indem man laut um Hilfe ruft oder sich einer anderen Person anvertraut – und nicht darauf zu warten, dass andere diese von selbst erkennen. Außerdem ist es hilfreich, einer spezifischen Person persönlich Verantwortung zu übertragen, z. B. indem man ruft: „Sie da im roten Mantel, helfen Sie mir!" (Moriarty 1975).

Aufseiten des Augenzeugen sind das Kompetenzgefühl und die Erwartung, mit der eigenen Hilfeleistung auch etwas bewirken zu können, wichtige Determinanten dafür, ob Hilfeverhalten gezeigt wird. Da für große Heldentaten und langfristige Hilfeleistung die **Kompetenz** einer einzelnen Person oft tatsächlich nicht ausreicht, ist es wichtig, von

klein auf zu lernen, dass beim Hilfeverhalten kleine Schritte, z. B. das Alarmieren eines professionellen Helfers (Polizei, Vertrauenslehrer, Eltern), sehr viel wert sind und entscheidend weiterhelfen. Außerdem kann man dem Beobachter helfen, indem man ihm **Handlungsleitlinien** für bestimmte Situationen an die Hand gibt (z. B. der Gang zum Vertrauenslehrer im Fall von Mobbing) und **Ressourcen** bereitstellt, die zum Helfen auffordern (z. B. Defibrillatoren, Notrufsäulen). Zusätzlich lässt sich das subjektive Kompetenzgefühl durch **Trainings** stärken. Hierbei können in Rollenspielen bestimmte Verhaltensweisen einstudiert und ausprobiert werden, ohne dass man negative Konsequenzen fürchten muss (Frey et al. 2001).

Soziale Einflüsse und Normen können Hilfeverhalten verhindern – aber sie können es auch fördern. Es ist somit wichtig, Normen, die dazu beitragen, dass Menschen helfen, in den verschiedenen Institutionen der Gesellschaft zu lehren und nach ihnen zu leben. Man sollte sich solche Grundregeln des Zusammenlebens wieder bewusster machen, sie anderen vorleben und die Überzeugung, Verantwortung für unseren Nächsten zu haben, stärken. Haben wir nicht die **moralische Pflicht**, einem Mitschüler gegen Mobbing beizustehen, einer alten Dame Nahrung und medizinische Hilfe zu ermöglichen oder Menschen zu helfen, die physisch angegriffen werden – und ein kleines Mädchen mit einem Bund Schwefelhölzer vor dem Erfrierungstod zu bewahren?

21.4.2 Umgang mit Misserfolg

Bei einer Studie, die die Toleranz für Fehler in 61 verschiedenen Ländern verglich, belegte Deutschland den vorletzten Platz, nur in Singapur sah man Fehler noch weniger gern (Gelfand et al. 2011). Kein Wunder also, dass Misserfolge und Fehler hierzulande eine besonders große Bedrohung für den Selbstwert darstellen. Doch wollen wir in einer Gesellschaft leben, in der sich ein Kind nicht traut nach Hause zu kommen, nachdem es etwas nicht geschafft hat?

Der ehemalige US-amerikanische Präsident Theodore Roosevelt sagte einmal: „Der einzige Mensch, der keine Fehler macht, ist der Mensch, der niemals etwas tut." Fehler und Misserfolge lassen sich nicht vermeiden und bieten obendrein die Chance, zu lernen und sich weiterzuentwickeln.

Es sollte folglich in Familien, aber auch in Unternehmen und anderen gesellschaftlichen Institutionen eine **Fehlerkultur** vermittelt werden – Fehler und Misserfolge passieren und das ist in Ordnung. Wichtig ist, wie man damit umgeht. Misserfolge zu dramatisieren führt zu Selbstzweifeln, Angst und letztlich vielleicht sogar zum Verschweigen eines Fehlers, der ernste und weitreichende Folgen nach sich ziehen kann. Sind Misserfolge nicht tabu, können diese leichter preisgegeben und auch bewältigt werden. Hierbei können gerade Kinder von ihren Eltern oder Mitarbeiter von Vorgesetzten oder Kollegen unterstützt werden.

Außerdem sollten wir uns bewusst werden, dass es wahrscheinlich auch heute immer noch viele Menschen gibt, die ihre Lebenssituation als unkontrollierbar wahrnehmen und das Gefühl haben, in unserer Gesellschaft keine Chance zu haben. Und sollten uns fragen, was jeder einzelne von uns tun kann, damit deren Geschichte nicht so tragisch endet wie die des kleinen Mädchens mit den Schwefelhölzern.

21.4.3 Bedürfnisse

Heutzutage geht es bei uns in Deutschland hauptsächlich um die drei obersten Bedürfnisgruppen der Bedürfnispyramide – die physiologischen Bedürfnisse und die nach Sicherheit sind oft mehr als erfüllt. Wir vergessen dabei gerne, dass es auf dieser Welt noch viel zu viele Menschen gibt, bei denen nicht einmal die unterste Stufe der Pyramide – die physiologischen Bedürfnisse – ausreichend erfüllt sind. Und wir vergessen häufig auch, dass es Luxus ist, sich mit Fragen wie „Wie viele Freunde kommen wohl zu meiner Party?", „Wie viele Likes bekomme ich auf Facebook für mein letztes Urlaubsbild?" und „Wie kann ich mich in meinem Beruf selbst verwirklichen?" auseinanderzusetzen.

Es ist sicherlich wichtig, sich selbst und seine eigenen Probleme ausreichend ernst zu nehmen, aber hin und wieder sollte man sich seine **eigene Privilegiertheit** bewusst machen und nach links und rechts schauen, ob dort vielleicht ein bedürftiger Mensch sitzt. Es ist ein Armutszeugnis, wenn

Menschen den Tod dem Leben aufgrund ihrer Lebensumstände vorziehen, und es muss dringlichste Aufgabe in einer Gesellschaft sein, dies zu verhindern.

Das „kleine Mädchen" finden wir auch heute noch überall und viel zu häufig – arm, isoliert und hilflos. Gerade mit dem Massenzustrom an Flüchtlingen gewinnt dieses Thema noch einmal mehr an Brisanz. Aber auch hierzulande gibt es Menschen, die aus unserer Gesellschaft, so wie sie ist, als „Verlierer" hervorgehen. Es ist an der Zeit, den Blick wieder verstärkt auf die Bedürfnisse der **Benachteiligten in unserer Gesellschaft** zu richten, anstatt nur um uns selber und unsere Bedürfnisse zu kreisen.

21.5 Fazit

Ohne Zweifel ist das Märchen „Das kleine Mädchen mit den Schwefelhölzern" von Hans Christian Andersen auch heute noch aktuell. Es zeigt uns Missstände unserer Gesellschaft auf, die sich zwar seit dem 19. Jahrhundert deutlich verbessert haben, aber immer noch nicht beseitigt sind. Die Psychologie hinter dem Märchen kann uns dabei helfen, zu erkennen und zu erklären, warum bestimmte Vorgehensweisen problematisch sind und auch erste Ansatzpunkte zur Lösung beitragen. Das Handeln liegt nun an uns.

Literaturverzeichnis

Andersen, H. C. (2010). *Andersens Märchen*. Köln: Anaconda.

Buchfunk Hörbuchverlag GbR (2016). Hans Christian Andersen. Biografie. http://hans-christian-andersen.de/biografie/. Zugegriffen: 02. November 2016.

Frey, D., Neumann, R., & Schäfer, M. (2001). Determinanten von Zivilcourage und Hilfeverhalten. In: H.-W. Bierhoff, & D. Fetchenhauter (Hrsg.), *Solidarität, Konflikt, Umwelt und Dritte Welt* (S. 93–122). Opladen: Leske + Budrich.

Gelfand, M. J., Frese, M., & Salmon, E. (2011). Cultural Influences on errors: prevention, detection, and management. In: D. A. Hofmann, & M. Frese (Eds.), *Errors in organizations* (pp. 273–316). New York: Routledge.

Latané, B., & Darley, J. M. (1970). *The unresponsive bystander: Why doesn't he help?* New York: Appleton-Crofts.

Lazarus, R. S., & Folkman, S. (1984). *Stress, appraisal and coping*. New York: Springer.

Maslow, A. H. (1943). A Theory of Human Motivation. *Psychological Review* 50, 270–396.

21

Moriarty, T. (1975). Crime, commitment, and the responsive
   bystander: Two field experiments. *Journal of Personality
   and Social Psychology* 31, 370–376.
Smith, E. R., & Mackie, D. M. (2007). *Social psychology* (3rd ed.).
   New York: Psychology Press.
Tophoven, S., Wenzig, C., & Lietzmann, T. (2015). Kinder- und
   Familienarmut: Lebensumstände von Kindern in der
   Grundsicherung. https://www.bertelsmann-stiftung.de/
   de/publikationen/publikation/did/kinder-und-familien-
   armut/. Zugegriffen: 02. November 2016.

Väterchen Frost von Alexander Afanasjew (Mitte des 19. Jahrhunderts)

Maxim Karl

22.1   Inhalt des Märchens – 164

22.2   Die Charaktere – 164

22.3   Psychologische Phänomene und Implikationen – 165
22.3.1   Biologische Elternschaft und Patchworkfamilien – 165
22.3.2   Gehorsam – 167

22.4   Fazit – 169

          Literaturverzeichnis – 169

© Springer-Verlag GmbH Deutschland 2017
D. Frey (Hrsg.), *Psychologie der Märchen,*
DOI 10.1007/978-3-662-53668-1_22

22

22.1 Inhalt des Märchens

Es war einmal vor langer Zeit in einem weit entfernten Land ein Mann mit seiner Frau. Beide waren zuvor bereits verheiratet gewesen und hatten aus ihrer früheren Ehe je eine Tochter. Die Tochter der Frau war lieblos und gemein, während die Tochter des Mannes gutherzig und sanft war. Die Frau liebte nur ihr leibliches Kind und ließ ihre Stieftochter tagelang hart arbeiten. Das Mädchen musste alleine das ganze Haus putzen und wurde von der Stiefmutter geschlagen und beleidigt. Dennoch hasste die Frau die Tochter des Mannes von Tag zu Tag mehr.

Eines Tages, mitten in einem harten, kalten Winter, beschloss die Stiefmutter, dass das arme Mädchen in den tiefen Wald gebracht und sich selbst überlassen werden sollte. Der Vater des Mädchens wollte das natürlich nicht und versuchte der Frau, diesen Gedanken auszureden. Doch diese war so boshaft und herrisch, dass er aus Angst vor ihr seine einzige Tochter mit in den Wald nahm und sie dort alleine zurückließ.

Einsam und verlassen saß das Mädchen nun unter einem Baum. Doch schon nach kurzer Zeit hörte sie ein Knacken von Zweigen und kurz darauf eine Stimme, die sprach: „Frierst Du, liebes Kind?" Das Mädchen erkannte die Stimme als die von Väterchen Frost und antwortete: „Nein, Väterchen Frost. Mir ist nicht kalt." Da kam er immer näher zu dem Kind und fragte sie noch einige Male, doch das Mädchen antwortete immer, dass ihr warm sei. Väterchen Frost gefiel ihre bescheidene und milde Art und er entschied, ihr aus ihrer Notlage zu helfen. Er wickelte sie in einen weichen und prächtigen Mantel, wärmte sie die ganze Nacht und überhäufte sie am nächsten Morgen mit kostbaren Geschenken. Der Vater bedauerte inzwischen seine böse Tat und kam am nächsten Tag in den Wald zurück, um seine Tochter zu retten. Als er sie nicht nur lebendig, sondern auch warm bekleidet und mit großen Reichtümern beladen vorfand, war die Freude groß.

Als beide wieder nach Hause zurückkehrten und die Stiefmutter die Reichtümer des Mädchens sah, wollte sie, dass auch ihre eigene Tochter in den Wald gebracht werden sollte, um dort eine Nacht zu verbringen und reich beschenkt zurückzukehren. Also ging der Mann in den Wald und ließ die Tochter der Frau dort zurück. Doch als er sie am nächsten Morgen holen wollte, erschrak er. Nicht beladen mit Reichtum, sondern kalt gefroren war der Leib des bösen Mädchens. Er brachte der bösen Frau ihren Leichnam, nahm seine eigene Tochter bei der Hand und zog mit ihr weit weg an einen wunderschönen warmen Ort.

Und wenn er und das Mädchen nicht gestorben sind, so leben sie noch heute.

(Afanasjew 2001; ◻ Abb. 22.1)

Anmerkung Alexander Nikolajewitsch Afanasjew (1826–1871) trug als Sammler und Herausgeber die Russischen Volksmärchen zusammen und ist damit vergleichbar mit den Gebrüdern Grimm. Zwar findet in Richtung Russland ein starker Export deutscher Märchen statt, in Deutschland sind russische Märchen jedoch eher unbekannt. Dieses sehr bekannte Volkmärchen von Väterchen Frost soll Ihnen einen kleinen Einblick in den umfangreichen russischen Märchenschatz liefern.

22.2 Die Charaktere

Bevor wir genauer auf die psychologischen Phänomene des Märchens eingehen, sollen noch kurz die Hauptcharaktere der Geschichte beschrieben werden.

Väterchen Frost ist ein zentraler Charakter in vielen russischen Märchen und Mythen. In diesem Märchen wird er als großzügiger und etwas verspielter Geselle beschrieben, der gerne anderen Menschen weiterhilft, sofern sie ihm sympathisch sind. Das sieht man daran, dass er nur einem der Mädchen in ihrer Notlage weitergeholfen hat, wobei man sich hier auch die Frage stellen kann, ob die verschiedenen Persönlichkeiten der beiden Mädchen für sein Verhalten ausschlaggebend waren.

Diese Persönlichkeiten könnten wohl unterschiedlicher nicht sein. Die **Tochter der Frau** wird als gemein und lieblos beschrieben, wohingegen die **Tochter des Mannes**, die auch die Heldin in der Geschichte ist, als bescheiden und gutherzig dargestellt wird.

Weiterhin wird die **Stiefmutter** als eine böse und hassgetriebene Person geschildert, die am Ende nicht einmal zurückschreckt, ihre eigene Tochter im Wald

Abb. 22.1 (Zeichnung: Claudia Styrsky)

aussetzen zu lassen, nur um an die Reichtümer von Väterchen Frost zu gelangen.

Zu guter Letzt scheint der **Vater** ein feiger Pantoffelheld zu sein, der lieber seine Tochter dem Tod aussetzt, als seiner Frau zu widersprechen.

22.3 Psychologische Phänomene und Implikationen

Seit den Anfängen ihrer Kultur erschufen die Russen eine einzigartige Märchenwelt. Jede Generation trug etwas zu der Überlieferung bei, bis eine vielschichtige und komplexe Mythenwelt entstand, die mit der Geschichte der Russen, ihrer Lebenserfahrung und ihrem Selbstempfinden tief verbunden ist. Den Märchen sind ihre Helden und Bösewichte gemeinsam, welche wiederholt in vielen verschiedenen Geschichten auftreten und welche jeder Russe

seit seiner frühesten Kindheit kennenlernt. Eine der wohl bekanntesten Figuren ist Väterchen Frost („Ded Moroz"), der als russisches Äquivalent zum westlichen Weihnachtsmann angesehen werden kann.

An dieser Stelle soll erwähnt sein, dass das Märchen Raum für viele verschiedene psychologische und gesellschaftskritische Interpretationen bietet. Im Folgenden wird auf einige davon vertiefend eingegangen.

22.3.1 Biologische Elternschaft und Patchworkfamilien

Haben Sie sich bei dem Lesen des Märchens gefragt, warum die Frau ihre Stieftochter so abgrundtief hasst und sie dem Tod aussetzen will? Das Mädchen könnte doch netter und umgänglicher nicht sein. Müsste sie nicht eher ihre eigene Tochter verstoßen,

22

die böse und gemein ist? Wäre das Verhalten der Frau für Sie besser nachvollziehbar, wenn die Stiefmutter ihre eigene Tochter zuerst in den Wald zum Sterben geschickt hätte?

Dieses kleine Gedankenspiel zeigt auf, dass wir implizite Theorien darüber haben, was denn das besser nachvollziehbare Verhalten der Frau gewesen wäre. Offensichtlich scheint die **biologische Verwandtschaft** eine zentrale Rolle zu spielen. So konnte in aktuellen Studien nachgewiesen werden, dass Stiefeltern typischerweise mehr Neid und Feindseligkeit gegenüber den Kindern verspüren als biologische Eltern (Connor u. Boag 2010). Das ist glücklicherweise keine allgemeingültige Regel.

Bedeutung und Auswirkungen biologischer Elternschaft

Doch warum gibt es dieses Phänomen überhaupt? Von einer rein evolutionspsychologischen Perspektive betrachtet, besteht unser einziger Lebenszweck darin, unser Genmaterial weiterzugeben und das Überleben unserer Linie zu gewährleisten. Dafür ist neben der Fortpflanzung auch das Beschützen unserer Nachkömmlinge von herausragender Bedeutung. Denn die Möglichkeit des Fortbestehens der eigenen Gene ist erst dann gegeben, wenn die Nachkömmlinge selber das fortpflanzungsfähige Alter erreichen.

Das Hauptinstrument der Evolution, um uns dazu zu bewegen, sorgfältig auf unsere biologischen Kinder aufzupassen, ist die **Elternliebe**. Damit verbunden ist, dass Menschen tendenziell eine etwas verzerrte Wahrnehmung ihrer biologischen Kinder haben. So schreibt man seinen Sprösslingen eine höhere Leistungsfähigkeit (intelligenter, sportlicher) sowie vorteilhaftere Persönlichkeitseigenschaften (netter, hilfsbereiter) zu und interpretiert tendenziell negativ behaftetes Verhalten als nicht ursächlich in der Person des Kindes, sondern als von schwierigen Umweltsituationen ausgelöst („Mein Kind ist das schlauste in der Schule. Die Lehrer sind schuld, dass es durchgefallen ist"). Diese Effekte sorgen dafür, dass man sich noch intensiver um sein Kind kümmert und es auch bei Problemen stärker unterstützt (Medicus 2012).

So nimmt die Frau im Märchen ihre eigene Tochter möglicherweise nicht als böse und gemein wahr, sondern als ein gutherziges und unschuldiges Mädchen, welches manchmal den einen oder anderen Fehltritt macht, weil die Lebensumstände es nicht anders zulassen. Die Tatsache, dass die Stieftochter so einen positiven Charakter hat, könnte ein Auslöser für Neid sein und zu einer Wahrnehmung von Bedrohung ihrer leiblichen Tochter führen.

Zusammenleben in Patchworkfamilien

Doch heißt das jetzt wirklich, dass man seinen Stiefkindern immer mit Missgunst begegnet so wie die böse Frau in der Geschichte? Sie ahnen es bereits, hier spielen weitere Einflüsse eine Rolle.

Der Kontext, in dem sich eine Patchworkfamilie befindet, kann das Kalkül, nach dem die Eltern ihre Liebe unter eigenen und fremden Kindern aufteilen, stark beeinflussen. Gibt es Aussicht auf steigenden **Wohlstand** im Lebensumfeld der Eltern, geht es dem fremden Nachwuchs genauso gut wie dem eigenen (Willführ u. Gagnon 2013).

Das Märchen spielt jedoch in einem mittelalterlichen Russland, welches von Hungersnöten und Armut heimgesucht wurde. Unter diesen Umständen versucht die Stiefmutter die Ressourcen so zu verteilen, dass das leibliche Kind eine höchstmögliche Überlebenswahrscheinlichkeit hat. So könnte durch das Aussetzen der Stieftochter im Wald möglicherweise ausreichend Nahrung für den Rest der Familie bereitgestellt werden.

Das Phänomen, dass Stiefkinder wahrscheinlicher emotional oder körperlich misshandelt werden als biologische Kinder, ist aufgrund des Wohlstandes in unserer Gesellschaft glücklicherweise seltener geworden. Tatsächlich gibt es Studien, die darauf hindeuten, dass Adoptiveltern sogar eine stärkere Bindung zu dem Kind entwickeln können als leibliche Eltern. Stiefeltern berichten auch oft von verringertem depressivem Affekt und einer **erhöhten Lebenszufriedenheit** nach dem Hinzukommen eines Kindes in ihre Familie. Diese positiven Aspekte der Adoptiv- und Stiefelternschaft überwiegen auf längere Sicht die möglichen Probleme einer Adoption oder erneuten Heirat und führen meist zu einer deutlich **gesteigerten Ehequalität** und einem stärkeren Familienzusammenhalt (Ceballo et al. 2004).

Schließlich kann man sagen, dass der Einfluss von Wohlstand auf das Verhalten von Stiefeltern eine zentrale, jedoch nicht die einzige, Bestimmungsgröße ist. Es spielen viele weitere Kontextfaktoren und individuelle Unterschiede eine Rolle, was sich im Märchen beispielsweise im sich stark unterscheidenden Verhalten von Vater und Mutter gegenüber den Kindern äußert, obwohl beide in demselben Umfeld leben.

Implikationen für die Erziehung

Doch was lernen wir jetzt daraus für die Erziehung unseres eigenen Nachwuchses? Es ist wichtig eine realistische Einschätzung der Fähigkeiten unserer Kinder zu haben, indem man die zuvor erwähnten Verzerrungen kritisch reflektiert und seinen eigenen Ehrgeiz nicht vor das Wohl der Kinder stellt.

Haben Sie von Eltern gehört, die alles daran setzen, dass ihre Kinder Abitur machen und studieren, unabhängig von den Fähigkeiten und Wünschen ihrer Kinder? Von dem Irrglauben getrieben, nur durch Leistungsfähigkeit könne man wirklich glücklich werden, zwingen sie ihren Kindern tagelanges Lernen auf und sind am Elternabend der Schreck jedes Lehrers.

Dass unsere Kinder für uns die tollsten sind, ist völlig in Ordnung und wie zuvor erwähnt ein sogar notwendiger evolutionärer Mechanismus. Nur muss uns klar sein, dass sie von der rauen Welt außerhalb unserer Obhut deshalb nicht anders behandelt werden. Während eine Person spielend mit einer Situation fertig wird, kann dieselbe Situation eine andere Person überfordern. Eltern dürfen nicht den gleichen Fehler machen wie die Frau in dem Märchen, indem sie ihre Kinder mit Druck in eine Umwelt zwingen, in der sie nicht bestehen können. Aufgrund von Neid über den Erfolg ihrer Stieftochter hat die Frau ungeachtet der möglichen Konsequenzen ihre eigene Tochter in einer eiskalten Winternacht in den Wald geschickt, was schließlich zum Tod des Mädchens führte.

Das oberste Ziel der Eltern sollte das Glück sowie eine ethische Erziehung ihrer Kinder sein und kein Nachweis über die Bewältigung der Anforderungen unserer Leistungsgesellschaft. Anhand des Märchens sehen wir ganz deutlich, wohin dieses Verhalten führen kann.

22.3.2 Gehorsam

Können Sie sich vorstellen, warum sich der Vater in dem Märchen der Anweisung der Stiefmutter nicht widersetzte und seine einzige Tochter zum Sterben im Wald zurückließ? Oder allgemeiner gefragt, warum fügen Menschen anderen Menschen auf Befehl Schaden zu, ohne es selber zu wollen?

Diese Frage stellte sich auch der Psychologe Stanley Milgram in den frühen 1960er-Jahren und führte daraufhin die wohl bekannteste psychologische Studie in der Geschichte des Faches durch.

Milgram-Experiment

Milgram (1963) konnte zeigen, dass ganz normale Menschen, die mit Verstand und Gewissen ausgestattet sind, durch die Befehle einer Autorität dazu gebracht werden können, andere Menschen zu quälen und sogar zu töten. Im Experiment waren 65 % (in Deutschland 85 %) aller Versuchspersonen bereit, auf Anordnung eines Wissenschaftlers, einer anderen Person so lange Stromschläge zu erteilen, bis diese nach langem Flehen um Entlassung aus dem Experiment verstummte, sodass man von dem Tod dieser Person ausgehen konnte (bei 450 Volt). Das Besondere dabei war, dass sich die Versuchspersonen anfangs genauso wie der Vater im Märchen gegen die grauenhaften Handlungen sträubten, sich am Ende jedoch trotzdem den Befehlen der Autoritätsperson (Wissenschaftler) beugten.

Denken Sie, Sie hätten an der Stelle der Versuchspersonen anders gehandelt? Mag sein. Jedoch konnten die Forscher in Folgestudien zeigen, dass die individuellen Unterschiede zwischen den Personen eine eher untergeordnete Rolle bei der Vorhersage von Gehorsam spielen.

Faktoren für Gehorsam

Lassen Sie uns wieder zum Märchen zurückkehren und die Faktoren, welche Gehorsam bedingen, etwas genauer beleuchten.

- **Der Gehorchende (Vater)**

Der Vater des Mädchens ist ein unterwürfiger und harmoniesuchender Mann. Er stellt den Frieden mit seiner Frau sogar vor das Leben seiner Tochter.

Pflichtbewusst führt er die ihm von der Frau auferlegten Aufgaben durch. In einer Zeit lebend, in der ein Großteil der Menschen nicht die Möglichkeit hatte zur Schule zu gehen, kann man auch annehmen, dass er keine besonders gute Bildung hatte. Wie bereits erwähnt, spielen die Persönlichkeitsmerkmale der gehorchenden Person eine weniger wichtige Rolle. Trotzdem konnte man zeigen, dass u. a. Faktoren wie Unterwürfigkeit, Akzeptanz der Moral von Autorität, Harmoniestreben/Verträglichkeit, Pflichtbewusstsein und eine schlechtere Bildung blinden Gehorsam begünstigen (Bègue et al. 2015).

■ **Die Autoritätsperson (Frau)**

Bei Erhalt eines Befehls ist doch die erste/wichtigste Frage die man sich stellt: „Hat die Person mir denn überhaupt etwas zu sagen? Ist die Autorität der Person gerechtfertigt/legitimiert?". Diese Legitimation kann beispielsweise durch eine Uniform oder im Falle der Studie von Milgram durch einen Wissenschaftlerkittel sowie den Ort, an dem der Befehl stattfindet (z. B. renommierte Universität), geschaffen werden. Diese Details geben Orientierung über die Kompetenz, Weisungsbefugnis und vor allem die Verantwortungsübernahme des Befehlenden. Ob Frauen in einer Ehe eine legitimierte Autorität darstellen, ist eine eher philosophische Frage. Im Märchen dominiert die Frau den Mann. Doch ist sie deshalb eine legitimierte Autorität bei der Entscheidung über den Mord des Mädchens?

■ **Weitere bedeutsame Faktoren**

Im Märchen führt der Vater seine Tochter alleine in den Wald und lässt sie dort zurück, während die Stiefmutter zu Hause auf ihn wartet. Den Prozess des körperlichen Leidens des Mädchens bekommt er somit nicht aktiv mit. Welche Einflussgrößen stecken hinter dieser Schilderung?

Zum einen ist die Stiefmutter nicht bei der Befehlsausführung dabei, was die Wahrscheinlichkeit der tatsächlichen Ausführung der Handlung drastisch minimieren sollte. Eigentlich müsste der Vater, ähnlich wie der Jäger im Märchen „Schneewittchen", den Befehl verweigern. Anders als bei Schneewittchen, die der Jäger mit seinen eigenen Händen hätte töten sollen, wohnt der Vater – wie

bereits erwähnt – dem eigentlichen Akt des Todes nicht bei. Je mehr Feedback (visuell und auditiv) wir von dem Opfer haben, desto eher übernehmen wir Verantwortung für sein Leiden (Tilker 1970). So hätte die Tochter möglicherweise durch Flehen und Verdeutlichung ihrer Verzweiflung eine frühere Meinungsänderung bei ihrem Vater auslösen können.

Implikationen für die Lebensgestaltung

Haben Sie schon einmal eine Anweisung befolgt und sich im Nachhinein gewünscht, Sie hätten es nicht getan? Was kann man tun, um erfolgreich Widerstand gegen unangebrachte Anweisungen von Autoritätspersonen zu leisten?

Zuallererst ist es wichtig, sich Zeit zu nehmen und sorgfältig über die Anweisung und ihre Folgen nachzudenken. So hat sich der Vater im Märchen möglicherweise erst durch spätere Reflexion über die Tat und ihre Konsequenzen dazu entschlossen, seine Tochter zurückzuholen.

Des Weiteren erhöht das Wissen über die Stärke des Einflusses von Autorität und die zugrunde liegenden Mechanismen von Gehorsam die Fähigkeit, sich diesem Druck zu widersetzen (Richard et al. 2001). Nachdem Sie dieses Kapitel gelesen haben, sollten Sie besser in der Lage sein, unberechtigter Autorität entgegenzutreten, als jemand, der nicht mit diesem psychologischen Wissen ausgestattet ist.

Zu guter Letzt sinkt die Wahrscheinlichkeit von blindem Gehorsam besonders stark, wenn sich auch andere Personen widersetzen (Rochat u. Modigliani 1995). Da man aber das Verhalten anderer Menschen schlecht beeinflussen kann, sollte man – wie so oft im Leben – bei sich selbst anfangen. Sprechen Sie es aus, wenn Sie mit etwas nicht einverstanden sind. Sie werden sich wundern, wie viele Menschen Ihnen folgen.

Auch wenn sich diese Ausführung ausschließlich auf die Gefahren von Gehorsam konzentriert hat, ist es dennoch wichtig, sich vor Augen zu halten, dass Gehorsam gegenüber einer Autorität in vielen Fällen ein positives und notwendiges Verhalten ist. So muss beispielsweise eine Krankenschwester den Anweisungen eines Arztes sofort gehorchen, um in einer Notsituation Leben retten zu können.

22.4   Fazit

Die Inhalte und das Verhalten der Charaktere aus dem Märchen „Väterchen Frost" verdeutlichen – wenngleich in überspitzter Form – Themen, die nach wie vor nicht an Bedeutung verloren haben.

Es gibt zunehmend mehr Patchworkfamilien, in denen die Eltern keine biologische Verwandtschaft mit den Kindern aufweisen und die neue Wege beschreiten müssen, um ein funktionierendes und stabiles Familiengefüge aufzubauen. Hier dient die Frau im Märchen als Negativbeispiel: Ihr Verhalten gegenüber der unerwünschten Stieftochter und später auch der eigenen Tochter ist keinesfalls erstrebenswert, sondern grausam und unbedacht.

Die beschriebenen Situationen zum Gehorsam mögen in der Realität nicht sehr häufig vorkommen. Trotzdem ist es wichtig, sich dessen bewusst zu werden, dass wir unter bestimmten Umständen dazu tendieren, einfach zu gehorchen, ohne die Situation davor kritisch zu reflektieren. Sie haben mit dem hier beschriebenen Wissen nun die besten Voraussetzungen, solche Umstände zu identifizieren, und Ihr Verhalten entsprechend anzupassen.

Literaturverzeichnis

Afanasjew, A. N. (2001). *Russische Volksmärchen*. Ostfildern: Patmos.

Bègue, L., Beauvois, J.-L., Courbet, D., Oberlé, D., Lepage, J., & Duke, A. A. (2015). Personality predicts obedience in a Milgram paradigm. *Journal of Personality* 83, 299–306.

Ceballo, R., Lansford, J., Abbey, A., & Stewart, A. (2004). Gaining a child. Comparing the experiences of biological parents, adoptive parents, and stepparents. *Family Relations* 53, 38–48.

Connor, A., & Boag, S. (2010). Do stepparents experience more parental antagonism than biological parents? A test of evolutionary and socialization perspectives. *Journal of Divorce & Remarriage* 51, 508–525.

Medicus, G. (2012). *Was uns Menschen verbindet: Humanethologische Angebote zur Verständigung zwischen Leib- und Seelenwissenschaften*. Berlin: Verlag für Wissenschaft und Bildung.

Milgram, S. (1963). Behavioral study of obedience. *The Journal of Abnormal and Social Psychology* 67, 371–378.

Richard, F. D., Bond, C. F. J., & Stokes-Zoota, J. J. (2001). That's completely obvious… and important: Lay judgments of social psychological findings. *Personality and Social Psychology Bulletin* 27, 497–505.

Rochat, F., & Modigliani, A. (1995). The ordinary quality of resistance: From Milgram's laboratory to the village of Le Chambon. *Journal of Social Issues* 51, 195–210.

Tilker, H. A. (1970). Socially responsible behavior as a function of observer responsibility and victim feedback. *Journal of Personality and Social Psychology* 14, 95–100.

Willführ, K., & Gagnon, A. (2013). Are stepparents always evil? Parental death, remarriage, and child survival in demographically saturated Krummhörn (1720–1859) and expanding Québec (1670–1750). *Biodemography and Social Biology* 59, 191–211.

Dr. Allwissend von den Gebrüdern Grimm (1815)

Jochen Baumeister

23.1   **Inhalt des Märchens – 172**

23.2   **Die Charaktere – 173**

23.3   **Psychologische Phänomene – 173**
23.3.1   Attributionstheorie – 174
23.3.2   Selbst- und soziale Wahrnehmung – 175
23.3.3   Gruppeneinfluss – 175

23.4   **Implikationen für die Erziehung, Führung und Lebensgestaltung – 175**
23.4.1   Erziehung – 175
23.4.2   Führung – 176
23.4.3   Lebensgestaltung – 177

23.5   **Fazit – 178**

Literaturverzeichnis – 178

© Springer-Verlag GmbH Deutschland 2017
D. Frey (Hrsg.), *Psychologie der Märchen,*
DOI 10.1007/978-3-662-53668-1_23

23

23.1   Inhalt des Märchens

Ein Bauer verkaufte Holz an einen Doktor und sah, in welchem Wohlstand dieser lebte. Der Bauer fragte den Doktor, wie er auch ein Doktor werden könne. Da antwortete der Doktor, dass der Bauer seine Besitztümer verkaufen solle, um sich anständige Kleider anzuschaffen und ein schönes Schild über die Haustüre zu hängen. Das setzte der Bauer voller Freude um, denn er nannte sich nun Dr. Allwissend.

Kurze Zeit später kam ein reicher Mann auf Dr. Allwissend zu, damit dieser ihm helfe, einen Diebstahl aufzuklären. Dr. Allwissend willigte ein und folgte dem reichen Mann zu dessen Anwesen, aber unter der Bedingung, dass seine Frau ihn begleiten dürfe. So saßen sie zu dritt am Esstisch. Dr. Allwissend und seine Frau unterhielten sich darüber, dass ein so reicher Mann bestimmt auch viele Hausangestellte habe.

Die Kellner, die die gesuchten Diebe waren, beäugten Dr. Allwissend, dem sein Name als Ruf vorauseilte. Ein Kellner brachte kurz darauf die Getränke zum Tisch und Dr. Allwissend sagte zu seiner Frau: „Das ist der erste." Der Kellner schreckte hoch und ließ sich nichts anmerken. Dennoch wurde er nervös, da er dachte, dass Dr. Allwissend erkannt habe, dass er einer der Diebe sei. Der zweite Kellner brachte das Essen herein und Dr. Allwissend sagte zu seiner Frau:

„Das ist der zweite." Dabei wurde der zweite Kellner ganz ängstlich. Die beiden Kellner diskutierten, ob Dr. Allwissend den Diebstahl schon entdeckt habe. Ein dritter Kellner wollte schon gar nicht mehr in den Raum hineingehen und musste dennoch eine Schüssel mit Krebsen anreichen.

Der reiche Mann wollte Dr. Allwissend testen und fragte, was in der abgedeckten Schüssel aufgedeckt wird. Dr. Allwissend erkannte, dass er es nicht wusste und stieß aus: „Ach, ich armer Krebs." Da war der reiche Mann überzeugt, dass Dr. Allwissend auch weiß, wo sich die versteckte Beute befindet.

Die Kellner wurden immer nervöser und sprachen in einer ruhigen Ecke mit Dr. Allwissend. Sie offenbarten ihm, dass sie die Diebe waren, aber sie konnten es wegen der harten Strafe nicht zugeben. Sie boten ihm an, sich finanziell erkenntlich zu zeigen, falls er sie nicht verrät. Dr. Allwissend gab sich zufrieden mit dem Wissen, wo die Beute versteckt war und sagte dem reichen Herrn, dass er wisse, wo die Beute ist, aber nicht, wer es gestohlen hat.

Damit waren alle zufrieden und Dr. Allwissend war von nun an ein berühmter Mann.

(Grimm u. Grimm 2005; ▣ Abb. 23.1)

Anmerkung   Das Märchen Dr. Allwissend wurde von den Gebrüdern Grimm erstmals 1815 veröffentlicht und bis 1857 in 7 verschiedenen Auflagen stellenweise verändert.

▣ **Abb. 23.1**   (Zeichnung: Lena Frey)

23.2 Die Charaktere

Der Hauptcharakter des Märchens ist **Dr. Allwissend**. Durch seinen Kontakt zu einem Doktor kam er auf die Idee, dass er auch gerne einen solchen Wohlstand hätte. Den eher spöttischen Kommentar des Doktors setzte er gutgläubig um, obwohl er dafür sein bisheriges Leben aufgab und wegen des Verkaufs seines Besitzes auch nicht mehr hätte zurückkehren können. Es bleibt dem Leser überlassen, ob man in der Vorgaukelung von nicht vorhandener Kompetenz einen Betrug sehen mag oder ob man Dr. Allwissends Vertrauen in die Worte des Doktors als treudoof ansieht. Durch puren Zufall kommt Dr. Allwissend zu seinem ersten Kunden und durch einen viel unwahrscheinlicheren Zufall wird ihm von den Dienern mitgeteilt, wo der Schatz ist. Trotz des Glücks geniert sich Dr. Allwissend nicht, vom reichen Besitzer des Schatzes eine großzügige Entlohnung entgegenzunehmen und auch bei den Dienern abzukassieren. Trotz der Sympathie, die ein Leser einem bauernschlauen Dr. Allwissend entgegenbringen mag, muss man auch festhalten, dass er seinen glücklichen Zufall beim Aufklären des Falles ebenfalls nutzt, um an den armen Dienern zu verdienen, anstatt ihnen einen zumindest moralisch vertretbaren Anteil an der Belohnung vom reichen Mann zukommen zu lassen. Vielleicht wollte er sich nicht der Mittäterschaft schuldig machen – mit dem Diebstahl hat er ja eigentlich nichts zu tun, und man darf davon ausgehen, dass eine Verfolgung durch Ordnungshüter eine weitaus größere Strafe nach sich gezogen hätte.

Der **reiche Mann** symbolisiert in der Geschichte einen Teil der herrschenden Oberschicht. Interessanterweise lässt auch dieser sich von dem hochtrabenden Titel auf dem Schild und dem entsprechenden Gewand blenden. Man könnte unterstellen, dass Menschen aus dieser Gesellschaftsschicht ihresgleichen erkennen, aber die Erzählung der Geschichte folgt bewusst dem Muster der Titel- und Autoritätsgläubigkeit. Dass seine Diener aus bitterer Armut stehlen, könnte man kritisch hinterfragen, aber es entsprach über die Jahrhunderte durchaus dem Zeitgeist, dass einfache Angestellte von den Oberschichten finanziell knapp gehalten wurden. Daher fällt dieser Aspekt in der Geschichte nicht negativ auf, wobei sich das Mitleid mit dem reichen Mann ob des gestohlenen Schatzes durchaus in Grenzen hält.

Die **Diener** sind in der Geschichte zwar zahlreich, werden von ihrer Charakterdeutung allerdings zu einer gemeinsamen Menge vermischt, die sich wie innere Stimmen kurzzeitig auf eine Interpretation der Fähigkeiten des Dr. Allwissend einigen und dann immer gleich reagieren. Es mangelt hier an Nuancen im Verhalten zwischen den verschiedenen Dienern, die allesamt als ängstlich dargestellt werden.

Eine der Nebenfiguren ist der **Doktor**, dem der Bauer Holz verkaufte. Ihm könnte man eine gewisse Überheblichkeit gegenüber dem Dr. Allwissend zuschreiben, denn er erzählt in spöttischer Art, dass man sich nur einen Namen und Kleidung geben müsse, um ebenfalls so wohlhabend zu sein. Aus „Dummheit" glaubt ihm Dr. Allwissend, was gewiss nicht in der Intention des Doktors lag. Vielmehr gibt er eine eher überhebliche Antwort auf die ehrliche Frage des Bauern.

Die letzte Randfigur ist die **Frau des Dr. Allwissend**, die ihn auf das Schloss des reichen Mannes begleitet. Sie übernimmt keine inhaltliche Funktion, wobei man natürlich auch feststellen kann, dass sie den entscheidenden Lebensumbruch ihres Mannes unterstützte. Sie scheint nur die Funktion des Gesprächspartners von Dr. Allwissend zu erfüllen, ohne selbst etwas zur Geschichte beizutragen.

23.3 Psychologische Phänomene

Das Märchen blickt auf eine lange Entstehungsgeschichte zurück, die kurz aufgriffen wird. Schon im 11. Jahrhundert gab es zwei sanskritische Fassungen, die beide auf eine Geschichte aus dem 2. Jahrhundert zurückgehen (Wienker-Piepho 2000, S. 305; Zachariae 1920, S. 138). Damals handelte die Geschichte von einem Mann, der ein Pferd selbst versteckte und fand, einen gestohlenen Schatz entdeckte und zuletzt in einem verdeckten Topf einen Frosch erriet (Wienker-Piepho 2000, S. 305). In einer litauischen Variante des Märchens wurde das Pferd nicht selbst versteckt, sondern durch puren Zufall gefunden, was für die Hauptperson eine ganz andere Charakterdeutung ermöglicht (Zachariae 1920, S. 139).

Die Dreiteilung des Märchens ist über alle Versionen hinweg geblieben: In der Einleitungshandlung wird der Ruf des Dr. Allwissend als Wahrsager erklärt, im zweiten Teil ist Dr. Allwissend im Auffinden des Schatzes erfolgreich und im dritten Teil behandelt das Märchen die ruhmreiche Zukunft. Das zugrunde liegende Prinzip der Geschichte veränderte sich allerdings maßgeblich. Zunächst von der List des selbst versteckten Pferdes geprägt wird später das Zufallsprinzip tragend, welches eine ganz andere sozialhistorische Botschaft erzählt. Bei einer **List** geht es um die Klugheit der Hauptperson, die zu ihrem Vorteil ausgenutzt wird. Sie wurde in der französischen und der russischen Variante des Märchens beibehalten. Diese Deutung hat sich in deutschen, hauptsächlich plattdeutschen, Varianten nicht durchgesetzt (Bolte u. Polivka 1913). Hier wurde auf das Zufallsprinzip gesetzt, um das märchenspezifische **Glück des Einfältigen** zu erzählen (Wiener-Piepho 2000, S. 305).

In der mitteleuropäischen Erzählung des Märchens wird genauer beschrieben, welche Möglichkeiten des Wohlstandserwerbs sich durch einen Titel selbst dem Einfältigsten bieten. Dass Dr. Allwissend zu Beginn als Bauer dargestellt wird, entspricht der damals üblichen Darstellung von „Bauernschläue", um durch **intuitive Klugheit** Situationen auszunutzen. Aus sozialhistorischer Perspektive betrachtet das Märchen Autoritäts- und Titelgläubigkeit, die vor einigen Jahrhunderten durchaus noch verbreiteter waren, als sie es heutzutage sind. Interessant ist dabei auch, dass die Geschichte aus den mündlichen Erzählungen der damaligen Unterschicht stammt und eher nicht von den distinguierten bürgerlichen oder adeligen Schichten weitererzählt wurde.

Trotz ihrer Kürze ermöglicht die Geschichte einen breit gefächerten Blick aus der Perspektive der Psychologie. Insbesondere geht es in diesem Märchen um die verschiedenen Interaktionen des Dr. Allwissend mit den Menschen, denen er begegnet. Gerade der Blick darauf, wie sich die anderen gegenüber Dr. Allwissend benehmen, lässt sich aus psychologischer Sicht erklären und so manches ist auch in heutiger Zeit gar nicht so viel anders.

23.3.1 Attributionstheorie

In der Psychologie gibt es sehr viele Theorien dazu, wie sich Menschen Ereignisse erklären. Man schreibt einer Ursache eine bestimmte Auswirkung zu, gerade so, wie es für einen selbst einen Sinn ergibt. Meistens hat die scheinbare Ursache aber gar keinen Einfluss auf die Wirkung, die ihr zugedacht wird. In der

Psychologie nennt man den erdachten Zusammenhang zwischen Ursache und Wirkung **Attribution** (Fincham u. Hewstone 2002; Parkinson 2014).

Fundamentaler Attributionsfehler

Die Kellner unterliegen einem sog. fundamentalen Attributionsfehler. Das bedeutet nichts anderes, als dass eine Verhaltensweise durch persönliche Eigenschaften geprägt ist und nicht durch äußere Umständen. Man schließt beispielsweise vom beobachteten Verhalten einer Person auf ihren Charakter, ohne zu beachten, was der Person in der Situation widerfahren ist. Beispielsweise könnte man denken, dass eine aufschreiende Person jähzornig ist, anstatt zu bedenken, dass sie sich gerade heißen Kaffee über die Hand geschüttet hat.

Im Märchen schreiben die Bediensteten die zufällig gefundenen Bemerkungen den Fähigkeiten des Dr. Allwissend zu, weil sie denken, die Aussagen von ihm seien von seinen Kompetenzen beeinflusst, missachten aber, dass es situative Auslöser gab, die dazu führten. Dr. Allwissend meinte nämlich etwas anderes, als er die Reihenfolge der Kellner aufzählte.

Perzeptuelle Salienz

Wie kann es zu Attributionsfehlern kommen? Die Kellner sind vollständig auf die Person des Dr. Allwissend fokussiert, sodass sie alles um sie herum, die externen Faktoren, gar nicht mehr beachten, ihnen also keine Bedeutung zuschreiben. Alternative Erklärungsmöglichkeiten werden folglich ausgeblendet, obwohl sie eine bessere Erklärung bieten könnten. In der Psychologie nennt man dieses Verhalten perzeptuelle Salienz, also schlicht das, was in der Wahrnehmung besonders heraussticht (Fiedler u. Bless 2002; Haddock u. Maio 2014; Pendry 2014).

Gemeint sind also die **auffälligsten Merkmale**, die man sofort wahrnimmt. Wenn Menschen das Verhalten von anderen beurteilen sollen, fokussieren sie sich auf die einzelne Person, aber nicht auf die Umgebungsbedingungen. Diese situativen Bedingungen werden übergangen, und die Wahrnehmung reduziert sich auf das offensichtlichste Merkmal.

In der Geschichte war es die Reaktion des ersten Kellners, der die Bemerkung sofort auf den Diebstahl bezog und nicht auf die Tatsache, dass er der erste Kellner war.

23.3.2 Selbst- und soziale Wahrnehmung

Aufseiten des Dr. Allwissend gibt es **selbstwertdienliche Verzerrungen** der Geschehnisse (Fincham u. Hewstone 2002; Parkinson 2014). Wenn etwas gelingt, waren es das eigene Talent und/oder Fleiß. Im Gegensatz dazu werden bei Misserfolgen kurzerhand äußere Umstände verantwortlich gemacht. Obwohl Dr. Allwissend rein zufällig den Diebstahl aufklären konnte, wurde der Erfolg von ihm dennoch auf seine neu erworbene Qualifikation als Doktor zurückgeführt und nicht auf den Zufall der Offenbarung der Diebe.

Das macht der Dr. Allwissend natürlich nicht nur, um sich selbst besser zu fühlen, denn sein Erfolg führte zu einer Steigerung seines Ruhmes und seines guten Rufes. In der Psychologie beschäftigt man sich sehr ausführlich mit der **sozialen Wahrnehmung** von Menschen (Parkinson 2014). Dabei geht es um Fragen, wie Menschen von anderen wahrgenommen werden und wie sie von bestimmten Eigenschaften fehlgeleitet werden.

Gerade am Beispiel des Dr. Allwissend sieht man allein am Namen, was für einen Unterschied es für seine Geschichte ausmacht, dass er ein Dr. Allwissend ist und nicht nur ein selbst ernannter Herr Allwissend. Mit dem Doktor vor dem Namen erklingen in den Köpfen in seiner Umwelt zahlreiche **Stereotype** (Fiedler u. Bless 2002), und er wird als kompetent wahrgenommen, da er den Doktorgrad vor sich herträgt. Die passende Kleidung erleichtert ihm den Eindruck, sodass der Rat des tatsächlichen Doktors die gewünschte Wirkung erzielt. Hauptkomponente der Geschichte ist, dass die **Autoritäts- und Titelgläubigkeit** der anderen Menschen allein auf Stereotypen basiert, obwohl Dr. Allwissend selbst gar keine Kompetenz erwarb oder jemals gezeigt hätte.

Wenn besonders vorteilhafte Eigenschaften zu einem positiven Gesamtbild von einem Menschen beitragen, bezeichnen Psychologen dies als **Halo-Effekt**. Das Wort ergibt sich aus der Metapher, dass eine gute Eigenschaft auf andere ausstrahlt (Fischer et al. 2013a). Ein Doktorgrad wird als positive Eigenschaft wahrgenommen und führt dazu, dass andere Menschen einen Doktor als kompetent wahrnehmen. Zumeist sind Doktoren aber nur in einem sehr kleinen Fachgebiet kompetent und für alle anderen Themen nicht mehr und nicht

weniger kompetent als eine andere Person. Dennoch werden Doktoren als generell kompetent und allwissend wahrgenommen, sodass sich Dr. Allwissend sogar so nennt. Abwegig ist das selbst heutzutage nicht, denn Politiker mit Doktorgrad werden häufiger gewählt, und zwar unabhängig von deren Parteienzugehörigkeit.

23.3.3 Gruppeneinfluss

Menschen werden in ihrer Meinung sehr häufig von anderen beeinflusst und verändern ihre eigenen Ansichten. Nachdem man sich mit anderen über ein Thema ausgetauscht hat, ist die Meinung danach oft extremer als vorher. In der Sozialpsychologie nennt man das **Gruppenpolarisation** (Fischer et al. 2013b; Hewstone u. Martin 2014; van Avermaet 2002).

Nachdem der erste Kellner im Märchen seinen Eindruck weitergegeben hatte, war der zweite Kellner schon mit dessen Meinung gepolt. Spätestens als der zweite Kellner den Kommentar des Dr. Allwissend so deutete, dass sie entdeckt worden wären, war die ganze Gruppe davon überzeugt. Sogar der dritte Kellner, der noch gar nicht im Raum war, vertrat diese Meinung.

Die anfängliche Unsicherheit, ob Dr. Allwissend etwas herausfinden könnte, wich sehr rasch der vermeintlichen Gewissheit, dass der erste Kellner mit seiner Meinung Recht hatte.

23.4 Implikationen für die Erziehung, Führung und Lebensgestaltung

Aus dem Märchen „Dr. Allwissend" lassen sich einige wichtige Implikationen für die Erziehung, Führung und Lebensgestaltung ableiten.

23.4.1 Erziehung

Dieses Märchen zeigt, welchen großen Einfluss Stereotype auf Menschen haben. Dr. Allwissend wurde allein durch sein neues Erscheinungsbild und den vorgegaukelten Doktorgrad zur geachteten Person, denn an sich war er weiterhin derselbe Mensch wie zuvor. Er hatte sich weder weitergebildet noch eine Berechtigung für die Bezeichnung als Doktor erworben.

In der Erziehung von Kindern kann mit diesem Märchen auf zwei ganz wichtige Aspekte hingewiesen werden.

Sein vom Schein unterscheiden

Der erste Aspekt ist, dass sich hinter dem Erscheinungsbild nicht zwangsläufig eine wirkliche Kompetenz verbirgt. Man muss genau hinschauen, was eine Person im Einzelfall tatsächlich kann und wie sie handelt, anstatt sich auf stereotype Vorstellungen von ihren Fähigkeiten zu verlassen.

Gefahren von Lügen

Der zweite Aspekt betrifft die Wahrnehmung des Bauern, der den Doktor in seinem Wohlstand sah. Ihn verleitete das Streben nach sozialer Anerkennung und materiellem Wohlstand dazu, etwas vorzutäuschen, was er nicht wirklich war. Gleichzeitig beruhte seine spätere Anerkennung nur auf dem Zufall, dass die Diebe freiwillig den Schatz vorzeigten. In einer anderen Umgebung – ohne Kontakt zu den Kellnern – hätte Dr. Allwissend den Schatz sicherlich nicht gefunden. Daher muss er einen großen Aufwand betreiben, um seine Fassade von der Kompetenz als Dr. Allwissend aufrechtzuerhalten. Schon beim nächsten Fall kann das Kartenhaus in sich zusammenstürzen, sodass sein Aufwand vergeblich gewesen wäre. Dann hätte er sein gesamtes Eigentum veräußert und sich so seiner Existenz als Bauer und Holzfäller beraubt, um sich die Kleidung leisten zu können, die ihm den schönen Anschein geben, ohne davon profitieren zu können.

Dieses Märchen zeigt auf, welche langfristigen Folgen ein Lügengebilde haben kann und weshalb es keine gute Idee ist, anderen Menschen zu vertrauen, nur weil man ein Klischee im Sinn hat.

23.4.2 Führung

Für die Führung von Menschen zeigt dieses Märchen, wie leicht man bei der Beurteilung von anderen Menschen einem Fehlurteil unterliegt. Das, was die Psychologie als perzeptuelle Salienz bezeichnet, also das am meisten wahrgenommene Merkmal, begegnet einer Führungskraft tagtäglich.

Leistungsbewertung

Man muss die Leistung einer Person bewerten, hat aber den Blick nicht auf die Umgebungsbedingungen gerichtet. Manchmal kann man sie gar nicht kennen und dennoch hatten sie einen bestimmenden Einfluss auf die Leistung der Person. Es hilft hierbei, zu bedenken, dass Menschen nur allzu gerne Ereignisse mit den Eigenschaften der Person (**dispositionale Attributionen**) erklären, anstatt die situativen Einflüsse zu beachten. Der erste Kellner bezog die Aussage sofort auf sich, anstatt auf den relativ offensichtlichen situativen Umstand, dass er der erste Kellner war, der in den Raum trat.

Bei der Bewertung der Leistung von Menschen treten zudem oft fehlgeleitete Eindrücke auf, bei denen die Kompetenz in einem Bereich gedanklich auf andere Bereiche übertragen wird. Beispielsweise ist eine gut aussehende Person nicht zwangsläufig auch fachlich kompetent. Ebenso ist eine beliebte Person nicht unbedingt eine geeignete Führungskraft.

Realistische Selbsteinschätzung

Im Gegensatz zur Fremdwahrnehmung einer Person gibt es bei der Wahrnehmung der eigenen Person auch Menschen, die sich den Erfolg aufgrund ihrer eigenen Fähigkeiten erklären, aber den Misserfolg bevorzugt äußeren Umständen zuschieben (▶ Abschn. 23.3.2). Als Führungskraft muss man dies erkennen, um den Mitarbeiter durch einen geschickten Hinweis auf die selbstwertdienlichen Verzerrungen zu einer realistischen Selbsteinschätzung zu führen. Wenn sich Mitarbeiter selbst realistisch einschätzen können, sind sie mit der externen Einschätzung von Führungskräften zufriedener.

Für Führungskräfte ist die Eigenwahrnehmung ein zentraler Bestandteil ihrer eigenen Arbeit. Es ist von ganz entscheidender Bedeutung, wie man als Führungskraft auf andere Personen wirkt und dass man diese Wirkung auch reflektiert. Wenn man sich hierbei einer selbstwertdienlichen Verzerrung hingibt, führt das zu Problemen bei der Eigenwahrnehmung. Die Fremd- und Eigenwahrnehmung sollten durch Reflexion der eigenen Person möglichst nahe beieinanderliegen, um sicherzustellen, dass man als Führungskraft die untergebenen Angestellten motivierend leitet. Insbesondere bei modernen Führungsformen wie der **transformationalen Führung** gilt es, die eigene Person beständig zu reflektieren und sich seiner Wirkung bewusst zu sein, um bei den Mitarbeitern so anzukommen, wie man es meint.

23.4.3 Lebensgestaltung

Aus dem alltäglichen Leben könnten Ihnen alle drei Positionen, die man im Märchen wiederfindet, durchaus vertraut sein, ohne Ihnen eine Absicht dabei unterstellen zu wollen. Einmal die des Dr. Allwissend, der etwas vorgibt zu können, das er gar nicht kann. Zum anderen die der Diener und des reichen Mannes, die glauben, dass jemand etwas kann, obwohl sie gar keinen Grund haben, das zu glauben. Zuletzt noch die des Beobachters, der sieht, wie einfach sich Menschen hereinlegen lassen. Egal in welcher Position man sich gerade befindet, man kann immer das Beste aus der Lage machen, wenn man weiß, welche psychologischen Prozesse dabei ablaufen.

Ehrlichkeit mit sich selbst

Wer Kinder hat oder sich gerne an die eigene Kindheit erinnert, findet so manche Situation, in der ein Kind vorgab, etwas zu können, was es gar nicht konnte. Das ist eine selbstwertdienliche Verzerrung der Wirklichkeit, die bei Kindern gar nicht so schlecht ist. Denn sie motiviert zu Großem und nur durch große Ziele wächst man in kleinen Schritten.

Was bei Kindern noch sinnvoll sein mag, kann bei Erwachsenen allerdings schnell sehr gefährlich werden. Wenn man sich kompetenter darstellt, als man wirklich ist, führt das zu enttäuschten Erwartungen bei anderen Menschen. Nicht immer kann man darauf vertrauen, so viel Glück zu haben wie Dr. Allwissend. Meistens endet die Täuschung mit der Aufdeckung von Fehlern oder Misserfolg, sodass man im beruflichen Sinne eine schlechte Bewertung kassiert. Im Familien- und Freundeskreis führt es eher zur persönlichen Enttäuschung der Liebsten.

Wer eine positive Selbsteinschätzung besitzt, verspürt eine Anerkennung für die eigenen Grenzen und erkennt, dass es ganz und gar nicht von Nachteil ist,

wenn man nicht alles gleichermaßen gut beherrscht, denn jeder Mensch hat seine individuellen Kompetenzen. Psychologische Forschung hat gezeigt, dass man sehr viel mehr erreicht, wenn man seine Stärken stärkt, anstatt die Schwächen zu überdecken.

Vertrauen in andere

Es ist allzu natürlich, dass man sich die Mühen sparen möchte, die Kompetenz von anderen Menschen zu überprüfen. Es erleichtert das Leben, wenn man sich nicht bei jeder Angelegenheit von Neuem mit jeder Kleinigkeit befassen muss. Aus genau diesem Grund haben sich im Laufe der Evolution Stereotype gebildet und halten sich bis heute.

Auch im Entscheiden finden sich sog. **Heuristiken**, was einfach nur heißt, dass man intuitiv etwas denkt und dann entscheidet. Der Volksmund nennt so etwas „Bauchgefühl" und auch die psychologischer Forschung zeigt, dass man mit diesen Entscheidungen gerade bei einem unsicheren Ausgang, der schlecht abzuschätzen ist, gar nicht so falsch liegt.

Aber manchmal ist es doch hilfreich, nicht einfach auf vermeintliche Autorität zu vertrauen, sondern sich genauer damit befasst, ob hinter den Worten einer anderen Person tatsächlich Kompetenz steht. Scharlatane und Betrüger haben sich seit Jahrtausenden schon eine goldene Nase mit der Gutgläubigkeit anderer Menschen verdient. Auch in heutiger Zeit sind diese Betrüger nicht weniger geworden.

Tue Gutes und zeige Mut

Wenn man beobachtet, dass jemand aus Gutgläubigkeit zu Schaden kommen könnte, ist man moralisch verpflichtet, einzugreifen.

In der Geschichte des Dr. Allwissend hätte man an so manchen Stellen eingreifen können und manchmal auch müssen. Selbst wenn man kein sonderliches Mitleid mit dem reichen Mann zeigen mag, der Dr. Allwissend für seinen zufälligen Fund reich entlohnte, hätte man doch zumindest für die Diener ein moralisches Verständnis aufbringen müssen, damit sie ihr spärliches Geld nicht an Dr. Allwissend abtreten.

Es ist auch in heutiger Zeit gar nicht selten, dass Menschen auf ein sog. **Pyramidenschema** hereinfallen, bei dem sie erst etwas an andere bezahlen sollen,

23

um dann selbst zu verdienen. Die Dinge hören sich manchmal zu gut an, um sie zu verpassen. Als Beobachter zeigt man nicht die gleiche Involviertheit wie betroffene Personen, sodass einem der Betrug auffallen kann, bevor jemand zu Schaden kommt.

23.5 Fazit

Das Märchen von Dr. Allwissend offenbart trotz seiner Kürze einiges Wissenswertes für den Alltag. Man erkennt so manche Schwäche, der Menschen unterliegen, wenn sie nicht ganz genau hinsehen, wen sie vor sich haben. Manchmal ist man auch selbst derjenige, der gerne mehr Kompetenz vorgibt, als er tatsächlich hat. Wir lernen von Dr. Allwissend, dass es eine gehörige Menge an Glück braucht, um aus so einer Geschichte unbeschadet herauszukommen. Für unseren Alltag dürfte es sehr viel besser sein, uns erst gar nicht in seine Lage zu bringen.

Literaturverzeichnis

Bolte, J., & Polivka, G. (1913). *Anmerkungen zu den Kinder- und Hausmärchen der Gebrüder Grimm* (Bd. 2). Leipzig: Dieterischsche Verlagsbuchhandlung.

Fiedler, K., & Bless, H. (2002). Soziale Kognition. In: W. Stroebe, K. Jonas, & M. Hewstone (Hrsg.), *Sozialpsychologie* (S. 125–163). Berlin, Heidelberg: Springer.

Fincham, F., & Hewstone, M. (2002). Attributionstheorie und -forschung – Von den Grundlagen zur Anwendung. In: W. Stroebe, K. Jonas, & M. Hewstone (Hrsg.), *Sozialpsychologie* (S. 215–263). Berlin, Heidelberg: Springer.

Fischer, P., Asal, K., & Krueger, J. I. (2013a). Urteilen und Entscheiden. In: P. Fischer, K. Asal, & J. I. Krueger (Hrsg.), *Springer-Lehrbuch. Sozialpsychologie für Bachelor* (S. 29–44). Berlin, Heidelberg: Springer.

Fischer, P., Asal, K., & Krueger, J. I. (2013b). Gruppenprozesse und soziale Identität. In: P. Fischer, K. Asal, & J. I. Krueger (Hrsg.), *Springer-Lehrbuch. Sozialpsychologie für Bachelor* (S. 119–137). Berlin, Heidelberg: Springer.

Grimm, J., & Grimm W. (1815). *Kinder- und Haus-Märchen, gesammelt durch die Brüder Grimm: Große Ausgabe* (Bd. 2). Berlin: Realschulbuchhandlung.

Grimm, B., & Grimm, J. (2005). Dr. Allwissend. In: H. Rölleke (Hrsg.), *Kinder- und Hausmärchen: Vollständige Ausgabe* (2. Aufl.). Düsseldorf: Artemis & Winkler.

Haddock, G., & Maio, G. R. (2014). Einstellungen. In: K. Jonas, W. Stroebe, & M. Hewstone (Hrsg.), *Sozialpsychologie* (S. 197–229). Berlin, Heidelberg: Springer.

Hewstone, M., & Martin, R. (2014). Sozialer Einfluss. In: K. Jonas, W. Stroebe, & M. Hewstone (Hrsg.), *Sozialpsychologie* (S. 269–313). Berlin, Heidelberg: Springer.

Parkinson, B. (2014). Soziale Wahrnehmung und Attribution. In: K. Jonas, W. Stroebe, & M. Hewstone (Hrsg.), *Sozialpsychologie* (S. 65–106). Berlin, Heidelberg: Springer.

Pendry, L. (2014). Soziale Kognition. In: K. Jonas, W. Stroebe, & M. Hewstone (Hrsg.), *Sozialpsychologie* (S. 107–140). Berlin, Heidelberg: Springer.

van Avermaet, E. (2002). Sozialer Einfluss in Kleingruppen. In: W. Stroebe, K. Jonas, & M. Hewstone (Hrsg.), *Sozialpsychologie* (S. 451–495). Berlin, Heidelberg: Springer.

Wienker-Piepho, S. (2000). *Je gelehrter, desto verkehrter? Volkskundlich-Kulturgeschichtliches zur Schriftbeherrschung.* Münster, New York: Waxmann.

Zachariae, T. (1920). Kleine Schriften: zur indischen Philologie, zur vergleichenden Literaturgeschichte, zur vergleichenden Volkskunde. Bonn, Leipzig: Kurt Schröder.

Bremer Stadtmusikanten von den Gebrüdern Grimm (1819)

Verena Berthold

24.1   **Inhalt des Märchens – 180**

24.2   **Die Charaktere – 181**

24.3   **Psychologische Phänomene und Implikationen – 181**
24.3.1   Leistungsorientierung – 181
24.3.2   Respekt vor dem Alter – 182
24.3.3   Vom Wert der Gruppe – 183
24.3.4   Handlungsorientierung – 183
24.3.5   Vorurteile und Rassismus – 184
24.3.6   Gerechtigkeit – 185

24.4   **Fazit – 185**

Literaturverzeichnis – 185

© Springer-Verlag GmbH Deutschland 2017
D. Frey (Hrsg.), *Psychologie der Märchen*,
DOI 10.1007/978-3-662-53668-1_24

24

24.1   Inhalt des Märchens

Es war einmal ein alter Esel, welcher von seinem Hausherrn geschlachtet werden sollte, da er ihm als Nutztier nicht mehr dienen konnte. Da beschließt der Esel, auszubrechen und sich auf den Weg nach Bremen zu machen, wo er sich sein Leben mit Straßenmusik finanzieren wollte. Unterwegs trifft er nacheinander auf einen alten Hund und eine alte Katze, die wie der Esel bei ihrem bisherigen Besitzer um ihr Leben fürchten mussten und deshalb fortgelaufen waren. Beide stellen sich nun also die Frage, wie sie ihr Leben fortführen wollen. Da kommt es ihnen ganz gelegen, dass der Esel sie einlädt, mit nach Bremen zu kommen, um dort zu musizieren. Schon bald treffen die drei Tiere auf ihrem Weg nach Bremen auf einen Hahn, der unablässig kräht, da er bald geschlachtet werden soll. Um dieser miserablen Situation zu entkommen, schließt auch er sich dem Esel an.

Da die vier Kameraden Bremen nicht mehr am selben Tag erreichen können, legen sie sich in einem Waldstück zur Ruhe. Allerdings erspäht der Hahn in der Ferne ein Licht, und so brechen sie doch noch einmal auf, um zu dessen Quelle zu gelangen. Sie stoßen auf ein stattliches Räuberhaus, in dem die Räuber ein reichliches Abendmahl genießen. Nun schmieden die vier Musikanten einen Plan, wie sie die Räuber aus dem Haus vertreiben können: Der Hund muss sich auf des Esels Rücken stellen, welcher sich mit den Vorderpfoten am Fensterbrett abstützt, die Katze springt auf den Hund, und der Hahn setzt sich auf den Kopf der Katze. Aufgetürmt blicken sie durchs Fenster zu den Räubern und stimmen ihre fröhliche „Musik" an, indem jeder von ihnen so laut wie möglich jault, bellt, miaut oder kräht. Von dem plötzlichen Lärm erschreckt, fliehen die Räuber aus dem Haus. Esel, Hund, Katze und Hahn speisen kräftig, denn sie haben einen anstrengenden und aufregenden Tag hinter sich gebracht. Als alle friedlich schlafen, kommt einer der Räuber zurück, welchen sie aber in gekonnter Zusammenarbeit erneut verschrecken und damit endgültig vertreiben können.

Den Tieren gefällt es in ihrem neuen Haus so gut, dass sie beschließen, dort zu bleiben und nicht mehr weiter nach Bremen zu ziehen. Und wenn sie nicht gestorben sind, dann leben sie noch heute in besagtem Räuberhaus.

(Grimm u. Grimm 1819; ◘ Abb. 24.1)

◘ **Abb. 24.1**   (Zeichnung: Claudia Styrsky)

24.2 Die Charaktere

Das Märchen erzählt von Tieren, die sich auf den Weg in ein neues Leben machen, um dem Tod zu entkommen. Dabei nehmen die Akteure unterschiedliche Rollen ein, welche auch im menschlichen Alltag immer wieder zu beobachten sind.

Der **Esel** ist der „Drahtzieher" im Märchen, der Initiator und Motivator, der sich nicht seinem Schicksal hingeben möchte und die Dinge selbst in die Hand nimmt, aber auch seine Weggefährten überzeugt, mit ihm zu kommen. Der **Hund** und die **Katze** sind Mitläufer, da beide zunächst etwas hilflos in ihrer Situation sind, sich aber recht schnell vom Esel überzeugen lassen, mit nach Bremen zu kommen. Der **Hahn** unterscheidet sich insofern von Hund und Katze, als er hoffnungslos sein Schicksal erwartet und nicht einmal von zu Hause fortläuft. Stattdessen bereitet er sich gedanklich schon auf den Tod vor und kräht so lange, bis die anderen Tiere ihn dazu bewegen können, mit ihnen loszuziehen. Dadurch wirkt der Hahn wie das schwächste Gruppenmitglied.

Obwohl die **Tierbesitzer** nicht direkt im Märchen vorkommen, so wissen wir doch etwas über sie: Sie scheinen egoistische Personen zu sein, die keinerlei emotionale Bindung zu ihren Tieren aufbauen. Sie sehen diese lediglich als Nutztiere, die an „Wert" verlieren, sobald sie älter werden.

Die **Räuber** im Märchen müssen ausgleichende Gerechtigkeit erfahren, da ihnen das Haus, welches ihnen nicht zusteht, wieder genommen wird.

24.3 Psychologische Phänomene und Implikationen

Bevor das Märchen der Bremer Stadtmusikanten im Detail analysiert wird, gilt es zu betonen, dass es viel Lebensweisheit transportiert. Bei genauem Lesen erfahren wir einiges darüber, wie wir ein selbstbestimmtes Leben führen können und was wir im sozialen Miteinander tun sollten und was nicht.

Im Folgenden werden einige psychologische Phänomene und Konstrukte des Märchens herausgearbeitet und auf dieser Basis praktische Implikationen für verschiedene Lebensbereiche abgeleitet. Falls Sie sich noch tiefergehend mit den „Bremer Stadtmusikanten" beschäftigen möchten, können Ihnen die Fragen am Ende des Kapitels weitere Anregungen dazu geben.

24.3.1 Leistungsorientierung

Alle Tiere des Märchens verlassen ihr Heim aus demselben Grund: Sie sollen getötet werden, da sie dem Menschen aufgrund ihrer Altersschwäche nicht mehr als Nutztier dienen können.

Auch heutzutage werden Menschen vor allem in westlichen Gesellschaften häufig daran bemessen, was sie leisten oder welchen Nutzen sie bringen. Viele Personen streben nach Spitzenleistungen, da sie sich dadurch einen besseren Status in ihrem sozialen Umfeld erhoffen und dies ihren Selbstwert steigert. Deci und Ryan (2008) beschreiben in ihrer **Selbstbestimmungstheorie** die drei Grundbedürfnisse des Menschen: Autonomie, soziale Eingebundenheit und – was an dieser Stelle ausschlaggebend ist – Kompetenz. Daher sind viele Menschen von dem Gedanken geprägt: „Wenn ich viel leiste, werde ich gemocht und akzeptiert."

Doch wenn wir alles und jeden **nur** nach seiner Nützlichkeit für ein System bewerten, so werden diejenigen, die ihre Stärken nicht in offensichtlichen Lebensbereichen haben oder – wie die Tiere im Märchen – aufgrund von Alter und Krankheit eine reduzierte Leistung erbringen, zwangsläufig als Verlierer dastehen. Daher ist es wichtig, dass wir es schaffen, unsere Mitmenschen anhand ihres Wesens und ihrer individuellen Stärken zu beurteilen. Wenn jemand einen tollen Charakter hat, so ist dieser Mensch zu schätzen, unabhängig davon, ob er objektiv gute Leistungen erbringt oder irgendwem nützlich erscheinen mag.

Auch wenn wir Teil einer Gruppe sind, die **schwächere Mitglieder** umfasst, so sollten wir diese einbeziehen. Sie werden sich nun vielleicht fragen, warum das sinnvoll ist. Zum einen sind diese schwächeren Mitglieder oftmals nur vermeintlich weniger leistungsfähig und ihre wahren Kompetenzen offenbaren sich erst, wenn wir die Personen näher kennenlernen. Im Märchen z. B. wirkt der Hahn zu Beginn der Geschichte wie das schwächste Gruppenmitglied, doch ohne ihn wäre die Gruppe wohl nie auf das Räuberhaus aufmerksam geworden – seine Weitbzw. Aussicht aus der Vogelperspektive wurde zum Nutzen aller Tiere. Zum anderen können schwächere

24

Mitglieder daran wachsen und ihre Stärken entwickeln. Dies ist nicht nur für die Person selbst vorteilhaft, sondern auch für die Gruppe: Nun gibt es ein starkes Mitglied mehr, das ebenfalls potenzielle Schwächen ausgleichen kann.

Implikationen für die Erziehung, Führung und Lebensgestaltung

Unsere Haltung gegenüber der Leistungsorientierung kann für alle Lebensbereiche bedeutsam sein.

Wir können uns bemühen, unsere Kinder zu Menschen zu erziehen, die statt der Leistung ihrer Mitmenschen deren Charakter und Stärken in den Fokus stellen und auch schwächere Mitmenschen nicht links liegen lassen, sondern sie unterstützend begleiten. Denn vermutlich findet sich jeder von uns auch einmal in einer Situation wieder, in der er weniger kompetent ist als die anderen. Dann sind wir dankbar dafür, dass uns ein „Esel" mitzieht.

Vor allem das Berufsleben ist vom Leistungsdenken geprägt. Für Führungskräfte kann es durchaus wichtig sein, auf messbare Kennzahlen und Kosten-Nutzen-Analysen zu verzichten, und zwar dann, wenn ein Gruppenmitglied eine andere wichtige Funktion innerhalb der Gesamtgruppe erfüllt wie eine hohe Sozialität, die die Gruppe zusammenhält. Denn jeder hat seine Stärken, auch die vermeintlich „Schwachen".

Nicht nur das Werturteil über andere Menschen ist häufig vom Leistungsgedanken bestimmt, sondern auch Tätigkeiten oder Gegenstände werden an ihrem Nutzen bemessen. Doch warum sollten wir nicht manchmal auch Dinge tun, die uns einfach nur Spaß machen? Wenn wir eine Handlung nur zum Selbstzweck ausführen, sie somit ausschließlich intrinsisch, also aus unserem Innersten heraus, motiviert ist, handelt es sich um eine sog. **autotelische Handlung**. Wenn wir beispielsweise ein Zeitungsrätsel zu lösen versuchen, obwohl wir die Zeitung im Anschluss sowieso in den Papiermüll werfen werden, so ist das Rätseln an sich der Antrieb für unser Tun.

Autotelische Aktivitäten sind nach Csikszentmihalyi (2004) auch eng mit **Flow-Erleben** (engl. für Fließen, Strömen) verknüpft. Flow-Erlebnisse sind durch ein Gleichgewicht aus Anforderungen und Fähigkeiten gekennzeichnet und manifestieren sich in einem Tätigkeitsrausch bzw. einem Zustand der völligen Konzentration. Dieses Flow-Gefühl wiederum kann uns zu Glücksempfinden verhelfen. Wer weiß, möglicherweise wäre unser Alltag etwas unbeschwerter, könnten wir unsere Freizeit häufiger, ohne einen Gedanken an den Nutzen zu verschwenden, (er)leben.

24.3.2 Respekt vor dem Alter

Die Tiere im Märchen werden allesamt von ihren Hausherren verstoßen, da sie alt und schwach waren. Dass sie bisher ihr gesamtes Leben gute Dienste geleistet haben, wird von den Besitzern nicht honoriert, sondern als Selbstverständlichkeit hingenommen.

In einer immer älter werdenden Gesellschaft ist der Umgang mit alten Menschen von großer Bedeutung. Wie empfanden Sie beim Lesen die Tatsache, dass die Tiere verstoßen wurden? Viele von Ihnen empfanden vermutlich Ungerechtigkeit. So, wie es im Märchen unfair ist, die Tiere fortzuschicken bzw. ihnen mit dem Tod zu drohen, ist es auch in unserer Gesellschaft ungerecht, wenn wir älteren Menschen keinen Respekt zollen. Wie können wir dafür sorgen, dass ein adäquater Umgang mit dem Alter in unserer Gesellschaft stattfindet?

Implikationen für die Arbeit und Gesellschaft

In Unternehmen werden ältere Arbeitnehmer häufig als Last erlebt und nicht selten werden sie frühverrentet, damit ihre Stellen mit jüngeren Arbeitnehmern neu besetzt werden können. Sofern die Betroffenen dies aber selbst nicht wünschen, ist dies kein fairer und vor allem kein besonders respektvoller Umgang. Denn wir sollten bedenken, dass diese Arbeitskräfte bereits jahrzehntelang Arbeit verrichtet und vieles geleistet haben, wovon wir nun profitieren oder worauf wir aufbauen können. Respekt und Wertschätzung dafür wäre also angebracht, sie sollten nicht wie der alte Esel einfach „aussortiert" werden. Ältere und erfahrene Arbeitnehmer verfügen übrigens häufig über wertvolle **Expertise**, die dem Unternehmen sonst verloren ginge. Eine Win-win-Situation ergibt sich folglich, wenn es Unternehmen schaffen, diese Kompetenzen noch für sich zu nutzen und den älteren Arbeitnehmern einen Arbeitsplatz zu sichern, bis diese das reguläre Renteneintrittsalter erreicht haben oder selbst den Wunsch verspüren, sich von der Arbeit zurückzuziehen.

Doch auch auf gesellschaftlicher Ebene oder im Privaten können wir dem Märchen eine Botschaft entziehen. Das **Prinzip des Generationenvertrags**, wie wir es z. B. vom deutschen Rentensystem kennen, könnte uns auch in allgemeinen Werthaltungen inspirieren: Nachkommende Generationen sichern die Einkünfte bzw. Nachsorge der jeweils älteren Generation. Denn so wird jeder einmal von diesem System profitieren. Dieses Prinzip lässt sich nicht nur auf finanzielle Angelegenheit wie die Rente anwenden, sondern auch auf unser Verhalten. Wenn wir einer älteren Person im Supermarkt helfen, die Einkäufe zu verstauen, ohne eine Gegenleistung zu erwarten, können wir zumindest darauf hoffen, dass auch uns in einigen Jahren oder Jahrzehnten geholfen wird, wenn wir Hilfe benötigen. Diese Haltung spiegelt sich in der **generalisierten Reziprozität** wider und ist Grundlage von Generationenverträgen.

Bedenken wir, was die uns vorausgegangenen Generationen alles geleistet haben, von dem wir nun profitieren, so sind wir ihnen doch einiges schuldig. Unsere Eltern haben in der Regel viel Zeit, Mühe, Liebe und Geld in uns investiert, sodass es doch ein legitimer Wunsch ist, dass wir sie pflegen und unterstützen, sobald sie auf Hilfe angewiesen sind. Auch wenn es uns möglicherweise als Last erscheint, wir sollten dies aus Dankbarkeit und Respekt tun, sodass ältere Menschen ein würdevolles und möglichst unbeschwertes Dasein führen können.

24.3.3 Vom Wert der Gruppe

Die Geschichte der Bremer Stadtmusikanten zeigt uns eindrucksvoll, wie eine Gruppe durch Zusammenschluss Ziele erreichen kann, die die beteiligten Individuen alleine niemals hätten erreichen können.

Im Alltag oder Berufsleben ist es oft so, dass wir uns, um wirklich Großes zu leisten, zusammenschließen müssen. Denn jeder Mensch hat andere Stärken. Wenn wir dieses Potenzial in Gruppen zusammenlegen, können Kompetenzen gesteigert und die Schwächen ausgeglichen werden. So können beispielsweise auch Synergien entstehen, die uns zu neuen

Erkenntnissen leiten. Gerade für Unternehmen ist dies ein starkes Argument für **Diversity Management**, also heterogene Arbeitsgruppen. Nur wenn wir uns auf Zusammenarbeit einlassen, können wir über uns selbst hinauswachsen, wie es die Tiere im Märchen tun: der Esel als starkes Fundament der Pyramide und der Hahn als Spitze, der von Hund und Katze gestützt wird.

Neben der gesteigerten Effektivität von Gruppen ist es darüber hinaus eines jeden Menschen Bedürfnis, zugehörig zu Gruppen zu sein. In dem **Konzept der Gruppenzugehörigkeit** („need to belong"; Baumeister u. Leary 1995) geht man davon aus, dass Menschen das Bedürfnis nach langfristigen und affektiv positiven Interaktionen mit ihren Mitmenschen haben. Wenn wir uns also mit anderen beruflich oder privat in Gruppen zusammentun, so wird dieses Grundbedürfnis befriedigt und löst in der Regel Wohlbefinden bei uns aus.

Dabei ist ein „gemeinsames Schicksal" förderlich für Gruppenbildung (Bastian et al. 2014), sprich Menschen mit ähnlichen Ausgangspositionen oder Problemen schließen sich mit erhöhter Wahrscheinlichkeit zusammen (z. B. in Selbsthilfegruppen). Grund hierfür ist, dass sie sich miteinander identifizieren und auch gut in die anderen hineinversetzen können.

Die Bremer Stadtmusikanten teilten zu Beginn der Geschichte alle dieselben Zukunftssorgen, nachdem sie verstoßen wurden. Sie konnten sich gut mit der Situation der anderen identifizieren und nachempfinden, wie es ihnen ergeht.

Implikationen für die Lebensgestaltung

Wann immer wir also ein Problem haben, von dem wir glauben, es nicht alleine lösen zu können, sollten wir uns daran erinnern, dass es womöglich auch noch andere Menschen in unserem Umfeld mit ähnlichen Problemen gibt, und erwägen, ob es hilfreich ist, sich mit ihnen zusammenzutun.

24.3.4 Handlungsorientierung

Eine wichtige Botschaft des Märchens steckt im Prinzip der Handlungsorientierung. Der deutsche Psychologe Julius Kuhl entwickelte das Konzept der

Handlungs- bzw. Lageorientierung (Kuhl u. Kazén 2003). **Handlungsorientierte Menschen** schaffen es nach Rückschlägen relativ schnell, sich gedanklich davon zu lösen und auf zukünftige Handlungen zu konzentrieren, indem sie z. B. eine konstruktive Fehleranalyse vornehmen. **Lageorientierte Menschen** hingegen bleiben gedanklich bei der aktuellen Lage gewissermaßen hängen und kreisen weiterhin um das Problem.

Was wäre wohl geschehen, hätte keines der Tiere das Zepter selbst in die Hand genommen und konkret gehandelt? Vermutlich wären alle Tiere getötet worden oder bald einsam auf der Straße gestorben. So aber haben die Tiere zusammen ein Abenteuer erlebt und können den Rest ihres Lebens gemeinsam im Räuberhaus verbringen.

Wo liegt der Unterschied zwischen diesen beiden Varianten der Geschichte? Im Szenario geben sich die Tiere ihrem Schicksal hin, sie sind eher lageorientiert und verfallen der sog. **erlernten Hilflosigkeit** (Seligman u. Maier 1967). Dieser Zustand umfasst die Erwartung, negative Situationen nicht beeinflussen zu können, sowie ein Gefühl des Kontrollverlusts.

Im Märchen können wir dieses Phänomen besonders gut am Hahn erkennen. Obwohl ihm klar ist, dass er geschlachtet werden soll, tut er nichts weiter, als so lange zu krähen, bis er getötet werden soll.

Im tatsächlichen Verlauf des Märchens hingegen brechen die Tiere auf, um ein besseres Leben zu führen. Sie, vor allem der Esel als Initiator, verfügen über eine hohe **Selbstwirksamkeitsüberzeugung** (Bandura 1977), d. h., sie glauben daran, durch ihr eigenes Tun Dinge verändern zu können – selbst „wirksam" zu sein.

Implikationen für die Lebensgestaltung

Ob im Privaten oder Beruflichen können uns die Tiere als Vorbild dienen. Bevor wir jammern und dauerhaft unzufrieden sind, sollten wir uns immer wieder die Frage stellen: Kann ich durch mein Handeln etwas verändern? Denn in fast allen Situationen haben wir zumindest einen gewissen Handlungsspielraum. Betrachten wir unser Leben als einen Film, so sind wir der Regisseur, der das Drehbuch maßgeblich beeinflusst. Statt uns also über die „schlechten Szenen" oder den „schlechten Film" zu

beschweren können wir versuchen, kreativ daran mitzuwirken und die Dinge positiv zu beeinflussen. Der Leitspruch „Love it, change it or leave it" kann uns dabei helfen.

24.3.5 Vorurteile und Rassismus

Rassismus ist ein gesellschaftliches Problem, welches leider selbst in Zeiten fortgeschrittener Globalisierung weiterhin existiert. Menschen mit fremder Herkunft, Sprache oder ausländischem Aussehen werden immer wieder Opfer von rassistischen Parolen, Handlungen und Ausgrenzung.

Jedes Kind weiß, dass sich Hund und Katze nicht ausstehen können. Doch – siehe da – was geschieht im Märchen? Esel, Hund, Katze und sogar ein Vogel schließen Freundschaft, entgegen aller gängigen Erwartungen über die Verträglichkeit dieser unterschiedlichen Rassen.

Alle Menschen dieser Erde gehören genau einer Spezies an: dem Homo sapiens sapiens. Bei uns handelt es sich also nicht einmal – wie im Märchen – um unterschiedliche Spezies, und dennoch existiert Rassismus. Ein Grund hierfür ist die ständige Kategorisierung unserer Mitmenschen in Ingroup und Outgroup (bzw. Eigen- und Fremdgruppe). Die **Ingroup** ist diejenige soziale Gruppe, zu der wir uns zugehörig fühlen und mit der wir uns identifizieren können. Die Ingroup werten wir gedanklich immer wieder auf, während wir Tendenzen haben, die **Outgroup**, also Gruppen, denen wir uns nicht zugehörig fühlen, abzuwerten. So geschieht es leicht, dass Menschen fremder Herkunft als Outgroup wahrgenommen und in der Folge abgewertet werden.

Implikationen für die Lebensgestaltung und Erziehung

Die Bremer Stadtmusikanten zeigen uns, dass der Charakter und das Verhalten wichtiger sind als Aussehen, Herkunft oder Sprache. Auch unkonventionelle Kombinationen können gut funktionieren und das Leben bereichern. Wenn sich Hund und Katze friedlich verhalten können, warum schaffen wir Menschen es innerhalb unserer Spezies dann nicht? Vielleicht erinnern Sie sich an diese Geschichte, wenn Sie mit dem Thema Rassismus in Berührung kommen oder Ihren Kindern vermitteln wollen, dass ein Mensch unabhängig von seiner Herkunft Wertschätzung und Gleichberechtigung verdient. Mit dem Wissen über In- und Outgroup sind Sie nun sensibilisiert für die Abwertungstendenzen gegenüber Fremdgruppen und können diese besser erkennen und ihnen entgegenwirken.

24.3.6 Gerechtigkeit

> Es gibt nichts Gutes, außer man tut es! (Erich Kästner)

Die Räuber der Geschichte leben in einem Haus, das ihnen vermutlich nicht zusteht, da sie es sich durch Überfälle erbeutet haben. Am Ende der Geschichte wird es ihnen genommen, sodass sie ausgleichende Gerechtigkeit erfahren. Die Geschichte kann als Appell verstanden werden, Ungerechtigkeiten in unserer Welt aktiv zu verringern. Sobald uns etwas ungerecht erscheint – unabhängig davon, für wen die Ungerechtigkeit besteht –, sollten wir den Mut haben, zu intervenieren, und versuchen, gerechtere Verhältnisse zu schaffen.

24.4   Fazit

Betrachten wir das Märchen vor dem Hintergrund der damaligen sozialen Situation, so können die Tiere als Sinnbild für alt gewordene Knechte und Mägde der damaligen Zeit angesehen werden, die im Dienst der Herrschaft standen und durch ihre nachlassende Arbeitskraft in eine ausweglose Situation gerieten. Somit drückt das Märchen die Wünsche der Unterschicht aus und bringt darüber hinaus mit Optimismus zum Ausdruck, dass es auch nachhaltige Lösungen für Probleme gibt, die zunächst ausweglos erscheinen. Die Geschichte führt uns bildlich vor Augen, dass auch die vermeintlich Ungehörten einer Gesellschaft etwas bewegen und sich gegen die „Mächtigen" auflehnen können, wenn sie sich miteinander solidarisieren und gemeinsam an einem Strang ziehen.

Vielleicht hat sich seit dem 19. Jahrhundert manch ein Zuhörer oder Leser durch dieses Märchen ermutigt gefühlt, etwas gegen unrechte Zustände zu unternehmen. Und falls nicht, fühlen Sie sich

möglicherweise in Zukunft durch die Erfolgsgeschichte der Bremer Stadtmusikanten ermutigt, eine Veränderung oder einen Protest zu wagen und sich mit anderen zusammenzuschließen.

- **Fragen zur Reflexion**
- Was hat es zu bedeuten, dass die Tiere ihr eigentliches Ziel Bremen nicht erreichen? Wie ist das zu bewerten?
- Wann waren Sie in Ihrem Leben schon in der Rolle eines der Bremer Stadtmusikanten, wann in der der Räuber oder Tierbesitzer? Sind/ waren Sie mit diesen Rollen zufrieden?
- Auf den ersten Blick stehen die Akteure der Geschichte alle unter einem schlechten Stern, da sie aufgrund von Alterserscheinungen keine weitere Perspektive in ihrem Leben haben. Doch durch Kreativität und einen positiven starken Willen meistern sie ihre Situation. In welchen Situationen hat es sich in Ihrem Leben schon gelohnt, einen genaueren Blick auf Ihre Umwelt zu werfen, um die Chancen und Potenziale zu erkennen oder zu nutzen? In welchen Situationen sollten Sie einen zweiten Blick vielleicht noch wagen?

Literaturverzeichnis

Bandura, A. (1977). Self-efficacy: toward a unifying theory of behavioral change. *Psychological Review* 84, 191–215.

Bastian, B., Jetten, J., & Ferris, L. J. (2014). Pain as social glue shared pain increases cooperation. *Psychological Science* 25, 2079–2085.

Baumeister, R. F., & Leary, M. R. (1995). The need to belong: desire for interpersonal attachments as a fundamental human motivation. *Psychological Bulletin* 117, 497–529.

Csikszentmihalyi, M. (2004). *Flow im Beruf: Das Geheimnis des Glücks am Arbeitsplatz.* Stuttgart: Klett-Cotta.

Deci, E. L., & Ryan, R. M. (2008). Self-determination theory: A macrotheory of human motivation, development, and health. *Canadian Psychology/Psychologie canadienne* 49, 182–185.

Grimm, J., & Grimm, W. (1819). *Kinder- und Haus-Märchen, gesammelt durch die Brüder Grimm: Große Ausgabe* (Bd. 1, 2. Aufl.). Berlin: G. Reimer.

Kuhl, J., & Kazén, M. (2003). Handlungs- und Lageorientierung: Wie lernt man, seine Gefühle zu steuern. In: J. Stiensmeier-Pelster, & F. Rheinberg (Hrsg.), *Diagnostik von Motivation und Selbstkonzept* (S. 201–219). Göttingen: Hogrefe.

Seligman, M. E., & Maier, S. F. (1967). Failure to escape traumatic shock. *Journal of Experimental Psychology* 74, 1–9.

Die drei Glückskinder von den Gebrüdern Grimm (1819)

Vanessa Allwardt und Maxim Karl

25.1   **Inhalt des Märchens – 188**

25.2   **Die Charaktere – 188**

25.3   **Psychologische Phänomene und Implikationen – 189**
25.3.1   Faktoren des Glücks – 189
25.3.2   Umgang mit Misserfolgen – 190
25.3.3   Leistungen anderer und ihre Auswirkungen – 192

25.4   **Fazit – 193**

Literaturverzeichnis – 193

© Springer-Verlag GmbH Deutschland 2017
D. Frey (Hrsg.), *Psychologie der Märchen*,
DOI 10.1007/978-3-662-53668-1_25

25.1   Inhalt des Märchens

Es waren einmal ein Vater und seine drei Söhne. Kurz bevor der Vater starb, ließ er seine Söhne zu sich kommen und schenkte dem ersten einen Hahn, dem zweiten eine Sense und dem dritten eine Katze. Der Vater sprach: „Geld hab ich nicht, und was ich euch jetzt gebe, scheint wenig wert, es kommt aber bloß darauf an, dass ihr es klug anwendet: Sucht euch nur ein Land, wo dergleichen Dinge noch unbekannt sind, so ist euer Glück gemacht."

Nach dem Tode des Vaters zog der Älteste mit seinem Hahn los. Wo er aber hinkam, war der Hahn schon bekannt und niemand wollte sich über das Tier wundern. Schließlich kam er auf eine Insel, wo die Leute noch nie von einem Hahn gehört hatten, sogar ihre Zeit nicht einzuteilen verstanden: Sie wussten nie, wie lange die Nacht noch dauern würde und verschliefen oft den Morgen. Da sprach der Sohn: „Seht, was für ein stolzes Tier: Es kräht nachts dreimal, und wenn's das letzte Mal kräht, so geht die Sonne bald auf." Die Inselbewohner waren so entzückt, dass sie dem Sohn im Tausch für den Hahn so viel Gold gaben, wie ein Esel nur tragen konnte. Als der zweitälteste Bruder den Reichtum des Ältesten sah, sprach er: „So will ich mich doch aufmachen und sehen, ob ich meine Sense auch so gut losschlagen kann." Auch bei ihm dauerte es eine Weile, bis er sich endlich auf einer Insel wiederfand, auf der die Leute nichts von einer Sense wussten. Als die Inselbewohner sahen, wie schnell und mühelos er das Korn mähte, waren sie bereit, ihm für die Sense ein mit Gold beladenes Pferd zu geben. Nun wollte auch der dritte Bruder seine Katze an den rechten Mann bringen. Es erging ihm anfangs wie den anderen Brüdern, denn allerorten gab es Katzen und niemand wusste das Tier zu schätzen. Glücklicherweise kam er auf eine Insel, auf der eine schreckliche Mäuseplage herrschte und wo niemand jemals zuvor eine Katze gesehen hatte. Da fing die Katze ihre Jagd an und hatte bald ein paar Säle gereinigt, weshalb die Leute den König baten, das Wundertier für sein Reich zu kaufen. So kam es, dass auch der dritte Bruder mit den allergrößten Schätzen beladen heimkehrte.

Die Katze erlegte unzählige Mäuse und als sie von dem vielen Jagen durstig wurde, drehte sie den Kopf und schrie: „Miau, miau!" Der König und seine Leute erschraken durch das Geschrei und stürmten aus dem Schloss. Die Räte des Königs verkündeten: „Lieber wollen wir uns von den Mäusen plagen lassen, an das Übel sind wir gewöhnt, als unser Leben einem solchen Untier preiszugeben." Sie versandten einen Edelknaben, um die Katze aufzufordern, das Schloss gutwillig zu räumen. Die Katze aber, deren Durst nur noch größer geworden war, antwortete bloß: „Miau, miau!" Der Edelknabe verstand: „Durchaus, durchaus nicht!", und überbrachte dem König die Antwort. Die Räte entschieden, die Katze durch Gewalt zu vertreiben und schossen mit Kanonen das Schloss in Brand. Als das Feuer bei der Katze ankam, sprang sie glücklich zum Fenster hinaus; die Belagerer hörten aber nicht eher auf, bis das ganze Schloss in Grund und Boden geschossen war.

(Grimm u. Grimm 1819; ◻ Abb. 25.1)

25.2   Die Charaktere

Der als erstes in Aktion tretende Charakter im Märchen ist der **Vater**. Er ist kein wohlhabender, aber dafür sehr weiser Mann. Vorausschauend gibt er seinen Söhnen einen äußerst wertvollen Ratschlag mit auf den Weg, der diese letztlich zu reichen Leuten macht.

Die **drei Söhne** schaffen es, mithilfe dieses Ratschlags ihre anfangs noch wertlos erscheinenden Erbstücke auf eine kreative und gewitzte Art und Weise für sehr viel Gold einzutauschen. Allesamt zeichnen sie sich dadurch aus, dass sie trotz anfänglicher Misserfolge nicht aufgeben, bis sie ihr Ziel erreicht haben. Der **erste Sohn** hat es dabei am schwersten, da er auf der Suche nach seinem Glück nur das Wort seines Vaters als Wegweiser hat. Er kann damit das stärkste Durchhaltevermögen und die höchste Kreativität unter Beweis stellen. Die anderen Brüder hingegen haben es leichter und können bereits am Beispiel des Ältesten festmachen, dass die Strategie des Vaters aufgeht und zum Erfolg führt.

Als letzte Charaktere treten der **König und sein Gefolge** in Erscheinung. Sie werden im Umgang mit einem unbekannten Tier (der Katze) als ängstlich und hilflos beschrieben. Als sie es beim ersten Versuch nicht schaffen, dass die Katze das Schloss verlässt, geben sie sofort auf, ohne nach alternativen Lösungswegen zu suchen. Voreilig zerstören sie ihr eigenes Zuhause, wobei die Lösung doch eigentlich

so einfach gewesen wäre – eine Schüssel voll Wasser für die durstige Katze.

25.3 Psychologische Phänomene und Implikationen

Zentrale Themen, die in dem Märchen „Die drei Glückskinder" eine Rolle spielen sind:

- Faktoren des Glücks
- Umgang mit Misserfolgen
- Die Leistung anderer und die positiven Auswirkungen auf uns selbst

Im Folgenden werden diese Themen aufgegriffen und damit einhergehend einige psychologische Phänomene erläutert, die das Verhalten unserer Charaktere erklären und noch besser verstehen lassen. Hinsichtlich jedes psychologischen Phänomens werden praktische Implikationen für unseren Alltag und die Erziehung unserer Kinder formuliert.

25.3.1 Faktoren des Glücks

Haben Sie sich schon einmal gefragt, warum einige Menschen glücklicher sind als andere, was Sie selbst tun können, um Ihr Glück zu vergrößern und was Glück eigentlich ist?

Per Definition zeichnet sich Glück durch das regelmäßige Erleben positiver Gefühlszustände, eine hohe Lebenszufriedenheit und das seltene Auftreten negativer Gefühlszustände aus (Lyubomirsky et al. 2005). Für die folgenden drei Faktoren konnte in der psychologischen Forschung ein Zusammenhang mit dem eigenen Glücksempfinden nachgewiesen werden.

Genetische Faktoren

Unsere Gene legen unter anderem unsere Persönlichkeitseigenschaften fest, von denen gezeigt werden konnte, dass sie unser Glücksempfinden beeinflussen (Costa u. McCrae 1980). Den größten positiven Einfluss hat die Persönlichkeitseigenschaft **Extraversion**. Extravertierte Personen, die viel Zeit gemeinsam mit Freunden verbringen, gehören demnach zu den glücklicheren Menschen. Negativ hingegen wirkt sich die Persönlichkeitseigenschaft **Neurotizismus** aus. Ängstliche oder misstrauische Personen zählen dementsprechend eher zu den weniger glücklichen Menschen.

Den Einfluss unserer Gene können wir kaum beeinflussen und müssen ihn als gegeben akzeptieren. Anders sieht es bei den anderen beiden Faktoren aus.

Lebensumstände

Zu den Lebensumständen zählen unter anderem das Einkommen, der Familienstand oder die eigene Gesundheit. In unserem Märchen wird der Einfluss von **finanziellem Erfolg** auf unser Glücksempfinden hervorgehoben. Unser Glücksempfinden steigt nahezu linear mit unserem Einkommen, jedoch nur bis zu einem gewissen Punkt, welcher in den USA mit 75.000 US-Dollar jährlich (ca. 60.000–65.000 Euro) beziffert wurde (Kahneman u. Deaton 2010). Das bedeutet, dass es für unser Glücksempfinden irrelevant ist, ob wir nun 65.000 oder 500.000 Euro im Jahr verdienen. Die Annahme, dass Geld glücklich machen kann, trifft somit nur teilweise zu.

Unsere Lebensumstände sind von vielen Faktoren abhängig, von denen sich einige unserer Einflussnahme entziehen (z. B. Wohlstand unseres Elternhauses). Deshalb erscheint es oft schwierig, hier substanzielle Veränderungen zu bewirken.

Verhalten und Gedanken

Auf unser Verhalten und unsere Gedanken hingegen hat niemand einen so großen Einfluss wie wir selbst. Zahlreiche Studien konnten belegen, dass sich unser Verhalten und unsere Gedanken auf unser Glück auswirken (z. B. Freizeitgestaltung, Bewertung von Situationen etc.). Das regelmäßige Betreiben von **Sport** beispielsweise wirkt sich positiv auf unser Glückslevel aus (Dyer u. Crouch 1988). Außerdem konnte in mehreren Studien ein starker Zusammenhang zwischen **Dankbarkeit** und Glück festgestellt werden (Wood et al. 2010). Somit ist Dankbarkeit nicht nur ein Mechanismus zur Stabilisierung unserer Beziehungen, sondern auch eine direkte Einflussgröße auf unser Glücksempfinden.

Michael W. Fordyce (2000) formulierte folgende essenzielle **Grundsätze zur Steigerung des subjektiven Glücks**:

1. Sei aktiver und stets beschäftigt!
2. Verbringe mehr Zeit in guter Gesellschaft!
3. Sei in sinnvoller Arbeit produktiv!
4. Sei gut organisiert und plane wohl durchdacht!
5. Höre auf, dir Sorgen zu machen!
6. Reduziere deine Erwartungen und Aspirationen!
7. Entwickle optimistisches, positives Denken!
8. Sei im Hier und Jetzt!
9. Arbeite an einer gesunden Persönlichkeit (Selbstakzeptanz)!
10. Entwickle eine aufgeschlossene und soziale Persönlichkeit!
11. Sei du selbst!
12. Eliminiere negative Gefühle!
13. Die engsten Beziehungen sind die wichtigsten!
14. Wisse das Glück zu schätzen!

Das Entwickeln einer optimistischen und positiven Denkweise (7. Grundsatz) ist Fordyce zufolge der Königsweg zu einem glücklicheren Leben. Es kommt also darauf an, zu lernen, das Glas Wasser als halb voll und nicht als halb leer wahrzunehmen.

Genau das machen uns die drei Brüder vorbildlich im Märchen vor. Sie lassen sich durch die widrigen Lebensumstände der Armut und ihre anfänglichen Misserfolge nicht entmutigen. Stattdessen sind sie dankbar für das, was sie haben, und verfolgen optimistisch und beharrlich ihr Ziel.

Wir halten fest, dass aufgrund der hohen Beeinflussbarkeit unser Verhalten und unsere Gedanken besonders wirksame Schlüssel zu unserem Glück sind.

25.3.2 Umgang mit Misserfolgen

Wussten Sie, dass es aus biologischer Sicht eigentlich unmöglich ist, dass Hummeln fliegen? Trotzdem tun sie es! Obwohl auch die Bewältigung der Aufgabe der drei Brüder zu Beginn fast unmöglich schien, ist keiner der Brüder vor der Aufgabe zurückgeschreckt oder hat vor dem Erreichen des Ziels aufgegeben.

Wie bereits im vorherigen Abschnitt diskutiert, hatten die Brüder allesamt eine positive Sichtweise auf das Gelingen ihres Vorhabens. Anders ausgedrückt vertrauen sie trotz anfänglicher Misserfolge darauf, dass am Ende alles gut wird, und haben damit eine Art Kontrollgefühl.

Kontrollerleben und Durchhaltevermögen

Die Psychologen Wortman und Brehm (1975) stellten fest, dass das Erleben von Misserfolgen, wie die anfänglichen Probleme der drei Brüder, ihre Gegenstände gewinnbringend zu verkaufen, sich unterschiedlich auf das Kontrollerleben von Menschen auswirken kann (Stiensmaier-Pelster 1988). **Kontrolle** beschreibt hierbei das Gefühl, Dinge beeinflussen, vorhersagen und erklären zu können und wirkt sich positiv auf unser Durchhaltevermögen aus.

Hat man so wie die drei Brüder trotz Misserfolgen das Gefühl, in Zukunft wieder alles in den Griff zu bekommen und Ereignisse positiv beeinflussen zu können, entspricht dies einem **hohen Kontrollerleben**. Dieses Erleben von Kontrolle mobilisiert Energie in uns, um weiterzumachen und eben nicht aufzugeben.

Nimmt man bei einer Niederlage jedoch die Situation als nicht veränderbar wahr und generalisiert Misserfolge im Hinblick auch auf zukünftige Situationen, entspricht das einem **niedrigen Kontrollerleben**. Dies wird alternativ als Phänomen der **erlernten Hilflosigkeit** bezeichnet, weil die Person demnach „gelernt hat", dass sie negativen Ereignissen gegenüber hilflos ist und sie nicht beeinflussen kann. Der Zustand der erlernten Hilflosigkeit ähnelt dem Gefühl der Hoffnungslosigkeit und wirkt sich negativ auf die Gedanken, Emotionen und Motivation aus. Er ist ein selbstzerstörerischer Zustand, der zu einer Selbstblockade führt, die verhindert, dass wir nach konstruktiven Lösungen suchen und die Dinge aus einer objektiven Perspektive betrachten.

Der König und sein Gefolge gehen vermutlich davon aus, dass auch weitere Versuche, die Katze aus dem Schloss zu vertreiben, erfolglos sein werden (geringes Kontrollerleben). In ihrer wahrgenommenen Hilflosigkeit sind sie nicht in der Lage, nach adäquaten Lösungsstrategien zu suchen, und entscheiden sich dafür, das eigene Heim zu zerstören.

Doch was kann man tun, um zu den Leuten zu gehören, die nicht so schnell aufgeben und stattdessen Durchhaltevermögen zeigen?

Die Forschung hat gezeigt, dass man Aufgaben/Situationen als kontrollierbarer wahrnimmt, wenn man ein **positives Selbstbild** hat (Brockner et al. 1983). Dieses führt gleichzeitig auch zu einer besseren Leistung. Der Schlüssel zu Durchhaltevermögen und damit auch zum Erfolg lautet, das Positive an sich selbst wahrzunehmen und zu stärken: Machen Sie sich (am besten regelmäßig!) bewusst, was Ihre Stärken und Kompetenzen sind und wofür Sie von anderen Menschen geschätzt werden. Umgeben Sie sich mit diesen Menschen. Dadurch wird es Ihnen leichter fallen, sich selbst in einem positiven Licht wahrzunehmen.

Der Wert von Kontrollerleben und Durchhaltevermögen besteht darin, dass man seine Ziele mit höherer Wahrscheinlichkeit auch erreicht. Glauben Sie daher an sich selbst und geben Sie nicht zu früh auf! Denn zu früh aufzugeben kann, wie wir es bei den Inselbewohnern gesehen haben, fatale Folgen haben.

Impftheorie

Was kann man bereits im Vorfeld tun, um sich gegen Widerstände und Misserfolge zu wappnen und ihnen effizienter zu begegnen?

William J. McGuire (1961) stellte in der Psychologie die sog. Impftheorie auf. Diese besagt, dass Menschen Angriffe auf ihre eigene Einstellung leichter abwehren können, wenn sie im Vorfeld auf diese vorbereitet werden. Diese Vorbereitung entspricht dem gleichen Prinzip wie bei einer Grippeimpfung. Eine Person bekommt eine geringe Dosis an Grippeviren injiziert, gegen die der Organismus dann vermehrt Antikörper bildet. Der Körper stärkt damit sein Immunsystem gegen speziell diese Viren, wodurch die Wahrscheinlichkeit, von diesen infiziert zu werden, sinkt. Ebenso kann ein Mensch sich gegen äußere **Widerstände** und mögliche **Hindernisse** impfen. Hierbei wird die Person nicht mit Viren, sondern beispielsweise mit einer kleinen Menge an Gegenargumenten zu seiner eigenen Einstellung konfrontiert. Die Person hat die Möglichkeit, gezielt diese Gegenargumente zu entkräften und die eigene Position zu stärken.

Bei der Methode des Impfens unterscheidet man das aktive und passive Impfen. Beim **aktiven Impfen** müssen die Personen die Gegenargumente selbst entkräften. Beim **passiven Impfen** wird der Person geholfen, das Gewicht der Gegenargumente zu reduzieren. Die Forschung zeigt, dass das aktive Impfen die wirkungsvollere Methode ist.

25

Schauen wir uns das am Beispiel unseres Märchens an. Die Brüder werden bereits vorab von ihrem Vater „geimpft", dass die vererbten Gegenstände nicht besonders wertvoll seien. Indirekt sagt der Vater ihnen damit, dass es nicht leicht sein wird, die Gegenstände in viel Geld umzuwandeln. Gleichzeitig, entsprechend dem passiven Impfen, gibt der Vater den Söhnen den Ratschlag, nach einem Ort zu suchen, wo die Gegenstände noch unbekannt sind. Der Vater hilft hier also den Söhnen, das negative Gewicht der aktuellen Situation zu reduzieren, und schlägt ihnen einen Lösungsweg vor, um dem kommenden Misserfolgen effektiv zu begegnen. Schlussendlich gelingt es allen drei Brüdern, ihre Gegenstände zu Gold zu machen und die Hindernisse zu überwinden.

Haben auch Sie ein Ziel, welches Sie in nächster Zeit erreichen wollen? Dann kann es auch für Sie sinnvoll sein, sich einmal Gedanken zu machen, welche Hindernisse Ihnen noch auf dem Weg zur Zielerreichung begegnen könnten und welche Möglichkeiten Ihnen zur Verfügung stehen, diese Hindernisse erfolgreich zu meistern. So können auch Sie die Wahrscheinlichkeit, Ihr Ziel zu erreichen, steigern.

25.3.3 Leistungen anderer und ihre Auswirkungen

Im folgenden Abschnitt soll es darum gehen, inwiefern wir durch die positive Leistung anderer beeinflusst werden. In unserem Märchen ist der zweitälteste Sohn von dem Geschäft des älteren Bruders stark beeindruckt und sagt: „So will ich mich doch aufmachen und sehen, ob ich meine Sense auch so gut losschlagen kann."

Lernen am Modell

Allein durch das Beobachten des Verhaltens anderer (von Modellen) haben wir die Möglichkeit, von ihnen zu lernen, ohne selbst aktiv an einer Situation beteiligt gewesen zu sein. Bandura (1973) beschrieb diese Art zu lernen als **Modelllernen** oder auch **Beobachtungslernen**. Hierbei können wir lernen, welche Verhaltensweisen effektiv sind und uns im Leben weiterbringen oder – im Gegenteil – negative

Konsequenzen nach sich ziehen und deshalb besser nicht gezeigt werden sollten.

Im Märchen ging der älteste Sohn mit gutem Beispiel voran und ermutigte so seine Brüder, das gleiche Verhalten zu zeigen. Trotz vieler Misserfolge gab er nicht auf und hat schließlich sein Erbe für viel Geld verkauft. Der älteste Bruder stellt hier das Modell dar, an dem die Brüder lernen. Zu vermuten ist auch, dass die beiden anderen Brüder vom ältesten gelernt haben, dass auf einer Insel viele Gegenstände noch unbekannt sind und somit eher für gutes Geld verkauft werden können.

Nicht umsonst sollte man vor Kindern nicht bei Rot über die Straße laufen. Kinder fangen erst an, sich mit den Regeln und Normen der Gesellschaft vertraut zu machen und sind damit auf **gute Vorbilder** angewiesen, die ihnen zeigen wie man sich „richtig" verhalten sollte. Seien Sie sich daher Ihrer Rolle bewusst. Auch Sie dienen als Vorbild, und das nicht nur für die eigenen Kinder.

Motivation durch andere

Eine weitere psychologische Theorie, die erklären kann, warum der Erfolg des ältesten Bruders im Märchen motivierend wirkt, ist die **Theorie des sozialen Vergleichs** (Festinger 1954). Um besser einschätzen zu können, wie gut oder schlecht unsere eigenen Fähigkeiten oder Eigenschaften sind, vergleichen wir uns mit anderen Menschen.

Vergleicht man sich mit Personen, die einem selbst hinsichtlich einer Fähigkeit überlegen sind, spricht man von einem **aufwärtsgerichteten Vergleich**; man vergleicht sich mit „bessergestellten" Personen. Diese Art des Vergleichs kann motivierend wirken, sofern das Verhalten anderer von uns selbst nachgeahmt werden kann und der gesetzte Standard erreichbar wirkt.

Die zwei jüngeren Brüder haben genauso wie der älteste Bruder scheinbar wertlose Gegenstände. Die äußeren Bedingungen bei der Zielerreichung sind also sehr ähnlich, weshalb die beiden Brüder ihren eigenen Erfolg als realistisch einschätzen und daraufhin Handlungen unternehmen, die sie letztlich zum Ziel führen.

Es ist besonders wertvoll, uns diese Art der Motivation im Alltag zunutze zu machen, denn es wird immer Menschen geben, die „besser" sind als wir.

Deshalb ist es wichtig, konstruktiv damit umzugehen. Wenn Sie also das nächste Mal mitbekommen, was jemand Bewundernswertes erreicht hat, oder Sie finden, dass Ihre Kollegin oder Freundin besonders gut mit bestimmten Situationen umgehen kann, schauen Sie doch einmal genauer hin, was Sie von der Person lernen können. Das bringt Sie weiter, als sich zu ärgern, dass Sie das (noch) nicht so gut können. Sehen Sie es positiv, diese Person liefert Ihnen eine wunderbare Lernvorlage, anhand derer Sie sich weiterentwickeln können.

25.4   Fazit

Das Märchen drückt eine sehr positive Haltung aus, die auch im Hinblick auf ihren Entstehungskontext nachvollziehbar ist. Die Industrialisierung führte zu tief greifenden Veränderungen in der Gesellschaftsstruktur. So wird der Beginn des 19. Jahrhunderts oft als die Zeit des Durchbruchs der bürgerlichen Gesellschaft beschrieben. Es wurde nun möglich, sogar ohne ständische Vorrechte, auf Basis reiner Leistungsqualifikationen eine gute Ausbildung zu erhalten und höhere Positionen im Staatsdienst einzunehmen. So kamen ca. 20 % des Bildungsbürgertums aus kleinbürgerlichen Verhältnissen und schafften den Aufstieg über das Abitur und ein Studium. Man könnte in diesem Kontext von einem Äquivalent zum häufig in der Geschichte der USA erwähnten „American Dream" sprechen. Die Menschen konnten nun unabhängig von ihrer Herkunft alles erreichen, sofern sie nur hart genug dafür arbeiteten.

Was können wir nun aus der Märchenanalyse für unser Leben mitnehmen? Der Weg zum Glück führt primär über unsere Gedanken und unser Verhalten. Seien Sie optimistisch. Seien Sie dankbar. Machen Sie, was Ihnen Spaß macht, und das so oft es geht. Sollten Sie mit Misserfolgen konfrontiert werden, verzagen Sie nicht. Glauben Sie an sich selbst und geben Sie nicht zu früh auf. Der Erfolg liegt in Ihren Händen. Sollten Sie trotzdem einmal nicht weiterwissen, kann es helfen, sich an Vorbildern zu orientieren. Versuchen Sie aus den Erfolgen und Fehlern anderer zu lernen und diese Erkenntnisse für sich nutzbar zu machen. Somit sind Sie auf dem besten Weg zu einem glücklichen und erfolgreichen Leben.

Literaturverzeichnis

Bandura, A. (1973). *Aggression: A social learning analysis.* Oxford, England: Prentice-Hall.

Brockner, J., Gardner, M., Bierman, J., Mahan, T., Thomas, B., Weiss, W., Winters, L., & Mitchell, A. (1983). The roles of self-esteem and self-consciousness in the Wortman-Brehm model of reactance and learned helplessness. *Journal of Personality and Social Psychology* 45, 199–209.

Costa, P. T., & McCrae, R. R. (1980). Influence of extraversion and neuroticism on subjective well-being: Happy and unhappy people. *Journal of Personality and Social Psychology* 38, 668–678.

Dyer, J. B., & Crouch, J. G. (1988). Effects of running and other activities on moods. *Perceptual and Motor Skills* 67, 43–50.

Festinger, L. (1954). A theory of social comparison processes. *Human Relations* 7, 117–140.

Fordyce, M. W. (2000). Die Glückssteigerungswissenschaft von Fordyce. In: A.A. Bucher (Hrsg.), *Psychologie des Glücks: Ein Handbuch* (S. 177–180). Weinheim, Basel: Beltz.

Grimm, J., & Grimm, W. (1819). *Kinder- und Haus-Märchen, gesammelt durch die Brüder Grimm: Große Ausgabe* (Bd. 1, 2. Aufl.). Berlin: G. Reimer.

Kahneman, D., & Deaton, A. (2010). High income improves evaluation of life but not emotional well-being. *Proceedings of the National Academy of Sciences of the United States of America* 107, 16489–16493.

Lyubomirsky, S., Sheldon, K. M., & Schkade, D. (2005). Pursuing happiness: The architecture of sustainable change. *Review of General Psychology* 9, 111–131.

McGuire, W. J. (1961). Resistance to persuasion conferred by active and passive prior refutation of the same and alternative counterarguments. *The Journal of Abnormal and Social Psychology* 63, 326–332.

Stiensmaier-Pelster, J. (1988) *Erlernte Hilflosigkeit, Handlungskontrolle und Leistung.* Berlin, Heidelberg: Springer.

Wood, A. M., Froh, J. J., & Geraghty, A. A. (2010). Gratitude and well-being: A review and theoretical integration. *Clinical Psychology Review* 30, 890–905.

Wortman, C. B., & Brehm J. W. (1975). Responses to uncontrollable outcomes: An integration of reactance theory and the learned helplessness model. *Advances in Experimental Social Psychology* 8, 277–336.

Das Rübchen von Alexander Afanasjew (Mitte des 19. Jahrhunderts)

Irina Bachsleitner

26.1   **Inhalt des Märchens – 196**

26.2   **Die Charaktere – 196**

26.3   **Psychologische Phänomene und Implikationen – 196**
26.3.1   Vorurteile und die Gefahr der Diskriminierung – 196
26.3.2   Arbeit im Team und Teamrollen – 197
26.3.3   Strategien zur Problemlösung – 199
26.3.4   Ausdauer und zielgerichtetes Handeln – 200

26.4   **Fazit – 200**

Literaturverzeichnis – 201

© Springer-Verlag GmbH Deutschland 2017
D. Frey (Hrsg.), *Psychologie der Märchen*,
DOI 10.1007/978-3-662-53668-1_26

26

26.1   Inhalt des Märchens

Jedes Jahr pflanzte ein Großvater Rüben. Doch dieses Jahr war der Großvater besonders stolz und aufgeregt: Ein riesengroßes Rübchen wuchs auf seinem Feld – groß, dick und süß, wie nie ein Rübchen zuvor!

Als das riesengroße Rübchen aufhörte zu wachsen, wollte es der Großvater herausziehen. Er fasste es an den Blättern, zog und zog. Doch so sehr er sich auch anstrengte, das Rübchen bewegte sich nicht.

Da rief der Großvater die Großmutter zu Hilfe. Die Großmutter fasste den Großvater, der Großvater das Rübchen und beide zogen so stark sie konnten. Doch das Rübchen steckte weiterhin fest im Boden.

Da rief die Großmutter das Enkelchen zu Hilfe, doch auch zu dritt schafften sie es nicht, das Rübchen aus dem Boden zu ziehen.

Auch nachdem das Enkelchen das Hündchen und das Hündchen das Kätzlein zu Hilfe geholt hatten, schafften sie es nicht, das Rübchen zu bewegen.

So holte das Kätzlein das Mäuschen zu Hilfe. Das Mäuschen fasste das Kätzlein, das Kätzlein das Hündchen, das Hündchen das Enkelchen, das Enkelchen die Großmutter, die Großmutter den Großvater und der Großvater das Rübchen. Gemeinsam zogen sie noch einmal, so fest sie konnten. Und siehe da – sie haben das Rübchen herausgezogen!

(Afanasjew 2012; ◘ Abb. 26.1)

Anmerkung   Hierbei handelt es sich um ein russisches Volksmärchen des Märchensammlers Alexander Afanasjew. Nach dem Vorbild der Gebrüder Grimm sammelte er von 1855–1863 knapp 600 Märchen und veröffentlichte diese in seiner Sammlung *Narodnyje russkie skazki – Russische Volksmärchen*. „Das Rübchen" ist ein Märchen aus dieser Sammlung.

26.2   Die Charaktere

In dem Märchen „Das Rübchen" erfährt man nur sehr wenig Persönliches über die Charaktere. Wirft man allerdings einen genaueren Blick auf deren Zusammenstellung, so wird deutlich, dass hier keine Unterschiede zwischen Jung und Alt, Mann

◘ **Abb. 26.1**   (Zeichnung: Johanna Frey)

und Frau, Mensch und Tier und Freund und Feind gemacht werden.

Der Großvater, die Großmutter, das Enkelchen, das Hündchen, das Kätzlein und das Mäuschen sind alle gleichberechtigt und tragen ihren Teil zum Gelingen, das Rübchen aus dem Boden zu ziehen, bei.

26.3   Psychologische Phänomene und Implikationen

Der Großvater, die Großmutter, das Enkelchen, das Hündchen, das Kätzlein und das Mäuschen ziehen gemeinsam an einem Strang, um das Rübchen aus dem Boden zu ziehen. Sie agieren als Team, verlieren ihr Ziel nicht aus den Augen und verfolgen dieses hartnäckig.

Im Folgenden werden psychologische Phänomene erklärt, die uns helfen sollen, die Verhaltensweisen der Charaktere im Märchen für unser alltägliches und berufliches Leben zu nutzen.

26.3.1 Vorurteile und die Gefahr der Diskriminierung

Der erste Eindruck, den wir von Menschen gewinnen, basiert vor allem auf Informationen, die leicht von außen sichtbar sind, beispielsweise Kleidung,

Attraktivität, nonverbales Verhalten und weitere äußere Merkmale. **Alter, Geschlecht oder Ethnizität** messen wir dabei eine besondere Bedeutung zu. Dadurch entstehen verschiedene Vorurteile, die unsere Einstellungen und unser Verhalten beeinflussen. Wir neigen dazu, Verallgemeinerungen zu treffen und Menschen allein aufgrund ihrer Zugehörigkeit zu einer bestimmten Gruppe einzuordnen und in Schubladen zu stecken. So können beispielsweise Frauen nicht einparken oder Männer nicht gut zuhören. Die Deutschen gelten als pflichtbewusst und trinken gerne Bier, wohingegen die Russen eine Vorliebe für Wodka haben und zumeist unfreundlich aussehen. Wir alle haben an der einen oder anderen Stelle unsere Vorurteile gegenüber anderen, was uns nur allzu menschlich macht.

Man sollte seine eigenen Vorurteile jedoch immer auf den Prüfstand stellen und bewusst hinterfragen, damit diese nicht zu **Diskriminierung** führen. So zeigt eine Studie von Kaas und Manger (2011), dass im Bewerbungskontext die Ethnizität einen Einfluss auf die Einladung zum Vorstellungsgespräch hat. Bewerber mit türkisch klingenden Namen wurden deutlich seltener eingeladen als Bewerber mit deutschen Namen. Dieser Diskriminierung scheint vor allem Angst und Unsicherheit gegenüber dem Unbekannten zugrunde zu liegen.

Implikationen für die Lebensgestaltung

Gerade in der heutigen Zeit, die durch eine anhaltende Zuwanderung auch nach Deutschland geprägt ist, sollte uns das Ergebnis der Studie von Kaas und Manger (2011) aufhorchen lassen. Unsere Gesellschaft muss aktiv daran arbeiten, Unsicherheiten und somit Vorurteile speziell gegenüber anderen Kulturen abzubauen, um ein friedliches Zusammenleben zu gewährleisten.

Im Märchen „Das Rübchen" gehen die Charaktere mit gutem Beispiel voran, alle als gleichwertige Individuen anzusehen.

26.3.2 Arbeit im Team und Teamrollen

Die sechs Charaktere in dem Märchen agieren als Team. Doch was versteht man unter einem Team? Als **Team** wird eine Gruppe von Personen bezeichnet, die

gemeinsam an der Lösung einer bestimmten Aufgabe arbeitet oder die gemeinsam ein bestimmtes Ziel verfolgt. Teams kennzeichnen sich durch intensive wechselseitige Beziehungen, partnerschaftliches Verhalten und eine gleichberechtigte Mitbestimmung aller Teammitglieder.

Der Erfolg eines Teams ist besonders von dessen Effektivität abhängig. Doch was macht ein Team effektiv? Dieser Frage ging der britische Psychologe Meredith Belbin bereits in den 1970er-Jahren nach. Er untersuchte die Auswirkungen der Teamzusammensetzung aus verschiedenen Persönlichkeitstypen auf die Teamleistung und fand, dass sich die **Persönlichkeitsprofile** jedes Einzelnen, seine Stärken und Schwächen, später im Team beeinflussen und ergänzen. Belbin identifizierte basierend auf den Persönlichkeitsprofilen der Untersuchungsteilnehmer zunächst acht verschiedene **Teamrollen** und fasste diese 1981 in einem Modell zusammen, welches er später um eine weitere Rolle, die des Spezialisten, erweiterte. Ein effektives Team besteht nach Belbin aus mehreren heterogenen Rollentypen, wobei er drei Hauptorientierungen (handlungs-, wissens- und kommunikationsorientierte Rollen) unterscheidet, welche sich wiederum in jeweils drei Teamrollen untergliedern lassen (Belbin 2012).

Einen Überblick über die neun Teamrollen nach Belbin (2012) mit ihren jeweiligen Stärken und Schwächen bietet die ◘ Tab. 26.1.

Durch einen **Fragebogen zur Selbsteinschätzung**, welcher durch Feedback außenstehender Beobachter ergänzt werden kann, lässt sich das Teamrollenprofil einzelner Personen bestimmen. Belbins Test bietet somit die Möglichkeit, mehr über die eigenen Stärken und Schwächen zu erfahren. Man kann sich besser in Teams einfügen, ist motivierter und kann entsprechend der eigenen Fähigkeiten einen wichtigen Teil zum Teamerfolg beitragen. Ebenso lässt sich durch den Fragebogen das Rollenverhalten einer Person im Team vorhersagen.

An dieser Stelle sei angemerkt, dass nicht zwingend alle neun Rollen in einem Team vorhanden sein müssen, ebenso können – je nach Situation – mehrere Rollen auf eine Person zutreffen als auch eine Rolle mehrfach besetzt sein. Die Situation ist also ausschlaggebend dafür, welche Kombination an verschiedenen Teamrollen ein Team effizienter macht oder auch schwächt.

□ Tab. 26.1 Teamrollen nach Belbin (2012)

Teamrolle	Stärken	Schwächen
Handlungsorientierte Rollen		
Macher	Drängt andere zum Handeln; Mut, Hindernisse zu überwinden, dynamisch, energiegeladen, arbeitet gut unter Druck	Neigt zu Provokation, kann als arrogant wahrgenommen werden, verbreitet durch seine Ungeduld Unruhe im Team
Umsetzer	Setzt Pläne in die Tat um, zuverlässig, pflichtbewusst, effizient	Unflexibel
Perfektionist	Achtet auf Details, vermeidet Fehler, stellt optimale Ergebnisse sicher, gewissenhaft, pünktlich, akribisch	Überängstlich, detailverliebt, delegiert ungern
Wissensorientierte Rollen		
Neuerer	Bringt neue Ideen ein, findet auch für schwierige Problemstellungen Lösungen, unorthodox, kreativ	Oft gedankenverloren, nicht kritikfähig
Beobachter	Untersucht Vorschläge auf Machbarkeit, nüchtern, strategisch, hat einen guten Überblick	Wenig inspirierend und motivierend, überkritisch
Spezialist	Liefert Fachwissen und Informationen, engagiert, selbstbezogen, konzentriert	Verliert sich oft in technischen Details, neigt zu Egozentrik
Kommunikationsorientierte Rollen		
Koordinator	Fördert Entscheidungsprozesse, setzt Ziele, selbstsicher, guter Zuhörer, delegiert Aufgaben effektiv, idealer Teamleiter	Kann als manipulativ empfunden werden, wenig kreativ
Teamarbeiter	Baut Reibungsverluste ab, kooperativ, einfühlsam, diplomatisch, sorgt für eine angenehme Atmosphäre	Unentschlossen in kritischen Situationen, vermeidet Konfrontationen
Wegbereiter	Knüpft wertvolle Kontakte nach außen und pflegt diese, extrovertiert, enthusiastisch	Oft zu optimistisch, beschäftigt sich oft mit Nebensächlichkeiten

In unserem Märchen ist es eine Kombination aus Macher (Großvater, der alles in Gang setzt), Umsetzer (alle anderen Charaktere), Neuerer (Enkelchen, das Hilfe aus dem Tierreich holt) und Perfektionist (Mäuschen, das trotz geringer Kraft akribisch das gemeinsame Ziel verfolgt), welche zum Ziel führt.

Implikationen für die Arbeit und Lebensgestaltung

Belbin befreit uns von dem Aberglauben, dass ein Team aus Experten immer erfolgreicher sein muss als ein durchschnittliches Team. Jeder von uns besitzt Fähigkeiten, die ein Team erfolgreich machen, man muss nur auf die richtige Zusammensetzung beziehungsweise Mischung achten. Oder wer von Ihnen hätte am Anfang gedacht, dass das Mäuschen das

Team in dem Märchen „perfekt" macht? Grundvoraussetzung ist allerdings, dass man seine Rolle kennt, also seine eigenen Stärken und Schwächen. Welcher Typ sind Sie? Unter http://testyourself.psychtests.com/testid/3113 (Team Roles Test) können Sie es herausfinden.

Im beruflichen Kontext arbeiten wir eigentlich immer im Team. Nutzen Sie das Modell von Belbin, um ihre Selbstwahrnehmung zu schärfen: Welche Rollen sind im Team bereits besetzt? Welche passt am besten zu mir? Welche Teamrolle fehlt uns noch? Wenn Sie ihre optimale Rolle kennen, können Sie Ihre Stärken besser ausspielen und Defizite gezielter ausgleichen – nicht nur als Individuum, sondern auch als Gruppe. Zusätzlich sollten Sie auf Vielfalt (**Diversity**) statt Einfalt setzen. Achten Sie darauf, wenn Sie ein Team zusammenstellen.

Aber auch privat können wir von dem Team-rollenmodell lernen. Ist eine Familie nicht auch in gewisser Weise ein Team? Oder sind Sie vielleicht in einem Sportverein tätig? Machen Sie sich auch hier Ihre Rolle bewusst und tragen Sie mit Ihren Fähigkeiten zu einem effektiven beziehungsweise harmonischen Zusammenleben bei.

Denken Sie daran, dass Sie je nach Lebensbereich unterschiedliche Rollen einnehmen können. In der Arbeit sind Sie beispielsweise der Macher und/oder Koordinator, privat im Mannschaftssport sind Sie eher der Teamarbeiter und überlassen gerne dem Trainer die Führung. Sie sind also nicht auf eine Rolle festgelegt.

26.3.3 Strategien zur Problemlösung

Das Rübchen steckte im Boden und ließ sich einfach nicht herausziehen. Dieses Problem hat den Großvater vor eine große Herausforderung gestellt, die er mit der Hilfe der anderen Charaktere zum Glück lösen konnte.

Auch wir werden tagtäglich mit einer Vielzahl von Problemen konfrontiert, beispielsweise finden wir keinen Parkplatz beim Einkaufen, der PC macht nicht das, was er soll, oder der Chef beschwert sich bei einem. Karl Popper sagte auch: „Alles Leben ist Problemlösen."

In der Psychologie unterscheidet man drei **Komponenten des Problemlösens** (Mayer 1992): Anfangszustand, Zielzustand und Operationen. Durch Letztere wird die Diskrepanz zwischen den beiden Zuständen überwunden. Sind keine Operationen nötig, kann also der Anfangszustand ohne Hindernisse in den Zielzustand überführt werden, so liegt kein Problem vor, sondern eine Aufgabe.

Unterschiedliche Forschungsrichtungen brachten eine Vielzahl von Problemlösestrategien hervor. Hier wird die **Methode der Mittel-Ziel-Analyse** (Newell u. Simon 1972) vorgestellt, die auf eine kognitive Sichtweise zurückgeht. Die Mittel-Ziel-Analyse ist durch das Bilden von **Teilzielen** gekennzeichnet. Die Diskrepanz zwischen Anfangs- und Zielzustand wird durch das Bilden eines Teilziels verkleinert und macht den Operator (uns zur Verfügung stehende Mittel) direkt anwendbar. Durch die Definition von Teilzielen werden also nicht

verfügbare Operatoren verfügbar gemacht, man spricht auch von dem **Prinzip der Rekursivität** (lat. „recurrere" = zurücklaufen). Stellen Sie sich vor, dass Sie einen Nagel in die Wand schlagen wollen, jedoch keinen Hammer zu Hause haben. Was ist der nächste Schritt? Sie bilden ein Teilziel und kaufen zuerst einen Hammer. Dieses Teilziel führt zwar zunächst vom Ziel weg (Sie laufen „zurück"), der Hammer (der Operator) ist jetzt jedoch verfügbar und lässt Sie den Nagel in die Wand schlagen (Ziel).

Um die Methode der Mittel-Ziel-Analyse anwenden zu können, müssen wir den Anfangs- und Zielzustand ständig vergleichen, verschiedene Problemzustände nach ihrer Wichtigkeit ordnen können und über bestimmte Informationen bezüglich der Anwendbarkeit und Auswirkungen eines Operators verfügen.

Implikationen für die Lebensgestaltung

Machen Sie es wie der Großvater, gehen Sie Probleme direkt an, packen Sie sie sozusagen beim Schopf! Wichtig ist, dass Sie dabei Ihr Ziel nicht aus den Augen verlieren, auch wenn mehrere Teilschritte nötig sind.

Das Bilden von Teilzielen stellt gerade in unserem alltäglichen Leben eine sinnvolle Methode dar. Oft können wir Dinge nicht von heute auf morgen verändern. Wer von Ihnen würde nicht auch gerne das ein oder andere Kilo verlieren und ist am Anfang noch hoch motiviert? Ab heute esse ich keine Schokolade mehr und mache täglich Sport. Aber so wird das leider nichts! Gehen Sie gezielt vor, indem Sie sich kleine, realistische Ziele setzen.

Die Mittel-Ziel-Analyse stellt eine eher rationale Methode dar, Probleme anzugehen. Im Beruf werden wir aber immer häufiger aufgefordert, kreativ zu sein und innovative Wege zu gehen. Deshalb möchte ich Ihnen an dieser Stelle noch eine kreative Gruppentechnik zur Problemlösung vorstellen, welche Sie ganz einfach anwenden können, die **Nominal-Group-Technik** (Delbecq u. Van de Ven 1971). Bei dieser Technik werden die Teilnehmer durch einen Moderator aufgefordert, Vorschläge zu einem bestimmten Thema (dem „Problem") in schriftlicher Form und für sich zu sammeln. Anschließend werden die Vorschläge gemeinsam gruppiert und wieder unabhängig voneinander priorisiert. Die Rangfolgen werden addiert, sodass sich eine Gesamtrangliste aller Vorschläge ergibt. Keiner weiß so viel wie alle zusammen und durch das individuelle Sammeln der Vorschläge gehen keine Ideen verloren.

26.3.4 Ausdauer und zielgerichtetes Handeln

Ein weiterer wichtiger Aspekt, der unsere Charaktere in „Das Rübchen" zum Ziel führt, ist deren Hartnäckigkeit, nicht aufzugeben, bis sie das Rübchen aus dem Boden gezogen haben.

Ausdauer (**Persistenz**) spielt bei der Realisierung von Zielen eine entscheidende Rolle und stellt in der Psychologie ein Merkmal zielgerichteten Handelns dar (Brandstätter 2014). Um Ziele zu erreichen, ist oft wiederholtes Handeln notwendig, man muss Handlungsschritte unterbrechen, abwarten und wieder aufnehmen. Ebenso kann es zu Ablenkungen oder Misserfolgen bei der Zielerreichung kommen. Hier gilt es, nicht einfach aufzugeben. Ausdauer bezeichnet also die Fähigkeit einer Person, ein Ziel auch dann gleichbleibend motiviert zu verfolgen, wenn die Anstrengung über eine längere Zeit oder gegen Widerstände aufrechterhalten werden muss.

Implikationen für die Lebensgestaltung und Erziehung

Ausdauer oder auch Persistenz, Durchhaltevermögen, Beharrlichkeit, Geduld, Hartnäckigkeit – es gibt so viele Synonyme und noch mehr Situationen im Leben, in denen Ausdauer gefragt ist. Es gibt Aufgaben, mit denen wir uns kontinuierlich beschäftigen und die uns grundsätzlich viel Durchhaltevermögen abverlangen, z. B. die Kindererziehung. Dann gibt es Aufgaben, die uns beim ersten Versuch vielleicht misslingen oder die wir unterbrechen. Auch hier lohnt es sich oftmals, einen neuen Versuch zu starten wie die Charaktere in unserem Märchen. Und dann gibt es Aufgaben, die uns langfristig begleiten und mit denen wir ein übergreifendes Ziel erreichen wollen, z. B. Erfolg in Schule, Studium oder auch im Beruf.

Doch ist es wirklich sinnvoll, alles was wir in die Hand nehmen auch mit 100%-iger Motivation zu verfolgen, oder gibt es Momente, an denen man sagen sollte: „Stopp, jetzt reicht's"? Wahrscheinlich muss das jeder für sich selbst entscheiden, ab wann er seine Zeit für andere, möglicherweise sinnvollere Dinge nutzt oder die Prioritäten neu gewichtet.

Sicher ist jedoch, dass ein gewisses Maß an Ausdauer zu Erfolg führt. Dies zeigt eine Studie mit Schulkindern von Dweck (2007), in der folgende Typen unterschieden werden: Der eine Typ hält Erfolg für eine Frage von Begabung, kann Fehler nicht aushalten und bricht hilflos zusammen, sobald der Erfolg ausbleibt. Der andere Typ ist überzeugt davon, dass Erfolg hart erarbeitet werden muss und orientiert sich am Meistern von Aufgaben. Die Erfolgsaussichten des zweiten Typus sind deutlich höher als die des ersten.

Wir sollten unseren Kindern mit gutem Beispiel vorangehen und sie ermutigen, sich Herausforderungen zu stellen, die ein angemessenes Maß an Ausdauer verlangen. Jeder Erfolg auf diesem Weg, lässt sie eigene Kompetenzen erfahren und stärken.

26.4 Fazit

Märchen begleiten uns ein Leben lang. Von Generation zu Generation geben wir in Deutschland vor allem Märchen der Gebrüder Grimm an unsere Kinder und Enkelkinder weiter. In Zeiten der stetig zunehmenden Globalisierung und Migration sollten wir jedoch über den Tellerrand hinausblicken und uns von anderen Kulturen und deren Märchen inspirieren lassen, so mit dem russischen Volksmärchen „Das Rübchen".

Das Märchen zeigt uns, dass, wenn wir vor scheinbar unlösbare Herausforderungen gestellt werden, als Team agieren sollten, unser Ziel nicht aus den Augen verlieren dürfen und dieses hartnäckig verfolgen müssen. Es liegt somit an uns, die psychologisch fundierten Ratschläge für unser alltägliches und berufliches Leben zu nutzen. Auch ein Blick über unsere eigenen Grenzen hinaus kann zu mehr Offenheit gegenüber anderen Kulturen, zu neuen Erkenntnissen und Ideen führen.

Literaturverzeichnis

Afanasjew, A. N. (2012). *Russische Volksmärchen*. Frankfurt am Main: Fischer.

Belbin, R. M. (2012). *Team roles at work*. London: Routledge.

Brandstätter, V. (2014). Persistenz. In: M. A. Wirtz (Hrsg.), *Dorsch-Lexikon der Psychologie* (17. Aufl., S. 1238). Bern: Hans Huber.

Delbecq, A. L., & Van de Ven, A. H. (1971). A group process model for problem identification and program planning. *The Journal of Applied Behavioral Science 7*, 466–492.

Dweck, C. S. (2007). The secret to raising smart kids. *Scientific American Mind 18*, 36–43.

Kaas, L., & Manger, C. (2011). Ethnic discrimination in Germany's labour market: A field experiment. *German Economic Review 13*, 1–20.

Mayer, R. E. (1992). *Thinking, problem solving, cognition*. New York: WH Freeman.

Newell, A., & Simon, H. A. (1972). *Human problem solving*. New Jersey: Prentice-Hall.

Hans im Glück von den Gebrüdern Grimm (1819)

Katharina Gerstung

27.1 **Inhalt des Märchens – 204**

27.2 **Die Charaktere – 204**

27.3 **Psychologische Phänomene und Bedeutung für die heutige Zeit – 205**
27.3.1 Glück und Zufriedenheit – 205
27.3.2 Materieller Besitz: Haben oder Sein? – 207

27.4 **Implikationen für die Führung und Erziehung – 208**

27.5 **Fazit – 208**

Literaturverzeichnis – 208

© Springer-Verlag GmbH Deutschland 2017
D. Frey (Hrsg.), *Psychologie der Märchen,*
DOI 10.1007/978-3-662-53668-1_27

27.1   Inhalt des Märchens

Es war einmal ein fleißiger Geselle namens Hans, der seinem Herrn sieben Jahre gedient hatte. Eines Tages spricht er zu ihm: „Herr, meine Zeit ist um, nun will ich gerne wieder zu meiner Mutter, gebt mir doch bitte meinen Lohn." Der Herr antwortet: „Du hast mir treu und ehrlich gedient, du sollst deinen Lohn bekommen." Und er gibt ihm einen Klumpen Gold, der so groß wie ein Kopf ist. Hans schultert das Gold und macht sich auf den Weg zu seiner Mutter.

Abb. 27.1   (Zeichnung: Johanna Frey)

Nach einer Weile kommt ein Reiter vorbei, und Hans spricht: „Ach, das Reiten ist eine schöne Sache, da muss man nicht selber laufen und kommt schnell wohin man will." Da spricht der Reiter: „Weißt du was, ich will mit dir tauschen. Du gibst mir dein Gold, dann bekommst du mein Pferd." „Von Herzen gern", erwidert Hans, springt auf das Pferd und reitet fröhlich davon. Er will aber etwas schneller reiten, so schnalzt er mit der Zunge. Ehe er sich's versieht, wirft ihn das Pferd ab und er landet im Graben.

Ein Bauer, der eine Kuh vor sich hertreibt, fängt das Pferd ein und bringt es zurück. „Das Reiten ist kein Spaß, da bricht man sich noch den Hals. Ich lob mir deine Kuh, da kann man gemächlich hinterhergehen und hat Milch wann immer man mag", spricht Hans. „Nun", sagt der Bauer, „dann will ich dir einen Gefallen tun und meine Kuh gegen das Pferd tauschen." Mit Freuden willigt Hans ein und treibt die Kuh die Straße hinunter. Bei einem Wirtshaus macht er Pause und möchte gerne die Kuh melken. Und wie er sich abmüht, gibt ihm die Kuh einen Tritt, dass er zu Boden taumelt.

Da kommt ein Metzger des Weges, der auf einem Karren ein junges Schwein liegen hat. Er spricht „Deine Kuh ist ein altes Tier, aus dem bekommst du keinen Tropfen mehr". Betrübt sagt Hans „Was bringt mir dann die Kuh? Lieber hätt ich ein Schwein, das bringt einmal ein saftiges Stück Fleisch." Da schlägt der Metzger vor: „Dir zuliebe will ich tauschen, nimm mein Schwein, dann nehme ich deine Kuh." Glückselig marschiert Hans mit dem Schwein weiter.

Da gesellt sich ein Bursche mit einer schönen Gans zu ihm. Er schüttelt den Kopf und raunt Hans zu: „Hör zu, in dem Dorf, durch das ich gerade ging, ist dem Bauern ein Schwein aus dem Stall gestohlen worden. Ich fürchte, es ist dieses hier. Es wurden Leute ausgeschickt, dem Dieb droht Schlimmes." Betroffen ruft Hans: „Was soll ich tun? Hilf mir in meiner Not, nimm mein Schwein und gib mir deine Gans." Der Bursche willigt ein und so zieht Hans erleichtert und glücklich von dannen.

Im nächsten Dorf trifft Hans einen Scherenschleifer, der munter vor sich hin pfeift. Auf Hans' Frage, wieso er so fröhlich sei, antwortet dieser: „Dieses Handwerk hat einen goldenen Boden, man hat immer Geld in der Tasche." „Das möchte ich auch haben, wie stelle ich das an?" „Dazu brauchst du nur einen Wetzstein, der Rest findet sich von selbst. Ich habe hier einen. Wenn du mir deine Gans gibst, soll er dir gehören." Voller Glück tauscht Hans, lädt den Stein auf und geht vergnügt davon. Der Stein drückt schwer auf die Schultern, so macht er Halt an einem Brunnen, um sich etwas Wasser zu schöpfen. Er legt den Wetzstein auf den Brunnenrand und lehnt sich hinunter. Dabei stößt er gegen den Stein, und dieser fällt in den tiefen Brunnen.

Da springt Hans vor Freude auf, dankt Gott, dass er ihm diese Gnade auch noch erwiesen und ihn von diesem Stein befreit hat. „So glücklich wie ich", ruft er aus, „gibt es keinen Menschen unter der Sonne." Mit frohem Herzen und frei von aller Last springt er fort, bis er daheim bei seiner Mutter ist.

(Grimm u. Grimm 1819; ▪ Abb. 27.1)

27.2   Die Charaktere

Die Erzählung von Hans im Glück folgt, anders als die meisten Märchen, einer Logik der Antiklimax, was bedeutet, dass die Tauschgegenstände in Wert und Größe stetig abnehmen. Ebenso erscheinen die Tauschpartner in absteigender Hierarchie (Reiter, Bauer, Metzger, Bursche und Scherenschleifer). Es handelt sich hierbei um ein Schwankmärchen, d. h., es kommt keine Zauberei darin vor, sondern der Held findet sein Glück durch Klugheit und Mut. Im Fall von Hans spielen jedoch vielmehr eine optimistische Sicht auf die Dinge sowie Naivität und möglicherweise Einfalt eine Rolle.

Die Hauptrolle im Märchen spielt **Hans**. Er wird beschrieben als fleißiger, treuer und ehrlicher Mensch. Gleichzeitig kann er als naiv bezeichnet werden. Er lebt im Hier und Jetzt und macht sich keine Gedanken, was morgen kommen möge. Er kann somit, ebenso wie seine Tauschpartner, als gemischter Charakter beschrieben werden.

Die **Tauschpartner** erweisen sich als hilfreich und tun Hans einen Gefallen, indem sie mit ihm tauschen, jedoch sind sie stets auf ihren eigenen Vorteil bedacht und scheinen Hans' Naivität auszunutzen. Sie suggerieren ihm ein gutes Geschäft, was sich jedoch hinterher als Kuhhandel herausstellt.

Einseitige moralische Wertungen, wie sie für viele Märchen typisch sind (beispielsweise die böse Stiefmutter), finden sich hier nicht.

27.3 Psychologische Phänomene und Bedeutung für die heutige Zeit

Zu Beginn eine vielleicht etwas provokative Frage: Sind Sie glücklich? Warum sind Sie glücklich (oder auch nicht)? Und was bedeutet Glück für Sie?

Glück ist ein sehr aktuelles Thema, mit dem sich jeder, unabhängig von Alter und sozialem Stand, beschäftigen kann. Nie gab es mehr Literatur zum Thema; die Regale sind voll mit Ratgebern und Romanen mit Titeln wie *Der Glücks-Faktor: Warum Optimisten länger leben*, *Glück kommt selten allein* oder *Hectors Reise oder die Suche nach dem Glück*. Die Liste ließe sich unendlich fortsetzen, ein Bestseller zum Thema Glück jagt den nächsten.

Die Gebrüder Grimm griffen den Gegenstand bereits zur ihrer Zeit in vielen Märchen auf, aber keines beschäftigt sich so intensiv damit wie „Hans im Glück". Im Folgenden werden die psychologischen Phänomene beleuchtet.

27.3.1 Glück und Zufriedenheit

Das Thema Glück ist ein zentraler Bestandteil Grimm'scher Märchen. Dies wird deutlich, wenn man die Schlussformeln vieler Märchen betrachtet: „ … und sie lebten in lauter Freude zusammen" (Hänsel und Gretel), „ … ging fröhlich nach Haus" (Rotkäppchen) oder „ … und sie lebten vergnügt bis an ihr Ende" (Dornröschen). Das Glück wird in den einzelnen Märchen vielseitig beschrieben, dabei wird unterschieden nach Liebesglück, Reichtum und Wohlstand und nach dem Glück, das nicht selbst erworben wurde, sondern göttlicher Gnade oder Zaubern zu verdanken ist. Auch in dem Märchen „Hans im Glück" steht, wie der Titel bereits verrät, Glück im Mittelpunkt. Hans ist ein sehr glücklicher und zufriedener Mensch.

In der deutschen Sprache kommen dem Begriff Glück verschiedene Bedeutungen zu: Einerseits Glück versteht man darunter **Glück haben** (z. B. Lottogewinn), andererseits **Glück empfinden** (z. B. glücklich sein). Der letzteren Bedeutung, dem Glücksempfinden, wird eine besondere Rolle in der Psychologie zugesprochen.

Glück wird dabei definiert als stark positive Emotion und als dauerhafter Zustand intensiver Zufriedenheit (Mayring 1991). Es wird unterschieden zwischen aktuellem Glückserleben (einem Zustand oder „state") sowie einem Charakterzug beziehungsweise dem über die Lebenszeit hinweg entwickelten Glück (bezeichnet als Merkmal oder „trait"). Die beiden Konzepte unterscheiden sich dabei im Hinblick auf die Stabilität (vorübergehend vs. andauernd), Kausalität (der Situation zuzuschreiben vs. in der Person selbst liegend), Dauer (kurz vs. lang), Häufigkeit (selten vs. häufig) und Generalisierung (situationsspezifisch vs. situationsübergreifend) des Glückserlebnisses. Häufig wird der Begriff der Zufriedenheit synonym zu Glück verwendet. Glück hat dabei jedoch eine populärwissenschaftlichere Note.

Ein Forschungsgebiet, das sich besonders mit Glück beschäftigt, ist die **positive Psychologie**. Einer ihrer Hauptvertreter ist Martin Seligman, der seit Mitte der 1990er Jahre den Schwerpunkt der Psychologie, der bis dato auf psychischer Krankheit und deren Heilung lag, verlagerte. Der Fokus der positiven Psychologie liegt auf dem, was den Menschen stärkt und vorantreibt. Es werden normativ positive Gegenstände der Psychologie behandelt, z. B. **Optimismus**.

Dieses Konstrukt lässt sich gut auf das Märchen übertragen: Hans ist ein durch und durch optimistischer Mensch. Er sieht in all seinen Tauschgeschäften etwas Gutes und freut sich auf das, was kommt (z. B. „das bringt mal ein saftiges Stück Fleisch").

Optimismus (lat. „optimum" = das Beste) kann definiert werden als eine positive Erwartung hinsichtlich zukünftiger Ereignisse sowie als eine generell zuversichtliche Lebensauffassung (vgl. Seligman 2005). Für Seligman hängt Glück stark mit einer optimistischen Erwartungshaltung zusammen. 1990 veröffentlichte er das Buch *Erlernter Optimismus*. Beim **optimistischen Erklärungsstil** werden negative Ereignisse nach außen, variabel und situationsspezifisch interpretiert. Der optimistische Erklärungsstil steht damit im Gegensatz zum **depressiven Erklärungsstil**, bei dem Negatives internal, stabil und global attribuiert wird.

Optimistische Menschen zeichnen sich durch ein positives Selbstbild und Selbstwertgefühl sowie ein **subjektives Wohlbefinden** aus (Diener 1984). Subjektives Wohlbefinden ist relativ stabil über die Zeit und eng mit Persönlichkeitseigenschaften verbunden.

Faktoren des Glücks

Ob und inwieweit Glücksempfinden angeboren ist und in der Persönlichkeit einer Person liegt, wird viel diskutiert. Inzwischen geht man davon aus, dass Glück zu etwa 50 % von genetischen Faktoren und angeborenen Persönlichkeitseigenschaften abhängt (Bucher 2009). Im Bereich der Erbfaktoren spielen hier vor allem die Hormone **Dopamin, Serotonin und Oxytocin** eine Rolle. Menschen unterscheiden sich genetisch in der Menge dieser Botenstoffe und der Anzahl ihrer Rezeptoren. Bei den angeborenen Persönlichkeitseigenschaften wirkt sich das Merkmal **Extraversion** positiv, das Merkmal Neurotizismus dagegen negativ auf das Glücksempfinden aus (Bucher 2009). Die restlichen 50 % setzen sich zusammen aus Faktoren wie **erfüllenden Beziehungen** zu anderen, Arbeit und Freizeitaktivitäten, die uns fordern und fördern, sowie Glaube und Spiritualität (Bucher 2009).

Häufig wird auch über den Zusammenhang zwischen **Reichtum** und Glück debattiert. Den Nobelpreis der Wirtschaftswissenschaften 2015 gewannen Daniel Kahneman und Angus Deaton für ihre Forschung zum Thema „Einfluss des Einkommens auf Zufriedenheit". Sie fanden heraus, dass ein großes Einkommen zwar die Lebensbewertung verbessert, nicht jedoch das emotionale Wohlbefinden. Bis zu einer gewissen Schwelle macht Geld glücklicher, Kahneman und Deaton setzen diese Schwelle bei einem Jahreseinkommen von etwa 60.000–65.000 Euro an. Wird dieser Wert überschritten, macht Geld alleine nicht glücklicher.

In die gleiche Richtung geht auch ein Forschungsbereich, der als **„happiness economics"** bezeichnet wird. Hier treffen Ökonomie und Psychologie aufeinander. Der Volkswirt Richard Easterlin nutzte diesen Begriff erstmals 1974 und beschrieb, dass wohlhabende Menschen mit ihrem Leben zwar zufriedener sind als arme, Menschen in einer reichen Gesellschaft aber gleichzeitig nicht zwangsläufig glücklicher sind als Menschen in Entwicklungsstaaten. Easterlins These, auch bekannt als **Easterlin-Paradoxon**, lautet wie folgt: Menschen können auch mit weniger Wohlstand leben; wenn grundlegende Bedürfnisse befriedigt sind, führt mehr Reichtum nicht zu mehr Glück.

Als wie glücklich würden Sie sich auf eine Skala von 1–10 (1 = ganz und gar unzufrieden, 10 = ganz und gar zufrieden) bezeichnen?

Die Deutschen geben bei dieser Frage laut dem sog. **OECD Better Life Index** im Durchschnitt einen Wert von 7,0 an (OECD 2013). Damit sind die Deutschen im Allgemeinen glücklicher als der Durchschnitt der OECD-Bürger (Durchschnitt 6,6), insgesamt liegen sie aber nur auf Platz 17. Den niedrigsten Wert im OECD-Raum geben die Griechen an (4,8), am glücklichsten sind die Isländer und Dänen (jeweils 7,5).

Auswirkungen von Glück

Das Empfinden von Glück hat vielfältige Auswirkungen. Es fördert nachweislich die psychische und physische Gesundheit, fördert kognitive Fähigkeiten und erleichtert das Lernen. Zudem führt es dazu, dass man sich sozialer und empathischer gegenüber seinen Mitmenschen verhält (Bucher 2009; Mayring 1991). Somit profitiert man nicht nur selbst, sondern auch das soziale Umfeld vom Glückserleben.

Optimismus kann auch zu unrealistischen Verzerrungen führen (in der Psychologie bekannt als **unrealistisch optimistischer Bias** (Weinstein 1980). Hierbei schätzen Personen ihr Risiko zu erkranken im Vergleich zum Durchschnitt als unterdurchschnittlich ein. Dass jeder unter dem Durchschnitt liegt, ist natürlich unmöglich. Dies ist ein bekannter Fehlschluss.

Hans kann als naiver Optimist bezeichnet werden, was bedeutet, dass er seine Augen vor dem Risiko verschließt. So tauscht er, aufgrund aktueller Empfindungen, seine Gegenstände gegen etwas weniger Wertvolles ein, ohne zu überlegen, was auf lange Sicht die bessere Wahl wäre.

27.3.2 Materieller Besitz: Haben oder Sein?

Existenz des Habens vs. Existenz des Seins

„Ach, hätt ich nur mehr Geld, was könnte ich mir nicht alles Schönes kaufen." Diesen Wunsch verspüren vermutlich viele Menschen, denn häufig wird nach der Vergrößerung des Reichtums gestrebt. Jedoch ist Materielles nicht alles, und Geld macht, wie oben beschrieben, nicht zwangsläufig glücklicher. Was zwar viel wert ist und auf den ersten Blick nützlich erscheint, kann hinderlich werden.

So ist Hans nach jedem Tausch für eine kurze Zeit glücklich, doch dann wird der neue Gegenstand zur Last. Am Ende ist für ihn das Loslassen das eigentliche Glückserlebnis und er war nie glücklicher als in dem Moment, als der Schleifstein in den Brunnen fällt und er einfach nur frei ist.

Manchmal kann Reichtum und Erfolg auch Last und Fluch sein. Dies äußert sich auch in der Neudefinition von Glück der Generation Y (geboren in den Jahren 1981–2000). Für die Generation X (geboren 1965–1980) waren eine gute Arbeit und ein geregeltes Einkommen besonders wichtig. Dies trifft auf die Generation Y nicht länger zu. Für diese Generation spielen die Work-Life-Balance, Sinnhaftigkeit der Arbeit und Unabhängigkeit eine wichtige Rolle.

Dies steht im Einklang mit Erich Fromm. In seinem gesellschaftskritischen Werk *Haben oder Sein*, das 1976 zum ersten Mal erschien, analysierte er die Existenzweisen des Habens und des Seins. In einer **Gesellschaft des Habens** ist ihm zufolge der Mensch ein Sklave des Wirtschaftssystems. Er will immer mehr besitzen und entfremdet sich dadurch von sich selbst. Dem steht die **Existenzweise des Seins** gegenüber. Hier wird der Mensch nicht über das definiert, was er hat, sondern über das, was er ist.

Auch Hans definiert sich im Märchen nicht über den Besitz seiner Güter, sondern über das, was er ist: ein freier, glücklicher Mensch.

Tauschhandel und faire Geschäfte

Sollte man nun also so handeln wie Hans und sein Hab und Gut für Freiheit hergeben? Hans tauscht nach und nach seinen Besitz gegen etwas Minderwertigeres. Allerdings wird der kurzfristige Gewinn langfristig zu einem Verlust, denn am Ende steht Hans ohne etwas da. Er gibt direkt auf, statt an einer Sache festzuhalten. Für den Moment scheint er glücklich ohne die Last seines Besitzes, jedoch könnte er nach tieferer Reflexion zu dem Schluss kommen, dass er nicht für Notfälle vorgesorgt hat und nach sieben Jahren harter Arbeit ohne Lohn nach Hause kommt.

Außerdem denkt er nicht an andere und fragt sich z. B. nicht, was seine Mutter denken wird, wenn er mit leeren Händen nach Hause kommt. Da er dies nicht bedenkt, kann er als naiv und verantwortungslos bezeichnet werden. Daneben ist Hans nie lange glücklich mit dem, was er hat, sondern beneidet andere um deren Besitz. So kann Hans auch die Eigenschaft eines Neiders zugeschrieben werden.

Neid ist die Emotion, die wir verspüren, wenn wir bemerken, dass andere Menschen Dinge oder Qualitäten besitzen, die wir selbst nicht haben. Diese Emotion ist negativ mit Glück und Zufriedenheit korreliert (Bucher 2012).

Das mag auf den ersten Blick widersprüchlich erscheinen: Wie kann es sein, dass Hans sowohl glücklich als auch neidisch ist? Hans ist, wie zu Beginn beschrieben, ein gemischter Charakter. Wenn sein Besitz zur Last wird, so wird Hans neidisch auf sein Gegenüber. Kaum besitzt er den neuen Gegenstand, scheint er glücklicher als je zuvor zu sein. Ob er am Ende wohl neidisch wäre auf einen Gesellen, der mit einem Klumpen Gold des Weges käme?

Die **List der Tauschpartner** ist besonders kritisch zu betrachten, da sie einem fairen Handel entgegensteht. Diese suggerieren Hans allerdings, er mache ein gutes Geschäft. Dies ist meistens in der Wirtschaft und dem täglichen Handel so, Marketingstrategien wollen einen glauben lassen, man habe nur Vorteile vom Kauf eines Produktes.

Mit diesem Aspekt befasst sich die **Prinzipal-Agent-Theorie** (Jensen u. Meckling 1976). Diese Theorie untersucht Wirtschaftsbeziehungen, in denen die Informationen asymmetrisch verteilt sind, indem ein Geschäftspartner Informationsvorteile gegenüber dem anderen hat. Diese Asymmetrien führen zu Problemen bei der Vertragsbildung. In der Praxis ist z. B. ein Verkäufer der Prinzipal, ein Käufer der Agent. Der Verkäufer wird die Mängel eines Produktes, das er verkaufen will, nicht preisgeben. Dadurch hat der Verkäufer einen Informationsvorsprung.

Im Märchen haben Hans' Tauschpartner einen Wissensvorteil, so weiß beispielsweise der Bauer, dass die Kuh keine Milch gibt. Dadurch stellt sich das Geschäft für Hans später als Kuhhandel heraus. Um ein gutes Geschäft zu machen, hätte er versuchen müssen, eine Gleichheit der Informationsverteilung herzustellen, indem er beispielsweise hinterfragt, warum der Metzger wohl sein schönes Schwein gegen eine alte Kuh tauschen will.

27.4 Implikationen für die Führung und Erziehung

Welche Lehren kann man nun aus dem Märchen für die Führung ziehen? Eine der wichtigsten Erkenntnisse ist wohl, dass Materielles und Geld nicht alles ist.

An dieser Stelle kann die **Zwei-Faktoren-Theorie** (Herzberg et al. 1959) herangezogen werden. Dabei werden hinsichtlich der Arbeitszufriedenheit folgende Einflussgrößen unterschieden:

- Motivatoren, die auf den Inhalt der Arbeit bezogen sind (z. B. Verantwortung tragen)
- Hygienefaktoren, die sich auf den Kontext der Arbeit beziehen (z. B. Bezahlung)

Laut Herzberg und Kollegen (1959) sind **Hygienefaktoren** die Einflussgrößen, die bei positiver Ausprägung die Entstehung von Unzufriedenheit zwar verhindern, nicht jedoch unmittelbar Zufriedenheit erzeugen. In anderen Worten: Geld macht in diesem Zusammenhang nicht glücklich, es macht lediglich nicht unglücklich. Dies steht im Einklang mit den oben beschriebenen Erkenntnissen bezüglich

des Zusammenhangs zwischen Geld und Glück. Allein das Gehalt zu erhöhen, reicht also sowohl der Theorie als auch dem Märchen zufolge nicht aus, um (Arbeits-)Zufriedenheit zu steigern. Stattdessen erscheint es sinnvoll, an den **Motivatoren** anzusetzen, d. h., den Mitarbeitern sinnvolle, den Leistungen und Interessen entsprechende Aufgaben zu übertragen.

Und was kann man aus „Hans im Glück" für Erziehung lernen? Für Kinder gilt meist das Motto „Mehr ist mehr" statt das den Erwachsenen bekannte „Weniger ist mehr". Für Kinder ist es häufig zweitrangig, welchen Wert die Geschenke haben, die unter dem Weihnachtsbaum liegen, es kommt hauptsächlich auf die Anzahl und Größe an. Sie müssen erst noch lernen und selbst die Erfahrung machen, dass manchmal auch vermeintlich kleine Dinge das große Glück bedeuten können. Was die Eltern zu diesem Lernprozess beitragen können? Vielleicht könnten sie ihren Kindern das Märchen von „Hans im Glück" erzählen.

27.5 Fazit

Das Märchen „Hans im Glück" zeigt uns, dass man zwar nicht naiv und blauäugig durch die Welt gehen sollte, doch ebenso sehen wir: Um glücklich zu sein, bedarf es im Grunde nicht viel. Sicher kann man nicht immer das tun, was man gerade möchte. Auch darf man nicht vergessen, dass man nicht nur die Verantwortung für sein eigenes Glück, sondern auch für das anderer trägt, beispielsweise für die Partner, Kinder oder Eltern. Eine angemessen positive Sicht auf die Dinge und eine Portion Optimismus können im Leben aber sicherlich nicht schaden.

Um zum Schluss auf folgende Fragen zurückzukommen: Sind Sie glücklich? Warum sind Sie glücklich? Und was bedeutet Glück für Sie? – Letztendlich muss wohl jeder selbst herausfinden, nach was man im Leben strebt und was einen glücklich macht.

Literaturverzeichnis

Bucher, A. (2009). *Psychologie des Glücks*. Weinheim: Beltz.
Bucher, A. (2012). *Geiz, Trägheit, Neid & Co. in Therapie und Seelsorge*. Berlin, Heidelberg: Springer.
Diener, E. (1984). Subjective well-being. *Psychological Bulletin* 95, 542–575.

Easterlin, R. A. (1974). Does economic growth improve the human lot? Some empirical evidence. *Nations and Households in Economic Growth* 89, 89–125.

Fromm, E. (1976). *Haben oder Sein. Die seelischen Grundlagen einer neuen Gesellschaft*. Stuttgart: Deutsche Verlags-Anstalt GmbH.

Grimm, J., & Grimm, W. (1819). *Kinder- und Haus-Märchen, gesammelt durch die Brüder Grimm: Große Ausgabe* (Bd. 1, 2. Aufl.). Berlin: G. Reimer.

Herzberg, F., Mausner, B., & Snyderman, B. (1959). *The motivation to work*. New York: Wiley.

Jensen, M. & Meckling, W. (1976). Theory of the firm. Managerial behavior, agency costs, and ownership structure. *Journal of Financial Economics* 3, 305–360.

Kahneman, D., & Deaton, A. (2010). High income improves evaluation of life but not emotional well-being. *Proceedings of the National Academy of Sciences* 107, 16489–16493.

Mayring, P. (1991). *Psychologie des Glücks*. Stuttgart: Kohlhammer.

Organization for Economic Co-Operation and Development (OECD). (2013). OECD Better Life Index. Besser leben – wie und wo? http://www.oecdbetterlifeindex.org/de/. Zugegriffen: 05. November 2016.

Seligman, M. (2005). *Der Glücks-Faktor: Warum Optimisten länger leben*. Köln: Bastei Lübbe.

Weinstein, N. D. (1980). Unrealistic optimism about future life events. *Journal of Personality and Social Psychology* 39, 806–820.

Die Spinne und die Weisheit – ein afrikanisches Volksmärchen

Franziska Wittmann

28.1   Inhalt des Märchens – 212

28.2   Die Charaktere – 213

28.3   Psychologische Phänomene und Bedeutung
        für die heutige Zeit – 213
28.3.1 Streben nach Weisheit – 213
28.3.2 Nutzen von Weisheit – 213
28.3.3 Wissen ist Macht – 214

28.4   Implikationen für die Arbeitswelt und
        Lebensgestaltung – 216

28.5   Fazit – 217

        Literaturverzeichnis – 217

© Springer-Verlag GmbH Deutschland 2017
D. Frey (Hrsg.), *Psychologie der Märchen,*
DOI 10.1007/978-3-662-53668-1_28

28.1 Inhalt des Märchens

Kwaku Ananse, das Spinnenmännchen, ärgerte sich schon seit vielen Jahren darüber, dass es unter den Menschen so viele weise Männer gab. Er beschloss deshalb, alle Weisheit zu sammeln und für sich und seine Nachkommen aufzubewahren. Zu diesem Zweck holte er sich aus seinem Hause einen großen Tonkrug; den gedachte er mit Weisheit anzufüllen. Viele Jahre zog er durch die Lande und stellte Mensch und Tier die schwierigsten Fragen. Erhielt er eine kluge Antwort, so öffnete er schnell den Deckel seines Kruges und flüsterte sie zum Staunen seiner Zuhörer hinein. Als er endlich glaubte, alle Weisheit dieser Welt gesammelt zu haben, machte er sich auf den weiten Weg in die Heimat.

„Kwaku Ananse ist nun weiser als die Götter", sang er viele Tage lang vor sich hin, bis er endlich die runden Hütten seines Heimatdorfes erblickte. Da er fürchtete, man könnte ihm im Dorf seinen kostbaren Schatz stehlen, beschloss er, ihn zunächst einmal für ein paar Tage im Wald zu verbergen. Nach der ersten Wiedersehensfreude wollte er heimlich seine Familie zu seinem Versteck führen und sie die Weisheit der Welt in sich aufnehmen lassen. „Wo verberge ich nur meinen Krug", murmelte er vor sich hin und hielt Ausschau nach einem geeigneten Versteck. Lange überlegte er hin und her und entschied sich schließlich für einen hohen Kazaurabaum, in dessen obersten Ästen er die Weisheit dieser Erde aufhängen wollte.

Er ergriff seinen Krug, band ihn sich mit Schlingpflanzen vor den Bauch und versuchte nun, an dem dicken Stamm empor zu klettern. Weil aber der Krug einen zu großen Umfang hatte, konnte er mit seinen Armen und Beinen die Rinde des Baumes nicht erreichen. So mühte sich Kwaku Ananse drei Tage lang vergeblich, die gesammelte Weisheit in die luftige Höhe des alten Kazaurabaumes zu bringen. Schon unzählige Male war er auf den Rücken gefallen und hatte sich dabei die Haut abgerissen, die nun in großen Fetzen herunterhing. Trotz seiner Schmerzen und trotz seines großen Hungers kämpfte er verbissen weiter und vergaß dabei völlig, dass er für sein Gefäß wohl noch andere sichere Stellen im Wald hätte finden können. Während er wieder einmal auf dem Rücken lag und hilflos mit den Beinen in der Luft strampelte, kam ein Hase vorbei und beobachtete das Treiben Kwaku Ananses. Als er endlich wieder auf den Füßen stand, versuchte er wohl zum tausendsten Mal, sein Ziel zu erreichen.

Der Hase war ein gutmütiger Kerl, und so beschloss er, dem sich abmühenden Freund zu helfen. „Guten Abend, Kwaku Ananse", sagte er freundlich. Bei diesen Worten schrak Kwaku Ananse so heftig zusammen, dass er wieder auf den Rücken fiel und mit seinem Krug vor dem Bauch in den Abendhimmel starrte. Der Hase sprang schnell herbei und befreite den armen Kwaku aus seiner hilflosen Lage. „Was hast du denn in deinem Krug?" fragte er ihn. „Das kann ich dir nicht verraten", erwiderte Kwaku Ananse. „Wenn ich dir die Wahrheit sage, müssen wir beide auf der Stelle sterben." „Nun, dann will ich dieses Geheimnis nicht wissen. Ich habe dir eine Zeit lang zugesehen, wie du dich vergeblich abgemüht hast, deinen bauchigen Krug auf den Baum zu bringen. Wäre es nicht einfacher, wenn du dir das Gefäß auf deinen Rücken bändest?" „Was sagst du da?", schrie Kwaku Ananse. „Ich dachte, ich hätte alle Weisheit dieser Welt in meinem Krug eingefangen, und jetzt sehe ich, dass es immer noch klügere Leute als mich gibt." Bei diesen Worten riss er sich seine schwere Last vom Bauch und schleuderte sie mit solcher Gewalt an den Kazaurabaum, dass der Krug in tausend Scherben zersprang.

„Nun mag die Weisheit in alle Welt entfleuchen", schimpfte er und stapfte durch das hohe Gras nach Hause.

(Original zitiert aus Hekaya.de 2016; ◻ Abb. 28.1)

Anmerkung Geschichten über Anansi wurden erstmals vom Volk der Ashanti erzählt und breiteten sich dann über Ghana und später über ganz Westafrika aus. Anansi gilt als Schöpfer der Welt und soll oft zwischen seinem Vater, dem Himmelsgott Nyame, und den Menschen vermitteln. Er wird auch als Kwaku oder Kweku Ananse bezeichnet, da Kweku für Mittwoch steht – der Tag, an dem seine Seele das erste Mal erschien. In manchen Überlieferungen heißt es, dass Nyame so verärgert über die Betrügerei und den Unfug seines Sohnes war, dass er ihn in eine Spinne verwandelte. Anansi gilt manchmal als weise und nachdenklich, doch vor allem als durchtriebener und gerissener Genosse.

◨ **Abb. 28.1**   (Zeichnung: Claudia Styrsky)

28.2   Die Charaktere

Im Märchen sind im Wesentlichen zwei Charaktere zu finden. Zum einen gibt es das Spinnenmännchen **Kwaku Ananse**. Es möchte voller Tatendrang die Weisheit der ganzen Welt kennenlernen und für sich und seine Nachkommen archivieren. Sein Vorhaben sowie sein Vorgehen sind dabei völlig unrealistisch. Durch sein unreflektiertes Handeln kommt er sogar fast ums Leben.

Wie auch in so vielen deutschen Märchen hat der **Hase** die Rolle des Klugen inne. Er, der sehr realitätsnah und bodenständig agiert, gibt Kwaku Ananse Rückmeldung und rettet ihn somit. Durch den Ratschlag des Hasen wird Kwaku Ananse erst bewusst, dass seine Vorgehensweise sinnlos war und er selbst nach jahrelangem Suchen nach der Weisheit noch immer von einem einfachen Hasen belehrt werden kann.

28.3   Psychologische Phänomene und Bedeutung für die heutige Zeit

Kernthema des Märchens sind die Weisheit und das Erlangen von Weisheit, an dem das Spinnenmännchen scheitert. In der Psychologie gibt es eine Reihe von Phänomenen, anhand derer verdeutlicht werden kann, worauf sein Scheitern beruht. Diese Phänomene haben auch für unser Leben eine Bedeutung, wobei sich die folgenden Ausführungen auf den Kontext der Arbeit konzentrieren.

28.3.1 Streben nach Weisheit

Der wissbegierige Ansatz des Spinnenmännchens, die Weisheit aller Welt kennenlernen zu wollen, ist grundsätzlich mit Sicherheit positiv zu bewerten. Kwaku Ananse möchte sich weiterbilden, seinen Horizont erweitern und verlässt dafür seine Heimat und macht sich auf den Weg, die Weisheit in der ganzen Welt zu suchen. Er will die Weisheit der Welt nicht nur entdecken, sondern sie auch konservieren und somit einen Pool an Weisheit für sich und seine Nachkommen schaffen.

28.3.2 Nutzen von Weisheit

Leider begibt sich die Spinne auf ihrem Weg zur allumfassenden Weisheit auf einige Irrwege. Kwaku Ananse reflektiert weder, was die gewonnenen Weisheiten für sein Leben bedeuten, noch gelingt es ihm, das Wissen auf sein eigenes Problemlösen anzuwenden. Somit schafft es die Spinne nicht, das gesammelte Wissen mit seinen eigenen Erfahrungen zu verknüpfen. Er übernimmt die Weisheiten blind, ohne überhaupt zu prüfen, ob das Gesagte als fundiert angesehen werden kann.

Die psychologische Forschung zur Reife und Weisheit zeigt, dass Wissen allein Menschen nicht klüger macht, sondern erst die Überlegungen, welche Bedeutung die Erkenntnisse für das eigene Leben haben (z. B. Staudinger u. Baltes 1996). Weisheit bedeutet also nicht, nur etwas zu kennen und Wissen zu haben, sondern man muss darüber hinaus über die Kenntnis verfügen, das Wissen auch umsetzen und anwenden zu können. Daran fehlt es Kwaku Ananse ganz offensichtlich. Letztendlich hat er nur Wissen, aber keine Weisheit angehäuft und weiß somit nicht, damit umzugehen.

Zudem handelt er sehr irrational. Stellen Sie sich das bildlich vor: Eine Spinne, die die Weisheit durch Flüstern in einen Tonkrug sammeln möchte oder mit einem an den Bauch gebundenen Krug den Baum hochklettern will. Sieht lustig aus, oder? Fixiert und geradezu verbissen konzentriert sich das Spinnenmännchen nur noch auf das Ziel, die Weisheit vor allem in Sicherheit zu bringen, und merkt dabei nicht mehr, wie unsinnig seine Handlungen sind.

Da Kwaku Ananse das Wissen mit niemandem teilen will, geht leider viel Wissen für die Gesellschaft verloren. Evolutionär bedingt kann es zwar wertvoll sein, das Wissen nur an die eigenen Nachkommen weiterzugeben. Gesellschaftlich gesehen bringt es uns jedoch nicht weiter, die Informationen streng geheim zu halten. Dadurch verwehrt das Spinnenmännchen anderen (z. B. dem Hasen), die eventuell besser mit dem Wissen umgehen können als er selbst, die Weisheiten. Am Ende führt genau dies zum gänzlichen Verlust von Krug, Weisheit und auch fast seines Lebens.

28.3.3 Wissen ist Macht

Das Märchen „Die Spinne und die Weisheit" spiegelt einige Verhaltensmuster wider, die wir in unserem Alltag ebenfalls finden können. Vor allem hinsichtlich Führung und Berufsalltag können wir einiges aus dem Märchen lernen. In welchen Situationen wir uns wie das Spinnenmännchen Kwaku Ananse verhalten, soll nun genauer beschrieben werden.

Kwaku Ananse zeigt sich im Märchen größenwahnsinnig und narzisstisch, er denkt, er könne die Weisheit der ganzen Welt in wenigen Jahren erlangen und möchte sie auf keinen Fall mit irgendjemandem teilen. Auch in den Führungsebenen spielen sich häufig ähnliche Szenen ab. Konkurrenzkampf zwischen den Führungskräften steht an der Tagesordnung und alle wollen sich mit jeglichen Mitteln beweisen und durchsetzen. Dafür geben die ein oder anderen auch gerne einmal vor, die Weisheit der ganzen Welt zu besitzen. Diese vorgetäuschte Überlegenheit wird mit Macht in Verbindung gesetzt.

Formen der Macht

John French und Bertram Raven unterschieden bereits 1959 verschiedene Machtbasen:

1. Die **Belohnungsmacht** beschreibt die Möglichkeit, dass eine Person oder Gruppe in der Lage ist, andere für ihre Folgeleistungen zu belohnen. Wichtig ist dabei der Anreiz, der von finanzieller Entlohnung bis zu Lob reichen kann.
2. Das Gegenteil davon stellt die **Bestrafungsmacht** dar. Zielvorstellungen werden durch Zwang oder Strafen umgesetzt. Man fügt sich, weil man die negativen Folgen fürchtet.
3. Über **Legitimationsmacht** verfügt man meist strukturbedingt aufgrund von Positionen in der Organisationshierarchie.
4. Wenn man infolge von erstrebenswerten Charaktereigenschaften oder Ressourcen einer Person folgt und sich mit ihr identifiziert, um wie das Vorbild zu sein, spricht man von **Referenzmacht**.
5. Die letzte Machtbasis ist die **Expertenmacht**, um die es auch vorwiegend in diesem Märchen geht. Der Einfluss lässt sich dabei auf Fachwissen und Spezialkenntnisse zurückführen.

Später haben Raven und Kruglanski (1970) eine weitere Machtbasis hinzugefügt, die **Informationsmacht**. Die Informationsmacht beschreibt das Verfügen über wesentliche Informationen als auch über überzeugende Argumente. Auch diese Machtbasis spiegelt sich im Märchen wider.

Ananse denkt, er besitzt durch die exklusive Sammlung an Weisheiten viel Macht. Deswegen geht er nicht in sein Dorf zurück und lügt sogar den Hasen an. So versucht er sicherzustellen, keine Informationen herausgeben zu müssen.

Informationsmacht spielt auch im Berufsalltag eine wichtige Rolle. Bei Führungskräften oder Mitarbeitern tritt oft das Phänomen auf, dass man Wissen für sich behält und nicht weitergibt, ganz nach der Devise: „Wissen ist Macht." Mitarbeiter wissen etwas und wollen dieses Wissen nicht mit Kollegen teilen, da sie das Gefühl haben, sich durch exklusive Informationen einen Vorteil gegenüber anderen geschaffen zu haben. Ein anderes Beispiel sind Führungskräfte, die Informationen nur an ihre einzelne, die ihnen nahestehen, weitergeben und nicht an die gesamte Abteilung, die die Information genauso gut benötigen könnte. Dieses Verhalten ist eine typische Methode, dem eigenen Team einen Vorteil zu verschaffen. Die Informationsmacht führt u. a. dazu, dass Informationen geheim gehalten werden, weil man selbst immer mehr anhäufen will und anderen immer weniger gönnt.

Dies hat im Märchen zur Folge, dass das Spinnenmännchen am Ende alles verliert. Es zerstört seinen Krug, verliert damit sinnbildlich die Weisheit und hätte seine Gier und Sturheit beinahe mit dem Leben bezahlt.

Auch im Arbeitsalltag kann sich dieses Verhalten nachteilig auswirken und ein schlechtes Bild bei höheren Führungsebenen hervorrufen, die das Wohl des gesamten Unternehmens im Blick behalten.

Wissensmanagement

Die bereits mehrfach erwähnte Geheimhaltung von Informationen steht im Zusammenhang mit dem Thema Wissensmanagement (Dalkir 2013). Dabei handelt es sich um den idealen Umgang mit Wissen, indem strategische beziehungsweise operative Tätigkeiten und Managementaufgaben optimal darauf ausgerichtet werden. Zentral ist es demnach, Wissen für alle zugänglich zu machen und bestmöglich zu archivieren. Die Spinne versagt in diesen beiden Punkten deutlich erkennbar. Auch wir stehen uns bei der Abspeicherung und Weitergabe von Informationen in der Arbeitswelt oft selbst im Weg. Wichtige Informationen sind oft schwer zugänglich oder nur eine Person verfügt darüber. Ist diese z. B. im Urlaub oder fällt krankheitsbedingt aus, stehen ganze Systeme still.

Feedback

Oft führt der bereits weiter oben genannte **Größenwahn** dazu, sich irrational zu verhalten. Die Spinne denkt beispielsweise, man könne die Weisheit durch das Flüstern in einen Tonkrug archivieren, was andere schon zum Staunen brachte. Oder sie möchte den Tonkrug am Bauch gebunden den Baum hochtragen. Natürlich ist völlig klar, dass etwas Gesagtes nicht in einem Tonkrug gespeichert werden oder eine Spinne keinen Tonkrug auf einen Baum bringen kann.

Auch im Beruf sind wir manchmal so engstirnig und versessen auf eine Sache, dass wir losgelöst von jeglicher Rationalität handeln und viele andere Facetten und Blickwinkel außer Acht lassen. Das Ende des Märchens zeigt, dass uns das irrationale Vorgehen nicht weiterbringt und man am Ende viel Zeit und Energie umsonst aufgewendet hat.

Das Thema Rückmeldung spielt im Märchen ebenfalls eine wichtige Rolle. Im Zusammenhang mit den Themen Größenwahn und Narzissmus möchte die Spinne alles alleine schaffen, ohne im Austausch mit anderen zu stehen. Die Geschichte zeigt, was das für ein Ende nimmt.

Narzissmus lässt sich als gesteigerter Selbstwert interpretieren. Typische Tendenzen sind dabei die Wahrnehmung der eigenen Großartigkeit, das Bedürfnis nach Bewunderung und geringe empathische Fähigkeiten. Narzisstische Menschen schätzen häufig ihre eigenen Fähigkeiten und Leistungen überdurchschnittlich hoch ein, fordern Aufmerksamkeit und Zuwendung von anderen und vernachlässigen die Bedürfnisse ihrer Mitmenschen (Bierhoff u. Frey 2011, S. 51ff.).

Auch im Arbeitskontext finden wir dies wieder. Feedback, vor allem für Führungskräfte, ist ein heikles Thema. Wer will schon seinem Chef eine ehrliche und kritische Meinung ins Gesicht sagen? Die meisten rechnen – manchmal nicht ohne Grund – mit negativen Konsequenzen. Aber ohne Feedback ist es schwierig, sich stetig zu verbessern, sich Fehlern bewusst zu werden und dann ans Ziel zu gelangen.

Die psychologische Forschung zeigt, dass Diversität im Team, unterschiedliche Meinungen und ehrliche Ratschläge und Rückmeldungen nötig sind, um gesteckte Ziele erreichen zu können (z. B. Horwitz u. Horwitz 2007; Schulz-Hardt et al. 2006). Auch die Reaktionen auf das Feedback sind wichtig. Die

Spinne wirft den Krug einfach gegen den Baum, reagiert trotzig und beleidigt, aber auch enttäuscht. Genau das ist im Berufsalltag häufig unsere Angst: mit ehrlichem Feedback jemanden verletzen, verärgern oder enttäuschen zu können.

28.4 Implikationen für die Arbeitswelt und Lebensgestaltung

Nun konnte an einigen Beispielen verdeutlicht werden, dass die Fehler, die die Spinne im Märchen begeht, übertragen auch im Berufsleben häufig vorkommen. Was können wir aus dem Verhalten Kwaku Ananses für unser Leben lernen? Wo können und sollten wir in Zukunft etwas verändern?

Die folgenden **Leitsätze** können Ihnen dabei als Orientierung dienen:

1. Seien Sie wissbegierig!

Es ist positiv, neugierig und wissbegierig zu sein. Man kommt im Beruf sowie im Leben nicht weiter, wenn man immer nur auf derselben Stelle stehen bleibt. Machen Sie einen Schritt nach vorne! Versuchen Sie Ihren Horizont zu erweitern, indem Sie beispielsweise neue Perspektiven einnehmen, verschiedene Meinungen anhören, lesen, sich weiterbilden und vieles mehr.

Wir können von jeder Kultur, von jedem Menschen etwas für uns lernen und Erfahrungen sammeln, die unseren weiteren Weg bahnen.

2. Reflektieren Sie Wissen!

Wichtig ist, dass Weisheit keineswegs darin besteht, Wissen einfach anzuhäufen. Ausschlaggebend ist es, Wissen zu reflektieren und auf seine eigenen Strukturen anzuwenden.

Ein Beispiel dafür sind Weiterbildungsmaßnahmen, die wohl jeder von uns kennt. Dort wird sehr viel neues Wissen in kurzer Zeit angehäuft – doch was nehmen Sie am Ende mit ins Büro? Meist fehlt der Transfer. Achten Sie darauf, neues Wissen sofort auf Ihre konkreten Problemlagen oder Ihren Alltag zu transferieren.

Aber dieser Rat gilt nicht nur für Weiterbildungen, sondern eigentlich für das gesamte Leben.

Gleichen Sie Meinungen anderer und neues Wissen mit Ihren eigenen Erfahrungen ab und entscheiden Sie dann, ob es für Sie sinnvoll ist oder eben auch nicht. Was für den einen nützlich und hilfreich ist, muss nicht für den anderen gelten.

3. Führen Sie ethikorientiert!

Anstatt sich als Führungsperson narzisstisch und größenwahnsinnig zu verhalten, ist eine ethikorientierte Führung zu empfehlen (z. B. Frey 2015; Frey et al. 2011). Ethikorientierte Führung beinhaltet ein respektvolles und würdevolles Miteinander. Dabei ist nicht zu vergessen, dass man neben den Mitarbeitern, Kollegen und somit dem Team auch sich selbst und den Chef führt. Sie tragen Verantwortung für Ihr Team und auch für die Teamleistung.

Nachweislich wirkt sich das Arbeitsklima auf die Fluktuation und die Zufriedenheit der Mitarbeiter aus. Zufriedene und glückliche Mitarbeiter, die sich wohl und fair behandelt fühlen, können eine bessere Leistung erbringen (Judge et al. 2001).

4. Seien Sie sich der Relevanz des Wissensmanagements bewusst!

Zwar kann sich ein gewisses Maß an Konkurrenz in manchen Branchen vorteilhaft auswirken, jedoch sollte man es nicht übertreiben. Leben Sie ein offenes und erfolgreiches Wissensmanagement vor und fordern Sie dies auch von Kollegen, Mitarbeitern und Vorgesetzten ein. Versuchen Sie also, Wissen und Information nicht exklusiv zu behandeln, sondern an alle weiterzugeben und somit das Unternehmen als großes Ganzes zu betrachten.

Im Arbeitskontext brauchen wir sowohl Einzel- als auch Teamleistungen. Beides ist enorm wichtig für eine gut laufende Abteilung oder das gesamte Unternehmen. In einer Firma darf es nicht gang und gäbe sein, dass nur eine Person über wichtiges Wissen verfügt. Führen Sie beispielsweise Übersichten im Intranet ein oder haben Sie zumindest eine oder zwei weitere Personen, die als Vertretung aushelfen können. Somit können Sie verhindern, dass ein kompletter Ablauf ins Stocken gerät.

5. Denken Sie auch kreativ und verrückt!

Kreativität meint nicht, irrational zu handeln wie die Spinne Kwaku Ananse. Aber seien Sie auf keinen

Fall engstirnig und trauen Sie sich auch einmal, von Ihrem geplanten Weg abzuweichen, wenn Sie merken, dass es nicht weitergeht. Manchmal stehen wir uns selbst im Weg, weil wir denken, man müsse der Gewohnheit folgen und alles so weitermachen, wie es schon seit vielen Jahren abläuft. Aber warum? Hinterfragen Sie alte Abläufe, wenn Sie denken, dass es einen besseren Weg gibt. Seien Sie mutig und probieren Sie Alternativen aus. Die Erfolgsmethode ist hier, zwar zu wissen, wie und was andere machen, aber trotzdem immer seinen eigenen Weg zu gehen.

6. Legen Sie Wert auf offenes und ehrliches Feedback!

Damit kommen wir auch schon zum nächsten und letzten Aspekt: Um Abläufe hinterfragen zu können und dadurch den Weg für Verbesserungen zu bahnen, ist es essenziell, sich ehrliches Feedback einzuholen. Gutes Feedback findet persönlich, unter vier Augen und mit Augenkontakt zum richtigen Zeitpunkt und Ort statt. Es ist konkret und beinhaltet ausschließlich Ich-Botschaften. Außerdem sollen konkrete Verbesserungsvorschläge genannt und immer darauf geachtet werden auch genügend positives Feedback zu geben. Gehen Sie mit einer positiven Grundhaltung in das Gespräch und vermitteln Sie als Führungsperson, dass Sie auch kritisches Feedback als etwas Positives ansehen, da nur so dysfunktionale Prozesse verändert werden können.

28.5 Fazit

Der Wunsch von Kwaku Ananse, alle Weisheit der Welt zusammenzutragen, so naiv er erscheinen mag, stellt grundsätzlich ein ehrenwertes Streben dar. Leider verwechselt das Spinnenmännchen dabei Wissen mit Weisheit und wählt zudem eine Methode, die nicht geeignet ist, das Wissen zu archivieren. Die Ausführungen zu den psychologischen Phänomenen zeigen, dass auch wir nicht gefeit sind vor solch elementaren Fehlern und sein Dilemma heutzutage nicht an Bedeutung verloren hat. Allerdings liegen Ihnen nun alle wesentlichen Informationen vor, um nicht in seine Fußstapfen zu treten. Geben Sie die Leitsätze gerne an Ihre Mitmenschen weiter – ob im Alltag oder Arbeitsumfeld, sodass alle davon profitieren können.

Literaturverzeichnis

Bierhoff, H. W., & Frey, D. (2011). *Sozialpsychologie – Individuum und soziale Welt*. Göttingen: Hogrefe.

Dalkir, K. (2013). *Knowledge management in theory and practice*. London: Routledge.

French, J., & Raven, B. (1959). The bases of social power. In: D. Cartwright (Ed.), *Studies in social power* (pp. 150–167). Ann Arbor, MI: Institute for Social Research.

Frey, D. (2015). *Ethische Grundlagen guter Führung: Warum gute Führung einfach und schwierig zugleich ist*. München: Roman-Herzog-Institut.

Frey, D., Osswald, S., Peus, C., & Fischer, P. (2011). Positives Management, Ethikorientierte Führung und Center of Excellence – Wie Unternehmenserfolg und Entfaltung der Mitarbeiter durch neue Unternehmens-und Führungskulturen gefördert werden können. In: M. Ringlstetter, S. Kaiser, G. Müller-Seitz (Hrsg.), *Positives Management: Zentrale Konzepte und Ideen des Positive Organizational Scholarship* (S. 237–268). Wiesbaden: Gabler.

Hekaya.de. (2016). Die Spinne und die Weisheit. http://www.hekaya.de/maerchen/die-spinne-und-die-weisheit--afrika_115.html. Zugegriffen: 06. November 2016.

Horwitz, S. K., & Horwitz, I. B. (2007). The effects of team diversity on team outcomes: A meta-analytic review of team demography. Journal of Management 33, 987–1015.

Judge, T. A., Thoresen, C. J., Bono, J. E., & Patton, G. K. (2001). The job satisfaction–job performance relationship: A qualitative and quantitative review. *Psychological Bulletin* 127, 376–407.

Raven, B. H., & Kruglanski, A. W. (1970). Conflict and power. In: P. Swingle (Ed.), *The structure of conflict* (pp. 69–109). New York, London: Academic Press.

Schulz-Hardt, S., Brodbeck, F. C., Mojzisch, A., Kerschreiter, R., & Frey, D. (2006). Group decision making in hidden profile situations: dissent as a facilitator for decision quality. *Journal of Personality and Social Psychology* 91, 1080–1093.

Staudinger, U. M., & Baltes, P. B. (1996). Weisheit als Gegenstand psychologischer Forschung. *Psychologische Rundschau* 47, 1–21.

Der Teufel mit den drei goldenen Haaren von den Gebrüdern Grimm (1857)

Maximilian Spanner

29.1   Inhalt des Märchens – 220

29.2   Die Charaktere – 221

29.3   Psychologische Phänomene – 221
29.3.1   Zufriedenheit, Glück und Wohlbefinden – 222
29.3.2   Grundlegende soziale Motive – 222
29.3.3   Prosoziales Verhalten – 223

29.4   Implikationen für die Erziehung, Führung und Lebensgestaltung – 224
29.4.1   Erziehung – 224
29.4.2   Führung – 224
29.4.3   Lebensgestaltung – 225

29.5   Fazit – 225

Literaturverzeichnis – 225

© Springer-Verlag GmbH Deutschland 2017
D. Frey (Hrsg.), *Psychologie der Märchen,*
DOI 10.1007/978-3-662-53668-1_29

29.1   Inhalt des Märchens

Es war einmal eine arme Frau, die ein Söhnlein gebar, welches eine Glückshaut trug. So wurde prophezeit, es werde mit vierzehn Jahren die Tochter des Königs zur Frau haben. Der König erfuhr davon, aber hatte ein hartes Herz. Er kaufte der armen Frau ihr Kind ab, legte es in eine Schachtel und warf diese ins Wasser. Sie ging jedoch nicht unter, sondern trieb zu einer Mühle, wo das Kind von Müllersleuten aufgenommen und in Liebe aufgezogen wurde.

Als der König nach vierzehn Jahren zufällig in die Mühle kam und den Jüngling wiedererkannte, schickte er diesen mit einem Brief zur Königin mit dem Befehl, man solle diesen dort sofort töten. Auf dem Weg zur Königin verirrte sich der Junge jedoch und übernachtete notgedrungen im Wald bei Räubern. Diese lasen den Brief und schrieben aus Mitleid einen neuen, sodass er mit der Königstochter vermählt werden sollte. Da er im Schloss durch die Königin nicht getötet wurde, war der König sehr aufgebracht und forderte nun vom Jüngling drei goldene Haare des Teufels, nur dann dürfe er mit der Königstochter vermählt werden.

Auf dem Wege zum Teufel befragte ihn ein Torwächter, über einen ausgetrockneten Brunnen, der sonst Wein gab; wieder ein anderer Torwächter befragte ihn über einen verdorrten Baum, der sonst Goldäpfel trug, und ein Fährmann fragte, warum ihn keiner ablöse. Als er die Hölle erreichte, verwandelte ihn des Teufels Großmutter in eine kleine Ameise und versteckte ihn in ihren Rockfalten. Sie riss dem schlafenden Teufel dreimal ein Haar aus und fragte ihn nach dem Brunnen, dem Baum und dem Fährmann. So erhielt das Glückskind die Haare und die Lösungen für die drei Probleme im Königreich. Er übergab dem Fährmann des Teufels Rat, „einfach dem Nächsten die Ruderstange in die Hand zu geben", um abgelöst zu werden. Als nächstes ließ der Junge die Kröte im Brunnen und die Maus in der Baumwurzel töten, was, laut dem Teufel, die Lösungen für die Probleme im Königreich waren. Hierfür schenkte man ihm je zwei Esel mit Gold bepackt, die er stolz ins Königreich zurückbrachte.

Dem König, der neugierig geworden war, woher der Junge das viele Gold habe, wurde vom Jungen erzählt „das Gold liege wie Sand am anderen Ufer des Fährmanns". Nachdem der habsüchtige König dort eintraf, überreichte ihm der Fährmann die Ruderstange, die ihn zum ewigen Fahren verdammte. „Fährt er wohl noch? … Es wird ihm niemand die Stange abgenommen haben."

(Grimm u. Grimm 1990;  Abb. 29.1)

Anmerkung   Das Märchen „Der Teufel mit den drei goldenen Haaren" stammt aus der 7. Aufl. des

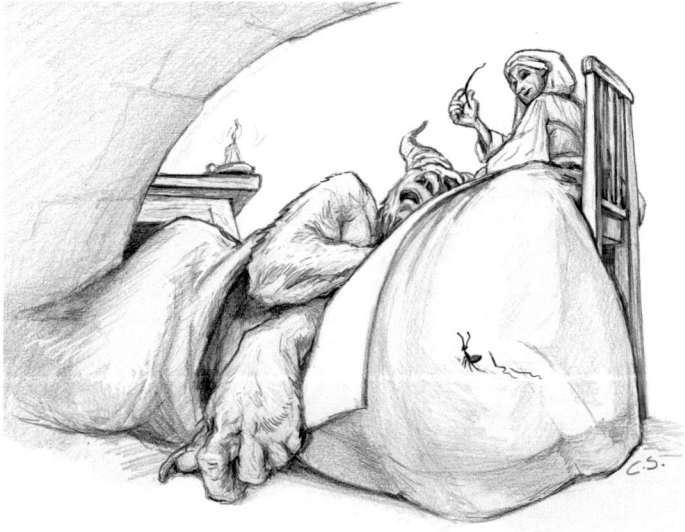

 **Abb. 29.1**   (Zeichnung: Claudia Styrsky)

Sammelbandes *Kinder- und Haus-Märchen* der Gebrüder Grimm aus dem Jahre 1857. Zusätzlich besaßen sie einen tschechischen Roman von 1794, der die vorliegende Struktur von „Der Teufel mit den drei goldenen Haaren" mit Todesbrief besitzt, den sie in der 1. Aufl. ihres Sammelbandes noch als „Vogel Phönix" abdruckten. Die Thematik des Glückskindes mit einem Todesbrief war bereits als Märchen im Mittelalter unter Kaiser Konstantin und Kaiser Heinrich III. bekannt (Uther 2013).

29.2   Die Charaktere

Betrachten wir zuerst die verschiedenen Charaktere des Märchens und was sie jeweils ausmacht. Dazu gehören der Jüngling mit der Glückshaut, der König, die Räuber und die Großmutter des Teufels.

Der **Jüngling**, der in eine arme Familie hineingeboren wurde, trug bei der Geburt eine sog. **Glückshaut**. Diese ist medizinisch gesehen nichts anderes als die unverletzte Eihauthülle, wenn bei Geburt der Sprung der Fruchtblase ausgeblieben ist. In dieser Abweichung vom normalen Verlauf der Geburt sah der alte Volksglaube einen Fingerzeig auf das zukünftige Schicksal des Kindes. In vielen Märchen wird von Glückskindern erzählt, die mit einer Glückshaut zur Welt kommen. Ihnen gelingt alles zu ihrem Besten. Auch aus den schlimmsten Situationen gehen sie unversehrt und erfolgreich hervor (von Bonin 2009). Dem Jungen im Märchen „Der Teufel mit den drei goldenen Haaren" wurde nicht nur nachgesagt, dass er ein Kind mit Glückshaut sei, sondern er hatte auch durchweg Glück, wenn man den Verlauf der Geschichte näher betrachtet. Weder ist er in der Schachtel ertrunken, noch wurde er von Räubern oder der Königin im Schloss gewaltsam ermordet. Allein der Aspekt von Müllersleuten aufgenommen und großgezogen zu werden oder von der Großmutter des Teufels Hilfe zu bekommen, ist bemerkenswert. Daraus könnte geschlossen werden, der Junge habe nur Glück im Leben und die Prophezeiungen zur Glückshaut sind wahr. Mehr zum Thema Glück finden Sie in ▸ Abschn. 29.3.1.

Dem **König**, der von Anfang an versucht die Prophezeiung über die Vermählung seiner Tochter aufzuhalten, kann nachgesagt werden, dass dieser

hierbei weniger Glück hatte. Weder der Plan, den Jungen im Fluss, noch im Schloss der Königin oder in der Hölle umzubringen, ist aufgegangen. Würde man sich jedoch in der Zeit des Mittelalters befinden, wäre dieser Schritt gar nicht so abwegig. Damals wurden Königstöchter lediglich unter Adeligen oder mit Königen anderer Königreiche vermählt, um überdauernde Bündnisse herzustellen und nicht mit einem Jungen, der weder aus einer adeligen Familie stammte noch Reichtum besaß. Aufgrund seines eisernen Willens die Vermählung des Jünglings mit seiner Tochter aufzuhalten, griff der König zum äußersten Mittel des versuchten Mordes, was diesen in der gesamten Geschichte als schlechten sowie grausamen Menschen dastehen ließ. Ein weiser König hätte möglicherweise der Vermählung zugestimmt, da dieser gewusst hätte, der Jüngling bringe mit seinem Glück dem Königreich nur Gutes. Der König in dem Märchen empfand dies jedoch als ungerecht und wollte sein positives Selbstbild aufrechterhalten, da seine Tochter nicht an einen mit niedriger Herkunft verheiratet werden sollte. Mehr zum Thema „grundlegende soziale Motive" im psychologischen Sinne ist dem ▸ Abschn. 29.3.2 zu entnehmen.

Räuber, die normalerweise dafür bekannt sind, Menschen auszurauben oder gar zu ermorden, gaben dem Jüngling ein Dach über dem Kopf und hatten sogar Mitleid mit ihm, da er im Schloss von der Königin getötet werden sollte. Daraufhin verfassten diese einen neuen Brief mit der Bitte um Vermählung mit der Königstochter.

Auch die **Großmutter des Teufels** half dem Jungen maßgeblich, indem sie ihn in eine Ameise verwandelte, dem Teufel drei Haare ausriss und ihn über die drei Probleme im Königreich befragte. Dieses Verhalten wird im psychologischen Sinne „prosoziales Verhalten" genannt und näher in ▸ Abschn. 29.3.3 beschrieben.

29.3   Psychologische Phänomene

Aus dem Märchen „Der Teufel mit den drei goldenen Haaren" lassen sich einige psychologische Phänomene ableiten, die im Folgenden dargelegt werden.

29.3.1 Zufriedenheit, Glück und Wohlbefinden

Im Märchen wird Glück als das Überstehen von wilden Abenteuern wie die Reise durch den Räuberwald oder in die Hölle beschrieben; Glück als ein positives Ereignis, das aufgrund von bewältigten Gefahren eingetreten ist.

In der Psychologie ist Glück eher ein innerer Zustand und kein Ereignis, hier wird von Zufriedenheit, Glück und Wohlbefinden gesprochen. Leider wissen wir aus der Geschichte nicht, wie sich der Jüngling mit der Glückshaut fühlte, jedoch ist gewiss, dass er auf seiner Reise viel Glück hatte. Das „Streben nach Glück" wird sogar in der amerikanischen Unabhängigkeitserklärung aufgeführt und im Königreich Bhutan ist das Staatsziel die „Maximierung des Bruttosozialglücks" (Albrecht 2005).

In der psychologischen Glücksforschung gibt es mehrere Aspekte, die Zufriedenheit, Glück und Wohlbefinden begünstigen:

1. **Alter:** Wenn eine Person gesund ist, ein gutes finanzielles Einkommen hat und sich sinnvoll zu beschäftigen weiß, steigt mit zunehmendem Alter die Lebenszufriedenheit an.
2. **Attraktivität:** Gut aussehende Menschen scheinen glücklicher zu sein als andere. Aber Schönheit ist relativ. Um Neidgefühle zu vermeiden, ist es ratsam, sich erst gar nicht mit anderen zu vergleichen.
3. **Religion und Sinn im Leben:** Glauben gibt Sinn und macht zufrieden! Wer einer Religionsgemeinschaft angehört und einen starken Glauben an Gott hat, findet Sinn im Leben und erträgt zudem eher Schicksalsschläge als Menschen, die weder an ein Leben nach dem Tod noch an Gott glauben.
4. **Hilfsbereitschaft:** Gemeinnützige Arbeit, Arbeit in karitativen Vereinen und Altruismus sind Quellen von Zufriedenheit. Generöse Menschen sind glücklicher als neidvolle Egoisten.
5. **Maßvolle Wünsche:** Wer seine Ansprüche und Erwartungen allzu hoch setzt, wird unglücklich. Deshalb ist es ratsam, seine Wünsche danach zu prüfen, ob sie realisierbar sind oder nicht.
6. **Freundschaften:** Freundschaften zu pflegen lohnt sich. Wer ein enges, gut funktionierendes Netz an Freunden hat und Freundschaften pflegt, ist glücklicher als Menschen, die ihre Zeit dem materiellen Besitz widmen.
7. **Partnerschaft:** Verheiratete sind glücklicher als Menschen, die allein leben, geschieden oder verwitwet sind. Bezüglich der hohen Gewichtung der Partnerschaft stellt sich die Frage nach Intimitäten und Sex als Determinanten des Glücks. Die Häufigkeit von Sex korreliert signifikant positiv mit Glück, unabhängig von Geschlecht und Alter (Kirchler 2011).

Letztendlich kann gemutmaßt werden, dass die Hochzeit mit der Königstochter und der plötzliche Reichtum den Jüngling durchaus glücklich und zufrieden machen könnten. Schließlich wurde dieser in Windeseile von einem adoptierten Müllersohn zu einer wohlhabenden und einflussreichen Person.

29.3.2 Grundlegende soziale Motive

„Herr Müller, Sie sind ab heute fristlos gekündigt." Entscheidungen wie diese, die gegen unseren eigenen Willen gefällt werden und darüber hinaus noch unerklärbar sind, empfindet jeder von uns als äußerst ungerecht.

Der König, dem lediglich durch die Geburt eines Kindes mit einer nicht geplatzten Fruchtblase, die Mitbestimmung über die Vermählung seiner Tochter genommen wurde, sieht dies nicht nur als ungerecht an, er kann sich auch den Grund hierfür nicht erklären.

Nach der **Theorie der kognizierten Kontrolle** nach Frey u. Jonas (2002) haben Menschen Sehnsucht nach Erklärbarkeit, Vorhersehbarkeit und Beeinflussbarkeit. Keiner dieser drei Aspekte war im Falle der vorgegebenen Vermählung zwischen der Königstochter und dem Jüngling mit der Glückshaut gegeben und dem König drohte ein Kontrollverlust. Der König versuchte daher Kontrolle durch Veränderung der Situation – zunächst durch Ertränken des Babys im Wasser – wiederzuerlangen, und scheiterte hierbei, da der Junge nicht ertrank, sondern der Korb mit dem Baby von Müllersleuten am Ende des Flusses gefunden wurde.

Jahre danach, als der König mitbekam, dass der Jüngling noch lebte und die Wahrscheinlichkeit einer Hochzeit mit seiner Tochter immer größer wurde, beschloss er, den Jüngling mithilfe des Todesbriefes umzubringen, da er vermutete, sein Ansehen könne unter den Adeligen aufgrund der Hochzeit mit einem nicht adeligen armen Jungen leiden.

1954 fand der Forscher L. Festinger heraus, dass Menschen Informationen über sich selbst durch den Vergleich mit anderen gewinnen. Er begründete hierdurch die **Theorie sozialer Vergleichsprozesse**, die annimmt, dass es ein grundlegendes Bedürfnis gibt, sich selbst zu kennen und einzuschätzen.

Der König vergleicht sich hier somit mit Königen der Nachbarländer und Aristokraten seines Standes, die ihre Töchter und Söhne untereinander in derselben Gesellschaftsschicht verheirateten. Seine Tochter hingegen sollte nun einem weder adeligen noch reichen Mann das Jawort geben, was er als nicht **gruppenkonform** ansah, wodurch er hierdurch mögliche Statuseinbußen hinnehmen musste.

In der Psychologie nennt man diesen Effekt einen **normativen sozialen Einfluss**. Dieser normative soziale Einfluss anderer Menschen führt dazu, dass wir uns konform verhalten, um von ihnen gemocht und akzeptiert zu werden. Diese Art von Konformität führt zu Zustimmung und Fügsamkeit mit den Annahmen und Verhaltensweisen der Gruppe (Aronson et al. 2004).

Nun müssen wir uns die Frage stellen, warum Gruppen für den König relevant sein sollten; Könige waren die Ranghöchsten in der Hierarchie und hatten die Exekutiv-, Legislativ- und Judikativmacht. Man könnte meinen, niemand könne ihnen etwas anhaben. Jedoch war auch ein König auf Gruppen angewiesen. Einerseits auf einflussreiche, wohlhabende und mächtige Familien wie Adelige, andererseits auf verbündete Könige und Königreiche. Denn nach Werth u. Mayer (2008) kann eine **Gruppenzugehörigkeit** für das Überleben, die soziale Unterstützung, den sozialen Austausch, die soziale Identität und die Produktivität verantwortlich sein.

29.3.3 Prosoziales Verhalten

Warum haben die Räuber den Brief umgeschrieben? Warum hat die Großmutter des Teufels ihm drei Haare ausgerissen? Warum haben diese Personen dem Glückskind geholfen?

Die Gründe, warum Menschen anderen Menschen helfen, können sehr unterschiedlich sein. Die einen helfen aufgrund von Mitgefühl („Er tut mir Leid!"), die anderen wollen lediglich gut dastehen (z. B. durch eine auffällige Spende) und wieder andere befolgen Normen („Das gehört sich so"). Waren dies die Absichten der Räuber und der Großmutter? Warum verhalten sich Menschen prosozial? Es gibt aus psychologischer Sicht verschiedene Motive, sie prosozial zu verhalten.

Mit der **Verwandtschaftsselektion** erhöhen Menschen die Wahrscheinlichkeit, ihre eigenen Gene weiterzugeben, indem sie ihren Verwandten zum Überleben verhelfen. Diese Theorie würde erklären, warum wir den Verwandten helfen, aber sie erklärt nicht, warum wir uns auch gegenüber Fremden prosozial (helfend) verhalten (z. B. wurde ein fremder Mann von Passanten vom Gleis gezerrt, kurz bevor ein Zug einfuhr). Das Glückskind ist auch weder mit den Räubern, noch mit der Großmutter verwandt.

Ebenfalls in der Psychologie bekannt ist die **Reziprozitätsnorm**, die besagt, dass wir aus der Erwartung heraus helfen, dass uns auch zukünftig geholfen wird – nach dem Motto: „Wie du mir, so ich dir". Evolutionspsychologisch hätte eine solche Norm aufgrund der Kooperation einen Überlebensvorteil geschaffen. Sie kann jedoch nicht erklären, warum prosoziales Verhalten auch dann gezeigt wird, wenn klar ist, dass keine weitere Interaktion mehr erfolgen wird (Fetchenhauer u. Bierhoff 2004). Die Großmutter war sich bestimmt sicher, den Jüngling nie wieder zu sehen.

Das **soziale Lernen** nach Bandura (1976) beschreibt darüber hinaus die Tendenz, einen sozialen Einfluss zu akzeptieren. Hier wird argumentiert, dass die Menschen, die sich Normen einer Gesellschaft am besten aneignen, einen Überlebensvorteil haben (z. B. Wissen, welches Nahrungsmittel unverträglich ist oder wie man optimal zusammenarbeiten kann). Das Lernen von sozialen Normen wäre demzufolge Teil unseres genetischen Erbes geworden. Da eine weitverbreitete Norm lautet, dass hilfsbereites Verhalten gutes Verhalten ist, könnte auch sie Teil unseres genetischen Programms geworden sein (Frey u. Bierhoff 2011).

Auf Basis dieser Erkenntnisse lassen sich die Intentionen der Großmutter und der Räuber besser verstehen, wenngleich wir in dem Märchen wenige explizite Hinweise finden, warum sie letztlich helfen.

29.4 Implikationen für die Erziehung, Führung und Lebensgestaltung

Die aufgezeigten psychologischen Phänomene sind bedeutende Bausteine unseres sozialen Miteinanders und finden entsprechend ihre Anwendung in den Bereichen Erziehung, Führung und Lebensgestaltung.

29.4.1 Erziehung

Im ▶ Abschn. 29.3.1 wurde aufgezeigt, welche Faktoren positives Wohlbefinden begünstigen. Doch welche Auswirkungen würde dies auf Erziehung haben?

Viele Kinder leiden oft an Niedergeschlagenheit und Traurigkeit. Einflussfaktoren sind hierbei der häufig zu hohe schulische Druck, fehlende soziale Einbindung und familiäre Probleme (Wittchen u. Hoyer 2011). Um den Einflussfaktoren vorzubeugen, sollte man schon früh mit dem Kind über verschiedene Faktoren für **positives Wohlbefinden** reden. Einerseits sollte dem Kind beigebracht werden, dass z. B. Schönheit und Noten relativ sind und es hierbei keine Vergleiche mit anderen Kindern anstreben, sondern vielmehr sich selbst, die individuellen Stärken und den eigenen Fortschritt in den Fokus stellen sollte. Was gestern vielleicht noch nicht klappte, funktioniert zu einem späteren Zeitpunkt sehr gut – ungeachtet dessen, was andere Kinder können.

Auch auf eine Einbindung in soziale sowie karitative **Gruppen und Vereine** (z. B. Zivilcouragverein) sollte geachtet werden, um den Kindern zu zeigen, dass Hilfsbereitschaft anderen Menschen gegenüber ein zentraler Aspekt für Zufriedenheit ist.

Des Weiteren sollte das Kind lernen, **maßvolle Wünsche** zu äußern, und kann sich in zunehmendem Alter an Weihnachten und Geburtstag bewusst werden, in welch glücklicher Lage wir sind, da es Kinder gibt, die keine oder nur wenige Geschenke erhalten (Kirchler 2011). Hierbei sollte den Kindern auch gezeigt werden, dass **Dankbarkeit** ein zentrales Element in unserer heutigen Gesellschaft ist und viele Sachen, die für uns getan werden, nicht selbstverständlich sind. Nur das einfache Wort „Danke", das wir an unsere Mitmenschen wie Eltern, Mitschüler, Lehrer und Nachbarn richten, steigert laut neueren Studien das generelle Wohlbefinden und die Lebenszufriedenheit (Wood et al. 2007; Zygar u. Angus 2016).

Andererseits, als wichtigster Punkt, sollte man als Elternteil dem Kind die hohe Bedeutung von **Freundschaften** näher bringen, da sie glücklicher machen als materielle Dinge (Kirchler 2011). Eltern dienen als Vorbilder und können auf diesem Weg den Kindern vorleben, wie Freundschaften gepflegt werden. Gleichzeitig betten sie ihre Kinder ein in freundschaftliche Bande und vermitteln damit Halt und Sicherheit.

29.4.2 Führung

Anhand des Märchens lässt sich für die Führung ableiten, dass Führungskräfte ihre Entscheidungen so kommunizieren sollten, dass deren Mitarbeiter Erklärbarkeit (Warum?), Vorhersehbarkeit (Was wird passieren?) und Beeinflussbarkeit (Was kann ich unternehmen?) wahrnehmen. Dadurch schützt man einem empfundenen Kontrollverlust vor, und die Mitarbeiter können die erforderlichen Maßnahmen besser nachvollziehen und mittragen. Damit erhöht sich ihre Zufriedenheit, auch wenn die Umsetzung mit einer zunächst höher erscheinenden Belastung einhergehen sollte.

Beispielsweise kann die Einführung eines Zeiterfassungssystems im Unternehmen folgendermaßen kommuniziert werden: „Da es vermehrt zu Arbeitszeitbetrug im Unternehmen gekommen ist (Erklärbarkeit), wird für die nächsten drei Monate das Stempeln an einer Stempeluhr Pflicht (Vorhersehbarkeit), nur wenn das ein- und ausstempeln zuverlässig von der Belegschaft realisiert worden ist, kann die Abschaffung der Stempeluhr in Betracht gezogen werden. Falls es Bedenken hierzu gibt, wenden Sie sich bitte an die Personalabteilung oder den Betriebsrat (Beeinflussbarkeit)."

29.4.3 Lebensgestaltung

Für den Bereich Lebensgestaltung gibt es drei Theorien, die erklären, warum wir anderen Menschen helfen: die Verwandtschaftsselektion, die Reziprozitätsnorm sowie das soziale Lernen (▶ Abschn. 29.3.3).

Die Mutter des Teufels und die Räuber haben uns gelehrt, dass nur durch deren Unterstützung der Jüngling sein Abenteuer erfolgreich bestehen konnte. Wenn uns demnach jemand nach dem Weg fragt, sollten wir bedenken, dass auch diese Person auf einer Reise sein könnte, die sie möglicherweise nur durch uns erfolgreich vollenden kann.

29.5 Fazit

Glück, grundlegende soziale Motive und prosoziales Verhalten sind zentrale psychologische Phänomene, die nicht nur mit den Charakteren im Märchen verbunden sind, sondern uns ebenso im alltäglichen Leben und Beruf begegnen. Man erkennt so manche Schwächen, denen Menschen unterliegen, anhand des Glückskindes, des Königs sowie der Großmutter und den Räubern können wir allerdings einige praktische Implikationen für unser eigenes Leben ableiten und als Denkanstöße mitnehmen.

Literaturverzeichnis

Albrecht, C. (2005). Alfred Bellebaum und Hans Braun (Hg.): Quellen des Glücks – Glück als Lebenskunst. Literaturbesprechungen Kultursoziologie. *KZfSS Kölner Zeitschrift für Soziologie und Sozialpsychologie 57*, 763–765.

Aronson, E., Wilson, T. D., & Akert, R. M. (2008). *Sozialpsychologie*. München: Pearson Higher Education.

Bandura, A. (1976). Self-reinforcement: Theoretical and methodological considerations. *Behaviorism 4*, 135–155.

von Bonin, F. (2009). *Wörterbuch der Märchen-Symbolik*. Ahlerstedt: Param.

Fetchenhauer, D., & Bierhoff, H. W. (2004). Altruismus aus evolutionstheoretischer Perspektive. *Zeitschrift für Sozialpsychologie 35*, 131–141.

Frey, D., & Bierhoff, H. W. (2011). *Sozialpsychologie – Interaktion und Gruppe*. Göttingen: Hogrefe.

Frey, D., & Jonas, E. (2002). Die Theorie der kognizierten Kontrolle. In: D. Frey, & M. Irle (Hrsg.), *Theorien der Sozialpsychologie* (S. 19–50). Bern: Huber.

Grimm, J., & Grimm, W. (1990). *Die schönsten Kinder- und Hausmärchen*. Hamburg: Moewig.

Kirchler, E. (2011). *Wirtschaftspsychologie: Individuen, Gruppen, Märkte, Staat*. Göttingen: Hogrefe.

Uther, H. J. (2013). *Handbuch zu den "Kinder-und Hausmärchen" der Brüder Grimm: Entstehung – Wirkung – Interpretation*. Berlin: Walter de Gruyter.

Werth, L., & Mayer, J. (2008). *Sozialpsychologie*. Wiesbaden: Spektrum Akademischer Verlag.

Wittchen, H. U., & Hoyer, J. (2011). *Klinische Psychologie & Psychotherapie*. Berlin, Heidelberg: Springer.

Wood, A. M., Joseph, S., & Linley, P. A. (2007). Coping style as a psychological resource of grateful people. *Journal of Social and Clinical Psychology 26*, 1076–1093.

Zygar, C., & Angus, J. (2016). Dankbarkeit. In: D. Frey (Hrsg.), *Psychologie der Werte* (S. 37–52). Berlin, Heidelberg: Springer.

Aschenputtel von den Gebrüdern Grimm (1819)

Lena Kuchta

30.1   Inhalt des Märchens – 228

30.2   Die Charaktere – 228

30.3   Psychologische Phänomene – 229
30.3.1   Erlernte Hilflosigkeit – 229
30.3.2   Coping- und Bewältigungsstrategien – 230
30.3.3   Identität und Selbstwert – 231

30.4   Bedeutung für die heutige Zeit – 231
30.4.1   Mobbing – 231
30.4.2   Wunsch nach einer anderen Identität – 232

30.5   Implikationen für die Erziehung – 232

30.6   Fazit – 232

        Literaturverzeichnis – 233

© Springer-Verlag GmbH Deutschland 2017
D. Frey (Hrsg.), *Psychologie der Märchen,*
DOI 10.1007/978-3-662-53668-1_30

30

30.1   Inhalt des Märchens

Es war einmal ein junges Mädchen, dessen Mutter nach schwerer Krankheit gestorben war. Sein Vater, ein erfolgreicher Kaufmann, heiratete bereits kurz nach diesem Schicksalsschlag eine böse Witwe, welche zwei Töchter mit in die Ehe brachte. Seine Stiefmutter und -geschwister nötigten das Mädchen zu niederen Arbeiten, welche es jedoch stets zuvorkommend erledigte. Seinen Schlafplatz fand es fortan in der Asche des Kamins, weshalb es von allen Aschenputtel gerufen wurde. Der einzige Trost des Mädchens war ein Bäumchen am Grab der verstorbenen Mutter, auf welchem ihm des Öfteren eine weiße Taube erschien.

Eines Tages ließ der König des Landes zu einem Fest einladen, um für seinen Sohn eine passende Frau auszusuchen. Auch Aschenputtel hatte den Wunsch, zum Schloss zu fahren. Um es an diesem Vorhaben zu hindern, schüttete die böse Stiefmutter daraufhin jedoch einen Topf voller Linsen in die Asche des Kamins und gab ihm die Aufgabe, alle Linsen innerhalb einer gewissen Zeit wieder auszulesen. Nur dann dürfe das Mädchen am Fest teilnehmen, so versprach sie. Dank der weißen Taube schaffte es Aschenputtel, die Arbeit rechtzeitig zu verrichten. Die böse Stiefmutter aber gestattete ihm dennoch nicht, das Fest zu besuchen.

Verzweifelt suchte Aschenputtel darauf erneut Trost beim Grab der Mutter und bat das Bäumchen: „Bäumchen, rüttel dich und schüttel dich, wirf Gold und Silber über mich!" Die weiße Taube ließ daraufhin ein wunderschönes Kleid über das Mädchen herabfallen und schenkte ihm feine Schuhe. Aschenputtel gelang es, sich unbemerkt auf das Fest zu schleichen, wo sich der Prinz auf den ersten Blick in das unbekannte Mädchen verliebte. Aus Scham für seine ärmliche Herkunft verriet es dem Prinzen jedoch nicht, wer es wirklich war.

Auf seinem Weg nach Hause verlor Aschenputtel einen seiner Schuhe, mit dessen Hilfe der Prinz das gesamte Land nach der unbekannten Schönheit durchsuchen ließ. Schließlich gelangte der königliche Suchtrupp auch zum Haus der Stiefmutter. Gierig nach Macht befahl diese ihren Töchtern, sich heimlich Teile ihrer Ferse abzuschneiden, um in den Schuh zu passen. Die Taube enttarnte die Lüge jedoch, indem sie von oben herab gurrte: „Rucke di

☐ **Abb. 30.1**   (Zeichnung: Johanna Frey)

gu, rucke di gu, Blut ist im Schuh: Der Schuh ist zu klein, die rechte Braut sitzt noch daheim."

Der Prinz fragte die böse Stiefmutter daher nach einer weiteren Tochter und das Aschenputtel wurde herbeigeholt. Ihm passte der Schuh wie angegossen und es ritt gemeinsam mit dem Prinzen zum Schloss, wo er es zu seiner Frau nahm. Am Tag der Hochzeit versuchten sich die beiden Stiefschwestern wieder einzuschmeicheln und wurden dafür von dem weißen Täubchen bestraft, indem es beiden die Augen auspickte.

(Grimm u. Grimm 1819; ☐ Abb. 30.1)

Anmerkung   Das Märchen des Aschenputtels, auch als Aschenbrödel geläufig, zählt zu den bekanntesten im europäischen Raum. Charles Perrault veröffentlichte eine weitere, äußerst populäre Variante des Märchens unter dem Titel „Cendrillon". Diese diente u. a. als Inspiration für den Zeichentrickfilm „Cinderella" von Walt Disney.

30.2   Die Charaktere

Zu Beginn des Märchens wird der Leser zunächst in die familiäre Situation des Aschenputtels eingeführt. Hier erfahren wir, dass dessen **Mutter** bereits verstorben ist. Näheres zu ihrer Person wird im weiteren Verlauf allerdings nicht aufgeführt. Das Verhalten Aschenputtels, welches in Situationen der Not stets Trost beim Grab der Mutter sucht, zeugt jedoch von einer engen und vertrauensvollen Beziehung.

Die Verbindung, die Aschenputtel zur geliebten Mutter bleibt, ist die **weiße Taube**. Diese stellt die einzige Verbündete des Mädchens in seinem stillen Kampf gegen die familiären Ungerechtigkeiten dar. Die Taube übernimmt für Aschenputtel die Rolle eines Ansprechpartners in jeglicher Notsituation. Die Tatsache, dass es das Mädchen bevorzugt, sich an dieses himmlische Geschöpf, statt an den noch lebenden Vater zu wenden, deutet bereits auf eine gestörte Vater-Tochter Beziehung hin.

So wird der **Vater** des Mädchens lediglich zu Beginn kurz erwähnt und bleibt fortan eine blasse Gestalt. Er wird nach dem Tod seiner Frau mit der Doppelrolle als Kaufmann sowie Alleinerziehender konfrontiert und kann den fehlenden Einfluss der Mutter nicht kompensieren. Daher sucht er sich bereits kurz darauf eine neue Frau. Diese Entscheidung bringt die Gegenspielerinnen Aschenputtels ins Geschehen. Fortan entzieht er sich der Vaterrolle und überlässt der Stiefmutter die Führung in der Familie. Es bleibt fraglich, ob er von den Schikanen gegenüber seiner Tochter nichts erfährt oder schlichtweg nicht eingreift. Diese Passivität würde ihn zum Mittäter werden lassen, welcher die Misshandlungen der Stiefmutter ermöglicht und unterstützt.

Durch das Bündnis mit der bösen **Witwe** entsteht eine Patchworkfamilie, in welcher diese fortan das Sagen hat. Ihre Figur ist geprägt von einem starken Machtmotiv, welches sie sowohl innerhalb als auch außerhalb der Familie nach Führung streben lässt. Dieser Wunsch nach Einfluss motiviert sie zu rücksichtslosen und egoistischen Handlungen. Sie nimmt Aschenputtel als Konkurrenz für ihre eigenen Töchter wahr, weshalb sie dieses unterdrückt und kleinhält. Als sich ihr schließlich eine Gelegenheit bietet, mehr Macht und Einfluss zu gewinnen, instrumentalisiert sie jedoch auch ihre eigenen Kinder und nimmt in Kauf, dass sich diese Schmerzen zufügen. Sie priorisiert ihr eigenes Wohlergehen gegenüber dem ihrer Töchter, was einen weiteren Beleg für ihre krankhafte Gier nach Macht darstellt.

Die Situation der **beiden Stieftöchter** bietet einige Analogien zu der des Aschenputtels. Auch sie haben bereits im Kindesalter den Verlust eines Elternteiles erleiden müssen und finden sich daraufhin in einer völlig neuen Familienkonstellation wieder. Birgt der Leser jedoch die Hoffnung, dass die Stieftöchter hierdurch zu Leidensgenossinnen Aschenputtels werden, so wird er enttäuscht.

Inspiriert vom Machtmotiv der eigenen Mutter sind diese ebenfalls nur auf ihren Vorteil bedacht und unterstützen im Zuge dessen aktiv die Schikanen gegenüber dem Mädchen. Sie gewähren ihrer Mutter blind Folge und schrecken nicht einmal davor zurück, sich selbst zu verstümmeln.

Da eine Lösung der Situation aufgrund der starren Verhältnisse innerhalb der Familie nicht möglich ist, bedarf es einer Erlösung von außen. Diese erscheint im Märchen in Form vom **Prinzen**, dem Retter in der Not. Selbst als er am Ende der Geschichte von der wahren Herkunft Aschenputtels erfährt, lässt er nicht von seiner Liebe ab und beendet getreu der Redewendung „Wenn du denkst, es geht nicht mehr, kommt von irgendwo ein Lichtlein her", das langjährige Leiden des Mädchens.

Das vom Schicksal benachteiligte **Aschenputtel** symbolisiert die tragische Heldin der Geschichte. Sein Verhalten ist stets von Duldsamkeit und Passivität geprägt, mit welcher es sich den Schikanen der Stiefmutter und -geschwister fügt. So ergreift es keine Eigeninitiative, um sein Leiden zu beenden, sondern signalisiert seinen Wunsch nach Erlösung nach außen. Diese Passivität könnte beim Leser leicht zum Trugschluss führen, Aschenputtel sei zu labil, um sich gegen sein Schicksal zu wehren. Doch gerade dieses passive Verhalten ist es, durch welches das Mädchen wahre Größe beweist und sich von seinen unmenschlichen Gegenspielerinnen abhebt. Denn anstatt Bosheit mit Bosheit zu begegnen, verhält es sich diesen gegenüber stets zuvorkommend.

30.3 Psychologische Phänomene

Zu den psychologischen Phänomenen, die eingehender besprochen werden, gehören die erlernte Hilflosigkeit, Coping- und Bewältigungsstrategien sowie Identität und Selbstwert.

30.3.1 Erlernte Hilflosigkeit

Das von Seligmann geprägte Konzept der erlernten Hilflosigkeit beschreibt die Erwartung einer Person, bestimmte Situationen durch eigenes Handeln nicht länger beeinflussen zu können. Diese Einstellung führt dazu, dass Betroffene nicht mehr aktiv gegen unangenehme Zustände vorgehen, selbst wenn sie es objektiv betrachtet könnten (Barysch 2016). Als Ursache für dieses Phänomen werden negative Erfahrungen **erlebter Kontrollverluste** angenommen (Stiensmeier-Pelster 1988).

Erstmals beobachtet wurde erlernte Hilflosigkeit im Rahmen eines Tierversuches. Hierbei wurden Hunde im ersten Teil des Experimentes Elektroschocks zugefügt, wobei sie keine Chance hatten, diesen zu entgehen. Im zweiten Teil wurden die Tiere abermals mit Schocks konfrontiert, allerdings mit der Möglichkeit, sich in Sicherheit zu begeben. Es zeigte sich jedoch, dass die Mehrzahl der Versuchstiere keinerlei Versuch unternahm, den Schmerzen zu entgehen – die Hunde hatten die Erfahrung gemacht, durch ihr Handeln keinerlei Einfluss auf ihre Situation ausüben zu können. Die Symptome der Versuchstiere lassen sich auf den Menschen übertragen. Auch diese zeigen bei erlernter Hilflosigkeit Anzeichen verminderter Motivation sowie apathischer Verhaltensmuster (Seligmann 1999).

Waren auch Sie schon einmal hilflos? Erinnern Sie sich, wie sich dieser Zustand angefühlt hat? Wenn ja, können Sie sich mit Sicherheit gut mit der Figur des Aschenputtels identifizieren. Auch bei dieser lassen sich Symptome erlernter Hilflosigkeit wiederfinden. Das Mädchen macht die Erfahrung, dass es nichts gegen die Machenschaften der Stiefmutter ausrichten kann. Dies resultiert in einem passiven Verhalten – das Mädchen fügt sich seinem scheinbar besiegelten Schicksal.

Beim Lesen des Märchens würde mancher Leser ihm vermutlich gerne zurufen: „Mädchen, unternimm doch etwas, wehre dich!" – und das Verhalten Aschenputtels somit kritisieren. Viele verkennen dabei möglicherweise, dass dieser Weg der einzige für das Mädchen war, sich selbst zu retten. Durch die fehlende schützende Hand einer Mutter konnte es nicht das nötige Selbstbewusstsein aufbauen, um aktiv für sich einzutreten. Für eine Selbstrettung wären somit keine ausreichenden Ressourcen vorhanden gewesen. Statt sich mit seinem Handeln nach außen zu richten, fokussiert sich das Mädchen folglich also auf sein Inneres und mobilisiert Kräfte, die ihm helfen, diese schweren Zeiten zu überstehen.

30.3.2 Coping- und Bewältigungsstrategien

Sie fragen sich nun vermutlich, wie es dem Mädchen gelingen konnte, die Schikanen auszuhalten, ohne daran zu zerbrechen. Die Antwort liegt im psychologischen Phänomen der Copingstrategien.

Dieser Begriff wurde von Lazarus im Rahmen seines **transaktionalen Stressmodells** definiert und bezeichnet Strategien, die von Menschen zur Bewältigung belastender Ereignisse eingesetzt werden. Die Entstehung des Phänomens basiert auf der individuellen Bewertung potenziell bedrohlicher Situationen. Hierbei entscheidet eine Person zunächst anhand einer sog. primären Bewertung, ob eine Bedrohung vorliegt. Ist dies der Fall, so wird im Rahmen einer sekundären Bewertung überprüft, ob eine Bewältigung der Situation mithilfe vorhandener Ressourcen möglich ist. Ist dies nicht realisierbar, kommt es zur **Stressreaktion**. Um diese zu bewältigen, werden neue Copingstrategien entwickelt, welche in ihrer Art von Person zu Person differieren (Folkman et al. 1986).

Generell unterscheidet man zwischen **adaptiven** (geeigneten) sowie **maladaptiven** (ungeeigneten) **Strategien**. Letztere dienen hauptsächlich der Ablenkung von der zentralen Problematik, z. B. Alkoholkonsum, welcher den Betroffenen kurzfristig ein positives Gefühl verschafft, ihnen auf Dauer aber zusätzlichen Schaden zufügt. Adaptive Strategien hingegen setzen an der tatsächlichen Ursache der Problematik an und tragen somit zu einer langfristigen Lösung dieser bei (Lazarus 1966).

Haben auch Sie persönliche Bewältigungsstrategien entwickelt, auf die Sie in schweren Zeiten zurückgreifen können? Aschenputtel jedenfalls tat dies. Um die fehlende familiäre Zuneigung sowie die alltäglichen Bosheiten zu bewältigen, sucht es regelmäßig das Grab der Mutter auf, welches ihm Trost spendet und seine negativen Emotionen reduziert. Das Grab ermöglicht es dem Mädchen, auf Ressourcen zurückzugreifen, welche ihm durch seine Beziehung zur Mutter zugänglich sind. Mithilfe dieser Bewältigungsstrategie mobilisiert Aschenputtel innere Kräfte, die das Mädchen sogar dazu befähigen, sich dem Verbot ihrer Stiefmutter, nicht auf den Ball zu gehen, zu widersetzen. Dieser Punkt stellt eine Wendung dar, welche das wiedergewonnene Selbstbewusstsein Aschenputtels symbolisiert.

30.3.3 Identität und Selbstwert

Haben Sie sich auch schon einmal gefragt, wer Sie wirklich sind und was Sie von anderen unterscheidet?

Diese essenziellen Fragen werden in der Psychologie mithilfe des **Identitätskonzeptes** beantwortet. Dieses umfasst sämtliche Merkmale und Eigenschaften von Individuen, welche in deren Selbstverständnis als wesentlich erachtet werden. So kann die Antwort auf die Frage: „Wer sind Sie?" von Person zu Person völlig unterschiedlich ausfallen. Legt ein Mensch beispielsweise großen Wert auf seine Herkunft, so wird die Antwort vielleicht „Ich bin Münchner" lauten. Im Gegensatz hierzu wird eine Person, die sich über ihr Hobby definiert, z. B. „Ich bin Fußballer" antworten.

Natürlich werden wir nicht mit einer bereits ausgereiften Identität geboren. Diese entwickelt sich erst im Laufe unseres Lebens und befindet sich in einem stetigen Veränderungsprozess. Wie am Begriff erkennbar **identifizieren** wir uns mit gewissen Dingen und integrieren sie daraufhin in unser Selbstkonzept.

Eine wichtige Rolle bei diesem Prozess spielt die **Gruppenidentität**. Wenn wir uns einer bestimmten Gruppe zugehörig fühlen, werden relevante Merkmale dieser ebenfalls in die persönliche Identität integriert. Gruppen bilden somit eine essenzielle Voraussetzung für die Entwicklung der Selbstidentität (Smith u. Mackie 2007).

Jedem von Ihnen ist sicherlich die Redewendung „sein Gesicht verlieren" geläufig. Tatsächlich kann der Fall eintreten, dass Menschen ihre Identität verlieren. Dies geschieht dann, wenn eine Person oder deren Außenwelt sich so grundlegend verändert, dass wesentliche Merkmale, mit denen sie sich bisher identifiziert hat, entfallen. Ursache hierfür kann z. B. eine tief greifende Veränderung innerhalb der Familie sein. Da unsere Identität eng mit unserem Selbstwert in Verbindung steht, hat ein solcher **Identitätsverlust** für Menschen schwerwiegende Konsequenzen (Kast 2003).

Der Tod der Mutter sowie der Eintritt der Gegenspielerinnen bedeuten für Aschenputtel ebenfalls den Verlust der eigenen Identität. Bisher begründete sich diese auf der Gruppenzugehörigkeit zu seiner Familie, welche ihm jedoch durch die diversen Schicksalsschläge genommen wurde. Durch den Verlust dieser Zugehörigkeit hat das Mädchen fortan keine Gruppe mehr, mit der es sich identifizieren kann und wird physisch als auch psychisch isoliert. Mitsamt seiner Identität geht auch ein großer Teil von Aschenputtels Selbstwert verloren, was in seinem unterwürfigen Verhalten resultiert.

Deutlich wird der Identitätsverlust, als das Mädchen gegenüber dem Prinzen sein wahres Ich nicht preisgeben will. Nicht nur schämt es sich für seine ärmliche Herkunft, es fühlt sich seiner neuen Familie auch in keiner Weise zugehörig. Die dort vorherrschenden machtgierigen Verhaltensweisen widersprechen seinen Moralvorstellungen und werden somit nicht in dessen Identitätskonzept integriert.

Der Entwicklungsweg Aschenputtels ist am Ende des Märchens somit noch nicht abgeschlossen. Ihm steht die herausfordernde Aufgabe bevor, seine Identität und damit sich selbst neu zu (er)finden. Dies kann ihm jedoch nur mithilfe einer neuen Gruppenzugehörigkeit gelingen, die es wünschenswerterweise in der Königsfamilie finden wird.

30.4   Bedeutung für die heutige Zeit

Zwei Aspekte haben eine besondere Bedeutung für die heutige Zeit, das Mobbing und der Wunsch nach einer anderen Identität.

30.4.1 Mobbing

Aus heutiger Sicht stellt das Märchen einen klaren Fall von Mobbing dar. Die Stiefmutter als Täter sowie Vater und Stiefgeschwister als passive Mittäter deklarieren Aschenputtel zum Opfer und bilden ein **destruktives Mobbingnetzwerk**.

Was aber rät uns das Märchen im Bezug auf den Umgang mit Mobbing? Auf der Seite des Opfers flüchtet sich Aschenputtel in ihre eigens kreierte Gedankenwelt zur verstorbenen Mutter und schafft es hierdurch, die Mobbingattacken zu überstehen. Schließlich befreit der Prinz sie von ihrem Leid.

Mobbingopfer heutzutage können nicht auf solch heldenhafte Rettung hoffen. Was sich aus dem Märchen allerdings ableiten lässt, ist die Bedeutsamkeit **sozialer Ressourcen**. Es ist wichtig, dass Betroffene auf ein Personennetzwerk zurückgreifen können, mithilfe dessen sie die diversen Attacken überstehen können. Darüber hinaus sollten Opfer entsprechende psychologische Beratungen aufsuchen, um dort professionelle Unterstützung zu erhalten (Kolodej 2013). Soziale Ressourcen müssen allerdings nicht immer physisch präsent sein wie Aschenputtels Taube, sondern können ebenso in Form von webbasierten Netzwerken eine positive Wirkung erzielen. Relevant ist auch, dass die Rettung Aschenputtels letztlich von außen kam.

Was die Seite der Täter angeht, so sind bei der Stiefmutter keinerlei Anzeichen von Einsicht zu erkennen. Sie schikaniert das Mädchen bis zum bitteren Ende. Lediglich die Stieftöchter werden am Ende bestraft, indem ihnen die Taube die Augen auspickt. **Vergeltung** trifft somit lediglich die Mittäter, während die eigentliche Täterin von jeglichen Konsequenzen verschont bleibt.

Auch heutige Mobbingfälle bestehen häufig aus größeren Netzwerken Beteiligter, von denen die meisten allerdings passiv am Mobbing teilnehmen (Diezel 2012). Anders als im Märchen sollte in solchen Fällen genauestens darauf geachtet werden, den Ursprung der Attacken zu identifizieren und es nicht bei willkürlichen Bestrafungen von Mittätern zu belassen. Nur so kann eine langfristige Veränderung der Situation erreicht werden.

30.4.2 Wunsch nach einer anderen Identität

Die bösen Stiefschwestern versuchen sich auf Drängen der Stiefmutter hin mit Gewalt in Aschenputtels Schuh und damit in eine andere Identität zu zwängen.

Kennen auch Sie den verzweifelten Wunsch, jemand anderes sein zu wollen? Angetrieben durch die Medien, die uns täglich vorgaukeln, dass Schönheit und Erfolg einen Menschen definieren, streben heutzutage viele nach diesem scheinbaren Idealbild.

Stattdessen ist es sinnvoll und wichtig, uns zu akzeptieren, wie wir sind. Denn wir sind nicht auf dieser Welt, um so zu sein, wie andere uns haben wollen.

30.5   Implikationen für die Erziehung

Haben Sie Familie? Dann haben Sie vielleicht bereits die Erfahrung gemacht, dass nicht nur im Märchen, sondern auch in unserem Alltag eine Spaltung unter Geschwistern stattfinden kann.

Diese wird häufig, wenn auch unbewusst, durch die Eltern ausgelöst, die den eigenen Kindern verschiedene **Rollen** auferlegen. So werden die einen z. B. als die Vorbildlichen und Erfolgreichen gelobt, während die anderen als Versager und Nachzügler gesehen werden. Letztere führen oft einen mühsamen Kampf um die Anerkennung der Eltern und versuchen vergeblich, sich gegen ihre Geschwister durchzusetzen. Rollenverteilungen wie diese lassen aus Geschwistern Konkurrenten werden, deren einziges Ziel es ist, sich gegen den anderen durchzusetzen.

Wie lassen sich solche Machtkämpfe unter Geschwistern vermeiden? Diejenigen von uns, die selbst Kinder haben, wissen, dass es nahezu unmöglich ist, eine völlige Gleichbehandlung innerhalb der Familie zu erreichen. Stattdessen sollte man versuchen, die **individuellen Stärken** der einzelnen Kinder herauszuarbeiten und hervorzuheben. Loben Sie ihre Kinder, für das, was sie besonders macht. Das mögen bei dem einen Kind vielleicht die besonders guten Schulleistungen sein, beim anderen hingegen Erfolge im Sport. Durch Würdigung der individuellen Persönlichkeiten wird vermieden, dass zwischen Geschwistern ein Gefühl der Konkurrenz und damit Machtkämpfe ausgelöst werden.

Vermutlich mangelte es auch den Stiefschwestern Aschenputtels an solcher Anerkennung. Denn hätten sie diese bekommen, wäre ihr Drang, das Mädchen zu unterdrücken, vermutlich gering bis gar nicht ausgeprägt.

30.6   Fazit

Was können wir aus dem Märchen von Aschenputtel letztlich lernen? Was davon können wir in unseren persönlichen Alltag integrieren? Das Märchen lehrt uns, wie es gelingen kann, jede noch so ausweglose Situation von Grund auf zu ändern. Es lehrt uns, was zu tun ist, um innere Stärke zu aktivieren, mit deren Hilfe wir uns aus jeder Lage befreien und sogar lernen können, uns Boshaftigkeiten zu widersetzen. Es lehrt uns, wie sich aus einem Menschen, dessen trauriges Schicksal bereits vereitelt zu sein scheint, eine völlig neue Persönlichkeit entwickeln kann. Auch wenn sich in unserer heutigen Gesellschaft oft auf das alte Gerechtigkeitsprinzip „Auge für Auge, Zahn für Zahn" berufen wird, so ist der Schlüssel, den das Märchen impliziert, ein anderer. Denn es leitet uns an, nicht aktiv gegen Ungerechtigkeit anzukämpfen oder Bosheit mit Bosheit zu begegnen. Vielmehr sollten wir in Situationen wie diesen unsere Kräfte nach innen statt nach außen fokussieren, ohne dabei unsere Würde zu verlieren. Und noch etwas gibt uns das Märchen mit auf unseren Weg: Wenn Sie sich wieder einmal in einer scheinbar ausweglosen Situation befinden und nicht mehr wissen, wie es weitergehen soll – ganz gleich auch, wie viel Zeit verstreichen muss, eine Erleichterung ist in Sicht.

Literaturverzeichnis

Barysch, K. N. (2016). Selbstwirksamkeit. In: D. Frey (Hrsg.), *Psychologie der Werte: Von Achtsamkeit bis Zivilcourage-Basiswissen aus Psychologie und Philosophie* (S. 201–2011). Berlin, Heidelberg: Springer.

Diezel, A. (2012). *Mobbing in der Schule – Ein Konstrukt im alltäglichen Leben eines Schülers*. München: GRIN.

Folkman, S., Lazarus, R. S., Gruen, R.J., & DeLongis, A. (1986). Appraisal, coping, health status, and psychological symptoms. *Journal of Personality and Social Psychology 50*, 571–579.

Grimm, J., & Grimm, W. (2001). Aschenputtel. In: H. Rölleke (Hrsg.), *Brüder Grimm: Kinder- und Hausmärchen: Gesamtausgabe in 3 Bänden mit den Originalanmerkungen der Brüder Grimm*. Ditzingen: Reclam.

Kast, V. (2003). *Trotz allem Ich. Gefühle des Selbstwerts und die Erfahrung von Identität*. Freiburg: Herder.

Kolodej, C. (2013). Handlungsmöglichkeiten bei Mobbing aus Sicht der Betroffenen. In: M. Chlestil (Hrsg.), *Konflikte und Mobbing am Arbeitsplatz. Rechtliche Möglichkeiten und Praktische Handlungsanleitungen*. Wien: Arbeitskammer Wien.

Lazarus, R. S. (1966). *Psychological stress and the coping process*. New York: McGraw-Hill Book Company.

Seligmann, M. E. P. (1999). *Erlernte Hilflosigkeit – Über Depression, Entwicklung und Tod*. Weinheim, Basel: Beltz.

Smith, E. R., & Mackie, D. M. (2007). *Social psychology* (3rd ed.). New York: Psychology Press.

Stiensmeier-Pelster, J. (1988). *Erlernte Hilflosigkeit, Handlungskontrolle und Leistung*. Berlin, Heidelberg: Springer.

Der Arme und der Reiche von den Gebrüdern Grimm (1815)

Vanessa Allwardt

31.1   **Inhalt des Märchens – 236**

31.2   **Die Charaktere – 236**

31.3   **Psychologische Phänomene und Implikationen – 238**
31.3.1   Egoistisches und altruistisches Verhalten – 238
31.3.2   Glaube an eine gerechte Welt – 239
31.3.3   Selbstkonzept und Selbstwertgefühl – 239
31.3.4   Theorie des sozialen Vergleichs – 240

31.4   **Fazit – 241**

Literaturverzeichnis – 241

© Springer-Verlag GmbH Deutschland 2017
D. Frey (Hrsg.), *Psychologie der Märchen,*
DOI 10.1007/978-3-662-53668-1_31

31.1   Inhalt des Märchens

Vor alten Zeiten wandelte der liebe Gott noch auf der Erde unter den Menschen umher. Eines Tages konnte er nicht mehr rechtzeitig vor Einbruch der Dunkelheit eine Herberge erreichen. Auf seinem Weg lagen vor ihm zwei Häuser. Eines war groß und prächtig und gehörte einem reichen Mann. Das andere hingegen war klein und ärmlich anzusehen und gehörte einem armen Mann.

Er bat den Reichen, ihm Unterschlupf für die Nacht zu gewähren, da er annahm, diesem weniger zur Last zu fallen. Der Reiche aber wollte seine gut gefüllten Speisekammern und sein Haus nicht mit einem ärmlich aussehenden und mittellosen Fremden teilen und wies den lieben Gott ab. Daraufhin bat der liebe Gott den Armen um ein Nachtlager. Dieser und seine Frau hatten Mitgefühl mit der Situation des Fremden. Sie baten ihn, ohne zu zögern, einzutreten. Von Herzen gern gaben sie dem Fremden von ihrem bescheidenen und ärmlichen Essen, welches zugleich das Beste war, was sie hatten. Obwohl das Essen so einfach war, schmeckte es dem lieben Gott gut, denn er schaute dabei in vergnügte Gesichter. Das arme Ehepaar ließ es sich nicht ausreden, sein Bett an den erschöpften Wanderer abzutreten, um ihm die Möglichkeit zu geben, sich ordentlich auszuruhen. Sie selbst richteten sich für die Nacht ein Bett aus Streu. Als der liebe Gott am nächsten Tag aufbrach, durfte das Ehepaar im Gegenzug für seine Barmherzigkeit und Frömmigkeit drei Wünsche aussprechen. Sie wünschten sich ewige Seligkeit und lebenslange Gesundheit mit dem notdürftigen Brot dazu. Der arme Mann sprach, dass er sich nicht mehr zu wünschen hätte, und so schlug der liebe Gott noch ein schönes, neues Haus vor, dem das Ehepaar zustimmte.

Als der Reiche und seine Frau davon erfuhren, waren sie rasend vor Wut, denn auch sie wollten drei Wünsche erfüllt bekommen. Daraufhin ritt der Reiche dem lieben Gott eilends nach. Er redete fein und lieblich auf den lieben Gott ein, dass es sich angeblich nur um ein Missverständnis gehandelt habe und er ihn nicht habe abweisen wollen. Das nächste Mal, bat der Reiche den lieben Gott, solle er bei ihm einkehren. Der liebe Gott willigte ein, woraufhin der Reiche ihn fragte, ob nun auch er drei Wünsche gewährt bekäme. Allwissend riet der liebe Gott dem Reichen davon ab, drei Wünsche auszusprechen, denn es würde ihm nichts Gutes bringen. Der Reiche jedoch, getrieben von Gier und dem Wunsch nach noch mehr Reichtum, ließ nicht ab und so gewährte der liebe Gott auch ihm drei Wünsche.

Auf dem Rückweg grübelte der Reiche, welche Reichtümer und Schätze er sich wünschen könnte, um sein Glück zu mehren. Er wollte seine Wünsche klug nutzen, sodass ihm keine Wünsche mehr offen blieben. Als jedoch sein Pferd plötzlich unruhig wurde und ihn beim Nachdenken störte, wünschte er sich von Ärger und Ungeduld geleitet, dass sein Pferd sich den Hals bräche. Sogleich wurde sein erster Wunsch erfüllt und sein Pferd lag tot am Boden. Aufgrund seines Geizes nahm er das Sattelzeug vom Pferd ab und so musste er in der prallen Sonne mit der zusätzlichen Last des Sattels auf den Schultern den restlichen Heimweg zu Fuß zurücklegen. Von Missgunst erfasst, dass seine Frau in der kühlen Stube saß, wünschte er sich gedankenlos, dass sie daheim auf dem Sattel säße und nicht mehr herunterkäme, anstatt dass er ihn schleppen müsse. Sogleich wurde auch sein zweiter Wunsch erfüllt. Zu Hause angekommen, musste der Reiche seine jammernde und schreiende Frau von dem Sattel wieder loswünschen. So wurde auch sein dritter Wunsch erfüllt.

Der Reiche hatte nichts als Ärger und Nachteile mit seinen Wünschen. Die Armen hingegen lebten vergnügt, still und fromm bis an ihr seliges Ende. (Grimm u. Grimm 1815; ◘ Abb. 31.1)

Anmerkung   Es ist zu vermuten, dass das Märchen „Der Arme und der Reiche" seinen Ursprung in dem Mythos von Philemon und Baucis findet (Feyen-Mülhausen 2011). Philemon und seine Frau Baucis sind ein armes Ehepaar, das dem Göttervater Jupiter und seinem Sohn Merkur Unterschlupf gebietet, als diese von den Einwohnern der angrenzenden Stadt abgewiesen werden. Das Ehepaar erkennt die Götter vorerst nicht und bewirtet sie mit allem, was sie besitzen. Als Dank für ihre Gastfreundschaft und Barmherzigkeit wird das Ehepaar von den Göttern großzügig belohnt.

31.2   Die Charaktere

Betrachten wir zuerst die verschiedenen Charaktere des Märchens und was sie jeweils ausmacht. Dazu gehören der liebe Gott, die Armen und die Reichen.

Abb. 31.1 (Zeichnung: Claudia Styrsky)

Da er stets getarnt als armer und mittelloser Wanderer auftritt, wird die Identität des **lieben Gottes** während des gesamten Märchens nicht aufgedeckt. Zwar erfahren die reichen Leute vom armen Ehepaar, dass der Fremde Wünsche erfüllen kann, aber dass es sich um den lieben Gott handelt, wird weder explizit vermutet noch ausgesprochen. Umsichtig und wohlwollend möchte der liebe Gott nicht von denen etwas erbeten, die kaum für sich selbst genügend haben. Er fragt daher zuerst bei den Reichen nach einer Unterkunft. Erst als er von diesen abgewiesen wird, klopft er gezwungenermaßen bei den Armen an. Aufgrund seiner Bescheidenheit möchte er das Angebot, für die Nacht in dem Bett des Ehepaars zu schlafen, anfangs nicht annehmen und nimmt es erst an, als ihm klar wird, dass die armen Leute nicht von ihrer Bitte ablassen werden. In der zweiten Begegnung mit dem reichen Mann wird die Allwissenheit und Weisheit Gottes verdeutlicht. Er weiß bereits um den unbedachten Umgang, den der reiche Mann mit den Wünschen zeigen wird, und rät dem reichen Mann vorausschauend ab, sich drei Wünsche gewähren zu lassen.

Wie im Märchen beschrieben wird, lebt das **arme Ehepaar** in einem kleinen und heruntergekommenen Haus. Es sind nur einfache Speisen, die sie dem Fremden bieten können. Das arme Ehepaar ist genügsam und bescheiden. Selbstlos teilen sie

von Herzen gerne das wenige, was sie besitzen. Sie haben Mitgefühl mit Menschen, denen es selbst an etwas mangelt. Sie geben dem lieben Gott aus reiner Nächstenliebe von ihrem Essen und bestehen darauf, dass dieser sich in ihrem Bett ausruht, wohingegen sie selbst für die Nacht lediglich auf Streu schlafen. Auch in ihren Wünschen spiegelt sich ihre Genügsamkeit wider. Ihnen selbst fallen als Wünsche nur die ewige Seligkeit und die lebenslange Gesundheit mit stets genügend zu essen ein. Es ist der liebe Gott, der vorschlägt, den dritten Wunsch für ein neues Haus zu verwenden.

Das **reiche Ehepaar** besitzt ein großes und prächtiges Haus. Sie leben in Wohlstand und müssen dank ihrer reichlich gefüllten Speisekammern nicht an Hunger leiden. Der reiche Mann hat kein Mitleid mit Menschen in Not. Stattdessen fürchtet er um seine Besitztümer. Er ist keineswegs bereit, sie mit einem Armen zu teilen, von dem er keine Gegenleistung zu erwarten hat. Von seinem Geiz gepackt nimmt der reiche Mann sogar das Sattelzeug vom toten Pferd ab, um keinen Verlust zu erleiden. Obwohl er bereits wohlsituiert ist, ist er versessen darauf, sich drei Wünsche vom lieben Gott gewähren zu lassen, um seinen Wohlstand noch weiter zu mehren. Geblendet von seiner Habgier nimmt er den Rat Gottes nicht an und verprasst seine Wünsche unbedacht und fahrlässig.

31.3 Psychologische Phänomene und Implikationen

Im folgenden Abschnitt werden psychologische Phänomene, die in dem Märchen zum Tragen kommen, beleuchtet und näher erläutert. Dies hilft, das Erleben und Verhalten der Märchencharaktere noch besser zu verstehen.

31.3.1 Egoistisches und altruistisches Verhalten

Das arme und das reiche Ehepaar stellen hinsichtlich ihres Verhaltens klare Gegenpole zueinander dar. Das arme Ehepaar teilt, obwohl sie nur wenig ihr Eigen nennen können, von Herzen gerne, was sie besitzen. Der reiche Mann hingegen, der Güter im Überfluss besitzt, verweigert aus Furcht, Verluste seines Hab und Gutes zu verzeichnen, dem lieben Gott den Unterschlupf.

Egoismus und Eigennutz

Geradezu klischeehaft verkörpert das reiche Ehepaar egoistisches Verhalten.

Egoismus (lat. „ego" = ich) bezeichnet die Einstellung, dass der eigene Vorteil und das eigene Interesse stets an erster Stelle stehen. Egoisten gelten als selbstsüchtig. Sie würden nie zugunsten anderer auf etwas verzichten. Dieser Vorstellung entsprechend ist der Reiche nicht gewillt, seine Speisen und sein Heim mit dem Fremden zu teilen. Das Wohlergehen des Fremden ist dem reichen Mann gleichgültig, und so lässt er ihn bei Einbruch der Dunkelheit schutzlos vor der Tür stehen.

In der Wirtschaftstheorie gibt es ein weiteres Modell, welches dieses Verhalten beschreibt: das Modell des **Homo oeconomicus** (Wildner 2015). Der Homo oeconomicus ist ein Nutzenmaximierer, dessen Handeln ausschließlich auf wirtschaftlichen Gesichtspunkten basiert entsprechend seiner Leitfrage: „Was bringt es mir, welchen Vorteil habe ich davon?"

Empathie-Altruismus-Hypothese

Das Gegenteil vom Egoismus ist der Altruismus, der in dem Märchen von dem armen Ehepaar verkörpert

wird. Der arme Mann und seine Frau bieten dem Fremden, ohne zu zögern, Unterschlupf für die Nacht an und geben ihm von ihren Speisen, ohne im Gegenzug dafür etwas zu verlangen.

Das Wort **Altruismus** stammt aus dem Lateinischen und wird abgeleitet von dem Pronomen „alter" (= der andere; Gollwitzer u. Schmitt 2009). Der Altruismus beschreibt Verhalten zugunsten von anderen, ohne gleichzeitig einen eigenen Vorteil aus dem Handeln zu ziehen. Abhängig von der Motivation werden folgende Formen unterschieden: Altruismus, den wir aufgrund von persönlichem Unbehagen zeigen, und Altruismus, den wir aufgrund von Empathie zeigen (Werth u. Mayer 2008).

Wird Altruismus durch persönliches Unbehagen motiviert, beinhaltet dieser eine **egoistische Komponente**. Menschen helfen demnach anderen nur deswegen, weil die Not anderer in ihnen negative Gefühle wie Angst und Unruhe hervorrufen. Diese Menschen sind danach bestrebt, den unangenehmen inneren Zustand aufzulösen, was den eigentlichen Grund für ihre Hilfeleistung darstellt.

Der auf Empathie zurückführbare Altruismus ist der, den das arme Ehepaar in dem Märchen zeigt. Diese Art von Altruismus tritt dann auf, wenn Personen Mitgefühl mit anderen haben oder sich Sorgen um sie machen. Auf diesem Gedanken aufbauend wurde in der Psychologie die **Empathie-Altruismus-Hypothese** (Batson et al. 1981) aufgestellt. Sie besagt, dass das Nachempfinden negativer Gefühle einer anderen Person das Bedürfnis in uns weckt, zu helfen.

In dem Märchen „Der Arme und der Reiche" beschreiben die Gebrüder Grimm, dass der arme Mann und seine Frau Mitgefühl mit dem Fremden haben und ihn daraufhin hineinbitten. Sie nehmen die Erschöpfung des Wanderers wahr und bestehen daher darauf, dass dieser in ihrem Bett ruhen soll. Sie sorgen sich um ihn und handeln aus reiner Nächstenliebe.

Implikationen für die Arbeit und Lebensgestaltung

In dem Märchen werden Egoismus und Altruismus als das Böse und Gute gegenübergestellt. Auch im Alltagsgebrauch ist der Egoismus meist negativ behaftet. Möchten Sie mit einem Egoisten befreundet sein?

Vermutlich nicht. Dennoch haben auch Egoisten Eigenschaften, von denen wir etwas lernen können, z. B. die Fähigkeit, **Nein sagen** zu können. Im Beruf oder im Alltag werden wir häufig um Unterstützung gebeten: „Kannst du diese Aufgabe/Schicht/den Patienten noch übernehmen?" Wer immer zu allem Ja sagt, kommt am Ende selbst zu kurz.

Das Märchen endet damit, dass das arme, altruistische Ehepaar glücklich bis an sein Ende lebt. Das egoistische Ehepaar hingegen ist fortlaufend erfüllt von negativen Emotionen wie Ärger, Missgunst und Neid.

Studien haben gezeigt, dass altruistische Menschen im Vergleich zu anderen glücklicher und zufriedener mit ihrem Leben sind (Headey et al. 2010). Altruistisches Verhalten trägt außerdem zu einer besseren Gesundheit und einer erhöhten Lebensdauer bei (Post 2005). Wenn wir also das nächste Mal jemanden aus Mitgefühl unterstützen, tun wir nicht nur einer anderen Person etwas Gutes, sondern gleichzeitig uns selbst.

31.3.2 Glaube an eine gerechte Welt

Menschen, die Gutes tun, denen widerfährt Gutes; Menschen, die Böses tun, denen widerfährt Schlechtes. Der **Gerechte-Welt-Glaube** erwächst aus unserem Bedürfnis, die Welt als kontrollierbar und vorhersehbar wahrnehmen zu wollen – jeder bekommt, was er verdient (Lerner 1980).

Das arme Ehepaar in dem Märchen teilt mit dem armen Wanderer alles, was es besitzt. Sie geben gerne und, obwohl sie keine Gegenleistung erwarten, erhalten sie im Gegenzug die drei Wünsche vom lieben Gott erfüllt, sodass sie vergnügt bis an ihr seliges Ende leben. Das Ehepaar tut Gutes und bekommt dies ebenso zurück, so wie sie es der Vorstellung einer gerechten Welt nach verdienen.

Das reiche Ehepaar hingegen, bedacht auf den Erhalt seines Eigentums, lässt den lieben Gott schutzlos vor der Tür stehen. Der reiche Mann belügt danach den lieben Gott, indem er vorgibt, dass es sich nur um ein Missverständnis gehandelt habe, als er ihn abwies, nur drei Wünsche gewährt zu bekommen und seinen Reichtum mehren zu können. Aus Ungeduld und blind vor Ärger wünscht er seinem Pferd sogar den Tod und seiner Frau Schlechtes.

Bei so vielen schlechten Taten erscheint es mehr als gerecht, dass der reiche Mann und seine Frau mit den Wünschen nichts als Ärger und Nachteile haben. Auch sie bekommen, was sie verdienen.

Implikationen für die Lebensgestaltung

Die Vorstellung einer gerechten Welt lässt uns darauf vertrauen, dass es sich beizeiten für uns auszahlen wird, wenn wir stets Rechtes und Gutes tun, und wir es im gleichen Maße zurückerhalten werden. Sicherlich steckt darin viel Wahres, und so wie wir für Freunde und Verwandte da waren, als sie uns dringend gebraucht haben, haben auch sie uns schon einmal zur Seite gestanden.

Dennoch sollten wir vorsichtig sein mit unseren Erwartungen gegenüber denjenigen, denen wir einst geholfen haben. Nicht immer wird sich unser Einsatz auszahlen, nicht immer wird sich unsere Welt als gerecht erweisen. **Falsche Erwartungen** können zu großen Enttäuschungen führen.

Das soll keinesfalls heißen, dass wir anderen nicht helfen sollen. Wir sollten jedoch uns selbst nie aus den Augen verlieren und anderen nur dann helfen, wenn wir selbst auch wirklich die Kapazität dazu haben.

31.3.3 Selbstkonzept und Selbstwertgefühl

Jeder Mensch hat eine Vorstellung davon, welche Eigenschaften für ihn kennzeichnend sind, was ihn von anderen unterscheidet und mit welchen Gruppen (z. B. Sport, Familie) er sich identifiziert. Unser Wissen und unsere Einschätzungen über uns selbst werden in der Psychologie auch als **Selbstkonzept** bezeichnet (Werth u. Mayer 2008). Es wurde herausgefunden, dass Informationen, die einen Bezug zu uns selbst haben oder für uns relevante Themen ansprechen, vorrangig von uns wahrgenommen werden, wir mehr über sie nachdenken und uns besser an sie erinnern können. Dieses Phänomen wird auch **self relevance effect** genannt.

Zum Selbstkonzept des reichen Ehepaars gehört u. a. das Wissen, dass sie zu den gut, wenn nicht sogar sehr gut situierten Menschen gehören. Sie definieren sich über ihren Wohlstand und ihren Reichtum.

Dies erklärt, dass der reiche Mann mit als erstes das ärmliche Aussehen des Fremden wahrnimmt – ein Merkmal, das ihm etwas über seinen Wohlstand verrät. Seine Wünsche drehen sich ebenfalls um das, worüber er sich definiert: Reichtümer und Schätze.

Der Arme hingegen sieht nicht den Reichtum des armen Wanderers, sondern dessen Notlage. Das Selbstkonzept des armen Ehepaars beinhaltet sehr wahrscheinlich Hilfsbereitschaft und Nächstenliebe, weswegen die beiden vor allem die Bedürftigkeit des armen Wanderers wahrnehmen. Weiterhin ist ihnen wichtig, körperlich wohlauf und zufrieden zu sein, was sich in ihren Wünschen widerspiegelt, die vor allem zu ihrem emotionalen und körperlichen Wohl beitragen, nicht aber zu ihrem Ansehen oder ihrem Machteinfluss.

Grundsätzlich sind wir stets danach bestrebt, ein positives Selbstkonzept von uns zu haben. Eine positive Bewertung unseres Selbstkonzeptes führt wiederum zu einem positiven **Selbstwertgefühl**. Dieses positive Gefühl in uns möchten wir erhalten. Um dies zu erreichen, sind wir motiviert, Verhaltensweisen zu zeigen, die mit einem nach unseren Maßstäben positiven Selbstkonzept einhergehen.

Der reiche Mann bewertet seinen Wohlstand und seine Zugehörigkeit zur Gruppe der Reichen als positiv. Hätte er den ärmlich aussehenden Wanderer über Nacht bei sich aufgenommen, so hätte er Nähe zu der Gruppe der Armen gezeigt, was nicht zu seinem eigenen Selbstkonzept gepasst hätte. Indem er den fremden Wanderer abweist, erhält er sein positives Selbstwertgefühl aufrecht.

Das Selbstkonzept der Armen beeinflusst ebenfalls ihr Verhalten. Sie nehmen den armen Wanderer auf und sorgen für sein Wohl. Ihn abzuweisen hätte nicht zu ihrem eigenen Selbstkonzept gepasst und in ihnen ein negatives Selbstwertgefühl hervorgerufen.

Implikationen für die Lebensgestaltung

Spannend in dem Märchen ist, dass sich die Ehepartner sowohl in der armen als auch in der reichen Ehe hinsichtlich ihrer Selbstkonzepte gleichen. Für die Reichen geht es um das Erlangen von noch mehr Wohlstand, für die Armen um das Erreichen von menschlichem Wohlergehen.

Zwar gibt es immer wieder Diskussionen, welchem Sprichwort man nun mehr Glauben schenken soll – „Gleich und Gleich gesellt sich gern" oder „Gegensätze ziehen sich an". Jedoch lässt sich nicht abstreiten, dass es auf der Basis ähnlicher Werte und Einstellungen auf lange Sicht leichter ist, den Alltag zu meistern und Ziele zu erreichen. Ähnlichkeit stellt also ein Kriterium dar, das bei der **Partnerwahl** nicht außer Acht gelassen werden sollte. Besonders bei der Gründung einer Familie geht es nicht mehr nur um die eigenen Werte und Vorstellungen, sondern auch darum, die der gemeinsamen Kinder zu formen. Dies dürfte sich als einfacher erweisen, wenn beide Elternteile möglichst ähnliche Ansichten vertreten.

Auch wenn sich das Selbstkonzept auf das Verhalten von Menschen auswirkt, können wir nicht zwangsläufig von dem Verhalten anderer auf ihr Selbstkonzept schließen. Wir sollten deshalb vorsichtig sein mit **voreiligen Schlüssen**. Nur weil sich jemand uns gegenüber ungerecht verhält, heißt das nicht, dass er sich grundsätzlich über schlechte Werte definiert. Manchmal kann es allein den Umständen (keine Zeit, die eigene Verfassung) geschuldet sein, dass jemand uns nicht helfen kann oder sich aus unserer Sicht unpassend verhält.

31.3.4 Theorie des sozialen Vergleichs

Menschen tendieren dazu, sich hinsichtlich ihrer Fähigkeiten und Meinungen mit anderen zu vergleichen. Leon Festinger (1954) beschreibt dieses Verhalten mit der Theorie des sozialen Vergleichs.

Dieser Theorie zufolge haben wir Menschen das Bedürfnis nach einer korrekten **Selbsteinschätzung**. Durch den sozialen Vergleich erhalten wir Informationen darüber, ob unsere Fähigkeiten besonders herausragend, durchschnittlich oder eher schlechter sind als die anderer Menschen. Menschen vergleichen sich aber nicht nur hinsichtlich ihrer Fähigkeiten, sondern auch hinsichtlich ihres Status und Wohlstands wie in dem Märchen.

Der Reiche schließt aus dem direkten Vergleich des eigenen Aussehens mit dem des Fremden, dass dieser finanziell und damit auch hinsichtlich der sozialen Schicht vermeintlich schlechter gestellt ist als er selbst. Dieser Vergleichsprozess ermöglicht es dem Reichen, seinen Status in der Gesellschaft besser einordnen zu können.

Implikationen für die Lebensgestaltung

Der Vergleich mit anderen kann uns wertvolle Informationen über uns selbst liefern. Wenn wir uns aber ständig darauf fokussieren, was andere haben und was wir nicht haben, ist das ein zuverlässiges Rezept, um unglücklich zu werden (Swallow u. Kuiper 1988). Der Vergleich mit Personen, die uns hinsichtlich Wohlstand, Status oder hinsichtlich einer Fähigkeit überlegen sind, wird in der Psychologie auch als ein **aufwärtsgerichteter Vergleich** bezeichnet (Blanton et al. 1999). In solchen Vergleichssituationen verlieren wir häufig den Blick für das, was wir bereits besitzen.

Der Reiche nimmt die Armen als besser gestellt wahr, als er davon erfährt, dass diese drei Wünsche erfüllt bekommen haben. Der reiche Mann ist daraufhin von Gier und Unzufriedenheit erfüllt und weiß seinen eigenen Besitz nicht mehr wertzuschätzen. Der arme Mann und seine Frau hingegen stellen keine Vergleiche an und leben so glücklich und zufrieden bis ans Ende ihrer Tage.

Heutzutage gibt es viele Freizeittrends, die sich damit beschäftigen, **bei sich zu bleiben**. Unzählige Arten von Yoga, Meditation und Achtsamkeitstechniken können einem dabei helfen, nicht rastlos nach immer mehr zu sinnen, sondern das Hier und Jetzt zu genießen und wertzuschätzen, was man hat.

31.4 Fazit

Die Ausführungen zu dem Märchen „Der Arme und der Reiche" verdeutlichen sehr schön, wie bedeutsam seine Inhalte auch in heutiger Zeit sind. So kann uns das arme Ehepaar als Vorbild dienen, aus Mitgefühl für andere Hilfsbereitschaft zu zeigen und den Sinn im Leben nicht auf Besitztümer zu beschränken. Auf der anderen Seite bieten die psychologischen Phänomene auch Erklärungen für das nachteilige Verhalten des reichen Ehepaares – ihre Betrachtung mag dazu dienen, nicht ausschließlich zu verurteilen, sondern ein tieferes Verständnis für ihre Beweggründe zu entwickeln, die uns letztlich allen nicht ganz fern sein dürften, da sie in der Natur des Menschen verankert sind.

Literaturverzeichnis

Batson, C. D., Duncan, B. D., Ackerman, P., Buckley, T., & Birch, K. (1981). Is empathic emotion a source of altruistic motivation? *Journal of Personality and Social Psychology* 40, 290–302.

Blanton, H., Buunk, B. P., Gibbons, F. X., & Kuyper, H. (1999). When better-than-others compare upward: Choice of comparison and comparative evaluation as independent predictors of academic performance. *Journal of Personality and Social Psychology* 76, 420–430.

Festinger, L. (1954). A theory of social comparison processes. *Human Relations* 7, 117–140.

Feyen-Mülhausen, R. M. (2011). Märchen – erlebte und gelebte Erziehung. Dissertation. Bonn: Rheinische Friedrich-Wilhelms-Universität zu Bonn. http://hss.ulb.uni-bonn.de/2011/2604/2604.pdf. Zugegriffen: 08. November 2016.

Gollwitzer, M., & Schmitt, M. (2009). Sozialpsychologie kompakt. Weinheim: Beltz.

Grimm, J., & Grimm, W. (1815) *Kinder- und Haus-Märchen, gesammelt durch die Brüder Grimm: Große Ausgabe* (Bd. 2). Berlin: Realschulbuchhandlung.

Headey, B., Muffels, R., & Wagner, G. G. (2010). Long-running German panel survey shows that personal and economic choices, not just genes, matter for happiness. *Proceedings of the National Academy of Sciences of the United States of America* 107, 17922–17926.

Lerner, M. J. (1980). *The belief in a just world: A fundamental delusion.* New York: Plenum Press.

Post, S. G. (2005). Altruism, Happiness, and Health: It's Good to Be Good. *International Journal of Behavioral Medicine* 12, 66–77.

Swallow, S. R., & Kuiper, N. A. (1988). Social comparison and negative self-evaluations: An application to depression. *Clinical Psychology Review* 8, 55–76.

Werth, L., & Meyer, J. (2008). *Sozialpsychologie.* Berlin, Heidelberg: Springer.

Wildner, M. (2015). *Unser Gesundheitswesen: Fakten, Widersprüche, Irrtümer.* Stuttgart: Thieme.

Die Schneekönigin von Hans Christian Andersen (1844)

Sophie Drozdzewski und Katharina Sagstetter

32.1   Inhalt des Märchens – 244

32.2   Die Charaktere – 245

32.3   Psychologische Phänomene und Implikationen – 246
32.3.1   Mut zeigen, ohne tollkühn zu sein – 246
32.3.2   Übernahme von Verantwortung – 246
32.3.3   Selbstbestimmung vs. Depression – 247
32.3.4   Soziale Wahrnehmung und Attributionsstil – 248

32.4   Fazit – 249

Literaturverzeichnis – 250

© Springer-Verlag GmbH Deutschland 2017
D. Frey (Hrsg.), *Psychologie der Märchen,*
DOI 10.1007/978-3-662-53668-1_32

32.1   Inhalt des Märchens

Vor langer Zeit erschuf der Teufel einen Spiegel, durch den alles Gute hässlich erschien und alles Schlechte hervortrat. Die Menschen sahen darin widerlich aus und ihre Gesichter waren bis zur Unkenntlichkeit verzerrt. Eines Tages zerbrach der Zauberspiegel über der Erde in Billionen winzige Splitter. Manchen Menschen flogen die Splitter ins Auge und sie sahen dadurch alles verkehrt. Einige bekamen sogar einen Splitter ins Herz, das daraufhin zu einem Eisklumpen gefror. Auch danach waren noch immer kleine Spiegelsplitter in der Luft.

Die Nachbarskinder Gerda und Kay, die in gegenüberliegenden Dachkammern wohnten, waren wie Bruder und Schwester. Im Sommer saßen sie am liebsten auf kleinen Schemeln unterm Rosenstock und spielten miteinander. Zusammen sangen sie den Vers: „Rosen, die blüh'n und verwehen, Wir werden das Christkindlein sehen!"

Eines frühen Abends, als die Kinder gerade in ein Bilderbuch blickten, stach Kay etwas im Herzen, und es flog ihm ein winziger Splitter ins Auge. Von da an hatten die Rosen für ihn einen Wurmstich, er riss sie aus, verspottete Gerda und seine Familie und gab sich mit den bösen Jungen ab. So verging die Zeit und eines Tages im Winter band er, so wie es die anderen Jungen auch taten, beim Spielen seinen Schlitten an einen großen Wagen, um sich davon ziehen zu lassen. Doch dieser Wagen, an den er sich da gebunden hatte, gehörte der Schneekönigin, die Kay daraufhin geradewegs mitnahm.

Bald vermisste die kleine Gerda ihren Freund sehr und so machte sie sich auf die Suche nach ihm. Am Anfang ihres Weges stieg sie in ein Boot, mit dem sie einen großen Strom hinuntertrieb, bis ihr eine alte Zauberin half, wieder ins Trockene zu gelangen. Daraufhin erzählte Gerda ihre Geschichte von der Suche nach ihrem Freund. Die Zauberin mochte Gerda auf Anhieb sehr. So sehr, dass sie sie verzauberte, damit das kleine Mädchen bei ihr blieb. „Wir werden gut miteinander leben", ging es ihr durch den Kopf. Im Blumengarten der Zauberin war es wunderschön und warm und Gerda vergaß ihren Kay mehr und mehr. Als sie jedoch erkannte, dass dort keine Rosen wuchsen, begann sie zu weinen. Ihre Tränen ließen dabei einen Rosenstock emporschießen, der wunderbar blühte. Auf einmal

erinnerte sich Gerda wieder an Kay und setzte ihre Suche fort. Es war bereits Herbst, als sie den Blumengarten verließ und ringsherum war es kalt und grau. Auf ihrer weiteren Suche nach Kay kam Gerda zu einer Prinzessin und einem Prinzen, denen sie ebenso ihre Geschichte erzählte. Sie bekam daraufhin Kleidung für den Winter und einen kleinen Wagen, vor den ein Pferd gespannt war, sodass sie sich weiter auf die Suche nach ihrem Freund machen konnte. Auf ihrem Weg durch den dunklen Wald wurde Gerda von einer Räuberbande bedroht. Dabei erzählte sie einem der Räubermädchen ihre Geschichte. Obwohl dieses angsteinflößend mit ihrer Klinge spielte und ihre Tiere zum Spaß quälte, beschützte sie Gerda letztlich. In der Nacht berichteten die Waldtauben des Räubermädchens, dass sie Kay im Wagen der Schneekönigin gesehen hatten, woraufhin das Räubermädchen Gerda ihr Rentier gab, welches sich in Lappland, wo man die Schneekönigin vermutete, auskannte. Somit konnte das Mädchen die Suche nach ihrem geliebten Kay fortsetzen. Das Rentier folgte seinen altbekannten Nordlichtern und so gelangten sie nach Lappland, wo sie sich im Haus einer alten Lappin stärken konnten. Nachdem Gerda auch ihr die ganze Geschichte erzählt hatte, erklärte die alte Frau dem Rentier, wohin es laufen musste, um zum Schloss der Schneekönigin zu gelangen.

Dort war der kleine Kay schon ganz blau vor Kälte. Er versuchte das Wort „Ewigkeit" aus Eisblöcken zu legen, doch es gelang ihm jede Figur, nur nicht diese. Wenn er es schaffen würde, dieses Wort zu legen, dürfte er wieder sein eigener Herr sein, versprach ihm die Schneekönigin. Diese war am Tag, als Gerda zum Schloss gelangte, ausgeflogen, um die Vulkane Vesuv und Ätna ausbrechen zu lassen. „Das gehört dazu, das tut den Zitronen und Weintrauben gut", meinte sie. Als Gerda endlich durch das große Tor trat und Kay ganz still und steif dasitzen sah, begann sie heiße Tränen zu weinen, die seine Brust berührten und den Eisklumpen in seinem Herzen zum Schmelzen brachten. Gerda sang: „Rosen, die blüh'n und verwehen, Wir werden das Christkindlein sehen!" Hierauf brach auch Kay in Tränen aus, sodass der Splitter aus seinem Auge schwamm. Sie umarmten sich und beide lachten und weinten vor Freude. Als Gerda Kay küsste, wurde er wieder gesund und munter. Auf einmal formten die Eisblöcke von selbst

das Wort „Ewigkeit" und somit war Kay frei und sie konnten gemeinsam nach Hause zurückkehren.

Zuhause angekommen waren die beiden bereits erwachsen. Sie sahen sich in die Augen und verstanden den alten Gesang: „Sie waren erwachsen und doch Kinder, Kinder im Herzen. Und es war Sommer, warmer, wohltuender Sommer."

(Andersen 1976; ◻ Abb. 32.1)

Anmerkung Das Märchen „Die Schneekönigin" ist eines von über 150 Märchen, die vom dänischen Dichter Hans Christian Andersen (1805–1875) verfasst wurden. Aus ärmlichen Verhältnissen stammend brachte es der kreative Kopf zu Weltruhm und gilt bis heute als einer der bekanntesten Schriftsteller (Buchfunk Hörbuchverlag GbR 2016). Durch die finanzielle Unterstützung des dänischen Königs bereiste der Autor viele Länder in ganz Europa und verarbeitete die Eindrücke in seinen detailreichen, liebenswert gestalteten und meist humorvollen Märchen. Mit Märchen wie „Das hässliche junge Entlein", „Die kleine Meerjungfrau" oder „Die Prinzessin auf der Erbse" wachsen heute Kinder aus aller Welt auf. „Die Schneekönigin" zählt zu den längsten und komplexesten seiner Märchen.

32.2 Die Charaktere

Im Märchen der Schneekönigin sind die Kinder Gerda und Kay die Protagonisten. Als Kay plötzlich verschwindet, gibt **Gerda** die Hoffnung nicht auf und nimmt einen weiten Weg auf sich, um ihren besten Freund zurückzuholen. Als kleines Mädchen, das keine Angst vor der weiten Welt hat, erfährt sie unentwegt Hilfe, von Mensch und Tier. **Kay** hingegen wird von der Schneekönigin entführt. Doch bereits vor seiner Entführung hat er sich durch die Splitter im Auge und im Herzen verändert. Er hat sich von Gerda abgewandt, aber am Ende wird Kay durch die Tränen und den Kuss des Mädchens wieder zu dem Menschen, der er einmal war.

Die **Schneekönigin** ist die Antagonistin des Märchens. Sie ist skrupellos und stellt Kay, nachdem sie ihn entführt hat, vor eine ihm unlösbar erscheinende Aufgabe. Jedoch hält sie ihr Versprechen, dass Kay wieder sein eigener Herr sein kann, wenn das Wort „Ewigkeit" aus Eisblöcken geschrieben steht. Am Ende wird das Böse, in Form der Schneekönigin, schließlich bezwungen.

Außerdem kommen im Märchen viele Charaktere vor, die Gerda unterstützen. Dadurch sind sie zum Teil maßgeblich an Kays Rettung beteiligt. Die erste Person, die dem Mädchen hilft, ist die **Zauberin**, die ihr aus dem großen Strom ins Trockene hilft. Jedoch erweist sich diese im Nachhinein, was die Suche nach Kay betrifft, als hinderlich. Die **Prinzessin** und der **Prinz** sind hierfür eine größere Hilfe, da sie Gerda Kleidung für den Winter und einen Pferdewagen geben. Auch das **Räubermädchen** zeigt Hilfsbereitschaft, indem sie Gerda beschützt und ihr das Rentier für den weiteren Weg zur Verfügung stellt. Ebenso hilft die **Lappin** bei der Suche nach Kay, da sie Gerda und dem Rentier den Weg zur Schneekönigin weist.

32.3 Psychologische Phänomene und Implikationen

Es folgt die psychologische Betrachtung des Märchens: Welche psychologischen Phänomene verbergen sich hinter der Geschichte um Kay und Gerda?

32.3.1 Mut zeigen, ohne tollkühn zu sein

Die kleine Gerda begibt sich auf die lange und anstrengende Suche nach Kay, trotzt auf dieser Odyssee vielen Gefahren und hält an ihrem Ziel fest, ihren Freund zu finden. Dies zeugt von großer Solidarität und vor allen Dingen Mut.

Mut als Tugend

Mut wird seit der Antike als eine der wichtigsten Tugenden beschrieben. Nach Peterson und Seligman (2004) zählt Mut zu den sechs zentralen Charakterstärken: Weisheit, Humanität, Gerechtigkeit, Mäßigung, Transzendenz (Stärken, die eine Verbindung zum „großen Ganzen" herstellen und Bedeutung schaffen, z. B. Hoffnung) und jener Mut, den Gerda auf ihrer Reise in den hohen Norden so oft beweist.

Mut umfasst dabei mehrere Facetten (Peterson u. Seligman 2004):

- **Tapferkeit** bedeutet, nicht vor einer Bedrohung oder Schwierigkeit zurückzuschrecken und deren Konsequenzen tragen zu können. Auch wenn sich Gerda durch Eis und Schnee kämpft und dabei viele Gefahren lauern, sie bleibt tapfer.
- **Beharrlichkeit** zeigt Gerda, indem sie niemals aufgibt, egal wer sich ihr in den Weg stellt – sei es die alte Zauberin oder das Räubermädchen.
- Darüber hinaus sagt Gerda immer die Wahrheit und beweist damit **Integrität**.
- Sie behält bis zum Schluss ihre positive Lebenseinstellung und begegnet dem Leben mit Energie und Tatkraft. Auf diese Weise zeigt sie die letzte Facette von Mut: **Vitalität**.

Theorie der gelernten Sorglosigkeit

Indessen begibt sich Gerda aber auch unüberlegt in Gefahr: Beispielsweise vertraut sie dem Räubermädchen ohne Umschweife ihre gesamte Leidensgeschichte an, obwohl dieses mit einem scharfen Messer spielt, ihre Tiere quält und von einer Räuberbande begleitet wird, die Gerda schlachten will.

Eine Theorie, die solch Tollkühnheit erklären kann, ist die Theorie der gelernten Sorglosigkeit (Frey u. Schulz-Hardt 2015). Menschen wiegen sich in **Sorglosigkeit**, wenn riskantes Verhalten wiederholt ohne negative Konsequenzen bleibt und sie ohne großen Aufwand Erfolge erzielen. Auch wenn Letzteres wohl bei Gerda nicht der Fall ist, so bleiben ihre verwegenen Abenteuer doch ohne negative Folgen. Gerda zeigt auf ihrer Reise sämtliche Symptome dieser Sorglosigkeit: eine verringerte Motivation und Fähigkeit zur Gefahrenerkennung, eine unkritisch gehobene Stimmung und eine verkürzte Zeitperspektive. Infolgedessen entwickeln Menschen eine Tendenz zu unangemessen waghalsigen Handlungen.

Gerade in der **Finanzbranche** gehört es zum Berufsalltag, riskante Manöver zu tätigen, und oft wird dieses Verhalten nicht bestraft, sondern sogar wiederholt belohnt. Auch im **Glücksspiel** können wir dieses Phänomen häufig beobachten. Erfolgreiche Spieler geraten in einen Rausch, setzen immer mehr und merken gar nicht mehr, wie die Zeit verfliegt.

Implikationen für die Lebensgestaltung

Um dieser Sorglosigkeit zu entgehen, empfiehlt sich für jedermann, die eigenen Handlungen fortwährend zu hinterfragen, Risiken abzuwägen und auch hin und wieder den schlimmsten Fall zu bedenken.

Gerda scheint dies auf ihrer Suche selten zu tun. Was meinen Sie: Ist Gerda außergewöhnlich mutig oder zu sorglos?

32.3.2 Übernahme von Verantwortung

Das Märchen führt uns vor Augen, dass Menschen dazu neigen, ihr Verhalten rechtfertigen zu wollen, egal wie bizarr die Erklärung erscheint. Sie geben dabei häufig die Verantwortung für ihr Tun aus der Hand.

So begründet beispielsweise die alte Zauberin das Festhalten von Gerda damit, dass sie das Mädchen sehr gerne hat. Die Zauberin weiß, dass dies nicht richtig ist, da Gerda ihren Freund wiederfinden möchte, trotzdem verzaubert sie das Mädchen.

Kognitive Dissonanz

Man spricht bei diesem Phänomen von kognitiver Dissonanz, welche entsteht, wenn mindestens zwei unterschiedliche kognitive Inhalte (z. B. Gedanken oder Einstellungen) nicht in Einklang zu bringen sind. Da kognitive Dissonanz ein **unangenehmes Gefühl** hervorruft, versucht man sie entsprechend zu reduzieren (vgl. Frey u. Gaska 1993).

Die Zauberin versucht dies, indem sie sich selbst versichert, dass Gerda gut mit ihr zusammenleben wird und rechtfertigt auf diese Weise, dass sie Gerda lange Zeit gegen ihren Willen festhält.

Auch die Schneekönigin zeigt in einer Situation deutlich den Versuch, kognitive Dissonanz zu verringern. So ist sie gegen Ende des Märchens kurz davor, Vulkane ausbrechen zu lassen und damit den Tod vieler Menschen und Tiere in Kauf zu nehmen. Der Plan, die Vulkanausbrüche zu provozieren, ist mit dem Wissen über die Auswirkungen auch für sie nicht vereinbar. Die Schneekönigin baut den unangenehmen Zustand ab, indem sie erklärt, die Asche würde den Weintrauben und Zitronen guttun. Damit rechtfertigt sie ihr Verhalten, übernimmt aber keinerlei Verantwortung für die verheerenden Folgen.

Mangelnde Verantwortung

Auch im wahren Leben begegnet uns dieses Rechtfertigungsverhalten und der Versuch, sich aus der Verantwortung zu ziehen.

Vergegenwärtigen wir uns folgende Situation: Man steckt mitten in Prüfungsvorbereitungen. Einerseits möchte man gut abschneiden, andererseits aber nicht auf Freizeitaktivitäten verzichten. Man verabredet sich schließlich doch mit Freunden, wodurch ein unangenehmes Gefühl entsteht, das man reduzieren möchte. „Die Prüfung soll ohnehin nicht so schwer sein", hat man gehört – „Man lebt ja auch nur einmal."

Erhält man dann eine schlechte Note, können sich verschiedene Reaktionen zeigen: Entweder macht man sich selbst dafür verantwortlich und erkennt, dass man nicht ausreichend vorbereitet war. Oder man zieht sich aus der Verantwortung und schiebt die Schuld auf den Prüfer, der unfaire Fragen gestellt hat.

Implikationen für die Lebensgestaltung

Nehmen wir widersprüchliche Kognitionen wahr, sollten wir diesen auf den Grund gehen, anstatt dem unangenehmen Gefühl mit einer halbherzigen Rechtfertigung zu begegnen. Wir sollten dabei immer Verantwortung für unser Handeln übernehmen und dieses reflektieren.

- **Fragen zur Reflexion**
  - Was löst dieses unangenehme Gefühl aus?
  - Kann ich mein Verhalten noch anpassen, um den Spannungszustand zu reduzieren?
  - Gibt es Auswirkungen meines Verhaltens, die ich nicht von vornherein bedacht habe?

Hätte sich die Schneekönigin diese Fragen gestellt und Verantwortung übernommen, wäre eine Katastrophe für Mensch und Tier verhindert worden. Zudem hätte sie mit einem Mindestmaß an Verantwortungsbewusstsein den kleinen Kay nicht entführt und bei sich festgehalten.

32.3.3 Selbstbestimmung vs. Depression

Selbstbestimmung ist ein zentrales Thema im Märchen. So ist Gerda ein anschauliches Beispiel für einen selbstbestimmten Menschen.

Selbstbestimmungstheorie

Im Rahmen der Selbstbestimmungstheorie (Deci u. Ryan 1985) gibt es drei zentrale Bedingungen, die für die Entwicklung intrinsischer, aus eigenem Antrieb kommender Motivation relevant sind: Autonomie, Kompetenz und soziale Eingebundenheit.

Dabei versteht man unter **Autonomie** ein gewisses Gefühl der Freiwilligkeit. Gerdas Motivation, sich auf die Suche nach Kay zu machen, ist dabei vor allem durch Autonomie begründet. Niemand erwartet von ihr, nach ihm zu suchen, und dennoch macht sie sich auf den beschwerlichen Weg.

Gerdas **Kompetenz** zeigt sich vor allem in ihrer Fähigkeit im sozialen Kontakt, was man z. B. daran erkennt, dass sie durch ihre Geschichte sogar ein Räubermädchen überzeugt, ihr zu helfen.

Außerdem erfährt Gerda als Teil eines sozialen Netzwerks, in welchem sie von verschiedenen Personen unterstützt wird, **soziale Eingebundenheit**, die ihr hilft, ihre Motivation aufrechtzuerhalten.

Depression

Kay hingegen erfährt die Autonomie, die Gerda zum Vorankommen hilft, nicht. Er wird von der Schneekönigin gefangen gehalten und steht vor einer ihm unlösbar erscheinenden Aufgabe. Trotz seiner Fähigkeit, sämtliche Worte aus Eis zu formen, gelingt es ihm nicht, das Wort, das ihm zur Freiheit verhelfen würde, zu legen. Er scheint den Antrieb verloren und die Hoffnung aufgegeben zu haben. Der Junge wirkt depressiv, was metaphorisch durch den Eisklumpen in seinem Herzen betont wird.

Zu den **Kennzeichen einer Depression** zählen u. a. deutlich vermindertes Interesse an Aktivitäten, Schlafstörungen, Energieverlust und das Gefühl von Wertlosigkeit bis hin zur Suizidalität (APA 2013). Diese Anzeichen verursachen Leiden und eine bedeutsame Beeinträchtigung in sozialen, beruflichen oder anderen Lebensbereichen. Der Anteil der Erwachsenen, die im Laufe ihres Lebens an einer Depression erkranken, liegt bei 19 % (Wittchen et al. 2010), was die gesellschaftliche Relevanz der Depression verdeutlicht.

Der Umgang mit der Thematik ist jedoch in vielen Fällen kritisch zu beurteilen. So sehen einige die Depression als **Tabuthema**, und vor allem im beruflichen Kontext würden Betroffene diese am liebsten verbergen, um nicht als schwache Personen zu gelten. Unter anderem dadurch bedingt ziehen sich depressive Menschen häufig aus ihrem Sozialleben zurück, obwohl sie im Gegenteil von positiven Impulsen aus ihrem sozialen Umfeld profitieren würden, um ihre Depression zu überwinden.

Im Märchen kann Kay diesen Zustand ebenfalls nicht alleine überwinden. Durch Gerdas Unterstützung wird er jedoch wieder für das Positive empfänglich. Den letzten Schritt schafft er schließlich selbst,

indem er Gefühle zeigt und dadurch der Splitter in seinem Auge, der alles schlecht gemacht hatte, durch eine Träne herausgespült wird. Letztendlich wird er wieder sein eigener Herr und kann fortan ein selbstbestimmtes Leben führen.

Implikationen für die Lebensgestaltung und Erziehung

Im wahren Leben läuft es natürlich nicht immer wie im Märchen. So lässt sich eine Depression sicherlich nicht mit einigen Tränen fortspülen, sondern bedarf einer intensiven therapeutischen Unterstützung. Dennoch kann uns das Märchen für die Themen Selbstbestimmung und Depression sensibilisieren. Wir werden angeregt, uns folgende Fragen zu stellen.

■ **Fragen zur Reflexion**
— Wie wichtig ist mir selbstbestimmtes Handeln und habe ich die Möglichkeit dazu?
— Habe ich soziale Unterstützer, die mir in schwierigen Situationen zur Seite stehen?
— Und bin ich auch selbst Teil eines unterstützenden sozialen Umfelds für andere?

Am Beispiel von Gerda und Kay erkennen wir, wie unerlässlich Selbstbestimmung schon in der Kindheit sein kann. Daher ist es besonders wichtig, bereits in der Kindererziehung darauf Wert zu legen, Kinder zu selbstbestimmten Erwachsenen und künftigen Unterstützern zu erziehen.

32.3.4 Soziale Wahrnehmung und Attributionsstil

Zu Beginn des Märchens schmiedet der Teufel einen Spiegel, der alles Gute und Schöne in der Welt verschwinden und alles Böse und Hässliche hervortreten lässt. Der Spiegel zersplittert, und der kleine Kay bekommt Splitter des Zauberspiegels in Herz und Auge. Sogleich findet er alles hässlich, rupft die schönen Rosen aus und macht sich über Freunde und Familie lustig. So verbreitet der Teufel mit seinem Zauberspiegel auf der ganzen Welt sein negatives Weltbild.

Weltbilder sind das kumulierte Ergebnis der Erfahrungen eines Menschen mit der Welt, seine

Glaubenssätze im Hinblick auf alles, was existiert und nicht existiert, was gut und schlecht ist (Hauke 2011). Kays Weltbild wird durch den Splitter des Zauberspiegels verzerrt – er läuft fortan mit einer Brille durch die Welt, die alles negativ erscheinen lässt.

Hypothesentheorie der sozialen Wahrnehmung

Eine Theorie, die sich mit verzerrter Wahrnehmung und Urteilsbildung beschäftigt, ist die Hypothesentheorie der sozialen Wahrnehmung (Lilli u. Frey 1993).

Sie besagt, dass Menschen bereits eine Erwartung haben, bevor sie etwas wahrnehmen. Diese **Wahrnehmungs-Erwartungs-Hypothese** beeinflusst, wie etwas wahrgenommen und interpretiert wird, beispielsweise die Erwartung durch Einfluss des Zauberspiegels, alles sei schlecht und hässlich. Je öfter diese Hypothese in der Vergangenheit bestätigt wurde, desto mehr halten wir daran fest.

Sogar unsere Informationsverarbeitung wird dadurch beeinflusst: Neue Informationen werden gemäß der gebildeten Hypothese über die Welt interpretiert und angepasst. So formen wir im Laufe unseres Lebens ein System bewährter Erwartungen und damit unser Weltbild.

Feindseliger Attributionsstil

Kennzeichnend für ein negatives Weltbild ist auch der sog. feindselige Attributionsstil (Krahé 2014). Aus dieser verzerrten Wahrnehmung heraus wird das normale Verhalten von anderen als feindselig, provokativ oder aggressiv gegen sich selbst eingeschätzt, obwohl dies keinesfalls der Absicht des Gegenübers entspricht.

Es handelt sich um eine verfestigte Art der Informationsverarbeitung, die **aggressives Verhalten** begünstigt. Kay sieht alles negativ, er findet in der schönsten Rose einen Fehler und reagiert aus heiterem Himmel feindselig, beleidigend und unnötig aggressiv (z. B. reißt er die schönen Rosen aus).

Wie sich solch ein feindseliger Attributionsstil prägt, hängt von mehreren Faktoren ab. Ein autoritärer und aggressiver Erziehungsstil, Modelllernen von aggressiven Vorbildern, Erfahrungen sozialen Ausschlusses wie Mobbing oder auch genetische Faktoren können hier eine Rolle spielen.

Implikationen für die Erziehung

Wer von vornherein von anderen nur Schlechtes denkt, wird wenig Entgegenkommen erwarten können und verpasst vielleicht die Chance, Freundschaft, Liebe und Glück zu erfahren. Wie schön ist es, die Welt mit reinen Kinderaugen zu sehen – noch ungetrübt von schlechten Erfahrungen. In dem Märchen erhält sich die kleine Gerda ihren positiven Blick auf die Welt.

Ermutigen wir unsere Kinder zu einem offenen und vorurteilsfreien Umgang mit anderen Menschen. Die Suche nach dem Haar in der Suppe sollte eine Suche nach dem Silberstreif am Horizont sein. Vielleicht können wir hier auch etwas von den Kindern lernen.

32.4 Fazit

„Die Schneekönigin" erzählt eine Geschichte vom Erwachsenwerden. Gerda und Kay erleben auf ihrer Reise in den hohen Norden viele Abenteuer und müssen sich ihren größten Ängsten stellen. Die kleine Gerda wächst dabei über sich hinaus: Sie überwindet alle Hindernisse, die sich ihr in den Weg stellen. Erwachsenwerden ist oft mit Hindernissen und auch Misserfolgen verbunden – die Art, wie wir damit umgehen, bestimmt, welchen Blick wir auf die Welt als Erwachsene behalten.

Andersen lehrt uns, im Herzen immer ein Kind zu bleiben. Kinder sehen die Welt mit ungetrübtem Blick: Ihre positive Lebenseinstellung, ihr immerwährender Glaube an das Gute im Menschen und ihr Vertrauen in die Welt sollen uns ein Vorbild sein. Gerda erkämpft sich tapfer den Weg bis zum Schloss der Schneekönigin und begegnet dabei allen Kreaturen und Personen mit Vertrauen, Freundschaft und Herzlichkeit. Das unschuldige, reine Kinderherz steht im Zentrum des Märchens. Auch wenn Kay und Gerda am Ende des Märchens erwachsen sind, so halten sie doch an ihrem Kinderglauben fest und singen: „Rosen, die blüh'n und verwehen; Wir werden das Christkindlein sehen!" Der Vergänglichkeit und allen Hindernissen und Niederlagen trotzend verlieren sie nie den Glauben an das Schöne und Gute in dieser Welt.

Literaturverzeichnis

American Psychiatric Association (APA) (2013). *Diagnostic and statistical manual of mental disorders* (5th ed.). Arlington, VA: American Psychiatric Publishing.

Andersen, H. C. (1976). Die Schneekönigin. Ein Märchen in sieben Geschichten. http://gutenberg.spiegel.de/buch/hans-christian-andersen-m-1227/80. Zugegriffen: 08. November 2016.

Buchfunk Hörbuchverlag GbR (2016). Hans Christian Andersen. Biografie. http://hans-christian-andersen.de/biografie/. Zugegriffen: 08. November 2016.

Deci, E. L., & Ryan, R. M. (1985). *Intrinsic motivation and self-determination in human behavior.* New York: Springer US.

Frey, D., & Gaska, A. (1993). Die Theorie der kognitiven Dissonanz. In: D. Frey, & M. Irle (Hrsg.), *Theorien der Sozialpsychologie. Band I: Kognitive Theorien.* (S. 275–325). Bern: Huber.

Frey, D., & Schulz-Hardt, S. (2015). Gelernte Sorglosigkeit. In: M. Galliker, & U. Wolfradt (Hrsg.), *Kompendium sozialpsychologischer Theorien* (S. 151–153). Berlin: Suhrkamp.

Hauke, G. (2011). Kognitiv-affektive Schemata im Coaching. In: B. Birgmeier (Hrsg.), *Coachingwissen* (S. 229–244). Wiesbaden: Springer.

Krahé, B. (2014). Aggression. In: K. Jonas, W. Stroebe, & M. Hewstone (Hrsg.), *Sozialpsychologie* (S. 315–356). Berlin, Heidelberg: Springer.

Lilli, W., & Frey, D. (1993). Die Hypothesentheorie der sozialen Wahrnehmung. In: D. Frey, & M. Irle (Hrsg.), *Theorien der Sozialpsychologie. Band I: Kognitive Theorien* (S. 49–78). Bern: Huber.

Peterson, C., & Seligman, M. E. (2004). *Character strengths and virtues: A handbook and classification.* Oxford: Oxford University Press.

Wittchen, H.-U., Jacobi, F., Klose, M., & Ryl, L. (2010). Depressive Erkrankungen. Gesundheitsberichterstattung des Bundes, 51. http://www.rki.de/DE/Content/Gesundheitsmonitoring/Gesundheitsberichterstattung/GBEDownloadsT/depression.pdf. Zugegriffen: 08. November 2016.

32

Die Lebenszeit von den Gebrüdern Grimm (1840)

Isabel Kroiß

33.1   **Inhalt des Märchens – 252**

33.2   **Die Charaktere – 252**

33.3   **Psychologische Phänomene und Implikationen – 253**
33.3.1   Kontrolle – 253
33.3.2   Mäßigung – 255
33.3.3   Lebenszufriedenheit – 256

33.4   **Fazit – 257**

Literaturverzeichnis – 257

© Springer-Verlag GmbH Deutschland 2017
D. Frey (Hrsg.), *Psychologie der Märchen,*
DOI 10.1007/978-3-662-53668-1_33

33.1   Inhalt des Märchens

Vor langer Zeit schuf Gott die Welt und wollte allen vorhandenen Lebewesen die ihnen verbleibende Lebenszeit bestimmen.

Zuerst kam ein Esel herbei, diesem bot Gott eine Lebensspanne von dreißig Jahren an. Der Esel jedoch lehnte das Angebot ab, da er tagtäglich schwere Last schleppen muss, getreten und verprügelt von seinem Besitzer – solch ein Leben möchte er nicht länger als unbedingt nötig führen. So gab Gott ihm eine Lebenszeit von nur noch zwölf Jahren.

Als nächstes kam ein Hund herbei. Abermals bot Gott dem Tier eine Lebensspanne von dreißig Jahren an, doch auch der Hund verneinte das Angebot. Solch ein hohes Alter machten seine Pfoten nicht mit, außerdem verliere er mit der Zeit seine Stimme zum Bellen und die Zähne zum Beißen – er könne also nur noch von einer Ecke in die andere laufen und knurren. Gott erließ ihm also ebenfalls ein paar Jahre und setzte seine Lebenszeit auf achtzehn Jahre fest.

Danach kam ein Affe herbeigelaufen. Wie schon bei den Tieren zuvor bot Gott ihm eine Lebensspanne von dreißig Jahren an, da er davon ausging, dass ein Affe nicht hart zu schuften brauche und außerdem immer guter Dinge sei. Der Affe jedoch war anderer Meinung: Zwar schneide er täglich Grimassen und spiele lustige Streiche, damit die Leute ihren Spaß hätten, doch die Entlohnung dafür wäre oftmals enttäuschend. Er klagte darüber, dass sich hinter seiner Fröhlichkeit häufig nur Traurigkeit verberge und er dies so eine lange Zeit nicht ertragen würde. So kam es, dass auch der Affe von Gott nur noch eine Lebenszeit von zwanzig Jahren erhielt.

Dann jedoch kam ein Mensch zu Gott. Auch ihm bot Gott eine Lebensspanne von dreißig Jahren an – anders jedoch als bei den vorherigen Lebewesen war der Mensch unzufrieden mit dem Angebot. In solch einem kurzen Zeitraum könne er sich gerade so ein angenehmes Leben aufbauen, nur um im Anschluss daran gleich sterben zu müssen. Nach längeren, wiederkehrenden Diskussionen überließ Gott ihm nicht nur die übrig gebliebenen Jahre des Esels, sondern auch die des Hundes und des Affen.

So kommt es, dass der Mensch siebzig Jahre lebt. Die ersten dreißig Jahre nun gehen schnell vorbei, er arbeitet gerne und erfreut sich an seiner Gesundheit. Daraufhin folgen die achtzehn Jahre des Esels – er arbeitet zum Wohle von anderen und erntet dafür Schläge und Tritte. Die darauf folgenden zwölf Jahre des Hundes liegt der Mensch im Eck, knurrt und hat kaum mehr Zähne zum Beißen. Nach dieser Zeitspanne folgen noch die zehn Jahre des Affen: Der Mensch ist schwachköpfig, macht alberne Dinge und wird zum Gespött der Kinder.

(Grimm u. Grimm. 1840; ◨ Abb. 33.1)

33.2   Die Charaktere

Das Märchen „Die Lebenszeit" zeichnet sich vor allem dadurch aus, dass es Charaktere hervorhebt, die unterschiedlicher nicht sein könnten.

33

◨ **Abb. 33.1**   (Zeichnung: Claudia Styrsky)

Da wäre zum einen **Gott**, der Allmächtige, der die Macht über das Leben aller anderen Charaktere hat. Er wird als sehr gerechte Person dargestellt, da er den Lebewesen nicht einfach eine Lebenszeit bestimmt, sondern mit sich reden lässt und die Lebenszeit entsprechend verkürzt oder verlängert. Er nutzt seine Autorität also nicht aus, sondern überlässt es den Lebewesen selbst, ihre Lebenszeit zu bestimmen – dass dies allerdings nicht immer der beste Zug sein muss, wird am Beispiel des Menschen deutlich, der seine Lebenszeit verlängert, ohne von Gott gewarnt zu werden, was das für ihn bedeutet. Dies mag darauf hindeuten, dass es nicht vorgesehen ist, sein Leben vollkommen zu steuern.

Die drei ersten Charaktere, die Gott untergeordnet sind, sind allesamt Tiere: ein **Esel**, ein **Hund** und ein **Affe**. Alle drei werden als sehr demütige und genügsame Wesen dargestellt, die Gott nur widersprechen, um sein großzügiges Angebot abzulehnen. Keines der Tiere erwartet ein angenehmes Leben: Der Esel befürchtet, nur schwere Lasten schleppen zu müssen und von seinem Besitzer geschlagen zu werden; der Hund befürchtet, seine Kraft, Stimme und Zähne zu verlieren, und der Affe befürchtet, ein Opfer seiner eigenen inneren Traurigkeit zu werden, verursacht durch die nach außen aufgesetzte Fröhlichkeit. Alle drei Tiere bitten Gott darum, weniger Zeit auf der Erde verbringen zu dürfen.

Der vierte Charakter, über den Gott die Macht hat, ist ein **Mensch**. Anders als die Tiere verhält er sich keineswegs demütig, sondern fordernd: Die Zeit, die Gott ihm großzügig anbietet, lehnt er ab und verlangt die verbliebene Zeit, die die Tiere abgelehnt hatten. Diese unersättliche und undankbare Art wird von Gott zwar geduldet, und der Mensch erhält die gewünschte Zeit, doch als „Strafe" muss er mit den Konsequenzen leben, die die zeitliche Verlängerung mit sich bringt.

33.3 Psychologische Phänomene und Implikationen

Schon in der Antike beschäftigten sich die Menschen mit den Themen Lebensdauer und Schicksal. Denken wir nur zurück an die Sage von Achilles: Er wird vor die Schicksalswahl gestellt – ein langes,

aber unerfülltes Leben, oder lieber ein kurzes, aber ruhmreiches Leben? Achilles entscheidet sich letzten Endes für ein kurzes und ruhmreiches Leben. Eine ähnliche Konstellation findet sich auch in dem Märchen wieder: Die Tiere entscheiden sich für ein kurzes, aber erfülltes Leben, während der Mensch lieber ein langes Leben führen will, ohne zu wissen, in welcher Verfassung er sein wird.

In dem Märchen „Die Lebenszeit" wird aufgezeigt, dass es sinnvoll sein kann, eine gewisse Mäßigung an den Tag zu legen, um ein angenehmes und zufriedenes Leben zu führen. Zudem lernen wir aus dem Märchen, dass wir unser Leben – so gerne wir das auch möchten – nicht kontrollieren können.

Folgende Ausführungen behandeln die psychologischen Phänomene, die diesen Aspekten zugrunde liegen.

33.3.1 Kontrolle

Was denken Sie – worin besteht der Unterschied zwischen dem Menschen und den Tieren in unserem Märchen? Worauf ist es zurückzuführen, dass alle Tiere einstimmig eine lange Lebenszeit ablehnten, während der Mensch gar nicht genug Lebenszeit erhalten konnte?

Höchstwahrscheinlich besitzt der Mensch ein deutlich ausgeprägteres Verlangen nach Kontrolle als die Tiere vor ihm. Unterstützt wird diese Hypothese, da alle Tiere gleichermaßen ausdrücken, dass sie sich als an ihr Schicksal gebunden fühlen. Es geht hierbei also um die Selbst- statt Fremdbestimmung, die sich der Mensch zu eigen macht.

Theorie der Selbstbestimmung

Der Mensch möchte ausreichend Lebenszeit erhalten, um sich ein geregeltes Leben aufbauen und auch noch genießen zu können – sprich, er möchte Kontrolle über sein Leben wahrnehmen. Der Esel, der Hund und der Affe hingegen geben sämtliche Kontrolle über ihr Leben an Gott ab und überlassen es ihm, ihre Lebenszeit zu bestimmen bzw. zu kürzen.

Das Bedürfnis nach Kontrolle ist seit jeher ein menschliches Grundbedürfnis. Schon Ryan und Deci (2000) stellten in ihrer Theorie der Selbstbestimmung die Hypothese auf, dass Menschen von Geburt an ein Bedürfnis nach **Kompetenz** und **Autonomie**, also Selbstbestimmung, und **sozialer Eingebundenheit** verspüren und dadurch ihr eigenes Wohlbefinden steigern können.

Dies ist in gewisser Weise vergleichbar mit Kontrolle – von Kontrolle nämlich spricht man, wenn es einem möglich ist, Ereignisse (nach eigenen Wünschen) zu beeinflussen (Schorr u. Rodin 1982).

Theorie der kognizierten Kontrolle

Die Möglichkeit zur Kontrolle muss nicht einmal wirklich vorliegen, oftmals reicht es schon, wenn man sie zumindest subjektiv wahrnimmt. Dieses Phänomen beschreibt die Theorie der kognizierten Kontrolle (Frey u. Jonas 2002). Hierbei wird davon ausgegangen, dass man Kontrolle anhand von folgenden Aspekten wahrnimmt.

Zum einen benötigt der Mensch ein Gefühl von **Beeinflussbarkeit**: Man muss die Möglichkeit wahrnehmen, ein Ereignis und dessen Folgen durch das eigene Verhalten steuern zu können.

Dies trifft schon einmal auf den Menschen in dem Märchen zu – er denkt, dass er durch die eigens veranlasste Verlängerung seines Lebens auch seinen Lebensverlauf verändern, steuern und beeinflussen kann.

Der zweite Aspekt, der einem ein Gefühl von Kontrolle verleiht, ist **Vorhersehbarkeit**: Hierbei braucht man Informationen, um welches Ereignis es sich handelt und wann/wie lange es stattfinden wird. Grundsätzlich hat ein Mensch das Bedürfnis, Ereignisse in seinem Leben sowohl zeitlich als auch inhaltlich vorhersehen zu können – er benötigt eine gewisse Transparenz.

Auch Vorhersehbarkeit nimmt der Mensch im Märchen wahr, wenn auch illusorisch: Er denkt, dass sein Leben gleichbleibend schön verlaufen wird, ganz gleich, wie lange es andauert. Dass Gott ihm hierbei nicht widerspricht und ihn vorwarnt, bestätigt ihn nur noch in seinen Erwartungen (Antizipationen).

Zuletzt benötigt man zur kognizierten Kontrolle noch **Erklärbarkeit**: Solange ich etwas erklären kann, bin ich auch bereit, es zu akzeptieren. Erklärbarkeit verleiht dem Ganzen einen Sinn; man versteht warum und wieso etwas passiert.

Illusorische Kontrolle

Wie schon angedeutet, kann man in dem Märchen aber auch von illusorischer Kontrolle (Langer 1975) sprechen – Menschen halten selbst in Situationen, die objektiv unkontrollierbar sind, eine gewisse Kontrolle für möglich.

Jeder weiß, dass der Tod unausweichlich ist und wir unseren Lebensverlauf nur sehr begrenzt kontrollieren können. Dennoch beginnt der Mensch im Märchen Verhandlungen mit Gott, um doch noch etwas Lebenszeit herausschlagen zu können. Zwar erhält er einige Jahre zusätzlich, doch die Kontrolle über genau diese Jahre verliert er, da sein Körper und Geist über die verlängerte Zeit nicht dasselbe Funktionsniveau beibehalten und zunehmend verfallen.

Modell der selektiven Optimierung und Kompensation

Warum die Tiere gerne die Kontrolle über ihr Leben an Gott abgeben, lässt sich leicht erklären: Alle drei klagen über die negativen Folgen, die sie bei längerer Lebenszeit zu erwarten hätten – der Esel müsste schwere Last schleppen und Schläge seines Besitzers ertragen, der Hund würde seine Kraft und Zähne verlieren, und der Affe müsste weitere Jahre gegen seine innere Traurigkeit ankämpfen.

Dass auch Menschen die Kontrolle bevorzugt abgeben, wenn ein negatives Ereignis der eigenen Handlung zu erwarten ist, konnte schon Dolinski (1998) bestätigen. Auch Baltes und Baltes (1990) beschreiben dieses Phänomen in ihrem SOK-Modell, dem Modell der selektiven Optimierung und Kompensation – laut ihrer Ansicht ist die Lebensspanne eines jeden Menschen durch diese Entwicklungsstrategien geprägt:

- **Selektion** bedeutet, dass der Mensch bestimmte Ziele für sich priorisiert und die ihm zur Verfügung stehenden Ressourcen dann nur darauf verwendet.
- Unter **Optimierung** versteht man den Prozess der Zielverfolgung: Man lernt neue Dinge, um sein Ziel zu erreichen, oder investiert Zeit in das gesteckte Ziel.
- Zudem gibt es die **Kompensation**: Man setzt bestimmte Mittel ein, um Verlusten entgegenzuwirken, z. B. durch Unterstützung von anderen Personen.

Durch den Einsatz dieser Strategien kann ein verhältnismäßig hohes persönliches Wohlbefinden gesichert werden. Bezogen auf unser Märchen lässt sich also sagen, dass die Tiere freiwillig auf mehr Lebenszeit verzichten und stattdessen versuchen diese zu optimieren und kompensieren.

Kontrollverlust und erlernte Hilflosigkeit

Da die Tiere die Kontrolle freiwillig abgeben, also Fremd- gegenüber Selbstbestimmung präferieren, kann man hier nicht von Kontrollverlust sprechen. Würde aber beispielsweise dem Menschen die Möglichkeit genommen, sein Leben zu verlängern, entspräche dies einem **Kontrollverlust**, da er auf das Ergebnis keinen Einfluss nehmen könnte.

Doch nicht nur die Tatsache, die Kontrolle verloren zu haben, belastet Menschen, es können daraus weitere negative Folgen resultieren: Ob dieser Unkontrollierbarkeit verspürt man verständlicherweise Angst und die eigene Leistungsfähigkeit wird vermindert (Schorr u. Rodin 1982), außerdem erkrankt man häufiger (Schulz 1978). Schlimmstenfalls kann man aufgrund länger andauernder Unkontrollierbarkeit in eine **erlernte Hilflosigkeit** verfallen, durch die man wenig Motivation verspürt, noch etwas an der Situation ändern zu wollen, und zudem Furcht, die möglicherweise in eine Depression übergehen kann (Seligman 1975).

Implikationen für die Lebensgestaltung

Das Märchen „Die Lebenszeit" zeigt uns die Grenzen unserer Existenz auf: Jeder Mensch möchte die Kontrolle über sein Leben behalten, doch es ist schlichtweg nicht möglich, sein Leben vollends zu kontrollieren. Dieser Tatsache müssen wir uns leider bewusst werden.

Der Mensch im Märchen versucht um jeden Preis, seine Sterblichkeit hinauszuzögern und sein Leben zu verlängern, kann jedoch die Kontrolle über sein Leben trotzdem nicht komplett behalten: Sobald seine Lebenszeit über die von Gott vorgegebene hinausging, verfiel sein Körper langsam und ermöglichte es ihm nicht mehr, den bisherigen Lebensstandard, den sich der Mensch erträumt hatte, aufrechtzuerhalten.

Selbstverständlich ist das sehr übertrieben beschrieben – nicht jeder ist im Alter notwendigerweise eingeschränkt, es hängt stark vom individuellen Alterungsprozess ab. Jedoch ist mit einer gewissen Kontrolleinschränkung zu rechnen.

Wie können wir mit dieser umgehen? Da wir an der Tatsache, dass wir auf die Dauer unserer Lebenszeit nur wenig Einfluss haben, nichts ändern können, sollten wir versuchen, das Beste aus dem Hier und Jetzt zu machen. Ganz nach dem Motto: „Carpe diem!" – „Nutze den Tag", mit dem schon Horaz den Menschen empfahl, die knapp bemessene Lebenszeit aufs Vollste zu genießen und Dinge, die uns etwas bedeuten, nicht auf den nächsten Tag zu verschieben.

Keinesfalls also sollten wir – wie oben angesprochen – erlernte Hilflosigkeit verspüren, sondern dankbar sein für die Zeit, die wir erhalten haben, und jeden Tag optimistisch angehen.

33.3.2 Mäßigung

Wie Ihnen sicherlich aufgefallen ist, verhalten sich alle drei Tiere im Märchen ähnlich: Keines möchte die von Gott großzügig angebotene Lebenszeit annehmen, jedes wünscht sich eine Verkürzung der Lebenszeit.

Dieses sehr bescheidene, genügsame Verhalten gibt Hinweise darauf, dass es lohnenswert sein könnte, sich näher mit dem Thema Mäßigung auseinanderzusetzen. Mäßigung hat ihren Ursprung bereits in der Antike gefunden und stellt seit jeher neben Gerechtigkeit, Tapferkeit und Weisheit eine der vier **platonischen Kardinaltugenden** dar: Hierbei wird postuliert, dass man in jedem Lebensbereich das rechte Maß einhalten soll – weder zu viel noch zu wenig; weder Übertreibung noch Mangel.

Als Einstieg soll zunächst ein philosophischer Ansatz zusätzlich zu Hilfe genommen werden: Laut Kilburg (2012) stellt Mäßigung eine Fähigkeit dar, Gedanken, Emotionen und Verhalten angemessen ausdrücken oder einschränken zu können. Somit lässt sich festhalten, dass es sich bei Mäßigung nicht um einen Verzicht, sondern nur um eine Beschränkung handelt, also eine **Maßregelung des eigenen Willens**.

Ganz anders hingegen verhält sich der Mensch in dem Märchen, er stellt quasi einen Gegenpol zu dem maßvollen Verhalten der Tiere dar. Er überschreitet das oben angesprochene rechte Maß und muss dafür die negativen Konsequenzen in Kauf nehmen: den langsamen Verfall seines Körpers und Geistes.

Wo findet sich aber das Konzept Mäßigung in der Psychologie wieder? Ein Schlagwort hierfür ist die **positive Psychologie**. Einer der wichtigsten Vertreter dieses psychologischen Feldes, Martin Seligman, betrachtet positive Psychologie als eine Art Fokusverschiebung: weg von den negativen Faktoren, hin zu dem, was das Leben angenehm macht.

Der Fokus liegt also nicht wie bisher auf den Schwächen des Menschen, sondern auf seinen **Stärken**. Mäßigung wird als eine der Stärken des Menschen aufgeführt. Nun mag es auf den ersten Blick vielleicht schwerfallen, Mäßigung als Stärke und somit als Weg zum Lebensglück anzuerkennen.

Dies wirft die Frage auf, worin der Vorteil liegt, auf Vieles zu verzichten oder sich einzuschränken. Maßvolles Verhalten mag vordergründig keinen direkten Einfluss auf die Lebenszufriedenheit und -qualität haben – man muss (teilweise angestrengt) auf Dinge verzichten, die man eventuell gerne haben würde. Doch sollte man sich gleichzeitig bewusst machen, dass der Preis von maßlosem Verhalten oft hoch ist, da die Gefahr besteht, die eigenen Fähigkeiten und Energie zu überschätzen. Durch maßvolles Verhalten erwirbt man auf lange Sicht mehr **Gelassenheit** und entwickelt einen alternativen Umgang mit Dingen, die einen ansonsten über Gebühr in Stress versetzt hätten. Folge ist letztlich eine gesteigerte Zufriedenheit.

Implikationen für die Lebensgestaltung

Mäßigung ist gerade in der heutigen Zeit ein bedeutendes Thema. Die Welt wird immer mehr von Konsum bestimmt: Der Markt bietet laufend neue Produktvarianten, die Wahl fällt dem Konsumenten immer schwerer. Warum nur einen Laptop kaufen, wenn es doch so viele auf dem Markt gibt, die auch noch unterschiedliche Funktionen haben?

Dass dieser Ansatz der falsche ist, zeigt sich gerade zur Weihnachtszeit: Die meisten Menschen kaufen für ihre Lieben Produkte im Überfluss, egal ob sie sinnvoll erscheinen oder nicht. Folgen dieses **Konsumrausches** sind u. a. miserable Arbeitsbedingungen bei großen Versandhändlern, ein immenser

Stromverbrauch, verursacht durch Weihnachtsbeleuchtung und Zubereitung des Festessens, Müllberge aus Geschenkpapier. Der Ökonom Joel Waldfogel bezeichnet die Weihnachtszeit sogar als „Orgie der Weltvernichtung" (Schimansky 2012, S. 2). Das grundlegende Problem hierbei ist unser Wirtschaftssystem, in welchem die Philosophie vorherrscht, dass Wohlstand nur durch Wachstum entstehen kann, ohne zu reflektieren, ob dieses Wachstum überhaupt sinnvoll und notwendig ist.

Natürlich ist hiermit nicht gemeint, dass man sich an Weihnachten überhaupt nicht beschenken sollte – es geht nur um das Übermaß, das teilweise gezeigt wird. Dieses drastische Beispiel sollte jedem vor Augen führen, dass ein gemäßigtes (Konsum-)Verhalten in der heutigen Zeit angemessen und notwendig ist.

Einkaufen nach dem rechten Maß – so sollte die Devise lauten. Durch das Überangebot an Produkten werden wir dazu verführt, Dinge zu erwerben, die wir nach genauerer Überlegung eigentlich nicht brauchen. Beim nächsten Einkauf könnte also jeder von uns zweimal darüber nachdenken, ob das soeben in den Einkaufswagen gelegte Produkt wirklich vonnöten ist oder ob es nur aus einer gewissen Maßlosigkeit heraus hineingelegt wurde. Die Welt wird es uns in naher Zukunft danken!

33.3.3 Lebenszufriedenheit

> » Wer nicht zufrieden ist mit dem, was er hat, der wäre auch nicht zufrieden mit dem, was er haben möchte. (Berthold Auerbach)

So sprach einst Berthold Auerbach, ein deutscher Schriftsteller, und man kann ihm eigentlich nur zustimmen. Man muss das Leben so nehmen, wie es kommt, da man es nicht ändern kann.

Dies haben auch die Tiere in dem Märchen „Die Lebenszeit" erkannt: Alle sind zufrieden mit dem, was Gott ihnen bietet, beziehungsweise sogar zufriedener mit weniger als seinem Angebot. Der Mensch hingegen ist unzufrieden mit dem Angebot, welches Gott ihm unterbreitet, und fordert mehr – doch auch mit mehr ist er noch nicht wirklich zufriedengestellt.

Zusammenfassend lässt sich also sagen, dass die Tiere zwar ein kürzeres Leben führen, dafür aber (im Vergleich zum Menschen) in Zufriedenheit und Wonne, während jener zwar viele Lebensjahre erlangt hat, diese allerdings nach und nach – aufgrund seiner zunehmenden körperlichen und geistigen Schwäche – in Unzufriedenheit verleben muss.

Zufriedenheit mit dem eigenen Leben ist ein entscheidender Faktor für das eigene Wohlbefinden. Die **Theorie der Lebenszufriedenheit** basiert auf der Annahme, dass jeder Mensch über ausgeprägte Stärken verfügt, die die Basis für verschiedene positive Bestandteile seines Lebens darstellen (Ruch et al. 2010). Solche Bestandteile wären beispielsweise das Erleben von Sinnhaftigkeit und Erfolg, ein Engagement für Dinge, die einem wichtig sind, und das erfolgreiche Führen von Beziehungen. Diese Elemente bestimmen das Wohlbefinden eines Menschen und folglich auch die Lebenszufriedenheit. Ausgeprägte Stärken wie Mut, Gerechtigkeit und Wissen verhelfen einem also zum eigenen Lebensglück.

Implikationen für die Lebensgestaltung und Arbeit

Egal wie lange das Leben sein mag – man ist vermutlich nie zufrieden mit der Zeit, die einem gegeben wurde. Unsinnig allerdings ist es, sich über diese Tatsache den Kopf zu zerbrechen und nur noch unglücklich zu sein, dass einem nicht mehr Zeit auf dieser Erde bleibt.

Wie sagte einst Viktor Frankl, ehemaliger KZ-Häftling, so schön? – „Wenn wir eine Situation nicht ändern können, müssen wir uns selbst ändern." Er vertrat die Ansicht, dass man seinem Leben einen Sinn geben und dankbar sein muss für das, was man erhalten hat. Lebenszufriedenheit ist also unabhängig von der Lebenszeit – auch ein kurzes Leben kann sehr erfüllend sein, wenn man es richtig anstellt.

Zieht man beispielsweise die eben angesprochene Theorie der Lebenszufriedenheit zurate, so sollte man sich auf seine inneren Stärken besinnen, da diese das Lebensglück steigern können. Auch wenn man der Meinung ist, dass man keine wirklichen Stärken besitzt – jeder von uns hat Persönlichkeitseigenschaften, die sich zu Stärken ausbauen lassen, z. B. Kreativität, Risikofreude, Schnelligkeit oder Lernwille.

Gerade in der Arbeitswelt werden einem häufig Seminare oder Workshops zu diesem Thema angeboten, die man beispielsweise nutzen könnte. Ein zusätzlicher positiver Faktor ist, dass man in solchen Seminaren in der Gruppe das Gefühl von Autonomie, Kompetenz und Eingebundenheit erleben kann (Ryan u. Deci 2000). Das dort Erlernte ist dann nicht nur hilfreich für den Bereich Arbeit, sondern auch für das eigene Leben.

33.4   Fazit

Aus dem Märchen „Die Lebenszeit" entspringt ohne viele Worte sehr viel Lebensweisheit: Man soll ein maßvolles Leben führen, der Gier entsagen, akzeptieren, dass man sein Leben und dessen Verlauf nicht vollauf kontrollieren kann, und folglich jeden Tag des Lebens voll und ganz genießen. Es müssen dabei nicht immer große Dinge sein – auch kleine Dinge können das Leben schöner machen wie die auf- oder untergehende Sonne, singende Vögel, Meeresrauschen, ein Lächeln. All dies kann einem dabei helfen, einen Sinn im Leben zu finden und das Positive zu sehen.

Mit den genannten Aspekten kann sich, anders als vielleicht in anderen Märchen, wohl jeder Mensch identifizieren – eine schönere Moral von der Geschichte könnte es also kaum geben!

Literaturverzeichnis

Baltes, P. B., & Baltes, M. M. (1990). Psychological perspectives on successful aging: The model of selective optimization with compensation. In: P.B. Baltes, & M. M. Baltes (Eds.), *Successful aging: Perspectives from the behavioral sciences* (S. 1–33). New York: Cambridge University Press.

Dolinski, D. (1998). To control or not control. In: M. Kofta, G. Weary, & G. Sedek (Eds.), *Personal control in action: Cognitive and motivational mechanisms* (pp. 319–340). New York: Springer US.

Frey, D., & Jonas, E. (2002). Die Theorie der kognizierten Kontrolle. In: D. Frey, & M. Irle (Hrsg.), *Theorien der Sozialpsychologie. Band III: Motivations-, Selbst- und Informationsverarbeitungstheorien* (S. 13–50). Bern: Huber.

Grimm, J., & Grimm, W. (1840). *Kinder- und Haus-Märchen, gesammelt durch die Brüder Grimm: Große Ausgabe* (Bd. 2, 4. Aufl.). Göttingen: Verlag der Dieterichschen Buchhandlung.

Kilburg, R. R. (2012). *Virtuous leaders: Strategy, character, and influence in the 21st century*. Washington: American Psychological Association.

Langer, E. (1975). The illusion of control. *Journal of Personality and Social Psychology* 32, 311–328.

Ruch, W., Proyer, R. T., Harzer, C., Park, N., Peterson, C., & Seligman, M. E. (2010). Values in action inventory of strengths (VIA-IS): Adaptation and validation of the German version and the development of a peer-rating form. *Journal of Individual Differences* 31, 138–149.

Ryan, R. M., & Deci, E. L. (2000). Self-Determination theory and the facilitation of intrinsic motivation, social development, and well-being. *American Psychologist* 55, 68–78.

Schimansky, S. (2012). Was Weihnachten anrichtet. http://www.zeit.de/wirtschaft/2012-12/weihnachtskonsum. Zugegriffen: 09. November 2016.

Schorr, D., & Rodin, J. (1982). The role of perceived control in practitioner-patient relationships. In: T. A. Wills (Ed.), *Basic processes in helping relationships* (pp. 155–186). New York: Academic Press.

Seligman, M. E. (1975). *Helplessness. On depression, development and death*. San Francisco: Freeman & Co.

33

Frau Holle von den Gebrüdern Grimm (1812)

Nicole Blabst

34.1   **Inhalt des Märchens – 260**

34.2   **Die Charaktere – 261**

34.3   **Psychologische Phänomene – 262**
34.3.1   Charakter und Gehorsam – 262
34.3.2   Stockholm-Syndrom – 263
34.3.3   Glücksempfinden und sozialer Vergleich – 263

34.4   **Bedeutung für die heutige Zeit – 264**
34.4.1   Denken und Entscheiden – 264
34.4.2   Leistungs- und Sollerbringung – 264
34.4.3   Glück – 265

34.5   **Fazit – 265**

Literaturverzeichnis – 265

© Springer-Verlag GmbH Deutschland 2017
D. Frey (Hrsg.), *Psychologie der Märchen,*
DOI 10.1007/978-3-662-53668-1_34

34.1   Inhalt des Märchens

Eine Witwe hatte zwei Töchter: eine Stieftochter, die schön und fleißig war, und eine leibliche Tochter, die hässlich und faul war. Die Stieftochter musste alle niederen Arbeiten verrichten und jeden Tag an einem Brunnen so lange spinnen, bis ihre Finger blutig waren. Eines Tages war die Spule so mit Blut bedeckt, dass sie diese im Brunnen abwaschen wollte. Doch fiel sie ihr dabei hinab. Ihre Stiefmutter war außer sich und verlangte, dass sie die Spule wieder heraufholen müsse. Vor lauter Verzweiflung sprang die Stieftochter in den Brunnen.

Sie verlor das Bewusstsein und erwachte in einer anderen, wunderschönen Welt. Sie begab sich auf Erkundungstour und kam zu einem Ofen, der mit Brot bestückt war. Dieses Brot bat sie, es herauszuholen. Pflichtbewusst, wie die Stieftochter war, kam sie der Forderung nach. Daraufhin ging sie weiter und entdeckte ein Apfelbäumchen. Wieder wurde sie um einen Gefallen gebeten, sie solle doch das Bäumchen schütteln, da die Apfel reif wären. Auch diesem Wunsch kam sie nach. Als sie weiterging, erblickte sie ein Haus, aus dem eine alte Frau mit großen Zähnen blicke. Die Stieftochter erschrak, aber lies sich auf ein Gespräch mit der Frau ein. Sie bot ihr an, bei ihr auszuhelfen und ihr würde es im Gegenzug an nichts mehr fehlen. Die Frau stellte sich als Frau Holle vor. Die Stieftochter willigte ein. Sie erledigte pflichtbewusst alle Aufgaben und schüttelte auch die Betten,

sodass es auf der Erde schneite. Es fehlte ihr an nichts. Doch eines Tages bekam sie Heimweh und sie teilte den Wunsch mit, zurück zu ihrer Stiefmutter und Stiefschwester zu wollen. Frau Holle war beeindruckt und schenkte ihr zum Abschied einen Goldregen. Bei ihrer Rückkehr ins Dorf, schrie der Hahn: „Kikeriki, unsere goldene Jungfrau ist wieder hie." Sie wurde gebührend wieder aufgenommen.

Doch die Witwe schmiedete den Plan, dass auch ihre leibliche Tochter mit solch einem Segen überschüttet werden sollte. Daraufhin tat es diese der Stiefschwester gleich und landete in der anderen Welt. Doch sie weigerte sich, das Brot aus dem Ofen zu holen und das Apfelbäumchen zu schütteln. Bei Frau Holle angekommen, strengte sie sich nur einen Tag lang an. Danach wurde sie faul, und Frau Holle kündigte ihr bald ihre Dienste. Freudvoll erwartet die Stiefschwester den Goldregen, doch Frau Holle bestrafte sie mit einem Pechregen. Daraufhin kehrte die Stiefschwester pechüberströmt ins Dorf zurück und der Hahn begrüßte sie mit: Kikeriki, unsere schmutzige Jungfrau ist wieder hie." Sie konnte sich ihr Leben lang des Pechs nicht mehr entledigen.

(Grimm u. Grimm 1812;  Abb. 34.1)

Anmerkung   Frau Holle war eine zentrale weibliche Urgestalt, die bereits zur spätgermanischen Zeit und im frühen Mittelalter als Göttin verehrt wurde. Ihr wurden als Mutter Erde Macht über das Kommen und Gehen sowie die Naturgewalten zugeschrieben.

 **Abb. 34.1**   (Zeichnung: Claudia Styrsky)

Frau Holle galt als bedeutende volksmythologische Gestalt, die in Sagen, Märchen und Brauchtümern wiederzufinden war (Naturpark Meißner-Kaufunger Wald 2011).

34.2 Die Charaktere

In dem Märchen „Frau Holle" sind im Wesentlichen die goldene Jungfrau, die schmutzige Jungfrau, Frau Holle und die Witwe die Hauptcharaktere. Als Nebencharaktere fließen das Brot, das Apfelbäumchen sowie der Hahn mit ein. Im Folgenden sollen die Haupt- und Nebencharaktere noch einmal ausführlicher vorgestellt werden.

Die **goldene Jungfrau** ist die Schöne und die Fleißige. Sie stellt die Verliererin und Schicksalsgebeutelte dar, die zur Gewinnerin wird und – eher zufällig – ihr Glück findet. Ihre Aufopferungsbereitschaft und bedingungslose Hingabe zeichnen sie dabei aus. Die goldene Jungfrau, die Stieftochter der Witwe, wird als tugendhaft eingeführt. Sie stellt sich aufopferungsvoll allen Aufgaben, erledigt bedingungslos alle niederen Tätigkeiten und springt sogar in den Brunnen, um einen an sie gestellten Auftrag auszuführen, nämlich die Spule heraufzuholen. Sie geht also bis zur Selbstaufgabe in ihrem Pflichtbewusstsein auf, denn der Sprung in den Brunnen erfolgt mit ungewissem Ausgang. Es ist ein Sprung, der über Leben und Tod entscheidet. Da wir uns jedoch in einem Märchen befinden, endet ihr altes Leben nur symbolisch am Grunde des Brunnens. Die goldene Jungfrau gelangt in eine neue Welt, in der sie ihre alten Verhaltensmuster aufrechterhält. Sie ist hilfsbereit und erledigt erneut pflichtbewusst die an sie gestellten Aufgaben. Doch irgendwann kommt ein Wendepunkt: Sie bricht mit ihrem Verhalten und bittet darum, wieder zurückkehren zu dürfen. Sie widersetzt sich also zum ersten Mal und spricht aus, was ihr wichtig ist. Obwohl es ihr bei Frau Holle an nichts fehlt, hat sie Heimweh und sehnt sich nach ihrer Familie. Dieses Verhalten stößt jedoch auf Anerkennung bei Frau Holle, und sie wird reich beschenkt. Sie kehrt als Heldin und Beschenkte nach Hause zurück. Was macht sie zur Heldin? Auch wenn sie sich nicht – wie im klassischen Sinne – für andere aufopfert, so zeigt sie eine besondere persönliche Stärke, indem sie ausspricht, was ihr wichtig ist.

Die **schmutzige Jungfrau** ist die Hässliche und die Faule. In ihr personifiziert sich die Gewinnerin, die zur Verliererin wird. Trotz ihrer privilegierten Stellung strebt sie nach weiterem Glück und lässt sich dazu drängen, ihr Schicksal in die Hand zu nehmen. Sie ist die Böse und Egoistin, die nur auf ihren eigenen Vorteil bedacht ist und nicht gelernt hat, über sich hinauszuschauen. Sie ist das Produkt der Erziehung ihrer Mutter, lässt sich von dieser instrumentalisieren und kopiert blind das offensichtliche Verhalten ihrer Stiefschwester. Sobald sie in der anderen Welt angekommen ist, verfällt sie allerdings rasch wieder in ihr vertrautes Verhaltensmuster. Nur einen Tag lang schafft sie es, ihrer Stiefschwester ähnlich zu sein und zu helfen. Doch ihr Charakter ist schwach, instabil und ohne Durchhaltevermögen. Letztendlich bekommt sie genau das, was sie verdient, und ihre Belohnung ist eine Bestrafung – sie hat „Pech".

Frau Holle ist die Weise. Sie gehört einer anderen Welt an und ist eine Instanz, die Macht über beide Welten hat. Sie hat gottähnliche Entscheidungskompetenzen: vom Goldsegen über den Pechregen sowie der Reise zwischen den Welten. Sie ist Teil des Himmels und doch befindet sich ihre Welt nicht oberhalb, sondern unterhalb der anderen Welt. Um zu ihr zu gelangen, muss man in den Brunnen hinabspringen. Traditionell würde man erwarten, dass Frau Holle eine Gestalt des Himmels ist, da der Schnee von oben auf die Erde herabfällt – und dennoch führt der Weg zu ihr durch die Tiefe. Das könnte auf eine Einordnung in Himmel und Hölle schließen lassen, über die Frau Holle eine omnipotente Kompetenz besitzt. Gleichzeitig zeigt diese Ambivalenz die Uneindeutigkeit zwischen der lokalen Verortung von Himmel und Hölle. Frau Holle ist zudem Lehrerin und Richterin. Ihr werden zwei Mädchen geschickt, die in ihre Lehre kommen und diese mit einer jeweils angemessenen „Belohnung" beenden.

Die **Witwe** ist die böse Stiefmutter. Sie ist die Getriebene und Manipulierende und behandelt ihre Stieftochter ungerecht. Doch sie ist auch eine Witwe und Zurückgebliebene, die sich alleine um zwei Kinder zu kümmern hat. In diesem Spannungsfeld agiert sie nach dem evolutionstypischen Ansatz: Das eigene Fleisch und Blut ist mehr wert, als das anvertraute nicht leiblich verwandte. Dementsprechend findet eine Zweiklassenbehandlung der beiden

Schwestern statt. Die leibliche Tochter ist die Heilige, wohingegen die Stieftochter das „Aschenputtel" spielen muss. Auch nach dem zeitweiligen Verlust der ungeliebten Stieftochter setzt die Witwe ohne Umschweife ihr altes Verhalten fort. Sie möchte ihrer leiblichen Tochter den gleichen Segen ermöglichen und drängt sie in ein kopierendes Verhalten. Doch die Rechnung der Witwe geht nicht auf. Ihr Verhalten wird bestraft – ihre Tochter wird für immer mit Pech übergossen bleiben.

Das **Brot**, das **Apfelbäumchen** und der **Hahn** sind die Testenden und die Kommentierenden. Das Brot und das Apfelbäumchen erfüllen einen Zweck und sollen die Mädchen prüfen. Sie sind lebendige Testverfahren. Sie zeigen das gleiche Verhalten, registrieren aber unterschiedliche Antworten auf ihre standardisierte Situation. Die goldene Jungfrau besteht den Test, die schmutzige fällt durch. Der Hahn hingegen hat eine kommentierende Funktion. Er ist die Zeitung, das Radio und der Fernseher des Dorfes. Er spricht aus, was offensichtlich ist, und begrüßt die beiden Rückkehrerinnen.

34.3   Psychologische Phänomene

Im Märchen „Frau Holle" finden sich einige psychologische Phänomene wieder. In den folgenden Abschnitten werden diese anhand des autoritären Charakters und des Milgram-Experiments sowie des Stockholm-Syndroms und der Theorie des sozialen Vergleichs herausgearbeitet.

34.3.1 Charakter und Gehorsam

Voller Hingabe, Aufopferung und blindem Gehorsam folgt die goldene Jungfrau den Aufträgen ihrer Stiefmutter. Sogar der lebensgefährliche Sprung in den Brunnen ist ihr nicht zu viel. Selbst als sie in der anderen Welt ankommt, verändert sie ihr Verhalten nicht. Sie kümmert sich um das um Hilfe rufende Brot, sie schüttelte den klagenden Apfelbaum und sie unterstützt nach bestem Wissen und Gewissen den Haushalt der Frau Holle.

Ihre Hingabe geht weit über das normale Maß hinaus und wird am Ende mit einem Dank gesegnet, der ihr individuellen und sozialen Reichtum liefert.

Doch ihr ist nicht direkt bewusst, dass ihr aufopferungsvolles Verhalten belohnt wird. Sie kann dies höchstens antizipieren und weiß, dass ihr so zumindest keine Bestrafung widerfährt.

Theorie des autoritären Charakters

Man könnte Theodor W. Adornos Theorie des autoritären Charakters auf die goldene Jungfrau anwenden (Fahrenberg u. Steiner 2004). Dieser beschreibt Personen, die eine durch ihre Persönlichkeitseigenschaften und die Erziehung entstandene Neigung haben, sich Autoritäten zu unterwerfen.

In gewisser Weise tut die goldene Jungfrau genau dies – zuerst gehorcht sie blind ihrer Stiefmutter, danach erledigt sie alles, was von ihr im Reich der Frau Holle verlangt wird.

- ▪ **Fragen zur Reflexion**
- ▬ Wie eigenständig ist die goldene Jungfrau? Handelt sie vielleicht gar nicht aus ihrem eigenen Willen heraus, sondern weil sie sich gar nicht anders verhalten kann?
- ▬ Ist sie ebenfalls das Produkt ihrer Stiefmutter und kennt nur den absoluten Gehorsam, ohne selbst nachzudenken?
- ▬ Versteckt sie sich sogar hinter dem gelernten Verhalten und hat absolut blindes Vertrauen in jede Autorität?

Milgram-Experiment

In diesem Zusammenhang lässt sich auch das 1961 durchgeführte Experiment von Stanley Milgram (1963) zum Gehorsam anführen.

Dieser teilte Versuchspersonen in Lehrer und Schüler ein. Danach wurden beide in getrennte Räume geführt, und der Lehrer musste dem Schüler Aufgaben stellen. Sollte dieser falsche Antworten geben, hatte der Lehrer die Möglichkeit, ihm Stromschläge in abgestufter Stärke zu geben. Die Versuchspersonen wussten allerdings nicht, dass die angeblichen Schüler in das Experiment eingeweiht waren. Natürlich bekamen sie keine echten Stromschläge, gaben aber je nach Stärke entsprechende Schmerzlaute von sich, die die Lehrer hören konnten. Es gab einige Versuchspersonen, denen das Ganze keineswegs behagte, doch sie wurden vom Versuchsleiter immer wieder ermutigt, dass alles in Ordnung sei. Dieser trat als **vertrauenswürdige Autorität** auf, und viele ließen sich durch ihn so bestärken, dass sie sogar die höchsten und zugleich lebensgefährlichen Stromschläge gaben. Sie versteckten sich also hinter der Autorität und zeigten **blinden Gehorsam**.

Dies erinnert sehr an die goldene Jungfrau, insbesondere wenn man an ihren Sprung in den Brunnen denkt, der normalerweise ihren sicheren Tod bedeutet hätte. Doch die Stiefmutter stellte die Anforderung an sie, die Spule wieder herauszuholen, und die goldene Jungfrau führte diesen Auftrag aufopferungsvoll aus.

- **Fragen zur Reflexion**
- Erleben Sie sich selbst manchmal auch in der Position des blinden Ausführens?
- Was für Gefahren stecken hinter so einem Verhalten? Was für Vorteile kann es haben, und wann ist es unerlässlich?

34.3.2 Stockholm-Syndrom

Ein weiterer augenscheinlicher Aspekt, der an eine psychologische Theorie erinnert, ist das Verhalten der goldenen Jungfrau nach einiger Zeit bei Frau Holle. Gegen jeden gesunden Menschenverstand äußert sie den Wunsch, auf die Erde zurückkehren zu dürfen, und sie gesteht sogar einen Funken Heimweh nach ihrer Familie. Dieses Verlangen scheint schwer vorstellbar, war sie doch absolut unterdrückt und kaum geliebt von ihrer Stiefmutter und Stiefschwester.

Dieses Verhalten verweist auf das sog. Stockholm Syndrom (Harnischmacher u. Muether 1987). Hierbei entwickelt ein Opfer eine gewisse **Sympathie für seine/seinen Täter**. Dieser oder diese werden positiver beurteilt, als dies objektiv gesehen möglich wäre. Die Opfer beginnen, das Verhalten des Täters zu rechtfertigen, es zu verstehen und sogar gutzuheißen. Sie fangen im extremsten Fall an, ihre Täter zu lieben und die Motive, die hinter dem Handeln stecken, nachzuvollziehen oder so zu verdrehen, dass diese für sie angemessen halten.

Ähnlich verhält es sich mit dem Verhalten der goldenen Jungfrau. Sie sehnt sich nach ihren Tätern und beginnt nach einiger Zeit, diese zu vermissen

und ein Heimwehgefühl zu entwickeln. Man sollte jedoch nicht außer Acht lassen, dass es der goldenen Jungfrau bei Frau Holle zwar objektiv an nichts gefehlt hat, sie sich aber – abgeschottet von anderen Menschen – isoliert gefühlt haben dürfte.

Auch sollte man nicht vergessen, dass jeder Mensch eine **Heimat** braucht und für viele eine schlechte Heimat trotzdem noch besser ist als gar keine Heimat. Vor diesem Hintergrund fällt es vielleicht auch heutzutage dem einen oder andern leichter zu verstehen, warum sich manche Opfer nicht von ihrem Täter lösen können.

- **Fragen zur Reflexion**
- Warum kehren misshandelte Frauen zu ihren Ehemännern zurück?
- Warum wehren sie sich nicht viel früher?

34.3.3 Glücksempfinden und sozialer Vergleich

Es gibt verschiedene Möglichkeiten, Glück in seinem Leben zu finden. Diese Möglichkeiten sind so vielfältig, dass es nicht das Patentrezept gibt, das allgemeingültig anwendbar wäre. Jeder ist also seines eigenen Glückes Schmied.

Die **Theorie des sozialen Vergleichs** besagt jedoch, dass wir unser eigenes Glück gerne in Relation zu anderen betrachten (Festinger 1954). Als Referenzwert können wir entweder jemanden nehmen, dem es deutlich besser geht als uns (aufwärtsgerichteter Vergleich), oder wir schauen auf jemanden herab, dem es deutlich schlechter geht (abwärtsgerichteter Vergleich). Doch macht uns das nicht unbedingt glücklicher, sondern oftmals eher unglücklicher. Wir verlieren unser eigenes Glück aus den Augen und sehen uns nur noch im Vergleich zu anderen Menschen.

Das Negativbeispiel der schmutzigen Jungfrau offenbart dies besonders drastisch. Grundsätzlich geht es ihr gut – sie ist die Lieblingstochter, und es fehlt ihr an nichts. Als jedoch die goldene Jungfrau nach einem wahren Glückstreffer von ihrer Reise zurückkehrt, beginnt die Witwe einen Plan für ihre leibliche Tochter zu schmieden. Diese soll den glücksbringenden Weg der Stiefschwester ebenfalls beschreiten, um so einen ebenso große Lohn zu erhalten. Die schmutzige Jungfrau versucht sich daraufhin als Kopie der Stiefschwester, agiert jedoch nur als Abbild und wird diesem nicht einmal ansatzweise gerecht. Folglich schafft sie es auch nicht, ihr Glück in gleicher Weise zu erlangen. Sie findet genau das Gegenteil, nämlich ihr Pech. Im wahrsten Sinne des Wortes, haftet ihr dieses Pech – erlangt aus der Kopie des Glückes eines anderen Menschen – ihr Leben lang an.

Das **eigene Glück** ist losgelöst von den Vorstellungen, Erwartungen und Wünschen anderer Menschen. Es liegt nicht in der Kopie eines vorgeblich glücklichen Menschen, es liegt nur in einem selber. Denn nur dort liegt die Kraft, das goldene Licht zum Strahlen zu bringen und sein eigenes Glück zu finden. Alles andere verschwärzt die Seele und lässt einen nur Unglück finden. An dieser Stelle lohnt es, sich selbst und die eigenen Motive zu hinterfragen.

- **Fragen zur Reflexion**
- Wie ist das bei Ihnen? Wo suchen Sie ihr Glück?
- Blicken Sie nach Innen? Oder laufen Sie vielleicht wie die schmutzige Jungfrau einem kopierten Glück hinterher?

34.4   Bedeutung für die heutige Zeit

Was können wir nun aus „Frau Holle" für uns selbst mitnehmen? Lässt sich ein Bezug zu unserem heutigen Leben herstellen? Im Folgenden werden – inspiriert durch das Märchen – drei Überlegungen aufgezeigt, die zum Nachdenken, Mitdenken und Durchdenken anregen sollen.

34.4.1 Denken und Entscheiden

Die goldene Jungfrau ergibt sich die meiste Zeit ihrem Schicksal und verrichtet, was von ihr verlangt wird. Dadurch hat sie ein hartes Leben und muss physisch immer wieder an ihre Grenzen gehen. Denken wir an das Spinnen, bis sie blutige Finger hat, oder an den lebensbedrohlichen Sprung in den Brunnen. Doch auf der anderen Seite hat sie ein einfaches Leben, sie muss nicht viel nachdenken, muss nicht entscheiden, sondern richtet sich nach dem, was Autoritäten wie die Stiefmutter oder Frau Holle sagen.

Kennen Sie das auch? Denken ist anstrengend und Entscheiden ebenso. Das beginnt bei der Entscheidung für eine Marmeladensorte im Supermarkt und endet mit der Wahl des Berufes oder des Lebens, das man führen möchte. Ein Teil unserer Entscheidungen lässt sich sicherlich treffen, ohne sich diese stets bewusst zu machen – diese Erleichterungen gestalten unser Leben wesentlich einfacher und sind sinnvoll. Geht es allerdings um Wichtiges, sollten wir uns der Problematik übereilter Entscheidungen und mangelnder Verantwortungsübernahme bewusst sein und eingehend reflektieren, wie wir vorgehen wollen.

34.4.2 Leistungs- und Sollerbringung

Die goldene Jungfrau ist ein Paradebeispiel für Leistungs- uns Sollerbringung bis zur Selbstaufgabe. Sie arbeitet und arbeitet bis über die Grenzen der eigenen Belastbarkeit.

Das finden wir auch in unserer heutigen Gesellschaft immer wieder. Wir werden dazu erzogen, Leistung zu erbringen – zuerst in der Schule, dann im Studium und danach im Beruf. An Kinder, die jetzt in die Schule kommen, werden immer höheren **Leistungserwartungen** gestellt, als das zu früherer Zeit üblich war. Die Tendenz ist steigend. Der Mensch muss immer besser werden, immer mehr leisten, immer früher ein gewisses Niveau erreichen.

Schon im Kindergartenalter erfolgt Frühförderung, es werden Englisch und Chinesisch geübt oder weitere Förderungsmaßnahmen installiert, sodass den Kindern keine andere Wahl bleibt, als in dieses Leistungssystem hineinzuwachsen. Sie lernen es einfach nicht mehr anders. Nur wer alles gibt und zu geben bereit ist, macht es richtig. Wenn nicht, bricht die Welt zusammen. Zumindest wird ihnen das so beigebracht. Da ist es nicht verwunderlich, dass schon jetzt immer höhere **Burn-out-Quoten** vorliegen (Statista 2016) und viele Menschen arbeiten bis zum Umfallen.

Doch was ist das Ziel, wie geht es weiter? Was bringt es der Gesellschaft, wenn die meisten Menschen in ihrer ersten Lebenshälfte das Maximum aus sich herausholen, um sich dann in der zweiten Lebenshälfte davon erholen zu müssen? Recht treffend sind folgende Worte des Dalai Lama, die zum Nachdenken anregen (Ehrmann 2011, S. 1):

» Der Mensch opfert seine Gesundheit, um Geld zu machen. Dann opfert er sein Geld, um seine Gesundheit wiederzuerlangen. Und dann ist er so ängstlich wegen der Zukunft, dass er die Gegenwart nicht genießt; das Resultat ist, dass er nicht in der Gegenwart oder in der Zukunft lebt; er lebt, als würde er nie sterben, und dann stirbt er und hat nie wirklich gelebt. (Dalai Lama)

34.4.3 Glück

Das vorherige Zitat des Dalai Lama greift bereits einen wichtigen Punkt auf, der besonders durch die schmutzige Jungfrau thematisiert wird. Sie ist das Produkt der Erziehung ihrer Mutter, lässt sich von dieser instrumentalisieren und geht den ihr vorgegeben Weg, ohne darüber nachzudenken, ob es auch wirklich **ihr** Weg ist. Man könnte fast sagen – glücklicherweise – wird ihr gezeigt, dass es der falsche Weg ist. Doch die gelernte Lektion bleibt lebenslänglich an ihr haften – sie kann sich nie wieder vom Pech befreien.

Wir bekommen oft genug die Chance, die eine oder andere Lektion zu lernen – meist ohne einen lebenslangen Schaden davonzutragen. Jeder Mensch ist geprägt durch sein Umfeld. Die Menschen, mit denen wir uns umgeben oder die uns umgeben, prägen uns. Wir werden bewusst und unbewusst durch sie beeinflusst. Im Idealfall geht dies mit ausgesprochen positiven Erfahrungen einher, wenn wir uns mit den zu uns passenden Menschen umgeben. Auf der anderen Seite kann uns das von unserem Weg abbringen, sollten wir in die für uns „falsche Gesellschaft" geraten. Wir können uns dabei verlieren und einem Glück nachstreben, dass gar nicht unseres ist. Dennoch ist es sehr schwer, sich dessen bewusst zu werden.

Gehen Sie ihren eigenen Weg? Handeln Sie im Einklang mit ihren Werten? Wissen Sie, was Ihnen wirklich wichtig ist? Ich möchte in diesem Zusammenhang auf die **Werte Hierarchie** verweisen, die online verfügbar ist unter http://www.ichraum.de/werte-hierarchie/ (ich.raum 2013). Sie kommt aus dem Coaching und kann Ihnen helfen, ein Stück weit zu sich selbst zu finden. Entdecken Sie Ihre Werte und versuchen Sie nach Ihnen zu handeln, dann werden Sie auch Ihr Glück und Ihren Weg finden. Seien Sie bei sich und befreien Sie sich von den Zwängen der Gesellschaft und allen voran von denen, die Sie sich selbst auferlegt haben!

34.5 Fazit

Wie aufgezeigt lassen sich aus dem Märchen „Frau Holle" einige interessante psychologische Phänomene ableiten, die bis in die heutige Zeit wichtig für die Lebensgestaltung und das Zusammenleben sind. Die schöne und fleißige Jungfrau wird erst dann mit Gold überschüttet, als sie das erste Mal in ihrem Leben für sich selber eintritt, nachdem sie sich lange für andere aufgeopfert sein. Sie dient als Vorbild dafür, dass es sich lohnen kann, Fleiß und Durchhaltevermögen zu zeigen und dabei hilfsbereit und zuvorkommend zu sein. So findet sie ihr eigenes Glück. Mögen auch Sie auf Ihrem weiteren Lebensweg das Glück finden, das Sie sich wünschen!

Literaturverzeichnis

Ehrmann, W. (2011). Der Dalai Lama - Zitat und Joke. Artikel vom 26. Juli 2011. http://wilfried-ehrmann.blogspot.de/2011/07/der-dalai-lama-zitat-und-joke.html. Zugegriffen: 10. November 2016.

Fahrenberg, J., & Steiner, J. M. (2004). Adorno und die autoritäre Persönlichkeit. *Kölner Zeitschrift für Soziologie und Sozialpsychologie* 56, 127–152.

Festinger, L. (1954). A theory of social comparison processes. *Human Relations* 7, 117–140.

Grimm, J., & Grimm, W. (1812) *Kinder- und Haus-Märchen, gesammelt durch die Brüder Grimm: Große Ausgabe* (Bd. 1). Berlin: Realschulbuchhandlung.

Harnischmacher, R., & Muether, J. (1987). Das Stockholm-Syndrom. Zur psychischen Reaktion von Geiseln und Geiselnehmern. *Archiv für Kriminologie* 18, 1–12.

ich.raum. (2013). free.tool – Werte Hierarchie – Welches ist mein wichtigster Wert? Artikel vom 02. Juni 2013. http://www.ichraum.de/werte-hierarchie/. Zugegriffen: 10. November 2016.

Milgram, S. (1963). Behavioral study of obedience. *The Journal of Abnormal and Social Psychology* 67, 371–378.

Naturpark Meißner-Kaufunger Wald (2011). Geheimnisvolle Frau Holle … weltberühmt und doch unbekannt. http://www.urlaub-werratal.nordhessen.de/download.php?artid={818125dc-518e-0fc5-8bc7-094729bbe1df}. Zugegriffen: 09. November 2016.

Statista. (2016). Statistiken und Studien zu Depression und Burn-out-Syndrom. Online im Internet: URL: http://de.statista.com/themen/161/burnout-syndrom/. Zugegriffen: 10. November 2016.

Der alte Großvater und der Enkel von den Gebrüdern Grimm (1857)

Julia Käs

35.1   Inhalt des Märchens – 268

35.2   Die Charaktere – 268

35.3   Psychologische Phänomene und Implikationen – 269
35.3.1   Lernen am Modell – 269
35.3.2   Selbstreflexion – 270
35.3.3   Soziale Rollen, Stereotype und selbsterfüllende Prophezeiung – 271

35.4   Fazit – 273

Literaturverzeichnis – 273

© Springer-Verlag GmbH Deutschland 2017
D. Frey (Hrsg.), *Psychologie der Märchen*,
DOI 10.1007/978-3-662-53668-1_35

35.1   Inhalt des Märchens

Es war einmal ein steinalter Mann, dem waren die Augen trüb geworden, die Ohren taub, und die Knie zitterten ihm. Wenn er nun bei Tische saß und den Löffel kaum halten konnte, schüttete er Suppe auf das Tischtuch, und es floß ihm auch etwas wieder aus dem Mund. Sein Sohn und dessen Frau ekelten sich davor, und deswegen mußte sich der alte Großvater endlich hinter den Ofen in die Ecke setzen, und sie gaben ihm sein Essen in ein irdenes Schüsselchen und noch dazu nicht einmal satt; da sah er betrübt nach dem Tisch, und die Augen wurden ihm naß. Einmal auch konnten seine zitterigen Hände das Schüsselchen nicht festhalten, es fiel zur Erde und zerbrach. Die junge Frau schalt, er sagte aber nichts und seufzte nur. Da kauften sie ihm ein hölzernes Schüsselchen für ein paar Heller, daraus mußte er nun essen. Wie sie da so sitzen, so trägt der kleine Enkel von vier Jahren auf der Erde kleine Brettlein zusammen. „Was machst du da?" fragte der Vater. „Ich mache ein Tröglein," antwortete das Kind, „daraus sollen Vater und Mutter essen, wenn ich groß bin." Da sahen sich Mann und Frau eine Weile an, fingen endlich an zu weinen, holten alsofort den alten Großvater an den Tisch und ließen ihn von nun an immer mitessen, sagten auch nichts, wenn er ein wenig verschüttete.

(Original zitiert aus Grimm u. Grimm 1857, S. 398; ◘ Abb. 35.1)

35.2   Die Charaktere

In dem Märchen „Der alte Großvater und der Enkel" gibt es keine Charaktere im klassischen Sinne. Die Akteure sind gar nicht oder nur sehr dürftig

◘ **Abb. 35.1**   (Zeichnung: Johanna Frey)

beschrieben, sodass sich weder Wesen oder Temperament, noch spezifische Eigenheiten der Personen ausmachen lassen. Ihre Darstellung wirkt sachlich neutral und ist auf das Nötigste reduziert. Es wird nur so viel beschrieben, dass es für das Erzählen und das Verständnis der Geschichte ausreicht. Einzig die Altersunterschiede und in welcher Beziehung die Akteure zueinander stehen, wird deutlich hervorgehoben. So lebt der „alte Großvater", ein „steinalter Mann", mit seinem „Sohn und dessen Frau" sowie seinem „kleinen Enkel von vier Jahren" als Familie unter einem Dach. Mit dieser Art, das Märchen zu erzählen, unterstreichen die Autoren dessen Allgemeingültigkeit. Der Großvater, die Eltern und der Enkel sind jeweils Stellvertreter für eine ganze Generation und jeder von uns soll sich in seiner aktuellen (Alters-)Rolle im Märchen wiederfinden.

Allein durch ihr Handeln lassen der Großvater, sein Sohn und dessen Frau sowie der Enkel gewisse Charakterzüge erahnen:

Der **Großvater** ist mit seinen trüben Augen, tauben Ohren und zittrigen Knien schon sehr gebrechlich und verhält sich in allen Situationen passiv. Er protestiert nicht, als er zu wenig zu Essen bekommt, vom Tisch weggesetzt wird oder das hölzerne Schüsselchen bekommt, und verbirgt seine Trauer und Enttäuschung.

Sein **Enkel** dagegen sammelt munter Brettlein zusammen und zeigt damit ein natürlich spielerisches und kindgerechtes Verhalten. Außerdem haftet ihm eine gewisse kindliche Naivität an. Denn wir können nicht davon ausgehen, dass dem Enkel die Tragweite seines Handelns sowie seiner Bemerkung gegenüber den Eltern, auf die Nachfrage was er da mache, bewusst ist. Mit Sicherheit wollte der Enkel seine Eltern nicht mit Absicht beschämen.

Großvater und Enkel spiegeln somit bezüglich ihres Alters (jung vs. alt) und ihres Verhaltens (aktiv vs. passiv) Gegensätze wider, bilden auf der anderen Seite aber auch eine Art verschworene Einheit, wenn man sieht wie der Enkel sich – wenn auch unbewusst – für seinen Großvater einsetzt.

Der **Sohn** des Großvaters **und dessen Frau** ekeln sich vor dem Großvater, und besonders die Frau kann dies nicht oder nur schwer verbergen. Während das Seufzen des Sohnes, als dem Großvater die Schüssel herunterfällt, verrät, dass er doch nachsichtig mit ihm ist, bleibt seine Frau gefühlskalt und kann mit ihrem Aufschrei ihre Empörung nicht zurückhalten.

Beide Eltern des Enkels schätzen den Großvater nicht wert, zeigen aber am Ende Einsicht, indem sie ihn wieder zurück an den Tisch holen.

35.3 Psychologische Phänomene und Implikationen

Jeder der Charaktere in dem Märchen durchläuft einen eigenen Entwicklungsprozess und lernt hinzu: Das Kind nimmt seine Eltern als Vorbild wahr und orientiert sich an ihrem Verhalten, die Eltern wiederum werden durch ihren Sohn zur Selbstreflexion angeregt, und der Großvater erhält seinen Platz am Tisch zurück. Anhand von psychologischen Phänomenen lassen sich diese Prozesse detailliert beschreiben und daraus Implikationen für unser heutiges Leben ableiten.

35.3.1 Lernen am Modell

Im Märchen sehen wir am Verhalten des Enkels ein schönes Beispiel für das von Albert Bandura erforschte **Beobachtungslernen**, auch Lernen am Modell genannt (Bandura 1977). Der Enkel möchte für seine Eltern, entsprechend ihrem Vorbild, auch eine hölzerne Schüssel machen, aus der er ihnen später zu Essen geben kann. Dieses Verhalten ist das Ergebnis eines Lernprozesses, der auf der Beobachtung und Nachahmung des Verhaltens eines Modells – dies sind in diesem Fall die Eltern – beruht.

Auf diese Weise können Menschen und insbesondere Kinder komplexere (soziale) Verhaltensweisen erlernen. Der **Lernprozess** gliedert sich dabei in zwei Phasen, die Aneignungs- und Ausführungsphase.

In der **Aneignungsphase (Akquisition)** findet das eigentliche Lernen statt. Das zentrale Element in dieser Phase ist die Aufmerksamkeit, die auf das Modell und die ausgeführte Handlung gerichtet ist. Der Enkel muss seine Eltern also aufmerksam dabei beobachtet haben, wie sie mit seinem Großvater umgehen und ihm eine hölzerne Schüssel geben, aus der er essen soll.

Warum tut der Enkel das? Warum nehmen sich Kinder ihre Eltern zum Vorbild? Das liegt daran, dass wir besonders solche Personen als Modell annehmen, zu denen eine emotionale Beziehung besteht oder die uns ähnlich sind. Weiterhin ist ausschlaggebend, dass die Person für den Beobachter wichtig ist, indem sie einen gewissen sozialen Status oder eine gewisse soziale Macht besitzt. Deshalb sind die Eltern prädestiniert dazu, von ihren Kindern als Vorbilder wahrgenommen zu werden, da zu ihnen die Bindung besonders eng ist und, vor allem am Anfang des Lebens, eine große Abhängigkeit zwischen einem Kind und seinen Eltern besteht. Dies ist erweiterbar auf alle näheren Bezugspersonen im Umfeld der Kinder wie Verwandte, Erzieher und Lehrer.

In der **Ausführungsphase (Performanz)** erfolgt dann die motorische Ausführung der erlernten Verhaltensweise. Der Enkel sammelt also Brettlein, um daraus einen Trog zu bauen.

Beide Phasen – die Phase des Lernens und die Phase des Handelns – sind voneinander unabhängig. Es kann durchaus sein, dass ein bestimmtes Verhalten erlernt, aber eine lange Zeit nicht gezeigt wird. Ein Verhalten wird nur dann von dem Beobachter ausgeführt, wenn es für ihn in einer gewissen Situation sinnvoll erscheint.

Der Enkel sammelt die Brettlein in jenem Moment wohl schon zusammen, weil er seinen Eltern damit zeigen möchte, dass er sich um sie sorgt. Er begreift nicht, dass der Austausch der irdenen durch die hölzerne Schüssel keine fürsorgliche Geste ist, sondern die geringe Wertschätzung der Eltern gegenüber dem Großvater ausdrückt.

Implikationen für Erziehung

> » Wir brauchen unsere Kinder nicht erziehen, sie machen uns sowieso alles nach. (Karl Valentin)

Kinder sind durch ihre besonders starke emotionale Bindung zu ihren Eltern leicht beeinflussbar, da sie diese vor allem im Kleinkind- und frühen Schulalter ohne Einschränkung als Vorbilder nehmen. Die Eltern in unserem Märchen sind sich nicht bewusst, dass sie ihren Sohn insbesondere dadurch, dass sie ihm bestimmte Verhaltensweisen vorleben, erziehen.

Auf diese Weise können Eltern ihren Kindern nicht nur Regeln, z. B. bei Rot nicht über die Ampel zu gehen, oder gesellschaftliche Normen, z. B. sich zur Begrüßung die Hände zu schütteln, sondern auch zwischenmenschliches Verhalten und Weltanschauungen vermitteln. Also lohnt es sich, zu reflektieren, wie wir uns in einem Streit verhalten, wie wir reagieren, wenn uns jemand provoziert, oder auch wie nachhaltig wir leben.

Trotzdem hat auch das Zitat von Karl Valentin seine Grenzen. Denn es gibt natürlich auch Fälle, in denen Kinder bewusst anders sein wollen als ihre Eltern – vielleicht weil sie sich schlecht behandelt fühlten oder andere/bessere Vorbilder gefunden haben. Dies wird sich allerdings erst in zunehmendem Alter zeigen, wenn eine Unabhängigkeit von den Eltern möglich und erreicht ist.

Für die Erziehung nehmen wir mit, dass es nicht nur darum geht, in expliziten Situationen sein Kind zu fordern und zu fördern, sondern auch in allen anderen Situationen das eigene Verhalten wegweisend ist. Das gilt nicht nur für Eltern, sondern auch für alle anderen Personen, die aufgrund ihrer Rolle z. B. als Tante oder Onkel, Erzieher, Lehrer oder auch Prominenter potenzielle Modelle für Kinder sein können. Denn, wie uns das Märchen so schön verdeutlicht, wir ziehen die Generation groß, die später einmal für uns und den Rest der Welt Sorge tragen wird.

35.3.2 Selbstreflexion

Nachdem der Enkel seinen Eltern offenbart hat, wofür er die Brettlein zusammen sucht, sehen sich diese eine Weile an und lassen den Großvater von da an wieder mit bei sich am Tisch essen.

Doch was ist passiert, während sich die Eltern angesehen haben? Was hat sie zu der Einsicht gebracht, dass ihr Handeln nicht angemessen war? Man spricht hier von **Selbstreflexion**. Als Selbstreflexion bezeichnet man die Fähigkeit, über die eigenen Gefühle, Gedanken und Einstellungen sowie das eigene Handeln nachzudenken.

Dabei wird Selbstreflexion von vielen Wissenschaftlern als mehrstufiger Prozess gesehen, der sich im Wesentlichen in folgende Stufen gliedert:
1. Bewusstsein über unangenehme Gefühle und Gedanken
2. Kritische Analyse der Gefühle und Situation
3. Entwicklung einer neuen Perspektive

Anstoß zur Selbstreflexion ist meist eine Erfahrung, die uns bewusst werden lässt, dass etwas nicht stimmt. Sie löst unangenehme Gefühle und Gedanken in uns aus. Daraufhin erfolgt eine kritische Auseinandersetzung mit unseren Gefühlen und der vorherrschenden Situation, indem wir Gedanken assoziieren, integrieren und validieren und auf die gegebene Situation anwenden. Abschließend entwickeln wir auf dieser Basis eine neue Perspektive auf die Situation. Dies spiegelt sich sowohl in einer kognitiven als auch affektiven Veränderung wider, die wiederum zu einer Veränderung im Verhalten führen können, aber nicht müssen (Atkins u. Murphy 1993).

Selbstreflexion ist also ein Lernprozess, den auch die Eltern des Enkels durchlaufen haben. Die Erfahrung, dass ihr Sohn auch für sie eine hölzerne Schüssel anfertigen möchte, bringt beide zum Nachdenken. Die Gefühle und Gedanken, die sie dabei haben, sind für sie so unangenehm, dass sie sogar anfangen zu weinen. Wahrscheinlich haben beide noch einmal rekapituliert, wie sie mit dem Großvater umgegangen sind und ob dieses Verhalten gerechtfertigt war. Letztendlich kommen beide zu dem Schluss, dass sie den Großvater wieder zurück an den Tisch holen möchten. Sie haben also eine neue Perspektive auf die Situation entwickelt, die es ihnen nun erlaubt über das unappetitliche Verhalten des Großvaters hinwegzusehen.

Damit stellt Selbstreflexion auch immer eine Chance dar, aus falschen Entscheidungen oder Krisen zu lernen und ist somit ein wichtiger Bestandteil von **Weisheit**. Schon im Grimm'schen Wörterbuch ist Weisheit als „Erkenntnis seiner selbst und der Welt" definiert (Grimm u. Grimm 1984). Denn durch Selbstreflexion erlangen wir Wissen über uns selbst und die Welt auf einer Metaebene. Solches Metawissen ermöglicht es uns, Erkenntnisse auch auf andere Kontexte und Problemstellungen anzuwenden (Staudinger u. Baltes 1996).

Implikationen für Lebensführung

In der heute sehr schnelllebigen Zeit hetzen wir oft von einer Sache zur anderen oder beginnen einen neuen Lebensabschnitt, ohne den alten wirklich reflektiert zu haben: Wir stürzen uns in neue Beziehungen, ohne zu fragen, warum wir uns in der alten Beziehung nicht mehr wohlgefühlt haben. Wir wechseln von einem Job zum nächsten, ohne uns zu fragen, was wir uns von unserem nächsten Job erwarten. Vielleicht bietet es sich an, öfter einmal ein Learning by Doing durch ein Learning by Thinking zu ersetzen; damit wäre manchem Fehltritt womöglich vorgeschützt (Di Stefano et al. 2015).

Gönnen Sie sich öfters eine Auszeit und denken Sie über sich selbst nach. Selbstreflexion kann für uns eine Chance sein, Probleme und Ansatzpunkte für Veränderungen, aber auch eigene Stärken zu erkennen.

Selbstreflexion geschieht selten nebenbei, wir müssen uns aktiv Zeit dafür nehmen. Dies können wir realisieren, indem wir in unseren Alltag bewusst Zeiten für Selbstreflexion integrieren – z. B. indem man, bevor man sich Schlafen legt, den Tag noch einmal im Bett Revue passieren lässt. Dabei kann man sich selbst fragen, was gut oder schlecht gelaufen ist und warum man sich in bestimmten Situationen so verhalten oder gefühlt hat. Für einige kann es hilfreich sein, diese Gedanken in Form eines Tagebuchs aufzuschreiben, um nicht in ziellosem Grübeln zu enden.

Außerdem sollte man darauf achten, auch die positiven Dinge hervorzuheben, indem man sich beispielsweise fragt: Was war heute mein größter Erfolg? Hilfreich kann es zudem sein, sich Feedback von Freunden oder Familienmitgliedern einzuholen, um das eigene Selbstbild mit dem Fremdbild anderer abzugleichen und so aktiv Erfahrung zu schaffen, die zum Nachdenken anregen.

Implikationen für Führung

Besonders als Führungskraft ist Selbstreflexion relevant, um das eigene Führungsverhalten zu verbessern. Es ist wichtig, sich selbst, den eigenen Führungsstil und Entscheidungen regelmäßig zu hinterfragen.

Das sog. **360°-Feedback** ist ein geeignetes Instrument, um einen Anstoß zur Selbstreflexion zu geben. Mit dieser Methode zur Einschätzung der Fähigkeit und Leistung einer Führungs- oder Fachkraft aus unterschiedlichen Perspektiven lässt sich das Feedback sowohl von Mitarbeitern, Vorgesetzten und Kunden einholen. Eine Führungskraft erhält somit einen vielgestaltigen Überblick zu ihrer Außenwirkung, die sie wiederum mit ihrem eigenen Selbstbild

abgleichen kann – stimmen beide gut überein, führt sie erfolgreicher. Aber auch außerhalb solch institutionalisierter Formen sollte man sich als Führungskraft Feedback von seinen Mitarbeitern einholen, indem man beispielsweise fragt: „Wie haben Sie mich heute in dieser Situation erlebt?"

Als Führungskraft fällt einem darüber hinaus die Aufgabe zu, andere zum Nachdenken zu bringen und eventuell sogar Verhaltens- oder Einstellungsänderungen bei Mitarbeitern zu erzielen. Ihnen schonungslos den Spiegel vorzuhalten, wie es der Enkel mit seinen Eltern getan hat, ist dabei nicht das geeignete Vorgehen. Stattdessen kann man als Führungskraft zur **Selbstreflexion anregen** beziehungsweise eine Hilfestellung geben, indem man als eine Art „Sparringspartner" die richtigen Fragen stellt: „Wieso haben Sie in dieser bestimmten Situation so reagiert? Wie haben Sie das Verhalten Ihres Kollegen wahrgenommen? Wie hat Sie anders herum wohl der Kollege wahrgenommen?", und den Mitarbeiter aus neutraler Sicht bei seiner Reflexion begleitet.

Weitergreifend könnte man diese Vier-Augen-Gespräche auch auf das ganze Arbeitsteam ausweiten. Denn eine gemeinsame Reflexion kann sowohl der Führungskraft also auch den Mitarbeitern neue Perspektiven eröffnen, die ihnen möglicherweise sonst verborgen bleiben würden. Ganz grundsätzlich geht es auch bei der **Teamreflexion** darum, sowohl auf der Sach- als auch auf der Beziehungsebene im Team darüber zu sprechen, was gut oder schlecht läuft. Dabei sollte besonders die Reflexion von gemeinsamen Zielen, Strategien, Prozessen sowie der eigenen Leistung im Mittelpunkt stehen (West 2012).

35.3.3 Soziale Rollen, Stereotype und selbsterfüllende Prophezeiung

Die vier Charaktere in dem Märchen erfüllen unterschiedliche Rollen. Die Eltern sind die „Versorger" und damit für das Essen und den Haushalt zuständig. Großvater und Enkel dagegen sind auf die Eltern angewiesen – der Großvater, weil er körperlich nicht mehr in der Lage ist, sich selbst zu versorgen, und der Enkel, weil er mit seinen vier Jahren noch zu naiv und unbeholfen ist.

Auch wir übernehmen im Laufe unseres Lebens zahlreiche **soziale Rollen**. Jeder von uns erfüllt meist sogar mehrere Rollen gleichzeitig:

- Altersrollen: Kind, Jugendlicher, Erwachsener etc.
- Geschlechterrollen: Mann, Frau
- Ausbildungsrollen: Grundschüler, Hauptschüler, Realschüler, Azubi, Studierender etc.
- Berufsrollen: Polizist, Bäcker, Arzt, Sekretär, Psychologe etc.
- Rollen im Privatleben: Vater/Mutter, Sohn/Tochter, Freund, Ehepartner, Vereinsmitglied etc.

Alle diese sozialen Rollen sind implizit mit **Rollenerwartungen** verknüpft. Es existieren also Vorstellungen davon, wie man sich in einer bestimmten Rolle verhalten sollte und wie diese Rolle auszufüllen ist: Ein Erwachsener sollte vorausschauend und umsichtig handeln, eine Mutter sollte ihren Kindern viel Zeit widmen und sich um sie kümmern, ein Polizist sollte sich für Recht und Ordnung einsetzen und unbestechlich sein. Die Beispiele ließen sich fortführen.

Doch welche Rolle übernehmen ältere Menschen wie der Großvater im Märchen? In früheren Gesellschaften, als die Menschen noch nicht so alt wurden wie heute, wurden ältere Menschen besonders geachtet. Sie übernahmen häufig die Rolle des Ratgebers, waren Übermittler der Traditionen und wurden aufgrund ihrer Erfahrung geschätzt. Außerdem waren die Großeltern meist für die Kinderbetreuung zuständig, während die Eltern die Arbeit verrichteten. Dieses Rollenverständnis gilt in unserer Zeit schon lange nicht mehr. Die Weitergabe von Wissen und Informationen wird heutzutage weitgehend durch moderne Technologien bewerkstelligt und durch den Strukturwandel der Familie sind familiäre Funktionen wie die Kinderbetreuung auf andere gesellschaftliche Systeme übergegangen (Lehr 2007).

Erfüllen alte Menschen in unserer Gesellschaft also keine Aufgabe mehr? Kommt ihnen keine Rolle mehr zu? Tatsächlich kann man in Anbetracht der Tatsachen von einer Art **Rollenverlust alter Menschen** sprechen. Produktive Effizienz und Fortschritt bilden das neue Leitbild unserer Gesellschaft, dem der alte Mensch zum Opfer fällt. Ungeachtet der bisher im Leben erbrachten Leistungen verliert er seinen Platz in der Gesellschaft und wird aus dem gesellschaftlichen Leben herausgedrängt.

Damit einher geht ein negativer **Altersstereotyp** vom gebrechlichen, abhängigen und hilfsbedürftigen alten Menschen, so wie ihn der Großvater im Märchen verkörpert. Diese Verallgemeinerungen führen dazu, dass ältere Menschen sich selbst in ihrem Lebensraum beschränken und vielfach Dinge nicht mehr tun, die sie noch tun könnten und die ihnen Spaß machen würden, aus Angst davor, von anderen dafür belächelt zu werden.

Das bedeutet, die Erwartungen anderer Menschen an das Verhalten alter Menschen bringt diese erst dazu, „altersgemäße" Verhaltensweisen zu zeigen (Harwood et al. 1995). In der Sozialpsychologie bezeichnet man dieses Phänomen als **selbsterfüllende Prophezeiung** (Jussim 1986). Das heißt den Satz „Man ist so alt, wie man sich fühlt" müsste man demnach abändern in „Man ist so alt, wie man sich aufgrund der Einstellungen und Erwartungen der Gesellschaft an einen selbst fühlt" (Lehr 2007).

Mögliche Lösungen zur Generationsproblematik

Um negative Altersstereotype abzubauen und die damit einhergehenden Effekte von selbsterfüllenden Prophezeiungen zu reduzieren, müssen wir wieder mehr mit alten Menschen in Kontakt treten, sie als vollwertigen Teil der Gesellschaft sehen und vor allem auch wieder wertschätzen lernen. Wir dürfen die Lebensleistung älterer Menschen nicht ignorieren, denn wir bauen auf dem auf, was sie erarbeitet haben.

Gleichzeitig geht es neben dem Respekt, den die Gesellschaft den älteren Menschen entgegenbringen sollte, aber auch darum, dass die ältere Generation sich selbst respektieren lernen muss. Sie dürfen die von der Gesellschaft hoch gehaltenen Altersstereotype nicht einfach übernehmen und sich von diesen nicht einschränken lassen. Stattdessen braucht es eine ältere Generation, die sich dagegen zur Wehr setzt und für sich den nötigen Selbstrespekt aufbringt. Denn nicht das Alter an sich ist ein Problem, sondern unser aller Einstellung dazu.

Mehrgenerationenhäuser, die generationenübergreifend als Wohnraum sowie Treffpunkt

35

genutzt werden, eignen sich beispielsweise bestens dafür, möglicherweise vorhandene Vorurteile abzulegen. Die Projekte fördern den Austausch zwischen den Generationen auf der Basis von gegenseitiger Bereitschaft zu alltäglichen Hilfen. Von diesen Hilfen profitieren nicht nur ältere Menschen, wenn z. B. jemand den Einkauf für sie erledigt, sondern insbesondere auch Familien mit Kindern, die so auch spontan jemanden für die Kinderbetreuung finden. Es kommt also darauf an, die Stärken des Alters zu erkennen und auch zu nutzen.

Doch neben solchen alltäglichen Gefälligkeiten, können wir auch den Erfahrungs- und Wissensschatz älterer Menschen nutzen. Projekte wie „Helden im Ruhestand" setzen hier an der richtigen Stelle an, indem sie Menschen in den aktiven Ruhestand begleiten. Das tun sie, indem sie Perspektiven aufzeigen und altersgerechte Angebote für gesellschaftliches Engagement vermitteln. Somit können ältere Menschen auch weiterhin etwas zum gesellschaftlichen Leben beitragen und dadurch das Selbstbewusstsein entwickeln, das ihrer Lebensstufe entspricht.

35.4　Fazit

Der Intention der Autoren folgend, die die Charaktere wenig spezifisch illustriert haben, wird das Märchen bis heute seiner Allgemeingültigkeit gerecht. Der alte Großvater, die Eltern und der Enkel zeigen uns wunderbar eindrücklich auf, worauf es im Zusammenleben und in unserer Gesellschaft letztlich ankommt: Akzeptanz, Fürsorge und Respekt für sich und die anderen über alle Generationen hinweg!

Literaturverzeichnis

Atkins, S., & Murphy, K. (1993). Reflection: A review of the literature. *Journal of Advanced Nursing* 18, 1188–1192.

Bandura A. (1977). *Social learning theory*. Englewood Cliffs, N.J.: Prentice Hall.

Grimm, J., & Grimm, W. (1857). *Kinder- und Haus-Märchen, gesammelt durch die Brüder Grimm: Große Ausgabe* (Bd. 1, 7. Aufl.). Göttingen: Verlag der Dieterichschen Buchhandlung.

Grimm, J., & Grimm, W. (1984). *Deutsches Wörterbuch. Nachdruck der Erstausgabe von 1854*. München: Deutscher Taschenbuch Verlag.

Di Stefano, G., Gino, F., Pisano, G., & Staats, B. (2015). *Learning by thinking: Overcoming the bias for action through reflection*. Cambridge, MA, USA: Harvard Business School.

Harwood, J., Giles, H., & Ryan, E. B. (1995). Aging, communication, and intergroup theory: Social identity and intergenerational communication. In: J. F. Nussbaum & J. Coupland (Ed.), *Handbook of communication and aging research* (S. 133–160). Hillsdale: Erlbaum.

Jussim, L. (1986). Self-fulfilling prophecies: A theoretical and integrative review. *Psychological Review* 93, 429–445.

Lehr, U. (2007). *Psychologie des Alterns*. Wiebelsheim: Quelle & Meyer.

Staudinger, U. M., & Baltes, P. B. (1996). Weisheit als Gegenstand psychologischer Forschung. *Psychologische Rundschau* 47, 57–77.

West, M. (2012). *Effective teamwork: Practical lessons from organizational research*. Hoboken, NJ: Wiley.

Die drei kleinen Schweinchen von Joseph Jacobs (1890)

Katharina Sagstetter

36.1   **Inhalt des Märchens – 276**

36.2   **Die Charaktere – 276**

36.3   **Psychologische Phänomene und Implikationen – 277**
36.3.1   Erziehungskontext: Vorbereitung auf ein selbstständiges
           Leben – 278
36.3.2   Arbeitskontext: Gemeinsame Ziele, Bedürfnisse und
           Motivation – 279
36.3.3   Sozialer Kontext: Lernen und Helfen – 280
36.3.4   Kritische Bewertung zur Moral in der Geschichte – 281

36.4   **Fazit – 281**

           Literaturverzeichnis – 282

© Springer-Verlag GmbH Deutschland 2017
D. Frey (Hrsg.), *Psychologie der Märchen*,
DOI 10.1007/978-3-662-53668-1_36

36.1   Inhalt des Märchens

Es war einmal eine alte Schweinemutter, die drei kleine Schweinchen aufzog, bis sie so groß waren, dass sie in ihrem Haus keinen Platz mehr hatten. Also schickte sie sie raus in die weite Welt und gab ihnen mit auf den Weg, dass sich jedes der Schweinchen ein eigenes Haus bauen sollte.

Das erste Schweinchen traf auf einen Mann, der ein Bündel Stroh bei sich hatte, und tauschte seine Borsten gegen das Stroh, um sich damit ein Haus zu bauen. Der Mann half ihm dabei, und so setzten sie eine große Vordertür und eine kleine Hintertür in das Haus. Als es fertig war, war das Schweinchen froh und fühlte sich sicher vor dem bösen Wolf. Auch das zweite Schweinchen begegnete einem Mann. Dieser trug ein Bündel Holz mit sich, und so tauschte das Schweinchen seine Borsten gegen das Holz des Mannes, um sich ein Haus zu bauen. Der Mann half dem zweiten Schweinchen, und sie setzten ebenso zwei Türen ein, eine große Tür vorne und eine kleine hinten. Das zweite Schweinchen fühlte sich ebenso sicher und war froh mit seinem neu erbauten Haus. Als das dritte Schweinchen einen Mann traf, der einen Karren voller Ziegelsteine zog, tauschte es seine Borsten gegen die Ziegelsteine und baute sich mit der Hilfe des Mannes ein Haus aus Ziegeln mit einer großen Vordertür und eine kleine Hintertür. Schließlich war auch das dritte Schweinchen froh und fühlte sich sicher vor dem Wolf.

So lebten die drei Schweinchen glücklich und zufrieden bis eines Tages der böse Wolf zum Strohhaus kam. Da ihn das erste Schweinchen auf sein Bitten nicht ins Haus ließ, hustete und prustete er so lange, bis das Strohhaus zusammenfiel. Zum Glück konnte sich das erste Schweinchen durch die Hintertür in das Holzhaus des zweiten retten. Doch auch das Holzhaus konnte der Wolf mit Husten und Prusten zum Einsturz bringen, sodass sich die zwei kleinen Schweinchen zum dritten ins Ziegelhaus retten mussten. Am Ziegelhaus scheiterte der Wolf, da er es mit Husten und Prusten nicht einstürzen lassen konnte.

So fasste der Wolf den Plan, durch den Kamin in das Haus einzudringen. Das erste Schweinchen fragte verzweifelt: „Was sollen wir nur tun?" Daraufhin beschloss das zweite Schweinchen, Feuer im Kamin zu machen, und das dritte setzte einen Kessel mit Wasser auf die Feuerstelle. Schließlich fiel der Wolf in den Kessel mit kochendem Wasser, und die Schweinchen setzten einen Deckel darauf. Vor Freude, den bösen Wolf bezwungen zu haben, tanzten sie um den Kamin und sangen: „Der Wolf ist tot, der Wolf ist tot, ein Ende hat die große Not!" Nach diesem erschreckenden Erlebnis beschlossen die ersten beiden Schweinchen, sich ebenfalls Häuser aus Ziegelsteinen zu bauen.

(Jacobs 1890; ◘ Abb. 36.1)

Anmerkung   Joseph Jacobs wurde am 29. August 1854 in Sydney geboren und starb am 30. Januar 1916 in Yonkers. Als australischer Historiker und Literaturwissenschaftler war er einer der berühmtesten Kindermärchenautoren des 19. Jahrhunderts. Jacobs war ein Sprachentalent: Er übersetzte hebräische, spanische und italienische Werke und veröffentlichte neue Versionen englischer Klassiker (Bergman 1983). Die Märchensammlung *English Fairy Tales*, in der auch das Märchen „Die drei kleinen Schweinchen" veröffentlicht wurde, zählt zu seinen bekanntesten Werken (Encyclopaedia Britannica 2016).

36.2   Die Charaktere

Die Hauptcharaktere des Märchens, die **drei kleinen Schweinchen**, bauen sich ihre Häuser aus unterschiedlichen Materialien. Man kann sich nun fragen, ob es Glück des dritten Schweinchens war, Ziegeln zu bekommen, um damit ein Haus zu bauen. Vermutlich nicht, da dieses auch am Ende den durchdachten Vorschlag äußert, einen Kessel mit Wasser aufs Feuer zu stellen, um den bösen Wolf endgültig zu bezwingen. Das zweite Schweinchen ist fast ebenso gewieft, baut sein Haus aus Holz und hat die Idee, Feuer zu machen, als der Wolf durch den Kamin in das Ziegelhaus eindringen will. Im Gegensatz dazu ist das erste Schweinchen unbedacht und baut ein Strohhaus. Außerdem zeigt es in der Notsituation keine Initiative und wäre ohne seine Geschwister vermutlich verloren.

Die **Schweinemutter** kommt nur zu Beginn des Märchens vor. Sie hat ihren Erziehungsauftrag für sich selbst bereits abgeschlossen und stellt ihre Kinder vor die Herausforderung, sich eigene Häuser zu bauen.

Ein weiterer Charakter ist ein **fremder Mann**, der den Schweinchen verschiedene Materialien zum Tausch anbietet. Man kann durchaus davon ausgehen, dass es immer der gleiche Mann ist, da er jedem Schweinchen hilft, das Haus aufzubauen, und dabei an eine Hintertür denkt, durch die sich zwei der drei Schweinchen retten können.

Der letzte Charakter, der im Märchen vorkommt, ist der **böse Wolf**, das Feindbild der drei kleinen Schweinchen. Das dritte Schweinchen ist ihm mit seinem Haus und der Idee, den Kessel auf das Feuer zu setzen, überlegen. So schaffen es die Schweinchen, den Wolf zu überlisten, was für ihn den Tod bedeutet.

36.3   Psychologische Phänomene und Implikationen

Die drei kleinen Schweinchen machen deutlich, wie wichtig **familiärer Zusammenhalt** ist, vor allem wenn Gefahr droht. Sie halten zusammen und sind in der Lage, dem Tod zu entkommen. Hätten sie nicht einen solch starken Zusammenhalt, möchte man sich gar nicht ausmalen, wie das Märchen ausgegangen wäre. Wenn die Familie nicht in der Nähe ist, muss man häufig auf die Hilfe von Freunden, Bekannten oder sogar Fremden bauen. So ist es auch im Märchen: Die Hilfestellung des Mannes, der ihnen Rohstoffe zur Verfügung stellte und beim Hausbau half, obwohl sie ihn zuvor nicht kannten, war äußerst nützlich. Hätten sie diese Hilfe nicht angenommen und keine Hintertür eingebaut, wären die ersten beiden Schweinchen vermutlich dem Wolf zum Opfer gefallen. Glücklicherweise haben sie die Hilfe angenommen und konnten sich so zum jeweils anderen Schweinchen retten. Hilfestellung von anderen anzunehmen, besteht dabei aus zwei Komponenten. Einerseits muss man bereit sein, Hilfe anzunehmen. Andererseits ist die Basis dafür, dass es hilfsbereite Menschen gibt, die Unterstützung anbieten. In der heutigen Gesellschaft ist dies keine Selbstverständlichkeit, weshalb es wichtig ist, dass Autoren wie Jacobs in ihren Texten darauf aufmerksam machen.

Zudem lehrt uns der Autor, dass man nicht von einem auf den anderen Tag selbstständig ist und vernünftige Entscheidungen treffen kann. Auch im wahren Leben ist klar: **Erwachsenwerden** geht nicht von heute auf morgen. Dazu braucht man den Rat älterer Ansprechpartner, beispielsweise den der Eltern, und muss zudem selbst Erfahrungen sammeln. Eine solche Erfahrung ist die Begegnung der Schweinchen mit dem bösen Wolf. Es bringt alle drei einen Schritt weiter in ihrem Leben, und sie erkennen, wie wichtig vorausschauendes Denken und Handeln ist. Ein Haus aus Stroh, um sich vor dem Wolf zu schützen, war jedenfalls nicht der richtige Weg. Auch wir stoßen immer wieder auf Erlebnisse, die uns zeigen, was wir in Zukunft besser unterlassen sollten oder besser lösen könnten.

- **Fragen zur Reflexion**
- Hatten Sie in letzter Zeit ein Erlebnis, das Sie einen Schritt nach vorne gebracht hat?
- Welche Erfahrungen, die Sie in der Vergangenheit gemacht haben, sind Ihnen bis heute im Gedächtnis geblieben?

36.3.1 Erziehungskontext: Vorbereitung auf ein selbstständiges Leben

Das Märchen gibt uns mit auf den Weg, wie wichtig es ist, Kinder auf das Leben vorzubereiten. Vor allem das erste Schweinchen hätte wissen müssen, dass ein Haus aus Stroh nicht sicher ist. Jedoch erhielt es von seiner Mutter diesbezüglich keinen Ratschlag. So hat sie nicht ausreichend für die Grundlage gesorgt, die das erste Schweinchen für eine gesunde Wahrnehmung seiner Selbst sowie seiner Befähigung gebraucht hätte.

Selbstwirksamkeit

Unter **Selbstwirksamkeitserwartung** versteht man die Einschätzung darüber, was man mit seinen eigenen Fähigkeiten erreichen kann (Bandura 1977).

Diese erwartete Selbstwirksamkeit ist beim ersten Schweinchen offensichtlich am geringsten ausgeprägt. Anstatt sich selbst eine Lösung zu

überlegen, fragt es die anderen beiden am Ende: „Was sollen wir nur tun?", in der Hoffnung, diese könnten etwas unternehmen. Es glaubt nicht daran, mit seinen eigenen Fähigkeiten etwas bewirken zu können. Glücklicherweise erwarten die anderen beiden Schweinchen mehr Selbstwirksamkeit und schmieden schnell einen Plan, der allen dreien das Leben rettet. Hätte die Mutter in der Erziehung des ersten Schweinchens mehr Wert auf Selbstständigkeit gelegt, hätte es womöglich eine höhere Selbstwirksamkeitserwartung und dadurch in der gefährlichen Situation eine Idee generieren können.

Aus der mangelnden Selbstwirksamkeitserwartung des ersten Schweinchens können wir auch etwas für die Erziehung im echten Leben lernen: Es ist wichtig, seinen Kindern die Möglichkeit zu geben, Selbstwirksamkeit zu erfahren. Das bedeutet, dass man sie auch sich selbst überlassen muss und ihnen Aufgaben zutragen sollte, die eigenständig zu lösen sind.

Dabei ist es wichtig, sie mit Problemstellungen zu konfrontieren, die eine **Herausforderung** darstellen, ähnlich wie es die Schweinemutter gemacht hat. Jedoch sollte die Lösung des Problems nicht unmöglich sein, sonst würde man nur **Frustration** hervorrufen. Vermutlich war das erste Schweinchen im Vergleich zu seinen Geschwistern mit der Situation überfordert.

Wenn man erkennt, dass die Aufgabe (noch) nicht alleine bewältigt werden kann, kann man durchaus Hilfestellung anbieten. Dabei ist darauf zu achten, dem Kind nicht das Ruder aus der Hand zu nehmen. Als Erziehungsperson muss man hierfür das richtige Maß finden und sollte auf den Charakter des Kindes eingehen. Es gibt Kinder, die ohnehin vieles selbst ausprobieren, denen man eher Richtung geben muss. Zurückhaltende Kinder brauchen häufig erst den Antrieb, um sich Herausforderungen zu stellen.

Dies trifft auch auf das erste Schweinchen zu. Es hätte von seiner Mutter mehr dazu angetrieben werden müssen, sich Problemen zu stellen. Sie hätte ihm beispielsweise Aufgaben stellen können, die es ohne die Hilfe der Geschwister lösen sollte, oder es dazu animieren können, sich handwerklich zu betätigen. Dann hätte es den Hausbau mit mehr Selbstsicherheit angehen können und vermutlich von vornherein ein stabileres Material gewählt.

Geschwisterliebe und familiärer Zusammenhalt

Abgesehen davon, dass man seine Kinder auf das Leben vorbereiten soll, ist es auch wichtig Geschwisterliebe und familiären Zusammenhalt zu betonen.

Das haben auch die Schweinchen in ihrer Kindheit gelernt, da sie in der schwierigen Situation zusammengehalten haben und nur dadurch die ersten beiden gerettet werden konnten.

Wenn man schon in der Kindheit erfährt, wie förderlich der Zusammenhalt unter Geschwistern sein kann, hilft das auch bei künftigem Verhalten in der Schule oder im Berufsleben. Man weiß, wie Geben und Nehmen funktioniert, und ist für verschiedenste soziale Situationen gewappnet. Bei Einzelkindern können die Funktion der Geschwister natürlich die Eltern oder befreundete Kinder übernehmen.

- **Fragen zur Reflexion**
- Wie haben Sie als Kind familiären Zusammenhalt erfahren?
- Hat Sie dieser in Ihrer Selbstwirksamkeitserwartung beeinflusst?

36.3.2 Arbeitskontext: Gemeinsame Ziele, Bedürfnisse und Motivation

Zu Beginn waren die Schweinchen auf sich alleine gestellt, was sich als gefährlich herausstellte, da sie vom Wolf angegriffen wurden. Um sich gegen den Wolf zu wehren, haben sie sich zusammengeschlossen, wobei das dritte Schweinchen mit seinem Ziegelhaus eine Leitposition einnahm. Das gemeinsame Ziel, den Wolf zu bezwingen, hat ihrem Team eine Richtung gegeben. Durch die Abgrenzung zu einem außenstehenden Faktor (dem Wolf) ist die Dreiergruppe zusammengewachsen.

Theorie der sozialen Identität und Teamentwicklung

Laut der **Theorie der sozialen Identität** (Tajfel u. Turner 1979) hat jeder Mensch neben seiner persönlichen Rolle auch verschiedene soziale Identitäten. Man strebt dabei vor allem eine positive soziale Identität an, die hauptsächlich auf dem für die Eigengruppe (Ingroup) vorteilhaften Vergleich mit einer relevanten Fremdgruppe (Outgroup) basiert.

Im Märchen gibt es keine Fremdgruppe im klassischen Sinne, jedoch stellt der Wolf einen Gegenpol zu den Schweinchen dar. Das Bezwingen des Wolfes stärkt ihren Zusammenhalt, was zu einer positiven sozialen Identität der Schweinchen führt.

Auch in menschlichen Teams, z. B. im Organisationskontext, ist es wesentlich ein gemeinsames Ziel zu verfolgen, wobei Rahmenbedingungen und Entwicklungsmaßnahmen für das Team durch die Führungskraft gesteuert werden. In der **Teamentwicklung** stehen soziale und aufgabenbezogene Prozesse innerhalb des Teams im Fokus, es sollen in direkter Interaktion Barrieren abgebaut, Rollenbilder geklärt und zwischenmenschliche Beziehungen verbessert werden (Nerdinger 2014, S. 114).

Im Märchen wirkt die gemeinsame Bewältigung des Wolfes wie eine Teamentwicklungsmaßnahme, da die Geschwister erfahren, wie nützlich es ist, zusammenzuhalten. Außerdem klären sich durch die gefährliche Situation ihre Rollen, wobei das dritte Schweinchen die Führungsposition einnimmt, das zweite die Rolle des Unterstützers und das dritte als Mitläufer agiert.

Bedürfnispyramide von Maslow

In ihrem Dreierteam verfolgen die Schweinchen das gemeinsame Ziel, sicher und geschützt vor dem bösen Wolf zu sein.

Hier geht es nach der Bedürfnispyramide von Maslow (1943) um eines der grundlegendsten menschlichen Bedürfnisse, die **Sicherheit**. Er geht davon aus, dass manche Bedürfnisse anderen vorangehen, was die Handlungsmotivation beeinflusst. Dabei bilden physiologische Bedürfnisse die Basis der Bedürfnispyramide, worauf die Sicherheitsbedürfnisse folgen. Wenn diese gewährleistet sind, denkt man an soziale Bedürfnisse, die Maslow als Liebes-, Zuneigungs- und Zugehörigkeitsbedürfnisse bezeichnet. Sind diese wiederum sichergestellt, hegt man Bedürfnisse nach Wertschätzung wie Selbstrespekt, Selbstachtung und Ansehen. An der Spitze der Pyramide steht das Bedürfnis der Selbstverwirklichung.

Im Märchen ist diese Rangfolge der Bedürfnisse daran zu erkennen, dass die Schweinchen zuerst sicher vor dem Wolf sein mussten, um sich weiterzuentwickeln. Sobald der Wolf tot und die Schweinchen in Sicherheit waren, hatten das erste und das zweite Schweinchen die Motivation, sich auch ein Ziegelhaus zu bauen.

Übertragen auf den Arbeitskontext bedeutet dies, dass zuerst **Arbeitsplatzsicherheit** gewährleistet sein sollte, um Motivation für weitere Bedürfnisse, z. B. der beruflichen Selbstverwirklichung, schöpfen zu können.

- **Fragen zur Reflexion**
- Welche Ausgangsfaktoren empfinden Sie als essenziell, um sich im Beruf entfalten zu können?
- Was motiviert Sie in Ihrem Beruf? Was empfinden Sie als Hemmnis?

36.3.3 Sozialer Kontext: Lernen und Helfen

Im Märchen wird der Wert des Familienzusammenhalts und die Tatsache, dass man gemeinsam in der Gruppe stark ist, betont. Hierdurch wird auch vermittelt, dass Familie ein gewisses Maß an Sicherheit bedeutet. Gruppen bieten aber nicht nur Schutz, sondern auch die Möglichkeit voneinander zu lernen.

So lernen das erste und das zweite Schweinchen aus ihrer Begegnung mit dem Wolf, dass ein Stroh- beziehungsweise Holzhaus nicht genügend Schutz bietet. Sie ziehen daraus ihre Lehre und bauen sich nach dem erschreckenden Erlebnis auch jeweils ein Ziegelhaus nach dem Vorbild des dritten Schweinchens.

Soziales Lernen und Lernen am Modell

Diese Art des Lernprozesses kann man als **soziales Lernen** beschreiben, bei dem eine andere Person als Modell dient. Der Wegbereiter des Lernens am Modell war Albert Bandura, der hervorhob, dass eine besondere Eigenschaft des Menschen die Fähigkeit ist, sich Wissen und Fertigkeiten durch Modelllernen anzueignen (Bandura 1976).

Vereinfacht lässt sich das Modelllernen folgendermaßen beschreiben (Kauffeld 2010, S. 42f.):
1. Die **Aufmerksamkeit** muss bewusst auf den relevanten Aspekt gelenkt werden. Im Fall der Schweinchen wird die Aufmerksamkeit unweigerlich auf die Vorzüge des Ziegelhauses gelenkt.
2. Im nächsten Schritt werden **Gedächtnisprozesse** relevant. Dabei wird die Beobachtung des Modells abgespeichert und die Informationen werden gedanklich oder handlungsmäßig wiederholt. Die Schweinchen wiederholen vermutlich die Begegnung mit dem Wolf und die Rettung durch das Ziegelhaus gedanklich immer wieder, sodass das Modell „Ziegelhaus bedeutet Sicherheit" in ihrem Gedächtnis abgespeichert wird.
3. Als nächstes folgt die **Reproduktion des Gelernten**. So ahmen die ersten beiden Schweinchen das dritte nach, indem sie nach dem schrecklichen Ereignis selbst Häuser aus Ziegeln bauen.
4. Abschließend beleuchtet man die **Motivation zur Handlung**, der die Selbstwirksamkeitserwartung vorangeht (▶ Abschn. 36.3.1). Nachdem die Schweinchen dem Tod so knapp entronnen sind, haben sie die Motivation, mehr Mühe für den Bau eines sicheren Hauses aufzuwenden. Zudem ist die Selbstwirksamkeitserwartung der Schweinchen, nachdem sie den Wolf bezwingen konnten, offensichtlich groß genug, um sich tatsächlich selbst Ziegelhäuser zu bauen.

Prosoziales Verhalten und Altruismus

Neben dem Familienzusammenhalt steht auch **prosoziales Verhalten** im Fokus des Märchens. Darunter versteht man die Form des Hilfeverhaltens, die nicht auf beruflicher Verpflichtung beruht oder von einer Organisation ausgeführt wird.

Das zweite und das dritte Schweinchen, die das erste beziehungsweise die ersten beiden Schweinchen in ihr Haus lassen, zeigen prosoziales Verhalten. Ebenso, wie es der fremde Mann tut, der den Schweinchen beim Hausbau hilft und ihnen mit dem Einbau der Hintertür indirekt das Leben rettet.

In diesen Fällen wäre zu diskutieren, ob es sich dabei um **Altruismus** handelt, also um prosoziales Verhalten mit dem obersten Ziel, einer anderen Person zu nützen, ohne dabei eigene Interessen zu verfolgen und daraus einen Vorteil zu nehmen (vgl. Bierhoff 2007, S. 299).

Der Mann hat zwar die Borsten als Gegenleistung für das Baumaterial erhalten, jedoch hat er ohne zusätzliche Gegenleistung beim Hausbau geholfen. Vermutlich wollte er die jungen Schweinchen einfach unterstützen. Bei den Schweinchen ist es nicht ganz so klar, da sie gemeinsam stärker waren, um den bösen Wolf zu bezwingen und vermutlich das Bezwingen des Wolfes oberstes Ziel war. Das dritte Schweinchen hätte jedoch seine Geschwister nicht ins Haus lassen müssen, was wiederum auf altruistisches Verhalten hindeutet.

Wenn man auch im echten Leben prosoziales Verhalten an den Tag legt, kann man viel bewirken und womöglich sogar Leben retten.

- **Fragen zur Reflexion**
- Erinnern Sie sich an Situationen, in denen Ihnen prosoziales Verhalten entgegengebracht wurde?
- Was hätten Sie ohne diese Hilfe gemacht?

36.3.4 Kritische Bewertung zur Moral in der Geschichte

Es ist wichtig, das Märchen auch mit einem kritischen Blick zu betrachten. So hilft der fremde Mann den Schweinchen einerseits, verkauft aber andererseits dem ersten Schweinchen Stroh für den Hausbau. Dieses Verhalten stellt sich als fahrlässig heraus und hätte dem Schweinchen beinahe das Leben gekostet.

Auch der Schweinemutter ist aus moralischer Sicht ein Vorwurf zu machen. Sie stellt ihre drei kleinen Schweinchen vor vollendete Tatsachen: Sie müssen in die Welt hinaus, um sich eigene Häuser zu bauen. Jedoch ist sie selbst ihrer Pflicht nicht vollumfassend nachgekommen und hat vor allem das erste Schweinchen nicht ausreichend auf das Leben in der weiten Welt vorbereitet, sodass es bald in Gefahr gerät.

Um die Schuld nicht nur auf andere abzuwälzen, hätte man jedoch auch vom ersten Schweinchen mehr Eigenverantwortung erwarten können. Es hätte reflektierter bei der Wahl des Materials für sein Haus vorgehen und am Ende, bei der Überführung des Wolfes, eigene Ideen einbringen können, anstatt sich auf die Hilfe der anderen zu verlassen.

In Bezug auf den Wolf gibt es zwei moralische Aspekte, über die man sich Gedanken machen sollte. Einerseits verhält sich der Wolf sehr hinterhältig, indem er höflich fragt, ob er ins Haus hineinkommen kann, und gleichzeitig den Hintergedanken hat, die Schweinchen zu fressen. Andererseits wird er am Ende grausam getötet, indem er in einem Kessel voll Wasser lebendig gekocht wird. Hier verläuft das Märchen nach dem Prinzip, Gleiches mit Gleichem zu vergelten. Doch hätte man den Wolf nicht auch auf eine weniger brutale Art überführen können?

Es bietet sich vor allem beim Vorlesen des Märchens an, diese Kritikpunkte anzusprechen und gemeinsam mit den Kindern zu reflektieren.

36.4 Fazit

Ein wesentlicher Aspekt, den wir aus dem Märchen mitnehmen können, ist die Bedeutung des Zusammenhalts in der Familie und in Gruppen. Wenn sich Einzelpersonen zusammenschließen, können sie Probleme besser bewältigen, da jeder andere Ideen und Ressourcen einbringen kann. Aufgrund ihres Gruppenzusammenhalts können die drei Schweinchen sogar den bösen Wolf bezwingen.

Zudem kann prosoziales Verhalten, das man als Einzelner zeigt, einen positiven Einfluss auf das Leben anderer haben und sogar Leben retten. Abgesehen davon, dass wir in sozialen Situationen Hilfe erfahren können, ist es uns auch möglich, von anderen zu lernen. Indem wir unser Umfeld reflektiert wahrnehmen, können wir für uns Relevantes herausziehen und selbst anwenden. Die ersten beiden Schweinchen erkannten den Nutzen eines Ziegelhauses zwar erst, nachdem sie hier Schutz vor dem Wolf fanden, sie erwarben aber gleichzeitig die Motivation und Kompetenz, eines zu bauen.

Die Bedürfnispyramide von Maslow zeigt, dass wir uns nur weiterentwickeln können, wenn unsere physiologischen Grund- und Sicherheitsbedürfnisse gewährleistet sind. Sobald diese sichergestellt sind, entwickeln wir Bedürfnisse nach Liebe, Zuneigung, Zugehörigkeit und Wertschätzung. Schließlich hegen wir den Wunsch, uns selbst zu verwirklichen.

Literaturverzeichnis

Bandura, A. (1976). *Lernen am Modell. Ansätze zu einer sozial-kognitiven Lerntheorie*. Stuttgart: Klett.

Bandura, A. (1977). Self-efficacy: toward a unifying theory of behavioral change. *Psychological Review* 84, 191–215.

Bergman, G. F. J. (1983). Jacobs Joseph (1854–1916). Australian Dictionary of Biography, 9. http://adb.anu.edu.au/biography/jacobs-joseph-6817. Zugegriffen: 11. November 2016.

Bierhoff, H.-W. (2007). Prosoziales Verhalten. In: K. Jonas, W. Stroebe, & M. Hewstone (Hrsg.), *Sozialpsychologie. Eine Einführung* (S. 296–327). Berlin, Heidelberg: Springer.

Encyclopaedia Britannica. (2016). Joseph Jacobs. English scholar. http://www.britannica.com/biography/Joseph-Jacobs. Zugegriffen: 11. November 2016.

Jacobs, J. (1890). *English Fairy Tales*. New York: P. G. Putnam's Sons.

Kauffeld, S. (2010). *Nachhaltige Weiterbildung. Betriebliche Seminare und Trainings entwickeln, Erfolge messen, Transfer sichern*. Berlin, Heidelberg: Springer.

Maslow, A. H. (1943). A theory of human motivation. *Psychological Review* 50, 370–396.

Nerdinger, F. W. (2014). Teamarbeit. In: F. W. Nerdinger, G. Blickle, & N. Schaper (Hrsg.), *Arbeits- und Organisationspsychologie* (S. 103–118). Berlin, Heidelberg: Springer.

Tajfel, H., & Turner, J. C. (1979). An integrative theory of intergroup conflict. In: W. G. Austin, & S. Worchel (Eds.), *The social psychology of intergroup relations* (S. 33–47). Monterey, CA: Brooks/Cole.

Der kleine Muck von Wilhelm Hauff (1826)

Jochen Baumeister und Maximilian Spanner

37.1   Inhalt des Märchens – 284

37.2   Die Charaktere – 285

37.3   Psychologische Phänomene – 286
37.3.1   Voreingenommenheit – 286
37.3.2   Jeder bekommt, was er verdient – 286
37.3.3   Gruppenverhalten – 286
37.3.4   In Erwartung des Guten – 287

37.4   Implikationen für die Lebensgestaltung, Erziehung und Führung – 287
37.4.1   Lebensgestaltung – 287
37.4.2   Erziehung – 287
37.4.3   Führung – 288

37.5   Fazit – 289

Literaturverzeichnis – 289

© Springer-Verlag GmbH Deutschland 2017
D. Frey (Hrsg.), *Psychologie der Märchen*,
DOI 10.1007/978-3-662-53668-1_37

37.1   Inhalt des Märchens

Vor einigen Jahrhunderten durchquerten unzählige Karawanen die Wüste nach Mekka, um Handelsgüter und Kaufleute an ihr Ziel zu bringen. Den Reisenden war oft langweilig, daher erzählten sie sich viele Geschichten. So begab sich im frühen 18. Jahrhundert ein junger Kaufmann namens „Muley" auf die Reise nach Mekka. Da ihm nach einiger Zeit langweilig wurde, erzählte er eine Geschichte aus seiner Kindheit über den kleinen Muck:

In Nicea, meiner lieben Heimatstadt, wohnte ein Mann, den man den kleinen Muck nannte. Der kleine Muck war schon ein alter Mann, als ich ihn kennenlernte; doch er war nur drei bis vier Fuß groß. Ich und meine Freunde waren böse Jungen, die jedermann gerne neckten und belachten, daher war es uns allemal eine Freude, wenn wir den kleinen Muck neckten. Wir liefen hinter ihm her und schrien: „Kleiner Muck, kleiner Muck!"

Nur kurze Zeit später erfuhr mein Vater davon, verpasste mir fünfundzwanzig Hiebe und erzählte mir die Geschichte vom kleinen Muck:

Nachdem Mucks Vater starb, wurde Muck mit sechzehn Jahren Waise. Von seinen Verwandten als Nichtsnutz missachtet, machte er sich auf, um in der weiten Welt sein Glück zu finden. Aufgrund seiner zierlichen Gestalt empfing ihn die Welt nicht gerade mit offenen Armen, jedoch nahm ihn die etwas sonderbare Frau Ahavzi in ihr Haus auf. Sie gab ihm die Aufgabe, ihre zahlreichen Katzen zu füttern und zu pflegen. Im Beisein von Frau Ahavzi verhielten sie sich ruhig, als Muck jedoch mit ihnen alleine war, zerstörten sie viele wertvolle Gegenstände.

Aus Angst vor harter Bestrafung fasste der kleine Muck den Entschluss zu fliehen; und nahm, auf der Suche nach etwas Wertvollem, ein Paar Pantoffeln und einen Spazierstock an sich. Nachdem er eine Weile am Wegrand rastete und daraufhin einschlief, wurde ihm im Traum erzählt, dass seine geklauten Gegenstände Zauberkräfte besitzen. Die Pantoffeln würden ihn in Windeseile zu jedem gewünschten Ort tragen und der Stock würde verraten, ob an einer bestimmten Stelle ein Schatz vergraben sei.

Nachdem der kleine Muck aufwachte, probierte er gleich seine neugewonnenen Gegenstände aus und raste mithilfe der Schuhe zur nächstgelegenen Stadt. Dort suchte er den königlichen Hof auf und wollte sich als Schnellläufer beim König verdingen. Als man ihn jedoch aufgrund seiner kleinen Gestalt auslachte und er sich mit dem besten Läufer in der Stadt messen sollte, zeigte er seine Geschwindigkeit, die ihm durch die Schuhe verliehen wurde. Bald war er des Königs Liebling, was ihm den Neid der anderen Höflinge bescherte. In der irrigen Annahme, sich Freundschaft bei ihnen erkaufen zu können, setzte er das Stöckchen ein, um einen Schatz zu finden. Nachdem er im Palastgarten fündig wurde, verteilte er großzügig sein Gold, doch der Schatzmeister bezichtigte ihn darauf des Diebstahls aus der Schatzkammer, weil keiner sich erklären konnte, woher der kleine Muck das viele Gold habe. Muck versicherte, dass er das Gold nicht habe vergraben, sondern ausgraben wollen. Damit die drohende Todesstrafe abgewendet werde, lüftete Muck das Geheimnis seines Zauberstabs und führte den König zum Beweis zu einem weiteren vergrabenen Schatz. Der König wollte nun auch wissen, was es mit den Pantoffeln auf sich habe und zog diese an. Nachdem er sie ausprobiert hatte, nahm er dem kleinen Muck Pantoffeln und Stöckchen ab, verschloss diese und verwies ihn des Landes.

Arm wie zuvor ernährte sich der kleine Muck von dem, was er fand. Hungrig aß er ein paar Feigen, woraufhin ihm Eselsohren und eine lange Nase wuchsen. Nachdem er die Früchte eines benachbarten Feigenbaums gegessen hatte, verschwanden zu seinem Glück diese Auswüchse wieder. Er pflückte von beiden Sorten einen Korb voll und verkaufte die schädliche Sorte am Hofe des Königs. Dort war der Jammer groß, als alle ihre langen Ohren und Nasen sahen. Kein Arzt konnte helfen. Schließlich verkleidete sich Muck selbst als Arzt und behandelte sie mit der anderen Sorte Feigen. Zur Belohnung durfte sich Muck aus der Schatzkammer des Königs aussuchen, was er wollte. Er nahm schnell sein Stöckchen und seine Pantoffeln und verschwand in seine Heimat.

Der Kaufmann „Muley" ließ der Geschichte seines Vaters folgende Worte folgen: „Ich erzählte meinen Kameraden das wunderbare Schicksal des Kleinen, und wir gewannen ihn so lieb, dass ihn keiner mehr schimpfte. Im Gegenteil, wir ehrten ihn, solange er lebte."

(Hauff 2011; ◨ Abb. 37.1)

Abb. 37.1 (Zeichnung: Claudia Styrsky)

Anmerkung Wilhelm Hauff verfasste 1826 die Geschichte des kleinen Mucks, die in eine Rahmenerzählung namens „Die Karawane" in dem Sammelband *Märchen-Almanach auf das Jahr 1826* eingebunden wurde (Hauff 1869). Das Märchen vom kleinen Muck ähnelt den Märchen aus *Tausendundeiner Nacht*, die ebenso im orientalischen Milieu stattfinden und durch eine verschachtelte Erzähltechnik gekennzeichnet sind. Auch hier erzählen sich Teilnehmer einer Karawane aus Langeweile gegenseitig Geschichten. Der deutsche Schriftsteller Wilhelm Hauff wurde 1802 in Stuttgart geborgen, starb schon früh im Jahre 1827 an Typhus und gehörte zum Kreis der schwäbischen Dichterschule (Neuhaus 2002).

37.2   Die Charaktere

Hauptcharakter ist **der kleine Muck**, der als kleine und zierliche Person beschrieben wird und von seinem Vater wie auch von seinen Verwandten im Stich gelassen und verstoßen wird. Naiv wie er war, machte er sich in die große weite Welt auf, um – wie in der Geschichte beschrieben – sein „Glück

zu finden". Da er weder ein Handwerk beherrschte noch belesen war, bekam er nur durch einen Zufall eine Anstellung bei **Frau Ahavzi**, deren Katzen er pflegen musste. Nachdem er keinen Lohn erhalten hatte, bestahl er die gutmütige Frau, die ihn sorgenvoll aufnahm, und gelangte durch diesen Diebstahl an die verzauberten Pantoffeln und den Stock. Hätte Muck nicht so viel Glück gehabt, wäre er möglicherweise auf frischer Tat ertappt worden und man hätte ihn in den Kerker sperren lassen. Als er später vom König unrechtmäßig verstoßen wurde, war er recht einfallsreich und rächte sich frech mit Feigen.

Der Erzähler **„Muley"**, der gerade nach Mekka in einer Karawane unterwegs ist, erzählt die Geschichte vom kleinen Muck. Damals war dieser noch jung und ärgerte sowie verspottete den kleinen Muck. Nur durch die Erzählung seines Vaters, der ihm über die Erlebnisse des kleinen Mucks berichtete, wurde ihm klar, welchen Fehler er durch die Hänseleien begangen hatte, und er entwickelte eine tiefe Sympathie für ihn.

Der **König**, die **Bediensteten** und **Mucks Verwandten** sahen alle in ihm einen kleinen Taugenichts, unterschätzten ihn und wurden später eines besseren belehrt.

37.3 Psychologische Phänomene

Die Geschichte des kleinen Mucks lässt sich aus verschiedenen Perspektiven beleuchten. Einerseits aus der Sicht des Betroffenen, nämlich der von Muck. Andererseits aus dem Blickwinkel der Menschen, denen Muck begegnet. Zuletzt noch aus der Perspektive der Beobachter, die nicht direkt mit Muck in Kontakt stehen, aber sehen, wie andere Menschen ihn behandeln.

37.3.1 Voreingenommenheit

Ein ganz auffälliger Teil der Geschichte des kleinen Mucks ist die Voreingenommenheit der Leute, denen er begegnet. Er wird ständig unterschätzt oder ausgegrenzt, weil er ungewöhnlich aussieht.

In der Psychologie nennt man dies **Verklärungseffekt** (Fischer et al. 2013) oder **Halo-Effekt** (engl. „halo" = Heiligenschein). Dabei wird aus einer relativ auffälligen Eigenschaft einer Person auf die gesamte Persönlichkeit geschlossen. Das heißt, diese eine beobachtete Eigenschaft wird auf viele andere Eigenschaften eines Menschen übertragen, obwohl man von seinen weiteren Eigenschaften noch gar keinen Eindruck gewinnen konnte.

Leider betrifft dies auch die wenig attraktiven Menschen wie den kleinen Muck. Er kämpfte Zeit seines Lebens gegen die Voreingenommenheit der anderen Leute. Schon zu seiner Geburt wurde ihm sein Äußeres negativ ausgelegt. Als er in späteren Jahren durch die Lande zog, wurde er an allen Orten wegen seines Aussehens abgelehnt. Der Erzähler der Geschichte verspottete den kleinen Muck, obwohl er ihn nur sporadisch gesehen hatte. Nur der Vater des Erzählers sah in Muck mehr als das äußere Erscheinungsbild, da er über weitere Informationen verfügte. Deswegen schloss er nicht mehr vom Aussehen auf andere Eigenschaften.

37.3.2 Jeder bekommt, was er verdient

Der Erzähler der Geschichte, der Junge, behandelte den Muck sehr despektierlich und wurde von seinem Vater dafür bestraft. Als Muck mit seinen Zaubergegenständen am Königshof vorsprach, erwartete er, dass er wegen seiner Fähigkeiten eine Anstellung als Bote erhalten würde.

Beide sehr unterschiedlichen Geschehnisse können durch den **Gerechte-Welt-Glauben** erklärt werden (Haddock u. Maio 2014; Lerner 1980; Parkinson 2014). Menschen erwarten dabei, dass sich die Geschehnisse im Leben als gerecht erweisen. Erlittenes Unrecht soll sich langfristig durch Glück wieder ausgleichen. Ungerechte Taten sollen bestraft werden. Gutes Verhalten soll durch Glück belohnt werden. Dies betrifft das Grundvertrauen in eine allgemeine Gerechtigkeit im Leben.

Der Erzähler behandelt Muck flegelhaft und wird deswegen von seinem Vater dafür bestraft. Der Leser empfindet dies – unabhängig von den Erziehungsmethoden der damaligen Zeit – als passende Reaktion auf sein Verhalten.

Muck wiederum erlitt ein ungerechtes Dasein in seiner ersten Anstellung als Tierbetreuer. Daraufhin entwendete er die Pantoffel und den Stock. Dieser Diebstahl ist eine kriminelle Handlung, die aber durch den Gerechte-Welt-Glauben moralisch nicht verurteilt wird. Später kommt er an den Königshof und wird wegen seines Aussehens unterschätzt. Er setzt sich nur aufgrund seiner Pantoffeln in einem Wettlauf durch und bekommt eine Anstellung. Das ist ein Betrug, aber er wird dafür moralisch nicht verurteilt, da man als Leser seine Vorgeschichte kennt.

37.3.3 Gruppenverhalten

Der Erzähler befand sich zu Beginn der Geschichte in einer Gruppe mit anderen Jungen, die den Muck verspotteten. Im Laufe der Geschichte vollzog sich allerdings ein grundlegender Wandel des Verhaltens der gesamten Gruppe, am Anfang noch despektierlich verhalten sie sich ihm gegenüber am Ende sehr respektvoll.

Dieses Phänomen nennt man **Herdenverhalten**, bei dem Menschen ihr Verhalten der gesamten Gruppe anpassen (Nijstad u. van Knippenberg 2014). Man überlässt das eigene Urteil der Gruppe, um sich selbst als Teil derselben zu sehen. Die Geschlossenheit der Gruppe blieb auch dann noch erhalten, als eine Person aus der Gruppe einen starken Meinungsschwenk hinlegte. Das zeigt, wie stark sich Menschen in einer Menge an die vorherrschende Meinung anpassen können, anstatt sich selbst eine Meinung zu bilden.

37.3.4 In Erwartung des Guten

Häufig passiert es Menschen, dass sie positive Erlebnisse erwarten, obwohl sie nicht sehr realistisch sind. Das geschah auch in der Geschichte vom Muck, als er in all seiner Einfalt zum Königshof ging, um dort eine Anstellung zu finden. Man darf sich einen Königshof durchaus als begehrten Arbeitsplatz vorstellen, an dem sehr viele Menschen gerne arbeiten würden. Die Erwartung, dass man am Hof vorbeischaut und kurzerhand eine Anstellung bekommt, ist somit nicht besonders realistisch. Für Muck war das allerdings aufgrund seiner Pantoffeln eine Selbstverständlichkeit.

Aus psychologischer Sicht handelt es sich um eine **voreingenommene Wahrnehmung der Realität** – die die Annahme impliziert, ein positives Ergebnis zu erzielen (Pendry 2014). Es passiert im Alltag sehr oft, dass Menschen auf ein positives Ergebnis einer Handlung hoffen, nur weil sie glauben, dass sie wegen einer bestimmten Eigenschaft einen solchen Verlauf erwarten könnten.

37.4 Implikationen für die Lebensgestaltung, Erziehung und Führung

Aus dem Märchen „Der kleine Muck" lassen sich Implikationen für die Lebensgestaltung, Erziehung und Führung ableiten.

37.4.1 Lebensgestaltung

Als Leser des Märchens vom kleinen Muck ertappt man sich zwangsläufig dabei, dass man sich mit den verschiedenen Charakteren identifizieren kann. Wahrscheinlich fühlte sich jeder schon einmal unterschätzt, obwohl es keine fairen Gründe dafür gab. Ebenso kann man davon ausgehen, dass eine andere Person schon einmal durch einen selbst so wie den kleinen Muck behandelt wurde – ob bewusst oder

unbewusst. Ebenso schreitet man nicht immer ein, wenn andere unfair behandelt werden.

Im Laufe der Kindheit erlernen Menschen, einen **moralischen Kompass** zu entwickeln. Dabei ist es auch für Erwachsene wichtig, dass man diesen Kompass immer wieder neu justiert. Es ist nämlich in der Hektik des Alltags schnell passiert, dass man anderen Menschen voreingenommen gegenübertritt. Das ist nur allzu menschlich, wie Psychologen immer wieder aufs Neue erfahren.

Jedoch kann man sich der Voreingenommenheit entziehen, wenn man sich bewusst macht, dass die andere Person wie der kleine Muck darunter zu leiden hat. Es ist in vielen Lebenslagen wichtig, dass man **Empathie** empfindet und auch einsetzt, denn Menschen sind soziale Wesen.

Im Märchen des kleinen Muck kann man einen solchen Wandel sehr schön nachvollziehen: Zunächst besaß der Erzähler als Junge noch keinen moralischen Kompass, er trat frech auf und verspottete Muck. Sein Vater bestrafte ihn dafür nicht nur, sondern vermittelte ihm in der Geschichte über den kleinen Muck weitere Informationen, die es dem jungen Erzähler ermöglichten, seine Voreingenommenheit abzulegen. Dieser Aspekt der Geschichte ist aus psychologischer Sicht sehr interessant, denn die Handlung des erzählenden Vaters ist sozusagen der Ursprung der Entwicklung des moralischen Kompasses beim jungen Erzähler.

Für den Leser des Märchens bietet es Hoffnung und Warnung zugleich. Es warnt davor, wie falsch man sich verhält, wenn man sich nicht mit der eigenen Voreingenommenheit auseinandersetzt. Aber es bietet auch die Hoffnung, dass man sich beständig verbessern kann und es nie zu spät ist, anderen Menschen gegenüber offen und fair zu sein. Selbst wenn man sich schon einmal falsch verhalten hat, kann man das durch eine ehrlich gemeinte Entschuldigung und ein respektvolles Verhalten wiedergutmachen.

37.4.2 Erziehung

Wie oben beschrieben, lässt sich Voreingenommenheit nicht nur bei Erwachsenen, sondern auch bei Jugendlichen und Kindern beobachten. In einer

Gruppe von mehreren Kindern und Jugendlichen kann sich dies weiter zu **Mobbing** entwickeln.

In unserer Geschichte wurde unser Hauptcharakter von mehreren Kindern aufgrund seiner Größe mit „Kleiner Muck, kleiner Muck!" gehänselt. Nicht nur im Märchen findet Mobbing durch Kinder statt, auch in unserer Welt gibt es täglich Opfer von Mobbingattacken.

Mobbing wird definiert als „negative kommunikative Handlungen, die gegen eine Person gerichtet sind (von einer oder mehreren anderen) und die sehr oft oder über einen längeren Zeitraum vorkommen und damit die Beziehung zwischen Täter und Opfer kennzeichnen" (Leymann 1993, S. 21).

Mobbingopfer zeichnen sich meistens durch Unsicherheit, Einsamkeit sowie mangelndes Selbstwertgefühl aus; sie weinen und ziehen sich zurück als Reaktion auf Angriffe. Als Elternteil bekommt man oft von alldem nichts mit. Hinweise auf einen körperlichen Angriff auf das eigene Kind würde man beispielsweise an beschädigter Kleidung oder Verletzungen erkennen. Indirekte Anzeichen wären wenige freundschaftliche Kontakte, das Kind wird selten zu Feiern von Klassenkameraden eingeladen sowie die Angst, in die Schule zu gehen.

Nicht zu vergessen ist der **Umgang mit den Tätern**. Es geht einerseits darum, das Opfer zu schützen, andererseits sollen die Täter zur Verantwortung gezogen werden. Die Eltern von Tätern sind in Kenntnis zu setzen und angehalten, eine ablehnende Haltung gegenüber Gewalt zu fördern und Familienregeln aufzustellen (Lob für Einhaltung, Strafe für Nichteinhaltung). Auf Schul- und Klassenebene sollten Regeln gegen Gewalt (Konsequenzen von Einhaltung/Nichteinhaltung) eingeführt, und die Lehrer dafür sensibilisiert werden, Mobbing zu erkennen. Auch gegen die, die Mobbing billigen, also die geheimen Unterstützer, sollten sich die Klassenregeln richten und Lehrer sowie Eltern entsprechend informiert und sensibilisiert werden (Olweus 1996).

Im Idealfall bieten klare Strukturen und Regeln, die Ächtung von Gewalt sowie die Schulung der Lehrer einen guten Schutz vor Mobbing, nichtsdestotrotz empfiehlt es sich, außerdem Vertrauenspersonen an den Schulen zu installieren (z. B. ältere Mitschüler und Lehrer), die für die Schüler als Anlaufstelle dienen, sollte es doch zu Mobbing kommen. Wird Mobbing bereits im Ansatz unterbrochen, besteht eine gute Chance, ihm rasch Einhalt zu gebieten.

37.4.3 Führung

In der Geschichte des kleinen Mucks ist der König der Herrscher über seine Ländereien und der Anführer seines Volkes. Er ist derjenige, der Entscheidungen trifft und Anweisungen gibt.

In unserer heutigen Zeit mag es kaum noch Monarchen geben, jedoch arbeiten in jedem Unternehmen Führungskräfte, die Entscheidungen treffen und ihren Mitarbeitern Anweisungen geben. In der Psychologie existiert eine Vielzahl an Forschung zur Führung, die das Erleben und Verhalten der Führungskräfte und ihrer Mitarbeiter untersucht.

Würde man das Erleben und Verhalten des Königs und seiner Höflinge untersuchen, stieße man auf eine Reihe von Verhaltensweisen, die in der heutigen Zeit mit schlechter Führung in Zusammenhang stehen.

Schlechte beziehungsweise **destruktive Führung** ist definiert als „das systematische und wiederholte Verhalten von einem Vorgesetzten, Chef oder Manager, welches die legitimen Interessen der Organisation durch das Untergraben und/oder die Sabotage der Organisationsziele, Aufgaben, Ressourcen, und der Effektivität und/oder der Motivation, das Wohlergehen oder die Arbeitszufriedenheit der Mitarbeiter verletzt oder sabotiert" (Einarsen et al. 2007, S. 208).

Wie die anderen Charaktere in dem Märchen unterschätzt auch der König den kleinen Muck und schließt von der kleinen Gestalt auf seine Unfähigkeit, schnell zu laufen. Als der König jedoch die wahre Schnelligkeit Mucks kennt, macht er ihn zu seinem Liebling und erzeugt dadurch den Neid der anderen Höflinge.

Dies war ein Fehler des Königs, da die Bevorzugung eines Mitarbeiters/Höflings zu negativen Synergien innerhalb des Teams/Unternehmens führt. Wie in dem Beispiel des Königs könnte dieser Mitarbeiter aufgrund der Bevorzugung aus der Gruppe ausgeschlossen und hierbei das Wohlergehen des Mitarbeiters verletzt werden.

Als Gegenstück zur destruktiven Führung gibt es die **Theorie der transformationalen Führung**. Dies beschreibt einen Führungsstil, bei dem Mitarbeiter durch die Führungskraft dabei unterstützt werden, ihre Werte und Einstellungen den übergeordneten Zielen des Unternehmens zuzuwenden, um eine Leistungssteigerung zu erzielen. Transformationale Führung basiert auf folgenden vier Basisstrategien (Robbins u. Judge 2007):

- Idealisierter Einfluss
- Inspirative Motivation
- Intellektuelle Stimulation
- Individualisierte Beachtung

Um dem transformationalen Führungsstil gerecht zu werden, hätte sich der König den Höflingen somit als Vorbild präsentieren sollen, an dem sie sich menschlich und fachlich orientieren können (idealisierter Einfluss). Er hätte ihnen eine inspirierende Vision geben müssen, beispielsweise die Schaffung allgemeinen Wohlstandes (inspirative Motivation), zudem kreative und innovative Fähigkeiten der Höflinge anregen (intellektuelle Stimulation) und alle individuell unterstützen sowie gezielt deren Fähigkeiten und Stärken entwickeln sollen (individualisierte Beachtung).

37.5   Fazit

Die zu dem Märchen „Der kleine Muck" vorgestellten psychologischen Phänomene kommt nach wie vor eine große Bedeutung für unser Zusammenleben zu. Wenn wir dazu in der Lage sind, zu reflektieren, dass auch wir nicht frei davon sind, Menschen aufgrund ihres Aussehens oder anderer auffälliger Merkmale zu bewerten, und dazu neigen, uns allzu oft ungeprüft der Meinung einer Gruppe anzuschließen, können wir Menschen wie dem kleinen Muck mit Respekt und vorurteilsfrei begegnen. Ein gesteigertes Bewusstsein dafür, dass der Glaube an eine gerechte Welt sowie übermäßig positive Erwartungen enttäuscht werden können, schützt uns vor Naivität und überstürzten Handlungen. Trotz aller Schwierigkeiten, die der kleine Muck in seinem Leben zu meistern hatte, blieb er sich selbst treu und ging unbeirrt seinen Weg – als gutes Vorbild, niemals zu verzagen.

Literaturverzeichnis

Einarsen, S., Aasland, M. S., & Skogstad, A. (2007). Destructive leadership behaviour: A definition and conceptual model. *The Leadership Quarterly* 18, 207–216.

Fischer, P., Asal, K., & Krueger, J. I. (2013). Urteilen und Entscheiden. In: P. Fischer, K. Asal, & J. I. Krueger (Hrsg.), *Springer-Lehrbuch. Sozialpsychologie für Bachelor* (S. 29–44). Berlin, Heidelberg: Springer.

Haddock, G., & Maio, G. R. (2014). Einstellungen In: K. Jonas, W. Stroebe, & M. Hewstone (Hrsg.), *Springer-Lehrbuch. Sozialpsychologie* (S. 197–229). Berlin, Heidelberg: Springer.

Hauff, W. (2011). *Die Geschichte von dem kleinen Muck: Märchen*. Berlin: Fischer.

Lerner, M. J. (1980). *The belief in a just world: A fundamental delusion*. New York: Springer US.

Leymann, H. (1993). *Psychoterror am Arbeitsplatz und wie man sich dagegen wehren kann*. Reinbek bei Hamburg: Rohwolt.

Neuhaus, S. (2002). *Das Spiel mit dem Leser: Wilhelm Hauff: Werk und Wirkung*. Vandenhoeck & Ruprecht.

Nijstad, B. A., & van Knippenberg, D. (2014). Gruppendynamik. In: K. Jonas, W. Stroebe, & M. Hewstone (Hrsg.), *Springer-Lehrbuch. Sozialpsychologie* (S. 439–467). Berlin, Heidelberg: Springer.

Olweus, D. (1996). *Gewalt in der Schule. Was Lehrer und Eltern wissen sollten – und tun können*. Karlsruhe: Huber.

Parkinson, B. (2014). Soziale Wahrnehmung und Attribution. In: K. Jonas, W. Stroebe, & M. Hewstone (Hrsg.), *Springer-Lehrbuch. Sozialpsychologie* (S. 65–106). Berlin, Heidelberg: Springer.

Pendry, L. (2014). Soziale Kognition. In: K. Jonas, W. Stroebe, & M. Hewstone (Hrsg.), *Springer-Lehrbuch. Sozialpsychologie* (S. 107–140). Berlin, Heidelberg: Springer.

Robbins, S. P., & Judge, T. (2007). *Organizational behavior* (12th ed.). Upper Saddle River, NJ: Pearson Prentice Hall.

Dornröschen von den Gebrüdern Grimm (1819)

Katharina Gerstung und Lorea Urquiaga

38.1   **Inhalt des Märchens – 292**

38.2   **Die Charaktere – 292**

38.3   **Psychologische Phänomene und Bedeutung für die heutige Zeit – 293**

38.3.1   Bedürfnis nach Zugehörigkeit und sozialer Ausschluss – 293
38.3.2   Neugier – 294
38.3.3   Verdrängung in der Psychoanalyse – 295

38.4   **Fazit – 295**

Literaturverzeichnis – 296

© Springer-Verlag GmbH Deutschland 2017
D. Frey (Hrsg.), *Psychologie der Märchen,*
DOI 10.1007/978-3-662-53668-1_38

38.1 Inhalt des Märchens

Es war einmal ein König und eine Königin, die sich sehnlichst ein Kind wünschten. Nach langer Zeit gebar die Königin ein Mädchen, das so schön war, dass der König vor Freude ein großes Fest veranstaltete. Er lud alle Verwandten, Freunde und Bekannten ein sowie die weisen Frauen. Es waren ihrer dreizehn in seinem Reiche, weil er aber nur zwölf goldene Teller hatte, von welchen sie essen sollten, so musste eine von ihnen daheim bleiben.

Das Fest wurde gefeiert, und die weisen Frauen beschenkten das Kind mit ihren zauberhaften Gaben. Als elf von ihnen ihre Wünsche hatten verlauten lassen, trat plötzlich die dreizehnte herein. Sie wollte sich dafür rächen, dass sie nicht eingeladen war und rief erzürnt: „Die Königstochter soll sich in ihrem fünfzehnten Lebensjahr an einer Spindel stechen und tot hinfallen." Alle waren zutiefst erschrocken. Da trat die zwölfte hervor, die ihren Wunsch noch übrig hatte, und weil sie den bösen Spruch nicht aufheben, sondern ihn nur mildern konnte, sagte sie: „Es soll aber kein Tod sein, sondern ein hundertjähriger tiefer Schlaf, in welchen die Königstochter fällt."

Der König, der sein liebes Kind vor dem Unglück gern bewahren wollte, befahl, dass alle Spindeln im ganzen Königreiche verbrannt werden sollten. An dem Tage, an dem die Königstochter gerade fünfzehn Jahre alt wurde, war sie allein im Schloss. Neugierig ging sie umher, besah Stuben und Kammern, wie es Lust hatte, und kam schließlich in einen alten Turm. Dort fand sie die letzte Spindel des Königreichs, stach sich daran und fiel sogleich in einen tiefen Schlaf. Der Schlaf breitete sich über das ganze Schloss aus – da schliefen auch die Pferde im Stall, die Hunde im Hof und die Tauben auf dem Dache. Rings um das Schloss begann eine Dornenhecke zu wachsen, die jedes Jahr höher wurde und das ganze Schloss umzog.

Es ging aber die Sage in dem Land umher von dem schönen, schlafenden Dornröschen, denn so ward die Königstochter genannt. Immer wieder kamen Königssöhne zum verwunschenen Schloss, aber die Jünglinge blieben in den Dornen hängen und starben eines jämmerlichen Todes. Nach vielen Jahren kam wieder einmal ein besonders furchtloser Königssohn in das Land, der bereits viel von der Dornenhecke und der wunderschönen Königstochter,

die dort bereits seit einhundert Jahren schlief, gehört hatte. Nun war gerade der böse Fluch vorbei, und der Tag war gekommen, an dem Dornröschen wieder erwachen sollte. Als der Königssohn sich der Dornenhecke näherte, waren es lauter große, schöne Blumen, die ihn unbeschädigt hindurch ließen. Er kam zu dem Turm und öffnete die Türe zu der kleinen Stube, in welcher Dornröschen schlief. Da lag es und war so schön, dass er die Augen nicht abwenden konnte, und er bückte sich und gab ihm einen Kuss. Wie er es mit dem Kuss berührt hatte, schlug Dornröschen die Augen auf, erwachte und mit ihr kam der ganze Hofstaat wieder zum Leben.

Und da wurde die Hochzeit des Königssohns mit Dornröschen in aller Pracht gefeiert, und sie lebten vergnügt bis an ihr Ende.

(Grimm u. Grimm 1819; ◘ Abb. 38.1)

38.2 Die Charaktere

Die Akteure in diesem Märchen der Gebrüder Grimm sind zunächst das Königspaar und ihre schöne Tochter Dornröschen. Weiterhin spielen die dreizehn weisen Frauen eine wichtige Rolle – insbesondere die dreizehnte böse Fee – und am Ende des

◘ Abb. 38.1   (Zeichnung: Lena Frey)

Märchens schließlich noch der Prinz. Im Folgenden werden diese Charaktere näher dargestellt.

Die **Königin** wünscht sich mit ihrem Ehemann sehnlichst ein Kind und ist überglücklich, als sie schließlich ihre Tochter Dornröschen zur Welt bringt.

Der **König** vergöttert seine kleine Familie und will für seine Tochter nur das Beste. Hierbei verhält er sich übervorsichtig und versucht alles Böse von ihr fernzuhalten. Eine offene und ehrliche Kommunikation findet zwischen Vater und Tochter nicht statt.

Die **weisen Frauen** werden vom König zur Feier der Geburt seiner schönen Tochter eingeladen. Sie sollen die neugeborene Prinzessin mit guten Wünschen segnen. Da der König jedoch nur zwölf goldene Teller hat, lädt er die **dreizehnte weise Frau** nicht zum Fest mit ein. Diese zeigt sich daraufhin so erzürnt über diese Schmach, dass sie die Königstochter mit einem tödlichen Fluch belegt.

Der **Prinz** beweist sich als furchtloser Jüngling, der es trotz der tragischen Schicksale seiner zahlreichen Vorgänger wagt, Dornröschen zu retten. Der mutige Königssohn kommt zum rechten Zeitpunkt und kann somit durch seinen Kuss Dornröschen und das ganze Königreich aus dem Schlaf erwecken.

38.3 Psychologische Phänomene und Bedeutung für die heutige Zeit

Im Folgenden werden einige wichtige psychologische Phänomene vorgestellt, die einen Aufschluss über die möglichen Beweg- und Hintergründe für das Verhalten der Hauptcharaktere geben.

38.3.1 Bedürfnis nach Zugehörigkeit und sozialer Ausschluss

Die Wurzel des Bösen in diesem Märchen, der Fluch und damit die Verdammnis zum hundertjährigen Schlaf Dornröschens, liegt darin, dass die dreizehnte weise Frau nicht zur Feier der Geburt der Königstochter eingeladen wird, weshalb sie sich missachtet und ausgeschlossen fühlt und sich dafür rächt.

Dass man sich schlecht fühlt, wenn man erfährt, dass alle anderen zu einem Fest eingeladen sind,

nur man selbst nicht, haben wohl die meisten schon einmal erlebt. Das **Bedürfnis nach Zugehörigkeit** (in der Psychologie auch bekannt als „need to belong") ist eine fundamentale menschliche Motivation (Jonas et al. 2014). Menschen haben ein Verlangen nach häufigen positiven, affektiven Interaktionen mit anderen. Das Zugehörigkeitsbedürfnis ist evolutionär gesehen sinnvoll: Einer Gruppe zugehörig zu sein, bedeutete mehr Sicherheit und die Möglichkeit zur Reproduktion.

Aufgrund dessen hat der Mensch eine Art Warnsystem entwickelt, das anspringt, wenn er sich sozial ausgeschlossen fühlt. Schwächste Hinweise auf **Exklusion** genügen dabei, um das Alarmsystem anzuregen (Jonas et al. 2014). Beispiele für eine mögliche Deprivation und somit Verletzung des Zugehörigkeitsbedürfnisses sind Fernbeziehungen, Verwitwung, Heimweh – oder eben, wenn man selbst nicht zu einer Feier eingeladen wird, zu der alle anderen gehen. Ein solcher Entzug von sozialer Interaktion hat vielfältige Folgen, die sich sowohl auf psychischer Ebene (z. B. Einsamkeit und Traurigkeit, ein Gefühl von Kontrollverlust, Beeinträchtigung des logischen Denkens und der Selbstregulation; Jonas et al. 2014) als auch auf physischer Ebene zeigen. In Studien konnte nachgewiesen werden, dass körperlichem und sozialem Schmerz ein gemeinsamer neuroanatomischer Ursprung zugrunde liegt (Eisenberger et al. 2003). Dies bedeutet, dass dasselbe Gehirnzentrum aktiviert wird, wenn man getreten oder von einem Spiel ausgeschlossen wird.

Die dreizehnte weise Frau reagiert zornig und mit Gewalt auf ihren sozialen Ausschluss, indem sie Dornröschen den Tod wünscht.

Dass man wütend ist, wenn man sich von einer Gruppe ausgeschlossen fühlt, ist vermutlich für die meisten eine bekannte Empfindung. Es konnte vielfach in Studien gezeigt werden, dass Aggression eine häufige Reaktion auf soziale Ausgrenzung ist (Jonas et al. 2014). Dies kann u. a. dadurch erklärt werden, dass Exklusion zu einer **verringerten Selbstregulation** führt. Eine geringere Selbstregulation kann wiederum unangemessenes Verhalten zur Folge haben, z. B. indem man ausfällig wird, herumschreit oder körperliche Aggression zeigt.

In der Psychologie gibt es die Hypothese der **feindseligen kognitiven Verzerrung** (engl. „hostile cognitive bias"). Dieser zufolge werden neutrale Informationen nach Exklusion häufig als feindselig wahrgenommen, wodurch wiederum aggressive Reaktionen hervorgerufen werden können (DeWall et al. 2009).

Die **weibliche Aggression** unterscheidet sich in ihrer Erscheinungsform von der männlichen. Weibliche Aggressoren handeln eher indirekt und wenden Strategien sozialer Manipulation an (z. B. Ignorieren oder Abwerten der anderen Person durch Lästereien und Gerüchte), wohingegen Männer meist direkt aggressiv handeln und rationale Strategien verfolgen (z. B. mündliche Drohungen und körperliche Übergriffe; Scheithauer 2003). Das lässt sich gut auf dem Schulhof beobachten: Dort sieht man häufig, dass Mädchen eher „hintenherum" handeln, wohingegen Jungs geradeaus angreifen.

Auch die dreizehnte weise Frau reagiert mit ihrem feindseligen Wunsch auf die soziale Ausgrenzung indirekt körperlich aggressiv. Sie verdammt die Königstochter zum Tode, tötet sie aber nicht selbst, sondern wünscht, dass sich das Mädchen selbst an einer Spindel stechen und daran sterben soll.

Das Verhalten der bösen Fee zeigt also deutlich, wenn auch überspitzt, wohin es führen kann, wenn man sich sozial ausgeschlossen fühlt.

38.3.2 Neugier

Wäre Dornröschen alleine im Schloss umhergegangen, hätte sie Kammern besichtigt und den alten Turm bestiegen und hätte sie das ihr unbekannte Objekt, die Spindel, berührt, wenn sie verschlossen und nicht neugierig gewesen wäre? Wohl kaum. Auch Neugier spielt also eine wichtige Rolle in diesem Märchen, ohne die die Geschichte sicherlich anders verlaufen wäre.

Neugier ist eine Persönlichkeitseigenschaft. Ein in der Psychologie viel verwendeten Persönlichkeitsmodell ist das **Fünf-Faktoren-Modell der Persönlichkeit** oder auch „Big Five" genannt (z. B. McCrae u. Costa 2004). Dieses Modell unterscheidet die folgenden fünf Persönlichkeitsfaktoren:

- Extraversion
- Neurotizismus
- Verträglichkeit
- Gewissenhaftigkeit
- Offenheit für Neues

Die Neugier gehört dabei zur Facette **Offenheit**, welche Personen im Hinblick auf die eigenständige Suche nach Erfahrungen sowie Toleranz gegenüber Unbekanntem und dessen Erkundung unterscheidet. Es bestehen aber auch Zusammenhänge zwischen Neugier und dem Persönlichkeitsfaktor **Extraversion**. Extravertierte Menschen beobachten und erkunden ihre Umwelt mehr und begeben sich aktiver auf Reizsuche als introvertierte, eher in sich gekehrte Menschen. Dornröschen ist demnach vermutlich eine offene, extravertierte Person.

Neugier ist nicht nur eine Persönlichkeitseigenschaft, sondern auch eine Form **intrinsischer Motivation**. Intrinsische Motivation beschreibt einen in der Sache selbst liegenden Antrieb, z. B. Freude an der Ausführung einer Aktivität unabhängig vom Ergebnis (ein häufig genanntes Beispiel an dieser Stelle ist das Segeln ohne ein bestimmtes Ziel). Im Gegensatz dazu beinhaltet **extrinsische Motivation** einen externen Anreiz, z. B. eine Belohnung wie Geld oder Anerkennung. Wer neugierig ist, empfindet bereits Freude bei der Suche und Erforschung neuer Dinge und Gegenden, ganz gleich was man am Ende findet.

Neugier spielt eine wichtige Rolle im Bereich der Erziehung und Bildung. Wenn ein Kind neugierig ist, hat es mehr Freude am Erlernen von Neuem. Für Neugier gilt hier wie für die Persönlichkeit im Allgemeinen, dass sie nicht erzeugt, sondern von Eltern, Lehrern oder anderen Erziehungsberechtigten lediglich gefördert oder geschwächt werden kann.

Wie das Märchen zeigt, gibt es jedoch auch Situationen, in denen ein ungehemmtes Erkunden gefährlich werden kann und Neugier zu leichtsinnigem Verhalten führt. Jedes Elternteil kennt wohl das Gefühl, wenn der kindliche Erkundungstrieb des Sprösslings den eigenen Puls in die Höhe schnellen lässt. Glücklicherweise steht der Neugier hier jedoch meist ein anderes menschliches Empfinden gegenüber: **Vorsicht** oder Angst vor neuen Dingen. Auch wenn Ängstlichkeit per se keine positive Eigenschaft zu sein scheint, sieht man am Beispiel von Dornröschen, was passieren kann, wenn man ungehemmt und unvorsichtig mit fremden Gegenständen umgeht.

38.3.3 Verdrängung in der Psychoanalyse

Sigmund Freud ist wohl der Name, der den meisten Lesern in Bezug auf Psychologie als Erstes in den Sinn kommen dürfte. Er gilt als Begründer der Psychoanalyse und seine Theorien werden nach wie vor weltweit gelehrt.

1924 schreibt Freud in seinem Werk *Schrift zur Geschichte der psychoanalytischen Bewegung*: „Die Verdrängungslehre ist nun der Grundpfeiler, auf dem das Gebäude der Psychoanalyse ruht, […]" (S. 13). In der Psychoanalyse bedeutet **Verdrängung** das Abschieben unangenehmer oder schmerzlicher Erfahrungen ins Unbewusste. In Bezug auf Freuds Drei-Instanzen-Modell (Ich, Es, Über-Ich) werden diese schmerzlichen Erfahrungen vom Ich, dem bewusst zugänglichen Teil des Selbst, zum Es, in welchem die Triebe und Affekte gespeichert sind, verschoben.

Dieses Phänomen lässt sich beim König beobachten. Die Verdrängung dient als **Abwehrmechanismus**. Der König möchte die Bedrohung, die seiner Tochter aufgrund des Fluches der dreizehnten weisen Frau bevorsteht, von ihr und somit seiner Familie, fernhalten. Anstatt jedoch offen mit der Prinzessin über den Fluch zu sprechen und ihr die drohende Gefahr darzulegen, befiehlt er lediglich alle Spindeln im ganzen Königreich zu verbrennen. Die Folgen seines Handelns sind uns allen bekannt. Dornröschen sticht sich an der letzten im Königreich vorhandenen Spindel und der Fluch der bösen Fee wird Wirklichkeit.

Welche tiefere Bedeutung liegt dem möglicherweise zugrunde? Da die Verbindung zwischen Freud und der Sexualität nicht ganz aus der Luft gegriffen ist, kann die Geschichte Dornröschens auch als Anspielung auf das **Erwachen der Sexualität** im Jugendalter betrachtet werden (Drewermann 2005; Waiblinger 1988). Der fünfzehnte Geburtstag – der Tag an dem sich die Königstochter gemäß dem Fluch an der Spindel stechen soll – stand in alten Zeiten symbolisch für geschlechtliche Reifung und erwachende bzw. erwachte Sexualität. In vielen psychoanalytischen Interpretationen des Märchens wird dieser Spindelstich mit einer ersten sexuellen Erfahrung gleichgesetzt – eine Erfahrung, die im Falle Dornröschens schlimme Folgen hat.

Wie viele Kinder werden heutzutage aufgeklärt? Unserer Meinung nach immer noch zu wenige. Vielmehr reimen sich Kinder und Jugendliche das Wissen aus Jugendzeitschriften und dem Internet zusammen, und Sexualität ist und bleibt leider in vielen Familien ein Tabuthema. Besonders für Väter ist es oft schwierig, zuzulassen, dass ihre Töchter selbstständig werden und andere Männer eine wichtigere Rolle in ihrem Leben spielen. Kann das Märchen Dornröschen als Aufruf zu einem offeneren Umgang mit Sexualität verstanden werden? Für die Freud-Kritiker unter Ihnen dürfte das vermutlich recht weit hergeholt sein, angesichts der Zeitlosigkeit der Thematik ist es jedoch sicherlich einen Gedanken wert.

38.4 Fazit

Dornröschen gehört zu den bekanntesten Märchen der Gebrüder Grimm. Was kann man daraus nun für das alltägliche Leben lernen?

Zunächst einmal sollte man niemanden mit Absicht ausgrenzen. Das passiert leider oft schneller als uns lieb ist. Natürlich ist es etwas drastisch, dass soziale Exklusion mit dem Tod bestraft wird (und ein hundertjähriger Schlaf dürfte mehr als unrealistisch sein), aber dass dadurch eine Freundschaft oder der Ruf eines Menschen zerstört werden können, liegt relativ nahe.

Vom Vater Dornröschens kann man mitnehmen, dass offene Kommunikation oftmals die bessere Wirkung zeigt als strikte Verbote. Er hätte sich seiner Angst vor dem Wahrwerden des Fluches stellen und darüber sprechen sollen. So hätte er seine Tochter letztendlich besser geschützt. Wie erklären Sie selbst Ihren Kindern oder Enkeln, dass etwas tabu ist, z. B. das Spielen mit der Schere? Ist ein einfaches „Es ist verboten, weil es eben so ist" ausreichend? Dies mag sicherlich für einige Bereiche gelten, wenn allerdings nur Verbote ausgesprochen werden, ohne auch über die möglichen Folgen und Gefahren aufzuklären, wird der Reiz des Verbotenen wohl irgendwann größer sein als die Angst vor der Strafe.

Mit Dornröschen haben die Gebrüder Grimm einmal mehr ein Märchen niedergeschrieben, das nach all der Zeit nicht an Bedeutung verloren hat.

Noch heute kann man viel daraus lernen – oder sich einfach an dieser schönen Geschichte erfreuen.

Literaturverzeichnis

DeWall, C. N., Twenge, J. M., Gitter, S. A., & Baumeister, R. F. (2009). It's the thought that counts: The role of hostile cognition in shaping aggressive responses to social exclusion. *Journal of Personality and Social Psychology 96*, 45–59.

Drewermann, E. (2005). *Dornröschen. Grimms Märchen tiefenpsychologisch gedeutet*. Düsseldorf: Walter.

Eisenberger, N. I., Lieberman, M. D., & Williams, K. D. (2003). Does rejection hurt? An fMRI study of social exclusion. *Science 302*, 290–292.

Freud, S. (1924). *Zur Geschichte der psychoanalytischen Bewegung*. Leipzig: Internationaler Psychoanalytischer Verlag.

Grimm, J., & Grimm, W. (1819). *Kinder- und Haus-Märchen, gesammelt durch die Brüder Grimm: Große Ausgabe* (Bd. 1, 2. Aufl.). Berlin: G. Reimer.

Jonas, K., Stroebe, W., & Hewstone, M. (Hrsg.) (2014). *Sozialpsychologie*. Berlin, Heidelberg: Springer.

McCrae, R. R., & Costa, P. T. (2004). A contemplated revision of the NEO Five-Factor Inventory. *Personality and Individual Differences 36*, 587–596.

Scheithauer, H. (2003). *Aggressives Verhalten von Jungen und Mädchen*. Göttingen: Hogrefe.

Waiblinger, A. (1988). *Dornröschen. Auch des Vaters liebste Tochter wandelt sich zur Frau*. Zürich: Kreuz-Verlag.

Der Jäger, der seine Frauen ungleich behandelte – ein afrikanisches Volksmärchen

Nicole Blabst und Franziska Wittmann

39.1   Inhalt des Märchens – 298

39.2   Die Charaktere – 299

39.3   Psychologische Phänomene – 300
39.3.1   Glaube an eine gerechte Welt – der Jäger – 300
39.3.2   Frustrations-Aggressions-Theorie und soziale Zurückweisung – die vernachlässigte Frau – 301

39.4   Bedeutung für die heutige Zeit – 301
39.4.1   Ungerechtigkeit in der Gesellschaft – 302
39.4.2   Kulturelle Unterschiede – Monogamie und Bigamie – 302
39.4.3   Gleichberechtigung von Mann und Frau – 302
39.4.4   Rationale Liebe – 303

39.5   Fazit – 304

Literaturverzeichnis – 304

© Springer-Verlag GmbH Deutschland 2017
D. Frey (Hrsg.), *Psychologie der Märchen*,
DOI 10.1007/978-3-662-53668-1_39

39.1 Inhalt des Märchens

Es war einmal ein Jäger, der war zu seiner Zeit und in seinem Land der berühmteste aller Jäger, denn er hatte nie auf Kosten der kleinen und schwachen Tiere gejagt, und er verstand es, im Wald immer auf große und starke Opfer zu stoßen. Deshalb kannten ihn auch alle Tiere des Waldes. In seinem Haus lebte er mit zwei Hunden, die er Kitimiri und Duramani nannte; und er hatte zwei Frauen, aber die erste Frau war seine Lieblingsfrau. Die zweite fühlte sich zu wenig geliebt und unrecht behandelt. Deshalb war sie selten zu Hause.

Eines Tages wollte die zweite Frau ihm eine Lektion erteilen. Sie hatte Böses im Sinn, denn sie ging in den Wald und verbündete sich mit den größten Tieren: mit den Panthern, Löwen, Tigern, Wölfen und Elefanten. Danach täuschte sie ihren Mann, indem sie vorgab, seine beiden Hunde seien krank. In Wirklichkeit hatte sie die Tiere zwei Tage lang ohne Futter eingesperrt. Der Jäger glaubte, dass seine Hunde krank seien. Und er ließ sein Gewehr zu Hause, als er sich zu einem Ausflug in den Wald begab. Entgegen seiner Gewohnheit blieb er immer auf dem Waldweg, denn er wollte möglichst keinem wilden Tier begegnen. Nach zwei Stunden kletterte er auf einen Baum, machte es sich auf einem großen Ast gemütlich und fing an zu singen. Das hörte ein Tiger, der sich ganz unbemerkt heranschlich. Als er gesehen hatte, dass es der Jäger war, mit dessen zweiter Frau sich die wilden Tiere verbündet hatten, eilte er zu seinen Tigerkollegen, um sie zu informieren. Unterwegs traf er zuerst den Panther und dann den Wolf. Sobald der Wolf von dem Jäger gehört hatte, rief er mit seiner scharfen Stimme in den Wald hinein nach den Tieren. Zehn Minuten später waren alle Tiere, mit denen sich die Frau verbündet hatte, versammelt. Unter dem Kommando des Tigers rückten sie gegen den Jäger vor, der immer noch auf dem Baum saß. Als der Jäger das erste Tier erblickte, war es für ihn zu spät, um zu fliehen. Da er keine Waffe und auch seine Jagdhunde nicht dabei hatte, blieb ihm nur seine Stimme, um Hilfe zu rufen. Er rief seine beiden Hunde mit einem Gesang, der so klang:

„Kitimiri, yo! Duramani, yo! Kitimiri, yo! Duramani yo! Die wilden Tiere töten mich, Duramani, yo! Die Tiger töten mich, Duramani, yo! Die Löwen töten mich, Duramani y! Kitimiri! Durumani! Yo, yo! Durumani!"

Sein Rufen wurde von den Affen gehört, die sogleich loseilten, um die wilden Tieren zu unterstützen, denn die Affen können besonders gut klettern. Der Ort des Geschehens war sieben Kilometer vom Dorf entfernt. Als die Hunde die rufende Stimme ihres Herrn hörten, waren sie in ihrer Hütte eingesperrt, und es war niemand da, der sie hätte befreien können. Inzwischen hatten sich die wilden Tiere unter dem Baum versammelt. Die einen kletterten am Baum in die Höhe, die anderen machten sich über die Wurzeln des Baumes her, um ihn zu fällen. Mit ihren scharfen Zähnen war es ihnen schon bald gelungen, die äußeren Wurzeln zu durchtrennen. Dann kam die Hauptwurzel an die Reihe.

Immer noch waren die Hunde des Jägers in der Hütte gefangen. Doch die Lieblingsfrau des Jägers kam gerade nach Hause und hörte das Bellen der Hunde. Als sie sah, dass ihr Mann nicht zu Hause war, verstand sie sofort, dass die Hunde ihrem Mann zu Hilfe eilen wollten. Sie öffnete ihnen das Tor und ließ sie hinaus. Obwohl sie vom Hunger geschwächt waren, rasten sie so schnell sie konnten den bekannten Waldweg entlang, um ihrem Herrn zu helfen. Sie kamen gerade rechtzeitig bei ihrem Herrn an, denn es fehlte nur noch wenig, und der Baum wäre gefällt worden. Wütend stürzten sie sich auf die bösen Tiere und bissen, was sie zu fassen kriegten. Unter lautem Bellen verjagten sie die großen Tiere, den Tiger, den Elefanten und den Panther, bis sie endlich ihren Herrn befreit hatten. Der Jäger kam vom Baum herunter, dankte seinen treuen Hunden für die Errettung vor dem Tode und ging mit ihnen zum Dorf zurück. Dort erklärte er seiner Familie, was ihm im Walde widerfahren war. Die zweite Frau sagte daraufhin: „Es hat noch gar nicht angefangen mit den Angriffen gegen dich! Solange Du mich in Deinem Hause nicht genügend anerkennst und gleichberechtigt behandelst, wirst du von allen Tieren bedroht bleiben!"

Da verstand der Jäger, dass jeder Mensch frei ist, sein Recht zu verteidigen. Von diesem Tage an behandelte er seine beiden Frauen gleich.
(Original zitiert aus Hekaya.de 2016; ◘ Abb. 39.1)

Anmerkung Das Märchen „Der Jäger, der seine Frauen ungleich behandelte" stammt ursprünglich aus Guinea in Westafrika. Das Wort Guinea leitet sich wohl von „Aguuinaoui" ab, was „schwarz" bedeutet. Heute leben in Guinea 11,4 Mio. Einwohner, davon

◘ **Abb. 39.1** (Zeichnung: Claudia Styrsky)

sind über 90 % Muslime. Die Amtssprache in Guinea ist Französisch, da das Land lange Zeit eine französische Kolonie war. Insgesamt werden dort jedoch etwa 20 weitere Sprachen gesprochen (Auswärtiges Amt 2015). Am 28.09.1958 entschied Guinea sich für die vollständige Unabhängigkeit und somit folgte am 02.10.1985 die Ausrufung der Republik Guinea. Eigentlich zeichnet sich Guinea durch fruchtbare Böden, reiche Vorkommen an Bodenschätze, abwechslungsreiche und wunderschöne Landschaften sowie einen Hafen als Tor zur Welt aus. Doch bisher werden diese Potenziale kaum genutzt, und Guinea machte in den vergangenen Jahren vor allem Schlagzeilen durch politische Unruhen, Streiks und Korruption. Guinea kann zudem auf dem Human Development Index der Vereinten Nationen, der als Wohlstandsindikator für Staaten fungiert, immer nur die hintersten Plätze belegen. Dieser Rang spiegelt zudem wider, dass rund die Hälfte der Bevölkerung von weniger als 1 US-Dollar pro Tag lebt (vgl. Deutsche Gesellschaft für Internationale Zusammenarbeit).

39.2 Die Charaktere

Das Märchen „Der Jäger, der seine Frauen ungleich behandelte" besteht im Wesentlichen aus zwei Hauptcharakteren: Die zweite und vernachlässigte Frau und der Jäger. Nebencharaktere sind die erste Frau, die Hunde Duramani und Kitimiri sowie die Tiere des Waldes. Im Folgenden sollen die Haupt- und Nebencharaktere noch einmal ausführlicher vorgestellt werden.

Die **zweite Frau – die Vernachlässigte** – nimmt eine zentrale Rolle im Märchen ein. Sie steht eindeutig an zweiter Stelle und ist diejenige, die weniger Aufmerksamkeit und Liebe von ihrem Mann bekommt. Sie befindet sich in einer Situation, in der sie Ungerechtigkeit erlebt und nimmt ihr Schicksal in die Hand, um Gerechtigkeit herzustellen. Interessanterweise richtet sie sich dabei nicht gegen ihre potenzielle Rivalin, die erste Frau, sondern gegen ihren Mann. Sie möchte keine Einzelstellung haben, sondern strebt eine Gleichbehandlung durch ihren Mann an. Dass sie dabei sein Leben aufs Spiel setzt, da er ohne die Hilfe der ersten Frau und seiner Hunde von den Tieren getötet worden wäre, ist eine sehr radikale Maßnahme. Letztendlich schafft sie es dadurch jedoch, die Gleichberechtigung durch ihren Mann herzustellen. Zumindest schließt das Märchen mit dieser Annahme – ob es tatsächlich funktioniert, bleibt dahingestellt.

Der **Jäger** ist der zweite Hauptcharakter des Märchens. Er steht zwischen den beiden Frauen und wird zum Spielball der zweiten Frau. Normalerweise betritt der Jäger mit seinen Hunden den Wald, nur da die zweite Frau diese hungern lässt und ihm sagt, sie seien krank, zieht er alleine los. Dies lässt ihn zum Opfer der wilden Tiere werden, mit denen die zweite Frau einen Pakt geschlossen hat. Glücklicherweise hören die Hunde seine Rufe, und die erste Frau lässt diese auf ihr Bellen hin frei, um ihn zu retten. Doch wie kam der Jäger in diese missliche Lage? Da er seine beiden Frauen ungleich behandelt, fühlt sich die vernachlässigte Frau gekränkt und schmiedet einen Racheplan, sodass letztlich sein Verhalten als Täter dazu führt, zum Opfer zu werden.

Der **erste Frau – die Bevorzugte** – kann eher als Nebencharakter bezeichnet werden, da ihr Handeln nur eine marginale, wenngleich wichtige Rolle spielt. Sie ist die Nummer 1 und wird von ihrem Mann der zweiten Frau vorgezogen. Wahrscheinlich war sie auch die erste Frau, die der Jäger geheiratet hat. Im Märchen tritt sie nur am Rande auf, sie ist die andere Frau, der gegenüber sich die zweite Frau ungerecht behandelt fühlt. Ihre einzige maßgebliche Tat ist, dass sie auf das Bellen der Hunde aufmerksam wird und diese daraufhin freilässt, damit diese ihren Mann retten können.

Die **Hunde** – Duramani und Kitimiri – sind die treuen Gefährten des Jägers. Normalweise sind sie immer an seiner Seite und beschützen ihn im Wald. Doch durch den perfiden Plan der vernachlässigten Frau sind sie geschwächt und können den Jäger nicht begleiten. Als dieser jedoch in seiner Not nach ihnen ruft, zeigen sie über ihre eigenen Grenzen hinaus Treue und Hingabe und kommen ihrem Herren zur Rettung.

Die **Tiere des Waldes** stellen sowohl eine Bedrohung als auch eine Nahrungsquelle für die Menschen dar. Der Jäger macht normalerweise Jagd auf sie. Erstaunlicherweise kann sich die zweite Frau

gefahrlos mit ihnen verbünden, ohne dass ihr selbst dabei etwas passiert. Die Tiere könnten sich die auf den Pakt mit ihr eingelassen haben, da der Jäger für sie eine grundsätzliche Bedrohung darstellt.

39.3 Psychologische Phänomene

In dem Märchen „Der Jäger, der seine Frauen ungleich behandelte" finden sich einige psychologische Phänomene wieder, die anhand des Jägers, der vernachlässigten Frau und der Dreiecksbeziehung zwischen dem Jäger und seinen beiden Frauen herausgearbeitet werden.

39.3.1 Glaube an eine gerechte Welt – der Jäger

Durch den Charakter des Jägers erschließt sich im Wesentlichen das Phänomen Gerechtigkeit, im Speziellen der Glaube an eine gerechte Welt, welcher im Folgenden im Bezug zum Märchen genauer dargestellt wird.

Gerechtigkeit und vor allem Ungerechtigkeit scheinen in diesem Märchen eine wichtige Rolle zu spielen. Ein Phänomen, welches sehr gut zum Jäger passt, ist der **Glaube an eine gerechte Welt**. Bereits 1965 begann Melvin Lerner sich mit dem Glauben an eine gerechte Welt auseinanderzusetzen. Lerner beschrieb, dass Menschen davon ausgehen, dass sie in einer gerechten Welt leben, in der jeder das bekommt, was er verdient, und auch jeder das verdient, was er bekommt. Ohne diese Annahme wäre es schwierig, langfristig zielgerichtetes Verhalten auszuführen oder Vertrauen in Mitmenschen und Instanzen aufzubauen. Deswegen sind Menschen bemüht, diesen Gerechtigkeitsglauben aufrechtzuhalten.

Doch nur zu oft erfahren wir in unserer Welt eine Verletzung dieser Annahme, z. B. wenn Menschen unschuldig zum Opfer von Gewaltverbrechen werden. Dann brauchen wir **Bewältigungsstrategien**, die Lerner (1980) in rationale und nichtrationale Strategien einteilte. Dabei ist es sogar möglich, dass wir dem Opfer eine Schuld zuweisen, um unseren Glauben an die gerechte Welt nicht infrage stellen zu müssen. Lerner (1978) konnte experimentell bestätigen, dass der Gerechte-Welt-Glaube zur Ausgrenzung und Abwertung von Opfern oder Verlieren sowie zur Aufwertung und Bewunderung von Gewinnern führt.

Dieser Theorie folgend geschieht es dem Jäger recht, dass ihn seine vernachlässigte Frau bestrafen will, da er die beiden Frauen ungerecht und ungleich behandelt hat. Er erhält also eine gerechte Bestrafung für seine vorangegangenen Taten.

- **Fragen zur Reflexion**
- Kann und darf man erlebte Ungerechtigkeit mit Ungerechtigkeit vergelten?
- Welche Handlungsalternativen haben wir?

39.3.2 Frustrations-Aggressions-Theorie und soziale Zurückweisung – die vernachlässigte Frau

Das Handeln der vernachlässigten Frau lässt sich durch die Frustrations-Aggressions-Theorie sowie durch die Forschung zur sozialen Zurückweisung als Auslöser für Aggression erklären. Das Verhalten der zweiten Frau soll keineswegs gerechtfertigt werden, doch bietet die psychologische Forschung einige Erklärungsansätze, um das Verhalten nachvollziehbar zu machen und vielleicht auch sein eigenes Verhalten unter diesen Erkenntnissen anders zu betrachten.

Im Rahmen der **Frustrations-Aggressions-Theorie** wird davon ausgegangen, dass Aggression eine Folge von Frustration sein kann (Dollard et al. 1939). Je intensiver und lang anhaltender die Frustration ist, desto stärker fällt die aggressive Reaktion aus. Allerdings führt nicht jede Frustration automatisch zur Aggression. Die vernachlässigte Frau wird allerdings dauerhaft ungerecht behandelt, es summieren sich also die Frustrationserfahrungen und irgendwann gipfelt dies in dem aggressiven Angriff ihrem Mann gegenüber.

Die Studie von Eisenberger et al. (2003) zeigt, dass soziale Zurückweisung, auch **Exklusion** genannt, ebenso schmerzhaft ist wie physischer Schmerz. Sowohl bei Zurückweisung wie auch körperlichen Verletzungen werden ähnliche neuroanatomische Areale im Gehirn aktiviert, in denen das Schmerzempfinden lokalisiert ist.

Die ungerechte Behandlung und soziale Zurückweisung, die die vernachlässigte Frau erfährt, wäre damit vergleichbar mit einer körperlichen Misshandlung durch ihren Mann.

In weiteren Studien stellte sich heraus, dass Versuchspersonen, wenn sie soziale Zurückweisung erfahren, z. B. Bewerbungen schlechter beurteilen oder andere Versuchspersonen in einem Experiment stärker bestrafen. Letztendlich kann soziale Exklusion also ein Auslöser für **Aggression** sein (Twenge et al. 2001). Daneben sind die Selbstregulation sowie die kognitive Kontrolle bei Menschen herabgesetzt, die soziale Zurückweisung erfahren (Baumeister u. DeWall 2005). Versuchspersonen konnten nach dem Lesen einer Textpassage Gedächtnisinhalte schwerer abrufen und schnitten bei einem Test zu logischem Denken schlechter ab.

Dass die zweite Frau zu einer aggressiven Lösung der erlebten Ungerechtigkeit greift, wird damit nachvollziehbar, wobei sie sogar den Tod ihres Mannes in Kauf nimmt. Fraglich ist, ob ihr dies in ihrer blinden Rache überhaupt bewusst ist oder ob sie vollkommen kopflos handelt.

- **Fragen zur Reflexion**
- Waren Sie schon einmal in einer Situation, in der Sie aufgrund von Zurückweisung kopflos oder aggressiv reagiert haben? Oder haben Sie von anderen Menschen gehört, die sich in solch einer Situation befunden haben?
- Kennen Sie das Gefühl, wenn Sie von einem anderen Menschen oder einer Gruppe von Menschen zurückgewiesen werden? Können Sie nachempfinden, dass sich eine Zurückweisung wie körperlicher Schmerz anfühlt?

39.4 Bedeutung für die heutige Zeit

Nun stellt sich die Frage, was wir aus dem Märchen für uns selbst, unser Leben und unsere Weltanschauung mitnehmen können. Im Folgenden sollen vier Denkanregungen diskutiert werden, die durch die Themenschwerpunkte des Märchens angeregt werden.

39.4.1 Ungerechtigkeit in der Gesellschaft

In einer westlichen Kultur lässt sich das konkrete Beispiel, eine Frau der anderen vorzuziehen, vermutlich seltener finden, daher soll der Begriff der Gerechtigkeit in einen größeren Kontext gestellt werden.

Wo gibt es Ungerechtigkeiten in unserer Gesellschaft? Im Jahr 2016 soll es nun so weit sein: 1 % der Weltbevölkerung besitzt mehr als der Rest der Welt. Wenn man sich vor Augen führt, dass beispielsweise in Guinea die Hälfte der Bevölkerung mit nur 1 US-Dollar pro Tag auskommen muss, ist dies eine große Ungerechtigkeit. Die Schere zwischen Arm und Reich wird leider immer größer, und wir scheinen diesen Prozess kaum aufhalten zu können. Ist das gerecht und fair? Vermutlich nicht. Welches als gerecht empfundene Verteilungsprinzip könnte dem zugrunde liegen? Unter dem Leistungsaspekt betrachtet arbeiten Multimilliardäre mit Sicherheit nicht so viel härter als diejenigen, die deutlich weniger verdienen. Gleichheit und Gerechtigkeit sind somit nicht gegeben.

Vermutlich fallen Ihnen aber auch noch andere Beispiele ein – nicht auf gesellschaftlicher Ebene, sondern in Ihrem privaten Umfeld, in der Schule, in der Familie.

- ■ **Fragen zur Reflexion**
- ▬ Wo wurden Sie ungerecht behandelt?
- ▬ Und – Hand aufs Herz - wo haben auch Sie selbst jemanden ungerecht behandelt?

39.4.2 Kulturelle Unterschiede – Monogamie und Bigamie

In unserer Kultur stellt sich die Frage zwischen Monogamie und Bigamie überhaupt nicht. Bigamie wird laut Strafgesetzbuch sogar mit bis zu zwei Jahren Freiheitsstrafe oder einer Geldstrafe geahndet. Doch andere Länder, andere Sitten – heute finden wir Bigamie beziehungsweise Polygamie vor allem in den mehrheitlich muslimischen Ländern, ausgenommen sind beispielsweise die Türkei, Tunesien und Albanien. Am häufigsten wird Polygamie in Westafrika und in einigen arabischen Staaten praktiziert. In diesen Ländern ist das also auch vollkommen legal.

Hinzuzufügen ist, dass in den meisten Ländern in denen Polygamie erlaubt ist, die **Polygynie** gemeint ist und praktiziert wird. Das bedeutet, dass ein Mann mehrere Frauen heiratet wie im Märchen. Im Hinblick auf Gerechtigkeit stellt sich doch die Frage, warum nur Männer mehrere Frauen heiraten dürfen, aber Frauen nicht mehrere Männer. Mit Gleichberechtigung hat das nichts gemein.

Auch im Tierreich finden wir Monogamie kaum. Sowohl männliche als auch weibliche Tiere nehmen es mit der Treue oft nicht so genau, selbst wenn sie eigentlich in Zweierbeziehungen leben. Bei den großen Menschenaffenarten, den Schimpansen und Gorillas, war man sich schon lange sicher, dass sie polygam leben. Selbst Gibbons, von denen man glaubte, dass sie monogam leben, wurden „enttarnt" – auch sie haben mehrere Partner. Eine Ernüchterung, galten sie doch lange als ein Vorbild im Tierreich, welches die Monogamie vorlebt. David Barash erklärt jedoch, dass unsere Biologie die Monogamie definitiv nicht ausschließt – wir stehen einfach vor der Wahl (Wilhelm 2010).

Man neigt häufig dazu, alternative Praktiken anderer Länder pauschal zu verurteilen und als „schlecht" und „falsch" abzustempeln. Doch wer sagt uns, was richtig und falsch ist? Welche ist die „bessere" Beziehungsform, die Monogamie oder Polygamie? Das ist schwer zu beurteilen, und am Ende sollte jeder eine Entscheidung für sich selbst treffen. Hierzulande haben Vielehen vor dem Gesetz keinen Bestand, dafür können wir unsere Sexualität – ob als Mann oder Frau – frei ausleben. Einige wählen dabei ebenfalls mehrere Partner. In armen Ländern, in denen Frauen keine ausreichende soziale Absicherung haben, kann der Zusammenschluss größerer Gemeinschaften, z. B. in einem erweiterten Familienverbund, aber durchaus sinnvoll sein.

39.4.3 Gleichberechtigung von Mann und Frau

Im vorherigen Absatz wurde bereits kurz angesprochen, dass es auch beim Thema Polygamie oftmals keinen gleichberechtigten Ansatz gibt. Häufig dürfen nur Männer polygam leben, Frauen sollen – teils unter Strafandrohung – monogam bleiben.

39

Aber auch in vielen anderen Bereichen gelten für Frauen und Männer nicht die gleichen Maßstäbe. Hierzu genügt ein Blick in den eigenen Kulturkreis, auch in Deutschland herrscht Ungerechtigkeit zwischen Männern und Frauen.

Ein Paradebeispiel, welches immer häufiger Gehör findet, sind **Frauen in Führungspositionen**. Die neu eingeführte Frauenquote spricht dabei Bände. 51 % der Hochschulabsolventen sind weiblich, aber am Ende schaffen es nur sehr wenige Frauen in die hohen Führungsetagen. Beispielsweise sind nur 15 % des mittleren Managements weiblich besetzt und 3 % der Vorstandsebene (Wippermann 2010). Die geringen Prozentsätze können dabei nicht allein dadurch erklärt werden, dass es Frauen aufgrund von Familienplanung oder zu wenig Ehrgeiz nicht schaffen könnten.

Eagly und Karau (2002) beschreiben dieses Phänomen mit der **Rolleninkongruenztheorie**. Die Rolle einer Führungskraft zeichnet sich vor allem durch männliche oder „agentische" Eigenschaften aus wie leistungsorientiert, selbstsicher, dominant und durchsetzungsfähig. Die Rolle der Frau hingegen beinhaltet weibliche oder „kommunale" Eigenschaften. Eine Frau gilt als fürsorglich, rücksichtsvoll, respektvoll und einfühlsam. Das Problem stellt nun die Inkongruenz zwischen den zugeschriebenen Rolleneigenschaften dar. Diese führt zu dem Vorurteil, dass Frauen weniger geeignet für Führungspositionen wären. Aufgrund dessen gelangen sie seltener in Führungspositionen.

Eine Studie von Eagly et al. (2003) konnte nachweisen, dass Frauen sogar die „besseren" Führungskräfte sind, indem sie transformationaler führen als Männer. Zu betonen ist, dass die herausgestellten Unterschiede der Studie nur sehr gering sind. Mitnehmen kann man jedoch, dass Frauen mit Sicherheit keine schlechteren Führungskräfte sind. Der **transformationale Führungsstil** gilt als eine der besten Formen von Führung. Er zeichnet sich beispielsweise durch die Vorgabe von Visionen, die Übernahme neuer Perspektiven für Problemlösung und Aufgabenbewältigung oder durch Mentoring der Geführten, abgestimmt auf deren individuelle Bedürfnisse, aus. Transformationale Führung steht nachweislich in einem positiven Zusammenhang mit Führungseffektivität (Lowe et al. 1996).

Es lohnt sich im Zusammenhang mit der Gleichberechtigung von Mann und Frau, einen genaueren Blick auf das eigene Leben zu werfen.

- **Fragen zur Reflexion**
- Finden Sie eigene Beispiele aus Ihrem Leben? Wo erleben Sie in Ihrem Alltag Gleichberechtigung zwischen Mann und Frau, wo hingegen nicht?
- Können Sie vielleicht selbst etwas daran ändern, egal ob Mann oder Frau?

39.4.4 Rationale Liebe

Als letzter Denkanstoß soll noch einmal das Ende des Märchens aufgegriffen werden: „Da verstand der Jäger, dass jeder Mensch frei ist, sein Recht zu verteidigen. Von diesem Tage an behandelte er seine beiden Frauen gleich."

Liebe ist eine Emotion, Gefühle spielen eine wichtige Rolle und das Herz entscheidet meist, nicht der Verstand. In dem Märchen wird Liebe als etwas sehr Rationales dargestellt, dass man kopfgesteuert verändern kann. Im wahren Leben sieht das wohl etwas anders aus. Unsere Gefühle machen manchmal, was sie wollen, ohne dass wir gezielt darauf einwirken können. Menschen verhalten sich oft irrational, und gerade die Liebe entzieht sich dem rationalen Denken in besonderem Maße.

Ob man zwei Menschen nun gleich lieben und behandeln kann, muss auch hier jeder für sich selbst entscheiden. Dass man die Liebe nicht von einem auf den nächsten Moment aus- und einschalten kann wie einen Lichtschalter, ist vermutlich nachvollziehbar und gilt für alle gleichermaßen.

- **Fragen zur Reflexion**
- Kann man zwei Menschen wirklich gleichzeitig lieben und gleich behandeln? Oder wird man immer mehr Zuneigung für eine Person empfinden?
- Ist Liebe außerdem etwas, dass man rational steuern kann? Oder hat der Jäger einfach aus Angst vor dem Tod und der Gewalt der zweiten Frau und der Tiere des Waldes „klein beigegeben"?

39.5   Fazit

Afrika und somit auch Guinea stellen einen ausgeprägten Gegensatz zu unserer westlichen Kultur dar. Gerade darin liegt der Reiz, das Märchen „Der Jäger, der seine Frauen ungleich behandelte" genauer zu betrachten. Das Märchen ist geprägt von einem grundlegenden Wandel der Beziehungen. Von der Bevorzugung der ersten Frau und der fortwährenden Benachteiligung der zweiten Frau führt uns die Geschichte zu einem spannenden Höhepunkt, bei dem der Jäger zum Gejagten wird und sein Opfer zur Täterin. Erst dadurch wird dem Jäger die große Ungerechtigkeit vor Augen geführt, die er selbst begangen hat und die er nachfolgend ausgleicht – er bringt von nun an beiden Frauen Respekt entgegen und behandelt sie gleich.

Daraus ergeben sich wertvolle Denkanstöße für unser Zusammenleben und eine Sensibilisierung für Ungerechtigkeiten – seien es die Ungleichheit von Mann und Frau oder die Kluft zwischen Arm und Reich.

Literaturverzeichnis

Auswärtiges Amt. (2016). Guinea. Stand: Mai 2016. http://www.auswaertiges-amt.de/DE/Aussenpolitik/Laender/Laenderinfos/01-Nodes_Uebersichtsseiten/Guinea_node.html. Zugegriffen: 12. November 2016.

Baumeister, R. F., & DeWall, C. N. (2005). The inner dimension of social exclusion: Intelligent thought and self-regulation among rejected persons. In: K. D. Williams, P. Forgas, & W. von Hippel (Eds.), *The social outcast: Ostracism, social exclusion, rejection, and bullying* (pp. 53–73). New York, NY: Psychology Press.

Deutsche Gesellschaft für Internationale Zusammenarbeit (GIZ). (2016). Guinea. https://www.giz.de/de/weltweit/327.html. Zugegriffen: 12. November 2016.

Dollars, J., Doob, L. W., Miller, N., Mowrer, O. H., & Sears, R. R. (1939). *Frustration and aggression*. New Haven: Yale University Press.

Eagly, A. H., Johannesen-Schmidt, M. C., & Van Engen, M. L. (2003). Transformational, transactional, and laissez-faire leadership styles: a meta-analysis comparing women and men. *Psychological Bulletin* 129, 569–591.

Eisenberger, N. I., Lieberman, M. D., & Williams, K. D. (2003). Does rejection hurt? An fMRI study of social exclusion. *Science* 302, 290–292.

Hekaya.de. (2016). Der Jäger, der seine Frauen ungleich behandelte. http://www.hekaya.de/maerchen/der-jaeger-der-seine-frauen-ungleich-behandelte--afrika_52.html. Zugegriffen: 12. November 2016.

Lerner, M. J. (1965). Evaluation of performance as a function of performer's reward and attractiveness. *Journal of Personality and Social Psychology* 1, 355–360.

Lerner, M. J. (1978). … but nobody liked the Indians. "Belief in a just world" versus the "Authoritarianism" syndrome. *Ethnicity* 5, 229–237.

Lerner, M. J. (1980). The belief in a just world. In: M. J. Lerner (Ed.), *Belief in a just world. A fundamental delusion* (pp. 9–30). New York: Springer US.

Lowe, K. B., Kroeck, K. G., & Sivasubramaniam, N. (1996). Effectiveness correlates of transformational and transactional leadership: A meta-analytic review of the MLQ literature. *The Leadership Quarterly* 7, 385–425.

Twenge, J. M., Baumeister, R. F., Tice, D. M., & Stucke, T. S. (2001). If you can't join them, beat them: effects of social exclusion on aggressive behavior. *Journal of Personality and Social Psychology* 81, 1058–1069.

Wilhelm, K. (2010). Fremdgehen ist die Regel. *Bild der Wissenschaft online*. http://www.bild-der-wissenschaft.de/bdw/bdwlive/heftarchiv/index2.php?object_id=32356794. Zugegriffen: 12. November 2016.

Wippermann, C., Bundesministerium für Familie, Senioren, Frauen und Jugend (Hrsg.). (2010). *Frauen in Führungspositionen. Barrieren und Brücken*. Heidelberg: Sinus Sociovision GmbH.

39

König Drosselbart von den Gebrüdern Grimm (1812)

Irina Bachsleitner und Julia Käs

40.1   **Inhalt des Märchens – 306**

40.2   **Die Charaktere – 307**

40.3   **Psychologische Phänomene und Implikationen – 307**
40.3.1   Psychologischer Vertrag – 307
40.3.2   Zufriedenheit und Anspruchsniveau – 308
40.3.3   Bestrafungslernen – 309

40.4   **Fazit – 310**

         Literaturverzeichnis – 310

© Springer-Verlag GmbH Deutschland 2017
D. Frey (Hrsg.), *Psychologie der Märchen,*
DOI 10.1007/978-3-662-53668-1_40

40.1   Inhalt des Märchens

Ein König hatte eine Tochter, die überaus schön war, aber so stolz und hochmütig, dass ihr kein Verehrer gut genug war. Einmal veranstaltete der König ein großes Fest und lud heiratslustige Männer aus aller Herren Länder ein. Die Prinzessin aber wies einen nach dem anderen ab und trieb noch dazu Spott mit ihnen. Der eine war ihr zu dick, „Das Weinfass!", der andere zu lang, „Lang und schwank hat keinen Gang!", und ein dritter zu blass, „Der bleiche Tod!". Sie hatte an jedem etwas auszusetzen, besonders aber machte sie sich über einen guten König lustig, dem das Kinn ein wenig krumm gewachsen war. „Ei", rief sie und lachte, „der hat ein Kinn, wie die Drossel einen Schnabel", und von nun an bekam er den Namen König Drosselbart.

Zornig über das Verhalten seiner Tochter schwur der König, dass sie den erstbesten Bettler, der zum Schloss käme, zum Mann nehmen solle. Als wenig später ein bettelnder Spielmann unter dem Fenster zu singen begann, hielt der König sein Versprechen. Als Bettelweib musste sie das Schloss verlassen und mit ihrem Mann fortziehen. Auf dem Weg zu ihrem neuen Heim bewunderte sie schöne Besitzungen und erfuhr voller Reue, dass alles König Drosselbart gehörte: „Ich arme Jungfer zart, ach, hätt' ich genommen den König Drosselbart."

In ihrem neuen Heim angekommen, musste sie arbeiten, doch kochen, flechten und auch spinnen misslangen ihr. Für ihre Unfähigkeit erntete sie den Spott des Spielmanns: „Du taugst zu keiner Arbeit, mit dir habe ich's schlimm getroffen." Und sie musste von nun an Töpfe auf dem Markt verkaufen. Die Leute kauften gern, doch am zweiten Tag kam ein betrunkener Husar daher gejagt und ritt ihr alle Töpfe kaputt. Verzweifelt erzählte sie ihrem Mann das Unglück, dieser aber schimpfte nur und schickte sie als Küchenmagd ins Königsschloss. So wurde die Königstochter zur Küchenmagd, musste die sauerste Arbeit tun und brachte Essensreste nach Hause, damit sie und der Spielmann etwas zu essen hatten.

Als bekannt gegeben wurde, dass die Hochzeit des ältesten Königssohnes gefeiert werden sollte, ging die arme Frau zur Saaltür hinauf, um zuzusehen. Traurig über ihr Schicksal, verwünschte sie ihren Stolz und Hochmut, die sie erniedrigt und in so große Armut gestürzt hatten. Auf einmal kam der Königssohn auf sie zu und wollte mit ihr tanzen. Aber sie weigerte sich und erschrak, als sie sah, dass es der König Drosselbart war, den sie mit Spott abgewiesen hatte. Doch er sprach ihr freundlich zu: „Fürchte dich nicht, ich und der Spielmann, der mit dir in dem elenden Häuschen gewohnt hat, sind eins. Dir zuliebe habe ich mich so verstellt. Und der Husar, der dir die Töpfe niedergeritten hat, bin ich auch gewesen. Das alles ist geschehen, um deinen stolzen Sinn zu beugen und dich für deinen Hochmut zu strafen, womit du mich verspottet hast." Sie weinte bitterlich und zeigte Reue. Und so heirateten sie und die rechte Freude fing jetzt erst an.

(Grimm u. Grimm 1812; ◘ Abb. 40.1)

◘ **Abb. 40.1**   (Zeichnung: Claudia Styrsky)

Anmerkung Als Teil der Kinder- und Hausmärchen-Sammlung der Gebrüder Grimm wurde das eher unbekannte Märchen 1812 zum ersten Mal abgedruckt und ab 1954 auch mehrmals verfilmt. Typisch für die mittelalterliche Märchenliteratur ist das Verhältnis zwischen Umworbener und Werber, welcher zuerst Ablehnung erfährt, seine Umworbene letztlich aber doch verführen kann. Auch „König Drosselbart" bedient sich dieser beliebten Grundkonstellation. Außerdem ist das Märchen ein schönes Beispiel für die „zänkische Weiberrede", welche zur literarischen Tradition des Mittelalters gehört.

40.2 Die Charaktere

Die **Königstochter**, um deren Geschichte sich das Märchen dreht, ist ein verwöhntes und verzogenes Einzelkind. Schön, selbstbewusst und mit einer starken Ichbezogenheit, zeigt sie einen deutlichen Hang zum Narzissmus. Genauso wie der Jüngling Narziss aus den Metamorphosen von Ovid verschmäht auch sie die Liebe vieler Männer und nimmt dabei keine Rücksicht auf deren Gefühle. In der Erzählung von Ovid wird der Jüngling für sein Verhalten mit unstillbarer Selbstliebe bestraft, die Königstochter wird stattdessen zur Strafe von ihrem Vater mit einem Bettler, dem Spielmann, verheiratet. Während ihres Zusammenlebens mit dem Spielmann offenbart sich, dass sie weder für die Arbeit „normaler" Bürger gemacht ist noch eine Vorstellung von deren Leben hat. Ihr einziges Kapital ist ihre Schönheit, durch die sie einige Töpfe verkaufen kann, aber auch dies ist vergänglich, wie der Husar zeigt, als er ihre Töpfe zerstört.

Zu ihrer Einstellung und ihrem Verhalten trug sehr wahrscheinlich auch ihr alleinerziehender Vater, der **König**, bei, für den die Tochter sein Ein und Alles ist. Daher veranstaltet er ein großes Fest für sie, zu dem er Männer aus aller Herren Länder von Rang und Namen einlädt, um ihr die besten potenziellen Ehemänner zur Auswahl zu bieten. Doch neben dieser gütigen und fürsorglichen Art zeigt der König auch eine andere Seite von sich. Als seine Tochter alle Männer, die er extra für sie einlud, zurückweist, fühlt er sich gekränkt. Er fürchtet einen Gesichtsverlust und reagiert zornig und impulsiv, als er schwört,

seine Tochter dem nächstbesten Bettler zur Frau zu geben. Wie es sich für einen guten Herrscher gehört, steht der König zu seinem Wort, als der Spielmann ankommt.

Von da an wandelt sich das Verhältnis von König und Tochter, indem der sorgende Vater von einem Tag auf den anderen seine einzige Tochter einem völlig Fremden anvertraut und sie regelrecht verstößt.

Dieser Fremde, der Spielmann, ist **König Drosselbart**. Im Gegensatz zur Königstochter ist er trotz seines Standes mit der Realität der normalen Bürger vertraut und findet sich in ihr zurecht. Im Märchen wird er entsprechend als von Grund auf guter Mensch beschrieben. Wenn man jedoch genauer hinblickt, hat auch er seine Schattenseiten. Mit seinen Rollenspielen möchte er die Königstochter letztendlich genauso wie ihr Vater für ihr hochmütiges Verhalten bestrafen und dadurch gefügig machen. Sein teilweise sehr erniedrigendes Verhalten rechtfertigt er mit seiner Liebe zu ihr.

Die Beziehung zwischen König Drosselbart und der Königstochter wandelt sich über das Märchen hinweg. Zunächst fühlt sich die Königstochter König Drosselbart aufgrund seines äußeren Makels überlegen und verletzt seinen Stolz durch ihren Spott. In der Rolle des Spielmanns und Husaren rächt er sich und demütigt sie, um anschließend als König Drosselbart, der Retter in der Not, aufzutreten.

40.3 Psychologische Phänomene und Implikationen

Aus dem Verhalten der Hauptcharaktere lassen sich einige wichtige psychologische Phänomene ableiten, die auch heutzutage bedeutsam sind. Dargelegt werden insbesondere Aspekte der persönlichen Beziehungen, die die Königstochter zu ihrem Vater sowie zu König Drosselbart hat.

40.3.1 Psychologischer Vertrag

Zuerst wollen wir einen genaueren Blick auf das Verhältnis zwischen König und Tochter werfen. Hier kommt es, wie zu den Charakteren bereits dargestellt, zu einer Art Bruch zwischen Vater und Tochter.

Doch wie konnte es soweit kommen, dass der König seine Tochter von sich stößt und einem Wildfremden anvertraut?

Unser Zusammenleben mit anderen Menschen ist neben klar kommunizierten Regeln, dass man z. B. seinem Partner oder den Eltern Bescheid gibt, wenn man sich verspätet, auch durch einen **impliziten psychologischen Vertrag** bestimmt. Ein psychologischer Vertrag umfasst die Wahrnehmung gegenseitiger Erwartungen und Verpflichtungen in einer Beziehung. Wie wir uns anderen gegenüber verhalten ist also – neben definierten Regeln – implizit durch unsere Wahrnehmung bestimmt, und im Gegenzug erwarten wir ebenso ein gewisses Verhalten auf der Gegenseite.

In unserem Märchen bietet der König seiner Tochter alles, was sie braucht, im Gegenzug erwartet er Gehorsam und Dankbarkeit. Die Tochter weiß die Mühen des Vaters jedoch nicht zu schätzen und lässt ihn durch ihren Übermut auch noch lächerlich dastehen. Sie bricht sozusagen den psychologischen Vertrag zu ihrem Vater, was diesen sehr enttäuscht. Als Konsequenz dieses Vertragsbruches bestraft er seine Tochter, indem er sie an den nächstbesten Bettler verheiratet.

Implikationen für die Erziehung

Als Erstes möchten wir das Verhalten des Königs kritisch hinterfragen. Ist die Konsequenz des Königs, seine Tochter derart zu bestrafen, wirklich sinnvoll? Sollten wir auf das Nichteinhalten eines psychologischen Vertrages wirklich mit Strafe oder Abweisung reagieren? Nein!

Wird ein psychologischer Vertrag gebrochen, also unsere Erwartungen an das Verhalten einer anderen Person verletzt, so sollten wir das zuallererst **kommunizieren**. Besonders bei der Kindererziehung spielt dies eine wichtige Rolle. Kindern ist oft gar nicht bewusst, dass sie durch ihr Verhalten einen „Vertragsbruch" begehen. Eltern sollten den Kindern ihr Fehlverhalten aufzeigen, indem sie mit ihnen darüber sprechen und **alternative Verhaltensweisen** aufzeigen.

Durch Kommunikation hätte auch der König seiner Tochter den steinigen Weg zur Einsicht möglicherweise erleichtern können.

Implikationen für die Arbeit

Neben privaten Beziehungen ist der psychologische Vertrag besonders auch Bestandteil beruflicher Beziehungen. Hier geht es um die gegenseitigen **Erwartungen und Verpflichtungen** speziell von Arbeitgeber und Arbeitnehmer, die über den (schriftlichen) Arbeitsvertrag hinausgehen. Interessant ist vor allem, wie psychologische Verträge in diesem Kontext geschlossen werden. Das Unternehmensleitbild, Bewerbungs- und auch Mitarbeitergespräche spielen hier eine wichtige Rolle.

Man muss sich auf beiden Seiten darüber im Klaren sein, dass alles, was man nach außen trägt, auch gewisse Erwartungen weckt und Verpflichtungen mit sich bringt. So erwartet beispielsweise der Arbeitnehmer, dass fair mit ihm umgegangen wird, wenn das Unternehmensleitbild auf der Homepage verspricht: Fairness ist einer unserer wichtigsten Werte. Dabei ist es wichtig, nur das zu versprechen, was man auch einhalten kann. Hat der Arbeitnehmer allerdings das Gefühl, dass der Arbeitgeber seinen Verpflichtungen nachkommt, so können psychologische Verträge den Arbeitnehmer motivieren, zusätzliche Verpflichtungen zu erfüllen (Rousseau 1995).

40.3.2 Zufriedenheit und Anspruchsniveau

Warum findet die Königstochter nun unter all diesen Männern niemanden, der ihr gefällt? Warum ist sie mit keinem zufrieden und hat an jedem etwas auszusetzen? Die Antwort auf diese Fragen liegt in ihr selbst und ihren sehr hoch gesetzten Ansprüchen.

Gemäß der **sozialen Austauschtheorie** von Thibaut u. Kelley (1959) haben wir gewisse Erwartungen an eine soziale Beziehung. Diese Erwartungen ergeben sich aus unseren eigenen Erfahrungen, die wir in der Vergangenheit gemacht haben, sowie aus der Beobachtung anderer Beziehungen.

Für die Königstocher waren diese Erfahrungen wahrscheinlich recht einseitig. Als einziges Kind in einen hohen Stand geboren und von Schönheit gesegnet, stand sie bisher vermutlich immer im Mittelpunkt und ihr wurde jeder Wunsch von den Augen abgelesen. Entsprechend dieser persönlichen Erfahrungen glaubt sie nun ein Anrecht auf einen

40

Partner zu haben, der allen ihren Wünschen und Vorstellungen entspricht. Doch keiner der Männer, die der Vater ihr präsentiert, wird ihren Ansprüchen gerecht. Gleichzeitig sieht sie sich nicht gezwungen, eine Wahl zu treffen. Warum sollte sie sich auch für einen dieser Männer entscheiden, wenn die Auswahl doch so groß ist? Irgendwann wird der eine, der all ihren Ansprüchen gerecht wird, schon dabei sein.

Ob wir mit einer sich uns darbietenden sozialen Beziehung zufrieden sind, hängt also sowohl von unserem generellen **Anspruchsniveau** als auch von der **Anzahl und Qualität der Alternativen**, die sich uns bieten, ab.

Die Königstocher könnte noch so wählerisch sein – böten sich ihr z. B. nur zwei Alternativen, wäre sie gezwungen, ihre Ansprüche herunterzuschrauben, um überhaupt einen Ehemann zu bekommen. Doch unter der Vielzahl an heiratswilligen Männern scheint die Auswahl schier grenzenlos zu sein, sodass die Königstochter an ihren unrealistischen Ansprüchen festhält und mit keinem der Männer zufrieden ist.

Implikationen für die Lebensgestaltung

Wie sieht es in unserem eigenen Leben aus? Wo liegen unsere Ansprüche an einen Partner und sind diese angemessen oder auch, wie die der Königstochter, vollkommen überzogen? Ist an der Behauptung „Generation Beziehungsunfähig", die derzeit öfters zu hören ist, womöglich etwas dran?

Zumindest stehen auch uns, ebenso wie der Königstocher, **viele potenzielle Kandidaten** für die Partnerwahl zur Verfügung. Eine größere Mobilität, Online-Dating-Plattformen oder Apps wie Tinder machen es möglich. Insbesondere bei Tinder finden wir eine ähnliche Situation wie bei der Königstochter vor: Auf der Basis eines Bildes wird entschieden, ob einem der andere Mensch zusagt oder eben nicht.

Doch eine größere Auswahl bedeutet nicht automatisch, dass wir dann glücklicher oder zufriedener mit unserer Entscheidung sind. Im Gegenteil führen mehr Auswahlalternativen dazu, dass sich auch die **Entscheidungsfindung** komplexer gestaltet und wir den möglichen verpassten Chancen hinterhertrauern. Denn jede Entscheidung für etwas ist gleichzeitig eine Entscheidung gegen eine Vielzahl anderer

Dinge (Iyengar u. Lepper 2000; Schwartz 2004). Wenn man sich somit für eine Person als Partner entscheidet, schließt man gleichzeitig eine womöglich besser passende Alternative aus.

An der Fülle des Angebotes können wir nichts ändern, wohl aber an unserem Anspruch. Niemand ist perfekt – auch wir selbst nicht. Die Königstochter muss letztlich einsehen, dass sie mit ihrer Ungeschicktheit in handwerklichen Dingen wahrlich nicht die beste Partie für den Spielmann ist. Wir sollten also nicht vergessen, dass es in einer Partnerschaft oder bei der Partnerwahl nicht nur um unser eigenes Glück geht, sondern auch um das unseres Partners.

40.3.3 Bestrafungslernen

Die Beziehung zwischen Königstochter und König Drosselbart ist das zentrale Thema unseres Märchens. Diese ist vor allem durch Demütigungen auf beiden Seiten geprägt. König Drosselbart geht sogar so weit, dass er die Königstochter für ihr hochmütiges Verhalten bestraft und sie somit zu einem demütigeren Verhalten „erziehen" will.

In der Psychologie ist Bestrafung ein Teil der **operanten Konditionierung**. Operantes Konditionieren beschreibt das Lernen des Zusammenhangs zwischen einem Verhalten und den Konsequenzen, zu denen das Verhalten in einer bestimmten Situation führt (Lefrancois 2013). Lernen erfolgt also durch Konsequenzen, welche positiver oder negativer Natur sein können (Verstärkung oder Bestrafung).

Man unterscheidet zwei Arten der **Bestrafung**, die direkte und die indirekte Bestrafung:

- Bei der **direkten** Bestrafung folgt auf ein bestimmtes Verhalten eine unangenehme Konsequenz. Beispiel: Ein Kind spielt aus Langeweile mit einem Messer und fügt sich eine Schnittwunde zu.
- Bei der **indirekten** Bestrafung führt ein bestimmtes Verhalten dazu, dass eine angenehme Konsequenz ausbleibt. Beispiel: Ein Kind lügt und bekommt daraufhin Fernsehverbot.

König Drosselbart nutzt beide Arten der Bestrafung. Zum einen bestraft er die Königstochter indirekt, indem er ihr allen Reichtum nimmt, zum anderen bestraft er sie aber auch direkt, indem er sie niedere Arbeiten verrichten lässt oder als Husar alle Töpfe zerstört.

Implikationen für die Lebensgestaltung

Durch Bestrafung soll neues bzw. verändertes Verhalten erlernt werden. Fraglich ist jedoch, ob eine Verhaltensänderung wirklich durch Bestrafung erzielt werden kann oder soll. Krapp und Weidemann (2001, S. 150) weisen beispielsweise darauf hin, „[…] dass mit einer Strafe lediglich ein unerwünschtes Verhalten gestoppt, noch nicht aber ein erwünschtes Alternativverhalten aufgebaut wird."

Die Taktik von König Drosselbart, bei der Bestrafung eingesetzt wird, um das Verhalten der Königstochter zu ändern, könnte sich ebenso gut ins Gegenteil kehren: Zwar scheint die Königstochter im Moment der Heirat geläutert zu sein, sie könnte jedoch jederzeit wieder in ihr altes Verhaltensmuster zurückfallen.

Bestrafung birgt viele negative Auswirkungen wie Angst, Wut oder Hilflosigkeit und sollte deshalb nie die erste Wahl darstellen, wenn es darum geht, das Verhalten anderer Menschen zu ändern. Wenn überhaupt, sollte **Verstärkung** (hinzufügen angenehmer Konsequenzen oder entfernen unangenehmer Konsequenzen) einer Bestrafung immer vorgezogen werden.

Generell stellt sich allerdings die Frage, ob es überhaupt unsere Intention sein kann, andere Menschen ändern zu wollen? Zunächst ist festzuhalten, dass wir uns das Verhalten von König Drosselbart keinesfalls zum Vorbild nehmen sollten, vor allem nicht, wenn es um partnerschaftliche Beziehungen geht. Erniedrigungen und Demütigungen haben in Beziehungen nichts verloren. Vielmehr sollten wir andere so **akzeptieren**, wie sie sind – keiner ist perfekt und jeder hat die eine oder andere, auch liebenswerte, Macke. Und sollte uns doch einmal etwas gar nicht passen – wie wäre es zunächst einmal mit einem Gespräch, in dem wir unsere Probleme ansprechen?

40.4   Fazit

Grundsätzlich würden wir Märchen als gut, lehrreich und moralisch korrekt beschreiben, doch „König Drosselbart" zeigt uns, dass wir ihre Inhalte durchaus kritisch hinterfragen sollten. Die Charaktere zeigen Verhaltensweisen wie Demütigung oder Bestrafung, welche zur damaligen Zeit akzeptabel gewesen sein mögen, heute jedoch differenziert betrachtet werden müssen und im Lichte neuerer Erkenntnisse nicht mehr tragbar sind. Doch auch daraus können wir unsere Lehren ziehen. Wir sollten öfter einmal einen kritischen Blick auf gesellschaftliche Rollen werfen und auch unser eigenes Verhalten hinterfragen.

Literaturverzeichnis

Grimm, J., & Grimm, W. (1812) *Kinder- und Haus-Märchen, gesammelt durch die Brüder Grimm: Große Ausgabe* (Bd. 1). Berlin: Realschulbuchhandlung.

Iyengar, S., & Lepper, M. (2000). When choice is demotivating: Can one desire too much of a good thing?. *Journal of Personality and Social Psychology 79*, 995–1006

Krapp, A. & Weidemann, B. (2001). *Pädagogische Psychologie*. Weinheim: Beltz

Lefrancois, G. R. (2013). *Psychologie des Lernens*. Berlin, Heidelberg: Springer

Rousseau, D. (1995). *Psychological contracts in organizations: Understanding written and unwritten agreements*. California: Sage Publications

Thibaut, J. W. & Kelley, H. H. (1959). *The social psychology of groups*. New York: Wiley

Schwartz, B. (2004). *The paradox of choice: Why less is more*. New York: Harper Perennial

40

Der gestiefelte Kater von den Gebrüdern Grimm (1812)

Lena Kuchta und Sabine Weber

41.1 **Inhalt des Märchens – 312**

41.2 **Die Charaktere – 312**

41.3 **Psychologische Phänomene und Implikationen – 313**
41.3.1   Lageorientierung – 314
41.3.2   Handlungsorientierung – 314
41.3.3   Freundschaft und Dankbarkeit – 315
41.3.4   Selbstüberschätzung – 316

41.4 **Fazit – 317**

Literaturverzeichnis – 318

© Springer-Verlag GmbH Deutschland 2017
D. Frey (Hrsg.), *Psychologie der Märchen*,
DOI 10.1007/978-3-662-53668-1_41

41

41.1   Inhalt des Märchens

Es war einmal ein Müller, der hatte drei Söhne, eine Mühle, einen Esel und einen Kater. Als der alte Müller starb, wurde das Erbe auf seine Nachkommen aufgeteilt: Der Älteste erhielt die Mühle, der Mittlere den Esel, der Jüngste den scheinbar wertlosen Kater. Dieser war recht traurig über sein Erbe, denn er wusste nichts mit dem Kater anzufangen, außer sich ein Paar Fellhandschuhe schneidern zu lassen.

Der gewiefte Kater, der diese Überlegungen mitbekam, überzeugte jedoch seinen Herrn, ihn am Leben zu lassen, indem er versprach, ihm zu Reichtum und Ansehen zu verhelfen. Alles was er im Gegenzug dafür verlangte, war ein Paar Stiefel. Daraufhin begab sich der gestiefelte Kater in den Wald, um einen Sack voller Rebhühner zu fangen. Als Geschenk des angeblichen Grafen, seinem Herrn, überbrachte er diesen dem König, wofür er mit Gold entlohnt wurde. Den Müllersohn erfreute der Reichtum, auch wenn er nicht recht begriff, wie es zugegangen war. Tag ein Tag aus wiederholte der gestiefelte Kater seine Jagd, brachte die Beute dem König und erntete dafür große Beliebtheit.

Als er eines Tages davon erfuhr, dass der König mit der schönen Prinzessin einen Ausflug an den See unternehme, eilte der Kater zurück zu seinem Herrn und sprach: „Wenn du ein Graf und reich werden willst, so komm mit mir hinaus an den See und bade darin." Der Müllersohn wusste nicht, wie ihm geschah, gehorchte jedoch dem Kater. Während er im See badete, schnappte sich der Kater all seine Kleider, versteckte sie und lamentierte dem vorbeikommenden König erbärmlich vor, dass sein Herr bestohlen worden sei. Wie der König das hörte, schickte er seine Diener zurück zum Schloss, um prächtige Kleider für den Grafen zu besorgen. Gekleidet mit den schönsten Gewändern, fuhr der Müllersohn mit dem König und der Prinzessin durch die Landschaft.

Der Kater war indes auf dem Wege zum verwunschenen Schloss des mächtigen Zauberers. Überall, wo er vorbeikam, beauftragte er die arbeitenden Leute anzugeben, dass all die Wiesen, das Korn und die Wälder, die eigentlich im Besitz des Zauberers waren, dem Grafen gehörten. Als er schließlich das prächtige Schloss des Zauberers erreichte, gelang es ihm durch geschicktes Handeln, dass sich der von

Eitelkeit und Stolz getriebene Zauberer in eine Maus verwandelte, die er sodann auffraß.

Die königliche Kutsche kam währenddessen an den Wiesen, Kornfeldern und Wäldern vorbei. Auf die Frage, wem die ganzen Ländereien gehören, antworteten die eingeschüchterten Arbeiter stets, sie seien im Besitz des Grafen. Am Schloss angekommen wurden sie bereits vom Kater empfangen und ins imposante Gebäude eingeladen. Verwundert über all den Reichtum, versprach der König dem Grafen seine Prinzessin. Als dieser eines Tages starb, wurde der Müllersohn zum König, der gestiefelte Kater zum ersten Minister ernannt, und alle lebten glücklich und zufrieden bis an ihr Lebensende.

(Grimm u. Grimm 2001; ◘ Abb. 41.1)

41.2   Die Charaktere

Konfrontiert mit dem Tod des Vaters und einem scheinbar nutzlosen Kater als Erbe scheint der **Müllersohn** hilflos und zu verzweifelt zu sein, um etwas an seiner Lage zu ändern. In seinem Selbstmitleid überlegt er sogar, dem Kater das Leben zu nehmen. Dieser kann ihn jedoch vom Gegenteil überzeugen, was auf eine mitfühlende Seite des Müllersohns hindeutet. Zudem wirkt er etwas naiv, denn er leistet dem Kater stets blind Folge, ohne dessen Anweisungen kritisch zu hinterfragen.

Wie ein Mensch steht der **Kater** seinem Herrn als treuer Begleiter zur Seite. Auch wenn es anfangs schlecht um ihn steht, bleibt der Kater optimistisch und lässt getreu dem Motto „Not macht erfinderisch" seine Kreativität spielen, womit er sich schließlich aus seiner misslichen Lage befreit. Trotz seiner Gerissenheit wird er zunächst vom Müllersohn sowie dem Zauberer in seinen Fähigkeiten unterschätzt, was ihn jedoch nicht davon abhält, sich stets höflich und freundlich zu geben. Seine Überzeugungskraft und gesundes Selbstvertrauen bringen ihm die blinde Folgsamkeit seines Herrn und verhelfen diesem letztlich zu Ruhm und Reichtum.

Der überhebliche **Zauberer** unterschätzt den Kater und lässt sich von ihm hinters Licht führen. Aufgrund seiner Selbstverliebtheit und narzisstischen Züge will er sein Können unter Beweis stellen. Dabei verkennt er die Gefahr des Spiels der

■ **Abb. 41.1**   (Zeichnung: Claudia Styrsky)

Verwandlung und wird zum Opfer seines anmaßenden Verhaltens. Seine Arroganz und Selbstüberschätzung haben ihn damit zum Fall gebracht.

Daneben gibt es den **König** und sein Gefolge, die sich von dem gestiefelten Kater allein durch seine aufrechte Haltung und seine Überzeugungskraft beeinflussen und hinters Licht führen lassen. Die Heirat mit der **Prinzessin** öffnet dem Müllersohn schließlich Tür und Tor zu höchstem Ansehen im Lande. So wird der Müllersohn erst Graf, dann Prinzgemahl und am Ende sogar König.

41.3 Psychologische Phänomene und Implikationen

Der Inhalt des gestiefelten Katers ist vielen heute nicht mehr geläufig. Dies hat den einfachen Grund, dass das Märchen lediglich in der 1. Auflage der

Kinder- und Hausmärchen der Gebrüder Grimm erschienen ist. Aufgrund der Ähnlichkeit zu Perraults „Le Maître Chat ou le Chat botté" wurde es in späteren Auflagen nicht mehr überliefert. Anhand des folgenden Gedichts reflektiert Perrault (1697) die Moral der Geschichte (zitiert in Mme Cardui 2016):

》 Wie groß auch wohl der Vorteil sei
   Viel Gut zu erben, denn dabei
   Lebt man bequem und ohne Müh'
   Nach seiner eigenen Phantasie,
   So lob' ich doch Geschicklichkeit,
   Denn auch durch sie kommt man recht weit,
   Und kann der Erde schöne Gaben oft in der
   besten Fülle haben.

Dies lässt bereits erahnen, dass sich aus dem Märchen in Bezug auf den Alltag und die Lebensgestaltung

41

einige Implikationen ableiten lassen, deren Hintergründe im Folgenden erörtert werden.

41.3.1 Lageorientierung

„Mir ist es doch recht schlimm ergangen, mein ältester Bruder kann mahlen, mein zweiter auf seinem Esel reiten – was kann ich mit dem Kater anfangen?" Dieses Zitat, mit dem die Figur des Müllersohns in das Märchen eintritt, führt uns dessen Hilflosigkeit direkt vor Augen. Er scheint wenig Einfluss darauf zu haben, an seiner ungünstigen Lage etwas zu ändern.

Betrachtet man das Märchen aus psychologischer Sicht, so tritt bei ihm das Phänomen der Lageorientierung auf. Den Gegenpol zur Lageorientierung bildet die Handlungsorientierung, auf welche in ▶ Abschn. 41.3.2 genauer eingegangen wird.

Nach Kuhl und Kazén (2003) verfangen sich lageorientierte Personen, die mit der Bewältigung eines Missgeschicks konfrontiert sind, in **dysfunktionalen Gedankenabläufen**. Diese Gedanken fokussieren sich dabei in erster Linie auf emotionale Zustände und den Istzustand der jeweiligen Person, nicht jedoch auf Lösungs- und Handlungsmöglichkeiten. Die Aufmerksamkeit der Betroffenen richtet sich auf handlungsirrelevante statt -relevante Informationen. Das Für und Wider verschiedener Handlungsalternativen wird lange abgewogen, und es treten häufig **handlungshemmende Gefühle**, z. B. Unsicherheit, auf (Stiensmeier-Pelster et al. 1989). Als Ursache für eine Lageorientierung können sowohl personenspezifische als auch situative Faktoren wie Erfahrungen andauernden Misserfolgs angeführt werden (Kuhl u. Kazén 2003).

Auch der Müllersohn weist im Märchen Merkmale einer Lageorientierung auf. Anstatt sich nach dem Tod des Vaters auf Lösungswege zu konzentrieren, versinkt er in negativen Emotionen und Selbstmitleid. Selbst als eine Lösung des Problems (in Form des Katers) in Sicht ist, zeigt der Müllersohn keinerlei Eigeninitiative, sondern verlässt sich auf die Kreativität des Katers.

Zwar können aus dem Märchen keine Aussagen über mögliche vorherige Misserfolgserfahrungen gemacht werden, so könnte jedoch die fehlende Mutterrolle durchaus als Ursache für sein lageorientiertes

Verhalten herangezogen werden. Dem Vater, der die meiste Zeit mit dem Betreiben der Mühle beschäftigt war, fehlte vermutlich die Zeit, auf die Bedürfnisse der Kinder einzugehen. Werden kindliche Selbstäußerungen jedoch nicht wahrgenommen, kommt es später oft zu Problemen bei der Emotionsregulation.

Implikationen für die Erziehung

Hatten auch Sie schon einmal das Gefühl, die Kontrolle verloren zu haben? Wenn ja, dann können Sie sicher nachvollziehen, wie wichtig es ist, einem solchen Kontrollverlust bereits in der Erziehung vorzubeugen.

Kinder sollten hierzu frühzeitig verschiedene **Bewältigungsstrategien** erlernen, auf die sie künftig in kritischen Situationen zurückgreifen können. Auch soziale Ressourcen dienen oftmals als solche Strategien und müssen daher ausreichend geschaffen werden.

Das Beispiel des Müllersohns lehrt uns jedoch auch, wie bedeutend es ist, Verantwortung für unser eigenes Leben zu übernehmen und uns auf unserem Weg zum Glück nicht blind auf andere zu verlassen. Im realen Leben bekommen Kinder keinen Kater zur Seite gestellt, der für sie jegliche Herausforderungen bestreitet. Durch regelmäßige Anregung zum kritischen Denken und Reflektieren kann daher ein frühzeitiges Bewusstsein für **Eigenverantwortung** entwickelt werden. So lernen Kinder, auch in schwierigen Situationen auf eigenen Beinen zu stehen und nicht wie der Müllersohn den Kopf in den Sand zu stecken.

41.3.2 Handlungsorientierung

„Als die Stiefel fertig waren, zog sie der Kater an, nahm einen Sack, […] warf ihn über den Rücken und ging auf zwei Beinen, wie ein Mensch, zur Tür hinaus." – Der gestiefelte Kater stellt den Gegenpol zum Müllersohn dar, indem er die Initiative zur Handlung ergreift.

Wie in ▶ Abschn. 41.3.1 erwähnt, beschreibt auch das Konzept der Handlungsorientierung den Umgang mit kritischen Situationen. Im Gegensatz zur Lageorientierung gelingt es handlungsorientierten Personen ihre Aufmerksamkeit auf handlungsrelevante Informationen und die Realisierung von

Lösungsstrategien zu richten. Alternativen werden nicht langwierig abgewogen, und es werden meist **handlungsfördernde Gefühle**, z. B. Zuversicht, erlebt (Stiensmeier-Pelster et al. 1989). Statt lange über mögliche Schuldzuweisungen zu grübeln, wird der eigene, für die Situation ursächliche Fehler schnell identifiziert und korrigiert. Negative Gefühle als Folge von Misserfolgen können erfolgreich ausgeblendet werden, was Betroffenen dabei hilft, ihr Ziel nicht aus den Augen zu verlieren (Kuhl u. Kazén 2003).

Auch der Kater verliert sein Ziel nie aus den Augen. Er weiß stets, was zu tun ist, und stellt seine Kreativität und Eigeninitiative immer wieder aufs Neue unter Beweis. Dabei fokussiert er sich auf konkrete Lösungswege, die er schließlich gezielt realisiert. Negative Gefühle nennt er nicht sein eigen, denn sein Wesen ist selbst in scheinbar ausweglosen Situationen stets von überschwänglichem Optimismus geprägt.

Implikationen für die Führung und Lebensgestaltung

Im Märchen übernimmt der Kater für den Müllersohn die Rolle einer Führungskraft, die ihm als Mentor zur Seite steht und ihm schließlich zu einer verantwortungsvollen Position verhilft. Sein Führungsstil ist eher autoritär geprägt, denn er lässt dem zurückhaltenden Müllersohn keinerlei Raum für Eigeninitiative und Selbstentfaltung.

Auch heute finden wir viele Situationen, in denen Personen Verantwortung für andere übernehmen. Dies kann beispielsweise im Unternehmenskontext, aber auch im familiären Umfeld der Fall sein. Die Weisheit, „jemandem mit Rat und Tat zur Seite zu stehen", ist allerdings mit Vorsicht zu genießen. Zwar ist es für die Verantwortlichen wichtig, jederzeit als Ansprechpartner zur Verfügung zu stehen, jedoch sollte den geführten Personen auch Freiheit für eigene **Kreativität** gelassen werden. Betroffene sollen hierdurch lernen, eigene Problemlösestrategien zu entwickeln und dabei nicht auf andere angewiesen zu sein. Um dies umzusetzen, muss dem Einzelnen jedoch ausreichend Raum zur **Eigeninitiative** geschaffen werden, denn letztlich ist jeder von uns seines eigenen Glückes Schmied.

41.3.3 Freundschaft und Dankbarkeit

„Du brauchst mich nicht zu töten, um ein Paar schlechte Handschuhe aus meinem Pelz zu kriegen, lass mir nur ein Paar Stiefel machen, dass ich ausgehen und mich unter den Leuten sehen lassen kann, dann soll dir bald geholfen sein."

Die Beziehung zwischen gestiefeltem Kater und Müllersohn ist durch Freundschaft und Dankbarkeit, die auf Gegenseitigkeit beruhen, gekennzeichnet. Der Kater zeigt sich dankbar, da ihn sein Herr am Leben lässt, und will ihm im Gegenzug zu Ruhm und Reichtum verhelfen. Zudem begleitet er diesen mit Rat und Tat auf seinem Entwicklungsweg vom naiven Müllersohn zum verantwortungsvollen König und unterstützt ihn bei der Ausformung seiner Identität. Dabei verweist der Kater jedoch auch auf das Böse im Menschen, indem er Tücken anwendet, manipuliert und lügt, um an sein Ziel zu gelangen.

Freundschaft

Im Märchen ist Freundschaft ein wichtiges Thema. Was macht diese jedoch aus und wieso sind Freundschaften für uns wichtig? Dies sind Inhalte der positiven Psychologie, die sich mit diesen Fragen beschäftigt.

Generell bezeichnet Freundschaft eine **informelle soziale Zweierbeziehung**, die sich durch Freiwilligkeit, Gegenseitigkeit und das Überwiegen positiver Emotionen auszeichnet (Bierhoff et al. 2011). Freundschaften können – wie auch im Märchen – zur Entwicklung der Selbstidentität beitragen.

Voraussetzung für Freundschaft ist zunächst eine wechselseitige Anziehung zwischen Personen, deren Beziehung sich dann im Verlauf der Zeit entwickelt: Zu Beginn handelt es sich zumeist um eine **Austauschbeziehung**, bei der der Ertrag proportional zur eingebrachten Investition steht. Später erfolgt ein Übergang in eine **prosoziale Beziehung**, die intrinsisch motiviert ist und Hilfe als Wertschätzung ohne Erwartung von Gegenleistung beinhaltet.

Auch im Märchen erscheint die Beziehung anfangs als Austauchbeziehung (Leben und Stiefel gegen das Gold des Königs). Im weiteren Verlauf wirkt das Handeln des Katers jedoch vermehrt prosozial – er verhilft seinem Herrn zum Thron, ohne eine Gegenleistung zu erwarten.

Aber wieso kommt Freundschaften eine so große Bedeutung zu? Forschern zufolge ist die Zufriedenheit mit Beziehungen wichtiger für unser allgemeines Wohlbefinden als Arbeit oder Gesundheit – soziale Beziehungen stellen also eine der wichtigsten Quellen für ein glückliches Leben dar. Denn Freundschaften vermitteln uns ein Gefühl von Einzigartigkeit, befriedigen psychologische Bedürfnisse (z. B. Verbundenheit) und führen zu der Wahrnehmung, dass wir wichtig sind (Smith u. Mackie 2007).

Dankbarkeit

Unter Dankbarkeit versteht man eine Einstellung in bewusster **Anerkennung eines Gefallens**, den man erhalten hat. In der Forschung wird zwischen Dankbarkeit als Disposition (Tendenz, dankbare Gefühle zu empfinden) und Dankbarkeit als Zustand (Affekt, der auftritt, nachdem einer Person geholfen wurde und zur Erwiderung der Hilfe motiviert) unterschieden (Zygar u. Angus 2016).

Auch der gestiefelte Kater verspürt ein Dankbarkeitsgefühl gegenüber seinem Herrn, das ihn zur Unterstützung motiviert.

In einer Gesellschaft spielt Dankbarkeit eine große Rolle, da sie die Gegenseitigkeit zwischen Menschen begünstigt. Befunde zeigen zudem, dass daraus beträchtliche positive Konsequenzen für jeden einzelnen resultieren. Dankbare Personen erleben z. B. positivere Affekte, bessere psychische Gesundheit sowie Lebenszufriedenheit (Zygar u. Angus 2016).

Implikationen für die Arbeit, Erziehung und Lebensgestaltung

Freundschaften erfreuen uns, unterstützen unsere Entwicklung und sind essenziell für unser **Glück**. Freunde setzen sich füreinander ein, helfen aus der Not. Lassen sich Personen z. B. zu sehr von ihrer Arbeit vereinnahmen, verlieren sie oft den Kontakt zu Freunden und vernachlässigen diese.

Das Verhalten des gestiefelten Katers wirft allerdings folgende Fragen auf: Wo liegen die Grenzen freundschaftlicher Dienste? Wie viel Trickserei zum „guten Zweck" ist erlaubt? Wie weit darf man für das eigene und das Glück von Freunden gehen? Das Märchen ist diesbezüglich durchaus kritisch zu

betrachten. Zwar hilft der Kater seinem Herrn, aber er manipuliert und betrügt gleichzeitig und anhaltend andere und scheut sich nicht einmal davor, über Leichen zu gehen.

Man sollte niemals aus den Augen verlieren, dass nicht nur das Ziel, sondern auch die Mittel und Wege dorthin relevant sind und dabei kein anderer zu Schaden kommen darf. Besonders im wirtschaftlichen Kontext ist diese Problematik oft gegenwärtig. Es herrschen das Ellenbogenprinzip und soziale Ausgrenzung vor, um Vorteile für sich oder/und sein Team zu erlangen. Dabei sollte man sich stets fragen: Wie weit ist zu weit? Häufig angewandte Manipulationsstrategien und Provokation sind hierbei als bedenklich einzustufen.

Auch Kindern muss früh beigebracht werden, dass sie auf ihrem Weg nie aufhören sollten, auf andere zu achten, nicht nur auf enge Freunde und die Familie. Zudem sollte verdeutlicht werden, dass unser Glück vor allem auf sozialen Beziehungen, nicht auf materiellen Dingen basiert, wie es in unserer heutigen Konsumgesellschaft oft suggeriert wird.

Dennoch ist das Märchen ein Paradebeispiel dafür, wie wichtig es ist, Freunde zu haben, dankbar zu sein und sich gegenseitig zu unterstützen – mit dem angenehmen Nebeneffekt, das eigene Wohlbefinden maßgeblich zu steigern.

41.3.4 Selbstüberschätzung

„Der Kater stellte sich erschrocken und rief: ,Das ist unglaublich […]; aber noch mehr, als alles andere, wär es, wenn du dich auch in ein so kleines Tier, wie eine Maus ist, verwandeln könntest. Du kannst gewiss mehr, als irgendein Zauberer auf der Welt, aber das wird dir doch zu hoch sein.' Der Zauberer ward ganz freundlich von den süßen Worten und sagte: ,O ja, liebes Kätzchen, das kann ich auch' und sprang als eine Maus im Zimmer herum. Der Kater war hinter ihm her, fing die Maus mit einem Satz und fraß sie auf."

Die Arroganz und Selbstüberschätzung des Zauberers führen dazu, dass er sich von dem Kater austricksen lässt und letztlich durch ihn getötet wird.

Auch die Psychologie beschäftigt sich mit **Selbstüberschätzung** von Menschen. Es wurde gezeigt, dass ca. 60 % der Bevölkerung zu Selbstüberschätzung neigen. Wer glaubt nicht, besser Autofahren zu können als andere? Fast jeder hält sich für überdurchschnittlich, nicht nur beim Autofahren, sondern auch wenn es um intellektuelle Fähigkeiten oder Sozialkompetenz geht („above average effect"). Diese Einschätzungen korrelieren allerdings nur gering mit der Realität (Traut-Mattausch et al. 2011). Forschern zufolge überschätzen besonders inkompetente Menschen das eigene Können.

Wie kommt es aber, dass wir uns so schlecht selbst beurteilen können? Unsere Selbsteinschätzung basiert auf Erfahrungen, aus denen ein Bild von unserem Können entsteht. Es gibt jedoch einen „blinden Fleck" in der Verarbeitung, denn es wird meist ein entscheidender Teil weggelassen: nämlich das, was wir in Situationen nicht wussten oder bedachten. Befunde zeigen, dass wir uns überschätzen, weil wir sog. **Fehler der Auslassung** machen. Menschen ist nicht bewusst, welche Wissenslücken sie haben oder welche anderen Problemlösungen gefunden werden können. Wir wissen also recht genau, was wir wissen, aber uns ist nicht klar, was wir alles nicht wissen (Caputo u. Dunning 2005).

Personen überschätzen sich tendenziell in Aufgabenbereichen, die für sie einfach und üblich sind und unterschätzen sich eher bei schwierigen Aufgaben. Zudem überschätzen sich Männer mehr als Frauen und Jüngere stärker als Ältere.

Wozu dient Selbstüberschätzung? Eine hohe Selbsteinschätzung geht in der Regel mit **psychischem Wohlergehen** einher. Jemand, der seine Fähigkeiten überschätzt, wird sich für einen herausfordernden Job bewerben, wohingegen Gleichqualifizierte, die sich unterschätzen, auf eine Bewerbung verzichten und ihre Chance vergeuden. Selbstüberschätzung kann also durchaus positiv sein.

In riskanten Situationen kann das Unvermögen, sich korrekt zu beurteilen, allerdings negative Konsequenzen haben, z. B. wenn sich ein Hausarzt eine Behandlung zutraut, die er besser einem Fachkollegen überließe. Auch im Märchen endet die Selbstüberschätzung des Zauberers letztlich tödlich.

Wie können wir dem vorschützen? Man sollte stets auch Dinge einbeziehen, die man nicht über sich weiß. Dazu können Einschätzungen anderer (Fremdwahrnehmung) als Informationsquelle und Spiegel genutzt werden.

Implikationen für die Erziehung und Arbeit

Wer möchte schon gern durchschnittlich sein? In unserer Leistungsgesellschaft gilt diese Bezeichnung beinahe als Schimpfwort. Dennoch können – wie im Fall des Zauberers – aus Selbstüberschätzung und Hochmut negative Folgen resultieren.

Bereits in der Erziehung sollte daher Bodenständigkeit vermittelt und ein gesundes Selbstvertrauen aufgebaut werden, das jedoch nicht in Arroganz und Selbstüberschätzung umschlagen darf. Diesbezüglich ist es wichtig, dass Reflexion und Feedback stattfinden.

Auch im Arbeitskontext sollten alle Mitarbeiter als gleichwertig angesehen, flache Hierarchien gefördert und stets gegenseitiges Feedback gegeben werden, um unrealistische Selbstüberschätzungen zu vermeiden. In vielen Führungsetagen findet man heutzutage narzisstische Führungskräfte, die sich als etwas Besseres fühlen und überheblich sind. Man darf nie vergessen, dass derartige Verhaltensweisen und Einstellungen auch schaden können. Wer zu arrogant ist, wird langfristig keinen Erfolg haben – denn Hochmut kommt bekanntlich vor dem Fall.

41.4 Fazit

Was ist nun die Quintessenz des Märchens? Wie bereits diskutiert, gibt es Hinweise auf zahlreiche Implikationen, die wir auch in der heutigen Zeit in unseren Alltag integrieren können und sollten. Die Hauptbotschaft des Märchens jedoch lehrt uns, dass jeder – egal in welcher Situation – sein Leben in die Hand nehmen und es zum Positiven verändern kann. Und diejenigen unter uns, die keinen treuen Märchenkater zum Freund haben, vermögen dennoch ihr Leben als Chance zu begreifen. Denn wie Perrault in seinem Gedicht bereits richtig erfasst hat, kann jeder Einzelne nur durch ausreichend Fantasie und Geschicklichkeit seinen Weg zum Glück finden.

41

Literaturverzeichnis

Bierhoff, H. W., Rohmann, E., & Frey, D. (2011). Positive Psychologie: Glück, prosoziales Verhalten, Verzeihen, Solidarität, Bindung, Freundschaft. In: D. Frey, & H. W. Bierhoff (Hrsg.), *Sozialpsychologie – Interaktion und Gruppe* (S. 84–105). Göttingen: Hogrefe.

Caputo, D., & Dunning, D. (2005). What you don't know: The role played by errors of omission in imperfect self-assessments. *Journal of Experimental Social Psychology* 41, 488–505.

Grimm, J., & Grimm, W. (2001). Der gestiefelte Kater. In: H. Rölleke (Hrsg.), *Brüder Grimm: Kinder- und Hausmärchen: Gesamtausgabe in 3 Bänden mit den Originalanmerkungen der Brüder Grimm*. Ditzingen: Reclam.

Kuhl, J., & Kazén, M. (2003). Handlungs- und Lageorientierung: Wie lernt man, seine Gefühle zu steuern? In: J. Stiensmeier-Pelster, & F. Rheinberg (Hrsg.), *Diagnostik von Motivation und Selbstkonzept* (S. 201–220). Göttingen: Hogrefe.

Mme Cardui. (2016). Le chat botté … Der gestiefelte Kater. https://mmecardui.wordpress.com/2012/09/27/le-maitre-chat-ou-le-chat-botte-der-gestiefelte-kater/. Zugegriffen: 19. November 2016.

Perrault, C. (1697). *Histoires ou contes du temps passé, avec des moralités: Contes de ma mère l'oye*. Paris: Claude Barbin.

Smith, E. R., & Mackie, D. M. (2007). *Social Psychology* (3rd ed.). New York: Psychology Press.

Stiensmeier-Pelster, J., John, M., Stulik, A., & Schürmann, M. (1989). Die Wahl von Entscheidungsstrategien: Der Einfluß von Handlungs- und Lageorientierung und die Bedeutung psychologischer Kosten. *Zeitschrift für Experimentelle und Angewandte Psychologie* 36, 292–310.

Traut-Mattausch, E., Petersen, L., Wesche, J. S., & Frey, D. (2011). Selbst. In: H. W. Bierhoff, & D. Frey (Hrsg.), *Sozialpsychologie – Individuum und soziale Welt* (S. 20–37). Göttingen: Hogrefe.

Zygar, C., & Angus, J. (2016). Dankbarkeit. In: D. Frey (Hrsg.), *Psychologie der Werte: Von Achtsamkeit bis Zivilcourage-Basiswissen aus Psychologie und Philosophie* (S. 37–52). Berlin, Heidelberg: Springer.

Es ist wirklich wahr von Hans Christian Andersen (1848)

Kim Borrmann und Miriam Krug

42.1   **Inhalt des Märchens – 320**

42.2   **Die Charaktere – 320**

42.3   **Psychologische Phänomene und Implikationen – 321**
42.3.1   Psychologie der Kommunikation – 321
42.3.2   Soziale Neugier und Gossip – 323
42.3.3   Medien und unser Bild von der Welt – 324

42.4   **Fazit – 325**

Literaturverzeichnis – 325

© Springer-Verlag GmbH Deutschland 2017
D. Frey (Hrsg.), *Psychologie der Märchen*,
DOI 10.1007/978-3-662-53668-1_42

42.1   Inhalt des Märchens

Es war einmal ein Huhn, welches seine erwartete Anzahl an Eiern legte und in jeder Weise respektabel war. Es war bereits Abend, als es die Leiter im Hühnerstall hinaufstieg und sich mit dem Schnabel kratzte. Dabei fiel ihm eine kleine Feder aus. „Hin ist hin!", sagte es, aber „je mehr ich mich putze, desto schöner werde ich noch!" Das war scherzhaft hingesprochen; denn es war das lustigste unter den Hühnern. Im Übrigen war es, wie gesagt, sehr respektabel; und dann schlief es ein. Huhn an Huhn saß auf der Stange, es war bereits dunkel. Nur eines schlief noch nicht. Halb hörte sie, halb hörte sie nicht. Aber seiner Nachbarin musste es doch noch schnell zuflüstern: „Hast Du gehört, was hier gesprochen worden ist? Ich nenne keinen Namen, aber es gibt hier ein Huhn, das sich rupfen will, um schön auszusehen! Wenn ich ein Hahn wäre, würde ich es verachten."

Gegenüber von den Hühnern saß die Eule mit ihrem Eulenmann und den Eulenkindern. Sie hatten scharfe Ohren und hörten, was das Nachbarhuhn sagte. „Da ist eins unter den Hühnern, was in einem solchen Grade vergessen hat, was sich für ein Huhn schickt, dass es sitzt und sich alle Federn vom Leibe zupft und es den Hahn mit ansehen lässt!"

Die Tauben am gegenüberliegenden Taubenschlag bekamen mit, worüber die Eulenfamilie tuschelte. „Habt ihr schon gehört? Uhuh! Da ist ein Huhn, das sich alle Federn ausgerupft hat wegen des Hahns. Es wird sich totfrieren, wenn es nicht schon tot ist. Es ist zwar eine etwas unanständige Geschichte, aber es ist wirklich wahr!"

Und so trugen die Tauben an die Hühner weiter, was sie gehört hatten: „Da ist ein Huhn, ja, einige sagen sogar, es seien zwei, die sich alle Federn ausgerupft haben, um nicht wie die anderen auszusehen und dadurch die Aufmerksamkeit des Hahns zu erregen. Das ist ein gewagtes Spiel, man kann sich dabei erkälten und am Fieber sterben, nun sind sie beide tot!"

Und so eilte die Geschichte von Hühnerhaus zu Hühnerhaus und endete zuletzt an der Stelle, von wo sie ausgegangen war. „Da sind fünf Hühner", hieß es, „die sich alle die Federn ausgerupft haben, um zu zeigen, welches von ihnen am magersten vor Liebeskummer um den Hahn geworden wäre, und sie hackten aufeinander los, bis das Blut floss, und fielen tot zur Erde, ihrer Familie zu Schimpf und Schande und dem Besitzer zu großem Verlust."

Das Huhn, das die lose, kleine Feder verloren hatte, erkannte sich natürlich in der Geschichte nicht wieder, und da es ein respektables Huhn war, sagte es: „Diese Hühner verachte ich. Aber es gibt mehr von dieser Art. So etwas soll man nicht vertuschen, ich will jedenfalls das meinige dazu tun, dass die Geschichte in die Zeitung kommt, dann geht sie durch das ganze Land, das haben die Hühner verdient und die Familie auch!"

Und es kam in die Zeitung und wurde gedruckt und es ist wirklich wahr: Aus einer kleinen Feder können schnell fünf Hühner werden!

(Andersen 2004; ◨ Abb. 42.1)

42.2   Die Charaktere

In dem Märchen „Es ist wirklich wahr" von Hans Christian Andersen werden verschiedene Tiere als Protagonisten aktiv.

Die zentrale Rolle ist dem **Huhn** zuzuschreiben, welchem zu Beginn eine kleine Feder ausfällt. Dieses setzt mit ihren Worten „Hin ist hin! Je mehr ich mich putze, desto schöner werde ich noch!" alles in Gang. Die anderen **Hühner**, die **Eulen** und **Tauben** blasen die Geschichte auf und tratschen sie weiter bis sie wieder bei dem Hühnerstall angelangt ist, wo sie entstand.

Das Huhn, welchem die kleine Feder ausgefallen ist, erkennt sich nicht wieder und berichtet die Geschichte den Medien. Sie steht für jene „respektablen Bürger", die meinen, Menschen, die vermeintlich „Unrecht tun" sollten damit bestraft werden, dass alle es erfahren. Den Wahrheitsgehalt der Geschichte prüft sie nicht.

Andersen beendet sein Märchen mit dem Satz „Aus einer kleinen Feder können schnell fünf Hühner werden!", welcher sich später als eine dänische Redewendung etablierte und ein Aufruf ist, nicht allen Klatsch und Tratsch zu glauben, sondern sich durchaus kritisch mit Themen auseinanderzusetzen.

Abb. 42.1 (Zeichnung: Claudia Styrsky)

42.3 Psychologische Phänomene und Implikationen

In dem Märchen werden folgende drei psychologische Phänomene thematisiert:

- Psychologie der Kommunikation
- Soziale Neugier und Gossip
- Medien und unser Bild von der Welt

42.3.1 Psychologie der Kommunikation

Wenn Menschen nicht sagen, was sie meinen, und hören, was sie hören wollen – sei es im Berufs- oder im Privatleben, Menschen befinden sich ständig in Interaktion und Kommunikation. Kommunikation umfasst nicht nur den Informationsaustausch, sondern auch Verständigung und Verständnis. Das heißt, es kommt nicht nur darauf an, was wir sagen, entscheidend ist auch, wie wir etwas sagen und in welchem Kontext dies geschieht.

Wir kommunizieren auf verbaler und nonverbaler Ebene. Das Vermitteln von Information und das Verstehen des Gesagten hängen somit auch von der Gestik und Mimik sowie der Einbettung der Information in einen Kontext ab. Je länger und besser man sein Gegenüber kennt, umso weniger detailliert muss kommuniziert werden, damit man einander versteht. Es mag womöglich eine Person in Ihrem nahen Umfeld geben, welcher Sie nie lange erklären müssen, wie es Ihnen geht, während bei anderen scheinbar nie das ankommt, was Sie meinen. Sie erinnern sich vielleicht an Situationen, in denen Blicke mehr als tausend Worte sagten?

Kommunikation vs. Interaktion

Kommunikation ist immer an eine Intention gebunden, z. B. jemanden zu warnen oder zu informieren (Nerdinger 2014). Mit dem Begriff „Interaktion" sind lediglich wechselseitige Beeinflussungen zwischen Personen gemeint, die nicht notwendigerweise eine Absicht beinhalten (Blickle 2004).

In dem Märchen gibt es zwei Möglichkeiten, welche Intention das Huhn verfolgt, das im Halbschlaf den Kommentar des ersten Huhns verzerrt weitererzählte. Zum einen könnte es die Informationen extra verändert und dramatisiert haben, um das andere Huhn schlecht dastehen zu lassen und durch die Dramatik der Nachricht Aufmerksamkeit auf sich zu ziehen (**Falschaussage**). Auf der anderen Seite hat es vielleicht einfach nicht das verstanden, was das andere Huhn eigentlich sagen wollte, und somit gar nicht gewusst, dass es eine Unwahrheit verbreitet.

Dies geschieht in der Realität erschreckend oft. So wird beispielsweise im Büro etwas beiläufig aufgeschnappt und über den informellen Weg an die Kollegen weitergeleitet (sog. **Flurfunk** als Kommunikationsform im Büro). Das Ergebnis: Halbwahre oder gar falsche Nachrichten werden in Umlauf gebracht, erzeugen Aufruhr und der ein oder andere mag sich gar vor den Kopf gestoßen fühlen, nicht offiziell informiert worden zu sein. Wie im Märchen wird die Nachricht aufgrund ihrer Dramaturgie sowie ihres informellen Charakters weiterverbreitet.

Kommunikationsmodell und Verständigungsprobleme

Dem **Vier-Seiten-Kommunikationsmodell** von Schulz von Thun (1981) zufolge können Nachrichten, welche zwischen zwei Personen (Sender und Empfänger) ausgetauscht werden, auf vier Ebenen betrachtet werden:

- Sachinhalt: Worüber informiert der Sender?
- Selbstoffenbarung: Was vermittelt der Sender über sich?
- Beziehungsaussage: Was hält der Sender vom Empfänger und in welcher Beziehung steht er zu ihm (positiv oder negativ)?
- Appell: Wozu möchte der Sender den Empfänger veranlassen?

Der Schwerpunkt einer Nachricht liegt häufig auf einem oder zwei der Aspekte. Die Kommunikation ist dann gestört, wenn der Sender auf einer anderen Ebene spricht als die, die der Empfänger wahrnimmt.

Es liegt nahe, dass das Huhn im Halbschlaf die Aussage des anderen Huhns, dem eine kleine Feder ausfiel, wohl auf der Selbstoffenbarungsseite empfangen hat, indem es der Überzeugung ist, dass sich das andere Huhn rupfen will, um für den Hahn schöner auszusehen. Hätte es die Nachricht auf der Sachinhaltebene empfangen, wäre es lediglich von den Tatsachen des Gesagten ausgegangen, dass das andere Huhn durch das Putzen einfach nur noch schöner wird.

Wie in dem Märchen verdeutlicht, stellt das gemeinsame Verständnis (ähnliche allgemeine Wissensstrukturen) die Grundlage für effektive Kommunikation dar – beschrieben im **Filtermodell der Kommunikation** von Theis (1993). Weit gefasst, könnten die verschiedenen Tierarten unterschiedliche Kulturen oder Ethnien repräsentieren, bei welchen aufgrund unterschiedlicher Ansichten ein gemeinsames Verständnis erschwert ist, was sich heute in verschiedenen gesellschaftlichen Debatten widerspiegelt.

Stille Post und Kommunikationsverhalten

Wenn ein Empfänger das Verstandene einer weiteren Person erzählt, die ihrerseits die Information an andere weitergibt, dann weist die Information nach der sechsten/siebten Weitergabe nur noch eine schwache Ähnlichkeit mit der Ursprünglichen auf. Dies ist auch der Fall, wenn das Ziel explizit in der Aufrechterhaltung des Wahrheitsgehaltes liegt.

Das Phänomen, dass Nachrichten nach mehreren Weitergaben verändert werden, nennt man **stille Post** (Sader 2008). Wie im Märchen werden die Botschaften durch die Informationsweitergabe so verzerrt, dass sie am Ende – im extremen Fall – nicht einmal mehr der Initiator wiedererkennt.

Laut der **Hypothesentheorie der sozialen Wahrnehmung** (Lilli u. Frey 1993) werden Wahrnehmungsprozesse durch Wahrnehmungshypothesen gefiltert, welche auf vergangenen Erfahrungen aufbauen. Wenn wir etwas wahrnehmen, bilden wir im ersten Schritt eine Hypothese darüber, was geschehen wird. Im Anschluss integrieren wir Informationen aus der Umwelt. Da wir in der Regel davon ausgehen, dass das Wahrgenommene auch der Wahrheit entspricht, konstruiert sich jeder seine eigene Realität beziehungsweise Wahrheit. Individuelle Wahrheiten können unterschiedlich ausfallen, gleichzeitig stehen sie in Koexistenz zueinander, was in einem erhöhten Konfliktpotenzial resultiert.

Es ist anzunehmen, dass bei den verschiedenen Tieren im Märchen jeweils stark ausgeprägte Wahrnehmungshypothesen vorherrschten, denn je stärker die Hypothese, desto wahrscheinlicher wird sie aktiviert und spiegelt sich in dem Verhalten wider, umso weniger unterstützende Informationen aus der Umwelt werden zur Bestätigung benötigt und umso mehr widersprechende Informationen aus der Umwelt werden zur Widerlegung benötigt.

Implikationen für die Lebensgestaltung

Führt man sich die grundlegenden Mechanismen und Probleme von Kommunikation vor Augen, ist es möglich, Missverständnissen und Konflikten vorzubeugen. Kommunikation kann bereits durch einfache Mittel, z. B. aktives Zuhören, Ausreden lassen und Rückversicherung durch die Verbalisierung des Verstandenen, maßgeblich verbessert werden.

42.3.2 Soziale Neugier und Gossip

Klatsch und Tratsch sind nichts Neues in der Geschichte der Menschheit. Der Historiker Yuval Noah Harari (2013) erläutert in seinem Buch *Eine kurze Geschichte der Menschheit* die **Klatschhypothese des Spracherwerbs**. Seiner Hypothese nach hat sich die Sprache entwickelt, um Informationen über die Umwelt auszutauschen; Informationen über Nahrungsquellen waren dabei nicht annähernd so wichtig, wie zu erfahren, wer in der Gruppe wen leiden kann und wen nicht. Durch den Austausch des Wissens über andere konnten unsere frühen Vorfahren komplexere Formen der Zusammenarbeit entwickeln.

Diese Ansicht vertritt auch der Psychologe Robin Dunbar (2004), der Gossip als Ersatz für die gegenseitige Fellpflege zur Stärkung des sozialen Zusammenhaltes von Affen ansieht.

Soziale Neugier vs. Gossip

In der Psychologie unterscheidet man zwischen sozialer Neugier und Gossip (Klatsch und Tratsch). Laut Renner (2006) versteht man unter **sozialer Neugier** das Bedürfnis nach neuen Informationen über andere Personen, um die soziale Umwelt zu explorieren. Sozialer Neugier werden daher die Funktionen zugeschrieben, sich Wissen und Informationen über die soziale Umwelt anzueignen, Beziehungen und soziale Netzwerke aufzubauen und zu erhalten und ein Gefühl der Kontrollierbarkeit der sozialen Umwelt zu erlangen. Sie ist somit positiv konnotiert. **Gossip** hingegen bezeichnet das

Reden über nicht anwesende Personen und dient u. a. der Unterhaltung (Hartung 2010).

Hartung (2010) konnte zeigen, dass sozial neugierige Menschen, Eigenschaften von anderen Menschen, die in ersten Begegnungen relevant sind (Extraversion und Offenheit), genauer einschätzen konnten. Zudem erleichtert soziale Neugier durch vermehrte explorative (z. B. Fragen stellen) und responsive (z. B. auf Gesagtes näher eingehen) Verhaltensweisen den **Aufbau sozialer Beziehungen**.

In dem Märchen wird weniger soziale Neugier gezeigt, sondern eher getratscht, da das Huhn/die Hühner, über die geredet wurde, nicht anwesend waren.

Obwohl wir den Gedanken als unangenehm empfinden, dass andere in unserer Abwesenheit über uns reden, tratschen wir selbst gerne. Geschätzt wird, dass sich ein Drittel der Gespräche von Männern und Frauen um Themen über nicht anwesende Personen dreht. Doch warum tratschen wir? Zum einen erfüllt es wie die soziale Neugier die Bedürfnisse der **Verbundenheit** und **Kontrolle**. Über das Fehlverhalten von anderen Menschen zu tratschen, gibt uns darüber Aufschluss, wem wir trauen können und wem nicht. Es ermöglicht uns damit, unsere Interaktionspartner besser auszuwählen, und erfüllt das Bedürfnis nach Kontrolle in einer hoch komplexen sozialen Umgebung. Wird in Gruppen über andere Gruppen oder Personen gelästert, so stärkt dies das Gefühl der Verbundenheit innerhalb der Gruppe sowie den eigenen Selbstwert.

Allerdings lästern wir auch über Personen, die wir gar nicht kennen, z. B. Prominente. Der Grund dafür könnte sein, dass es darum geht, Verhaltensweisen in einer Gemeinschaft zu evaluieren und so Normen der Gruppen zu erlernen, zu festigen und zu verändern. Dadurch findet durch Gossip zum anderen auch **kulturelles Lernen** statt (Baumeister et al. 2004).

Schließlich kann Lästern auch als **Machtinstrument** eingesetzt werden, indem wahre oder bewusst falsche Informationen über Konkurrenten gestreut werden. Dies geschieht z. B., weil man sich über jemanden geärgert hat und so die aufgestaute Wut oder Aggression abbaut. Es kann aber auch aus Furcht oder Angst geschehen; man fürchtet einen Konkurrenten und versucht diesen durch Rufmord auszuschalten.

Das gezielte wiederholte Verbreiten von Gerüchten über eine Person wird auch als **Mobbing** bezeichnet. Farley (2011) zeigte, dass Mobbing jedoch auch für den Tratschenden negative Auswirkungen haben kann. Menschen, die regelmäßig lästern, werden als weniger mächtig wahrgenommen und weniger gemocht als solche, die seltener lästern. Allgemein werden Personen, die positive Dinge über andere Menschen erzählen, als positiver wahrgenommen und eher gemocht als solche, die Negatives über andere Menschen erzählen.

Implikationen für die Lebensgestaltung

Der Austausch sozialer Information stellt eine wichtige Basis für unser Zusammenleben dar. Durch das Bewerten von Verhaltensweisen werden Normen über Erlaubtes und Verbotenes innerhalb einer Kultur festgelegt. Allerdings kann dieser Austausch individuell unterschiedlich gestaltet werden und unterschiedliche Auswirkungen haben. Das Interesse am Gegenüber, die soziale Neugier, hilft uns dabei, Menschen besser einzuschätzen und bessere Beziehungen aufzubauen. Der Tratsch über Fehltritte anderer Menschen mag kurzfristig unseren Selbstwert erhöhen, kann jedoch auch dazu führen, dass andere uns langfristig weniger positiv wahrnehmen.

Wie häufig tratschen Sie? Versuchen Sie sich an das letzte Mal zu erinnern und überlegen Sie, was eigentlich Ihre Intention dahinter war.

- **Fragen zur Reflexion**
- Wollten Sie sich mit Ihrem Gegenüber verbunden fühlen, indem Sie gemeinsam das Verhalten anderer bewerten und sich darüber amüsieren?
- Wollten Sie sich von Ihrem Gegenüber die Bestätigung einholen, dass das Verhalten eines anderen unrechtmäßig war?
- Oder wollten Sie Aggressionen abbauen und vielleicht sogar bewusst jemandem schaden?

Implikationen für die Führung

In Unternehmen stehen **Gerüchte** häufig in Konkurrenz zu den offiziell verbreiteten Informationen und lassen sich durch die Unternehmensleitung kaum kontrollieren. Gerüchte sind per se nicht negativ, sondern erst einmal eine ökonomische Form der Kommunikation (**Mundpropaganda**).

Insbesondere in Krisensituationen zögert das obere Management die offizielle Informationsweitergabe an die Mitarbeiter häufig so lange wie möglich hinaus. Hohe Unsicherheit und Ambivalenz führen zu Angst und Stress, wodurch die Wahrscheinlichkeit zur Entstehung von Gerüchten erhöht wird (Kapferer 1997). Je transparenter Veränderungen im Unternehmen kommuniziert werden, desto weniger Raum entsteht für Gerüchte und Unsicherheit.

42.3.3 Medien und unser Bild von der Welt

Das Märchen endet damit, dass die unwahre Geschichte in der Zeitung gedruckt wird. Andersen bringt damit schon damals ein Thema zur Sprache, dessen Bedeutung im 20. und 21. Jahrhundert immer wichtiger wurde: der Umgang mit Medien und deren Einfluss auf unser Weltbild.

Lügenpresse und Bestätigungsverzerrung

Sein Rat ist letztendlich, dass man nicht alles glauben sollte, was einem erzählt wird beziehungsweise in der Zeitung steht. 2014 wurde „**Lügenpresse**" zum „Unwort des Jahres" gewählt. Tatsächlich findet der Begriff der Lügenpresse schon Ursprünge zu Andersens Zeit. Seit der Zeit des Nationalsozialismus wird dieser Begriff vornehmlich in rechtsradikalen Bewegungen verwendet, die der Presse eine systematische Wahrheitsverzerrung unterstellen.

Besteht eine solche Einstellung, werden auch wahre Daten und Fakten der Presse abgelehnt. Extreme Meinungen werden dadurch verstärkt, dass vornehmlich Menschen mit denselben Ansichten und bestätigende Informationen aufgesucht und wahrgenommen werden. Gegenteilige Informationen werden systematisch weniger wahrgenommen oder gar nicht beachtet. Dies wird als **Bestätigungsverzerrung** (engl. „confirmation bias") bezeichnet (Wason 1968). Eine solch pauschale Ablehnung aller Medieninhalte, die nicht mit eigenen Vorstellungen und Werten übereinstimmen, macht die kritische Auseinandersetzung, zu der Andersen rät, jedoch eher schwierig.

Positive und negative Nachrichten

Eine Verzerrung hinsichtlich der Inhalte von Medien besteht definitiv in Bezug auf das Verhältnis von positiven und negativen Berichten. Negative Nachrichten, z. B. über Krieg, Terror, Naturkatastrophen und das Fehlverhalten von Menschen, sind deutlich häufiger zu lesen als positive Nachrichten.

So schien die Geschichte im Märchen auch erst „reif für die Presse" zu sein, nachdem angeblich fünf Hühner gestorben waren.

Dies begründet sich darin, dass Menschen – insbesondere politisch Interessierte – mehr negative Nachrichten lesen/sehen, vermutlich weil sie sich von ihnen mehr relevante Hinweise oder Informationen versprechen. Dieses Verhalten zeigt sich auch, wenn diese sich vorher mehr positive Nachrichten wünschen (Trussler u. Soroka 2014). In dem Sinne wirkt die Nachfrage der Leser/Zuschauer auf das produzierte Angebot der Journalisten.

Umgekehrt wirkt sich jedoch auch das, was wir lesen/hören, auf unsere Wahrnehmung der Welt und die Konstruktion der sozialen Realität aus (Batinic u. Appel 2008). Wenn wir also überwiegend negative Nachrichten lesen, verzerrt sich unser **Weltbild zum Negativen**.

- **Fragen zur Reflexion**
  - Wann haben Sie zuletzt die Tageszeitung gelesen und sich gefragt, wann die Welt zu einem so schlechten Ort geworden ist?
  - Wann hingegen haben Sie nach einer positiven Schlagzeile tatsächlich den ganzen Artikel gelesen?

Implikationen für die Erziehung

Es besteht Anlass zur Hoffnung, dass die Welt nicht ganz so schlecht dran ist, wie sie in den Medien dargestellt wird. Dies betont jedoch, wie wichtig es ist, den Umgang mit Medien zu erlernen. Im Rahmen von Erziehung spielt daher die Vermittlung von **Medienkompetenz** eine große Rolle. Dazu gehören nach Baacke (1999):

- Medienkritik: Fähigkeit zur Reflexion über Medien
- Medienkunde: Kenntnis der Produktionsbedingungen
- Mediennutzung: Nutzung von Medien nach eigenem Bedürfnis
- Mediengestaltung: Einsatz von Medien zur Weitergabe eigener Botschaften

- **Fragen zur Reflexion**
  - Wie würden Sie Ihre Medienkompetenz beschreiben?
  - Wie kritisch gehen Sie mit den Medien um?
  - Wie hoch schätzen Sie die Macht der Medien ein?
  - Inwieweit beeinflusst die Berichterstattung Ihr eigenes Weltbild?

42.4 Fazit

Im Märchen werden hochaktuelle gesellschaftskritische Thematiken angesprochen: Kommunikationsverhalten, Gerüchtentstehung und -verbreitung, soziale Neugier und Gossip sowie die Beeinflussung unseres Weltbildes durch die Berichterstattung in den Medien. Andersen adressierte eine klare Botschaft mit aktueller Brisanz. Doch die entscheidende Frage ist und bleibt, was Sie persönlich aus dem Märchen mitnehmen.

Literaturverzeichnis

Andersen, H. C. (2004). *Das Andersen Märchenbuch*. Wien, München: Annette Betz.

Baacke, D. (1999). Im Datennetz. Medienkompetenz (nicht nur) für Kinder und Jugendliche als pädagogische Herausforderung. In: Gesellschaft für Medienpädagogik und Kommunikationskultur in der Bundesrepublik (GMK). (Hrsg.), *Ins Netz gegangen. Internet und Multimedia in der außerschulischen Pädagogik* (S. 14–28). Bielefeld: GMK.

Batinic, B., & Appel, M. (2008). *Medienpsychologie*. Berlin, Heidelberg: Springer.

Baumeister, R. F., Zhang, L., & Vohs, K. D. (2004). Gossip as cultural learning. *Review of General Psychology* 8, 111–121.

Blickle, G. (2004). Interaktion und Kommunikation. In: H. Schuler (Hrsg.), *Organisationspsychologie 2 – Gruppe und Organisation. Enzyklopädie der Psychologie* (S. 55–128). Göttingen: Hogrefe.

Dunbar, R. I. (2004). Gossip in evolutionary perspective. *Review of General Psychology* 8, 100–110.

Farley, S. (2011). Is gossip power? The inverse relationship between gossip, power, and likability. *European Journal of Social Psychology* 41, 574–579.

Harari, Y. N. (2013). *Eine kurze Geschichte der Menschheit*. München: Deutsche Verlags-Anstalt.

Hartung, F.-M. (2010). *Social curiosity and its functions*. Digitale Dissertation. Konstanz: Universität Konstanz. https://kops. uni-konstanz.de/bitstream/handle/123456789/10138/ Diss_Hartung.pdf?sequence=1&isAllowed=y. Zugegriffen: 14. November 2016.

Kapferer, J. N. (1997). *Gerüchte. Das älteste Massenmedium der Welt*. Berlin: Aufbau.

Lilli, W., & Frey, D. (1993). Die Hypothesentheorie der sozialen Wahrnehmung. In: D. Frey, & M. Irle (Hrsg.), *Theorien der Sozialpsychologie – Band I: Kognitive Theorien*. Bern: Huber.

Nerdinger, F. W. (2014). Interaktion und Kommunikation. In: F. W. Nerdinger, G. Blickle, & N. Schaper (Hrsg.), *Arbeits- und Organisationspsychologie* (3. Aufl., S. 56–69). Berlin, Heidelberg: Springer.

Renner, B. (2006). Curiosity about people: The development of a social curiosity measure in adults. *Journal of Personality Assessment* 87, 305–316.

Sader, M. (2008). *Psychologie der Gruppe* (9. Aufl.). Weinheim: Beltz.

Schulz von Thun, F. (1981). *Miteinander reden 1: Störungen und Klärungen*. Reinbek bei Hamburg: Rowohlt.

Theis, A. M. (1993). *Organisationskommunikation*. Opladen: Westdeutscher Verlag.

Trussler, M., & Soroka, S. (2014). Consumer demand for cynical and negative news frames. *The International Journal of Press & Politics* 19, 360–379.

Wason, P. (1986) Reasoning about a rule. *Quarterly Journal of Experimental Psychology* 20, 273–281.

Ali Baba und die vierzig Räuber aus Tausendundeiner Nacht

Natalie Hartung

43.1   Inhalt des Märchens – 328

43.2   Die Charaktere – 328

43.3   Psychologische Phänomene und Bedeutung für die heutige Zeit – 329

43.3.1   Von Recht und Unrecht: Psychologie der Moral – 329

43.3.2   Ehrgefühl und Gesichtsverlust – 331

43.3.3   Gier und materieller Besitz – 332

43.3.4   Loyalität, Gegenseitigkeit und Dankbarkeit – 333

43.4   Fazit – 333

         Literaturverzeichnis – 333

© Springer-Verlag GmbH Deutschland 2017
D. Frey (Hrsg.), *Psychologie der Märchen,*
DOI 10.1007/978-3-662-53668-1_43

43

43.1   Inhalt des Märchens

Es war einmal ein Holzfäller mit dem Namen Ali Baba, der gemeinsam mit seiner Frau ein bescheidenes Leben am Rande des persischen Königreiches führte. Eines Tages beobachtet Ali Baba im Wald eine Räuberbande, wie sie sich mit den Worten „Sesam, öffne Dich!" Zutritt zu einer Höhle voller Gold und wertvoller Teppiche verschafft. Als die Räuber die Höhle wieder verlassen haben, geht Ali Baba selbst hinein und belädt seine drei Esel mit Gold. Um den Wert des Goldes zu prüfen, leiht sich Ali Babas Frau bei ihrer Schwägerin, der Frau von Ali Babas Bruder Casim, ein Maß. An diesem bleibt beim Abwiegen ein Goldstück kleben, wodurch die Schwägerin von den Goldvorräten ihrer arm geglaubten Verwandten erfährt.

Als Casim Ali Baba auf das Goldstück anspricht, erzählt dieser ihm gutmütig, wo sich die Schatzhöhle befindet, bittet ihn aber, dieses Geheimnis für sich zu behalten. Gierig sucht Casim anderntags die Höhle auf, um seine zehn Maulesel mit Schätzen zu beladen. Er wird dabei von den Räubern überrascht und bezahlt dies mit seinem Leben. Da Casim nicht nach Hause zurückkehrt, macht sich Ali Baba auf den Weg zur Höhle und findet dort den Leichnam seines Bruders.

Als die Räuberbande die Höhle das nächste Mal aufsucht, erkennt der Räuberhauptmann am Verschwinden des Leichnams, dass noch jemand von der Schatzhöhle wissen muss. Er lässt Wachposten aufstellen, um den Eindringling zu stellen, doch Ali Baba hat genug Reichtum erworben und strebt nicht nach mehr. Dennoch will sich der Räuberhauptmann an dem Unbekannten, der sich seiner Schätze habhaft gemacht hat, rächen und lässt ihn suchen. Doch Ali Babas kluge Sklavin Morgiane durchschaut, dass einer der Räuber das Haus Ali Babas gefunden und mit einem Kreuz versehen hat, damit anderntags der Räuberhauptmann das Haus aufsuchen und sich an dem Hausherren rächen kann. Kurzerhand markiert Morgiane sämtliche umstehende Häuser ebenfalls mit Kreuzen und vereitelt so den Plan des Räuberhauptmannes.

Dank Morgianes Einfallsreichtum und Umsicht überlebt Ali Baba diesen und eine Vielzahl folgender Rachepläne des Räuberhauptmannes. Bei seinem letzten Versuch, Ali Baba zu töten, wird der Räuberhauptmann von Morgiane erdolcht. Zum Dank schenkt Ali Baba Morgiane die Freiheit und verheiratet sie mit seinem Sohn. Ali Baba, in der ganzen Stadt für seine Großzügigkeit bekannt, teilt seine Reichtümer nicht nur mit seiner Familie, sondern bedenkt auch die Armen der Stadt. Ali Baba vertraut seinem Sohn das Geheimnis von der Schatzhöhle an, das seither von Generation zu Generation weitergegeben und mit weiser Mäßigung genossen wird.

(Weil 1984; ◘ Abb. 43.1)

Anmerkung   Ali Baba und die vierzig Räuber ist eine Geschichte aus der Geschichtensammlung von Tausendundeiner Nacht. Die ersten Überlieferungen der Erzählungen gehen zurück in die Zeit um 250 n. Chr. Man geht von einem indischen Ursprung der Geschichten aus, aber auch persische Einflüsse können nicht ausgeschlossen werden, da die indische und persische Kultur zu dieser Zeit stark miteinander verwoben waren. Erst deutlich später, vermutlich im 8. Jahrhundert, erfolgte die Übersetzung ins Arabische. In dieser arabischen Fassung finden sich keine Hinweise auf das Märchen von Ali Baba und den vierzig Räubern, das vermutlich erst der europäischen Übersetzung von Antoine Galland hinzugefügt wurde. Dieser gab an, die Geschichte von einem syrischen Märchenerzähler gehört zu haben.

43.2   Die Charaktere

Ali Baba ist die Hauptfigur des Märchens und ein gutmütiger Mann, der trotz seiner Armut mit seiner Lebenssituation zufrieden ist und mit seiner Frau eine glückliche Ehe führt. Dennoch entspricht er nicht dem klassischen Märchenhelden, da er sich und seine Familie, wenn auch in gemäßigter Menge, an der Beute der Räuber bereichert.

Morgiane ist die Sklavin Ali Babas, die sich Ali Baba durch die plötzlichen Reichtümer aus der Schatzhöhle leisten kann. Morgiane beschützt ihren Herrn mit Geschick, Mut und ausgesprochener Klugheit ein ums andere Mal vor den tödlichen Racheplänen des Räuberhauptmannes. Ihre Loyalität kennt keine Grenzen und wird von Ali Baba mit großem Dank belohnt. Morgiane stellt das

◘ **Abb. 43.1** (Zeichnung: Claudia Styrsky)

moralische und durchaus auch heldenhafte Vorbild in diesem Märchen dar.

Der **Räuberhauptmann** ist als Anführer der vierzigköpfigen Räuberbande und durch seine exponierte Stellung innerhalb der Bande daran gewöhnt, anderen überlegen zu sein. Dass Ali Baba und dessen Dienerschaft ihn an der Nase herumführen, verletzt das Ehrgefühl des Räuberhauptmannes daher umso stärker, sodass seine rachsüchtigen Gedanken in der Folge immer perfidere Ausmaße annehmen. Obwohl er nicht dumm und äußerst hartnäckig ist, wird er von der klugen Morgiane überlistet und schließlich erdolcht.

43.3 Psychologische Phänomene und Bedeutung für die heutige Zeit

Die Geschichte von Ali Baba und den vierzig Räubern steckt voller Überraschungen und ist sehr lebendig erzählt. Das Märchen fordert den Leser heraus, weil es ihn mit vielen moralischen Fragen konfrontiert und er durch die überraschenden Wendungen immer wieder selbst entscheiden muss, wie er auf die Veränderungen reagiert und Handlungen bewertet. Psychologisch gesehen erlauben diese Überraschungsmomente viel gedanklichen Spielraum und lassen bei jedem Leser eine individuelle Dynamik entstehen, was die Geschichte sehr außergewöhnlich macht.

43.3.1 Von Recht und Unrecht: Psychologie der Moral

Die wohl wichtigste Frage, die die Geschichte von Ali Baba und den vierzig Räubern an den Leser stellt, ist eine moralische: Hat man das Recht, Diebe zu bestehlen?

Ali Baba nimmt das Gold von den Räubern und teilt es mit seiner rechtschaffenen, aber armen Frau und anderen Bedürftigen in seiner Stadt. Ali Baba bringt die Räuberschätze jedoch genauso unrechtmäßig in seinen Besitz, wie die Räuberbande selbst, einzig mit dem Unterschied, dass auch die Räuber nicht die wahren Eigentümer des Goldes sind.

Robin-Hood-Effekt und Ausgleichsprinzip

Dieses Verhalten wird auch in der Geschichte von Robin Hood beschrieben, der wohlhabende Kaufleute bestiehlt und die erbeuteten Güter an arme Mitmenschen verteilt. Dieses Phänomen hat entsprechend als sog. **Robin-Hood-Effekt** Eingang in die psychologische Forschung gefunden (Brickman u. Bryan 1975). Es setzt sich damit auseinander, ob man als Individuum das Recht hat, einer reichen Person etwas zu nehmen, um es an bedürftige Menschen weiterzugeben.

Ergebnisse dieser Forschungen zeigen, dass Kinder Diebstähle positiver bewerten, wenn ein Kind einer reichen Person etwas wegnimmt und es einem Bedürftigen gibt, als wenn das Kind gleichaltrige Kinder mit einer willkürlichen Begründung bestiehlt oder sich durch den Diebstahl selbst bereichert.

Umverteilungsprozesse, bei denen einem Menschen, der ohnehin viel hat, etwas genommen wird, was dann an bedürftige Personen weitergegeben wird, steigern die wahrgenommene Gerechtigkeit. Diese Umverteilung folgt dem **Ausgleichsprinzip**, bei dem benachteiligte bzw. bedürftige Personen größere Anteile erhalten, um Ungleichheiten zu minimieren.

Theorie der gerechten Welt

Die Theorie der gerechten Welt ist im Zusammenhang mit der moralischen Fragestellung im Märchen ein wichtiges Erklärungsinstrument. Die Theorie besagt, dass Menschen das Bedürfnis haben, zu glauben, dass sie in einer Welt leben, in der jeder grundsätzlich das bekommt, was er verdient (Lerner 1977). Nur so haben Individuen die Zuversicht, langfristige Ziele zu verfolgen, wenn diese über die Erfüllung der unmittelbar persönlich bedeutsamen Bedürfnisse hinausgehen. Das gilt beispielsweise für sozial motivierte Ziele.

Der **Glaube an eine gerechte Welt** ist bei den Menschen unterschiedlich stark ausgeprägt. Neue Forschungsergebnisse weisen darauf hin, dass die Aufrechterhaltung des Glaubens an eine gerechte Welt vor allem für jene Menschen wichtig ist, die

sehr langfristig denken und sich für soziale Ziele stark machen (Hafer u. Rubel 2015).

Die Theorie der gerechten Welt spiegelt auf abstrakter Ebene wider, was die Charaktere des Märchens empfinden und trägt so zum Verständnis ihrer Handlungen bei. So ist der Räuberhauptmann der Überzeugung, dass es Ali Baba verdient hat, für seinen Diebstahl zu sterben. Die Sklavin Morgiane hingegen geht davon aus, dass es rechtens ist, den Räuberhauptmann zu töten, um Ali Baba vor dem Tod zu bewahren. Sowohl für den Räuberhauptmann als auch für Morgiane ist es wichtig, dass das wahrgenommene Unrecht vergolten wird, damit ihr Glaube an eine gerechte Welt bestehen bleibt.

Das ist auch der Eindruck, der nach der Lektüre des Märchens entstehen soll: In sich ist die Geschichte stimmig, jeder hat bekommen, was er verdient, und die **Gerechtigkeit** wurde wiederhergestellt. Es wird damit eine deutliche moralische Botschaft transportiert, wie es für Märchen typisch ist. Das sollte Sie als Leser jedoch nicht davon abhalten, sich kritisch mit der Moral des Märchens auseinanderzusetzen und die dargestellten Handlungen zu hinterfragen.

Rechtsprechung und moralische Maßstäbe

Unabhängig von einer subjektiven Gerechtigkeitswahrnehmung gibt es heutzutage natürlich objektive gesetzliche Vorgaben, die festlegen, wie man sich an der Stelle der einzelnen Charaktere verhalten muss. Diebstähle werden heute ungeachtet des Reichtums des Bestohlenen und der finanziellen Verhältnisse des Diebes **strafrechtlich verfolgt**. Dass Gesetze eingehalten werden müssen und durch die Rechtsprechung eindeutige Grenzen aufgezeigt werden, ist selbstverständlich.

Es lassen sich dennoch mehrere Antworten auf die moralische Frage, die das Märchen aufwirft, finden. Wie so oft gibt es mehrere Wahrheiten und nicht nur ein ethisch-moralisches Prinzip, an dem sich unser Handeln orientieren sollte. Als mündigen Mitgliedern unserer Gesellschaft wird von uns verlangt, unsere Entscheidungen und Urteile stets gründlich zu reflektieren. Nur so stellen sie eine feste, gut begründbare Basis unserer Handlungen dar.

Wir selbst können hierzu beitragen, indem wir z. B. Institutionen und Einzelpersonen, die sich für mehr Gerechtigkeit in Unternehmen, Bildungseinrichtungen und der Gesellschaft insgesamt einsetzen, unterstützen.

- **Fragen zur Reflexion**
- Gibt es für Sie verschiedene Arten von Diebstahl? Wenn ja, bewerten Sie diese unterschiedlich?
- Finden Sie, dass die Intention des Diebes z. B. beim juristischen Strafmaß berücksichtigt werden sollte?

43.3.2 Ehrgefühl und Gesichtsverlust

Ein zweites großes psychologisches Thema, das in diesem Märchen behandelt wird, ist die Ehre. Die Räuberbande kann nicht auf sich sitzen lassen, dass sie von Ali Baba überlistet wurde. Vor allem der Räuberhauptmann fühlt sich stark in seinem Ehrgefühl gekränkt, weil ihm etwas geraubt wurde, obwohl er sich selbst Tag für Tag unrechtmäßig an den Besitztümern anderer bereichert.

Kultur der Ehre und Verletzung des Ehrgefühls

Ein Bereich der Psychologie, der sich mit Ehrgefühl auseinandersetzt, ist die Forschung zur Kultur der Ehre (engl. **„culture of honor"**). Ursprünglich wurde die in den Südstaaten der USA vorherrschende Kultur als solche bezeichnet. Vor allem Beleidigungen der Familie, des Zuhauses und der Besitztümer werden von Männern dieser Kultur im Vergleich zu Männern aus anderen Kulturen sehr schnell als unangemessen wahrgenommen und mit aggressiven Reaktionen beantwortet (Nisbett u. Cohen 1996). Da ähnliche Effekte für die türkische Kultur gezeigt werden konnten, ist davon auszugehen, dass sich dieses Phänomen nicht nur auf die Südstaaten der USA bezieht (Van Osch et al. 2013). Dennoch ist in diesem Zusammenhang zu betonen, dass das Phänomen kulturspezifisch ist und keinesfalls überall auftritt.

Die Kultur der Ehre wird weniger durch das Ehrgefühl eines Mannes bestimmt als durch den **Stellenwert der Familie** innerhalb einer solchen Kultur.

Auch die Räuberbande stellt eine Art familiären Verbund dar, und die aggressiven Reaktionen des Räuberhauptmannes könnten möglicherweise dadurch erklärt werden, dass der Räuberhauptmann seine Bande als Familie ansieht und diese verteidigen möchte.

Darüber hinaus werden die **aggressiven Reaktionen** auf eine Verletzung des Ehrgefühls mit einem niedrigen gesellschaftlichen und ökonomischen Status und einer Stigmatisierung bestimmter Bevölkerungsgruppen in Verbindung gebracht (Henry 2009).

Hier zeigt sich eine weitere Parallele zur Räuberbande, die ebenfalls am Rande der Gesellschaft existiert.

Prinzip der Rechtsstaatlichkeit

Auch in unserer Kultur haben sich die Menschen früher schnell duelliert, weil ihr Ehrbegriff sehr stark ausgeprägt war, so z. B. im Mittelalter. In der islamischen Kultur ist er nach wie vor zentral im Werteverständnis verankert.

Ganz im Sinne Max Webers kann Gerechtigkeit heute aber nicht mehr durch individuelle Handlungen hergestellt werden, sondern ist durch **rechtsstaatliche Regelungen** vorgegeben. Insofern wird die Bedeutung des Ehrbegriffs in einer entwickelten und von wissenschaftlichen Prinzipien geprägten Welt reduziert, und es findet eine kontinuierliche Veränderung in Richtung Rechtsstaatlichkeit und Toleranz statt – hin zu einer offenen Gesellschaft, in der nur der Staat das Recht auf bestimmte Formen der Gewalt hat.

Gesichts- und Autoritätsverlust

Aktuelle mit dem Ehrbegriff zusammenhängende psychologische Themen sind Gesichts- und Autoritätsverlust. Beides wird dann wahrgenommen, wenn jemand in Gegenwart anderer seine soziale Rolle und die damit verbundenen Erwartungen nicht erfüllen kann (Lin u. Yamaguchi 2011). So kann dies z. B. bei Führungskräften der Fall sein, aber auch bei Eltern in der Kindererziehung oder in politischen Szenarien.

43

Aus dieser Warte betrachtet könnte das Verhalten des Räuberhauptmannes durchaus durch die Angst vor einem Autoritätsverlust motiviert sein. Sobald unter den Räubern der geringste Zweifel an seiner Vormachtstellung aufkommt, wäre ihm die Führung der Bande nicht mehr sicher.

43.3.3 Gier und materieller Besitz

Im Märchen stirbt Ali Babas Bruder Casim durch seine unersättliche Habgier. Die Bestrafung gierigen Verhaltens kann als eine moralische Lehre des Märchens verstanden werden.

Streben nach Besitz

Das Thema Gier ist in unserer Gesellschaft sehr aktuell und kommt oft in Zusammenhang mit unternehmerischen und finanziellen Skandalen zur Sprache: Was ist Ihr Eindruck? Wird Gier in unserer Gesellschaft angemessen bestraft? Viel zu haben und noch mehr anzustreben, scheint eher ein Wert zu sein, der von der Gesellschaft gelebt und unterstützt wird. So stellen Status und Reichtum immer noch Kriterien dar, anhand derer der Erfolg von Menschen gemessen wird. Ein Übermaß des Besitzstrebens, die Gier, ist allerdings negativ besetzt.

In Form des heute vorherrschenden Materialismus ist **Besitzstreben** ein Phänomen, das jeder von uns kennt. Viele Menschen glauben, dass die Zufriedenheit im Leben mit dem Vorhandensein materieller Güter ansteigt. Außer Frage steht, dass materielle Armut überwiegend zu Unzufriedenheit führt, vor allem wenn nicht einmal elementare Bedürfnisse wie Nahrung und Kleidung sichergestellt sind. Ergebnisse psychologischer Forschung unterstützen zudem die Annahme, dass Menschen, die im Mittel gut verdienen und das über einen längeren Zeitraum hinweg, zufriedener sind (Cheung u. Lucas 2015). Das kann so jedoch nicht verallgemeinert werden und gilt nur bis zu einer bestimmten Einkommenshöhe.

Motivationstheorie

Darüber hinaus macht mehr Besitz nicht glücklicher. Dieses Phänomen kann gut anhand der Zwei-Faktoren-Theorie erklärt werden, der zufolge es bestimmte Faktoren gibt, die zu Zufriedenheit führen (**Motivatoren**) und unabhängig von diesen zufriedenheitsfördernden Faktoren weitere, die Unzufriedenheit nach sich ziehen, wenn sie nicht gegeben sind (**Hygienefaktoren**; Herzberg et al. 1959).

So resultiert z. B. das Fehlen von materieller Sicherheit in Unzufriedenheit (Hygienefaktor), aber Besitz führt ab einer bestimmten Menge, wenn das Bedürfnis nach Sicherheit erfüllt ist, nicht zu mehr Zufriedenheit (kein Motivator).

Materieller Besitz und Zufriedenheit

Bereits mehrfach konnte in der psychologischen Forschung aufgezeigt werden, dass Menschen, die Geld und verwandten materiellen Besitztümern in ihrem Leben einen großen Stellenwert zuschreiben und sich stark darüber definieren, insgesamt weniger zufrieden sind (Dittmar et al. 2014). Begründet wird dies u. a. damit, dass materieller Besitz nicht die Bedürfnisse nach **Kompetenz** und **Verbundenheit** mit anderen Menschen erfüllt. Dazu passen einige aktuelle Konsumentwicklungen, die weg vom klassischen Kaufen in Richtung des Teilens von Gütern und Ressourcen bis hin zum völligen Konsumverzicht reichen.

Schlussendlich scheint es sinnvoll zu sein, einen eigenen Maßstab für Lebenszufriedenheit anzulegen: Menschen sind dann zufrieden, wenn ihre Lebenssituation ihren Erwartungen entspricht oder diese übersteigt – auf allen erdenklichen Ebenen. Auch Ali Baba teilt die Schätze aus der Räuberhöhle mit seiner Familie und ist großzügig gegenüber seinen Bediensteten.

- **Fragen zur Reflexion**
  - Wie stehen Sie zu Konsum?
  - Macht Besitz Sie glücklich?
  - Haben Sie vielleicht auch schon die Vorteile des Teilens für sich entdeckt?

43.3.4 Loyalität, Gegenseitigkeit und Dankbarkeit

Die Heldin der Geschichte ist die Sklavin Morgiane. Ihre Loyalität ihrem Herrn Ali Baba gegenüber wird belohnt, indem ihr die Freiheit geschenkt und sie ihrer wahren Liebe freigegeben wird.

Reziprozitätsprinzip

Diese Vergeltung der Loyalität Morgianes kann psychologisch durch das Reziprozitätsprinzip, dem **Prinzip der Gegenseitigkeit**, beschrieben werden. Es handelt sich dabei um eine Regel im sozialen Miteinander, die besagt, dass sich Menschen dazu aufgefordert fühlen, etwas zurückzugeben, wenn sie von jemand anderem etwas erhalten haben (vgl. Kogan et al. 1959).

Das durch ein Geschenk oder eine Hilfeleistung entstehende **Verpflichtungsgefühl** wird dadurch reduziert, dass man dem Gegenüber ebenfalls etwas schenkt oder ihm einen Gefallen tut. Auch aufseiten des Schenkers besteht oft die Erwartung, nach der gezeigten Aufmerksamkeit eine Gegenleistung zu bekommen. Allerdings ist das nicht in allen Kontexten der Fall. Innerhalb der Familie z. B. besteht diese Erwartung eher nicht.

Zudem unterstützen psychologische Studien die Annahme, dass **Schenken** oft mehr Wohlbefinden erzeugt, als beschenkt zu werden, und daher auch Geschenke alleine um des Schenkens willen gemacht werden (Charness u. Haruvy 2002).

Dankbarkeit

In der Geschichte von Ali Baba kommt zu dem gerade beschriebenen Gefühl, sich revanchieren zu müssen, die unendliche Dankbarkeit, die er seiner Sklavin Morgiane gegenüber empfindet.

Mit Dankbarkeit, die wir aufgrund der Zuwendung durch andere empfinden, befasst sich die positive Psychologie. Sie ist korreliert mit einer höheren Zufriedenheit und Glück. Die Erfahrung von Dankbarkeit kann die Beziehungen zu anderen Menschen verändern, wie es auch im Märchen der Fall ist.

- **Fragen zur Reflexion**
- Erinnern Sie sich noch an das letzte Mal, als Sie einem anderen Menschen richtig dankbar waren?
- Hat diese Dankbarkeit etwas in Ihrer Beziehung zu der anderen Person verändert?

43.4 Fazit

Aus der Geschichte von Ali Baba und den vierzig Räubern können wir lernen, dass es in vielen Situationen nicht einfach ist, eine moralische Bewertung der Taten anderer Menschen abzugeben. Die Hintergründe des menschlichen Handelns sind vielschichtig. Dass wir dabei umsichtig vorgehen und uns dennoch unserer gesellschaftlichen Verantwortung und der Vorbildfunktion für andere bewusst sein sollten, kann eine zentrale Erkenntnis aus dem Märchen sein. Die Kritik an Habgier und Unersättlichkeit kann uns zum Umdenken in unserem eigenen Konsumverhalten anregen. Zu guter Letzt lernen wir, dass wir das, was wir anderen geben, auch zurückbekommen werden. Und wer weiß – vielleicht können Sie für sich persönlich noch ganz andere Schlüsse ziehen? Diese Freiheit lassen uns Märchen schließlich auch.

Literaturverzeichnis

Brickman, P., & Bryan, J. H. (1975). Moral judgment of theft, charity, and third-party transfers that increase or decrease equality. *Journal of Personality and Social Psychology* 31, 156–161.

Charness, G., & Haruvy, E. (2002). Altruism, equity, and reciprocity in a gift-exchange experiment: an encompassing approach. *Games and Economic Behavior* 40, 203–231.

Cheung, F., & Lucas, R. E. (2015). When does money matter most? Examining the association between income and life satisfaction over the life course. *Psychology and Aging* 30, 120–135.

Dittmar, H., Bond, R., Hurst, M., & Kasser, T. (2014). The relationship between materialism and personal well-being: A meta-analysis. *Journal of Personality and Social Psychology* 107, 879–924.

43

Hafer, C. L., & Rubel, A. N. (2015). Long-term focus and prosocial-antisocial tendencies interact to predict belief in just world. *Personality and Individual Differences* 75, 121–124.

Henry, P. J. (2009). Low-status compensation: A theory for understanding the role of status in cultures of honor. *Journal of Personality and Social Psychology* 97, 451–466.

Herzberg, F. I., Mausner, B. M., & Snyderman, B. (1959). *The motivation to work*. New York: Wiley.

Lerner, M. J. (1977). The justice motive: Some hypotheses as to its origins and forms. *Journal of Personality* 45, 1–52.

Lin, C.-C., & Yamaguchi, S. (2011). Under what conditions do people feel face-loss? Effects of the presence of others and social roles on the perception of losing face in Japanese culture. *Journal of Cross-Cultural Psychology* 42, 120–124.

Kogan, N., Tagiuri, R., & Portis, B. (1959). Perception of reciprocity and the grouping principle. *The Journal of Social Psychology* 49, 27–32.

Nisbett, R. E., & Cohen, D. (1996). *Culture of honor: The psychology of violence in the South*. Boulder, CO: Westview Press.

Van Osch, Y., Breugelmans, S. M., Zeelenberg, M., & Bölük, P. (2013). A different kind of honor culture: Family honor and aggression in Turks. *Group Processes & Intergroup Relations* 16, 334–344.

Weil, G. (1984). Geschichte des Ali Baba und der vierzig Räuber, die durch eine Sklavin ums Leben kamen. In: G. Weil (Hrsg.), *Tausendundeine Nacht* (Bd. 3, Kap. 10). http://gutenberg.spiegel.de/buch/tausend-und-eine-nacht-dritter-band-3446/10. Zugegriffen: 14. November 2016.

Nachwort: Märchen sind Chancen für eine bessere Welt

Dieter Frey und Paula Münster

Literaturverzeichnis – 337

© Springer-Verlag GmbH Deutschland 2017
D. Frey (Hrsg.), *Psychologie der Märchen,*
DOI 10.1007/978-3-662-53668-1_44

44

Märchen finden immer in sozialen, kulturellen und historischen Kontexten statt, deshalb ist es nicht überraschend, dass der Schwerpunkt der Märchenanalyse die Sozialpsychologie und die damit verbundenen Phänomene sind, z. B. soziale Wahrnehmung, Gruppenprozesse, Werte, Einstellungen, Konflikte oder Führung. Daneben werden weitere Teildisziplinen der Psychologie angesprochen, beispielsweise die allgemeine Psychologie mit ihren Prinzipien von Belohnungs-, Bestrafungs- und Modelllernen oder auch Motivation und Emotion. Ebenso findet die Persönlichkeitspsychologie in unseren Analysen ihren Platz. Persönlichkeitseigenschaften wie Intraversion oder Extraversion, Ängstlichkeit, Gewissenhaftigkeit oder auch ein hoher oder niedriger Selbstwert charakterisieren unsere Protagonisten.

Natürlich haben sich bereits viele Autoren mit Märchen in den unterschiedlichsten Facetten beschäftigt, ein Beispiel wäre Bruno Bettelheim (1977). Aber jedes einzelne Märchen hinsichtlich der psychologischen Relevanz zu analysieren wie hier in diesem Buch, ist bisher weltweit einmalig.

Wir wünschen uns, dass diese Märchen und Märchenanalysen geeignet sind, Menschen zu unterhalten, zu begeistern, neugierig zu machen, aber gleichzeitig auch dazu anregen, die Hintergründe zu verstehen und den Bezug zur Gegenwart und zum eigenen Leben herzustellen. Unsere Hoffnung ist, dass wir Ihnen nahebringen konnten, welche Weisheit und welches Wissen in diesen jahrhundertealten Märchen steckt, und Sie davon überzeugen konnten, welche Chancen und Möglichkeiten uns Märchen auch heutzutage bieten können.

Jedem Märchen liegt die Weisheit vieler Jahrhunderte zugrunde. Diese Weisheit können wir nutzen, um eigene Episoden im Leben zu interpretieren und darüber hinaus Erkenntnisse zu gewinnen, wie wir unser Leben gestalten, strukturieren, organisieren, verändern und neu definieren können und möchten. Sie schärft zudem den Blick für die Interpretation gesellschaftlicher Phänomene und zeigt auf, wie wir darauf Einfluss nehmen können.

Märchen als Ausgangspunkt für Reformen und Revolutionen zu bezeichnen, führt sicherlich zu weit, aber sie bieten eine großartige Gelegenheit zur Selbstreflexion und damit zu sinnvollem Handeln. Unser erklärtes Ziel sollte eine offene und menschenwürdige Gesellschaft sein, die getragen wird von Respekt für Menschen, einem Höchstmaß an Toleranz sowie Selbstbestimmung.

Daneben regen uns Märchen an, darüber nachzudenken, was jeder einzelne tun kann, um ein lebenswertes, sinnvolles und glückliches Leben zu führen. Fast alle Märchen zeigen Chancen und Wege auf, seines eigenen Glückes Schmied zu sein und das Beste aus ungünstigen Bedingungen zu machen. Tief verankert sind auch die optimistische Grundhaltung und Zukunftsperspektive. Wenn man diese Botschaften versteht, selbst lebt und anderen weitergibt, dann erfüllen Märchen auch in der heutigen Zeit eine Funktion, die sie schon über Jahrhunderte erfüllt haben.

Natürlich haben wir auch reflektiert, was die Märchen heute bedeuten. Die heutige Gesellschaft ist mit Sicherheit eine andere als die frühere, welche durch Aristokratie und Stände geprägt war. Wir sind von einer humanistischen Grundidee ausgegangen, d. h. einer offenen Gesellschaft, einer Gesellschaft des gegenseitigen Respekts, der Wertschätzung und Menschenwürde (wie es auch im Grundgesetz verankert ist). Glücklicherweise leben wir heute in einer Gesellschaft, in der Toleranz, Offenheit, Menschlichkeit und die Akzeptanz der Vielfalt von Kultur, Religion, Geschlecht und Alter (überwiegend) vorhanden sind.

Wir haben daher das ein oder andere Märchen dahingehend besprochen, dass man die Inhalte durchaus kritisch hinterfragen kann und sollte – Mord und Totschlag, Kindesmisshandlung sowie Tierquälerei können nicht unkommentiert im Raum stehen bleiben. Damit wird eine humanistische Philosophie der Psychologie transportiert, die sich nicht darauf beschränkt, wissenschaftliche Phänomene zu erklären und vorherzusagen, sondern immer auch Vorstellungen beinhaltet, wie Idealzustände aussehen, wie die Zukunft einer Gesellschaft aussehen könnte.

Wir verstehen Psychologie nicht nur als Erfahrungs- und Erklärungswissenschaft, sondern auch als Aufklärungswissenschaft und als Wissenschaft, die verantwortlich ist, (Miss-)Zustände in der Welt aufzuzeigen und zu verbessern. Anhand wissenschaftlicher Erkenntnisse kann veranschaulicht werden, wie Gewohnheiten überwunden, starre Strukturen aufgelöst und Menschen für eine humanistische Grundidee gewonnen werden können.

Darüber hinaus ist es uns wichtig, eine Grundstimmung zu schaffen, wie sie z. B. die positive Psychologie proklamiert: Verantwortung für die Zukunft zu übernehmen und Verantwortung dafür zu übernehmen, dass kritische Zustände, die die Menschenwürde verletzen, indiskutabel sind und man Personen oder Institutionen braucht, die für eine offene Gesellschaft kämpfen. Dies mag auf den ersten Blick der wissenschaftlichen Psychologie widersprechen, die sich wertneutral verhalten will.

Neben dem Erkenntnisgewinn haben wir immer auch eine Vorstellung davon, wie eine zukünftige offene Gesellschaft, und zwar eine Weltgesellschaft, aussehen sollte. Im Sinne Poppers oder Max Webers folgen wir der Idee, dass man als Wissenschaftler nicht nur Verantwortung für Ist-, sondern auch für Sollzustände hat. Diese muss man zwar klar trennen, aber Wissenschaft kann sehr oft einen wichtigen Beitrag dazu leisten, wie man von einem Ist- zu einem Sollzustand gelangen kann. Deshalb hat Wissenschaft neben reiner Deskription, Erklärung und Aufklärung immer auch etwas zu tun mit Visionen, Werten und Infragestellung des Bestehenden.

Bei der Analyse der Märchencharaktere haben sich bei uns im Seminar auch interessante Selbstreflexionen ergeben: Bin ich/ist mein Partner eher Hase oder eher Igel? Wer in meiner Familie bringt die Gewitztheit eines gestiefelten Katers mit? Hätte ich als Förster auch Gehorsam gezeigt? Wer wäre in unserem Team der böse Wolf? Hätte ich mich als Hans im Glück ebenso verhalten? Und wo ist mir das Verhalten anderer Charaktere schon einmal begegnet? Es sind genau diese Selbstreflexionen, die bewirken, dass man sehr viel über sich und andere lernen kann.

Wer die psychologische Betrachtung der Märchen aufmerksam liest, erkennt darin grundlegende Elemente eines Lehrbuches der Psychologie oder Sozialpsychologie, da jedes Märchen und die damit verbundenen psychologischen Phänomene anhand der Erkenntnisse, Modelle und Theorien der Psychologie erläutert werden, die sowohl den Grundlagen- als auch angewandten Bereich betreffen. Der Vorteil gegenüber einem Lehrbuch liegt darin, dass die Erkenntnisse lebendig und mit hohem Anwendungsbezug präsentiert sind. Dies stellt – wenn benötigt – eine effektive Lernhilfe dar.

Egal unter welchen Gesichtspunkten Sie das Buch gelesen haben mögen, wir hoffen, dass es Ihnen Spaß gemacht hat und Sie intellektuell durch den psychologischen Background der Märchen inspiriert wurden und vielleicht sogar etwas für Ihr eigenes Leben lernen konnten.

Literaturverzeichnis

Bettelheim, B. (1977). *Kinder brauchen Märchen*. München: Random House.

Frey, D. (Hrsg.). (2016). *Psychologie der Werte – Von Achtsamkeit bis Zivilcourage. Basiswissen aus Psychologie und Philosophie*. Berlin, Heidelberg: Springer.

Serviceteil

Stichwortverzeichnis – 340

© Springer-Verlag GmbH Deutschland 2017
D. Frey (Hrsg.), Psychologie der Märchen,
DOI 10.1007/978-3-662-53668-1

Stichwortverzeichnis

360°-Feedback 271

A

Abwehrmechanismus 295
Adoleszenz 65
Adoptivelternschaft 166
Advocatus Diaboli 17
Aggression 121, 294, 301
Ähnlichkeitsprinzip 40, 81, 240
Akzeptanz 310
Ali Baba und die vierzig Räuber 327
Altersstereotyp 272
Altruismus 32, 95, 238, 281
– krankhafter 33
Aneignungsphase 269
Angst 113
– vor Bestrafung 80
– vor dem Tod 137
Anspruchsniveau 308
Arbeitsplatzsicherheit 87, 280
Arbeitsprobe 42
Arbeitspsychologie 9
Arbeitsvertrag 87, 308
Aschenputtel 227
Attraktivität 39, 222
Attraktivitätskriterium 39
Attraktivitätsstereotyp 64
Attribution 174
– dispositionale 176
– feindselige 249
Attributionsfehler, fundamentaler 146, 174
Attributionstheorie 174
Ausdauer 200
Ausführungsphase 269
Ausgleichsprinzip 330
Austausch, sozialer 32, 315
Austauschtheorie, soziale 81, 308
Autonomie 56, 114, 181, 247, 254
Autoritätsgläubigkeit 175
Autoritätsperson 80, 168, 263
Autoritätsverlust 331

B

Bedürfnis, physiologisches 34, 159
Bedürfnisprinzip 129
Bedürfnispyramide von Maslow 34, 129, 159, 279

Beharrlichkeit 200, 246
Belohnungsmacht 214
Beobachtungslernen 192, 269
Beratergruppe 17
Berufstätigkeit der Mutter 151
Besitz, materieller 207, 332
Besitzstreben 332
Bestätigungsverzerrung 324
Bestrafung 145, 309
Bestrafungslernen 309
Bestrafungsmacht 214
Beurteilung durch andere 146, 176
Bewältigungsstrategie 158, 230, 300, 314
Bewertungsangst 74, 158
Bewertungserwartung 16
Big Five 294
Bigamie 302
Bindungsbedürfnis 34
Blaubart 45
Bremer Stadtmusikanten 179
Bürger, mündiger 19, 330
Bystander-Effekt 15, 67, 96

C

Charakter, autoritärer 262
Consumer-Experience-Modell 82
Copingstrategie 158, 230, 300, 314
Corporate Social Responsibility 25

D

Dankbarkeit 190, 224, 316, 333
Das kleine Mädchen mit den Schwefelhölzern 155
Das Märchen von den drei Brüdern 133
Das Rübchen 195
Defizitmotiv 129
Depression 55, 248
Deprivation, soziale 120, 293
Der alte Großvater und der Enkel 267
Der Arme und der Reiche 235
Der Fischer und der Dschinn 141
Der gestiefelte Kater 311
Der Hase und der Igel 117
Der Jäger, der seine Frauen ungleich behandelte 297
Der kleine Muck 283

Der Teufel mit den drei goldenen Haaren 219
Der Wolf und die sieben jungen Geißlein 149
Des Kaisers neue Kleider 13
Die drei Glückskinder 187
Die drei kleinen Schweinchen 275
Die Lebenszeit 251
Die Prinzessin auf der Erbse 37
Die Schneekönigin 243
Die Spinne und die Weisheit 211
Die Sterntaler 29
Diskretion, gegenseitige 49
Diskriminierung 65, 197
Dissonanz, kognitive 247
Diversity 198
Diversity Management 183
Dornröschen 291
Dr. Allwissend 171
Dramadreieck 71
Durchhaltevermögen 191, 200

E

Easterlin-Paradoxon 34, 206
Ego-Depletion 144
Egoismus 32–33, 238
Ehrenamt 33
Ehrgefühl 331
Ehrlichkeit 177
Eigengruppe 279
Eigeninitiative 315
Eigennutz 238
Eigenverantwortung 281, 314
Einfluss, sozialer 57, 79
– informationaler 106
– normativer 106
Eingebundenheit, soziale 181, 248, 254
Elternliebe 166
Emanzipation 66, 82
Empathie 25, 32, 51, 138, 287
Empathie-Altruismus-Hypothese 32, 67, 96, 238
Empathiemangel 122
Engagement 33, 82, 257
Entscheidung 48, 74, 264, 309
Enttäuschung 88, 112
Entwicklung, psychosoziale 66, 98
Entwicklungspsychologie 9
Erfahrungswissen 48

Erfolg 257
– finanzieller 190
Erfolgsarroganz 90
Ergebnisgerechtigkeit 129
Erinnerung 6
Erklärungsstil
– depressiver 206
– optimistischer 206
Erwachsenwerden 278
Erwartung 72, 112, 239, 287, 308
– enttäuschte 112
– implizite 87
Erziehungsstil, autoritärer 249
Es ist wirklich wahr 319
Eudämonie 82, 114
Exil 145
Exkludierung (Exklusion), soziale 144,
    293, 301
– Bedürfnistheorie 145
Expertenmacht 214
Expertenwissen 16
Extraversion 189, 206, 294

F

Fairness 130, 308
Falschaussage 322
Feedback 215, 217
Feedbackkultur 18
Fehlentscheidung 17, 153
Fehlerkultur 161
Filtermodell der Kommunikation 322
Flow 82
Flow-Erleben 182
Flurfunk 322
Frau Holle 259
Frauenquote 303
Fremdbestimmung 89
Fremdgruppe 184, 279
Freundschaft 222, 224, 315
Frustration 121
Frustrations-Aggressions-Theorie 301
Führung
– destruktive 288
– ethikorientierte 216
– transformationale 177, 288, 303
Fünf-Faktoren-Modell der
    Persönlichkeit 294
Furchtlosigkeit 113
Fürsorge 138

G

Gegenseitigkeit 23, 315, 333
Geheimhaltung 214
Geheimnis 49–50

Gehorsam, blinder 168, 263
Gehorsamkeit 80, 106, 167, 262
Gelassenheit 256
Generationenvertrag 183
Generativität 35
Genovese-Syndrom 15
Gerechte-Welt-Glauben 88, 130, 239,
    286, 300
Gerechtigkeit 90, 129, 185, 330
– distributive 129
– interaktionale 130
– prozedurale 129
Gerücht 324
Geschlechtsstereotyp 103
Geschwisterbeziehung 95, 232
Geschwisterliebe 279
Gesichtsverlust 331
Gewalt 7, 51, 128, 288
Gewaltverbrechen 300
Glaube an eine gerechte Welt 88, 130,
    239, 286, 300, 330
Glaubenssystem 137
Gleichberechtigung 185, 302
Gleichheitsprinzip 129
Glück 35, 82, 174, 205, 222, 264–265,
    316
– essenzielle Grundsätze 190
– eudämonisches 114
Glücksempfinden 82, 189, 205–206,
    263
Glücksfaktor 189, 206
Gossip 323
Gratifikationskrise, soziale 56
Größenwahn 89, 215
Grundbedürfnis 129, 159
Grundsicherung 159
Gruppendenken 17
Gruppeneinfluss 175
Gruppenentscheidung 17, 153
Gruppenidentität 231
Gruppenkonformität 223
Gruppenpolarisation 153, 175
Gruppenverhalten 286
Gruppenzugehörigkeit 145, 183, 223,
    231, 240
Gutgläubigkeit 177

H

Habgier 89–90, 332
Halo-Effekt 65, 175, 286
Handeln
– selbstständiges 58
– zielgerichtetes 200
Handlung, autotelische 182
Handlungsorientierung 183, 314
Hans im Glück 203

Hänsel und Gretel 101
happiness economics 206
Hedonismus 114
Herdenverhalten 286
Heuristik 48, 177
Hidden-Profile-Effekt 153
Hilfeverhalten 25, 32, 66, 74, 157, 280
Hilflosigkeit, erlernte 31, 55, 89, 105,
    136, 184, 191, 229, 255
Hilfsbedürftigkeit 160
Hilfsbereitschaft 33, 222, 224, 240
Hochmut 317
Hochsensibilität 42
Hochsensitivität 42–43
Homo oeconomicus 95, 238
Hygienefaktor 208, 332
Hypothesentheorie der sozialen
    Wahrnehmung 105, 249, 322

I

Identität 6, 231
– sexuelle 66
– soziale 279
Identitätsentwicklung 66
Identitätskonzept 231
Identitätskrise 66
Identitätsverlust 231
Ignoranz, pluralistische 16, 67, 157
Impfen, aktives und passives 191
Impftheorie 191
Impression-Management-
    Hypothese 146
Informationskontrolle 104
Informationsmacht 214
Ingroup 184, 279
Inkongruenz 112
Integrität 246
Intelligenztest 42
Interaktion 321
Interrollenkonflikt 151
Interview, strukturiertes 42
Intimität 39
Intuition 48

K

Kardinaltugend, platonische 255
Klatschhypothese des
    Spracherwerbs 323
Klugheit, intuitive 174
Kommunikation 308, 321
– Filtermodell 322
– gewaltfreie (GFK) 51
Kompass, moralischer 287
Kompensation 254

Kompetenz 114, 181, 248, 254, 332
Kompetenzgefühl 160
Konditionierung, operante 309
Konflikt 50
Konfliktfähigkeit 51
Konformität 16, 106, 146, 223
König Drosselbart 305
Konkurrenz 65, 120, 216, 232
Konsumrausch 256
Kontaktfreudigkeit 57
Kontrollbedürfnis 145
Kontrolle 31, 56, 253, 323
– illusorische 254
– kognizierte 56, 136, 222, 254
– über andere 56
– wahrgenommene 106
Kontrollerleben 191
– hohes 191
– niedriges 191
Kontrollverlust 57, 88, 136, 230, 255,
   314
Kooperation 73
Kosten-Nutzen-Überlegung 32, 95,
   158
Kreativität 216, 315
Kultur der Ehre 331

L

Lageorientierung 184, 314
Lebenszufriedenheit 82, 256
Legitimation 168
Legitimationsmacht 214
Leistung 120, 192
Leistungsbewertung 176
Leistungserwartung 264
Leistungsorientierung 181
Leistungsprinzip 129
Leistungsvergleich 119
Lernen
– kulturelles 323
– soziales 26, 223, 280
Lernerfahrung, korrigierende 105
Lernprozess 269
Liebe 34, 40, 159
– rationale 303
List 135, 174, 207
Lösungsstrategie 315
Lüge 49, 103, 176
Lügenpresse 324

M

Macht 79, 214
Machtinstrument 323
Machtmissbrauch 107

Machtstreben 56, 90
Manipulation 63, 294
Märchenanalyse 10
Märchenschema 112
Marshmallow-Experiment 144
Mäßigung 255
Medienkompetenz 325
Mehrgenerationenhaus 272
Mentor 315
Metawissen 270
Milgram-Experiment 80, 106, 167, 262
Minderwertigkeit 120
Minderwertigkeitstheorie 120
Misserfolg 158, 190
Missgunst 239
Mitspracherecht 18, 58
Mittel-Ziel-Analyse 199
Mobbing 65, 145, 231, 288, 324
Modell der selektiven Optimierung
   und Kompensation 254
Modelllernen 192, 269, 280
Monogamie 302
Moral 7, 281, 329
Mortalitätssalienz 137
Motivation 192, 279
– extrinsische 294
– intrinsische 294
Motivationstheorie 332
Motivator 208, 332
Mundpropaganda 324
Mut 246

N

Nächstenliebe 32, 35, 238, 240
Naivität 152
Narzissmus 63, 122, 215
Neid 63–64, 207, 239
Neugier 294, 323
Neuropsychologie 9
Neurotizismus 189, 206
Nominal-Group-Technik 199
Notlüge 104
Notsituation 16, 25, 66, 96, 157

O

OECD Better Life Index 206
Offenheit 49, 294, 323
One-Reason-Decision-Making-
   Strategie 48
Online-Dating 41
Opferrolle 71
Optimierung 254
Optimismus 104, 206
– realistischer 105

Organisationspsychologie 9
Orientierung 7
– sexuelle 66
Outgroup 184, 279

P

Partnerschaft 49–50, 79, 222
Partnerwahl 39, 47, 81, 240, 309
Partnerwahlpräferenz 47
Passivität 105
Patchworkfamilie 166
Perfektion 114
Performanz 269
Persistenz 200
Persönlichkeitsentwicklung 8
Persönlichkeitspsychologie 8
Persönlichkeitsstörung
– abhängige 33
– narzisstische 64, 81
Pflichtbewusstsein 168
Pflichtgefühl 80
Phobie 113
Plagiatsaffäre 19
Polygynie 302
Positivity 105
Prinzipal-Agent-Theorie 135, 208
Problemlösung 199
Prophezeiung, selbsterfüllende 98,
   128, 272
Psychoanalyse 295
Psychologie
– allgemeine 8
– biologische 9
– klinische 9
– pädagogische 9
– physiologische 9
– positive 205, 256

Q

Queen-Bee-Syndrom 65

R

Rache 121
Radikalisierung 146
Rapunzel 53
Rassismus 184
Reaktanz 88–89, 136
Realitätsflucht 158
Recht 90, 329
Rechtsprechung 330
Rechtsstaatlichkeit 331
Referenzmacht 214

Reichtum 35, 206, 332
Rekursivität 199
Religion 137, 222
Repression 42
Resilienz 57–58, 105
Respekt 24, 80, 121, 138, 182, 272
Ressource, soziale 231, 314
Retterrolle 72
Reziprozität 23, 72, 80, 96
– generalisierte 183
– negative 24, 97
– positive 97
Reziprozitätsnorm 23–24, 80, 97, 223
Reziprozitätsprinzip 73, 333
Risky-Shift-Phänomen 153
Robin-Hood-Effekt 330
Rolle, soziale 271
Rollenerwartung 272
Rolleninkongruenztheorie 303
Rollenkonflikt 151
Rollenverlust 272
Rollenverteilung, familiäre 232
Rotkäppchen 69
Ruhestand, aktiver 273
Rumpelstilzchen 85

S

Salienz, perzeptuelle 174, 176
Schema
– kognitives 112
– normatives 122
Schenken 97, 333
Schneeweißchen und Rosenrot 93
Schneewittchen 61
Schuldgefühl 25, 33
Schutzfaktor 57
Schwarz-Weiß-Denken 9
Selbst, ideales 114
Selbstbestätigung 40
Selbstbestimmung 56, 247, 253
Selbstbestimmungstheorie 181, 247
Selbstbezogenheit 122
Selbstbild 32, 137, 191, 206, 271
Selbstdarstellung 41, 146
Selbsteinschätzung 176–177, 240, 317
Selbstidentität 231, 315
Selbstkontrolle 143–144
Selbstkonzept 231, 239
– negatives 122
– positives 240
Selbstlosigkeit 34, 95
Selbstreflexion 270–271
Selbstregulation 143–144, 293
Selbstregulationsfähigkeit 143
– geringe 72, 144
– hohe 143

Selbstrespekt 121, 272
Selbstständigkeit 278
Selbstüberschätzung 316–317
Selbstverwirklichung 34–35, 159
Selbstwertbedrohung 65, 120
Selbstwertgefühl 231, 239
– geringes 82
– hohes 137
Selbstwirksamkeit 80, 106, 278
Selbstwirksamkeitserwartung 105,
    184, 278
Selektion 254
Self-Determination-Theorie 114
Sensation-Seeking-Skala 115
Sensation Seeking 113
Sensitivität 42
Sexualität 66, 295
Sicherheitsbedürfnis 34, 159, 279
Sinnhaftigkeit 257
SOK-Modell 254
Sorglosigkeit, gelernte 246
Sozialpsychologie 8
Sozialstaatssystem 33
Soziometertheorie 121
Spendenbereitschaft 24, 33
Spracherwerb, Klatschhypothese 323
Stärken, individuelle 232, 256
Statusdenken 16
Stereotyp 128, 175, 271
Stiefelternschaft 166
Stiefkind 166
stille Post 322
Stockholm-Syndrom 263
Strategie, sexuelle 47
Stressmodell, transaktionales 158, 230

T

Tapferkeit 246
Tauschhandel 207
Team 197
Team Roles Test 198
Teamentwicklung 279
Teamreflexion 271
Teamrolle 197
– handlungsorientierte 198
– kommunikationsorientierte 198
– wissensorientierte 198
Teamrollenprofil 197
Teamwork 89
Teilziel 199
Terror-Management-Theorie 137
Testverfahren 40
Tischlein deck dich, Esel streck dich,
    Knüppel aus dem Sack 125
Titelgläubigkeit 175
Todesangst 137

Transaktionsanalyse 71
Tugendhaftigkeit 35, 114

U

Ungerechtigkeit 7, 300, 302
Ungleichbehandlung 127, 301
Unternehmensleitbild 308
Unterschied, kultureller 302
Unterwürfigkeit 168
Unverwundbarkeit, psychische 57

V

Väterchen Frost 163
Von den drei Groschen 21
Von einem, der auszog, das Fürchten zu
    lernen 109
Verantwortung 24, 246–247
Verantwortungsdiffusion 16, 67, 157
Verantwortungsethik 25
Verantwortungsübernahme 25, 74,
    168, 264
Verbundenheit 39, 114, 323, 332
Verdrängung 295
Verfahrensgerechtigkeit 129
Verfolgerrolle 72
Verfremdungseffekt 112
Vergleich, sozialer 119, 192, 223, 240,
    263
– abwärtsgerichteter 263
– aufwärtsgerichteter 192, 241, 263
Vergnügen 82
Verhalten
– aggressives 249
– antisoziales 138, 145
– prosoziales 23, 32, 74, 96, 145, 223,
    280
– unfaires 24
Verhaltensvorbild 26
Verklärungseffekt 286
Verpflichtung 24, 308, 333
Versprechen 72, 90
Verstärkung 128, 310
Vertrag, psychologischer 87, 307
Vertragsgestaltung 135
Vertrauen 73, 97, 152, 177
– blindes 152
Vertrauensmissbrauch 73
Vertrauenswürdigkeit 50, 152
Verwandtschaft, biologische 166
Verwandtschaftsselektion 223
Verzerrung, kognitive
– feindselige 293
– selbstwertdienliche 175
Victim Blaming 88

Vier-Seiten-
    Kommunikationsmodell 322
Vitalität 246
Vom Fischer und seiner Frau 77
Vorbildfunktion 19, 192, 224, 269, 289
Voreingenommenheit 286–287
Vorsicht 73, 294
Vorurteil 184, 196

W

Wahrnehmung, soziale 105, 175,
    248–249, 322
– Hypothesentheorie 105
Wahrnehmungs-Erwartungs-
    Hypothese 249
Weisheit 213, 270
Welt, veränderbare 31
Weltanschauung, kulturelle 137
Werbeversprechen 19
Wert 128
Werte-Hierarchie 265
Wertevermittlung 8
Wertschätzung 34, 80, 138, 159
Wettbewerb 120
Whistleblower 18
Widerstand 88, 90, 136
Wiedererkennungswert 7
Wirtschaftspsychologie 9
Wirtschaftsskandal 18
Wissbegierde 213
Wissen 25, 213, 216, 270
– geteiltes 6
Wissensmanagement 215–216
Wissenstransfer 41
Wohlbefinden 114, 222
Work-Life-Balance 207
Würde 80

Z

Zivilcourage 19, 66, 107, 160
Zufriedenheit 205, 222, 308, 332
Zugehörigkeitsbedürfnis 121, 145,
    159, 183, 293
Zurückweisung, soziale 301
Zusammenhalt, familiärer 279
Zuschauereffekt 15, 67, 96
Zwei-Faktoren-Theorie 208

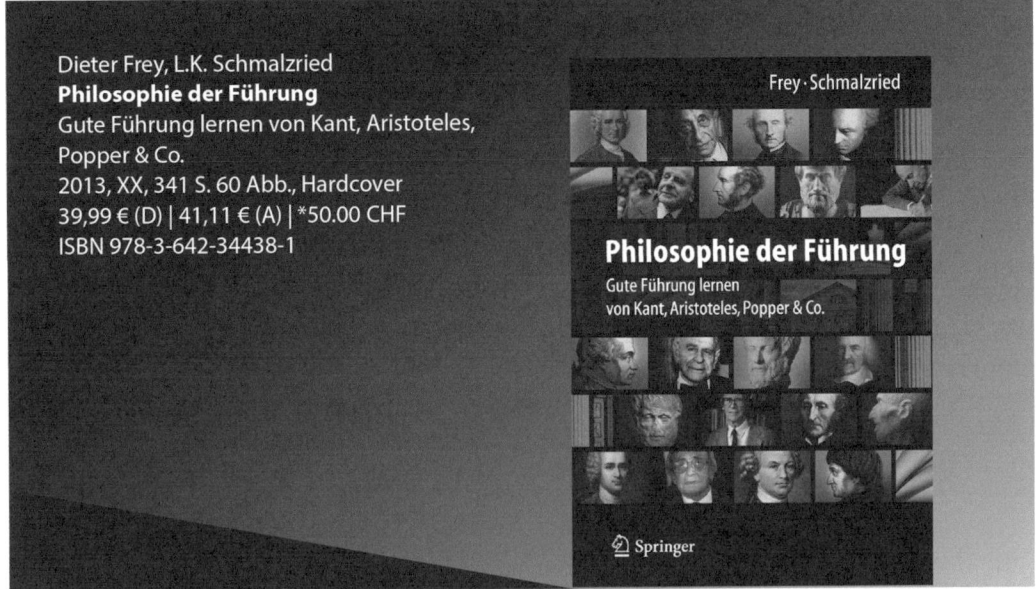